Conquest of the Shang Dynasty

Conquest of the Shang Dynasty

상나라 정벌

은주殷周 혁명과
역경易經의 비밀

리숴李碩 지음 | 홍상훈 옮김

글항아리

차례

서문을 대신하여: 우리의 낯선 형상

저자 리숴의 전공은 중고사^{中古史}인 위진남북조의 전쟁사다. 일반적인 학계의 시각으로는 그렇다. 그런데 그의 첫 책은 상고사인 춘추 시기를 다룬 『공자대역사^{孔子大歷史:初民貴族與寡頭們的早期華夏}』이며 그는 이 책을 10년 뒤에 대폭 증정^{增訂}해서 개정판을 펴내기도 했다.

남북조에서 단번에 춘추 시기로 건너가 공자에 관해 넘쳐날 정도로 많은 글을 생동감 있게 정리하여 탄생부터 사망까지 그려냈으며 신선한 주장으로 독자를 감동시킨다. 책 후기에서 그는 "고대 상나라와 서주의 역사 기록이 너무 적어 담론하기가 좋지 않다"라고 했으나, 부록으로 「주나라에 의한 상나라 멸망과 화하의 탄생^{周滅商與華夏新生}」을 실어 '외편^{外篇}'의 하나로 삼았다.

"주공 세대의 역사가 있어 공자와 유가 사상을 더욱 깊이 이해할 수 있다."

틀림없이 『상나라 정벌』은 이 '외편'을 큰 폭으로 확장한 것이다. 여기까지 알고 나면 나도 모르게 진심으로 감탄하게 된다. 그는 줄곧 자신의 감각을 따랐고 강한 호기심으로 새로운 영역을 개척하는 일 앞에서 전혀 두려워하지 않았구나!

그러면 결과는 어떠한가? 책을 읽기 전 솔직한 마음은 이 아리송하고 다루기 곤란한 상고사와 고고학의 영지에 일단 들어서면 전문적인 관점에서 자세히 살펴봐야겠다는 것이었다. 그런데 뜻밖에 일단 읽기 시작하자 손에서 내려놓을 수가 없고, 결국에는 내 느낌과 심정을 '충격'이라는 말로밖에 형용할 수 없었다.

리쉐는 대단한 이야기꾼이어서 프롤로그에서 몇 페이지를 넘기다가 곧바로 책에 빨려 들어갔다. 그는 인신공양제사의 소멸은 주나라가 상나라를 멸망시킨 일과 직접 관계가 있고, 심지어 화하 문명의 새로운 탄생을 유발했다고 여긴다. 그리고 시작하자마자 바로 은상 후기의 인신공양제사 의식의 한 장면을 복원한다.

"그런 뒤에 사람을 죽이기 시작한다."

'충격'은 이 짧은 구절을 읽는 순간 시작된다.

"1차로 19명을 죽였는데 (⋯) 이번에는 적어도 29명을 죽였는데 (⋯) 그런 뒤에 3차 살인이 벌어졌다. 이번에는 24명을 살해했는데⋯⋯." (22~27쪽)

작자는 차분하게 시간의 순서에 따라 은허殷墟의 제사 현장에서 일어난 장면들을 하나하나 자세히 묘사한다. 여기에 사용된 것은 모두 우리도 잘 알고 있는 고고학 발굴 자료다. 우리는 늘 건조한 고고학 데이터를 앞에 두고 '마비된' 것처럼 연구해왔다. 그러나 정말 놀란 것은 그 어떤 고고학 연구자도 리쉐처럼 이렇게 묘사한 적이 없다는 것이다. 왜 예전에는 동영상을 보는 듯한 이런 생동감이 없었을까?

상족에게 모여서 의식을 치르면서 다른 부족을 죽이는 것은 신들에게 봉헌하는 제사 의식일 뿐만 아니라, 구경꾼들에게 정신적 자극과 만족을 주는 '성대한 잔치'였다. 예를 들어 인간 희생을 바친 여러 제사갱에

는 고의로 학살한 흔적이 많이 남아 있으며, 더욱이 인간 희생의 수가
부족할 때 제사를 바치는 이는 희생자의 죽음을 최대한 늦추어서, 지체
肢體가 잘린 인간 희생이 최대한 몸부림치고 절규하고 저주하도록 했다.
이런 심리 상태는 고대 로마에서 검투사들의 격투를 구경하는 것과 비
슷한 면이 있다.(606쪽)

이렇게 소리까지 담긴 듯한 잔혹한 장면의 느낌은 오직 글로만 표현
할 수 있다. 그러니까 리쉬가 이 책에서 묘사한 것은 모두 신석기시대부터
하夏·상商·주周 고고학의 영역이다. 어렵사리 '원로'의 자리에 이른 나 같
은 학자에게는 익히 알려진 내용이지만, 그의 시각과 묘사 방식은 매우 신
선했다. 그는 우리가 늘 봐왔으나 관심 없어서 보지 못한 거나 마찬가지였
던 많은 풍경을 실감 나는 장면으로 만들었으며, 마지막의 몇 가지 결론은
뜻밖이지만 곰곰이 생각해보면 정말 그럴듯하게 여겨진다. 어쩌면 그가
고고학 및 상고사와 적절한 '거리감'을 유지함으로써 그 안에 푹 파묻힌
이들의 한계를 피할 수 있었기 때문일 것이다.

책 제목에서는 주나라가 상나라를 멸망시킨 '은주혁명殷周革命'이라는
중대한 역사적 사건에 집중했을 것으로 여겨졌으나, 저자는 이 사건 이전
의 1000여 년 남짓한 시기까지 확대하여 서문을 대신했다. 일찍이 나는
졸저『왜 중국인가何以中國: 公元前2000年的中原圖景』가 황런위黃仁宇 선생을 오마주
하여 쓴 책이라고 말한 적 있다. 어떤 거시적인 안목이 없으면 한 무리의
인간과 하나의 사건에 담긴 역사적 의미를 제대로 알아내어 설명할 수 없
다. 어쨌든 전쟁사를 서술하는 고수로서 리쉬는 웅대한 시간 범위의 장면
을 묘사하는 데 능숙하다. '거대 서사'와 꼼꼼한 묘사가 결합해 이 책의 두
드러진 특징을 이루었다.

그는 유장하고 완만하게 발전한 신석기시대의 유일하고 뚜렷한 변
화, 즉 인간 '공동체'의 규모 확대를 간결하면서도 분명하게 묘사했다. 지

금으로부터 6000년 전의 양사오仰韶 문화 초기에는 100명 정도의 촌락이
었다가, 6000~5000년 전의 양사오 중기에는 1000명 정도의 '부락'이 되
고, 5000~4000년 전의 양사오 말기와 룽산龍山 문화 시기에는 1만 명 규
모의 초기 고대 국가가 나타난다.

　그는 룽산 시대에서 상나라까지 화하 문명의 최초 단계를 '옛 화하 문
명'이라고 부르고, 주나라가 상나라를 멸망시킨 후 주공 단旦 세대가 인신
공양 종교를 신속하게 폐지하고 그와 관련된 문헌과 기록을 말소함으로써
시작된 평화롭고 관용적인 단계를 '새로운 화하 문명'이라고 부르며, 그
영향이 지금까지 이어지고 있다고 본다.

　이 거대한 역사 인식이 이 책의 이론적 기초를 이루니, '상나라 정벌'
은 매우 중요한 착안점이다. 그에게는 명확한 역사관과 역사의식이 있다.
설명들이 깊이가 있으며 짧은 한두 마디로 핵심을 찌른다. 예를 들면 아래
와 같다.

　　갑골문은 표준적인 '남성 문자'이며, 게다가 룽산 문화 이후 부락의 옛
　　풍습이 아직 바래지 않은 시대의 남성들이 창조한 문자다. 당시에는 아
　　직 후세 사람들이 이해하는 것과 같은 왕조의 질서가 없었고, 부락들
　　사이의 약탈과 살육이 흔한 일이었고, 피에 굶주린 신들이 야만적이고
　　황량한 대지를 주재했다.(326쪽)

　　이런 규칙 아래에서 왕이 직접 관리해야 하는 왕조의 사무는 비교적 적
　　었고, 가장 중요한 사무는 제사와 전쟁을 조직하는 일이었다. 그리고
　　상나라의 각 종족은 제사에 바칠 제수품과 전쟁 병력—자체 무장을 갖
　　춘—을 제공할 임무가 있었다. 이른바 "나라의 큰일은 제사와 전쟁에
　　있다國之大事, 在祀與戎"라는 것이다. 이것은 바로 가족 분봉제이지 관료 제
　　제帝制 시대의 규칙이 아니었다.(341쪽)

인신공양제사와 검투사 산업의 소멸은 모두 외래문화의 간섭에서 비롯되었다. 주나라 사람들은 새로운 종교를 만들지 않고 세속적인 인문주의 입장을 채용하여 극단적인 종교 행위와 거리를 두고, 그것이 현실 생활에 관여하도록 허락하지 않았다. 이른바 "귀신을 경외하되 멀리하라"는 것이었다. 이것은 후세 중국 문화의 토대를 닦아놓았다.(44쪽)

주나라의 문화는 상나라의 문화와 아주 달랐고, 부족 집단의 성격도 차이가 컸다. 상족은 솔직하고 충동적이면서 생각이 영민하고 활발하여 강자의 자신감과 무심함이 있었다. 이에 비해 주족은 은인자중 참으며 외부 세계에 더욱 관심을 가지고 경각심을 품은 채, 늘 아직 나타나지 않은 위기와 우환을 염려했다. 이것은 그들이 서부 귀퉁이의 작은 나라로 살아남는 길이었다.(752쪽)

주족은 신중하고 겸손하며 집단을 중시하고 우환 의식이 풍부했는데, 이런 것들이 모두 새로운 화하족의 전형적인 품격이 되었다.(839쪽)

주공 시대 변혁의 최대 결과는 신권의 퇴장이며, 이 때문에 중국의 문화는 지나치게 '조숙'해졌다. 전국시대 변혁의 최대 결과는 귀족의 퇴장이며, 이 때문에 중국의 정치가 지나치게 '조숙'해졌다.(883쪽)

리숴는 옛 문헌과 갑골문을 다룰 때와 마찬가지로 능숙하게 고고학 자료를 운용하면서도 주석과 도판의 활용에도 상당히 신경을 썼다. 이 책이 전문 분야에서 보여준 높은 신뢰성을 언급하자면 다시 몇 가지 예를 들 수 있다.

인신공양제사 풍속이 퇴출된 역사 기억에 관해서 대다수 학자는 점진적이고 자연스러운 퇴장이었다고 여긴다. 대표적인 견해 가운데 하나는 은상 전기와 중기에 성행했던 인신공양제사가 후기에는 아주 적어졌다는 것이다.

대표적인 저작은 저명한 학자 황잔웨黃展嶽의 『고대의 인간 제물과 순장 통론古代人牲人殉通論』인데, 이 책에서는 은허 제3기의 많은 인간 희생이 매장된 세 곳의 제사갱祭祀坑을 소개하면서 그것들이 모두 은허 전기의 것이라 보았다. 반면 리쉬는 "그러나 이 세 구덩이에 대한 발굴 보고서를 보면 2개는 은허 말기에 속하고, 하나는 시기를 알 수 없어서, 이것들이 은허 전기에 속하는지 아닌지 확정할 방법이 전혀 없음을 알게 된다"(20쪽)라고 알려준다.

얼리터우二里頭 유적지의 탄화된 곡식 알갱이에 대한 부선법浮選法 통계에서 쌀알이 '의외로' 많아서 50퍼센트에 가까운데, 일반적으로 화베이 지역의 농작물은 응당 밭작물인 좁쌀粟 위주라고 여기기 때문에 이 연구를 주관한 식물 고고학자도 "황하 중·하류의 룽산 시대와 얼리터우 문화 시기의 부선 연구 결과 중 '이상異常 현상'에 속한다"라면서, 스스로 재배한 것 외에 외부에서 공물貢物로 바친 게 있을 수 있다고 추측했다. 우리는 이에 대해 가타부타 따지지 않았지만 리쉬는 끝까지 추궁하여 주장의 오류를 지적했다.

바로 식물 고고학자가 부선의 결과를 제출할 때 무게를 측정했다는 보고가 없다는 점이다. 그리고 좁쌀과 쌀의 과립 크기와 무게의 차이는 아주 커서, 옛사람의 재배 규모와 식품의 구성을 분석할 때는 응당 낟알의 수가 아니라 무게에 대한 통계를 내야 한다고 했다. 나아가 그는 농학農學에서 서로 다른 작물의 낟알 무게에 대해 통계를 낼 때 쓰는 용어인 '1000알의 무게'—학계에서는 극소수 학자만이 이 개념을 제기했으나 아직 중시되지 않고 있는데—를 끌어들여 얼리터우에서 출토된 쌀알의 무게가 좁쌀의 네 배라고 지적했다. 그러면 쌀의 환산 중량은 거의 84.5퍼센트를 차지하니, 벼농사가 얼리터우 사람들에게 절대적으로 중요한 식량원이 된다.

이 관점은 근거가 있다고 말할 수밖에 없다. 이 기초 위에서 그는 또 "룽산 시대가 끝난 뒤의 '큰 적막' 속에서 신자이新砦-얼리터우 사람이 돌연 나타나서 심지어 중국 최초의 왕조를 건립하게 된 중요한 원인은 벼농사였던 셈이다"(80쪽)라고 추론했는데, 당연히 이것은 하나의 이론이 될 수 있다.

이외에도 그는 세상에 전해지는 문헌에 담긴 어떤 서사들은 후세에 견강부회한 것이라고 지적한다. 예를 들어보자.

서주 이후 사람들은 황제黃帝나 염제炎帝와 같은 더 오래된 반신半神의 제왕을 위한 '창세기創世記'를 창조하면서 많은 주족 초기의 전설을 접목하거나 뒤섞어버림으로써 큰 혼란을 조성했다.(443쪽)

춘추 시기에 이르면 후세 사람들은 또 더 오래된, 『시경』에도 없는 요임금과 순임금을 창조했다. 이에 후직의 경력은 다시 바뀌어서 더욱 찬란한 내용이 덧붙여졌다. (…) 현대의 학술 기준으로 보면 요·순과 대우, 하 왕조와 같은 『상서』의 가장 오래된 편장篇章들은 모두 믿을 만한 게 아니다. 단지 상 왕조에 이르러서야 비로소 「반경」과 같이 일부 믿을 만한 내용이 나타나기 시작한다.(474~475쪽)

활과 화살, 도끼를 하사하여 정벌의 권한을 준 일은 상나라 때의 갑골문이나 금문에서 찾아볼 수 없으며, 더욱이 이것은 서주 이래의 분봉分封 제도의 규칙, 심지어 춘추 시기의 주 왕실이 제齊나라 환공桓公과 진晉나라 문공文公 등의 '패주霸主'에게 권한을 부여했던 것과 비슷하다. (…)

이런 춘추 시기 사람들의 관념이 전국시대와 진·한 이후까지 전해져서, 문왕과 상나라 주왕의 이야기를 기록하는 모티브가 되었다.(677~678쪽)

『사기』「은본기殷本紀」에서 주창周昌이 주왕紂王에게 다시는 '포락형炮烙刑'을 사용하지 말라고 청하자 주왕이 허락했다고 한 것에 대해서도 마찬가지다. 리쉐는 "사실 이것은 후세에 만든 일종의 도덕적 서사일 뿐 당시의 규칙에는 전혀 부합하지 않는다"(679쪽)라고 평했다. 이런 사례들에는 모두 구제강 등이 편찬한 『고사변古史辨』(전7권, 1926~1941)의 유풍이 상당히 많이 깃들어 있다.

'대우大禹의 치수'가 습지를 개조하여 무논을 개발한 것이랄지, 얼리터우 궁전과 수공업 부족이 이원병립二元並立했다는 주장, 상나라가 하나라를 멸망시켰을 때 수공업자들이 '내통자'였다는 주장, 상나라가 물소를 대규모로 방목했다는 주장, 상나라 중엽의 종교 개혁이 실패했다는 주장, 주원周原 평추鳳雛촌 갑조甲組 건물 기초가 문왕의 저택이라는 주장, 주창이 『역경』을 창작한 것이 상나라를 정벌하기 위한 것이었다는 주장 등은 모두 상당히 신선하고 자체로 논리에 부합하므로 하나의 이론으로서 자격이 있으나, 당연히 진일보한 검증이 필요하다.

어쩌면 우리는 지금도 우리 자신을 완전히 이해하기 어려울지 모른다. 고고학은 땅속 깊이 묻혀 있던 거울처럼 우리의 낯선 형상을 거꾸로 비춰준다.(48쪽)

리쉐의 말로 이 담비 꼬리에 개 꼬리를 잇듯 두서없는 서문을 마무리하니, 독자들은 되도록 빨리 본문으로 들어가서 저자가 묘사한 '낯선 형상'을 감지하고 상고시대에 대한 탐색과 고고학을 통한 역사 서사의 매력을 느끼길 바란다.

쉬훙許宏

2022년 8월 8일

징시京西 먼터우거우門頭溝에서

프롤로그

이 책은 중국 상고시대 문명의 기원에 관한 것으로 신석기시대 말기 (4000여 년 전)에서 시작해 상주商周 교체기 즉, 은주혁명殷周革命까지 1000여 년의 시간에 걸쳐 있다.

이를 위해 우선 상고시대의 인신공양제사부터 이야기를 시작하겠다. 인신공양제사란 바로 사람을 죽여서 귀신에게 바치는 제사다. 상고시대 인신공양제사 풍속은 최근 100년 동안 현대 고고학이 흥성하여 발굴한 은 상殷商 시기 많은 인신공양 유적지와 상나라와 왕이 점복占卜을 통해 제사를 바친 갑골문의 기록을 통해서 비로소 현대인의 시야에 들어왔다.

이런 풍속이 어떻게 역사와 인간의 기억에서 퇴출되었는가에 대해서 대다수 학자는 그것이 점차, 자연스럽게, 부지불식간에 퇴장했다고 묵인 하는 듯하다. 하나의 대표적인 견해는 은상 전기와 중기에는 인신공양제 사가 성행하다가 후기에 이르러서는 아주 드물어졌다는 것이다. 이 분야 의 대표적인 저작은 황잔웨黃展嶽(1926~2019)의 『고대의 인간 제물과 순장 통론古代人牲人殉通論』인데, 여기서는 은허에 있는 3개의 인신공양 제사갱祭祀 坑이 은허의 전기에 속한다고 소개했다. 그러나 이 세 구덩이에 대한 발굴

보고서를 보면 2개는 은허 말기에 속하고, 하나는 시기를 알 수 없어서, 이
것들이 은허의 전기에 속하는지 그렇지 않은지 확정할 방법이 전혀 없음
을 알게 된다.[1]

이 책의 연구에 따르면, 인신공양제사가 사라진 것은 주나라가 상나
라를 멸망시킨 것과 직접적인 관계가 있다. 주나라 무왕武王이 죽은 후 정
치를 보좌한 주공周公 주단周旦이 상나라 사람들의 인신공양제사 풍속을 금
지하고, 아울러 그에 관한 문자 기록과 역사 기억을 없애버렸다. 주공의
이런 조치는 꺼진 불이 다시 살아나는 것을 방지하기 위한 것일 수도 있
는데, 비교적 성공적으로 집행되어 3000년에 걸친 기억의 공백을 남겨놓
았다.

상고시대의 잔인하고 피비린내 나는 일을 재현하는 것은 절대 즐거
운 일이 아니지만, 피해갈 수도 없다. 이제부터 우선 은상의 가장 후기에
벌어진 인신공양제사 의식을 복원해보겠다.

은상 최후의 인신공양제사

은나라 도읍 궁전 구역에서 동쪽으로 수백 미터 떨어진 '뒤쪽 언덕後
岡'은 대단히 밀집된 상나라 백성의 거주지였다. 1959년 여기에서 기괴한
'무덤' 하나가 발굴되었는데, 정상적인 상나라 때의 무덤과는 아주 다르게
직사각형이 아니라 우물처럼 둥근 모양이고, 구덩이 안에서는 어떤 관재棺
材의 흔적도 없이 그저 25구의 해골만이 어지럽게 쌓여 있었다. 그와 함께
청동으로 된 예기禮器와 무기, 방직물과 식량 등이 출토되었다.

당시 중국과학원 원장을 맡고 있던 궈모뤄郭沫若(1892~1978)는 이것이
특수한 귀족의 무덤으로서, 무덤의 주인은 생전에 죄를 범해서 정상적인
매장 의례를 누리지 못했으나, 24명의 노예를 죽이고 귀중한 청동기를 부

장陪葬했다고 추측했다.[2]

그 후 1960년에 이 '무덤'을 정리할 때 고고학 작업자들은 제1차 발굴에서 드러난 바닥 밑으로 50센티미터 깊이의 토층土層 아래에 모두 29구나 되는 제2층의 유골이 있음을 발견했다.[3] 이에 곧 정자를 지어서 구덩이를 보호했다. 다만 몇몇 고고학자는 제2층의 유골 아래에는 또 무엇이 매장되어 있는지 의혹을 품을 수밖에 없었다.

1977년에 또 제3차 발굴이 진행되어 제2층의 유골 아래로 50센티미터 두께의 단단한 홍갈토紅褐土가 있음을 발견했고, 그 뒤에 제3층의 유골 19구를 발굴했다. 그제야 비로소 바닥까지 발굴한 셈이 되었다. 그러니까 이 둥근 구덩이로 된 무덤은 3층으로 되어 있으며 모두 73구의 유골이 매장되어 있었다. 발굴자들은 이것이 응당 무덤이 아니라 제사갱이라고 여겼다.

뒤쪽 언덕의 둥근 구덩이가 발굴되기 전에 은허의 왕릉 구역과 궁전 구역에서 1000개가 넘는 인신공양 제사갱을 발굴했으나, 대부분 길이 2~3미터의 직사각형이고, 일반적으로 10명 전후의 유골이나 인두人頭가 매장되어 있었다. 게다가 그것들은 단지 한 층으로만 되어 있었고, 여러 층으로 된 인신공양 제사갱이 발견된 적은 없었다.

1959년에 제1층을 발굴했을 때 출토된 청동기의 형태 및 거기 새겨진 명문銘文의 특징을 근거로 그 제사갱이 서주 초기의 것이라고 판단한 학자도 있었다.[4] 나중에 은허의 발굴 기간이 늘어나자 사람들은 원래 상나라 말기에 이미 이런 조형의 청동기와 명문이 있었으며, 그것은 은상 왕조가 퇴장하기 전야, 그러니까 주왕紂王 시대의 융성한 제사 의식에서 사용되었을 가능성이 크다고 인식하게 되었다.

이 제사갱의 발굴 기록은 비교적 상세해서, 그것을 통해 인신공양제사의 전체 과정이 질서정연했고, 당시 고급 인신공양제사 의례에 대한 상나라 사람들의 이해를 포함하고 있으며, 피살자도 자기를 위해 충분히 준비했음을 발견할 수 있다.

제사의 전체 과정을 시간 순서에 따라 재현하고, 아울러 세부 절차에 대한 분석을 통해 제사 현장에서 발생했던 하나의 장면을 복원해보자.

뒤쪽 언덕의 둥근 제사갱의 분류 번호는 H10인데,* 진한 회색의 생토층生土層 속에서 발굴되었다. 지표의 구덩이 입구는 직경 2.8미터인데 아래로 가면서 조금 확대되며, 바닥 부분의 직경은 2.3미터, 전체 깊이는 2.8미터다. 윗면의 절반은 모두 흙으로 채웠고, 3층의 유골은 아래쪽 절반 부분에 있어서 층이 분명하게 나뉘어 있다. 그러니까 비록 거기에 담긴 이념을 완전히 해독할 방법은 이미 없지만, 처음부터 H10 원형 구덩이는 융성한 제물을 바치는 제사 의식을 위해 건조되었던 것이다.

구덩이의 벽은 고르고 반질반질하며, 바닥은 평평하고 단단하게 모양을 다듬고 다지는 과정을 거쳤을 것이다. 제사 주관자는 먼저 구덩이 바닥에 아주 얇은 자갈과 모래를 한 층 깔고 다시 20~30센티미터 두께의 황토를 깔았다. 황토 속에 묻힌 조각은 솥鬲과 궤簋, 항아리罐와 같은 도제陶制 취사 도구와 식기들을 때려 부순 것이다.

그런 뒤에 사람을 죽이기 시작한다. 1차로 19명을 죽였는데, 머리와 몸뚱이가 온전한 것은 2구뿐이고 정강이나 발목이 잘린 것이 5구, 머리뼈만 있는 것이 10개, 상악골 하나, 오른쪽 넓적다리 하나가 있다. 분별이 가능한 젊은 남자와 여자가 3명이고, 성년 남자가 2명, 아동이 4명, 영아가 2명이다. 4명의 아동은 모두 시신이 불완전한데, 하반신이 없다. 1명은 정강이 아래쪽이, 1명은 넓적다리 아래가 잘려 나갔다. 1명은 머리뼈만 있

---

* 고고발굴보고에서 'H'는 '회색 구덩이灰坑'의 약칭簡稱인데, 회색 구덩이 가운데 대다수는 옛사람들의 쓰레기 구덩이였다. 다만 물건을 저장하는 구덩이거나 제사용 구덩이 등으로 쓰였을 수 있는데, 구덩이의 표면을 발굴할 때 작업자들은 구덩이의 구체적 성격을 이해하기 쉽지 않으며, 일반적으로 바닥 부분까지 발굴해야 그 구덩이의 구체적 용도를 판단할 수 있으므로, 대부분 싸잡아서 '회색 구덩이'라 하고 번호를 붙인다. 다만 최초에 부여된 번호는 일반적으로 고치지 않는다. 이와 유사한 약칭으로 건물房子(F)과 무덤墓葬(M), 우물井(J) 등이 있다. —원주

고, 1명은 비스듬히 쪼개서 상반신과 오른쪽 골반만 남아 있다. 2명의 영
아는 모두 머리뼈만 남아 있다. 하나만 남은 상악골은 30세 전후의 여성
것인데, 치아가 무척 가지런하다. 20세 전후의 젊은 남자 하나는 몸을 옆
으로 하고 굽혀진 상태인데, 바라보는 쪽의 우측 사타구니 부분에 60매枚
의 조개껍데기(상나라 사람들이 화폐로 쓰던 것임)가 있으니,* 실로 꿴 한 뭉치
였거나 혹은 허리에 찬 포대 안에 들어 있었을 것이다. 이외에도 그의 몸
뚱이 아래에도 조개껍데기 몇 개가 흩어져 있었다.

시체와 인두人頭는 얼굴이 위쪽을 향한 게 없고 아래쪽이나 옆쪽을 향
하고 있다. 이런 모습은 살해하고 제사 지내는 일이 구덩이 밖에서 진행되
었고, 그 뒤에 다시 인두와 남은 시체를 구덩이 안으로 던져넣었음을 나타
낸다. 틀림없이 누군가 구덩이 바닥에서 조정하는 일을 책임졌을 것이다.
아주 가지런하게 쌓지는 않았으나 시체의 얼굴이 위를 향하지 못하도록
처리해야 했다. 대부분 죽은 이의 몸뚱이는 구덩이에 던져지지 않았으므
로, 구덩이 안에는 머리뼈만 남은 게 상당히 많다. 위쪽에 남겨진 시체의
용도가 무엇이었는지는 뒤쪽의 자세한 설명을 참조하길 바란다.

유골의 일부가 붉게 물든 것으로 보건대, 1차 살인이 끝난 뒤에 제사
주관자는 구덩이 안에 약간의 주사朱砂를 뿌리고 나서 흙을 채웠는데, 이번
에 채운 것은 홍갈색의 흙으로 두께는 50센티미터 남짓이었다. 이어서 2
차 살인을 시작한다.

이번에는 적어도 29명을 죽였는데 머리와 몸뚱이가 이어진 유골이
19구, 머리뼈만 있는 것이 9개, 머리가 없이 몸뚱이만 있는 것이 1구였다.

---

* '貝'자는 갑골문에서 🐚라고 쓰는데, 『합집』 11423正을 참조할 것. 『상서』 「반경盤庚」: "여기 나에
게 정치를 어지럽히는 신하들이 함께 벼슬자리에 있어 재물을 모으기만 한다玆乃有亂政同位, 其乃貝
玉." 이에 대한 공영달의 소에서는 "조개는 물에 사는 것이다. 옛사람들은 그 껍질을 가져다가 재물로
여겼으니, 오늘날의 돈과 같다貝者, 水蟲, 古人取其甲以爲貨, 如今之用錢然"라고 했다. 조개껍데기를 돈
으로 쓰는 것은 이미 관습이 되어 동주東周 이후에야 화폐가 비로소 점차 각종 금속화폐로 대체되었
다. 윈난雲南의 일부 소수민족 지역에서는 명나라 때까지 조개껍데기를 화폐로 썼다. ─원주

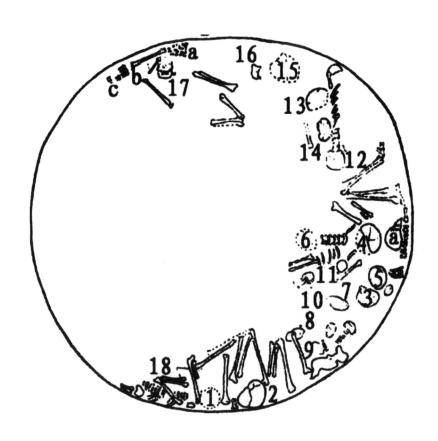

뒤쪽 언덕 H10 제3층 평면도[5]

시체들은 허리를 굽히거나 몸을 옆으로 돌리고, 몸통의 앞쪽이 위를 향하고, 몸을 곧게 펴거나 구부리는 등의 각종 자세를 취하고 있다. 단독으로 있는 머리는 구덩이 벽의 동남쪽에 연속으로 놓여 있고, 얼굴은 아래를 향하고 있으며, 정수리는 구덩이 벽에 붙어 있다. 젊은 남자라고 분별할 수 있는 이가 8명이고, 아동은 5명이다.

이번 층에는 조개껍데기를 부장한 사람이 더 많다. 젊은 남자 하나는 머리 부분에 두 꿰미가 놓여 있는데, 모두 31매다. 27번 유골은 허리를 구부리고 있으며 약간 비틀어졌는데, 신장이 비교적 커서 허리를 펴면 180센티미터를 넘길 듯하다. 사타구니 우측에 세 무더기의 조개껍데기가 놓여 있는데 각기 20매와 10매, 5매로서 본래 세 꿰미였을 가능성이 있다. 이외에 이 세 무더기 아래에도 16매가 흩어져 있다.

이 층의 아동은 두 다리가 없는 1명 외에 기본적으로 온전한 몸뚱이를 가지고 있으며, 젖니가 아직 빠지지 않은 한 아이의 가슴 앞에는 옥구슬 장식 하나가 걸려 있다.

각기 17번과 21번의 번호가 붙여진 두 청년은 성별을 알 수 없는데, 자세가 똑같다. 즉, 땅에 엎드려서 동쪽을 향해 절을 올리고 있는데, 1미터쯤 떨어진 채 나란히 있다. 발굴자가 추측하기로 이 두 사람의 자세는 지나치게 규정되어 있는데, 끈으로 묶어서 그렇게 만든 듯하다고 했다. 21호의 머리 오른쪽에는 뼈로 만든 비녀笄 하나가 아래에서 위로 꽂혀 있어서 머리카락이 머리 오른쪽에 뭉쳐 있었음을 보여준다. 어쩌면 처형될 때 머리 모양이 흐트러졌을 수도 있다. 오른팔에는 옥으로 된 팔찌 하나를 차고 있고, 손목에는 줄에 꿴 옥어玉魚를 차고 있어서 상당히 부귀하고 중시된 인물임을 알 수 있다. 그와 나란히 엎드린 17호에게는 장식물이 없다.

2차 살인이 끝난 뒤에 제사 주관자는 또 시체에 주사 가루를 뿌리고, 다시 자갈을 한 층 뿌렸는데, 그 크기는 완두콩과 호두 사이로서 평균 두께가 1센티미터 남짓이다. 그런 뒤에 31개의 도기를 구덩이 안에 넣어서

북

뒤쪽 언덕 H10 제2층 평면도

때려 부수었는데, 도기 조각들이 매우 집중적으로 분포되어 있으니, 부순 뒤에 던져 넣은 게 아닌 듯하다. 일부 도자 항아리陶罐 안쪽 벽에는 좁쌀粟과 쌀알이 붙어 있고, 어떤 것은 표면에 주사를 바르기도 했다. 구덩이 바닥에는 아주 많은 시신이 쌓여 있었는데, 고르게 정리되지도 않았고, 구덩이 안의 작업자는 일부러 도기들을 비교적 낮고 움푹한 곳에 놓고 때려 부수어서 구덩이 바닥을 상대적으로 평평하게 만들었다. 그런 뒤에 다시 회황색灰黃色의 흙을 메웠는데, 두께는 대략 30센티미터에서 50센티미터이며, 소량의 숯 알갱이와 불에 탄 흙 알갱이가 섞여 있어서 지면에 불이 타고 있었음을 말해준다. 어쩌면 구덩이 안에 던져 넣지 않은 몸뚱이를 포함해서 제사에 올릴 것을 여기서 구웠을 수도 있다. 1차에 비해 2차에 살해당한 이들의 몸뚱이가 상대적으로 조금 더 많이 보존되어 있다.

그런 뒤에 3차 살인이 벌어졌다. 이번에는 24명을 살해했는데, 몸뚱이가 온전한 유골이 15구, 머리뼈만 남은 것이 7개, 머리 없이 몸뚱이만 남은 것이 2구다. 개중에 젊은 남자로 판명된 것이 6명, 장년 남자는 3명, 아동이 4명이다. 이때 구덩이는 이미 절반이 채워지고 약 1.5미터 깊이만 남아 있으니, 어떤 이는 구덩이 안에서 살해되었을 수도 있다. 예를 들어 40세 전후의 남자인 3호는 구덩이 벽에 기대고 쪼그려 앉아 있는데, 두 손으로 얼굴을 가리고 있고, 가슴 앞쪽에는 13매의 조개껍데기 한 꿰미가 있으니, 목구멍을 베였거나 머리에 충격을 받아서 죽었을 수도 있다. 30살 전후의 한 남자는 상반신이 수사자정戌嗣子鼎이라고 하는 청동 솥에 엎어져 있는데 오른손은 솥의 입구 부분을 쥐고 있다. 16~17세의 어린 남자인 11호는 두 손으로 얼굴을 가린 채 엎드려 누워 있는데, 허리는 청동 술잔罍에 눌려 있다. 성별과 연령이 불명확한 8호는 두 손으로 얼굴을 가리고 있는데, 몸뚱이와 팔다리가 해체되어 있다.

이번 층에는 조개껍데기를 가지고 죽은 이가 더 많다. 16호는 왼손에 한 꿰미, 허리에 두 꿰미를 걸고 있는데 모두 100매가 넘는다. 16~17세

뒤쪽 언덕 H10 제1층 평면도

의 어린 남자인 18호는 볼기^臀 부분에 마포^{麻布}로 만든 자루를 가지고 있는데, 그 안에 들어 있는 조개껍데기는 300매가 넘는다. 18~19세의 어린 남자로 머리뼈만 남은 17호는 입에 3매를 물고 있다. 상고시대에 매장된 사자는 종종 입에 조개껍데기를 물고 있는데, 대부분 염할 때 후인이 사자가 저승으로 가져가도록 넣어준 것이다. 그러나 17호는 스스로 입에 물었을 가능성이 아주 크다. 보아하니 살인자는 그들의 재물에는 관심이 없었으니, 17호는 자기의 왕생^{往生}을 스스로 보살필 수밖에 없었다. 이 층에는 또 작은 무더기의 조개껍데기가 여러 군데 있으나, 대부분 이미 주인이 누구인지 알아볼 수 없다.

모든 청동기는 1층에 있다. 예기^{禮器}는 청동 솥과 청동 술잔들(가^斝와 작^爵)이 각기 하나씩이고 무기로는 청동 창^戈이 2개, 청동 칼^刀이 하나, 청동 화살촉이 하나, 이름을 알 수 없는 청동 장식물이 하나다. 청동 솥에 새겨진 명문에는 그 주인의 이름이 '수사자^{戍嗣子}'임을 보여준다.

이때는 이미 제사 의식의 끝자락이라서 아마 구덩이 안의 작업자들이 약간 게을러진 듯하다. 그래서 이번 층의 두 사람은 얼굴을 위로 향한 자세를 하고 있으며, 그 가운데 15호는 아래턱이 잘려 나갔고, 이마에 칼자국이 뚜렷하니, 틀림없이 얼굴을 위로 한 채 뒤로 넘어져서 연달아 여러 차례 칼질을 당했을 것이다.⁶⁾

1층의 거의 모든 유골은 붉은색으로 물들어 있으니, 틀림없이 3차 살인이 끝난 뒤에 제사 주관자가 시신에 비교적 많은 주사 가루를 뿌린 듯하다. 구덩이 내부에는 또 묶은 명주실과 삼^麻, 비단과 마포, 조와 쌀 무더기가 하나 있었는데, 이것들은 모두 인두와 유해 사이에 만들어놓은 빈자리에 놓여 있었다. 그런 다음 흙을 채웠다. 이번에 채운 흙에는 많은 숯가루와 숯덩어리가 섞인 회색의 흙으로서, 숯덩어리 가운데는 직경 10센티미터, 길이 4센티미터나 되는 것도 있었으니, 분명히 불탄 나뭇가지였다. 채워진 흙 속에는 또 대량의 불에 탄 뼈—보고서에는 인골인지 짐승의 뼈인지 언급하지 않았음—와 조개껍데기가 섞여 있었다. 1층의 흙은 두께가 35~60센티미터였는데, 응당 제사를 마친 뒤의 땔감 잔재와 쓰레기였을 것이다.

이 재와 숯이 섞인 흙을 채움과 동시에 제사 주관자는 마지막 한 사람을 죽였다. 몸을 옆으로 돌린 채 구덩이 동쪽 벽에 구부리고 있는데, 몸에는 많은 주사가 뿌려져 있다. 그러나 유골이 너무 심하게 부식되어 성별과 연령을 구별할 수 없다. 그의 몸체 옆에는 도기 솥鬲이 하나 놓여 있는데, 부장품인 듯하다. 궈모뤄는 이 사람이 바로 무덤 주인이자 청동기의 주인인 '수사자'라고 추측했는데, 그만이 단독으로 맨 위쪽에 묻혔기 때문이다. 그러나 문제는 그의 신변에 도기 솥 하나만 있을 뿐, 높은 가치가 있는 다른 부장품은 전혀 없으므로 완전히 확정할 수는 없다.

인신공양제사가 모두 끝난 뒤에는 마지막 흙 채우기 작업이 이루어졌다. 숯과 재가 섞인 흙의 위에는 두께 90센티미터의 덩어리 같은 '붉게 탄 흙紅燒土'이 층을 이루고 있는데, 소량의 도기 조각들이 섞인 이 흙이 구덩이의 나머지 부분을 모두 채우고 있다. 이렇게 불탄 흙덩어리는 응당 고기를 구워 제사함으로써 생긴 것일 터다.

이상이 바로 이 인신공양제사의 과정이다. 그런데 이것은 간단한 도살이 아니었다고 판단할 수 있다. 제사 주관자는 충분히 준비하여 제사갱을 파고 다듬는 일부터 매 차례 사람을 죽여 제사를 지내는 동안 시신을 배치하고, 주사를 뿌리고, 흙을 메우고, 도기를 깨부수고, 각종 제물을 배치하는 등의 절차를 모두 조리 있게 집행했다. 게다가 지상에서는 제물을 굽는 일을 포함한 제사 의식이 동시에 거행되었다. 이 모든 것은 당시 사람들이 이런 제사를 거행하는 데 매우 익숙해져 있었으며, 비교적 고정된 운영 절차를 가지고 있었음을 설명해준다.

발굴 보고에 따르면 죽은 이는 모두 노예였다. 다만 물품을 놓고 보면 각 층에 모두 조개껍데기—심지어 꿰미로 만들거나 혹은 마포 자루에 대량으로 담긴 것도 있었음―를 지니거나 옥 장식을 차고 있었으니, 이것들은 분명히 그들 스스로 준비한 '부장품'이었을 것이고, 이 정도로 부유한 이들이 노예였을 가능성은 없다. 주목할 만한 점은 살인자가 죽은 자의 재물을 전혀 탐내지 않아서 화폐로 사용된 대량의 조개껍데기와 가치 높은 청동기를 제사갱에 묻었다는 사실이다. 은허의 많은 제사갱에서 이것은 대단히 드문 경우다.[7]

가장 위층의 죽은 이가 신분이 가장 높아서 상아로 만든 막대기 하나와 상아로 만든 비녀 5개를 가지고 있었고, 더욱 중요한 것은 당연히 귀중한 청동 예기와 무기다. 개중에는 청동 솥鼎과 술잔들(가斝와 작爵)이 각기 하나씩 있었으며, 가장 큰 '수사자정戍嗣子鼎'은 높이가 거의 50센티미터, 무게는 21킬로그램 남짓이고 바닥에 그을린 흔적이 있으니, 주인이 늘 그것으로 음식을 익혀 먹었음을 알 수 있다. 출토되었을 때 솥의 입구에는 사직물絲織物의 잔재가 남아 있었는데, 아마도 비단으로 싸서 구덩이 안으로 가져다 넣은 듯하다.

솥 안에는 비교적 긴 명문이 들어 있는데 모두 3줄 30자다. 기재된 내용은 모년 모월 병오일丙午日에 상나라 왕이 큰 궁궐에서 수사자戍嗣子에게 조개껍데기 화폐 20붕朋을 하사했는데, 이 영광스러운 일을 기념하기 위해 수사자가 부친의 제사에 사용할 이 솥을 주조했다는 것이다.

명문 끝머리의 '견어犬魚'는 두 개의 갑골문 형상으로 조성된 '가족의 휘장族徽'이다. 주인은 '수사자戍嗣子'라고 자칭했는데, '수戍'는 그의 이름이고 '사자嗣子'는 그의 신분이 그 씨족의 적계嫡係를 이은 족장族長임을 나타내는 것일 가능성이 있다.

'견어'라는 가족 휘장은 상나라 때의 청동기에서 그다지 많이 보이지 않고, 갑골복사甲骨卜辭에서도 나타난 적이 없으니, 그 씨족은 그다지 지위가 높은 게 아니었음을 말해준다. 그런데 한 번이나마 왕의 부름을 받았으니 충분한 영광이었으므로 전문적으로 큰 솥을 주조하여 기념해야 했다.

수사자정戍嗣子鼎 및 명문銘文 탁본[8]:

"丙午, 王賞戍嗣子貝廿朋, 在𣎵𠁁. 用作父癸寶鼎. 唯王𩟹𣎵大室, 在九月. 犬魚."

청동기의 체제와 명문의 양식은 은상 말기, 상 왕조가 멸망하기 직전의 시기에 속한다.

'붕朋'은 갑골문에서 ∬라고 쓰는데, 한 사람이 두 꿰미의 돈을 들고 있는 모습이다. 왕궈웨이王國維(1877~1927)는 「설각붕說珏朋」에서 "옛날 제도에서 패옥貝玉은 모두 5매를 1계繫로 삼았고, 2계가 1붕朋이다"라고 했다. 그러니까 1꿰미는 5매, 2꿰미는 10매, 10매는 1붕이 된다. 『합집合集』 40073에는 "조개 2붕을 하사했다易貝二朋"라고 했으니, 이는 상나라 때 2붕은 남 앞에 내놓기에 아주 적당했음을 말해준다.* 1975년 산시陝西에서 출토된 서주西周 중기의 「구위화명문裘衛盉銘文」에는 이렇게 기록되어 있다.

> 거백矩伯이 구위裘衛의 집에서 근장瑾璋을 가져오면서 80붕에 해당하는 전답 10전田을 주었고, 붉은 호랑이 가죽 2장과 사슴 가죽 2장, 허리띠 하나는 20붕의 값어치가 있어서 전답 3전을 주었다.
> 矩白庶人取董章於裘衛. 才八十朋. 厥賈其舍田十田. 矩或取赤虎兩. 麀囗 兩. 囗鞈一. 才廿朋. 其舍田三田.[9]

주나라의 제도에 따르면 100묘畝(대략 지금의 31.2묘에 해당)가 1전田이니, 20붕은 3전(대략 지금의 93.6묘에 해당)의 값어치에 해당한다.

뒤쪽 언덕의 H10이 전면적으로 발굴된 뒤에 제사용 구덩이의 특징이 공인되어서, 학계에서는 이미 대부분 그것을 무덤으로 간주하지 않으나, 여전히 해석하기 곤란한 현상이 있다. 첫째, 사람을 순장할 때 청동기나 조개껍데기, 명주나 삼으로 짠 직물, 식량 등의 '부장품'을 상당히 많이 사

---

* 물론 통화通貨의 팽창은 필연적이다. 서주西周에 이르러 하준何尊의 기록에 따르면, 주 성왕成王이 하何라는 신하에게 30붕朋을 하사한 적이 있다고 했다. 『집성』 6014: "何易貝卅朋." 춘추 시기에 이르면 『시경』 「소아·청청자아菁菁者莪」에서 "군주를 만나니, 내게 100붕을 하사하셨지旣見君子, 錫我百朋"라고 했으니, 이미 이 무렵에는 하사할 때면 선뜻 100붕을 주었던 듯하다. ─원주

용했는데, 이것은 상나라 때의 인신공양 제사갱에서는 아주 드문 경우다. 둘째, 부장된 화폐(조개껍데기)와 청동기, 옥 장식은 죽은 이의 재물인 듯하다. 옥 장식은 죽은 이의 몸에 채워져 있고, 화폐는 꿰미 형태나 자루에 담긴 형태로 죽은 이가 휴대하고 있으며, 청동기와 청동 술잔도 죽은 이의 몸 아래에 눌려 있다. 이런 청동 예기를 소유할 수 있는 이는 상나라 때의 귀족인 '수사자' 가족과 같은 이들뿐이다.

이런 특징을 놓고 보면, 1961년에 궈모뤄가 '무덤의 주인은 귀족'이라고 한 판단이 여전히 성립할 만한 부분이 있다. 뒤쪽 언덕의 H10은 제사갱이지만, 거기에 사용된 인간 제물은 다른 구덩이들의 예와 달리 흔히 보이는 전쟁 포로와 노예가 아니라 중급 귀족인 '수사자' 가족의 성원이다. 그러므로 제사 주관자는 파격적으로 많이 우대해줘, 죽은 이가 부장품을 가져가게 허락하고 시체에 주사 가루를 뿌려주었다.(하나라와 상나라 때의 귀족 무덤에는 종종 주사를 뿌렸다.) 다만 실제로 집행하는 과정에서 이런 우대는 상당히 경솔하게 시행되어서 아주 많은 이의 몸뚱이와 머리가 분리되어 있으니, 시신은 제사를 바치는 이들과 요리한 이들이 나누어 먹었을 가능성이 있다.

제물로 바쳐진 이들이 '수사자'의 가족이라면 이런 살육과 제사를 진행한 이가 다른 귀족일 가능성은 그다지 크지 않다. 왜냐하면 아무리 고급 귀족일지라도 하급 귀족의 일가족을 모두 죽여 제사에 바칠 권력은 없었기 때문이다. 오직 왕의 권력만이 그것이 가능하다.

또 두 가지 가능성이 있다. 첫째는 상나라를 멸한 뒤에 주나라 사람들이 특정한 상나라 귀족을 살육한 것이다. 주나라 사람들은 은나라 도읍을 두 차례 점령했는데 무왕이 상나라를 멸했을 때가 첫 번째, 주공이 반란을 평정했을 때가 두 번째였다. 그러나 어느 때든 간에 이런 가능성은 크지 않으니, 주나라 사람들은 상나라 사람들의 제사 윤리를 전혀 존중하지 않았으므로 높은 가치가 있는 화폐와 청동기를 제사갱에 넣도록 허락하지도 않았을 것이고, 더욱이 제사의 전체 과정을 이처럼 진지하고 세밀하게 집행하지도 않았을 것이다.

둘째는 상나라 주왕紂王의 의지에 따른 살육과 제사다. 『사기史記』 등 역사서의 기록에 따르면 주왕은 구후九侯와 악후鄂侯, 비간比干 등의 상나라 귀족을 죽인 일이 있다. 상나라 사람들의 세계관에 따르면, 상나라 왕이 사람을 죽이는 일과 신에게 바치는 일은 거의 같은 일이고, 특히 높은 신분의 귀족을 죽이는 일은 신들에게 고급 제물을 바칠 수 있는 얻기 어려운 기회였다.

이로 보건대 뒤쪽 언덕의 제사 구덩이 속에 있는 '수사자' 일가도 주왕에게 살해되어 제사에 바쳐졌을 가능성이 있다. 살인하여 제사 지내는 지점은 수사자의 집이나 그 근처였을 것이고, 제사 의례를 주관하거나 참가한 이들은 상나라 귀족이었을 것이며, 죽은 자에게 약간 관용을 베풀기도 했다. 그러나 관례에 따라 제사에 바쳐진 이들, 특히 많은 영아와 어린 아이를 요리해 먹었을 것이다.

가족 가운데 지위가 다른 성원에 대해서는 살육의 수단도 달랐다. 가장 아래층의 희생자들은 지니고 있는 화폐와 옥기玉器가 가장 적었으니 응당 지위가 비교적 낮고, 상대적으로 아동과 영아가 많았는데, 주로 시신이 분리되거나 사지가 해체되어 심지어 삶아 먹혔을 것이다.

중간층의 희생자들은 대부분 머리가 잘렸으나 상대적으로 시신을 온전하게 남길 수 있었다.

가장 위층에서 참수되지 않거나 손으로 얼굴을 가린 몇 명—이들은 청동 솥이나 청동 술잔을 지키고 있었음—도 있었으니, 특별히 예우받은 귀족이었을 것이다. '수사자' 본인도 손으로 얼굴을 가린 40세 전후의 남자(3호)와 비슷한 수준이었을 것이다. 보아하니 신분이 고귀한 성원일수록 나중으로 미루어져서 살해되었다.

귀모뤄는 죽은 이들 가운데 가장 중요한 이는 '수사자'이고 그는 어쩌면 죄를 지어서 죽었을 것이라고 결론을 내렸는데, 성립할 만한 해석이다. '수사자'는 본래 계급이 그다지 높지 않은 귀족이었는데, 어떤 교묘한 인연으로 주왕을 접견했고 심지어 어느 정도 신임을 받았을 가능성도 있다. 그러나 또 무슨 이유로 주왕의 진노를 사서 일가족 전체가 제물로 바쳐졌다. 왕을 접견한 일을 기념하여 주조한 청동 솥을 제사갱에 가져간 것도 어떤 풍자적인 의미가 담긴 윤회라고 할 수 있겠다.

『사기』 등의 역사서에서 상나라 주왕은 잔학하고 포악하며 살육을 즐겨서 많은 귀족과 대신을 주살誅殺한 적이 있다. 뒤쪽 언덕의 H10 제사갱은 세상에 전해진 문헌 기록을 인증할뿐더러 또 아주 강렬한 종교 색채를 띠고 있다. 상나라 사람들의 전통적인 종교 관념에 따르면, 제사에 바쳐진 인간 희생의 신분이 높을수록 선왕先王과 신들을 더 기쁘게 할 수 있었다. 역대 상나라 왕은 모두 다른 부족의 추장인 '방백方伯'을 잡아다가 제사에 바쳤는데, 주왕은 상나라 귀족도 제사 희생의 명단에 포함시켰다.

주왕은 폭군의 형상으로 역사서에 기록되었으나, 역사서에는 유사한 제사갱의 잔인한 행위가 기록된 적이 없었고, 설령 연의소설演義小說인 『봉신방封神榜』*이라 할지라도 이런 줄거리를 상상하지 못했다. 이것은 주나라 이후의 사람들은 상나라의 인신공양제사 풍속을 이미 잊었음을 말해준다. 고고학의 발견이 없었다면 우리는 아마 상고시대의 이런 잔혹함과는 아마 영원히 접촉하지 못했을 것이다.

---

* 『봉신연의封神演義』 또는 『상주열국전전商周列國全傳』 『무왕벌주외사武王伐周外史』 등으로도 불리는 100회의 장편소설이다. 작자에 대해서는 논란의 여지가 있으나 일반적으로 명나라 때의 허중림許仲琳이라고 알려져 있다. 2016년에 우리나라에서도 이 작품의 완역본(졸역, 전7권, 솔출판사)이 나왔다.

잃어버린 문명을 건져내다

인신공양제사의 관념은 어디에서 유래했는가? 이 문제에 답하기는 매우 어렵다. 인간을 희생으로 바쳐 제사 지내는 종교는 문헌 기록이 없는 아득한 상고시대, 심지어 대부분 선사시대에 속하는 것인지라, 후세 사람들은 그에 대한 기억을 진즉 잊었고, 더욱이 역사서에는 어떤 기록도 보존되어 있지 않다.

다만 근래 100년 동안의 고고학 발견 보고서에 따르면, 신석기시대 중후기(약 6000년 전)에 황허강과 창장강 유역의 어떤 무리가 이미 유사하지만 드물게 인간을 희생으로 바쳐 제사 지내는 행위를 한 듯하며, 나중에는 점차 일상적인 것이 되었다. 그것은 아마 초기 인간 무리의 집단적인 종교 행위였을 것이며, 아울러 부족 간의 전쟁과 밀접한 관계가 있다.

4000여 년 전에 일부 지구의 신석기인 집단이 모여서 초기의 국가를 형성했는데, 산시山西 타오쓰陶寺와 칭량쓰淸凉寺, 산시陝西 스마오石峁 등지의 취락 유적에서 발견된 인신공양제사(인간 순장)의 규모는 점차 커져서 하夏나라 때까지 줄곧 이어졌으니 얼리터우二里頭 고대 국가 유적이 그것이다. 상나라가 건립된 뒤에 인간을 희생으로 바쳐 제사 지내는 행위는 폭발적으로 증가하여, 은허의 단계(대략 기원전 1300년부터 기원전 1046년까지)에 이르면 절정을 이루었다. 여기에는 대량의 인간 시신이 가득 찬 제사갱뿐만 아니라 수천 조목의 갑골복사甲骨卜辭 기록이 남아 있다.

예를 들어 『합집合集』 32093에는 이렇게 기록되어 있다.

묘卯 3강羌 2우牛. 묘卯 5강羌 3우牛.
卯三羌二牛. 卯五羌三牛.

'묘卯'는 사람이나 가축 희생을 절반으로 쪼개서 장대에 걸어 제사하는 방식이고 '강羌'은 당시 산시山西와 산시陝西의 토착민인데, 상나라 왕은 제사에서 가장 일상적으로 강인羌人들을 사용했다. '강羌'의 갑골문 형상은 머리 꼭대기에 양의 뿔이 난 사람의 모습이고, 때로는 목이 줄에 묶이거나 심지어 나무 말뚝에 몸이 묶인 모습으로 묘사되어, 그들이 이미 포로로 잡혔음을 나타냈다.

인신공양제사가 상나라 사람들의 생활에서 차지하는 비중은 얼마나 되었을까? 참여 범위로 보면, 이미 발견된 대다수 인신공양제사 유적은 왕실 유적에 속하니, 그것이 상나라에서 중요한 종교 제사 의식이었음을 말해준다. 상나라 때의 인신공양제사는 또 보편적인 성격을 띠고 있었다. 예를 들어 도기陶器를 제작하거나 청동을 다루는 대장장이 집단이 특히 열성적이었다. 은나라 도읍의 각 취락에서부터 멀리 떨어진 식민 점거지까지, 각 지역의 상나라 부족은 많은 인신공양제사 유적을 남겼다.

또 시험 삼아 그것을 계량화해볼 수도 있다. 제사에 바쳐진 인간 희생은 은허*의 전체 인구에 대비해 어느 정도 비중이었을까. 지금까지 은허의 왕릉 구역에서 발견된 상나라 왕의 제사갱은 2000개 남짓이며, 개중에 1400개 정도가 이미 발굴되었다.[10] 20세기의 발굴 작업은 대부분 비교적 조악해서 인골의 통계도 너무 완비되지 않았다. 2013년에 옛 구덩이의 견본을 뽑아 대조해보니, 구덩이마다 10명의 인간 희생이 들어 있었다.[11] 보수적으로 보아서 구덩이 하나에 평균 5명이 매장되었다고 하더라도, 인간 희생의 수는 1만 명을 넘어선다.[12] 그리고 이것은 단지 왕릉 구역의 제사갱에 있는 인간 희생에 지나지 않으며, 해당 구역의 순장된 사람이나 왕궁 구역의 인간 희생 및 은나라 도읍의 각 취락에 있는 인간 희생 및 순장자 등은 자료가 분산되어 있는 까닭에 잠시 통계에 넣지 않았다.

---

* 정확하게 말하자면 '은도殷都'라고 해야 할 테지만, 이번 번역에서는 우리나라 일반 독자에게도 약간 익숙한 '은허殷墟'라는 지명으로 번역했다. 사실 '은허'는 폐허가 된 '은도'의 유적지를 가리키므로 구별해서 써야 옳으나 둘 다 그냥 '은허'로 번역했으니, 독자들이 문맥에 맞추어 이해해주시길 바란다.

『합집合集』 32093의 탁본*

* 궈모뤄郭沫若, 『갑골문합집甲骨文合集』, 중화서국, 1999, 32093條(이하 『합집合集』으로 약칭). 상
  대商代 갑골복사 속의 '강羌'은 주로 산시山西와 산시陝西 지구의 토착 주민인데, 이들은 주대周代에
  점차 모여서 화하족華夏族을 이루었다. 후세에 '강羌'은 또 한족漢族이 서쪽 지역의 소수 족군族群을
  가리키는 호칭이 되었는데, 이것은 상나라의 '강'과 다른 부류다. 童恩正, 「談甲骨文'羌'字幷略論殷代的
  人祭制度」, 『四川大學學報』(哲學社會科學版) 1980년 제3기; 王平 · 顧彬, 『甲骨文與殷商人祭』, 大象出版
  社, 2007, 87쪽.—원주

우선 이 인간 희생 1만여 명이 은나라 도읍 총인구 중 어떤 비율을 차지하는지 살펴보자. 제사갱의 사용 시기는 약 200년에 걸쳐 있는데, 이 시기에 은나라 도읍의 누적 총인구는 약 100만 명이다.[13) 이렇게 비교하면 정상적인 사망자와 인간 희생의 비율은 100:1이다. 다만 주의해야 할 점은 발굴 작업에서 이미 발견한 인간 공양 제사갱이 실제로 존재했던 수량과 같았던 것은 절대 아니며, 후세에 파괴되거나 아직 발견되지 않은 규모는 헤아릴 방법이 없다는 사실이다.[14) 그러므로 방법을 바꾸어서 그것과 은허에서 이미 발견된 정상적인 사망자(무덤)의 수량을 대비해보자.

은허의 범위 안에서 이미 발견된 정상적인 무덤은 약 6500개인데,* 이는 정상적으로 사망한 사람이 그만큼이라는 뜻이다. 그렇다면 정상적인 사망자와 인간 희생의 비율은 65:100이니, 말하자면 65명의 자유인 뒤에 100명의 인간이 살해되어 제사 희생으로 바쳐졌다는 뜻이다. 당연히 100:1과 65:100은 두 개의 극단을 대표하며, 실제의 수치는 양자 사이에 있을 것이다. 어쨌든 그 시대는 후세 사람으로서는 상상하고 복원하기 어려우나, 이런 대략적인 예측만으로도 심장이 떨리게 된다.

시야를 조금 넓혀서 다른 고대 인간 집단 속의 인신공양제사 흔적을 잠깐 살펴보기로 하자.

많은 고대 인류는 모두 인간을 제사에 바친 것으로 의심되는 흔적을

---

* 은허에서 발견된 상나라 무덤의 총 수에 관해서는 최근 출간된 두 전문 저작에서 제시한 수에 약간 차이가 있다. 쑹전하오宋鎭豪의 『상대사논강商代史論綱』에서 계산한 숫자는 약 8500좌座이고, 천즈다陳志達의 『은허殷墟』에서는 약 4400좌로 계산하고 2000여 좌의 아직 정리되지 않은 무덤들은 포함하지 않았다. 『은허』에서 이미 정리된 것과 아직 정리되지 않은 무덤을 합치더라도 『상대사논강』의 계산과 아직 2000좌 전후의 차이가 있다. 그 이유는 『은허』가 '장방형 수혈묘長方形竪穴墓' 즉 정식으로 매장된 성인 무덤만을 계산하고 제사갱祭祀坑과 회갱장灰坑葬(포시난장抛尸亂葬)을 포함하지 않았기 때문일 것이다. 『상대사논강』 「인구人口」 장에서 논의한 무덤의 총 숫자는 그것을 포함한 모든 성년 인구의 매장 형식을 모두 통계에 넣었으므로, 2000여 개의 무덤은 바로 당시에 알려진 왕릉구王陵區 제사갱祭祀坑의 총 숫자였던 셈이다. 그러므로 은허의 범위에서 정상적으로 매장된(피살되어 제사의 희생으로 쓰인 경우가 아닌) 성년 인구의 숫자는 천즈다의 『은허』에 제시된 것을 표준으로 삼아 잠정적으로 6500명 전후로 정한다. 쑹전하오, 위의 책, 136쪽; 천즈다, 위의 책, 106쪽 참조.—원주

남겼으나, 대부분 대단히 드물어서 완전히 확정하기 어려우며,[15] 다만 그렇게 희소한 상황에서도 비교적 뚜렷한 현장을 남겨놓았다. 예를 들어 그리스 고고학자가 지중해 크레타섬에서 발견한, 약 3600년 전 돌을 쌓아 만든 신전 안에는 진행 중인 인신공양제사 현장이 보존되어 있었다. 낮은 제단 위에는 측면으로 누운 인골 1구가 있었다. 주인공은 18~19세의 남성으로서 신장은 168센티미터였으며, 밧줄에 묶인 채 옆으로 눕힌 채 무릎을 굽힌 자세였다. 그리고 길이 50센티미터 정도의 청동도青銅刀의 칼끝이 그의 가슴에 박혀 있었다. 시체를 검시해보니 사망자의 목은 이미 갈라져 있었고, 그 옆에는 피를 받는 도기 항아리가 하나 놓여 있었다. 신전 안에는 세 구의 인골이 더 있었는데, 그 가운데 한 남자는 37~38세로 신장은 183센티미터였는데 손목에는 정밀하게 새겨진 돌 인장을 차고, 은을 상감한 철제 반지 하나를 끼고 있었으니, 이 의식을 주관한 제사장으로 추정되는 사람이었다. 어쩌면 갑작스러운 지진으로 신전이 무너지면서 제사장과 인간 희생이 부서진 바위 속에 묻혀버렸을 수도 있다.

이외에 크레타섬의 미노스 문명 말기의 건축에서는 300여 개의 인골 부스러기가 출토되었는데 8세와 11세 아동의 것이었다. 27개의 뼈에는 또렷하면서도 아주 깊은 칼자국이 나 있었다. 그와 함께 출토된 것으로는 칼자국이 나 있는 양의 뼈와 여러 건의 도기가 있었다. 일부 도기 술잔에는 신상神像이 그려져 있었고, 그 가운데 하나의 도기 항아리에는 조개껍데기와 칼자국이 나 있는 척추뼈가 들어 있었다. 발굴자는 이것이 익혀서 제사에 바쳐진 뒤에 먹고 남은 뼈라고 추측했다.[16]

고고학 외의 일부 문헌에도 고대 인신공양제사의 흔적이 남아 있다. 예를 들어 『구약성서』에 장자를 제사에 바쳤다는 기록이 있으니, 이런 행위가 『구약』 시대에 이미 기본적으로 사라졌더라도 그것은 중동 지역의 오래된 풍습을 반영하는 것이었다.

당나라 때의 현장법사玄奘法師가 인도에서 불법佛法을 구하던 동안에 배에 타고 있던 토착민에게 사로잡힌 적이 있는데, 그 토착민들은 매년 가을에 사람을 잡아 죽여 두르가^{突伽, Durga}라는 하늘신에게 제사를 지냈고, 현장법사는 당시에 가장 적합한 인물로 선발되었다. 그러나 현장법사는 불경을 낭송하고 불법을 전파하는 능력에 의지하여 그 재난에서 벗어났다. 그가 구술한 이 사건은 상당히 생동적이어서 후세의 요마^{妖魔}가 '삼장법사의 살^{唐僧肉}'을 먹으려 한 이야기 즉, 『서유기^{西遊記}』의 모티프가 되었을 가능성이 있다.

> 숲속의 양쪽 뭍에 각기 10여 척의 배에 도적들이 타고 물길을 거슬러 노를 저어 일시에 나타났다. 배 안의 사람들이 놀라 소란을 피우는 와중에 강물에 몸을 던진 이도 몇 명이나 되었는데, 도적들은 곧 배를 끌고 뭍으로 향했다. 그리고 모두 옷을 벗게 하고 진귀한 보물을 찾았다. 그런데 그 도적들은 평소 두르가 신을 섬겨서, 매년 가을이면 용모 단정한 인질 1명을 찾아 죽여서 그 피와 살로 제사를 지내 복을 기원했다. 그들은 의젓하고 잘생긴 데다가 체격도 적당한 삼장법사를 보고 서로 돌아보며 기뻐했다.
> "신에게 제사 지낼 시기가 이미 지났음에도 적당한 사람을 얻지 못했는데, 이 중이 생김새가 곱상하니 죽여서 제사에 쓰면 길하지 않겠는가!"
> (…) 이에 도적 두목이 사람을 시켜서 물을 가져오게 하고 숲속 땅을 골라 제단을 설치한 후, 진흙을 발라 깨끗하게 한 뒤에 두 사람에게 칼을 뽑아 들고 현장법사를 제단 위로 끌어다놓고 즉시 칼을 휘두르려 했다.(『대자은사삼장법사전^{大慈恩寺三藏法師傳}』권3)

스페인이 아메리카 식민지를 개척할 때 아스테카^{Aztec} 문명에서는 인신 공양 종교가 한창 번영하고 있었다. 아즈텍인들은 주로 적을 사로잡아서 신에게 바쳤는데, 제사를 바친 이들도 늘 인간 희생의 고기를 나누어 먹었고, 몇몇 스페인 군인도 사로잡혀 이런 말로를 맞아야 했다. 당시 스페인 식민주의자들은 처음으로 많은 기록을 남겨놓았다.[17]

은상의 인신공양제사는 갑골복사 기록과 고고학 발굴로 나타난 제사 유적이 있으니, 이것은 학자들이 더 이른 시기의 인신공양제사 현상을 식별하는 데에 도움을 준다. 예를 들어 신석기시대에서 하나라와 초기 상나라 단계까지 인신공양제사의 유적은 아주 드물고 규모도 그다지 크지 않아서, 은상 시기의 것을 참조할 수 없었다면 아주 많은 유적이 특수한 형식의 무덤으로 간주되었을 것이다.

그와 마찬가지로 아즈텍인의 인신공양제사에 대한 기록을 통해, 비록 아즈텍에 비해 규모가 아주 작지만, 중앙아메리카의 더 오래된 마야 문명에서 행해진 인신공양제사 현상도 식별할 수 있다. 예전에는 마야, 아스테카 문화와 은상 문화의 원류가 같은 게 아닌지 의심한 이도 있었으나, 그럴 가능성은 크지 않다. 그들의 인신공양제사 형식은 전혀 달랐기 때문이다. 아즈텍인들의 제사에는 의식의 느낌과 공연적 성격이 아주 강해서, 돌을 쌓아 만든 높고 큰 피라미드 신전 꼭대기에서 의식이 진행되었고, 시체는 계단 위에서 아래로 던져져서 관중이 다투어 나눠 먹었다. 이외에도 마야와 아스테카에는 인신공양제사와 관련된 조각상과 부조浮彫, 그림이 남겨져 있다. 서로 비교하면 신석기시대에서 은상 시기까지 중국 경내에서는 아직 인신공양제사에 사용된 건축 조경이 발견된 적이 없다. 은상의 인신공양제사는 단지 갑골복사에만 기록되어 있을 뿐 조각상이나 그림 등의 예술적 표현물은 없었다. 은상과 아스테카·마야가 서로 공유하는 문화적 기본 요소는 거의 없다.

옛 로마의 검투사 산업은 기원전 2세기에서 기원후 4세기까지 존재했는데, 그 역시 어느 정도 인신공양제사의 연원을 가지고 있다. 다만 이미 세속의 대중적 오락 산업으로 변해서 공연과 전시, 건축 조경이 하나로 결집했는데, 이는 인류 문명이 곁가지로 흐른 현상 가운데 하나였다.

중국 고대 문명의 중요한 특징은 실용성과 낮은 생산비이며, 공공의 참여성은 중시하지 않았다. 상나라 왕이 귀신에게 제사 지내는 종교 활동도 마찬가지였다. 물론 상나라 사람들의 각 취락에서도 자기 나름의 인신공양제사가 행해져서 민중의 참여 요구를 만족시켜주었으나, 이런 기층의 인신공양제사에서도 건축 조경을 활용한 예가 발견되지 않았다.

역사상 서로 다른 문명의 공개 형벌에도 이런 구별이 있었다. 유럽의 십자가와 교수형 형틀은 전시성과 의식성이 풍부하다. 형을 당하는 사람은 높은 위치에 있어서 둘러싸고 구경하기 편했다. 이에 비해 중국에는 공개 참수형이라는 사법 전통이 있었으나 전시와 관련된 건축이나 시설을 사용한 적은 없었다.

이와 같은 인신공양제사와 검투사 산업의 소멸은 모두 외래문화의 간섭에서 비롯되었다. 로마인은 나중에 기독교에 귀의했고, 전통적인 아스테카 종교는 스페인 식민주의자들의 천주교로 대체되었으나, 은상은 그와 달랐다. 주나라가 상나라를 멸한 뒤에 인신공양제사는 주나라 사람들에 의해 소멸했으나, 주나라 사람들은 새로운 종교를 만들지 않고 세속적인 인문주의 입장을 채용하여 극단적인 종교 행위와 거리를 두고, 그것이 현실 생활에 관여하도록 허락하지 않았다. 이른바 "귀신을 경외하되 멀리하라"*는 것이었다. 이것은 후세 중국 문화의 토대를 닦아놓았다.

인신공양제사의 바깥

주나라가 상나라를 멸하여 서주 왕조가 건립된 뒤에 인신공양제사 현상은 신속하게 퇴장했고, 아울러 사람들의 기억과 문자 기록에서도 철

---

* 『論語』「述而」: "敬鬼神而遠之."

저히 소멸했다. 내가 상고시대 문헌에서 인신공양제사의 맥락을 샅샅이 뒤지면서 발견한, 거의 유일하게 상나라의 인신공양제사 현장을 정면으로 기록한 것은 주나라 문왕^{文王}이 지은 『역경^{易經}』, 그러니까 이른바 64괘^卦의 괘사^{卦辭}와 효사^{爻辭}였다.

문왕 주창^{周昌}은 일찍이 은나라의 도읍에 살면서 상나라 왕과 백성 사이에서 행해진 각종 인신공양제사 의식을 직접 경험했다. 그는 이것들을 모두 『역경』에 써넣었는데, 포로가 도살되어 제사에 바쳐질 때의 갖가지 참상과 심지어 제사장이 붉은색 제복^{祭服}을 입고 있는 모습까지 자세히 묘사했다. 그러나 어떤 특수한 고려 때문인지 그가 남긴 기록은 대단히 모호하며, 상나라 시기 갑골문의 도움을 받아야 부분적으로 해독할 수 있다.

물론 『역경』에서 문왕이 가장 관심을 기울인 과제는 어떻게 하면 상나라를 멸할 수 있을까 하는 것이었다. 다만 이것은 극도로 위험하고, 절대 말로 밝힐 수 없는 것이었다. 『역경』의 「곤괘^{坤卦, ䷁}」 '육삼효^{六三爻}'에서는 이렇게 설명하고 있다.

아름다움을 포함하면 올곧게 유지할 수 있다.* 혹시 왕의 일을 따랐는데 성공하지 못하더라도 결과가 있으리라.

含章可貞. 或從王事, 無成有終.

문학과 역사의 대가인 가오형^{高亨}** 선생의 고증에 따르면 '함장^{含章}'은 바로 '상나라를 멸하는^{戡商}' 것이니, '함장가정^{含章可貞}'은 '상나라를 멸하는

---

* 이것은 일반적인 번역인데, 다음 설명에서 보이듯이 저자의 해석은 상당히 다르다.
** 가오형高亨(1900~1986, 초명初名은 仙翹, 자는 晉生)은 칭화대학에서 량치차오와 왕궈웨이에게 배우고 1926년에 졸업하여 허난대학과 둥베이대학東北大學, 우한대학武漢大學, 지루대학齊魯大學 등에서 교수를 역임했다. 『시경금주詩經今注』『상고신화上古神話』『문자형의학개론文字形義學槪論』『고자통사전古字通辭典』 등 다수의 저작을 남겼다.

일은 점복卜을 통해 예측할 수 있다'는 뜻이라고 했다.* 그러므로『역경』의 내용은 대부분 상나라를 멸하기 위한 문왕의 모략이었고, 바로 이 때문에 이 부분의 내용이 가장 감춰져 있어서 명확하지 않다.

룽산龍山 시대와 하나라 즉, 뤄양洛陽 얼리터우二里頭 고성古城부터 상나라까지는 화하 문명의 최초 단계여서 '옛 화하 문명'이라고 칭할 수 있다. 주족周族이 급속하게 일어나 상나라를 멸한 뒤에 주공 단旦 세대는 인신공양제사를 지내는 종교를 신속하게 폐지하고, 아울러 이와 관련된 문헌과 기억을 제거했으며, 나아가 평화적이고 관용적인 '새로운 화하 문명'을 창조하여 지금까지 줄곧 이어지게 했다.

먼지에 덮여 있던 은상 시기의 과거사에 대해 가장 먼저 구명하고 고증한 것은 현대인이 아니라, 은상의 후예이자 유가 '육경六經'의 편집자인 공자孔子였다. 공자는 주왕과 주공의 시대로부터 겨우 500년 떨어진 시대에 살았고, 그가 편집한 '육경'은 일부 진상眞相을 보존하고 있었으나, 다른 것들은 의도적으로 덮어 숨겨놓기도 했다. 나는 이것이 공자가 진실한 역사를 탐구한 뒤에 내린 결정이라고 생각한다. 그는 주공의 사업을 계승하여 화하 문명을 다시 만들고자 했다.

인신공양제사는 화하 문명의 기원 단계에서 대단히 활발했다는 이 책의 서술에 따르면 한 가지 문제가 도출된다. 옛 부족 시대에서 초기 국가로 향하고 문명이 기원할 때 전쟁과 인신공양제사는 '필요악'이었을까? 그것이 없었다면 인류는 문명 시대로 진입할 방법이 없었을까?

은상의 인신공양제사를 기록한 갑골복사를 연구할 때 이스라엘 고

---

* 가오헝은 이렇게 해석했다. "무왕이 상나라를 정복할 징조는 점에서 나타난 일이니 당연히 실행할 수 있으므로 '함장가정含章可貞'이라고 했다乃武王克商之兆, 所占之事, 自爲可行, 故曰含章可貞."(가오 헝,『주역고경금주周易古經今注』, 중화서국, 1984, 167쪽) 가오헝은 이것이 주 무왕 희발이 상나라를 멸할 때의 점복사占卜辭라고 여겼다. 사실 그것은 문왕 시기에 이미 있었던, 미래의 일에 대한 점복占卜의 결과였을 가능성이 크다.—원주

고학자 기디언Gideon Shelach-Lavi은 인신공양제사가 번성하게 된 배경으로 그 필요조건을 총괄하고자 시도한 적이 있다. 그는 초기 인류 사회가 어느 정도 복잡해지면서 왕권과 통치 계급이 형성되기 시작했으나 통치 체계는 아직 완전히 형성되지 못해 불안정했을 때, 통치자는 어떤 강력한 기제機制를 빌려 그 권력을 유지해야 했는데, 그것이 바로 인간 희생을 바쳐 제사 지내는 종교와 전쟁 포로를 제사에 바치는 행위를 낳은 토대였다고 여겼다. 이 단계를 기디언은 '초기 국가' 또는 '복잡한 족장사회Complex Chiefdom'이라고 불렀다.

물론 은상 시대에는 이미 '초기 국가'를 넘어서서 왕권이 상당히 안정되어 있었고 인신공양제사의 횟수도 극도로 많아졌으므로, 기디언은 이렇게 설명을 보충했다. 일단 인신공양제사가 체제화되면 통치자는 어쩔 수 없이 전쟁 행위를 지속해서 인간 희생의 원천을 확보해야 했으니, 이 역시 은상 시기에 줄곧 강인羌人들을 잡아 제사에 바치려고 노력한 이유라는 것이다.[18] 기디언의 논문은 '초기 국가' 단계와는 전혀 관련이 없으므로 그의 결론은 약간 단순화되어 있는데, 나는 「인신공양제사의 번성과 종교개혁운동」 장에서 이에 대해 분석할 예정이다.

인신공양제사는 이 책의 부분적인 내용일 뿐이며, 화하 문명의 초창기에는 관심을 기울여야 할 중대한 현상이 아주 많았다. 예를 들어 허난 뤄양에서 일어난 하나라의 얼리터우 고성은 농업 기반이 허베이의 전통적인 한지旱地 농작물인 좁쌀粟米이 아니라 창장강 유역에서 유래한 벼였으니, 틀림없이 남방의 관개농업이 중원 문명에 중요한 의미가 있었다. 바꿔 말하자면, 논을 이용한 남방의 관개농업이 해당 지역에서는 문명을 발생시키지 못했으나 화베이華北 문명의 발전을 유발했다는 것이다.

4000년 전에 화베이 지역에는 작은 고대 국가들이 여기저기서 명멸했으나, 오직 얼리터우에서만 초기 왕조가 성장했다. 얼리터우―하夏나라의 정치 강역은 크지 않았으나 영토 확장을 특징으로 삼지 않았고, 무엇보다도 국가 내부에서 안정적 통치의 실현이라는 난제를 해결한 점이 주목할 만했다. 이것은 청동기 기술이 제공한 지지력에서 비롯되었을 가능성이 크다.

상나라는 하나라와 완전히 달랐다. 건립 초기부터 상나라는 확장 열풍에 휩싸여서 우리의 인식을 넘어서는 많은 현상을 촉발했다. 예를 들어 상나라 초기부터 거대한 규모의 창고 시설이 나타났는데, 그 규모는 은허와 서주, 심지어 춘추 시기에 이르러서도 넘어설 수 없는 수준이었다. 시대를 앞선 그 '현대화' 정도는 충분히 진秦·한漢 시기와 어깨를 견줄 만했다.

또 상나라가 줄곧 인신공양제사에만 탐닉했던 것은 아니며, 왕실 내부에서는 살생하지 않는 종교로 개혁하려는 시도가 벌어진 적도 있다. 다만 이런 이유로 격렬한 내전이 유발되어서 상나라 중기에는 잠시 침체기에 빠졌다가 얼마 후에 재차 부흥했다. 이 과정에서 다른 문화에서 들여온 마차 기술이 광역 왕조의 통치 기반이 되었다. 폭력과 권위를 숭상했던 상나라 사람들의 문화적 성격은 갑골문자에 다양하게 반영되어 있으나, 현대 한자에서는 이미 대부분 망각되어버렸다.

오늘날 고고학의 도움으로 상고 사회를 인식하는 작업은 이제 막 시작되었을 뿐이어서 그 아득한 시대를 간결한 '법칙'으로 귀납시키기는 아직 어렵다. 그뿐 아니라 상나라 주왕과 문왕 주창周昌, 무왕 주발周發, 주공, 심지어 공자와 같이 역사서에 기록된 저명인사와 우리가 익히 알고 있다고 여겼던 선조들의 과거사 가운데 일부는 고고학 발굴을 통해서 갈수록 낯설고 난해하게 변해버렸다.

어쩌면 우리는 지금도 우리 자신을 완전히 이해하기 어려울지 모른다. 고고학은 땅속 깊이 묻혀 있던 거울처럼 우리의 낯선 형상을 거꾸로 비춰준다.

부록: 상고시대 인신공양제사의 분류

고고학 발굴 현장에서는 자연적으로 사망하지 않은 (타살된) 각종 유골이 발견될 수 있으나, 그것들이 모두 인신공양제사에 사용된 것은 아니다.

넓은 의미의 인신공양제사는 종교 이념에서 비롯되어서 사람을 살해하여 신령에게 봉헌하는 행위라고 규정할 수 있다. 여기서 신령은 상제上帝—제와 상제는 상나라의 갑골문에 여러 차례 나타난다—와 각종 자연신, 존귀한 사망자의 영혼을 포함한다. 신령에게 인간 희생을 바치는 원리는 음식을 바치는 행위일 수도 있고, 하인이나 성 노예를 바치는 행위일 수도 있다. 인신공양제사의 유적 가운데는 이런 다양한 목적이 모두 구현된 흔적이 있다.

인신공양제사는 주로 다음과 같은 세 가지 형식으로 나타난다.

1. 사람을 지반에 다져 넣어서 건축물의 기초로 쓰는 것으로서, '인간 기초'라고 칭할 수 있다. 그 원리는 토지의 신에게 인간 희생을 바침으로써 신이 건축물을 보호해주는 값을 치르고, 무술巫術을 실시하여 피살자도 건물을 수호하는 귀신으로 변하게 할 수 있다는 것이다.

2. 인간 희생을 음식물 혹은 신이나 조상의 영혼에게 바치는 하인으로 삼는 것으로서, 이것이 바로 좁은 의미의 '인신공양제사'다.

3. 인간을 순장품으로 삼아 주인의 묘혈墓穴 안에 묻는 것으로, '인간 순장'이라고 칭할 수 있다. 그 원리는 어쩌면 당시 사람들이 존귀한 사람은 죽은 후에 신령으로 변하므로, 신의 세계로 가는 여정에서 그 사람에게 몇 명의 하인과 약간의 음식을 줘야 한다고 생각했기 때문일 것이다.

제1장 신석기시대의 사회 발전

신석기시대에 들어서면서 인류는 비로소 농업과 정착 생활을 하게 되어 다시는 야생동물처럼 사방을 떠돌며 먹이를 구하지 않게 되었다. 이 것은 지금으로부터 약 1만 년 전에 시작된 변화였다.

일반적으로 신석기시대는 세상 밖의 도화원처럼 세속과 다툼이 없거나 어쩌면 낙후되고 정체되었던 시대로 여겨질 것이다. 그러나 생물의 자연적 진화에 비교해볼 때 수천 년의 신석기시대는 극적인 변화로 가득 차있었다. 이제 신석기시대 인간 집단의 발전 역정을 천 년 단위로 간략히 서술해보자.

한 가지 가설을 세워보자. 만약 일군의 현대인이 산시^{陝西} 시안 린퉁^臨潼구의 장자이^{姜寨} 유적과 같은 6000여 년 전의 양사오^{仰韶}, 반포^{半坡} 신석기시대로 돌아간다면 200~300명이 살고 있는 산비탈 아래의 작은 촌락과 그 중앙의 작은 광장 그리고 광장을 둘러싼 수십 개의 크고 작은 초가집, 그 초가집들 사이를 한가로이 다니는 돼지와 개, 닭을 보게 될 것이다. 촌락 언저리의 도기 가마에서는 담담하고 푸르스름한 연기가 피어나고, 거친 삼베로 만든 옷을 입은 남녀가 진흙으로 도기 항아리를 만들고 그 위에 검은 도안을 그리고 있을 것이다.

촌락 바깥의 널따란 농지에는 곡식 이삭이 바람에 살랑거리고, 거기서 생산된 좁쌀은 촌락 주민의 주식이다. 남자 몇 명이 사슴 한 마리의 가죽을 벗기고 있다. 작은 돌칼로 가죽과 살을 분리하고, 나무 자루가 달린 돌도끼로 뼈를 쪼개서 뼛조각이 튀고, 그것을 보고 달려온 개들이 둘러싸고 구경하다가 다투어 먹으려 할 것이다.

시간을 초월하여 찾아온 방문객들은 4~5미터 넓이의 도랑—고고학 보고서에서는 일반적으로 '해자壕濠'라고 부른다—이 촌락을 둘러싸고 있는 것을 발견하게 될 텐데, 도랑 바닥에는 물이 채워져 있고 뾰족한 나무 막대기가 세워져서 다른 이의 침략을 방비하고 있다. 그 안쪽에도 나무로 만든 울타리가 있어서, 원목으로 만든 작은 다리를 통해서만 촌락으로 들어갈 수 있다. 이미 허기진 이 방문객들은 촌락에서 물물교환으로 점심 한 끼를 해결하고 싶어 한다. '원시인'이 보기에 이 방문객들이 가져온 작은 거울과 라이터 등은 높은 가치가 있는 보물이다.

다만 방문객들이 다리에 접근하기도 전에 이상 징후를 발견한 개들이 짖어대기 시작한다. 촌락 주민들은 모두 하던 일을 내려놓고 곤봉이나 활을 집어 들고 함성을 지르며 나무 울타리로 달려온다. 낯선 이들을 향해 활을 쏘는데, 화살촉은 뼈나 돌을 갈아서 만들어 나무로 된 화살대 끝에 꽂았고, 활시위는 가는 삼줄로 만들었다. 그 화살에 맞으면 대단히 고통스러울 것이고, 나무 화살대를 빼더라도 화살촉이 몸 안에 남아 있기 십상이니, 사지가 해체된 사슴이 바로 그런 예다.

제1차 시험이 실패한 뒤에 방문자들은 모델을 바꾸었는데, 이번에는 그보다 1000년 뒤, 지금으로부터 5000~6000년 전이다.

작은 촌락은 원래 그 자리에 있으나, 건물 배치는 더 이상 촘촘하게 둘러싼 형태가 아니라 삼삼오오 무리를 이루어 드문드문 분포되어 있다. 촌락 밖의 도랑도 이미 없어져서 생활 쓰레기로 채워져 있어서, 마음대로

장자이姜寨 1기 취락의 복원도(지금으로부터 6000~7000년 전의 양사오, 반포 문화 단계)[19]

촌락에 들어갈 수 있다. 그 외의 변화는 크지 않은 듯하다.

방문객들은 지난번에 교훈을 얻었으므로 더는 평화적인 교역을 바라지 않고, 은밀히 접근해서 일제히 함성을 지르며 촌락으로 뛰어 들어간다. 불을 붙인 폭죽을 지닌 이도 있다. 이 기습적으로 진입한, 불과 번개를 손에 쥔 이들에게 놀란 촌락 주민들은 필사적으로 도망친다.

이에 현대인들은 정복자가 되어서, 저장된 모든 식량과 가축이 그들의 전리품이 된다. 그러나 좋은 시절도 잠시, 한나절쯤 지나자 완전무장한 '원시인' 무리가 촌락 바깥에 나타난다. 돌도끼와 돌창, 활을 든 1000여 명의 성인 남녀 가운데 가장 앞에 선 이는 머리에 깃털을 장식한 무사巫師인데, 큰 소리로 주문을 외며 침입자들을 저주하고 있다. 우두머리로 보이는 한 남자가 멧돼지 상아로 만든 목걸이를 걸고, 붉은 돌가루를 얼굴에 바른 채, 옥으로 만든 듯한 반짝이는 돌도끼를 들고 있다. 그 주위로는 몇 명의 장로가 에워싼 채 공격 방법을 의논하고 있다.

결과적으로 죽은 이든 산 이든 간에, 침입자들은 모두 머리가 잘려서 그 지역의 수호신에게 바쳐진다.

촌락과 부락에서 초기 국가로

앞서 서술한 두 상황은 6000년 전 중국 신석기시대에 발생한 변화다.

지금으로부터 6000년 전(양사오 문화 전기)에는 촌락의 규모가 크지 않았으나 독립적인 생활 단위를 이루고 있었고, 건물은 중심을 에워싸거나 가지런히 배열되어 있었고, 다른 촌락과 교역하고 통혼通婚할 수 있었으나 해당 촌락의 집단적인 자치를 고수했다. 자체의 방어 체계가 있고 촌락 간 이따금 충돌이 일어났으니, 무덤 속에서 발견되는 화살에 맞았거나 머리가 잘린 시신은 방금 전사한 용사다. 그러나 사로잡힌 적은 처형되어 쓰레기 구덩이에 던져질 수도 있고, 또 일부 부스러진 뼈들은 촌락 안팎에 흩뿌려질 수도 있었다.

예를 들어 바오지寶鷄 베이서우링北首嶺의 77M17은 양사오 문화 반포半坡 단계로 지금으로부터 6000년 전의 것이다. 무덤 주인은 성년 남자로 촌락 밖에서 벌어진 전투에서 목이 잘렸는데, 부족 사람들이 특별히 특이한 조형에 검은 꽃무늬가 들어 있는 도기 항아리로 머리를 대신해 묻음으로써 애도를 나타냈다. 부장품도 상당히 많았으며, 뼈로 만든 화살촉을 비롯한 무기도 있었다.

지금으로부터 6000년 전부터는 촌락의 집단생활 특징이 점차 약화되었고, 독립적인 방어 체계도 점차 사라졌으며, 더 큰 범위의 정치 체제 즉, 10여 개의 촌락으로 구성된 '부락'이 나타났다. 이 부락은 종종 1000여 명의 주민과 세습된 우두머리, 그리고 각 촌락(씨족)의 장로로 구성된 의회가 있었으며, 또 자기 부락의 토템과 영웅에 관한 전설이 있었다. 촌락은 단독의 방어 체계를 다시 유지할 필요가 없었고, 만약 위협을 받으면 전체 부락이 집단으로 응전하게 된다.

이렇게 몇 개 촌락으로 구성된 부락의 면적은 아마 오늘날 하나 혹은 몇 개 향진鄕鎭 면적에 해당할 것이다. 우두머리가 거주하는 촌락은 중심이 되며 상대적으로 고급의, 대략 100제곱미터의 기반을 다진 건물이 지어져서 우두머리와 장로의 회의 장소 또는 집단적인 의식을 거행하는 회당會堂으로 쓰였을 것이다. 우두머리의 중심 촌락은 해자나 울타리 같은 방어 공사를 해놓았을 수도 있다.

예를 들어 친안秦安 다디완大地灣 4기 F901은 지금으로부터 5000여 년 전의 것인데 중심 대청의 면적은 131제곱미터이고 정원을 포함하면 420제곱미터가 된다. 건물 기반에 사용된 것은 특수한 요강석料礓石 삼합토三合土인데, 평평하고 윤기 있게 다듬어져 있고 경도는 근현대의 콘크리트에 근접해 있다. 대청 내부 정중앙에는 원형의 커다란 불구덩이가 있다. F901

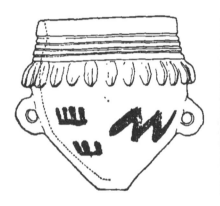

바오지寶鷄 베이서우링北首嶺 77M17 출토 첨저도관尖底陶罐의 스케치 및 사진[20]

은 분명히 부락의 중심 건축물로서 공공의 성격이 상당히 강하고 가정생활의 흔적은 아주 적어서, 부락 우두머리의 주택이 아니라 주로 우두머리와 장로들의 회의 장소로 쓰였던 듯하다.

이상은 지금으로부터 6000년 전부터 5000년 전까지, 양사오 문화 중기에 발생한 가장 뚜렷한 변화다.

1000년의 차원에서 보면 많은 변화가 모두 완만하다. 농작물 재배와 가축 양식, 도기 제작, 방직 등 각종 기술의 수준은 줄곧 완만하게 높아졌고, 인구 혹은 촌락의 총량도 완만하게 증가했다. 다만 이것들은 모두 양적인 변화이지 질적인 변화가 아니었다.

유일하게 뚜렷한 변화는 인간 집단의 '공동체' 규모가 확대되어 100명 정도에서 이미 1000명 정도가 되었다는 점이다. 그로 인한 영향은 더 직접적이었다. 촌락들 사이의 충돌은 과거가 되었고 평화로운 날이 더 많아졌으나, 부락 사이의 전쟁 규모는 오히려 더 커졌고 사상자도 더 많아졌다.

다시 1000년 뒤, 지금으로부터 5000~4000년 전까지, 양사오 문화 말기와 룽산龍山 문화 시기에 일부 지역의 인간 공동체는 더욱 커져서, 몇 개 혹은 10여 개 부락이 모여서 산시陝西 스마오 고성石峁古城이나 산시山西 타오쓰 고성陶寺古城과 같은 초기 국가는 1~2만 명에서 심지어 4~5만 명에 이르는 인구를 통치할 수 있었고, 면적은 오늘날의 하나 또는 두세 개 현縣에 해당했다. 그 가운데 통치의 중심은 이미 도시를 형성했고, 면적은 2~3제곱킬로미터에 이르렀다. 그 주위는 몇미터 높이의 흙을 다지거나 돌을 쌓아 만든 성벽이 둘러쌌고, 성안에는 수백 제곱미터의 대형 궁전이 있었다. 상층 귀족들은 정교하고 아름다운 기물을 사용하기 시작했고, 사후의 무덤에도 호화로운 부장품이 잔뜩 쌓였으며, 일상적으로 사람을 순장했다.

상대적으로 큰 몇몇 도시는 주민이 1만 명이 넘었는데, 대부분 농부

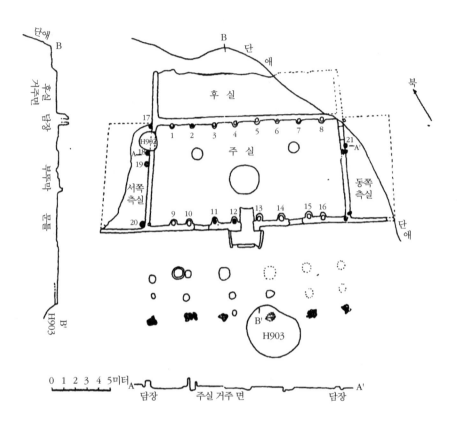

B

단애

후실

B 단애

후설 거주면

남장

북

17

18

19

20

21

1 2 3 4 5 6 7 8

A H902

A'

주 실

서쪽
측실

동쪽
측실

9 10 11 12 13 14 15 16

단애

B' H903

B'

H903

0 1 2 3 4 5미터 A

담장   주실 거주 면   담장

A'

F901 평면도 및 단면도[21]

였고 수공업자와 세습 통치계층의 엘리트, 그리고 무사巫師 등의 전문 지식인 집단이 분화되었다. 무사는 천문을 관찰하고 초기의 달력을 제작했으며, 점복을 통해 신령과 소통하는 기술을 연구했다. 심지어 이미 언어를 기록하는 원시적인 부호가 있었고, 구리를 제련하고 주조하는 초보적인 기술도 조용히 전파되었다.

이 시기는 국가와 왕조, 문명 시대와 이미 그다지 멀지 않았다.

이상 2000년의 역정은 신석기 중기와 후기에서 문명 시대(청동기시대) 전야前夜까지 변화의 큰 추세였다. 촌락에서 부락으로, 다시 초기 국가로 변천했다. 약간 통속적으로 말하면, 촌에서 면으로, 면에서 군으로 점차 등급이 높아진 것이다.

규모가 각기 다른 인간 공동체, 특히 1만 명 규모의 초기 국가에 대해 국내외 학자들은 지방 국가方國나 족장사회Chiefdom, 酋邦, 고대 국가古國 등으로 각기 다른 명칭을 사용해왔다. 이해의 편리를 위해 이 책에서는 '초기 국가'와 '고대 국가'라는 명칭을 선택했다.

다만 주의할 점은 촌락-부락-고대 국가라는 것은 그저 총체적인 추세를 가장 간단한 방식으로 묘사한 것일 뿐, 지금으로부터 6000년에서 4000년 전에 살았던 모든 신석기시대 사람이 때맞춰 이 과정에 진입했다는 뜻은 결코 아니다. 교통이 불편한 지역에 고립되었던 몇몇 촌락은 지금으로부터 3000년 전이나 4000년 전까지 존속했을 수 있고, 부락 공동체도 2000년 전이나 1000년 전까지, 심지어 100년 전까지 존속했을 수도 있다. 이것은 우선 지리 조건의 제한으로 때문이니, 외지고 교통이 불편한 곳일수록 소형 공동체가 유지되기 쉬웠고, 천혜의 험지가 없는 환경의 사람들은 더 큰 공동체로 휩쓸려 들어가기 쉬웠을 것이다. 이외에도 당사자들이 능동적으로 선택했을 수도 있으나, 우리 현대인으로서는 그것을 검증할 길이 없다.

대다수 초기 국가는 번영을 오랫동안 유지하지 못했다. 지금으로부

스마오石峁 유적지 성城 동문의 인두갱人頭坑 K1[22)]

터 4300년 전부터 4000년 전까지 화베이의 많은 지역에서 고대 국가가 일어났다가 쇠락하는 현상이 동시에 일어났다. 산시山西 샹펀襄汾의 타오쓰陶寺와 산시陝西 선무神木의 스마오石峁, 산시山西 루이청芮城의 칭량쓰淸凉寺, 허난 덩펑登封의 왕청강王城岡 등에서 모두 고대 국가의 분위기를 풍겼지만 200~300년 동안 번성한 뒤에는 모두 해체되어 다시 부락 공동체의 수준으로 되돌아갔다.

문명 시대로 진입하는 문턱이 왜 이렇게 높았던가? 지금으로서는 아직 확정적으로 답할 수 없다.

벼농사는 평화를 가져왔는가?

20세기와 21세기의 교체기에 창장강 중류의 후난과 후베이 지역에서 지금으로부터 약 5000년 전의 '옛 성'들, 예를 들어 후난 리현澧縣의 청터우산城頭山과 지자오성鷄叫城, 후베이 톈먼天門의 스자허石家河와 같은 것들이 계속 발굴되었다. 일순 창장강 중류는 중국 초기 문명의 기원지가 되는 듯했다. 다만 후속 발굴에서 초기 국가와 문명에 수반되는 더 많은 요소, 예를 들어 거대한 궁전과 사회의 계층 분화 현상, 금속 제련 기술 등이 전혀 발견되지 않은 까닭에 '창장강 문명 기원설'은 점차 잠잠해졌다.

그러나 창장강 중류에 왜 오래된 '성'이 그렇게 많이 생겼는지는 흥미로운 문제다. 그 이유를 알아보려면 먼저 황허강과 창장강 유역, 밭농사와 벼농사의 관계를 이해해야 한다.

신석기시대는 기본적으로 농업의 시대였는데, 인류가 길들인 주요 곡물 가운데 중국은 두 종류를 차지했다. 즉 황허강 유역의 좁쌀과 창장강 유역의 벼다. 그것들을 위해서는 각기 밭과 무논이 필요하다.

이 두 가지 작물의 인공적인 재배는 모두 1만여 년 전에 일어났다. 벼에 대한 고고학적 증거는 약간 더 많은데, 쌀알은 입자가 커서 옛사람들이 도기를 제작할 때 종종 진흙에 왕겨를 섞었던 게 발굴에서 나타났기 때문이다. 창장강 이남의 후난과 장시江西, 저장浙江에서 모두 1만 년 이전의 벼농사 흔적이 발견되었다.

무논에는 관개와 배수 체계, 고르게 정돈된 물가의 전답이 필요한데, 이는 밭농사를 통해 조와 기장을 생산하던 북방에서는 고려할 필요가 없는 것이었다. 창장강 유역의 신석기시대 사람들은 줄곧 수리 시설과 무논을 만드느라 바빴으며, 수리 시설이 일정 규모에 도달한 뒤에는 경작 면적뿐만 아니라 수확량까지 실질적으로 상승했다. 그래서 지금으로부터 6000년 전부터 4500년 전까지 후난과 후베이 지역에는 벼농사로 번성한 부락이 많이 나타났다.

고고학 보고서에서 발견했다고 자랑하는 그 '성 유적지'들은 사실 홍수를 방비할 목적으로 쌓은 것이었다. 이른바 '성벽'이라는 것은 대부분 폭이 수십 미터에 높이가 몇 미터이며, 무척 평탄하여 사람이 여유롭게 걸어 올라갈 수 있었으므로 군사적인 방어 작용을 하지 못했다. 그 용도는 홍수를 막거나 그 위에 주거지를 건축하여 남방에서는 일상적이었던 물난리를 피하는 것이었다. 그리고 땅을 파서 만든 구렁과 연못은 무논에 물을 대기 위한 저수 시설이었으며, 개중의 일부는 심지어 지금까지 사용되고 있다. 이런 원형의 흙 제방은 습지를 개조하는 수단으로서, 근대에 이르러서도 후베이 지역에는 아직 많이 남아 있는데, 그 지역 방언方言에서는 '위안垸'이라고 부른다.

예를 들어 후난 리현 청터우산의 '옛 성'은 직경 300여 미터의 원형에 가까운 흙담인데, 그 성벽이란 게 대단히 넓고 평탄해서, 본질적으로 흙 제방이었다. 지금으로부터 6000년 전부터 5000년 전까지 여러 차례 확장되면서 습지에 연못을 만들었는데, 개중에는 지금까지 사용되고 있는 것들도 있다. 그러나 성벽이 군사적인 방어 시설은 아니었을지라도 이 수

향水鄕의 옛 성은 여전히 중대한 의미가 있다. 이것들은 당시 사람들이 대형 수리 시설을 만듦으로써 이미 촌락 규모, 심지어 부락 규모의 비교적 큰 공동체를 이루었고 통일된 계획하에 시설을 시공하고, 그로 인한 수익을 함께 누렸다는 걸 보여준다.

　　이 유적들은 집단 협력에 바탕을 둔 일종의 '소유역小流域 관리 공동체'로 볼 수 있다. 인구 밀도가 실질적으로 비약했던 것은 사실이지만, 공동체가 이뤄진 것이 수리 협력이지 군사적 정복이 아니었으므로 사회적 계층과 계급 분화 현상이 나타나지 않았다. 예를 들어 특별히 호화로운 무덤과 우두머리의 궁전이 없고, 전쟁과 도살의 흔적이 매우 적으며, 인신공양제사도 줄곧 많지 않았다. 이런 현상들은 모두 벼농사 문화가 협력에 의존하고, 연합하여 수리 시설을 건설해야 했던 것과 관련이 있다.

　　비교적 평화롭고 평등한 이 벼농사 사회에는 그와 '어울리는' 원시종교의 이념이 있었다. 창장강 중류에 있는, 5000년 전의 취자링屈家嶺 문화에는 도기를 매장하여 제사하는 풍속이 성행했으며, 이를 위해 특별히 제작한 대형 통 모양의 도기가 있었다. 이것이 나중에는 또 많은 양의 진흙 인형과 동물, 작은 술잔 등을 제작해서 불태워 매장하는 방식으로 바뀌었다. 이런 행위의 구체적인 의미가 무엇인지는 모르지만, 그것들의 사회적 효능은 비교적 뚜렷하다. 즉 군중의 참여성이 강하고 부富의 문턱이 없었다는 것이다. 이것은 전쟁과 인신공양제사가 없는 사회 환경과 상당히 잘 어울렸다.

　　창장강 중류보다 조금 늦은 시기, 지금으로부터 5000년 전부터 4900년 전까지, 지금의 저장 항저우 서북쪽 교외의 위항구餘杭區에도 홍수를 방비하기 위해 건축된 대형 '량주 고성良渚古城' 및 복잡관 관개시설과 제방 체계가 발견되었다. 이 옛 성은 초기 국가의 문턱까지 근접했으며, 대단히 뚜렷한 계급 분화가 나타났다. 귀족 통치자는 흙을 쌓아 만든 높은 대 위에 호화로운 전당을 건축했고, 무덤에는 대량의 정교하고 아름다운 옥기

玉器를 부장했으며, 몇몇 고급 옥기에는 종교적 의미가 뚜렷한 '신인수면문 神人獸面紋'과 신조문神鳥紋이 새겨져 있어서 사제司祭 계층이 상당히 활약했음을 알 수 있다.

량주 고성의 번영 단계에서는 인신공양제사 현상이 전혀 보이지 않으며, 게다가 그 번영 기간은 겨우 100~200년밖에 되지 않았다. 그 뒤로는 왕 계급의 궁전과 무덤이 모두 사라져서 사회는 부락이 즐비하게 늘어선 상태로 후퇴했다.[23] 나중에 지금의 타이후太湖호 동쪽 연안의 량주 문화 지역, 지금의 장쑤江蘇 쿤산崑山산과 상하이 칭푸青浦 지구에서 잦은 충돌이 일어나면서 대량의 인신공양제사와 순장 현상이 나타났으나, 그 충돌은 부락들 사이의 전쟁 차원에 머물렀을 뿐, 끝내 고대 국가의 수준으로는 발전하지 못했다.

기후 변천과 결합해서 보면, 1만여 년 전에 지구의 빙하기가 끝나고 기온이 지속적으로 상승하면서 '기후 최적기Megathermal'로 진입하기 시작해서, 지금으로부터 약 5000년 전에는 습하고 더운 기후가 정점에 도달했다. 창장강 유역에서 수리 시설을 건설한 절정기도 마침 이 시기에 나타났다. 그러나 지금으로부터 4500년 전부터 창장강 유역의 번영했던 옛 성들은 모두 적막해졌다. 어떤 학자는 대홍수가 남방의 침체를 유발했다고 주장하지만, 아직 증거가 충분하지 않다.

다시 인신공양제사의 종교 현상을 살펴보자.

지금으로부터 6000년 전에 황허강 유역에서 드문드문 그 징후가 나타나기 시작했다. 예를 들어 시안西安의 양사오 반포 유적지 촌락의 중심에 있는 반지하 형식의 커다란 건물 F1의 토대에는 6개의 인두人頭가 매장되어 있었다.[24] 이 건물은 촌락 공공활동의 중심이었으니, 토대에 인두를 매장한 것은 마땅히 종교적인 용도가 있었을 것이다.

지금으로부터 4500년에서 4000년 전까지 남방의 벼농사 지역은 적막에 빠졌고, 황허강 유역은 룽산 문화 단계로 진입하기 시작해서 도처에서 아주 많은 부락 간의 충돌이나 전쟁의 흔적이 발견되었다. 그 증거는 대량의 처형된 유골 및 흙을 다지거나 돌을 쌓아 만든 방어용 성벽 등이다. 예를 들어 허난 왕청강王城岡 옛 성 궁전의 다진 흙에서는 사람 매장용 구덩이가 있는 13개의 토대가 있었고, 각 구덩이에는 여러 구의 유골이 매장되어 있었다. 다만 전체를 발굴하지 않았으므로 거기에 사용된 사람의 전체 수를 계산할 수 없고, 유일하게 완전히 발굴된 1호 구덩이에는 7구의 유골이 매장되어 있었다.[25] 허난 안양安陽의 뒤쪽 언덕에서는 39개의 크지 않은 건물이 발굴되었는데, 그 토대에는 27명의 어린아이 희생이 있었으니,[26] 이곳에서는 건물을 지을 때 어린아이를 토대에 묻는 게 유행했음을 말해준다.[27] 산시陝西 선무神木의 스마오石峁 고성 동문에는 인두를 매장한 토대가 적어도 5곳이 있는데, 매장된 젊은 여인의 인두가 거의 500개에 이른다. 산시山西 샹펀襄汾의 타오쓰陶寺 고대 국가 궁전 구역에도 인두를 매장한 토대가 있고, 루이청芮城 칭량쓰清凉寺 묘지에는 많은 사람이 순장되어 있었다.

이외에도 일부 부락 규모의 취락에서도 여러 사람이 한꺼번에 피살된 현장이 있었다. 허베이와 허난에서 산시陝西에 이르기까지 모두 이렇게 유골이 매장된 구덩이가 발견되었으니, 예를 들어 한단邯鄲의 젠거우澗溝와 정저우鄭州의 다허大河촌, 뤄양洛陽의 왕완王灣, 시안의 커성좡客省莊 등이다. 다만 유골을 배열하는 방식은 전혀 어떤 규칙도 없고 또 다른 제사의 특징도 없으므로 이것들이 모두 종교적 목적으로 사람을 죽여 제사에 바친 것인지 확정할 수 없으며, 또 어쩌면 그저 포로를 대량으로 도살한 것뿐일 수도 있다.

신석기시대에 화베이 지역에서 걸핏하면 충돌이나 전쟁이 일어나고 인신공양제사가 성행한 것은 어쩌면 밭농사에 수리 시설이 필요하지 않아서,[29] 인간 집단 사이에 협력할 수 있는 동기가 없었던 것과도 관련이 있을 것이다. 그리고 정복에 따라 인간 공동체의 규모가 끊임없이 확대되었

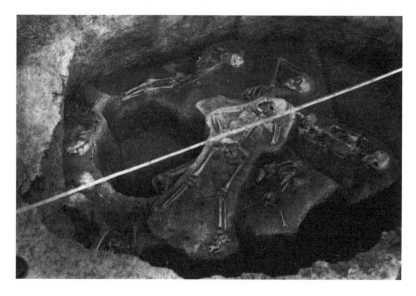

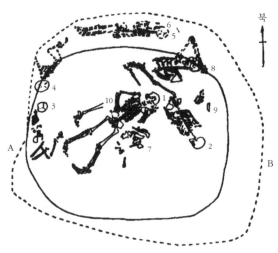

왕청강王城崗 고성 궁전 구역의 1호 토대 구덩이(2기) 사진 및 평면도.
2명의 젊은 여성과 3명의 아동, 2명의 장년 남성이 매장되어 있다.[28]

고, 이에 따라 많은 옛 성과 초기 국가의 탄생이 촉진되었다.

그러나 간단한 분류와 귀납적 결론은 복잡한 사회 현상을 포괄하기에 부족하고, 어떤 '법칙'에도 예외가 있을 수 있다. 벼농사를 지었던 량주 문화 내부에도 부분적인 충돌과 인신공양제사 현상이 있었으며, 화베이 지역의 룽산 문화 고대 국가에서도 인신공양제사와 도살의 수량이 똑같지는 않아서, 타오쓰의 인신공양제사는 스마오보다 훨씬 적었을 수 있다.[30]

지금으로부터 4000년 전에 화베이 지역에서 함께 명멸했던 소형 고대 국가들은 적막에 잠겼고, 부락들 사이의 충돌 현상도 감소하여 창장강 유역과 황허강 유역에는 전혀 활력이 없었다. 당시의 화베이 지역에는 드문드문 두 가지 기술이 존재했는데, 하나는 시베이 지역에서 전래되어 초보 단계에 있었던 구리 제련술이고, 다른 하나는 창장강 유역에서 전래된 대단히 성숙한 벼농사 기법이었다. 다만 그것들이 화베이 지역 신석기시대 사람들에게 그다지 큰 관심을 끌지 못해서, 그저 있어도 그만이고 없어도 그만인 상태로 구색만 맞추고 있었다.

그러나 허난의 쑹산嵩山산 발치에는 이 두 가지 기술의 가치를 인식한 작은 부락이 하나 있었으며, 더욱이 이 기술들을 발전시키기에 더 적합한 새로운 환경을 잘 찾아냈다. 그리하여 중국 최초의 왕조 이야기가 공연되기 시작했다.

제2장 대우 치수의 진상: 벼와 용

상고시대의 전설 가운데 '대우大禹의 치수'는 인류가 자연계를 변화시킨 웅대한 사업이었으며, 대우의 아들 계啓는 나중에 중국 최초의 왕조인 하나라를 건립했다. 이 두 세대 인물의 이야기는 창세創世의 서사시에 비견될 정도로 장대하고 찬란하다.

옛 서적의 기록에 따르면 요堯·순舜 시대에 큰 홍수가 발생하여 요임금이 우禹의 아버지 곤鯀에게 물길을 다스리게 했으나 성과가 없자 곤을 처형했다. 순임금은 그 뒤를 이어 우에게 물길을 다스리게 했는데, 결과적으로 우는 물난리를 다스렸을 뿐만 아니라 황허강과 창장강 유역의 육로와 수로를 통한 교통망을 개척하고, 구주九州의 행정 구역을 나누었다.[31]

상고시대의 역사는 늘 신화와 뒤섞여 있다. 현대적인 학문이 시작된 뒤에 일부 학자는 대우에 관한 전설의 진실성을 의심하기 시작했는데, 예를 들어 '고사변古史辨' 학파의 구제강顧頡剛(1893~1980)은 대우의 행적은 전국시대 사람들이 허구적으로 만들어낸 것이라고 여겼다.

역사 문헌은 전해지는 과정에서 종종 후세 사람에 의해 가공되거나 개조되며, 심지어 더 늦은 시기의 내용이 삽입되기도 한다. 대우에 관한 문헌 가운데 현존하는 최초의 것은 「순전舜典」과 「우공禹貢」 같은 『상서尙書』
첫머리의 몇 편이지만, 이것들은 가장 많이 의심받고 있는 것들이기도 하
다. 근래에 해외에서 떠돌던 청동기 '수공수遂公盨'가 발견되었는데, 그 명
문銘文에 이런 서술이 들어 있다.

> 하늘이 우에게 땅을 나누라고 명령하면서 산을 따라 하천을 준설하게
> 했다.
> 天命禹敷土, 隨山浚川.

그러나 이 청동기는 서주西周의 것인지라 대우의 시대와는 시간적 거
리가 아주 멀다.

전설에서는 대우가 창장강과 황허강, 화이허淮河강, 한수이漢水강을 뚫
었다고 하나, 공사의 가능성으로 보자면 실현될 수 없었다. 지금도 이렇게
거대한 강과 하천을 완전히 바꾸는 공사를 할 가능성은 그다지 크지 않은
데, 하물며 4000년 전에는 황허강과 창장강 유역에 걸친 대형 국가가 아
직 나타나지 않았으며, 그 인구 규모와 기술력은 애초에 거대한 강과 하천
을 바꾸기에 한참 모자랐다.

설마 대우의 치수는 그저 서주 혹은 춘추 시기 사람들이 만들어낸 신
화일까? 고고학적 발견은 해답을 제공할 수 있을 것이다. 설령 그것이 때
로는 사람들이 처음에 상상했던 '답안'과는 거리가 아주 멀지라도.

벼농사에 의지했던 옛 뤄양: 얼리터우

오늘날 뤄양시에도 동쪽으로 20리 떨어진 곳, 이허伊河강과 뤄허洛河
강의 퇴적물로 이루어진 작은 평원에서 '하나라의 도읍'으로 조심스레 추

정되는 옌스偃師의 얼리터우二里頭 유적이 발견되었다. 그것이 차지하는 면적과 궁전의 규모, 수공업의 발전 정도는 이전과 같은 시기의 모든 유적을 넘어섰다. 게다가 얼리터우 유적은 지금으로부터 3900년에서 3500년 전인지라 마침 상나라 이전이므로, 하나라의 도성이었을 가능성이 아주 크다.

얼리터우에 대한 고고학적 연구 성과는 이미 아주 많이 나와 있으나, 얼리터우 사람들의 주요 식량이 무엇이었는가에 관심을 둔 이는 많지 않았다. 대다수 학자는 화베이 지구의 전통에 따라 그곳에서도 밭농사를 통해 생산한 좁쌀이 주식이었으리라고 보편적으로 묵인하고 있다.

다만 사실은 전혀 반대여서, 얼리터우 사람들의 주식은 쌀이었다. 그뿐 아니라 그 배후에는 '대우 치수'의 내력이 숨겨져 있을 가능성이 있다. 학계에서 이 문제를 의식하지 않은 이유를 얘기하자면 상당히 재미있는데, 바로 곡식의 낱알 개수에 따라 통계를 내어 리스트를 만들면서 서로 다른 곡식의 낱알에 사실 아주 큰 차이가 있음을 홀시했기 때문이다.

천 년 이상 묻혀 있던 곡식은 대부분 이미 탄화되어버리므로, 대량으로 퇴적된 경우가 아니면 발견하기가 매우 어렵다. 근래에 고고학 연구자들은 '부선법浮選法'을 이용하여 곡식을 찾는다. 유적지에서 채집한 흙을 부수어 물에 넣고 휘저으면 탄화된 곡식은 물보다 가벼우므로 수면에 떠오른다. 이렇게 해서 옛날 사람들이 버린 곡식 알갱이를 채집해서 그들이 어떤 곡물을 재배하고 무엇을 먹었는지 관찰하는 것이다.

1999년부터 2006년까지 얼리터우를 발굴하는 동안에 유적지의 토양을 '부선법'으로 처리하여 얻은 표본은 좁쌀의 양이 가장 많고 쌀이 그다음으로 대략 좁쌀 양의 절반 정도였다. 기타 밭작물인 기장과 콩, 밀의 양은 아주 적었다.(표1 참조)[32] 이렇게 보면 얼리터우에서 쌀은 주요 지위를 차지하지 않은 듯하다.

[표1] 『얼리터우: 1999~2006』에 수록된 출토된 곡식 낟알의 점유 비율

	조粟	쌀稻	기장黍	합 계
낟알 수	11,059	5689	1542	18,288
낟알 점유 비율	60.5%	31.1%	8.4%	

다만 좁쌀과 쌀의 낟알 크기 및 무게는 아주 다르고, 한 포기에서 수확하는 낟알의 양도 차이가 대단히 크다. 옛사람의 경작 규모와 음식물 구성을 분석하는 데에는 당연히 낟알 수가 아니라 중량의 통계가 필요하다. 하지만 애석하게도 '부선법'으로 작업한 이들은 무게를 달아 보고하지 않았으므로, 지금으로서는 그저 곡식 낟알 수를 통해 그 무게를 '재구성'할 수밖에 없다. 농학農學에서 서로 다른 곡식 낟알의 무게를 통계하는 용어는 '1000알의 무게千粒重'이므로, 현대 곡식 '1000알의 무게' 수치를 참고하여 환산할 수 있으나, 이 역시 어쩔 수 없는 대체 방법일 뿐이다.

좁쌀 1000알의 평균 무게는 일반적으로 2그램이고, 쌀 1000알의 평균 무게는 16~34그램이다. 가장 낮은 16그램으로 계산하더라도 두 낟알의 무게는 7배의 차이가 난다. 이 비례에 따르면 얼리터우에서 출토된 쌀의 무게는 좁쌀 무게의 4배이니, 쌀은 어엿이 가장 중요한 곡식이었다.[33]

2019년에 더 많은 표본을 대상으로 부선법을 적용하여 통계를 낸 논문이 발표되었는데, 여기에는 얼리터우 각 시기의 견본 277개가 포함되어 있다. 다만 여기서도 여전히 곡식 낟알 수만 계산했다. 이번에는 쌀의 낟알 수가 좁쌀보다 약간 많아서 1위를 차지했으니 쌀은 14,768알, 좁쌀은 13,883알, 기장은 2248알이었다.

쌀알의 수가 좁쌀의 수보다 조금 많은 상황을 해석하기 곤란했던 이 논문의 저자는 해석의 곤란을 느껴 이 쌀들이 외부에서 바친 공물貢物이라고 추측했다. 즉 "공물을 거두는 방식을 통해 당시 벼농사 구역에서 대량

얼리터우에서 출토된 조와 기장, 벼의 낟알:
셋의 체적 차이가 매우 크므로, 낟알 수로 재배 면적을 계산하면 아주 큰 편차가 나올 것이다.[34]

의 쌀을 징집했다"라는 것이다.[35] 다만 벼농사 지역이 어디였는지, 옛사람
들이 교통 문제를 어떻게 해결했는지와 같은 질문에 대해서는 해답을 제
시할 길이 없다.

곡식 낱알 수를 무게로 환산하면 쌀의 가중치는 다시 아주 많이 늘어
나 84.5퍼센트를 차지하게 되니, 얼리터우 사람들의 재배 면적과 식단에
서 절대적으로 우세를 차지하게 된다.(표2 참조)

[표2] 얼리터우 출토 곡식 낱알 및 환산 중량

	쌀	좁쌀	기장	합계
낱알 수	14,768	13,883	2248	30,899
천 알 무게(그램)	16	2	7	
환산 무게(그램)	236.288	27.766	15.736	279.79
낱알 점유 비율	47.8%	44.9%	7.3%	
무게 점유 비율	84.5%	9.9%	5.6%	

현재 뤄양시 주변에는 얼리터우 지역을 포함해 벼농사를 짓는 곳이
이미 매우 적어졌으나, 지금으로부터 4000년 전에는 전혀 그렇지 않았다.

무논은 6000년 이전부터 창장강 유역에서 줄곧 완만하면서도 지속적
으로 화베이 지역에 전파되었다. 4000여 년 전의 화베이 지역 유적 가운
데 아주 많은 곳에서 쌀이 발견되었으나 수량의 점유 비율은 아주 낮아서
거의 통계에 넣지 않아도 될 정도였다. 그러니 얼리터우에서 발견된 쌀알
이 외부에서 들여온 공물이 아님을 알 수 있다. 얼리터우 사람들은 왕조를
건립한 적이 없으므로 외부에서 부세를 '징수'할 수 없는 때였다. 이는 그
들이 쌀을 주식으로 삼았음을 말해준다.

이렇게 되면 얼리터우 사람들의 내력을 살펴볼 필요가 있다.

쑹산산을 넘어 이주한 이들

고고학적 발견에 따르면 얼리터우 사람들은 뤄허강 주변의 토착민이 아니라, 얼리터우에서 동남쪽으로 100여킬로미터 떨어진 신자이新砦 취락에서 왔는데, 신자이와 얼리터우 사이에는 쑹산嵩山산이 가로막고 있다.

신자이의 취락은 지금으로부터 4000년 전부터 3900년 전까지 존재했으며, 면적은 1제곱킬로미터였으니, 이곳의 인구가 이미 수천 명에 이르렀다는 뜻이다. 룽산 시대의 번영이 지나간 후 이런 규모의 취락은 아주 드물어졌으니, 유독 신자이 사람들만 인구를 늘릴 수 있는 어떤 비결을 찾은 듯했다.

고고학자들은 신자이의 유적지에서도 '부선법'을 적용했는데 쌀의 낟알 점유율이 54.7퍼센트였고, 중량의 비율로 환산하면 85.1퍼센트여서, 얼리터우의 수치(84.5퍼센트)와 매우 근접해 있었다.(표3 참조)[36]

[표3] 신자이 유적지 출토 곡식 낟알과 환산 중량

	쌀	좁쌀	기장	합계
낟알 수	429	256	98	783
천 알 무게(그램)	16	2	7	
환산 무게(그램)	6.84	0.51	0.69	8.04
낟알 점유 비율	54.8%	32.7%	12.5%	
무게 점유 비율	85.1%	6.3%	8.6%	

지금으로부터 3000년 전에 이르렀을 때 신자이 사람들은 돌연 서북쪽으로 쑹산산을 지나 뤄양 분지로 진입하여 옛 이뤄허伊洛河강 북쪽 강가에 새로운 마을을 건설했으니, 이것이 바로 얼리터우의 연원이다. 새로운

취락은 신자이의 규모와 비슷해서 약 1제곱킬로미터였으며, 수천 명이 살았다.

얼리터우 유적의 가장 이른 시기 지층(제1기)에서 고고학자는 물고기를 잡는 데 쓰는 뼈로 만든 작살과 도제陶製 그물추, 조개껍데기로 만든 많은 공구, 예를 들어 화살촉과 수확할 때 쓰는 조개껍데기로 만든 낫 등을 발견했으니, 당시 이곳이 물가의 습지 환경이었음을 보여준다.

얼리터우 제1기(약 3900년에서 3800년 전)의 취락 규모는 신자이 유적지를 계승하여 약 1제곱킬로미터였으나 아직 대형 건축물은 발견되지 않았다. 그러나 얼리터우 사람들의 곡식 가운데 쌀은 이미 가장 중요한 자리를 차지하고 있었다. 이 시기 지층 안에서 쌀 953알, 조 155알, 기장 36알이 발견되었다.[37] 이 비율은 신자이 유적지와 일맥상통한다고 할 수 있다. 주목할 만한 부분은 당시 얼리터우 취락의 규모는 그다지 크다고 할 수 없어서 비교적 먼 지역까지 통치할 수는 없었으므로, 쌀은 틀림없이 외부에서 '공물'로 들어온 게 아니라 그들 스스로 생산할 수밖에 없었다는 사실이다.

뤄양은 중국 지형의 제3단계와 제2단계의 과도지대인 큰 평원과 산악의 교차점에 있으며, 끊어졌다가 이어지는 낮은 산에 둘러싸인, 그다지 엄밀하지는 않은 분지다. 그리고 황허강은 바로 뤄양 북부의 산지를 통과하여 탁 트인 화베이―황화이하이黃淮海 대평원으로 흘러 들어간다. 신석기시대에 뤄양 분지는 줄곧 드문드문하게 취락만 있었고, 신석기시대 말엽 룽산 문화 시대(지금으로부터 4500년에서 4000년 전)에 이르러서는 왕완王灣 제2기에서 발견된, 살해된 후 버려진 각종 유골과 같은 부락들 사이의 격렬한 충돌 흔적이 나타났으나, 대형 도시城邑가 발달하지는 못했다.[39] 룽산시대의 찬란한 토대는 뤄양 분지 외에, 예를 들어 동쪽에서는, 쑹산산 동남쪽 기슭에서 흙을 다져서 만든 일련의 작은 성 즉, 소형 고대 국가가 나타났고, 서쪽에서는 린펀臨汾 분지에 번영했던 고대 국가 타오쓰陶寺가 나

얼리터우와 신자이 유적지의 방위[38]

타났다.

룽산 시대가 끝난 뒤에 뤄양 분지는 비로소 화하 문명을 잉태한 온상
이 되었다.

대우 치수의 진상

『사기』「하본기夏本紀」에는 아주 독특한 기록이 하나 있으니, 대우가
치수하는 기간에 자기 조수인 '익益'이 백성에게 볍씨를 나눠주어 물기 많
은 저지대에서 재배하게 했다는 것이다.

> 우가 구주를 개척하고 구도九道를 통하게 하며 구택九澤의 제방을 쌓고
> 구산九山의 크기와 높이를 쟀다. 익에게 지시하여 백성에게 볍씨를 나
> 눠주어 낮고 습한 곳에 심게 했다.
> 以開九州, 通九道, 陂九澤, 度九山. 令益予衆庶稻, 可種卑濕.

대우가 벼농사를 퍼뜨렸다는 것과 관련해서는 다른 책에서는 기록을
찾아볼 수 없으나, 『사기』에는 두 차례나 나온다. 이것은 응당 사마천이 잘
못 쓴 게 아닐 것이며, 게다가 신자이와 얼리터우의 고고학 발굴에서 모두
검증되었다.

대우와 관련된 전설 가운데 치수의 배경은 대홍수의 범람이므로, 어
떤 학자는 룽산 시대의 화베이 지역에 몇몇 고대 국가가 나타난 적이 있으
나 4000년 전에 적막해지고 만 원인이 바로 그 전설 속의 대홍수 때문이
라고 여긴다. 다만 이 관점은 성립하기가 무척 어려운데, 신석기시대에 화
베이 지역은 조와 기장 등 밭작물 위주의 농업이 주류를 이루고 있어서 기
본적으로 인공 관개가 필요 없었고, 그에 따라 취락도 강물이 흐르는 골

짜기의 저지대와 멀리 떨어져 있었다. 산시山西의 타오쓰와 칭량쓰, 산시陝西의 스마오와 같이 룽산 시대에 가장 빛났던 고대 국가는 모두 산 앞쪽과 경사진 황토 고원에 자리를 잡고 있어서 근처의 골짜기보다 수십 미터가 높았으므로 홍수의 위협을 그다지 받지 않았다. 결국 그들의 쇠락에는 각기 원인이 있겠으나, 홍수 때문은 아니었을 것이다.

전설은 많은 변천과 개조를 거친 역사의 기억이며, 그 최초의 '알맹이'는 겹겹이 포장되고 심지어 탈바꿈되어서 식별하기 어렵다. 다만 고고학의 성과를 참조하면 그래도 '대우 치수'의 최초 알맹이를 발견할 수 있으니, 룽산 말기에 일부 고대인들이 습지를 개조하고 평원을 개발하는 활동을 시작했다는 사실이다.

이것은 상고시대와 후세의 지리 환경의 차이와 관련되어 있으므로 좀 더 설명이 필요하다.

역사 시기부터 지금까지 창장강과 황허강 하류의 평원 지대는 모두 인구가 가장 밀집한 지역이었으니 화베이 평원과 황화이하이黃淮海 평원, 창장강 중하류 평원이 그런 곳이다. 다만 상고의 석기시대는 완전히 반대여서, 제방을 쌓아 관여하는 이가 아무도 없는 상황에서 창장강과 황허강은 평지에서 멋대로 흐르기 쉬웠으므로, 습지와 못 등은 농업에 전혀 적합하지 않았다.

『상서』「우공禹貢」에서는 황허강 하류의 모습을 이렇게 묘사했다.

또 북쪽으로 향하여 구하九河로 갈라져서 (밀물 때는) 함께 강물을 맞이해 바다로 들어간다.

又北, 播爲九河, 同爲逆河, 入於海.

여기서 말하는 '구하'는 정확한 숫자가 아니라 일반적인 칭호다. 황허강이 하류에서 여러 갈래로 나뉘어 부채 모양을 이루면서 범람하여 광활한 습지를 만들고 해변의 모래사장과 이어진다는 뜻이다. 이것은 상고시대에 아직 다스려지지 않은 하류 평원의 모습이며, 내륙 평원 지역의 환경도 이와 비슷했다. 예를 들어 관중關中의 양사오 문화 유적지에는 물과 관련된 요소가 아주 많은데 낚싯바늘과 그물추, 조개껍데기로 만들어진 각종 도구, 도기에 그려진 많은 물고기 도안 등이 그것이다. 이런 유적지는 대부분 대지臺地(수평으로 펼쳐진 땅)에 분포되어 있어서 물가의 습지와는 멀리 떨어져 있었으니, 옛사람들도 습지에 가서 물고기를 잡고 사냥했었음을 알 수 있다.

그리고 화베이 지역의 룽산 시대 유적지들에는 일반적으로 소량의 벼가 있었는데, 그 점유율은 낮았으나 황허강 유역의 사람들도 이미 습지의 가장자리를 이용하여 벼농사를 시험하기 시작했음을 말해준다. 신자이-얼리터우 사람들은 더 멀리 나아가서 이미 쌀을 주식으로 삼았는데, 그렇게 되면 습지를 개발하고 연못을 파서 그곳을 관개와 배수 체계를 갖춘 무논으로 개조해야 했다. 간단히 말해서 룽산 시대가 끝난 뒤의 '큰 적막' 속에서 신자이-얼리터우 사람이 돌연 나타나서 심지어 중국 최초의 왕조를 건립하게 된 중요한 원인은 벼농사였던 셈이다.

이것은 문헌에서도 일부 방증을 찾을 수 있다. 전국시대의 맹자는 대우의 치수를 이렇게 묘사했다.

요임금 때 물이 역류해 나라 안에 범람하여 뱀과 용이 거기 사는지라 백성이 정주할 곳이 없어지자, 낮은 곳에 있는 이들은 나무에 집을 짓고, 높은 곳에 있는 이들은 토굴을 팠다. (…) 우에게 홍수를 다스리게 하니 우가 땅을 파서 물이 바다로 흘러가게 하고, 뱀과 용을 풀밭으로 몰아내고, 물이 양쪽 기슭 사이로 흐르게 했으니, 창장강과 화이허강, 황허강, 한수이강이 그것이다. 위험한 방해(홍수)가 이미 멀어지고 사람을 해치는 새와 짐승이 없어졌고, 그런 뒤에 사람들이 평탄한 땅을 얻어 거기에 살게 되었다.

當堯之時, 水逆行, 泛濫於中國, 蛇龍居之, 民無所定, 下者爲巢, 上者爲營
窟 (…) 使禹治之. 禹掘地而注之海, 驅蛇龍而放之菹, 水由地中行, 江淮河
漢是也. 險阻旣遠, 鳥獸之害人者消, 然後, 人得平土而居之.(『孟子』「滕文
公下」)

맹자의 묘사로 보면, 우의 치수 작업은 바로 도랑을 파고 습지를 개조
한 것이었다. 이것은 사실 신석기 만기晚期 이래 거의 인류 전체의 공동 사
업이었다. 예를 들어 고대 로마의 성은 기원전 6세기 왕정王政이 이루어지
던 시기에 도랑을 준설하고 연못을 파는 작업 중에 초보적으로 건설된 것
이다. 심지어 산업화시대 초기 파리의 베르사유 궁전이나 상트페테르부르
크 등도 모두 도랑을 준설하고 연못을 파는 작업을 한 뒤에 건설되었다.

현대 사회에 들어와서 평원 지역은 인구가 가장 밀집해 있고 산업도
집중되어 있으나, 이것은 이미 석기시대의 본래 면모가 아니라 후세에 인
공적으로 지리를 개조한 결과물이다. 신자이-얼리터우 사람들은 이런 변
화의 선구자라고 할 수 있다.

물론 습지를 개조하고 무논을 확대하는 일을 신자이-얼리터우 사람
들이 창안한 것은 아니고, 남방에서 벼농사를 짓던 량주良渚와 스자허石家河
의 고대 국가에서 모두 얼리터우보다 1000년 전에, 심지어 그보다 더 일
찍 이런 공사를 했다. 다만 그들은 모두 지속적인 효과를 이루지 못하고
앞서거니 뒤서거니 해체되어버렸다.

그런데 화베이 지역에서는 평원과 습지를 개조하는 일이 늦게 시작
되었으나 더 효과적이었고 지속성이 있었는데, 그 이유는 무엇일까?

첫째, 어쩌면 남방에 비해 화베이 지역에는 강수량이 상대적으로 적
어서 배수하기가 더 쉬웠고, 게다가 작물이 더 다양해서 벼뿐만 아니라 밭
농사를 할 수 있는 기장과 조, 콩과 밀이 있었기 때문일 것이다. 그렇다면

개조 초기의 습지는 벼농사에 적합했겠으나, 기후의 온난함과 습한 정도
가 약해짐에 따라 얼리터우와 같은 '벼농사 식민지'는 점차 밭농사로 회귀
했을 것이다. 그와 동시에 무논에 관개하던 기술이 보존되어서 조와 밀 등
북방의 작물을 재배하는 데 계속 활용됨으로써 밭농사하는 작물의 수확량
을 늘리는 데에 중요한 역할을 했을 것이다. 이것은 어쩌면 하 왕조를 계
승한 상 왕조와 주 왕조가 모두 화베이의 평원 지대로 들어서고 이후로 진
秦·한漢에 이를 때까지 '화베이 우세'의 기초를 다지게 된 원인이기도 할
것이다.

    물론 후세와 비교하면 신자이-얼리터우의 인구는 기준수基準數가 여
전히 아주 낮아서 습지와 평원을 개조하는 일도 한계가 있었다. 신자이는
위시豫西* 산지와 허난 평원의 접경지에 속하며, 지리 형세가 상대적으로
낮고 평평하다. 동쪽으로는 광활한 대평원 즉 옛날의 습지가 있으나, 신
자이 사람들은 동쪽으로 나아가지 않고 뤄양 분지의 얼리터우를 선택했
다. 그 원인을 탐구해보면 뤄양 분지는 면적이 유한하고, 얼리터우 주변의
미소 서식 환경micro environment은 개조하기가 더 쉬웠기 때문일 가능성이
크다. 당시 그들의 인구 규모도 대평원을 전면적으로 개발하기에는 부족
했다.

    둘째, 신자이 사람들이 벼농사를 확대할 기회를 가진 데에는 또 하나
의 중요한 원인이 있다. 도기의 형태로 보면 신자이는 주로 화이허강과 한
수이강 유역 및 창장강 중류 북쪽 기슭의 벼농사 지역에 발달했던 메이산
煤山 문화에 속하며,[40] 게다가 메이산 문화의 가장 북쪽, 벼농사와 밭농사
가 뒤섞인 지역에 위치했다. 바로 이런 토대에서 신자이 사람들은 벼농사
를 이용해서 얼리터우를 개발했다.

---

* 위시豫西는 통상적으로 허난 정저우鄭州 서쪽의 뤄양과 싼먼샤三門峽, 평딩산平頂山을 아우르는 지
역을 가리킨다.

셋째, 신자이 사람들은 남방의 메이산 문화 중심 구역에서 이주해온 게 아니었다. 그들이 물소를 길렀다는 증거가 없기 때문이다. 물소는 열대, 아열대의 동물로 지금까지도 친링秦嶺-화이허 이남의 지역에서만 살 수 있다. 신자이와 얼리터우에서는 인공으로 사육한 소의 뼈가 아주 많이 출토되었으나, 모두 황소의 것이고 물소 뼈는 없었다. 이것은 그들이 절대 남방에서 이주해온 게 아니라는 뜻이다. 신자이 사람들의 조상은 밭농사 위주의 그 지역 토착민이었을 텐데, 나중에 남방에서 퍼져 나온 메이산 문화에 동화되어 논농사를 배웠을 것이다. 얼리터우에서 출토된 코뿔소와 악어의 뼈로 보면, 당시 화베이의 기후가 현대에 비해 더 습하고 더웠음을 알 수 있다. 왜 벼농사가 물소보다 먼저 황허강 유역에 전파되었는가 하는 문제에 대해서는 지금도 만족할 만한 답이 없다.

유룡遊龍의 왕조

지금으로부터 4000년 전, 허난 평원에는 많은 호수와 늪, 습지가 있었으므로 신자이 사람들은 습지에서 살았던 부족 가운데 하나여서 남방에서 전래된 벼농사에 신속하게 적응했을 수도 있다. 그 외에도 얼리터우-하나라 사람들은 용을 숭배하는 풍속이 있었는데, 이 역시 그들이 예전에 물가에 살았던 것과 관련이 있다. 상고시대의 전설에서 용은 모두 물에서 살았고, 형체는 뱀과 비슷했기 때문이다.

구제강은 진즉에 '우禹'자가 '충虫'을 따르는 글자임을 발견했다. 그러니까 구불구불한 뱀의 형상인 것이다. 그리고 고대 역사에서 우의 부친은 이름이 '곤鯀'인데, 글자의 의미는 물에 사는 어떤 생물이다. 『산해경山海經』 「해내경海內經」에 대한 곽박郭璞의 주석에 따르면 곤은 죽어서 황룡으로 변했다고 한다. 하나라 왕실의 성姓은 '사姒'인데, 후세의 갑골문과 금문金文

에서 이 글자의 '이以' 부분은 구불구불한 뱀의 모양으로 묘사되었다.[41]

고대 역사의 이런 정보는 당연히 우연이 아닐 테니, 고고학에서도 그
에 호응하는 내용을 발견할 수 있기 때문이다. 얼리터우의 귀족 무덤에
는 종종 녹송석綠松石으로 만든 용 모양 기물器物이나 장식용 패물이 부장되
었다. 그 가운데 가장 전형적인 것은 2002VM3로 분류된 제2기의 무덤이
다.[42] 무덤 주인의 몸에는 녹송석이 상감된, 길이 70센티미터의 용 모양
기물이 놓여 있었는데, 2000여 개의 녹송석 조각을 엮어 노닐듯 움직이는
뱀의 모양을 만들었다. 이것은 무덤 주인의 어깨에서 허리 부분까지 뻗어
있었다. 용의 머리는 두 개의 백옥 구슬로 눈을 만들었고, 구형의 녹송석
으로 주먹코를 만들었으며, 콧등은 세 개의 마디가 있는 기둥 모양의 청옥
青玉과 백옥으로 만들었다. 이 복잡한 구조의 녹송석은 방직물에 붙여져서
마치 융단처럼 무덤 주인의 상반신을 덮었을 가능성이 있다. 출토될 때 유
기물은 이미 부식되어 없어졌고, 녹송석이 상감된 조각만 원래 자리에 보
존되어 있었다. 이 무덤 주인은 당시의 대형 궁전 뜰 안에 매장되어 있었
으며, 다른 고급 부장품들도 있었으므로 틀림없이 왕실 성원에 해당하는
계급이었을 것이다. 이로 보건대 녹송석 용은 하 왕조-얼리터우 사람들의
토템을 대표할 가능성이 있다.

나중에는 얼리터우 귀족의 매장 풍속에 약간 변화가 생겨서, 녹송석
을 상감한 커다란 용은 손바닥만 한 청동 패로 바뀌었다. 이 장식용 패에
는 녹송석으로 엎드려 누운 동물을 만들어 붙였는데, 조형이 비교적 추상
적이어서 무엇인지 알아보기가 쉽지 않다. 다만 제2기 2002VM3의 용 모
양 기물의 예가 있으므로, 학자들은 이런 청동 패의 조형도 용이라고 여기
고 있다.[43]

용은 줄곧 얼리터우 고급 무덤의 표지였으며, 지금까지 발견된 용 모
양 기물과 청동 패가 부장된 고급 무덤은 다섯 곳을 넘기지 않는다. 이외
에도 용 모양 도안은 무덤 속 녹송석 장식물뿐만 아니라 많은 도기에도 용

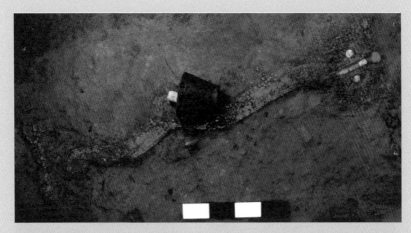

2002VM3 녹송석 용 모양 기물[44]
얼리터우에서 발견된 용사龍蛇 문양[45]

이나 뱀 모양의 꽃무늬와 조형이 있다.

　얼리터우 이전에 용은 이미 1000여 년의 역사가 있었다. 지금으로부터 5000여 년 전의 훙산^{紅山} 문화에서는 옥으로 조각된 용이 종종 발견되었고, 그보다 조금 뒤의 링자탄^{凌家灘}과 량주 문화에서도 옥룡이 있었다. 얼리터우 고성보다 300, 400년 앞선 산시^{陝西} 스마오 고성의 돌담에는 용 모양의 도안이 부조^{浮雕}되어 있다. 얼리터우의 녹송석으로 만든 용 모양 기물의 조형과 스마오^{石峁} 황청타이^{皇城臺}에 부조된 용은 모양이 비슷하다. 스마오 부조 용의 문양은 머리 부분이 원호^{圓弧} 모양인데, 얼리터우의 용은 언뜻 보면 사각형인 듯하나 실제로는 사각형은 기좌^{基座}의 윤곽일 뿐이고, 거기에 포함된 용의 머리 부분은 원호 모양이다. 스마오의 용을 구성하는 요소는 많지 않으나, 얼리터우에 이르면 다채로운 장관을 이루게 된다.

　양자를 비교하면 얼리터우의 용은 규격이 더 크고 가장 찬란한 무덤에 나타나며, 게다가 무덤 주인의 상반신에 엎드려 누워 있다. 이것은 다른 문화의 '용'들은 받지 못했던 '대우'다. 그러므로 얼리터우-하 왕실과 용의 관계는 더욱 밀접했고, 어쩌면 용은 그들의 상징이자 토템이었을 수 있음을 알 수 있다.

　『역경』「건괘^{乾卦}」에도 여러 차례 용이 나타난다. 예를 들어 '잠룡^{潛龍}'은 물속에 숨어 있는 용을 가리키며, "공중으로 뛰기도 하고 연못에 있기도 하다^{或躍在淵}"라는 구절의 생략된 주어는 '용'이다. 용은 또 날 수도 있으므로 "하늘에 나는 용이 있다^{飛龍在天}"라고 했다.

초구: 잠룡은 쓰지 않는다.

初九: 潛龍勿用.

구이: 용이 밭에 나타나면 위대한 이를 만나기에 유리하다.

九二: 見龍在田, 利見大人.

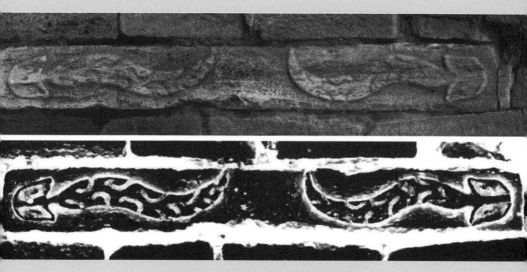

스마오 황청타이 대대기大臺基 8호 석조石雕 용의 탁본[46]

구삼: 군자는 종일 노력하며 게으름 피우지 않고, 저녁에도 위험에 처한 듯이 경계하니, 허물이 없다.

九三: 君子終日乾乾, 夕惕若厲, 無咎.

구사: 공중으로 뛰기도 하고 연못에 있기도 하나, 허물이 없다.

九四: 或躍在淵, 無咎.

구오: 하늘에 나는 용이 있으니 위대한 이를 만나기에 유리하다.

九五: 飛龍在天, 利見大人.

상구: 너무 높이 나는 용은 후회하게 된다.

上九: 亢龍有悔.

용구: 무리 지은 용이 나타났는데 우두머리가 없다면, 길하다.

用九: 見群龍無首. 吉.

이와 같은 『역경』「건괘」의 효사爻辭를 통해서, 옛사람의 관념 속에서 용은 주로 물속에서 살지만, 일단 날아오르면 하늘에 닿을 수도 있었음을 알 수 있다.

얼리터우 사람들은 벼농사를 짓고 용을 숭배했는데, 이 덕분에 그들은 보편적으로 적막한 와중에 번영한 취락을 건립할 수 있었다. 그러나 지난날 룽산 시대의 고대 국가를 초월하기 위해서 그들에게는 또 청동과 같은 다른 기술이 필요했다.

제3장 얼리터우: 청동으로 왕권^{王權}을 주조하다

'하나라의 도읍 얼리터우' 유적지 공원이 아직 지어지지 않았을 때 작가 겸 언론인인 쉬즈위안^{許知遠}이 촬영 제작팀을 이끌고 얼리터우를 방문하자, 얼리터우 고고대^{考古隊}의 대장 쉬훙^{許宏}이 오래된 왕궁의 토대와 3800년 전에 성을 건축하면서 계획하여 만든 큰길에 관해 설명해주었다.

왕권의 위세는 단단히 다져진 흙처럼, 이미 문화의 유전자를 기입^{記入}한 듯이 그 후로 거의 4000년 동안 중국을 주도하도록 운명이 정해졌다. 거울 앞의 쉬즈위안은 망연하게 중얼거렸다.

"숙명은 벗어날 수 없는가?"

그러나 얼리터우 초창기로 돌아가면 당사자가 직면할 문제는 완전히 달라진다. 얼리터우 이전의 1000여 년 동안 장난에서 화베이 지역까지 이미 스자허^{石家河}와 량주^{良渚}, 난쭤^{南佐}, 타오쓰^{陶寺}, 스마오^{石峁}, 칭량쓰^{清涼寺} 등의 찬란한 고대 국가들이 나타났다. 그들이 건립한 대규모 도시는 '문명' 및 왕조와 단지 한 걸음의 거리에 불과한 듯했으나, 짧은 번영을 거치고 나서 모두 자연적으로 해체되어, 단순한 무위^{無為}의 삶을 이어가는 부락 시대로 복귀해버렸다.

그렇다면 어떻게 얼리터우는, 우담바라처럼 반짝 나타났다 사라진 고대 국가들의 악순환에서 벗어났을까? 그것은 그들이 새로운 통치 기술인 청동을 보유했기 때문이다.

가장 오래된 '성 건축 계획'

『죽서기년竹書紀年』의 기록에 따르면 하 왕조는 471년 동안 유지되었다.[47] 신자이 유적지와 얼리터우 유적지가 전후로 계승한 것은 지금으로부터 약 3850년에서 3520년 전으로, 고대사에서 서술한 하 왕조의 존속 시기와 기본적으로 부합한다.

다만 이 기본적인 시간의 특징 외에, 후예后羿가 왕권을 찬탈했다는 등의 고대사에 기록된 하 왕조의 과거사는 아직 고고학에서 검증되지 않았다. 게다가 얼리터우의 고고학 발굴은 역사서에 전혀 기록되지 않은 많은 현상을 드러냈다.

신자이 유적지의 존속 시간은 비교적 짧아서 겨우 100년 전후밖에 되지 않았다. 그 뒤를 계승한 얼리터우 유적지는 지금으로부터 3750년에서 3500년 전에 존재했는데, 고고학자들은 그것을 4개의 시기로 나눈다.[48] 얼리터우 제1기(지금으로부터 3750년에서 3680년 전까지)는 신자이와 유사해서 1제곱킬로미터의 면적을 가진 비교적 큰 취락으로서, 대형 건축 시설은 발견되지 않았으며 아직 부락의 단계에 속했던 것으로 추측된다. 제2기(지금으로부터 3680년에서 3610년 전까지)는 3제곱킬로미터의 면적으로 신속하게 확대되고, 웅대한 건축과 부의 집중 등 사회가 복잡하게 변한 여러 가지 흔적이 나타난다. 이 역시 이전의 타오쓰와 스마오 고대 국가가 절정에 이르렀을 때의 규모다. 이 시기부터 얼리터우는 황허강과 창장강 유역에서 유일무이하게 새로 일어난 초기 국가가 되기 시작했다.

　제2기에 얼리터우 사람들은 가지런한 도로망과 궁전 구역을 계획했다. 종횡으로 각기 두 개씩 뚫린 큰길은 '정井'자 모양 도로망의 틀을 구성했다. 중앙은 왕족이 생활하는 궁전 구역이고, 동서의 폭은 약 300미터, 남북의 길이는 약 400미터다. 궁전 구역 북쪽은 제사 구역과 귀족의 무덤 구역이고, 남쪽은 작업장, 동쪽은 귀족의 거주 구역이니, 평민은 주로 서쪽에 살았을 것이다. 큰길의 폭은 약 20미터이고, 현재 발굴된 가장 긴 동쪽 큰길은 700미터 남짓 남아 있다. 노면에는 수레바퀴 자국이 뚜렷한데, 바퀴 사이의 거리는 1미터 전후로서, 2개의 바퀴가 달리고 사람이 끄는 작은 수레였을 것이다. 제2기에는 2개의 대형 궁전 D3과 D5 ─D는 궁전殿을 나타내고, 번호는 건축된 순서가 아니라 발견된 순서─가 나타났는데, 궁전 구역 중앙에서 동쪽으로 치우쳐 있으며, 흙을 다져서 토대를 만들고 사각형의 큰 정원을 조성했다.

　D5는 약 1미터 두께의 다진 흙 토대 위에 건립되었으며 동서의 폭은 약 40미터, 남북의 길이는 약 70미터이며, 정원 안에 4줄로 평행한 건물을 배열했는데, 흙을 다져 만든 좁은 벽으로 서로 격리되어 있다. D3의 정원은 더 커서 3줄의 건물이 있었을 수 있으나, 후기에 너무 심하게 파괴되어 이미 복원하기 어려워졌다.

　제2기의 왕실에는 독특한 관습이 있었으니, 바로 무덤을 궁전 정원 안에 조성하는 것이었다. D5 정원에서는 많은 무덤이 발굴되었는데, 가장 유명한 것은 녹송석으로 만든 용 모양 기물이 출토된 2002VM3 ─이하 'M3'로 약칭─인데, 이것은 제2기의 말엽, 지금으로부터 약 3650년 전의 것이다.

　이 무덤의 면적은 크지 않으며(남북 길이 2.24미터, 동서 폭 1.19미터), 무덤 주인은 30세 남짓한 남성인데, 상반신의 유골은 기본적으로 부식되었고, 목 아래에는 여러 개의 조개껍데기를 꿰어 만든 장식물이 걸려 있었다. 순장된 사람은 없고, 부장품은 녹송석으로 만든 용 모양 기물 외에 여

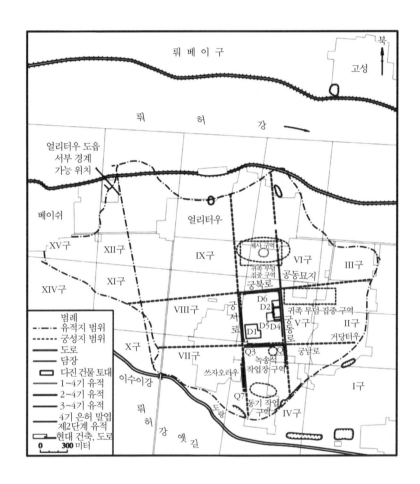

얼리터우 유적지 전체 평면도[49]

러 개의 도기와 붉은 옻칠이 된 목기木器, 소량의 소형 옥기玉器, 녹송석 구슬을 꿰어 만든 장식품이 있고, 청동기로는 청동 방울 하나가 녹송석으로 만든 용 모양 기물의 등 위에 놓여 있었는데, 그 안에는 옥석으로 만든 '구멍이 뚫린 추鈴舌, clapper'가 들어 있었다.50) 이 청동 방울의 조형은 타오쓰陶寺 말기 무덤에서 나온 붉은 구리 방울과 비슷하지만, 측면에 '돌출된 선扉棱'이 하나 추가되어 있다.

　　M3 무덤 주인이 매장될 때 타오쓰와 스마오 고대 국가는 종결된 지 이미 200년 가까이 되었으나, 그들의 수준 높은 문화 요소인 유룡遊龍과 구리 방울이 얼리터우에서 나타났다는 것은 이런 기술을 장악한 어떤 기술자들이 뤄양 분지의 번영에 끌려서 신흥의 얼리터우 도읍에 가담했음을 설명해준다.

　　그렇다면 M3 무덤의 주인은 하나라의 왕 가운데 하나인가?

　　이 무덤의 규모는 그다지 크다고 할 수 없으나, 지금까지 얼리터우에서는 이보다 큰 무덤이 발견되지 않았다. 게다가 그것은 얼리터우 제2기의 것인데, 당시에 하 왕조는 아직 절정기에 도달하지 않아서 이런 부장품을 가지기는 대단히 어려웠다. 특히 녹송석으로 만든 대형 용 모양 기물은 1000여 개의 아주 작은 녹송석을 상감하여 만들었는데, 조각들 하나하나를 세심하게 연마하여 이어 붙이려면 많은 노동 시간과 정밀한 기술이 필요했다. 이런 것들은 분업 정도가 아주 높은 복잡한 사회에서만 가능한 일이었다. 그렇다면 그 주인도 복잡한 사회의 통치자일 수밖에 없다. 이 때문에 M3 무덤의 주인은 하나라 왕이 아니더라도 응당 왕족의 중요한 성원이었을 것이다.

　　예사롭지 않은 현상이 또 있다. M3에서는 어떤 무기도 발견되지 않았는데, 그 이전과 이후의 고대 국가에서는 무기를 함께 묻지 않은 고급 무덤을 발견하기가 무척 어려웠다. 촌락이나 부락 사회의 성인 남자 무덤에도 종종 돌도끼나 몇 개의 화살촉이 부장되었다. M3는 후세에 일부가

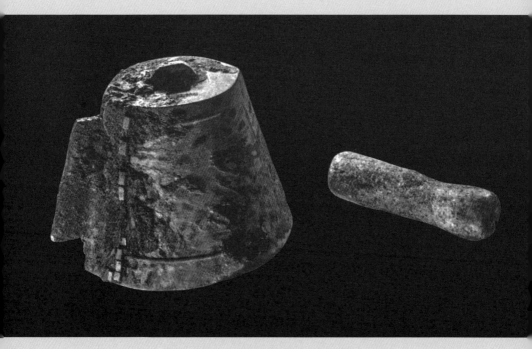

2002VM3에서 출토된 구리 방울과 방울 추[51]

파괴되었는데, 설마 부장된 소량의 무기가 하필 그곳에 있었던 것일까? 다만 M3와 같은 시기에 발굴된 다른 무덤에서도 전혀 무기가 발견되지 않았다. 그러니 이 집단은 대단히 평화로운 사람들로 구성되었던 듯하다.

다만 얼리터우가 번영하고 계층의 차이가 더 벌어지면서 지난날 고대 국가의 해체를 초래했던 그 위기가 얼리터우에도 강림할 수 있었다.

왕가의 거대한 정원

하 왕조의 극성기는 얼리터우 문화 제3기로서, 지금으로부터 3610년에서 3560년 전이다. 취락의 면적이 더는 확장되지 않았으나, 고급 건축물은 아주 많이 늘어났다.

궁전 구역의 큰길 안쪽에는 흙을 다진 담장이 둘러쳐졌는데, 그렇게 만들어진 작은 성은 0.1제곱킬로미터로서, 고고학자들은 그것을 '궁성宮城'이라고 부른다. 궁궐의 담장은 그다지 높지 않아서 발굴된 바닥의 폭은 겨우 2미터였으니, 이것은 담장의 높이가 4~5미터 전후이고 꼭대기 부분이 아주 좁아서 성을 수비하는 병사가 그 위에 서 있을 수 없음을 의미한다. 그러니 이것은 조금 크기를 키운 판축版築 담장이라고 간주할 수 있다.

궁성 동쪽의 담장 기반에는 3개의 틈이 있는데, 성문의 흔적으로 추측된다. 성의 서남쪽 귀퉁이에 있는 남쪽 담장의 7호 토대와 서쪽 담장의 8호 토대에는 흙을 다진 토대와 기둥을 박았던 아주 많은 흔적이 있으니, 2개의 '성문루城門樓' 형상처럼 보인다.

D3과 D5는 폐기되었고, 여러 곳에 크기가 다른 궁전 정원이 새롭게 건축되었다. 가장 눈에 띄는 것은 궁성 서남쪽 귀퉁이의 D1과 동쪽의 D2다. 이곳은 버려지기 전에는 줄지어 늘어선 건물이 밀집해 있었고, 모든 건물은 기본적으로 큰 정원을 갖췄으며, 정원 중앙에서 북쪽으로 치우친

부분에 고립된 중심 전당殿堂이 있어서 왕자王者의 기상이 충만했다.

D1의 정원은 정사각형에 가까우며, 한 변의 길이는 약 100미터다. 동북쪽 귀퉁이는 안쪽으로 움푹 들어가 있으며, 총면적은 거의 1만 제곱미터에 이르러서, 표준적인 축구장 하나보다 크다. 이 때문에 정원을 조성할 때 먼저 전체적으로 깊이 1미터 정도의 토대용 구덩이를 파고 나서 층층이 흙을 다짐으로써 견고한 토대를 만들었는데, 그 토대는 지면보다 거의 1미터 정도 높았다. 이런 공사에는 많은 인력이 필요하니, 그것을 계획하고 업무를 배치했던 왕권이 있었음이 분명하다.

정원 안팎의 양쪽에는 주랑柱廊이 있었는데, 도기로 만든 하수관下水管이 있어서 정원의 빗물을 동쪽 담장 밖으로 배출할 수 있었다. 대문은 남쪽을 향하고 있으며, 문지기가 거주하는 대형 문간방이 있고, 너비 3미터 정도의 길 3개가 대문으로 이어졌다.

중심 전당은 토대가 약 4미터 높이로 다져졌고 바닥에는 3층의 자갈을 다져놓았는데, 전당은 정원보다 1미터 정도 높다. 동서의 길이 36미터, 남북의 폭은 25미터로서, 면적은 900제곱미터다. 기둥을 박았던 구멍을 통해 이 건물은 주위에 회랑이 있는 대형 궁전이었음을 알 수 있다.

제2기의 D3과 D5에 비해 D1은 실용적이고 좁은 여러 줄의 건물을 배열하는 방식을 버리고 넓게 트인 정원과 대형의 단독 전당을 택하여 의례적 성격과 독존의 권력을 두드러지게 나타냈다. 화베이의 타오쓰와 스마오, 남방의 량주와 같은 그 전의 각종 고대 국가들에는 모두 이런 규모의 전당이 없었으니, 이것은 얼리터우가 통치하던 강역과 소집할 수 있는 노동력이 뚜렷하게 증가하여 엄연한 왕조—비록 이제 막 형성되는 시기의 것일지라도—의 기상을 갖추고 있었음을 의미한다.

D1 정원의 구체적인 용도는 또 해석하기가 상당히 어려운데, 그것이 지나치게 넓고 생활 시설이 없어서 왕자가 거주하던 장소처럼 보이지 않기 때문이다. 후세의 황궁에서도 이처럼 넓은 폐쇄형 정원을 보기 어려우

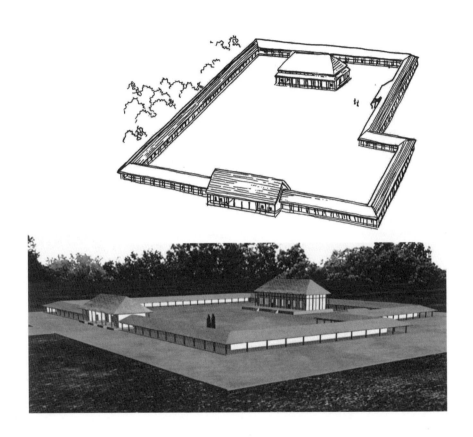

D1 궁전(정원)의 복원도[52]

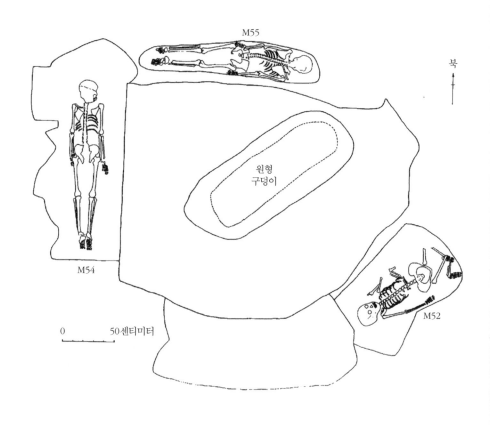

북

M55

원형
구덩이

M54

M52

0   50센티미터

D1 중심 전당 북부의 원형 구덩이와 무덤 평면도[53]

니, 명·청 시기의 천단天壇이나 지단地壇과 유사한, 종교 의례를 위한 건축이었을 가능성이 있다.

게다가 확실히 D1 정원에서는 사람을 희생으로 삼아 제사 지낸 흔적이 몇 군데 발견되었다.

전당 북측에는 환형環形으로 매장된 3구의 유골이 있는데, 머리 부분은 시계 방향으로 놓여 있다. 무덤 번호는 M52와 M54, M55인데, 그 가운데 2구는 성년 여성이다. M52는 반듯하게 누운 채 무릎을 굽힌 모습이고, M54는 엎드린 채 두 다리를 나란히 펴고 있으며, 두 팔은 몸에 딱 붙은 걸로 보아 묶여 있었던 듯하다. M55는 성별을 알 수 없는데, 그 자세도 묶여 있었던 듯하다. 게다가 사람을 매장한 구덩이가 매우 좁아서 3명 모두 억지로 (밟아서) 집어넣은 바람에 양쪽 팔이 탈구된 듯하다.

3구의 유골은 정원의 다져진 흙 속에 매장되어 타원형의 깊은 구덩이를 둘러싸고 있는데, 흙을 다진 토대는 깊이 10미터가 넘게 파여 있었다. 이것은 응당 우물이나 저장용 '빙고氷庫'로서, 종교 제사의 용도를 겸했을 것이다.[54]

이외에도 전당 서쪽에도 인신 공양을 한 제사갱 M57이 있는데, 그 구덩이도 매우 협소하여 폭이 겨우 30센티미터 남짓이다. 사망자는 반듯하게 누워서 사지를 펴고 있는데, 몸은 약간 비틀려 있다. 발굴 보고서에서는 이것도 묶인 뒤에 억지로 집어넣어졌다고 추측하고 있다. 전당 동남쪽에 있는 M27의 사자는 손과 다리가 모두 잘려 나갔고, 무릎을 꿇은 자세로 접혀 있다.

이상 5구의 유골은 모두 정원의 토대에 구덩이를 파고 매장되어 있었는데, 매장된 시간은 궁전의 건축 시기와 기본적으로 같을 것이다. 궁전의 다져진 토대의 구조를 관찰하기 위해서 고고학자들은 일부를 해부하여 발굴했지만, 다져진 토대 안에서는 유골을 발견하지 못했다. 이것은 얼리터우에서는 아직 건축물의 토대에 사람을 희생시키지는 않았으나, 건물이

지어진 뒤에는 소규모로 인신공양제사를 지냈음을 말해준다.* 이후 비교적 장기간에 걸쳐 사용하면서도 궁전 정원에 남겨진 흔적은 많지 않아서 어떤 제사 활동을 거행했는지는 판단하기 어렵다.

D2는 D1에서 동북쪽으로 150미터 떨어진, 궁성의 동쪽 담장과 가까운 곳에 있다. 이것은 제3기 말엽에 건축된 것으로서, 규모는 D1보다 조금 작지만 양식은 비슷하다. 정원은 남북의 길이가 70미터 남짓이고 동서의 폭이 60미터 정도이며, 주랑이 있는 담장을 둘렀다. 정원 중앙에서 북쪽으로 치우친 곳에 독립된 대형 전당이 있으며, 남쪽 정원의 담장 위에는 문지기의 문간방과 대문으로 통하는 길이 있다. 중심 전당과 북쪽 정원의 담장 사이에도 우물이 하나 있는데, 처음 발굴했을 때는 하나의 큰 무덤(M1)과 도굴된 구멍이라고 여겨졌다.[55] D2의 정원 안에서는 인신공양제사의 흔적을 발견하지 못했다.

얼리터우 궁전 구역에는 또 대형 제사 장소로 쓰인 거대한 구덩이가 있었는데, 궁성 구역 동북쪽 귀퉁이에 있었다. 발굴자는 '1호 거형갱巨型坑'이라고 분류했는데, 궁전과 궁전 담장을 공사하는 과정에서 흙을 채취하면서 만들어진 것이다. 제1기 말엽부터 제2기 전체까지 이어졌는데, 나중에는 제사 장소로 사용된 것으로 간주되었다. 시추試錐한 결과 그 구덩이는 동서의 길이가 66미터, 남북의 폭이 33미터로서, 총면적은 2200제곱미터이니 대략 농구장 5개 정도의 크기다. 가장 깊은 곳은 7미터에 이르렀고, 채취한 흙의 양은 1만 세제곱미터가 넘었다. 이것은 면적이 너무 커서 전체를 발굴할 수 없었으므로 동쪽 측면에 해부하듯이 탐사 도랑을 팠다.

해부한 결과 구덩이의 가장자리는 매우 가파르게 만들어졌고, 바닥에는 밟아서 만든 길이 있었으며, 건물과 부뚜막이 있었다. 부분적으로 물

---

* 이런 건축은 낙성落成 후에 다시 인간 희생을 매장했으니, 그 성격은 토대 만들기와 인신공양제사 사이에 있다. 이것은 이 두 종류의 인신공양제사 방식 사이에 아주 명확한 경계가 없었음을 말해준다. ─원주

을 저장한 습지도 있었고 또 돼지를 이용해 제사 지낸 현장이 몇 군데 발견되었다. 돼지는 통째로 매장되기도 했고 머리 등의 부위만 매장되기도 했는데, 집중된 곳에는 3마리의 온전한 새끼 돼지가 매장되기도 했다.

제3기 궁전 담장이 완성된 뒤에 큰 구덩이는 궁성 안 동북쪽에 들어갔다. 발굴을 통해 구덩이 바닥에서는 여러 개의 타원형과 구형의 배설물이 발견되었는데, 주요 성분은 자잘하게 부스러진 회백색 뼛조각이어서 어떤 맹수의 배설물인 듯했다. 그 큰 구덩이가 있는 장소의 환경을 통해 추측건대, 그것은 궁정의 귀족이 호랑이나 표범 같은 맹수를 기르던 곳이었을 가능성이 있다.[56] 맹수를 기르는 곳과 제사 장소를 함께 배치한 경우는 상고시대에 아주 드문 현상이었다.

현재 '1호 거형갱'은 아주 작은 일부분만 발굴되어서 전모를 알 수 없다. 이미 드러난 부분만 보면 인신공양제사의 흔적을 발견하지 못했으니, 상대적으로 얼리터우 궁정의 사람들은 돼지를 이용해 제사 지내는 것을 더 선호했다고 할 수 있다.

궁성 밖의 인신공양제사

궁성 북측은 얼리터우의 제사 구역과 귀족 묘지 구역이다. 여기서 고고학자들은 품격이 상대적으로 높은 무덤들을 발견했는데, 대부분 제3기와 제4기(지금으로부터 3560년부터 3520년 전)의 것으로서 2002VM3의 몇 가지 특징을 이어받고 있다. 무덤의 면적은 크지 않으나 녹송석 장식물이 있고 순장된 사람은 없다.

일부 무덤에는 청동으로 제작된 무기와 예기禮器가 부장되어 있었는데, 예를 들어 제3기의 VIKM3에는 청동 창戈과 도끼鉞, 옥과玉戈가 각기 하나, 청동 술잔銅爵 하나가 부장되어 있었다. 청동 창과 옥과는 30센티미터

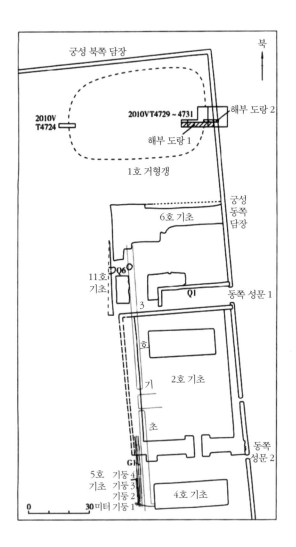

궁성 북쪽 담장

북

2010V
T4724

2010VT4729 ~ 4731

해부 도랑 2

해부 도랑 1

1호 거형갱

궁성
동쪽
담장

6호 기초

Q6

11호
기초

Q1

동쪽 성문 1

3

호

기
초

2호 기초

동쪽
성문 2

G1

5호   기둥4
기초   기둥3
       기둥2
0   30미터 기둥1

4호 기초

1호 거형갱 2010년 발굴 탐방 분포도[57]

전후로 비교적 큰 것이었다.[58]

무덤 구역에는 또 직경 1미터 전후의 흙을 다져 만든 돈대墩臺가 있었는데 8개가 한 조組를 이루기도 하고, 18개가 한 조를 이루기도 하면서 밀집된 매화 형태로 분포되어 있었는데, 남아 있는 높이는 약 20센티미터였다. 주위에는 붉게 탄 흙의 흔적이 여러 곳에 있었는데, 발굴자는 그것을 '제단祭壇'이라고 칭했다. 얼리터우의 귀족은 먼저 제사에 바칠 희생을 불로 익히고 나서 흙으로 만든 돈대 위에 얹어서 바쳤을 것이다.

제사장 옆의 쓰레기 도랑(94H3)에는 인신공양제사의 흔적이 남아 있었는데, 주로 어지럽게 흩어진 인골들이었다. 보고서에서는 "비정상적으로 매장된 인골이 많이 있었다"라고 했으나 구체적인 수량은 밝히지 않았다.[59] 발표된 1장의 사진으로 보면 적어도 3개의 인두가 함께 집중되어 있고, 또 넓적다리 부분부터 절단된 여러 개의 대퇴골이 있었으니, 어쩌면 뼈를 잘라 골수를 빼먹은 결과일 수도 있다. 이외에 도랑 안에서는 도기로 만든 용의 머리 하나가 출토되었으니, 제사 대상이 용과 관련이 있음을 암시한다. 다만 애석하게도 이 도기 용 머리의 사진과 자세한 보고 내용은 없다.[60]

또 드문드문 분포된 일부 인신공양제사 흔적은 주위 환경과 제사 과정을 판단하기 어렵다. 예를 들어 궁전 구역 서남쪽의 VII 구역에서는 원추형의 깊은 구덩이(H10)가 하나 발견되었는데 긴 지름은 5미터이고 깊이는 4미터 이상으로서 인골 3구와 개의 유골 1구가 출토되었다. 큰 구덩이의 3.5미터 깊이에서는 소의 견갑골로 제작된 대량의 점복용 뼈卜骨가 있었는데, 그 위에는 가지런히 불태운 흔적이 늘어서 있다.[62] 그러므로 이것은 점복 행위와 관련된 제사였을 가능성이 크다.

소와 양 등 가축의 견갑골로 점을 치는 것은 화베이 지역에서 룽산 시대 이래 보편적으로 유행하던 통령예측술通靈豫測術이었다. 여기서는 먼저 석탄으로 뼈를 구워서 갈라진 무늬—한자 '복卜'[63]의 갑골문 조형이 바로 뼈가 구워지면서 나온 갈라진 무늬이니—가 나오게 한 뒤에 그 무늬의 종

쓰레기 도랑(94H3)에서 출토된 부서진 인골[61]

횡과 연속성으로 길흉을 판단했다. 견갑골에 직접 갈라진 무늬가 나오게 하는 것은 약간 곤란했으므로, 나중에는 또 새로운 수단을 모색했다. 즉 뼛조각에 콩알만 한 크기의 홈들을 파거나 뚫기도 하고, 아울러 견갑골 하나를 계획적으로 여러 차례 사용하여 애초의 목적을 달성하기도 했다.

갑골에 나타난 갈라진 무늬는 신령이 보여주는 예비 징조로 여겨졌으므로, 점을 치기 전에 신령에게 제사를 바칠 필요가 있었다. 일부 귀족은 사용한 갑골을 무척 존중해서 그것들을 모아 매장하고, 아울러 사람과 가축을 희생으로 죽여 함께 매장했다. 이것도 응당 예언을 내려준 신에게 감사의 뜻을 나타낸 것이었다고 하겠다.

도시의 규모와 궁전 건축으로 보면, 얼리터우-하 왕조는 강력한 왕권이 있었을 뿐만 아니라 신에 대한 제사의 권리를 대단히 많이 장악하고 있었으며, 게다가 귀족들도 자기만의 제사—인신공양제사를 포함한—활동이 있었다.

특별한 의미의 인신공양제사 외에도 얼리터우에는 회갱灰坑(쓰레기 구덩이)과 지층에 마음대로 버린 유골, 심지어 부서진 인골의 흔적도 있었다. 1959~1978년 사이의 발굴 보고서에 따르면, 제3기와 제4기에 인골이 버려진 회갱의 수가 대대적으로 증가했는데, 그 비례는 모두 10퍼센트를 초과했다. 1999년부터 2006년 사이의 발굴에서는 모두 39구의 유골이 담긴 회갱을 발굴했는데, 절대 다수(35곳)가 제4기의 것이었다.

[표4] 1959~1978년 얼리터우에서 발굴된 회갱 속 유골의 비례

	제1기	제2기	제3기	제4기
회갱 총수	36	75	138	129
유골이 있는 회갱의 수	0	4	23	16
총수에서 유골이 있는 회갱의 비율		5.3%	16.7%	12.4%

2020년까지 얼리터우 유적지에서 발견된 무덤의 총수는 400개 남짓인데,[64] 이것은 정상적으로 죽은 이들에 대한 표본 수량이다. 그리고 불완전한 통계에 따르면 유골이 매장된 회갱은 80개 전후이며, 게다가 일부 구덩이에는 인골이 1구만 매장된 게 아니었다. 그러므로 비명에 죽어서 정상적으로 매장되지 못한 이들의 비율이 상당히 높았음을 알 수 있다.

어떤 연구자는 이런 회갱 속의 유골이 인신공양제사의 흔적이라고 여긴다.[65] 다만 제사는 비교적 정규적인 장소와 의식 과정이 있었을 것이다. 그런데 유골을 함부로 버렸거나 생활 쓰레기와 뒤섞여 있다면 그것은 길거리에 방치된 신분 낮은 사람의 시신이었을 가능성이 크다.

이것은 새롭게 흥성한 '도시 현상'을 반영한다. 국가 권력과 통치계층이 나타날 때 방대한 천민 집단도 더불어 생겨날 수 있으며, 어쩌면 포로로 잡혀온 이민족이랄지 어떤 이유로 해산된 부락이나 종족이 귀족의 사적인 노비나 국가가 통제하는 천민이 되었을 수 있고, 또 도시에서 구걸하는 이들도 있었을 것이다. 일단 부락과 종족이라는 서로 도울 수 있는 조직을 상실하게 되면 종종 멋대로 학살되거나 굶주림과 질병으로 죽게 되어 그 시신이 아무렇게나 버려져서 회갱 또는 지층 속에 묻혔을 것이다.

국가가 나타나기 전의 촌락이나 부락 생활에서도 빈부격차로 인해 천민이 된 사람들이 있었을 수 있고, 심지어 촌락이나 부락의 집단에게 배척당해 비명에 죽은 이들도 있었을 것이다. 다만 초기 국가가 나타난 뒤에, 특히 얼리터우와 같은 청동기 왕조에서 도성의 빈부 격차는 이미 대단히 극심했을 것이다. 한쪽에서는 웅대한 건축과 발달된 수공업이 흥성하고 있을 때, 다른 한쪽에서는 많은 빈민의 시신이 길거리에 버려졌을 것이고, 각종 잔혹한 현상들도 집중적으로 나타났을 것이다.

청동기 주조 현장의 인골

얼리터우-하 왕조가 나타나기 전에 각 지역에서 발견된 동기銅器는
모두 드물게 발견되는 소형 기물들이었다. 수량도 아주 적고, 인위적으로
주조된 청동 합금은 더욱 희소했다.

하 왕조가 존속한 500년―이것은 일반적인 기준으로서, 신자이의
100년과 하·상이 교체하는 50년을 포괄한 것임―동안 구리를 제조하는
기술은 지속적이고 안정적으로 발전하기 시작해서, 단순한 황동에서부터
구리와 주석, 아연까지 세 금속을 합금한 청동에 이르기까지, 작은 기물에
서 비교적 큰 청동 예기禮器(즉 용기容器)와 무기에 이르기까지, 하 왕조는 중
국의 청동기시대를 열었다.

신자이 유적지에서는 2개의 황동 조각이 발견되었는데 하나는 작은
칼이었고, 다른 하나는 어떤 용기였을 가능성이 있다.[66] 얼리터우 사람들
은 구리를 제련하고 주조하는 기술을 지속적으로 발전시켰다. 제1기에서
는 구리 덩어리 하나와 손상된 구리 칼 2개가 발굴되었는데, 감정 결과 그
가운데 구리 칼 하나는 거의 순수한 구리이고 다른 하나는 주석이 가미된
청동이었다. 후자에는 구리 83.29퍼센트, 주석 16.28퍼센트, 아연 0.43퍼
센트가 포함되어 있었다.[67]

얼리터우 사람들이 장악한 청동 기술은 하나의 이정표였다. 주석과
아연을 첨가한 청동은 용융점이 더 낮고, 용액의 유동성이 더 좋아서 제
련하고 주조하기가 쉬우며, 게다가 경도도 더 높다. 이 2개의 손상된 칼은
모두 지층 속 쓰레기 안에 버려져 있었는데, 얼리터우 제1기의 무덤에서
는 구리로 된 부장품이 전혀 발견되지 않았다. 다만 녹송석으로 제작된 작
은 구슬 장식품만 있었는데, 이것은 구리 광산에서 나온 부산물이었을 것
이다.

얼리터우 도읍이 처음 규모를 갖춘 뒤에 남측에 전문적인 청동 제련

및 주조 구역이 생겼는데, 궁성과는 남쪽 큰길을 사이에 두고 서로 바라볼
수 있는 곳이었다. 얼리터우 제2기에는 아직 궁성의 담장이 건설되기 전
이었는데, 청동 작업장에는 이미 1.5미터 두께의 흙으로 다진 담이 둘러쳐
졌으니, 이곳을 지키는 일이 더 중요했음을 알 수 있다.

　　청동 작업장의 면적은 약 2만제곱미터로서 표준적인 체조 경기장 하
나보다 더 컸다. 또 한 곳에서만 작업한 게 아니어서 청동 제련 및 주조와
관련된 출토 유물로는 도제 거푸집과 석제 거푸집, 도제 도가니 조각 및
구리 부스러기와 광석 덩어리, 주석 조각, 목탄 등이 있었다.

　　1983년부터 1984년 사이에 발굴된 완전한 청동 주조 작업장에는 반
지하 형태의 직사각형 건물이 있었는데, 분류 번호가 84YLIVF9인 이 건
물의 실내에 파인 구멍의 깊이는 80센티미터이고 동서의 길이는 20미터
가 넘었다. 지면에는 흙이 붉게 그을린 구역이 있었고, 구리 용액이 뿌려
져서 형성된 초록색의 녹 자국이 있었다. 발굴자의 추측에 따르면 이곳은
주조 공장으로서, 붉게 탄 흙은 기술자들이 도기 거푸집을 만들면서 형성
된 것이라고 했다.

　　건물 남측에는 또 노천 주조 공장의 흔적일 가능성이 있는 3곳이 있
었는데 각기 분류 번호가 Z1과 Z2, Z3이다. 그것들과 F9 사이에는 흙을
다져서 만든 2칸짜리 작은 건물인 F2가 있는데, 실내의 지면에는 불구덩
이와 가마를 지탱하는 흙기둥이 있었으니, 구리를 녹이거나 도기 거푸집
을 만드는 공방으로 보인다.

　　이 작업장은 제2기에 두 차례 중건되었으며, 제3기에도 한 번 중건되
었으므로 중첩된 작업 지층이 형성되었는데, 각 층에서 모두 주조의 흔적
과 남겨진 물건이 있었다.

　　작업장 F9의 아래에서 고고학자들은 13구의 유골을 발굴했다. 처음
건조되었을 때 북쪽 담장 아래 5명의 아동을 매장했고, 실내의 땅바닥에
성인 1명을 매장했다. 제1차 증수增修에서는 작업장 땅바닥에 성인 3명을

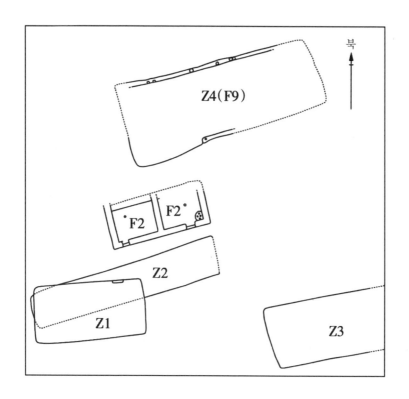

얼리터우 청동 주조 '공방'의 평면 분포 개념도[68]

매장했고, 제2차와 제3차 증수에서도 각기 2명을 매장했다.[69]

이들은 정상적으로 죽은 이들인가? 제2기에는 얼리터우의 귀족이 궁전 정원에 매장되었으나, 청동 작업장의 특징은 매번 사람을 매장하는 일이 건물을 새로 짓거나 증수할 때 행해졌다는 점이다. 그러므로 이 사람들은 정상적으로 죽은 게 아님이 분명하니, 그게 아니라면 매장된 시간이 이렇게 교묘하게 들어맞는 부분을 해석하기가 아주 곤란하다.

애석하게도 이 작업장에 관해서는 발굴 기록과 사진 자료, 예를 들어 유골의 자세랄지, 상처 흔적의 유무, 부장품 등이 많이 남아 있지 않다. 다만 상식적으로 추측하자면, 청동 작업장은 연기가 자욱하고 시끄러우며 구리 용액이 계속 지면에 떨어지고 있었으므로 정상적으로 죽은 이를 매장할 만한 장소가 아니니, 인신공양제사를 지냈을 가능성이 비교적 크다.

청동 작업장 옆에는 분류 번호 84YLIVH99 ─ 이하 'H99'로 약칭 ─ 인 제사갱이 하나 있는데, 원래는 버려진 우물이었다. 그 바닥층에는 사지가 잘린 인골 1구가 매장되어 있었는데, 시신이 여러 조각으로 분쇄되어 있었고, 구덩이에는 그런 인골이 8층이나 쌓여 있었다. 그리고 짐승 종류 ─ 돼지일 가능성이 있음 ─ 의 골육도 부스러진 덩어리로 매장되어 있었다. 제사를 바치는 이는 먼저 인간 희생을 돼지와 함께 삶아 나눠 먹고 나서 부스러진 뼛조각을 구덩이에 던졌을 가능성이 큰데, 구덩이의 최상층에는 1구의 온전한 시신이 두 다리를 구부린 채 옆으로 누워 있었고, 두 손은 합장한 채 배 앞에 놓여 있어서, 다리와 손이 묶인 채 생매장된 듯한 모습이다.

작업장 부근에서는 또 상대적으로 정상적인 무덤들도 발견되었는데, 도기와 구리 술잔銅爵 등 소량의 청동기가 부장되어 있었으니, 작업장 경영자들의 무덤 구역일 것이다.[70]

제3기와 제4기에 이르러 청동 작업장은 더욱 번성했다. 이외에 궁성 남쪽 길 근처에서도 녹송석 가공 작업장 하나가 발견되었다. 얼리터우에서 청동기와 청동 주조 산업은 일반적으로 녹송석 장식물을 수반했는데, 이것은 사람들이 구리 광산을 매우 중시했음을 말해준다. 그러므로 구리 광석을 채취한 부산품도 자연히 그 가치를 충분히 발휘해야 했다.

청동의 제련과 주조술 외에도 얼리터우 사람들은 의례의 색채가 강한 주기酒器* 세트를 창조했으니, 예를 들어 3개의 발이 달린 작爵과 주둥이가 크고 허리가 잘록한 고觚, 3개의 자루 모양 다리가 달린 가斝와 화盉 등이 그것이다. 이런 주기들은 상나라와 주나라에도 계승되어 중국 청동기 시대의 대표적인 기물이 되었다.

그러나 청동 기술이 아직 발전하지 않았을 때는 이런 주기들도 모두 도제였다. 신자이-얼리터우 사람들은 보편적으로 술을 좋아하여, 전문적으로 술을 저장하거나 데우고 따르는 그릇들을 만들기 좋아해서, 보잘것없는 작은 무덤에서도 늘 도제 주기가 발견되었다. 보아하니 그들은 식량이 충분해서 보통 사람들도 남은 곡식으로 술을 빚었다.

신자이 단계에서 이미 도제 화盉와 고觚가 있었다. 얼리터우 시기에 이르면 최초의 도제 작爵이 나타나는데, 높이는 약 20센티미터이고 3개의 짧은 다리, 납작한 띠 모양의 귀(손잡이)가 달려 있다. 주둥이 부분은 양쪽이 바깥으로 날개를 펼치듯 뻗어서 '유流'**와 '미尾'를 이루었다. 복부와 귀에는 띠 모양의 무늬가 들어 있다.

이 작의 조형은 복잡하고 또 상당히 묵직해서 그 '유'를 입술에 대고 마시는 것은 전혀 편리하지 않았다. 후세 사람들은 이미 그것을 어떻게 사용하는지 모르게 되었는데, 어떤 이는 그것이 술을 섞는 기구라고 추측하기도 한다.

---

* 이하 주기酒器들의 명칭과 모양은 https://blog.naver.com/zhonggokaogu/ 223122361935를 참조할 만하다.

** 작爵에서 술을 따르는 부분으로서, 짧고 뾰족한 '미尾'에 비해 상대적으로 길고, 끝부분이 둥글게 처리되어 있다.

또 위는 크고 아래는 작은 나팔 모양의 도기 술잔斝도 있는데, 그 구체적인 용도를 판단하기가 매우 어렵다. 어쩌면 커다란 주둥이 부분에는 '술을 깨게 하는' 기능이 있었을 수도 있다. 어쨌든 이 복잡하게 세트를 이루는 주기는 융성하고 장중한 의식을 대표하는 느낌이 있으니, 술은 음료이자 사교 활동에서 예의를 차리는 데에 중요한 수단이었음을 말해준다.

얼리터우 후기에 이르러 청동 주조 기술은 돌연 비약적으로 발전해서 부장품 가운데 청동으로 주조된 작爵과 화盉, 가斝, 정鼎이 여러 건 나타났는데, 주로 주기로 쓰였다. 그 조형은 도기를 모방했는데, 주인의 존귀한 신분을 드러내는 데에 사용되었으므로 '청동 예기'라고 칭할 만하다.

그 전의 작은 칼이나 구리 방울 같은 작은 물건에 비해 '청동 예기'의 체형은 크게 변하고(일반적으로 높이가 20센티미터 이상), 조형은 복잡해졌으며, 여러 개의 도기 거푸집을 연결해서 주조해야 했다. 기본적으로 모두 무늬를 장식하지 않았고, 기물의 벽은 대단히 얇아서 두께가 1~2밀리미터밖에 되지 않았으니, 설령 통치자들이 무거운 청동기를 감당하지 못했기도 했겠으나, 어쨌든 구리 원료가 대단히 진귀했음을 알 수 있다.

제3기와 4기 단계에서는 청동 도끼銅鉞와 청동 창銅戈과 같이 완전히 새로운 청동 무기도 나타났다. 청동 도끼의 조형은 옥석玉石 도끼에서 나왔을 가능성이 있으나, 청동 창은 비교적 특수했다. 이전에는 창과 유사한 석기가 드물어서, 고대 중국에서도 비교적 독특한 무기에 해당한다.

중국의 구리 매장량은 그다지 풍부하지 않아서 청동기를 제작하는 데에는 비교적 큰 비용이 들었으므로, 그것은 상류사회의 사치품이었다. 얼리터우의 보통 백성이 가장 많이 사용한 것은 여전히 석기와 골기骨器였다. 석기는 뤄허洛河강에서 채집한 자갈을 두드려서 만들었을 것이다. 훗날의 상나라와 서주, 춘추 시기에 이르기까지 가장 기본적인 농기구도 석기였다. 석제 농기구와 공구가 완전히 대체되기 위해서는 철 제련술이 보급된 전국시대까지 기다려야 했다.

신자이에서 출토된 도화陶盉와 도고陶觚: 도화에는 3개의 자루 모양 다리가 있어서 열을 가해 삶기에 적합하나, 가늘고 작은 '병 모양의 주둥이壺嘴'는 죽을 끓이는 데에 부적합했다. 단지 물을 끓이는 용도라면 복잡한 조형이 또 쓸데없이 너무 많으므로, 어떤 학자는 이것이 술을 데우는 용도로 쓰였다고 추측하는데, 술은 이처럼 중시될 만했다.

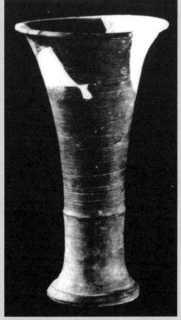

얼리터우 M54에서 출토된 작爵(왼쪽)과 고觚: 천 년이 넘게 유행한 뒤에 주작酒爵은 점차 퇴장했으나 '작위爵位'라는 뜻을 파생시킴으로써 세습된 고귀한 신분을 대표하게 되었다.

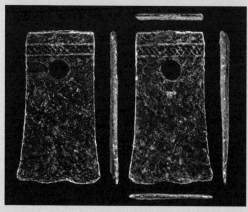

얼리터우 유적지에서 이미 발견된 청동기는 약 200건인데 거기에는 용기容器와 무기, 악기, 의례용 장식품과 공구 등이 포함되어 있다. 개중에 청동 용기는 지금까지 발견된 중국 최초의 청동 예기 세트로서, 세 발 솥鼎 하나 외에는 주로 도기를 모방해서 제작된 주기酒器다. 얼리터우 문화가 시작한 청동 용기의 주조는 여러 개의 안팎 거푸집을 합쳐서 전체 그릇을 주조했으니, 창의적으로 독특한 성격을 나타냈다. 이렇게 거푸집을 합쳐서 주조하는 기술이 나타난 것은 중국의 금속 제련 및 주조 역사에서 획기적인 의의가 있으니, 중국 청동기시대의 선하先河를 연 셈이었다.[71]

석기시대와 청동기시대는 모두 일상적으로 쓰는 용어지만, 이 두 용어의 의미는 전혀 대등하지 않다. 청동기는 석기를 완전히 도태시키지 못했으며, 그저 상류사회 사람들의 생활이 바뀌었음을 나타낼 뿐이었다. 마치 문자를 발명한 뒤에도 대다수 사람이 여전히 문맹이었던 것과 마찬가지다. 사회의 발전 수준은 종종 소수 엘리트 계층이 대표하곤 한다. 다만 그 수가 적다고 해서 청동기의 가치를 낮게 평가할 수는 없으니, 그것이 중국 최초의 문명과 최초의 왕조를 주조해냈기 때문이다.

청동, 문명의 탄생을 촉진하다

'문명'은 인류학과 상고사를 연구하는 학자들이 늘 논의하는 과제다. 석기시대에 인간이 무리를 이루던 각종 현상은 '문화'라고 불리지만, 그것이 엄격하게 정의된 적은 없다. 사람이 제조한 물품과 유적이 모두 '문화'라면 구석기시대도 문화다. 중국의 신석기문화는 주로 도기 공예와 조정을 통해 분류되는데, 도기는 제조된 양이 가장 많고, 유적지에서 가장 흔히 보이며(대부분 부스러진 조각이지만, 모아 붙일 수 있는 것들도 있음), 조형의 특징도 가장 분명하기 때문이다. 서로 다른 지역의 집단이 사용한 도기는 달랐으므로, 이를 통해 다른 문화를 구분하기 쉽다. 같은 집단이라도 시기가 달라지면 도기의 특징도 진화하므로, 이를 통해 시기를 세밀하게 나눌 수 있다. 그러므로 중국 고고학자들은 토기 형태와 체제에 관한 연구를 가장 중시한다. 이외에 서로 다른 문화의 옥기와 석기, 건축, 무덤도 각기 특징이 있을 수 있다.

문화에 비해 문명은 훨씬 고차원적이다. 그것은 인류가 원시 상태와 작별하고 동물계와 거리를 더 멀리 벌리면서 발전의 속도를 높이고 현대 사회와 일맥상통하는 궤도에 진입했음을 나타낸다. 물론 문명 시대에 진입한 뒤에도 도기를 기초로 한 문화 분류는 여전히 존재하는데, 그것이 보통 사람들의 삶을 가장 잘 반영하기 때문이다.

이전에 학계에서는 '문명'에 대한 정의가 비교적 엄격했는데, 거기에는 세 가지 중요한 요소가 들어 있다. 바로 도시와 야금술冶金術 그리고 문자다. 이런 기준에 따르면 상나라 말엽의 은상殷商 단계는 읽고 해석할 수 있는 갑골문이 있으므로 문명에 속한다. 나중에는 초기 상 단계의 갑골문 자료도 발견되었으나 지극히 드물다. 종합하자면 상나라는 엄격한 문명의 기준에 부합하며, 논쟁의 여지는 크지 않다.

다만 상나라 이전의 하 왕조-얼리터우는 문자라는 요소가 결핍되어 있다. 그보다 이른 신석기 말기의 스마오와 타오쓰, 량주 같은 고대 국가들은 1만 명이 모여 사는 대형 취락과 분명한 계급 분화, 웅대한 건축이 있었으나 구리로 된 기물은 없거나 지극히 드물었다. 이런 고대 국가들은 엄격한 의미의 문명 기준에 부합하지 않는다.

근래에 어느 학자는 더 광범한 기준을 제시하여, 대형 도시만 있더라도 혹은 '복잡한 사회'라고 불리기만 한다면 '문명'이라고 부를 수 있다고 주장했다. 그 원리는 많은 무리의 인간이 함께 모여 생활하면 상대적으로 복잡한 직업의 분화와 사회 계층의 분화가 이루어질 수 있으며, 이러한 조직적 협조 능력은 인간 집단이 계속 발전해나갈 수 있는 중요한 토대라고 했다. 이런 기준에 따르면 지금으로부터 5000년에서 4900년 전의 고대 국가인 량주도 '량주 문명'이라고 부를 수 있다.[72]

광범한 혹은 엄격한 기준은 각기 의미가 있으니, 서로 부정할 필요는 없다. 다만 주의할 것은 광범한 '문명' 기준에 부합하는 (4000년 이전의) 다수의 고대 국가는 대부분 짧은 기간 번영하고 나서 시들어버렸으며, 그들이 건설한 '복잡한 사회'의 경험은 분명히 불완전해서 장기적으로 발전할 능력이 없었다. 게다가 각 고대 국가가 건설한 '복잡한 사회'도 모두 자생적이어서 서로 간에 전승된 부분이 적었다. 물론 고대 문명도 완전히 고립적인 것은 아니어서 일부 문화 요소가 고대 국가들 사이에 전해지기도 했다. 예를 들어 량주의 몇 가지 전형적인 옥기는 스마오와 타오쓰 그리고 상나라에까지 전해졌고, 스마오의 부조된 용은 얼리터우의 녹송석으로 묘사된 용 토템으로 변했으며, 황동을 제련하여 작은 동기를 주조하는 기술도 신자이-얼리터우에 전해졌다.

4000년 전 고대 국가 문명의 '전승 특징'은 풀숲을 지나간 뱀의 자국처럼 지맥 안에 숨어 흐르는 물줄기처럼 이어지는 것이어서 분명하지 않았다. 그에 비해 얼리터우-하 왕조는 이후의 상 왕조, 주 왕조와 하나의 맥으로 전승되어 단절이 없었다. 상나라가 얼리터우-하 왕조를 정복하면서 하 왕조 전체의 유산을 접수하는 과정은 고고학의 발굴 성과에서 매우 뚜렷하게 나타났다.

얼리터우 이전에도 대형 도시(고대 국가)가 이미 몇 군데가 있었으며, 좁은 의미의 문명 기준 가운데 제1항의 요소(도시)가 이미 있었으나, 충분히 안정적이지 못했다. 얼리터우는 제2항을 새롭게 만들었으니 바로 청동을 제련하고 주조하는 기술이다. 그 기술을 가지게 됨으로써 대형 도시(고대 국가)는 비로소 유지되고 발전해나가면서 제1항의 요소를 진정으로 확립하고, 아울러 제3항인 문자를 계속 발전시킬 수 있었다.

청동 산업을 위해서는 더 방대한 공동체 인구라는 토대와 더 복잡한 분업 체계가 필요했다. 광물을 채굴하고 운송하여 제련하는 것으로부터 합금을 배합하고 거푸집을 만들어 주조하기까지 일련의 전문 기술과 많은 인원, 조직적 협력이 필요했는데, 이것은 복잡한 사회에서만 제공하고, 유지하며, 발전시킬 수 있는 것이었다.

중국의 구리 광산은 매장량이 적었으므로 청동으로 만든 기물은 진정으로 많은 이에게 보급되기가 무척 어려웠다. 그러나 중국 초기 국가에서 청동기의 가장 중요한 의미는 공교롭게도 그 수량이 적어서 가치가 높았다는 데에 있었다. 청동 예기는 계급 차별의 질서를 보여주며, 청동 무

기인 창과 도끼, 화살촉은 나무나 돌로 만든 무기에 대해 압도적인 우세를
지님으로써 왕권의 무력을 보장할 수 있었다. 이것은 '문명' 혹은 '복잡한
사회'를 안정적으로 유지하여 해체를 피할 수 있게 하는 토대였다.*

 비교하자면 석기시대 고대 국가의 왕권은 민중 계층을 능가하는 무
장武裝의 우세가 없어서, 통치자는 옥기와 예기로 자기의 고귀함과 사치를
나타낼 수 있었으나, 옥으로 만든 무기의 전투력은 돌로 만든 무기를 넘어
설 수 없었다. 량주와 타오쓰, 스마오와 같은 석기시대 고대 국가가 번영
할 때 급격히 심화된 빈부 격차는 하층 민중의 반발을 초래했을 것이고,
통치 계급과 처음 규모를 갖추었던 복잡한 사회는 하루아침에 붕괴했을
것이다.

 얼리터우 이전의 1000여 년 동안 창장강 중류와 저장에서 화베이 지
역까지 많은 고대 국가가 일어났다가 또 해체되었다. 제3기에 이르렀을
때 얼리터우도 고대 국가의 극성기에 진입하여 쇠락의 전환점을 맞이했
다. 통치자들은 호화로운 건축물을 지었고, 하층 민중은 극도로 빈곤한 상
태에서 끊임없이 노역에 시달려야 했으므로 대립 정서가 결국에는 폭발해
버렸다. 마침 이 시기에 성숙한 청동 기술은 얼리터우가 운명을 이어나갈
수 있게 하고, 사회 상류층이 통치를 계속 유지할 수 있게 했다.

 제3기에서 처음 건설한 궁성과 담장이 지켰던 것은 궁전 구역에 거주
하고 있던 상류층뿐이었지 얼리터우 고성 전체가 아니었다. 분명히 이것
은 얼리터우 내부의 계급적 갈등에 따른 산물이었다. 제2기 귀족 무덤에
는 무기가 전혀 없었으니, 계급적 갈등이 아직 격렬하지 않았음을 나타낸

---

* 청동 기술이 없는 인류 문화에서는 흑요석黑曜石이 청동 무기의 기능을 부분적으로 대체할 수 있
었다. 그것은 화산이 폭발할 때 형성된 유리질의 암석으로서 날카롭게 다듬을 수 있어서 가치가 상당
히 높았다. 상고시대 중동 지역 및 유럽 식민주의자들이 침입하기 전의 중남미 지역에서 흑요석은 고
급의 무기 재료였다. 다만 중국의 흑요석은 상대적으로 적어서, 신석기시대에는 그 흔적이 거의 없
다.—원주

다. 그런데 제3기 무덤에서는 청동 창과 도끼가 여러 차례 발견되었으니, 상류사회의 무장 정도가 뚜렷하게 높아져서 하층 사회를 진압할 능력을 때맞춰 발전시켰음을 말해준다.

귀족의 무력이 우세함으로써 각종 대규모 공사도 보장할 수 있었다. 제3기의 취락 면적은 제2기에 비해 뚜렷하게 확대되지 않았으니, 인구가 대폭 증가하지는 않았음을 말해준다. 다만 궁전 담장은 이 시기에 완성되었고 많은 전당도 더 고급한 것으로 대체되었으며, 청동 제조 구역도 뚜렷하게 확대되었다. 이것은 분명히 민중에 대한 통제력이 강화된 결과, 다시 말하자면 통치자가 착취하는 부세와 노역이 더 많아진 결과다. 이런 물질적 토대 위에서 얼리터우는 비로소 진정한 의미의 하 왕조로 발전할 수 있었다.

석기시대 고대 국가의 번영은 200년이라는 주기를 넘어서기 어려웠으나, 그것은 얼리터우의 청동 무기에 의해 이렇게 해결되었다.

유한한 인신공양제사와 이원제 사회

룽산 시대의 화베이 지역에서는 인신공양제사와 인간 희생을 바쳐 건물 기초를 만드는 현상이 비교적 보편적으로 퍼져 있었다. 이런 풍속도 얼리터우까지 이어졌으나, 기존의 고고학적 발굴 성과로 보면, 얼리터우의 인신공양제사는 너무 범람했다고 할 수 없다.

첫째, 각 시기의 무덤에서는 순장된 사람이 발견되지 않았고, 나중에 제사하면서 인간 희생을 매장한 현상도 없었다. 묘지와 관련된 유적 가운데 94H3 쓰레기 도랑에서만 인신공양제사의 흔적이 있었다.

둘째, 궁전 구역 건축에 사람을 희생하여 기초를 다지지 않았고, D1 정원 안에서만 제사에 바쳐진 5구의 유골이 발견되었다.

　　셋째, 청동 작업장 F9에는 기초를 다지고 제사에 바쳐진 10여 구의 유골이 있었고, 그 옆의 제사갱 H99에도 2구가 있었다. 시간적으로 청동 작업장의 인신공양제사 행위는 더 이른 시기(제2기)에 나타났고, 궁전의 인신공양제사 행위는 그 뒤를 이은 것이다.

　　얼리터우-하 왕조의 규모는 이전의 모든 고대 국가를 넘어서며, 게다가 거의 400년 동안 안정적으로 존속했는데, 그 중심 도읍에서 발견된 인신공양제사 현상이 이런 정도라면, 그 수량이 대단히 적었다고 할 수 있다. 그 밖에도 얼리터우 유적지는 전체적으로 보존 상황이 비교적 양호해서, 하 왕조가 멸망한 뒤에 이곳에는 줄곧 도시가 나타나지 않았고, 황허강의 물길이 크게 바뀌거나 도굴된 흔적이 없어서, 유적지가 후기에 파괴된 부분은 아주 적었다.

　　이런 요소를 고려하면 얼리터우-하 왕조의 민간에 인신공양제사 풍속이 있기는 했으나 그것을 기반으로 한 '국가 종교'는 아직 건립되지 않았고, 왕실 통치자의 인신공양제사도 민간에 비해 전혀 많지 않았다고 할 수 있다.

　　종적縱的으로 대비하자면, 얼리터우의 인신공양제사 규모는 고대 국가 타오쓰와 비슷하며, 스마오와 칭량쓰, 왕청강王城岡과는 확연히 달랐다. 이것은 화베이 지역의 서로 다른 고대 국가-초기 문명 가운데 인신공양제사의 번영 수준에 어느 정도 차이가 있었음을 말해준다.

　　인신공양제사의 지점으로 보면, 얼리터우 궁전 구역의 제사 행위는 상대적으로 적었고, 동북쪽 거형갱에서는 심지어 돼지만 이용하여 제사를 지냈다. 상대적으로 청동 작업장은 인신공양제사 수량이 많고 형식도 잔혹해서 사지를 분해하고 나누어 먹은 흔적이 보이며, 규모가 웅대한 D1 궁전 안 인간 희생의 양은 청동 작업장의 건물 하나에도 미치지 못했다. 이런 차이는 얼리터우 내부에 서로 다른 인간 집단 사이에 문화적 차이가 있었음을 말해준다. 궁전 구역 안의 거주자 가운데는 인신공양제사 문화가 그다지 유행하지 않았으나, 청동을 제련하고 주조하는 일에 종사했던 이들은 상대적으로 그런 제사를 숭상했다.

현대인의 관점에서 상고시대의 청동 제조업은 응당 왕권의 직접적인 통제를 받았으리라고 생각하지만, 이것은 후세의 관료제도와 군주 집권제의 운영 규칙을 빌려 상고시대를 상상한 결과일 가능성이 크다. 얼리터우-하 왕조는 왕권의 초기 건립 단계로서 미개한 풍속이 아직 퇴치되지 않았던 시대였다. 각종 직업은 특정한 종족 집단에서 세습적으로 운영되었으며, 그들은 종종 비교적 높은 자치권을 지니고 있었다.

궁전 구역에 아직 담장이 지어지지 않았을 때 얼리터우의 수공업 작업장에는 이미 담장이 둘러져 있었다. 당시는 얼리터우 제2기에 해당하는데, 청동 작업장의 규모도 아직 크다고 할 수 없었고, 청동 무기도 발견되지 않았는데, 왜 그 지역의 안위를 왕궁보다 앞서 염려했던 것일까? 가능한 답변은 작업장의 담장을 수공업에 종사한 종족 스스로 세웠다는 것이다. 그들은 자기들을 방어할 필요가 있었고 아울러 이런 자원과 실력이 있었다. 실제로 청동을 제련하고 주조했던 이들의 종교 풍속도 궁전 구역과는 구별되었으니, 이 역시 그들 전체가 자치 집단이었음을 나타낸다.

얼리터우에서는 이제껏 대형 성벽 체계가 발견되지 않았고 작업장과 궁전 구역에 각기 독립적인 담장이 있었을 뿐이니, 이런 형상을 쉬홍許宏은 '대도무성大都無城'이라고 불렀다. 그 근원은 궁전과 수공업 종족이라는 이원二元의 집단이 병립한 형식에서 비롯되었을 가능성이 크다. 청동 작업장의 집단은 궁정 왕권의 권위를 인정했으나, 자기 집단은 자주적으로 관리했다.

게다가 얼리터우의 청동 기술은 줄곧 폐쇄되어 있어서 외부로 전파된 적이 거의 없었다. 거의 400년 동안 얼리터우에는 이제껏 나타나지 못했던 규모로 청동 주조 산업이 발달해서, 예기와 무기를 포함한 얼리터우 풍격의 대형 청동기도 멀리 고립되어 있던 남방의 식민지 이외의 외지에서 나타난 경우가 매우 드물었다.[73] 얼리터우-하 왕조의 청동 생산자 및 왕실, 귀족들 모두 청동기를 남에게 내보일 수 없는 비밀의 보물로 간주하여 외부 사람들과 나누거나 교역하지 않았던 듯하다.

이상이 고고학에서 제공한 얼리터우 고대 국가의 개황이다.

하 왕조에 관해서는 고대 역사에 약간의 기록만 있을 뿐인데, 예를 들어 『사기』「하본기夏本紀」에서는 대우는 수령의 직위를 민중에게 벼농사를 확대하도록 도와주었던 저 익益에게 물려주려고 준비했으나, 대우가 죽은 후에 민중은 모두 대우의 아들 계啓에게 복종하기를 바라서 계가 가족 왕조인 하나라를 건립했다고 했다.

> 대우가 죽자 비록 익에게 (수령 지위를) 전수했으나, 익은 대우를 보좌한 날이 얼마 되지 않아서 천하가 흡족해하지 않았다. 그래서 제후들이 모두 익을 떠나 계에게 가서 "우리의 군주는 대우의 아들이다"라고 했다. 이에 계가 천자에 즉위하여 하후제夏后帝가 되었다.
>
> 及禹崩, 雖授益, 益之佐禹日淺, 天下未洽. 故諸侯皆去益而朝啓, 曰, 吾君帝禹之子也. 於是啓遂卽天子之位, 是爲夏后帝啓.

이외에 『사기』의 주요 기록은 역대 하나라 왕의 명호名號인데, 다른 책에서는 또 하 왕조 전기의 불안정하게 동요했던 사건을 기록했다. 제4대 왕인 '상相'은 유궁씨有窮氏의 후예后羿에게 왕위를 찬탈당했고, 후예는 또 백명씨伯明氏의 한착寒浞에게 찬탈당했으며, 한착은 후예와 하나라 왕 상의 가족을 모조리 도륙했다. 그러나 상의 유복자 소강少康이 모친 일족인 유잉씨有仍氏와 유력씨有鬲氏의 세력을 빌려 한착을 멸하고 하 왕조를 회복했다.[74]

하 왕조를 일으킨 이 '왕자의 복수기'는 신자이와 얼리터우 고고학에서 증거를 찾기 어렵지만, 이 이야기에는 하 왕조 내부에 유궁씨와 백명씨, 유잉씨, 유력씨와 같은 각종 부족이 있었고, 게다가 그들 모두 자기의 세습된 우두머리가 있었음을 말하고 있는데, 이것은 응당 당시 사회의 진실한 모습을 반영한 것일 터다. 하 왕조는 후세 사람들의 관념 속에 있는 대통일 정권이 아니고, 내부에 각 부족이 즐비하게 늘어서 있었다. 얼리터우 고성은 실제로 하나라 왕의 부족이 소유한 영지였는데, 벼농사로 인해 인구가 번성하고 청동 무기와 사치품으로 인해 강대하면서 흡인력이 풍부했으므로, 주변의 각 부족이 기꺼이 속국이 되었다. 다만 하 왕실-얼리터우 사람들은 이렇게 신하가 된 부족에 대해 과도한 직접 통치를 하지 않았고, 언어와 문화에서도 중원 지역 전체를 합친 통일체가 되지 못했다. 하 왕조의 이야기는 각 부족 사이에서 전해져왔으나, 각 부족은 여전히 자기들의 공동체 생활을 유지했다.

이 역시 얼리터우의 청동기가 옛 성의 외부에는 극소수만 나타나는 이유를 설명해준다. 하 왕조는 비교적 보수적이고 폐쇄적이어서 외부에 대한 약탈과 확장에 신경 쓰지 않았고, 광대한 영토와 많은 백성을 보유한 진정한 왕조를 건립하려고도 하지 않았다. 어쩌면 당초에 후예와 한착의 동란이 하나라 왕실에 교훈을 주어서 가능한 한 다른 부족과 너무 가까이 지내려 하지 않았을 수도 있다.

이상의 설명을 종합하면, 얼리터우-하 왕조는 대형 취락과 복잡한 사회를 건설했고, 또 청동 기술에 의지하여 장기간의 안정을 유지할 수 있었다. 이로 말미암아 1000여 년 이래 고대 국가들이 하릴없이 흥성했다가 무너지는 난제가 결국에 해결되었다. 다만 그 보수적 성격은 중국 최초 왕조의 명성에 어느 정도 영향을 미쳐서, 황허강 유역의 다양한 부족들을 정리하여 통합하는 작업은 이후의 왕조가 등장할 때까지 기다려야 했다.

부록: 청동의 비밀 역사

신석기시대 말엽의 많은 유적지에서 구리 조각이나 구리 칼, 구리 송곳 같은 작은 동기들이 드문드문 발견되었다. 이것은 옛사람들이 구리가 섞인 광석을 도요陶窯에 넣고 태우거나 하는 등 우연한 상황에서 작은 구리 덩어리를 얻고, 초보적으로 가공한 것일 테지만, 실용적인 청동기와는 아직 거리가 멀었다.

단순한 구리는 황동인데, 용융점이 비교적 높고 녹은 후에 유동성이 매우 낮아서 크거나 정밀한 물품을 주조하기 어렵다. 게다가 순수한 구리는 재질이 비교적 물러서 용도가 제한적이다. 용융점을 내리고 용액의 유동성을 끌어올리기 위해서는 주석이나 아연을 섞어야 하고, 경도를 높이기 위해서는 아연이 필요하다.

동기의 용도가 다르면 주석과 아연의 비율도 다르다. 청동 예기는 정밀한 조형과 복잡한 문양이 필요하므로 주석의 비율이 조금 높아야 하고, 청동 무기는 상대적으로 높은 경도가 필요하므로 아연의 비율을 높여야 한다. 다만 아연이 과다하면 청동기가 물러져서 쉽게 부서진다. 이런 비례 관계는 기술자의 반복적인 시험 속에서 모색되어야 한다.

광석에서 단순한 어떤 금속을 제련해내기란 결코 쉬운 일이 아니지만, 어떤 광석에는 여러 종류의 금속이 함께 포함되어 있어서 운이 좋으면 구리와 주석, 또는 구리와 아연이 함께 섞이고 또 비율이 교묘하게 들어맞는 광석을 만날 수도 있다. 이런 광석을 가열하여 제련하면 비교적 단단하거나 비교적 부드럽고 매끄러운 구리 합금을 얻을 수 있다. 다만 이런 우연한 성공을 복제하기는 어려우니, 광석에 포함된 원소의 비율이 달라지면 제련한 구리도 필요에 부합하지 않게 된다. 그래서 청동의 제련과 주조 기술에는 매우 높은 문턱이 있다. 얼리터우 작업장에서는 작은 주석 덩어리가 발견되었는데, 이는 그들이 이미 단독으로 주석을 제련하여 청동과

배합할 수 있었음을 말해준다. 은허에서는 또 1톤이 넘는 아연 덩어리를
저장한 가마가 발견되었는데, 이 역시 청동을 제련하기 위해 준비한 원료
였다.

　　석기시대에서 청동기시대로 통하는 대문은 아주 넓은 듯이 보이지
만, 사실은 대단히 좁았다. 이런 곤란과 우연성은 또 금속 제련과 관련된
신비한 현학적玄學的 관점을 촉진했다. 즉 어떤 신령이 제련의 성과에 영향
을 줄 수 있으므로, 여러 가지 다른 형식으로 복을 기원하면서 고급 재질
의 생산품을 달라고 청하게 되었다. 하나라에서 상나라에 이르기까지 구
리 제련 작업장에는 인신공양제사 흔적이 비교적 밀집되어 있었는데, 철
기시대에 이르러서도 제련장에는 여전히 불확정성과 신비로운 색채를 띤
활동이 충만해 있었다. 심지어 어떤 기술자는 용광로에 자기 몸을 던져 고
급 재질의 금속을 얻었다는 전설도 있다.

제4장 다른 종족이 얼리터우를 점령하다

하 왕조와 상 왕조의 교체에 관한 역사 기록에는 강한 도덕적 심판의 색채가 스며 있다. 하 왕조의 마지막 왕인 걸桀이 함부로 나쁜 짓을 저질러 하늘의 진노와 백성의 원망을 사는 바람에 결국 새로 일어난 도덕적인 군주인 상나라 탕湯이 그 자리를 대신 차지했다는 것이다.

걸왕 때 (…) 덕을 펼치는 데에 힘쓰지 않고 무력으로 백성을 해치니, 백성이 감당하지 못했다. (…) 탕이 덕을 닦으니 제후가 모두 탕에게 귀의했고, 이에 탕이 병사를 이끌고 하나라 걸왕을 정벌했다. 걸왕은 명조鳴條로 도주했다가 쫓겨나 죽었다. (…) 탕이 천자에 즉위하여 하나라를 대신하여 천하를 다스렸다.
帝桀之時 (…) 桀不務德而武傷百姓, 百姓弗堪 (…) 湯修德, 諸侯皆歸湯, 湯遂率兵以伐夏桀. 桀走鳴條, 遂放而死 (…) 湯乃踐天子位, 代夏朝天下.(『史記』「夏本記」)[75]

다만 고고학에 나타난 과정은 더 복잡한데, 유래가 각기 다른 낙후된

집단이 얼리터우 옛 성에 침입해 반세기 동안 통치했다. 중국 역사 최초로
이뤄진 왕조 교체는 복잡하게 뒤섞여 분명히 구별할 수 없다.

하 왕조의 적은 어디서 왔는가? 이 문제는 얼리터우 고대 국가의 강
역에서 고찰하기 시작해야 한다.

500리 왕조

얼리터우 제2기에 옛 성이 3제곱킬로미터로 확장된 후 이미 초기 국
가의 규모에 도달했다. 이렇게 되자 한 가지 문제가 나타났으니, 이 초기
국가의 통치 범위가 얼마나 되었느냐는 것이다.

가장 낮은 기준으로 보면, 뤄양 분지는 얼리터우 도읍이 통제할 수 있
는 범위였다. 분지는 동서로 좁고 길어서, 길이가 약 50킬로미터다. 어느
연구자의 통계에 따르면, 뤄양 분지의 취락 수는 얼리터우 제1기에 옛 성
밖에서 발견된 게 19개였는데, 제2기에는 신속하게 증가하여 83개에 이르
렀고, 제3기와 제4기에 이르면 100개 전후가 안정적으로 유지되었다. 개
중에 면적이 0.5제곱킬로미터 전후 '향진' 단위 취락이 약 20곳이고 나머
지는 0.1제곱킬로미터 및 그 이하의 촌락이었다. '왕도'에서 '향진' 단위
및 촌락에 이르기까지 등급과 격식이 대단히 뚜렷해서, 분명히 동일한 왕
국의 정치 체제에 속했다.[76)]

얼리터우-하 왕조가 뤄양 분지 외에 통제할 수 있는 강역에 관해서
는 역사서와 고고학에서 모두 표준적인 답안을 제시하기 어렵다.

첫째, 그와 관련된 역사서를 편찬한 이들이 주로 전국시대에서 전한
前漢까지의 사람들이어서 초기 국가에 대한 고고학적 지식이 없었으므로,
자기가 살아가는 세계를 참조하여 삼황오제三皇五帝와 하나라, 상나라 시대
를 상상할 수밖에 없었다. 그래서 맹자는 대우의 치수 범위가 창장강과 황

허강, 화이허강과 한수이강에까지 미쳤다고 했다.

> 우가 땅을 파서 물이 바다로 흘러가게 하고, 뱀과 용을 풀밭으로 몰아
> 내고, 물이 양쪽 기슭 사이로 흐르게 했으니, 창장강과 화이허강, 황허
> 강, 한수이강이 그것이다.(『맹자』「등문공 하」)

이것은 전국시대 중국인의 지식 세계지만, 상고시대 중국의 범위는
아직 그렇게 크지 않았다.

둘째, 고고학에서도 정치사 층위의 문제에 대해 해답을 제시하기는
매우 어렵다. 고고학의 주요 대상은 고대 사람들이 생산한 기물, 특히 수
량이 가장 많은 도기인데, 도기의 양식을 통해 '얼리터우 문화'의 분포 범
위를 그려낼 수는 있으나, 그것과 고대 국가의 정치 체제가 똑같은 것은
전혀 아니다. 그렇지 않다면 7000~8000년 전의 페이리강裴李崗 문화와 양
사오 문화는 모두 1000리가 넘는 영역에 걸친 고대 국가가 될 것이다.

도기를 토대로 한 얼리터우 문화의 분포 범위는 비교적 넓어서 진난
晉南*에서 관중과 허난성 대부분을 차지하며, 심지어 멀리 안후이성에까지
이른다. 다만 양식이 완전히 일치하는 것은 아니어서 지역에 따라 몇 가지
'유형'으로 나뉠 수 있으므로, 도기 문화를 고대 국가의 정치적 강역과 동
등하게 여기기는 매우 어렵다. 얼리터우 사람들의 청동 주조 기술은 비밀
이 엄격하게 지켜졌다. 제작된 청동기 중 외지에 나타난 경우는 대단히 드
물었으니, 이 역시 지표로 삼기는 곤란하다.

얼리터우-하 왕조의 강역에 관해서 일본의 니시에 기요타카西江淸高와
히사쓰 다이스케久慈大介는 도제陶製 예기의 분포를 고찰하는 방법을 제시한

---

* '진난晉南' 혹은 '진시난晉西南'은 산시山西 서남부와 황허강 중류 동안東岸의 윈청분지運城盆地와
린펀분지臨汾盆地를 아우른다.

바 있다.[77] 얼리터우 문화에는 고觚, 작爵, 화盉, 가斝, 규鬹 등의 독특한 도제 예기 즉 주기酒器가 있었는데, 지위가 비교적 높은 사람만이 완전한 세트의 주기를 가질 수 있었다. 이런 도제 예기가 얼리터우 옛 성 바깥에서 나타난다면 그곳은 얼리터우-하 왕조의 통제 범위에 해당할 것이다. 어쩌면 그것은 하 왕실에서 외지의 추장에게 상으로 내린 것일 수도 있으니, 이를 통해서 고대 국가의 정치적 영향력이 미치는 범위를 엿볼 수 있다.

기요타카가 제작한 분포도를 통해 도제 예기의 출현이 가장 집중된 지역이 황허강 남안 및 쑹산산 동남쪽 기슭임을 알 수 있으니, 서쪽의 허난 싼먼샤 산저우구에서 동쪽의 정저우鄭州에 이르는 거리가 약 200킬로미터이고, 남북으로는 약 100킬로미터다. 내가 보기에 이것은 얼리터우 고대 국가(하 왕조)의 직접 통치 구역으로서, 얼리터우 문화의 분포 범위에 비해 훨씬 작다.

비교적 먼 바깥에도 얼리터우의 도제 예기가 출토된 곳이 드물게 있으니 허난성 남부의 팡청方城 바리차오八里橋와 주마뎬駐馬店의 양좡楊莊, 산시陝西성 상저우商州의 둥룽산東龍山이 그런 곳이다. 이 지역들은 얼리터우 고대 국가(하 왕조)와 조공朝貢 관계의 부락으로서 하 왕조의 영향력이 미치는 범위를 반영한다고 하겠다.

이 '왕조'의 강역은 전국시대 사람들의 상상보다 작지만, 이미 이전의 중국 경내에 존재했던 모든 고대 국가를 넘어선다. 그 실질을 살펴보면, 얼리터우-하 왕조는 고대 국가와 왕조 사이의 과도 상태에 있었거나, 어쩌면 문명 이전과 문명 사이의 문턱에 있었다고 하겠다.

고대사에는 '계가 서하西夏를 정벌한' 기록이 있으니, 대우의 아들이 진난 지역까지 원정했다는 것이다.

(계가) 35년에 서하를 정벌했다.

三十五年, 征河西.(『帝王世紀』)

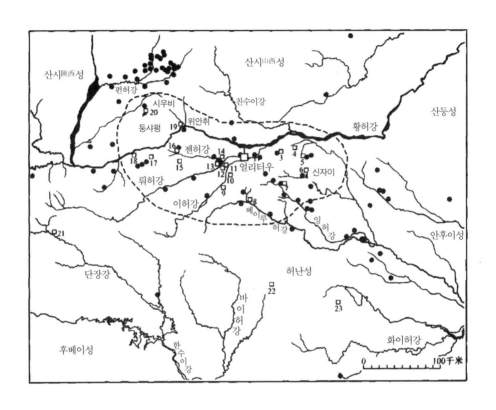

얼리터우 유적지의 분포 및 도제 예기 출토 유적지 개념도: 검은 점은 얼리터우 문화 유적지이고, 번호가 달린 사각형 부호는 얼리터우 양식의 도제 예기가 출토된 지점을 가리킴.

지리 환경으로 추측하자면, 하 왕조는 응당 구리와 소금 광산이 풍부한 진난과 밀접한 관계가 있다. 산시山西성 남부, 특히 펀허汾河강 하류에는 비교적 밀집된 얼리터우 문화 취락이 있었는데, 이것은 진난 지역의 둥샤펑東下馮 유형에 속한다.[78]

얼리터우-하 왕조 시기에 진난 장현絳縣 시우비西吳壁에 구리를 제련한 공장이 나타났는데, 주로 구리 광석을 제련하여 황동을 만드는 곳이었다. 다만 해당 지역에서 청동 주조 기술은 발견되지 않았다. 발굴자가 추측하기로, 시우비는 얼리터우-하 왕조가 통제하는 채광 및 제련 기지로서, 여기서 생산된 황동은 얼리터우에 제공되었을 것이라고 했다. 다만 시우비에서는 아직 큰 규모의 성읍과 건축, 무덤 등이 발견되지 않아서 하 왕조가 통치했다는 직접적인 증거가 없다. 어쩌면 그곳은 해당 지역 부족이 장악한 채 구리 원료로 얼리터우 사람들과 교역했을 수도 있다.

진난 지역에서는 얼리터우-하 왕조가 건립한 성이 발견되지 않다가, 상나라 초기에 이르러 비로소 흙을 다져 쌓은 2개의 작은 성이 세워졌는데, 시우비에서 수십 킬로미터 떨어진 곳에 있었다. 이것은 상나라 사람들이 이미 시우비 지역의 구리 광산을 통제했음을 의미한다. 상나라 초기에 시우비의 구리 용광로 바닥에는 또 인신공양제사의 흔적이 남아 있는데,[79] 이것은 그 지역 종족이 상 문화를 받아들인 증거인 듯하다.

동쪽에 있는 얼리터우의 비교적 중요한 두 거점―정저우鄭州 다스구大師姑 고성과 신정新鄭 왕징러우望京樓 고성―은 얼리터우와 100킬로미터 정도 떨어져 있는데, 성의 규모는 크지 않아서 한쪽 변의 길이가 수백 미터에 지나지 않고, 성안에서도 고급 건물과 무덤이 발견되지 않았다. 그러나 회갱 구덩이에 버려진 유골은 상당히 많았으니, 비교적 강력한 권력의 요소와 사회적 충돌이 있었음을 보여주며, 다른 부족과의 전쟁이 비교적 잦았을 수도 있다.

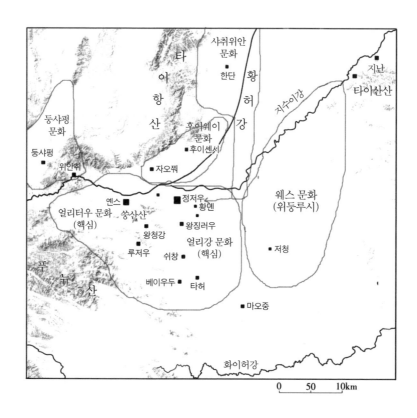

하나라 말엽 상나라 초기 중원의 주요 고문화古文化 분포도[80]: 정저우 다스구大師姑와 신정 왕징러우望
京樓는 얼리터우 문화의 동쪽 변경에 위치하며, 그 가운데 얼리강二里岡 문화는 비교적 뒤늦게 흥기하
여 얼리터우와 전후로 계승 관계가 있다.

이 2개의 작은 성은 하 왕조의 '변방'을 수비한다는 의미가 있었다. 이 두 지역에서 더 동쪽으로 가면 산둥 지역의 웨스^{岳石} 문화 지역이고, 북쪽으로 가면 후이웨이^{輝衛} 문화와 샤치위안^{下七垣} 문화 지역이다. 물론 그것들이 하 왕조의 도읍인 얼리터우와 어떤 관계가 있는지 확정하기 어렵지만, 어쩌면 얼리터우가 직접 관할하는 변방의 거점이었을 수도 있고, 얼리터우에서 직접 책봉되어 자체적으로 지방을 다스리던 '제후'였을 수도 있다.

하 왕도의 함락

지금으로부터 3600년부터 3500년 전의 기간은 얼리터우 문화의 끝자락인 제4기였다. 이 100년은 또 전후 두 단위로 나뉘는데, 전반의 반세기 동안 얼리터우 사람들은 여전히 원래의 궤적에 따라 살아가면서 제3기에 건축된 궁전과 궁성의 담장을 그대로 이어 쓰고 있었고, 각종 수공업 작업장도 모두 생산에 열중하고 있었으며, 청동 주조 기술도 안정적으로 발전했다. 후반의 반세기에는 극렬한 변화가 일어나서 궁성 담장은 무너지기 시작하고, 궁전 몇 개는 점차 버려졌으며, 외부의 어떤 이들이 얼리터우를 침입했다.

후반기에도 D1 궁전은 여전히 사용되었으나 주인이 바뀐 게 분명했으니, 정원에 아주 많은 회갱(쓰레기 구덩이)을 팠고, 몇몇 구덩이는 주랑^{步廊}과 궁전의 토대를 파괴했다. 정원을 둘러싼 담장 아래에는 낮은 등급의 무덤이 많이 생겼으며, 일부 시신은 뜻밖에도 주랑 아래에 묻혔다. 서쪽 주랑의 처마 아래에는 심지어 도요^{陶窯}를 하나 팠으니, 이것은 누군가 궁전 안에서 흙을 파서 도기를, 하층민이 사용하는 도기를 만들었음을 말해 준다.

갖가지 현상들은 이 하나라의 도읍에서 가장 웅장한 궁전이 이미 잡
다한 정원이 되어버렸음을 보여준다. 그 주인은 이제 귀족이 아니라 외부
에서 들어온 한 무리 시골 민중이었다. 이외에도 D2 궁전의 정원과 그 남
쪽에 이웃한 D4에도 비슷한 변화가 일어나서, 외부에서 온 이들이 거칠게
사용하는 바람에 지난날의 찬란했던 모습을 신속하게 잃어갔다.

이렇게 남의 집을 차지하여 주객이 전도된 상황을 만든 외래인들은
누구인가? 문자 기록이 없으므로 고고학자들은 그나마 솜씨를 발휘할 수
있는 도기 조각에 대한 분석에서 시작할 수밖에 없다.

하 왕조 최후의 반세기 동안 얼리터우에는 돌연 위베이豫北*의 샤치위
안下七垣 문화와 산둥 웨스岳石 문화의 도기가 나타났는데, 특히 D1과 D2 궁
전의 회갱에서 나온 도기 조각은 주로 외래의 양식이었다. 이것은 동북쪽
에 있는 많은 집단이 얼리터우에 들어와 살았으며, 그들 대다수는 보통 민
중이었으나 정복자였으므로 D1, D2와 같은 고급 궁전에 들어와 살았음을
말해준다.

궁성 서남쪽 귀퉁이의 두 문루門樓(D7과 D8의 토대)는 제4기 말엽에 버
려져서 사람들의 발길을 통해 만들어진 길이 기둥을 박았던 자리들을 덮
어 눌렀으니, 문루 건축이 이미 무너져서 평지가 되었음을 말해준다. 궁성
의 동쪽 담장에도 무너진 흔적이 나타나서 몇몇 작은 길이 궁성의 담장을
관통하고 있고, 또 쌓인 쓰레기도 있었다.

이런 변화는 지금으로부터 약 3550년 전에 일어났다. 역사서를 살펴
보면 이때는 바로 동방의 상족商族이 궐기하여 하나라와 상나라가 교체한
때로서, 상탕商湯 즉 태무왕太武王이 상족을 이끌고 하 왕조를 공격하여 멸

---

* 위베이豫北는 허난성 안의 황허강 이북 지역으로서 지금의 안양安陽과 신샹新鄉, 자오쭤焦作, 푸양
濮陽, 허비鶴壁, 지위안濟源까지 6개 시를 포괄한다. 이곳은 서쪽으로 타이항산太行山과 산시山西성의
창즈長治, 진청晉城의 경계에 기대어 있고, 북쪽으로는 장허漳河강과 허베이의 한단邯鄲에 이웃해 있
으며, 남쪽과 동쪽으로는 황허강과 뤄양, 정저우鄭州, 카이펑開封과 맞닿아 있다.

망시켰다.[81]

반세기의 '점령기'에 상족 정복자는 얼리터우의 웅대한 궁전이 점차 수리되지 못한 채 훼손되도록 방치하고, 두 곳에 비교적 큰 건물을 새로 지었다. 그 가운데 하나는 궁성 동쪽 담장 아래, D2 정원의 북측에 있었는데, 궁성의 동쪽 담장을 빌려 씀과 동시에 동쪽 담장의 가장 북단에 있었던 성문 하나를 막아버렸는데, 이것이 바로 분류 번호 D6인 궁전 토대다.

D6 궁전은 세 차례로 나뉘어 점차 형성되었는데, 제일 먼저 서쪽 끝머리에 사각형에 가까운 건물을 지었고, 그 뒤에 두 차례로 나누어 동쪽을 향해 증축해서, 마지막으로 궁성의 동쪽 담장과 이어지게 했다. 그것은 이전의 얼리터우 궁전처럼 웅대하고 정돈되어 있지는 않았으나, 더욱 치밀하고 실용적이었다. 이것은 전형적인 상나라의 초기 풍격이었다. 쓰허위안四合院 구조에 담장에 바짝 붙여서 건물을 지었으며, 정원 중앙에 독립된 중심 전당을 짓지 않았다.

점령자가 새로 건축한 또 다른 건물은 D10인데, 그다지 크지 않으며, 궁성 바깥 동남쪽 귀퉁이에 있어서, 마침 궁성 남쪽의 큰길을 점거했다. 그러므로 당시 궁성 남쪽의 담장은 이미 무너져서 마음대로 통행할 수 있었음을 알 수 있다.

상나라 사람들은 얼리터우를 계속 도읍으로 삼지 않고, 얼리터우에서 동쪽으로 8킬로미터 떨어진 옌스偃師시 교외에 새로운 취락을 건설함과 동시에 오늘날 정저우鄭州시 구역에도 하나를 건설했다. 이 두 취락은 점차 확대되고 성벽이 건축되었는데, 고고학자들은 각기 옌스 상성商城과 정저우 상성商城이라고 부른다.

이것은 상나라 사람들이 얼리터우를 점령한 것은 완전히 실용적이고 책략적인 행위였으며, 새로운 건축에서도 의례적 성격을 그다지 중시하지 않았음을 말해준다. 다른 한편으로 제4기에서 발견된, 아무렇게나 방치된 유골의 수량이 크게 늘었는데, 그 가운데 대다수는 상나라 사람들이 얼리

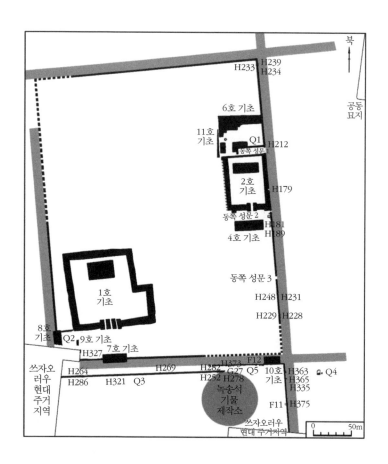

상 왕조 점령 시기의 얼리터우 궁전 평면도: 6호와 10호 토대는 바로 이 시기에 새로 지어졌으며, 지난날의 1호와 2호 토대는 점차 폐기되었음.[82]

터우를 침입하고 통치하던 시기에 벌어진 살육의 결과일 것이다. 예를 들어 제4기 말엽의 한 무덤(1984VIM5)의 주인은 갈비뼈에 8센티미터 길이의 화살촉이 박힌 채 궁전 구역 북쪽의 제6(VI) 구역에 있는 전통적인 묘지에 묻혀 있었다. 그는 상나라 점령군에게 살해된 하나라 사람일 가능성이 크지만, 그 가족들은 최대한 정상적이고 표준적인 방식으로 매장해주었다.[83]

상나라 사람들이 얼리터우를 점령할 때 자행한 살육은 회갱 안에서도 나타나는데, 회갱 안의 인골이 뚜렷이 증가했을 뿐만 아니라 장기간에 걸쳐 조각난 인골들이 누적되어 있었다. 예를 들어 깊이 1.85미터의 한 회갱은 사용 기간 내내 인골 조각들이 계속 버려졌고, 게다가 구덩이 안의 다른 쓰레기는 주로 각종 동물의 뼈와 도제 취사기炊事器 조각이었다. 그러므로 이것은 식인자의 건물 옆에 있던 쓰레기 구덩이였을 가능성이 크다.

> 인골은 2000IIIH17의 서로 다른 층, 서로 다른 부분에서 나타났는데, 사지가 해체된 뒤에 구덩이에 버려진 듯했다. 출토 유물 가운데는 심복관深腹罐과 원복관圓腹罐, 정鼎, 증甑, 역鬲, 언甗, 각조분刻槽盆, 대구준大口尊, 고觚, 그릇 덮개 등을 포함한 많은 도기 조각과 소, 양, 돼지, 사슴, 새, 민물조개蚌, 여방麗蚌, 원정주방圓頂珠蚌, 원전라圓田螺 등의 유적도 있었다.[84]

그보다 조금 뒤에 만들어진 작업장 동북쪽의 회갱(2004VH305)에서는 비교적 완전한 인골 5구가 발견되었다. 이 회갱은 한 변의 길이가 약 2미터이고, 깊이는 약 1.3미터였으며, 가장 바닥에 16, 17세쯤으로 보이는 남성 1명이 있었고, 그 위쪽에는 4명의 여성이 있었다. 여성 가운데 1명(2호)의 신체 아래에는 약 2센티미터 두께의 주사가 깔려 있었다. 이 5명의 신체는 많이 구부러져 있어서 타살되었을 가능성이 크다.

　　얼리터우의 비교적 고급 무덤에서는 늘 무덤 주인에게 주사를 깔아 주었는데, 이것은 룽산 시대부터 이미 나타난 매장 풍속이었다. 다만 2호 여성은 다른 사람들과 함께 회갱에 시신이 버려졌으니 정상적인 사망과 매장이 아니었다. 그런데 왜 유독 그녀만 주사를 깔아주는 대우를 받았을까? 어쩌면 그 여인은 지위가 있어서, 시체를 가져다버리고 매장하는 일을 담당한 이가 어느 정도 그녀를 동정했고 또 주사를 얻을 능력은 되었으나 (어쩌면 감히) 단독으로 전용 무덤을 만들어주지는 못했던 듯하다. 이 구덩이는 제사갱처럼 보이지는 않는데, 구덩이 안에 비교적 많은 생활 쓰레기가 포함되어 있었기 때문이다.[85]

　　얼리터우에서는 정복 뒤 폭력적인 정치가 있었으나, 상대적으로 안정적인 사회 질서가 유지되었다.

　　하·상 교체기에 얼리터우 사람들이 지니고 있던 청동 제련 및 주조 기술은 중국에서, 심지어 동아시아에서 독보적이었으며, 당연히 상족도 그것을 대단히 중시했다. 상나라 사람들은 얼리터우 작업장에서 일부 인원을 선발해서 옌스와 정저우의 성에 공장을 세우도록 나누어 배치했으나, 얼리터우 작업장의 주체는 여전히 생산 활동을 계속했다.

　　얼리터우의 청동기 제조 집단과 상나라 사람의 관계도 나쁘지 않던 듯하다. 상나라 사람들이 점령했던 기간에 작업장 북쪽 담장에도 훼손이 있었으나 즉시 중건되었다.[86] 청동 작업장에서는 지나치게 많은 외래의 도기 조각이 발견되지 않았으니, 상나라 점령자들이 그곳을 상당히 존중하면서 거기에 영지를 세우지 않았음을 알 수 있다.

　　이런 부분들을 고려하면 이렇게 상상해보게 된다. 어쩌면 청동기를 제작한 무리가 얼리터우-하 왕조를 멸망시킨 '내통자'가 아니었을까? 궁전 구역의 무리가 권력을 농단하며 가만히 앉아 통치의 수익을 향유하는 꼴을 보지 못하고 외래의 상족과 연합하여 함께 궁정 구역을 정복했을 것이다. 청동 제작 무리는 상족과 협력함으로써 얼리터우 고성의 반세기 역사를 바꿔버린 셈이다.

다만 얼리터우의 하 왕족은 완전히 도살되지 않았다. 새로 건설된 옌스 상성에서는 일부 얼리터우 양식의 도기가 발견되었고, 게다가 얼리터우 궁전 구역을 계획한 어떤 특징들이 옌스 상성의 궁전 구역에도 나타났다. 보아하니 상나라 정복자들은 얼리터우 궁정의 사람들(혹은 개중의 일부)을 8킬로미터 바깥의 옌스 상성으로 이주시켜 새로운 성을 건설하는 데에 참여하게 한 듯하다.

그리고 반세기 동안 구차한 삶을 이어 나간 뒤에, 얼리터우의 정동 작업장도 완전히 정저우 상성으로 이주했다. 이때부터 얼리터우 고성은 사라져버렸고, 하 왕조 최후의 흔적도 더는 존재하지 않게 되었다.

아득히 먼 차오후^{巢湖}호 식민지

『상서』「중훼지고^{仲虺之誥}」에 기록된 바에 따르면 상탕이 하나라를 멸한 뒤에 하나라의 마지막 왕이었던 걸을 '남소^{南巢}'로 내쫓았다고 했다. 이 부분에 대해 고대의 주석가들은 '남소'가 안후이의 차오후^{巢湖}호 물가라고 여겨왔다.

> 여주^{廬州} 소현^{巢縣}에 소호가 있으니, 바로 『상서』에서 '성탕이 걸왕을 정벌하여 남소로 내쫓았다'라고 한 곳이다.
> 廬州巢縣有巢湖, 卽尙書成湯伐桀, 放於南巢者也.(『사기정의^{史記正義}』에 인용된 『괄지지^{括地志}』)

차오후호는 얼리터우에서 동남쪽으로 500킬로미터 남짓 떨어진 곳에 있어서 얼리터우 문화 구역도 아닐뿐더러 심지어 얼리터우의 전신—

신자이 사람들이 속했던 메이산 문화 분포 구역—에 속하지도 않았다. 그런데 하나라 걸왕이 도망친 곳을 왜 차오후라고 여기게 되었을까? 그러나 역사서에서는 방증을 찾을 수 없다.

1972년에 안후이 페이시肥西 다둔즈촌大墩孜村에서 2개의 청동 가斝와 청동 방울 하나가 출토되었는데, 청동 방울은 얼리터우 무덤에서 늘 발견되는 형태였으며, 청동 가에도 얼리터우 말기의 특징이 담겨 있었다.[87] 페이시는 차오후호 서쪽 기슭에 있어서 하나라 걸왕이 두망친 '남소'와 대응하는 듯했다.

그 후에 페이시에서는 얼리터우 양식의 청동기와 도기가 여러 차례 출토되었다. 얼리터우 고성 외에 페이시는 당시 청동기가 가장 많이 출토된 지역이었다. 비교적 새로운 발견은 싼관먀오三官廟의 취락 유적지로서, 불탄 뒤에 붉게 그을린 흙이 퇴적된 건물도 있었다. 그 안에 있던 10여 건의 청동기는 주로 도끼와 척戚, 과戈 등의 무기였다.[88]

탄소14 연대 측정에 따르면 싼관먀오 유적지는 지금으로부터 약 3700년 전, 얼리터우 고대 국가가 가장 흥성했던 제3기에 해당한다. 그러므로 당시 얼리터우에서 청동기를 제작하던 무리들 가운데 내분이 생겨서 일부 배제된 이들이 남쪽으로 내려가서 새로운 생로를 모색하도록 핍박받아서 페이시현의 싼관먀오로 이주해 정착했을 가능성이 있다. 그 후 그들과 하 왕조의 연계는 아주 약해진 듯한데, 그것은 그들이 제작한 청동기가 점차 얼리터우의 것과 거리를 두게 되었으며, 심지어 '반월형 도끼半月形銅鉞'[89]와 같이 얼리터우에는 없는 형태가 나타난 데에서도 알 수 있다.

가는 길에 있던 부락들의 적대행위를 고려하지 않으면 얼리터우에서 페이시까지의 교통은 그다지 곤란하다고 할 수 없다. 먼저 신자이 일대까지 걸어서 갔다가 배를 타고 잉허潁河강과 화이허강에 진입한 후, 다시 페이수이淝水강을 거슬러 올라가면 페이시현 부근에 도착하게 된다.

지금까지는 아직 페이시에서 청동을 제련하고 주조한 유적을 발견하

반월형 도끼半月形銅鉞90)

지 못했고, 또 고급 궁전과 대형 취락을 발견하지 못했으나, 드문드문 발견된 청동기는 확실히 얼리터우에서 온 사람들이 장기간에 걸쳐 이곳에 거주했음을 증명한다.

하 왕조가 상나라에게 점령되자 어쩌면 마지막 왕인 걸왕은 먼 남쪽에 있는 얼리터우의 청동 제조 기술자들을 떠올리고, 남쪽으로 도망쳐서 그들에게 보호받으려 했을 수도 있다. 그러나 결과적으로 상나라 사람들이 쫓아와서 하나라 사람들의 이 남방 거점을 섬멸해버렸다. 건물은 불탔고, 살해된 이들의 시신과 무기는 잿더미 속에 묻혀버렸다.

얼리터우의 정복자, 하 왕조를 멸망시킨 상나라 사람들은 왜 그들의 도기가 샤치위안과 웨스 문화에 속할 뿐, 자기들만의 특색이 없는가?

이 정복자 무리의 내력은 도무지 아리송하기만 하다.

부록: 하 왕조에 관한 기억

오늘날 이미 발견된 은상 갑골복사에서는 이제껏 하 왕조를 언급한 게 없으니, 이것은 약간 이해하기 어렵다. 애초에 하 왕조가 없었기 때문에 상나라 사람들이 기록하지 않았다고 주장하는 학자도 있고, 상나라 사람들이 틀림없이 하 왕조를 알았을 테지만 갑골복사는 전적으로 신령에게 제사를 지내고 현실의 문제를 해결하는 데에만 신경을 썼으므로 왕조 변천의 역사를 언급할 겨를이 없었다고 여기는 학자도 있다.[91]

『상서』「탕서湯誓」는 상탕이 하나라를 멸할 때 행한 연설이지만, 고고학자들은 이 내용이 전혀 신뢰할 만한 게 아니며, 서주 이후의 사람들이 지어낸 것일 가능성이 크다고 여긴다.

『시경』에는 상나라 사람들의 서사시 「상송商頌」이 들어 있는데, 상탕의 업적을 칭송한 「장발長發」에는 "위나라, 고나라를 이미 정벌했고, 곤오국과 하나라 걸왕을 정벌해야지韋顧旣伐, 昆吾夏桀"라는 구절이 들어 있는데, 대체적인 뜻은 상탕이 먼저 위나라와 고나라를 정벌하고 나서 또 곤오국과 하나라 걸왕을 공격한다는 것이다. 하 왕조를 멸한 위대한 공적에 대해 「상송」에서는 단지 여기에서만 칭송했다.

  게다가 『시경』의 「상송」이 반드시 상나라 때 창작된 작품인 것은 아니다. 상나라를 멸한 뒤에 주나라는 일부 상나라 왕족을 송宋나라에 봉하여 상나라의 계보를 이어갈 수 있게 했으나, 송나라에는 처음에 「상송」이 전혀 없었다. 춘추 초기에 송나라 귀족인 정고보正考父가 주나라에서 음악을 관장하는 '태사太師'에게서 「상송」 12편을 얻었다.[92]

  이 「상송」의 최초 작자가 누구였는지는 이미 알 길이 없는데, 어쩌면 상나라의 서사시를 주나라가 받아들이고 300~400년 동안 보존하고 있다가 송나라 사람에게 주었을 수도 있으며, 주나라 사람들이 그것들을 개편하여 그 창의성이 아주 많이 깎였을 가능성이 크다. 정고보는 공자의 7세 조상으로서, 『시경』을 편집할 때 공자가 「상송」도 포함해서 지금까지 전해지게 되었다.

  그러나 믿을 만한 역사 자료에서 최초로 하나라를 언급한 이들은 상나라를 멸한 주나라 사람들이었다.

  첫째, 『상서』의 주나라 무왕과 주공 형제간의 대화에서는 늘 하나라를 역사의 귀감으로 거론했다. 주나라 사람들은 진난 지역이 하나라의 옛 땅이라고 여겼으며, 무왕의 아들 성왕이 자기 아우 숙우叔虞를 진晉나라에 봉할 때 한 편의 훈화訓話를 발표하여 그 지역이 '하허夏墟'라고 언급했다. 『좌전』 정공定公 4년의 기록에 따르면, 성왕은 또 마땅히 '하나라의 정치 이념夏政'을 이용하여 그 지역 토착민들을 다스려야 한다고 했다. 다만 고고학에서는 아직 진난 지역에서 하 왕조의 고급 도시를 발견하지 못했다.

  둘째, 주나라 사람들은 얼리터우 고성의 존재를 아직 기억하는 듯했다. 주 무왕이 상나라를 멸한 뒤에 뤄허강 옆에 새로운 성을 세우려고 준비할 때, 그는 그곳이 하 왕조의 옛 땅이라고 말했다.

> 낙수 하류의 낙예洛汭에서 이수가 낙수로 들어오는 이예伊汭까지는 평탄
> 하여 험한 지형이 없으니, 하나라 사람들이 살았던 곳이다.
> 自洛汭延於伊汭, 居陽無固, 其有夏之居.(『逸周書』「度邑解」)

그러므로 주나라는 여기에 낙읍(즉, 뤄양)을 건설했는데, 이곳은 얼리터우 고성에서 서쪽으로 20킬로미터 떨어져 있다.

세상에 전해지는 고서古書 가운데 하나라의 도읍에 대한 기록으로 가장 정확한 것은 이 『일주서逸周書』의 기록이다. 이 책은 유가의 '육경六經'에 포함되지 않아서 오랫동안 중시되지 못했으나, 거기에 담긴 많은 정보는 대단히 독자적이어서 상황을 전혀 모르는 후세 사람이 날조한 게 아니다.

제5장 상족 유래의 수수께끼

황허강의 물길이 초록빛 대평원을 유유히 흐르면서 퇴적되고, 이렇게 만들어진 여러 개의 모래섬에는 미로처럼 갈대가 무성했다. 우연히 누군가 뗏목을 타고 갈대밭에 들어가 물고기 잡는 통발을 설치하고, 뼈를 갈아 만든 낚싯바늘을 이용해서 메기와 잉어를 낚았다. 수초 사이에서 악어가 머리를 내밀고 낮게 가라앉아 있으면서도 심장을 관통하는 힘이 있는 울음소리를 토한다. 옛사람은 그것들이 우레와 비를 소환한다고 여겼다.

황토색 혹은 진홍색의 마포로 만든 짧은 상의를 입은 외래인들이 남쪽에서 천천히 걸어 다가오며 갈색의 물소 떼를 몰고 있었고, 심지어 높고 큰 아시아 코끼리도 몇 마리가 있었다. 코끼리는 이미 길들어져서 주인의 명령에 공손히 복종했다. 포대를 등에 싣거나, 끼익끼익 두 바퀴 수레를 끄는 소들도 있었다.

사람들은 물가 언덕에 영채를 차리고 갈대를 베어 뗏목을 만들었다. 물소와 코끼리는 무거운 짐을 내려놓고 개운하게 습지로 들어갔다.

이곳은 거의 4000년 전 옛 황허강 하류, 전설 속 하백河伯 부락의 영지였다. 새로 온 낯선 이들은 상족이었는데, 황허강 북부에 무성한 풀밭과 부유한 부족이 있다는 소문을 듣고 그곳에 가서 방목하며 여름을 보내고, 더불어 그곳 사람들과 교역하려고 준비했다.

　　낯선 땅은 위험을 의미하기도 했다. 사족과 하백 부족은 이미 상당히 서로 잘 알고 있었으나, 허베이 세계에는 아직 발을 디뎌보지 못했다. 당시 상족의 수령은 40세 전후의 왕해王亥였다. 그는 가족들과 부락의 부녀자들, 아이들, 코끼리를 하백의 영지에 남겨놓고 몸소 남자들을 데리고 소를 몰아 황허강을 건너 북쪽으로 가기로 했다. 들리는 소리에 이수이강易水河 부락에 미녀가 많다고 하니, 왕해는 이번 여행을 통해 돈도 벌고 심지어 아름다운 짝을 얻을 수 있으리라 기대했다.

　　이것은 중국 상고사에 담긴 상족의 과거사다. 그러나 상족의 기원은 중국 초기 문명에서 가장 아리송한 화제다.

상제와 새의 알

　　상 왕조가 건립되기 전을 학자들은 '선상先商'이라고 부르는데, 상족이 도대체 어디서 살았는지, 어떤 집단이었는지에 대해 고고학에서는 줄곧 답을 제시하지 못했다. 발굴 작업을 통해서 알 수 있는 것은 그저 형상이 모호하고 낙후된 사람들이 돌연 청동기를 쓰는 얼리터우-하 왕조를 공격하여 멸하고 상 왕조를 세웠다는 사실뿐이었다.

　　하나라의 도읍 얼리터우가 외래인에게 점령된 뒤에 외래 양식의 도기가 조금 늘어났으나, 이해할 수 없는 것은 이 도기에 전혀 통일된 양식이 없다는 사실이다. 앞서 서술했듯이 개중에는 허베이와 허난의 경계지에 있는 샤치위안 문화의 것도 있고, 산둥 지역의 웨스 문화에 속하는 것도 있었다. 그 뒤에 상족은 정저우 상성과 옌스 상성이라는 2개의 도시를 새로 건립했으나, 그 도기의 양식도 아주 다양하게 분화했다. 심지어 그

다양화 정도는 점령된 뒤의 얼리터우 고성보다 더했다.

상고시대에는 같은 종류의 도기 문화 내부에도 일반적으로 많은 부락이 존재하여 서로 통괄하거나 예속하지 않았고, 심지어 불공대천의 원수처럼 지낸 경우도 있었다. 그런데 서로 다른 도기 문화에서 온 이들이 돌연 하나라를 멸하고 상나라를 건설하는 데에 공동으로 참여했으니, 이는 확실히 이해하기 어려운 현상이었다.

하나라를 멸한 이 상족은 대체 어디서 온 것인가? 고고학을 통해 그들의 취락을 찾아낼 수 있을까?

언뜻 보기에 이 문제는 그다지 곤란하지 않아야 했다. 예를 들어 얼리터우-하 왕조를 창건한 이들은 신자이新砦에서 왔고, 또 상나라를 멸하기 전의 주족周族은 산베이陝北 산지 즉, 지금의 녠쯔포碾子坡 유적지에 살다가 나중에 관중의 주원周原으로 이주했다. 심지어 고고학자들은 주원에서 주나라 문왕이 기거했던 집까지 발굴했다.

상족이 하나라를 멸하기 전에 살았던 곳에 관해 학계에서는 두 가지 추측이 있었다.

첫째, 왕궈웨이王國維 및 은허 발굴에서 계발 받은 푸쓰녠傅斯年(1896~1950)은 '이하동서설夷夏東西說'을 제시하여, 하 왕조는 진난晉南과 위시豫西 등지의 서부 문화를 대표하고, 그 적수였던 상족은 동이東夷로서 동방 문화에 속한다는 것이다. 그래서 푸쓰녠은 위둥豫東의 상추 고성商丘古城이 응당 상족이 일어난 곳이라고 추측했다.[93] 20세기 말엽에 푸쓰녠의 학술을 전승한 장광즈張光直(1931~2001)는 미국 인류학의 자원과 영향력을 빌려서 국내 고고학계와 협력하여 상추를 중심으로 한 위둥 지구에서 '선상先商'의 흔적을 찾으려 했으나 아무것도 발견하지 못했다.

둘째, '도기 형태학'의 성과가 축적됨에 따라 몇몇 고고학자는 하·상 교체기에 허난과 허베이의 경계에 있던 도기 문화가 중원을 침입한 적이 있으므로, 샤치위안에서 '선상'의 흔적을 찾아야 한다고 여겼다.[94] 다만 수십 년 이래 고고학자들은 어떤 작은 규모의 도시도 찾아내지 못했고, 그저 눈에 차지도 않는 소형 농업 취락만 몇 군데 찾아냈으나, 하 왕조를 멸하고 상 왕조를 건립할 만한 기상은 전혀 보이지 않았다.

그러므로 고고학에서 하나라를 멸하기 전 상족의 정착지가 그림자도 보이지 않으며, 하나라의 도읍 얼리터우를 공격하여 점령한 사람들의 유래도 매우 복잡하다. 다만 고고학으로 해결하기 어려운 이 현상들에 대해 옛날의 역사서에 답이 숨겨져 있을 수도 있다.

『시경』과 『사기』에는 상족의 시조와 기원에 관한 전설이 들어 있으나, 주나라 이후 덧붙여지고 고쳐진 내용이 섞여들 수밖에 없었다. 우선 상대적으로 오래된 기록을 살펴보자.

전설에 따르면 상족의 시조는 간적簡狄이라는 여자인데, 어느 날 야외에서 목욕하다가 검은 새가 낳은 알 하나를 발견하고 삼켰다. 그 후에 아들 설契을 낳았고, 그로부터 훗날의 상족이 번성하게 되었다는 것이다. 상고시대에는 미혼녀가 출산한 신화가 늘 있는데, 이는 "어미는 알아도 아비는 모르는" '모계 시대'의 특징이라고 했다. 주족의 서사시도 이와 마찬가지로서, 그들의 여성 시조 강원姜嫄이 황야에서 거인의 발자국을 밟고 회임하여 기棄 즉, 훗날의 후직后稷을 낳음으로써 주족이 번성하게 되었다고 했다.[95]

『시경』 「상송·현조玄鳥」에서는 설의 탄생을 이렇게 묘사했다.

하늘이 검은 새에게 명하여
내려가 상商 즉 설을 낳게 했지.
天命玄鳥, 降而生商.

『시경』 「상송·장발長發」에는 이런 내용이 있다.

유융씨가 커지려 하자

제왕이 왕비로 맞아 설을 낳았지.

有娀方將, 帝立子生商.

유융씨는 간적이 속한 부족이다. '유융씨가 커지려 했다'라는 것은 유융씨가 흥성하려 한다는 뜻이다. 검은 새玄鳥는 상제와 상족 사이의 독특한 매개인데, 무슨 새인지에 대해서는 제비라는 설과 봉황이라는 설 등 해석이 다양하다.

설은 장성한 뒤에 모친의 유융씨 부족을 떠나 상족을 건립했다. '상'이라는 이름은 '상추商丘'에서 비롯되었으나, 이 지명은 더 오래된 것이며 동방을 대표하는 신성辰星의 신과 관련이 있다.

전설에 따르면 상고시대에 고신씨高辛氏라는 반신半神의 제왕에게 두 아들이 있었는데, 서로 화목하지 않아서 종일 싸워댔다. 이에 진노한 고신씨가 작은아들을 '대하大夏' 즉 진난晉南에 살게 하면서 저물녘의 삼성參星에 대한 제사를 책임지게 하고, 큰아들은 상추에 살게 하면서 새벽의 신성辰星에 대한 제사를 책임지게 했다. 이로 말미암아 신성은 상성商星이라고도 불리게 되었다. 전설의 끝머리에서 여러 신은 이미 대지를 떠났고, 설은 상추에서 정착 생활을 시작함으로써 그의 부족도 '상'이라는 이름을 얻게 되었다.

옛날 고신씨에게 두 아들이 있었는데 큰아들은 알백閼伯, 막내는 실침實沈이라고 했다. 그런데 그들은 광림曠林에 살면서 서로 어울리지 못하고 날마다 무기를 들고 서로 정벌했다. 나중에 고신씨가 좋지 않다고 여기고 알백을 상추로 옮겨 신성을 주관하게 하여 상족들이 여기에서 비롯되었으므로, 신성은 상성이 되었다. 그리고 실침을 대하로 옮겨 삼성을 주관하게 하여 당족唐族이 여기에서 비롯되었으므로 하나라와 상나라에 굴복하여 섬겼다.

昔高辛氏有二子, 伯曰閼伯, 季曰實沈, 居於曠林, 不相能也, 日尋干戈, 以

相征討. 後帝不臧, 遷閼伯於商丘, 主辰. 商人是因, 故辰爲商星. 遷實沈於

大夏, 主參, 唐人是因, 以服事夏商. (『左傳』昭公元年)

두보의 시 「증위팔처사贈衛八處士」에는 이런 구절이 있다.

사람이 태어나 서로 만나지 못하니

움직이는 게 삼성과 상성 같구나.

人生不相見, 動如參與商.

상성은 늘 날이 밝을 무렵 동방에 나타나고, 삼성은 항상 황혼 무렵
서쪽에 나타나니, 영원히 동서로 나뉘어 있으므로 인생에서 헤어져 만나
기 어려운 것을 '삼상參商'이라고 한다.

춘추 시기의 귀족들은 또 송나라는 신성 종족의 옛 땅에 있었다고
했다.

송나라는 대신大辰의 언덕에 있다.

宋, 大辰之虛也. (『左傳』昭公十七年)

송나라의 도성은 상추에 있었고, 송나라 사람들은 상나라의 후예였
다. 그러므로 왕조가 일어나기 전부터 멸망한 뒤까지 상추는 줄곧 상족과
인연이 있었다. 신화 전설의 시대부터 춘추 시기, 다시 오늘날에 이르기까
지 중국에서 유일하게 변한 적이 없는 지명은 바로 상추일 수 있다.

선상의 시조 계보는 설에서 시작하며 하나라를 멸한 무왕 성탕, 갑골
문에서 '천을天乙'이라고 부르는 이까지 모두 14대의 수령이 있었고, 모두

여덟 차례나 거처를 옮겼다.

> 성탕은 설에서 탕까지 여덟 차례 이주했다. 탕이 박毫에 살기 시작하면
> 서 선왕의 거처를 따라서 제고帝誥를 지었다.
>
> 成湯, 自契至湯八遷. 湯始居亳, 從先王居, 作帝誥.(『史記』「殷本紀」)

그러니까 평균적으로 2대를 거치지 못하고 한 차례씩 거처를 옮겼던
셈이다.

물론 상고시대 선조의 역사는 모두 구두 전승되었으므로 많은 부분
에서 간략하게 변했을 것이다. 설에서 성탕까지 14명의 수령만 있었던 게
아닐 수도 있고, 여덟 차례만 이주한 데에 그친 게 아니었을 수도 있다. 다
만 선상 부족이 자주 이주했다는 사실만은 당연히 성립되는 사실이다.

상족 초기의 이주 범위에 관해서 역사서에 기록된 부분은 아주 적으
며, 게다가 종종 후세 사람들의 이해력을 넘어선다. 예를 들어 상족의 서
사시인 『시경』「장발」에서는 설의 손자이자 상족의 제3대 수령인 상토相土
의 업적이 탁월해서 바다 바깥까지 가서 대대적으로 토벌하고 노획해왔다
고 칭송했다.

> 상토는 무력이 뛰어나서
> 바다 바깥에서 정리하고 통일했지.
>
> 相土烈烈, 海外有截.

허난성 상추 일대에서 황해까지 가려면 장쑤성을 횡단한 뒤에 다시
바닷가에서 배를 만들어야 했다. 상토 시대의 상족은 아직 규모가 매우 작
았으므로, 그들이 왜 이런 원정을 감행했는지 이해하기 어렵다. 게다가 그
들은 바닷가에서 장기간 생활해 항해의 법칙에 익숙하지 않았다면, 항해

활동에 종사할 수도 없었을 것이기 때문이다.

다른 하나의 가능성은 상추가 화이허강과 황허강 즉 지수이濟水강으로 통하는 물길 체계의 중간에 있었으므로, 거기서 배를 타면 북쪽으로는 지수이강과 발해만으로 진입할 수 있고, 남쪽으로는 화이허강과 황해에 진입할 수 있다는 점이다. 어쩌면 상족은 강물 체계를 빌려 배를 타고 다니면서 몇몇 바닷가의 취락들을 노략질한 적이 있을 수도 있다.

상토에 관해서는 또 하나의 전설이 있으니, 그가 '말을 타는 법을 만들었다作乘馬'(『世本』「作篇」)라는 것이다. 이것은 말이 끄는 수레를 발명했다는 뜻이다.

다만 상족이 이리저리 이주하는 과정에서 분명한 추세는 북방을 향한 이동이었다. 옛 역사서의 기록에 따르면, 하 왕조 전기에 상족의 제6대 수령인 명冥이 익사했다고 했다.

> 명이 그 직무를 성실히 수행하다가 물에서 죽었다.
> 冥勤其官而水死.[96]

보아하니 그들은 아직 배를 타고 떠돌며 생활하고 있었던 듯하다. 명의 아들이 왕해王亥인데,[97] 그는 부족을 이끌고 소 떼를 몰아 북쪽으로 황허강을 건너 하백 부락과 유역有易 부락의 영지를 빌려 소를 방목한 적이 있다. 여기서 유역은 이수이易水강 유역을 가리킬 가능성이 있으니, 말하자면 그들은 이미 허베이성 중부까지 진입했다는 뜻이다.

역사 기록에서 왕해는 신중하지 않았고, 형제들과 함께 유역 부락에서 음란한 짓을 저질러(그곳 추장의 집에 있는 여인을 유혹했을 수 있음) 자신과 형제가 피살되고, 소 떼도 유역씨가 차지해버렸다고 했다. 왕해의 아들 상갑미上甲微는 족장(제8대)의 자리를 계승한 뒤에 하백 부락에게 지원군을 요청하여 결국 유역씨를 멸하고 소 떼를 되찾았다.

왕해라는 이가 있는데, 두 손으로 새를 잡고 막 그 머리를 먹으려 했다.
왕해는 유역씨와 하백에게 길들인 소를 맡겼는데, 유역씨가 왕해를 죽
이고 길들인 소를 차지했다.

有人曰王亥, 兩手操鳥, 方食其頭. 王亥託於有易河伯僕牛. 有易殺王亥, 取
僕牛.(『山海經』「大荒東經」)

은나라의 왕자 해亥가 유역씨에게 손님으로 있으면서 음란한 짓을 저지
르자, 유역씨의 군주 면신緜臣이 죽이고 추방했다. 이런 까닭에 은나라
군주 갑미甲微가 하백에게 군대를 빌려서 유역씨를 정벌하여 멸하고 그
군주 면신을 죽였다.

殷王子亥賓於有易而淫焉, 有易之君緜臣殺而放之. 是故殷主甲微假師於河
伯以伐有易, 滅之, 遂殺其君緜臣也.(郭璞의 注釋에 인용된 『竹書紀年』)

왕해가 살해당했다는 이야기는 『초사楚辭』「천문天問」에도 나온 적이
있다. 문헌 기록으로 보면, 상갑미上甲微는 부족을 데리고 복수한 뒤에도 유
역씨의 땅을 차지하고 정착하지 않고 떠돌이 생활을 계속했다.

상족에게 왕해의 재난과 상갑미의 복수는 생사生死와 관련된 사건이
었고, 상족 역사의 주요한 분수령이기도 했다.

은허의 갑골복사에서는 후세의 상나라 왕이 왕해를 '고조高祖 왕해'라
고 칭하면서 그에게 단독으로 제사 지냈다. 그러나 상갑미는 대부분 그 이
후의 역사 군주들과 함께 제사를 받았고, 갑골복사에서는 '상갑으로부터自
上甲' 또는 '상갑에서 아무개까지自上甲至'라고 썼다.

하백에 관해서 갑골복사에는 그에게 제사를 바친 기록이 아주 많고,
때로는 '고조하高祖河'라고 부르면서 그를 역대 선왕의 계보에 편입시키기
도 했다. 상나라 왕은 하백과 왕해, 상갑미에게 합동으로 제사를 올리기도

했다. 예를 들어 어느 5월의 제사에서 이 3명의 군주에게 함께 봉헌한 제
물은 다음과 같다.

> 하백과 왕해, 상갑미에게 소 10마리를 구워 바치고, 양 10마리의 배를
> 갈라 바쳤다. 5월.
> 燎於河王亥上甲十牛. 卯十羊. 五月.(『合集』1182)

또 상나라 왕은 점을 쳐서 이렇게 묻기도 했다.

> 왕해와 상갑미가 하백의 종묘에 들어갈 수 있습니까?
> 王亥上甲卽宗於河.[98]

상나라 말엽에 주나라 문왕이 『역경』의 점치는 방식을 연구할 때, 왕
해 사건도 중요한 사례로 간주되어 괘사와 효사의 풀이에 포함되었다.

> 유역씨에게 양을 잃지만, 후회하지 않는다.
> 喪羊於易, 無悔.(『易經』「大壯, ䷡」六五爻辭)

> 유역씨에게 소를 잃으니, 불길하다.
> 喪牛於易, 凶.(『易經』「旅, ䷷」上九爻辭)

다만 역사서에는 왕해가 양을 방목했다는 기록이 없다. 주족은 원래
서부 고지대에서 양과 황소를 방목했으므로 문왕은 자기에게 익숙한 생활
을 통해 왕해의 시대를 상상하는 바람에 실수로 '유역씨에게 양을 잃었다'
라는 조목을 덧붙였을 수 있다. 양은 습한 환경에 적응하지 못하므로, 왕
해 시대의 상족이 방목하기에는 적합하지 않았다. 그러니까 『역경』의 괘

사와 효사에 들어 있는 상나라 역사도 절대 완전히 믿을 수 있는 게 아니며, 주나라 문왕은 서방의 주족이 살던 환경을 토대로 상족의 역사를 잘못 이해했을 수 있다는 뜻이다.

물소를 타고 다니며 유목하다

선상先商 부족은 상고시대의 특수한 '유목 부족'으로서 유동성이 매우 강했고, 목우牧牛를 위주로 하면서 당시의 기술적 조건과 연계하여 마침내 북쪽으로 황허강을 건넜으니, 이것은 그들이 방목하던 게 황소가 아니라 물소임을 말해준다.

은허의 갑골복사에서 상족의 시조인 설을 '시兕'라고 쓰기도 하는데, 물소라는 뜻이다. 글자 모양은 한 사람의 머리 위에 물소의 뿔이 얹혀 있는 형태다. 보아하니 그들은 처음부터 물소와 인연이 있었던 듯하다.[99] 상족이 처음 살던 지역은 남쪽으로 치우쳐 있어서 물소가 비교적 많았으며, 목축업의 수익이 많기도 했고 소 떼가 기동성을 부여하기도 했으므로, 그들은 습한 대평원에서 활약하며 더 먼 지역으로 이주할 수 있었다.

다시 고고학적 성과를 종합하자면, 상족은 줄곧 물소와 불가분의 관계를 맺고 있었다. 하나라의 얼리터우 유적지에서는 황소의 골격만 발견되었다. 그런데 상족이 하나라를 멸한 초기에 정저우 상성과 옌스 상성의 유적지에서는 황소뿐만 아니라 물소의 골격도 발견되었는데, 그 물소는 상족이 데려왔을 가능성이 크다. 상나라 중엽에 이르러 스자좡石家莊 교외 가오청藁城 타이시촌臺西村의 상나라 유적지에도 완전한 소뼈가 매장된 제사갱이 있었다. 이것은 하나라와 상나라 이후 물소 분포의 최북단 경계였다. 이외에도 안양의 은허 유적지에서도 물소의 뼈가 대량으로 출토되었다. 물론 지금의 스자좡과 안양, 정저우는 이미 모두 물소가 살기에 부적합해졌다.

유목과 농경은 필요한 환경이 무척 다르다. 3000년 전부터 유목 지역은 대부분 비교적 건조하고 기온이 낮아서 농업에 부적합한 지역이었다. 다만 하나라와 상나라 때의 상황은 정반대여서, 당시의 기후는 현대에 비해 덥고 습해서, 평원 지역은 대부분 습지와 연못이라서 오히려 인류가 거주하고 활동하기에 부적합했다. 대우와 하나라 사람들이 개조한 습지는 일부에 지나지 않았으며, 황허강 하류의 전체 면모를 바꾸지는 못했다. 이런 배경에서 상족은 물소 떼의 도움을 받아 마침 황허강 하류의 대평원과 습지에서 활약할 수 있었다.

고서에는 또 왕해가 소가 끄는 수레를 발명했다고 기록되어 있다.

왕해가 길들인 소가 끄는 수레를 만들었다.
胲作服牛.(『世本』「作篇」)

고고학의 성과를 종합해보면, 하나라 도읍 얼리터우에 이미 인력으로 끄는 두 바퀴 수레가 있었으니, 소가 끄는 수레가 나오는 것은 자연스러운 일이다. 소가 끄는 수레는 마차보다 훨씬 느리므로, 차량을 제조하는 기술적 요구도 상대적으로 낮았을 테니, 왕해 시대의 상족이 그런 일을 해낼 가능성은 충분했다. 이렇듯 물소 무리는 질펀한 습지를 통과할 수 있었고, 소가 끄는 두 바퀴 수레는 육지에서는 운수업에 종사할 수 있게 해주었을 것이다. 이런 이유로 상족은 '양서兩棲'의 행동 능력을 획득하게 되었다.

목축업 외에 상족은 이때 무역에 종사했을 수도 있으니, 이것은 유동성이 강한 부족의 타고난 특징이자 장점이었다. 직접적인 문헌 자료는 없으나 몇 가지 간접적인 증거는 있다. 예를 들어 주공은 상나라를 멸한 초기에 상족의 몇 가지 생계 방식을 언급하면서 그들이 소가 끄는 수레를 이용해서 먼 지역과 무역해서 돈을 벌어 부모를 섬겼다고 했다.

> 처음으로 소가 끄는 수레를 이용해 먼 지역에서 장사하여 그 부모를 봉
> 양했다.
> 肇牽車牛, 遠服賈, 用孝養厥父母.(『尙書』「酒誥」)

상나라가 멸망한 뒤 많은 상족은 무역업에 종사했으므로, 부족과 왕
조의 이름 외에 '상인商' 직업의 명칭으로도 쓰이게 되었다. 결과적으로 본
래 무역을 나타내던 '고賈'자가 '상商'자로 대체된 것이다.

초기에 상족이 목축하며 이주하고 무역하던 와중에 약간의 농업 경
제가 있었을 수도 있다. 상고시대에는 밭에 비료를 뿌리는 기술이 아직 없
었으므로, 종종 지력이 다하면 휴경休耕하거나 경작지를 번갈아 사용해야
했다. 이 때문에 상족은 어느 한 곳에서 몇 년 혹은 몇 십 년 동안 정착하
면서 주변 풀밭에 방목하고, 그와 동시에 약간의 밭을 개간할 수도 있었을
것이다. 그래서 어떤 학자는 상족이 '유경遊耕'하며 생활했다고 추측하기도
했다.[100]

선상 부족의 활동지는 주로 황허강 하류에서 황허강이 남으로 흘러
화이허강으로 들어가는 유역까지, 즉 진秦·한漢 시기 '홍구鴻溝' 수계水系로
서, 남북으로 좁고 길게 조성된 습지 '회랑'이었다. 장광즈張光直는 기나긴
신석기시대에 황허강과 화이허강이 통하는 좁고 긴 지대, 근대에 이른바
'황판구黃泛區'라고 부르는 이 지역은 개발하기 어려운 습지로 줄곧 취락 유
적지가 적었으므로, 위시豫西와 산둥의 신석기문화는 줄곧 분명한 차이가
있었다는 점에 이미 주목했다.[101] 그런데 상족은 나타나고 얼마 지나지 않
아 이 황량한 습지에서 활발히 활약했다.

이 지대의 북단은 샤치위안下七垣 문화와 후이웨이輝衛 문화의 범위에
속하고, 서쪽으로 가면 하나라 사람들의 얼리터우 문화, 동쪽으로 가면 산

둥의 웨스岳石 문화가 있었다. 빈번하게 이주했던 상족은 정착하여 생활한 도시 유적지를 남기기가 무척 어려웠으나, 그로 인해 각 지역의 부족 집단과 하 왕조를 볼 수 있는 기회를 얻었다.

번영하던 하 왕조는 동방의 산물 특히 해산물이 필요했고, 하 왕조의 상품 특히 칼이나 송곳 등의 자잘한 청동 기물들은 동방에 팔 수 있었다. 하 왕조가 청동 기술을 엄밀하게 지켰으나 이런 자잘한 상품의 유출을 완전히 막기는 어려웠을 것이다. 게다가 상족은 무역업을 하는 와중에 하 왕조에 이용할 만한 기회가 있음을 발견했을 가능성이 크다. 즉 샤치위안과 웨스 문화의 일부 부족과 긴밀하게 연계하여 점차 동맹 세력을 이루는 것이었다.

얼리터우 유적지 후기의 현상을 종합하면 다음과 같은 합리적인 추측이 가능하다. 하나라 도읍의 왕족과 청동 작업자 사이의 갈등이 나날이 격화되자 청동 작업자들은 위급한 상황에서 상족과 연락했고, 이에 상탕이 동방의 동맹 부족들을 이끌고 대거 서쪽을 정벌하여 하 왕조를 점령했다. 다만 왕조와 청동 기술을 관리하는 측면에서 상족과 다른 동방의 맹우盟友들은 모두 경험이 없었으므로, 반세기 전후의 시간을 이용하여 하 왕조의 유산을 완전히 흡수하고, 아울러 각종 문화를 융합하여 새롭고 더 광범한 의미의 상족을 형성했다.

하나라를 멸하기 전에 상족은 최초의 문자를 이미 발명했을 가능성이 크다. 상업 무역을 하려면 장부를 기재하고 멀리 정보를 전달할 필요가 있으며, 이것들은 숫자와 문자의 발명을 촉진했을 것이다. 상족이 문자를 창조하기 전에 많은 부락에 이미 사건을 기록하는 초보적인 부호가 있었다. 예를 들어 량주 문화와 룽산 문화에 대한 고고학적 발굴에서 부호를 새긴 몇 개의 도기 조각을 발견한 적이 있다. 그리고 상족은 이주하고 무역하는 와중에 비교적 많은 부족과 교류하면서 사건을 기록하는 각종 기호의 용법을 볼 기회가 있었을 것이다. 그러므로 이런 토대 위에서 종합하면 언어를 완전하게 기록하는 글자와 부호 체계를 누적할 가능성이 충분했다.

상족이 창조한 '갑골문'에서 가장 흔히 보이는 글자는 폭력과 정벌, 살육에 관한 것이다. 이것은 국가와 왕조의 통치 질서가 아직 건립되기 전 동방 부락들 사이에서는 적의가 충만해서 걸핏하면 충돌이 생겼기 때문이다. 그러므로 상족의 이주와 무역이 평화로운 분위기에서 진행되었을 가능성은 아주 적어서 무기로 보호받을 필요가 있었을 것이다.

일부 갑골문에는 선상 부족의 수상생활이 나타나 있다. 부수 '주舟'로 구성된 글자가 특별히 많고, 게다가 개중에 상용하는 글자가 아주 많았는데, 후세에 변천하는 과정에서 '주舟'를 부수로 하는 글자에 많은 변화가 생겨서, 현대인은 이미 그 글자와 배 사이의 관계를 알아볼 수 없게 되었다. 예를 들어 상용자인 '수受'는 상나라 마지막 왕 주紂의 이름이기도 한데, 갑골문에서는 라고 쓴다. 이 글자는 두 개의 손이 하나의 배에 잇닿아 있는 모양으로서 '접수接受'한다는 뜻이다. 후세에 '주舟' 부수가 '우又' 부수로 바뀌면서 갑골문에 담겼던 뜻도 사라져버렸다.

또 '남南'자는 갑골문에서 라고 쓰는데, 나무가 위에 있고 배가 아래에 있다. 큰 나무 아래에 배가 한 척 있으니, 이것은 남방에 대한 상족의 인상을 나타낼 수도 있다. 그곳은 수목이 번성하고, 살아가는 데는 배가 필요하기 때문이다. '북北'자는 갑골문에서 라고 쓰는데, 본래 의미는 '떠난다背離'라고 할 때의 배背다. 상족에게 북방으로 간다는 것은 자기들에게 익숙했던 고향을 떠나는 일이었다.

초기 상족의 생활에서 코끼리(아시아코끼리)는 중요한 역할을 했다. 한자 '위爲'는 상용하는 글자인데, 갑골문에서 그 글자의 모양은 한 사람이 코끼리의 코를 잡아당기는 모습이다. 이것은 문자를 발명할 때 상족이 이미 코끼리를 길들여서 부리고 있었음을 말해준다. 게다가 이렇게 코끼리를 길들이는 습관은 은상 시기까지 줄곧 이어져서, 왕릉의 제사갱에서 완전한 코끼리 유골이 여러 차례 출토된 바 있다.

조신鳥神 숭배

상족이 숭배하던 신은 여러 종류인데, 가장 높이 숭상했던 것은 '제帝'다. 이외에 새가 있는데, 이것은 그들의 창조 신화 및 초기 토템과 관련이 있을 것이다.[102]

상고시대에 새를 숭배한 곳은 주로 동부 바닷가 지역이었다. 지금으로부터 7000년에서 5600년 전의 허무두河姆渡 문화에는 조류의 도형을 새긴 골조와 목조가 아주 많이 있었고, 5300년에서 4300년 전의 량주 문화에도 뚜렷한 새 숭배가 있었다. 예를 들어 고대 국가의 왕족이 사용하던 최고급 옥기에 새겨진 신인수면神人獸面 문양에서 신인이 머리에 우관羽冠을 쓰고 있고, 그 옆에는 새 모양의 도안이 수반되어 있었다.

춘추 시기 산둥 남부의 토착 소국인 염국郯國의 유명한 전통 가운데 하나는 바로 각종 관직의 명칭을 새의 이름으로 짓는 것이었다. 염국의 군주는 자기의 시조가 '소호씨少曍氏, 少昊氏'라고 했는데, 『좌전』 소공昭公 17년에 따르면, 소호씨가 건립한 나라의 각종 관직은 모두 새의 이름이 붙었다. 이 역시 동부 해안 지역에서 새를 숭배한 기억이자 징표다.

상족의 시조 설은 간적이 검은 새의 알을 삼킨 뒤에 태어났으니, 새는 천제와 상족을 연계하는 끈이라는 뜻이다. 앞서 인용했듯이, 『산해경』 「대황동경」에는 상족의 제6대 수령 왕해가 이렇게 기록되어 있다.

왕해라는 이가 있는데, 두 손으로 새를 잡고 막 그 머리를 먹으려 했다.

얼른 보기엔 무척 모호해서, 사람이 새의 머리를 먹으려 하는지, 새가

사람의 머리를 먹으려 하는지 확정할 수 없으나, 왕해와 새의 연계는 갑골
복사에 그 증거가 있다.

신사에 (…) 점을 쳤다. 왕해와 상갑미가 하백에게 갔는가?
辛巳 (…) 貞: 王亥上甲卽於河. (『合集』34294)

그 가운데 '해亥'의 갑골문은 〮라고 쓴다.
이 복사에서 점쳐 묻는 것은 왕해와 상갑미 부자가 하백과 함께 있어
서 상나라 왕이 합동으로 제사를 거행할 수 있는가다. 그 가운데 '해'자는
매우 뚜렷하게 새의 형상이니, 지지地支의 '해亥'처럼 왕해와 무관한 것들은
새의 형상이 있을 수 없을 것이다.
『역경』에도 새가 여러 차례 나타난다. 주나라 사람들은 상족과 기원
이 다르고 새를 숭배하지도 않았으나, 『역경』을 지을 때 문왕은 새와 관련
된 상족의 몇몇 역사 전고典故를 인용했다. 예를 들어 「여괘旅卦, ䷷」 상구上
九 효사爻辭는 다음과 같다.

새가 그 둥지를 태우니 나그네가 먼저 웃었다가 나중에 통곡한다. 유역
씨에게 소를 잃는다. 불길하다.
鳥焚其巢, 旅人先笑後號咷. 喪牛於易. 凶.

이 효사는 왕해가 유역씨에게 소를 잃고 살해된 일을 언급했다. '나그
네가 먼저 웃었다가 나중에 통곡한다'라는 것은 왕해가 외지를 여행하다
가 당한 일과 관련이 있다. 새 둥지가 불탄 것은 왕해의 운명을 상징한다.
오래전부터 지금까지 사람들은 『역경』에 숨어 있는 이런 전고를 발견하
지 못하다가, 중화민국 시기에 이르러서야 비로소 구제강顧頡剛이 해석해
냈다. "상우어역喪牛於易"은 왕해가 유역씨 부락에서 재난을 당하고 소 떼를

탈취당한 일을 가리킨다.[103]

은허의 갑골복사에도 상나라 왕이 '새'에게 제사 지낸 이야기가 들어 있는데, 예를 들어 '양 1마리와 돼지 1마리, 개 1마리' 혹은 '양 3마리와 돼지 3마리, 개 3마리'를 구워서 새에게 제사 지냈다.[104] 다만 제사를 받는 것이 수시로 날아오는 야생의 새인지, 아니면 상나라 왕이 전문적으로 사육하는 신령한 새인지는 알 수 없다. 이외에도 상나라 왕은 여러 차례 새 울음에 따라 길흉을 점치기도 했다.

『사기』 「은본기」에 따르면, 언젠가 상탕에게 제사 지낼 때 1마리 꿩이 솥鼎의 귀(손잡이)에 떨어져 내려 계속 울어대자 고종高宗 무정武丁이 무척 긴장했다. 그러자 대신 조기祖己가 그 틈을 이용하여 도덕적으로 설교하자, 결국에 무정이 "정치를 바로잡고 덕행을 하니 천하가 모두 기뻐하여 은나라의 치도治道가 부흥했다修政行德, 天下咸歡, 殷道復興"고 한다.

이 일의 도덕적 요소는 후세 사람이 첨가했겠지만, 꿩이 무정의 긴장을 유발했다는 이야기는 응당 그 원형이 있을 것이다. 그러나 이것은 상족이 새를 숭배했다는 배경 속에서만 제대로 이해할 수 있다.

상나라 말엽의 청동기 명문에는 '현조부玄鳥婦'라는 글귀가 나타난 적이 있으니, 어쩌면 신령과 통하여 강신降神하는 여성 무당이 왕족의 제사에서 검은 새의 신이 강림하도록 송환하는 책임을 졌었는지도 모른다.

그렇다면 새를 숭배하는 상나라 사람들의 종교는 현실 생활에 어떤 영향을 미쳤을까?

첫째, 갑골복사에서는 상나라 왕이 '치雉' 즉 꿩을 사냥했다는 기록은 많이 있으나 다른 조류를 사냥했다는 기록은 볼 수 없다. 게다가 날짐승류와 조류의 알을 제사에 바쳤다거나 먹었다는 기록도 없다. 둘째, 상나라 사람들의 유적지와 무덤에서 가축으로 기르던 날짐승을 먹은 흔적이 전혀 없다고는 할 수 없으나 확실히 상대적으로 드물다. 은허 궁전 구역의 회갱에서 맹금猛禽과 공작의 머리뼈가 발견된 적이 있고, 왕릉 구역의 소수 제사갱에서도 맹금의 뼈가 발견된 적이 있으니, 왕실에서 기르던 사냥용 매와 진귀한 날짐승이었을 가능성이 있으나, 숭배하는 신령한 새에게 공양을 바친다는 의미는 분명하지 않다. 결국, 날짐승과 조류의 알에 대한 상족의 금기는 다른 부족에 비해 많았다.

갑골문에서 가장 신성한 것은 '제帝'자로 果라고 쓰는데, 그 의미는 명확하지 않다. 어떤 이는 그것이 여러 선을 하나로 합쳐서 천지간의 중심을 상징한다고 여기기도 하고, 가지를 묶어서 불태워 제사하는 땔감 무더기로서 '요제燎祭'의 형태를 이용하여 제사를 받는 제신帝神의 존재를 대표한다고 여기기도 한다.[105] 복사에서 제는 '상제'라고도 부르며, 때로는 '제' 위에 짧은 가로획을 더하여 '상제'라는 두 글자를 합친 글자로 束라고 쓰기도 한다. 이 짧은 가로획이 현대 한자에서는 점으로 변했으니, 현대의 '제帝'는 사실 갑골문에서 '상제'라고 썼던 개념인 셈이다.

'제'자의 구체적인 의미가 무엇인가에 상관없이, 요점은 틀림없이 신성하다는 뜻일 터다. 하나의 부수로서 그것은 또 신성함의 의미를 담은 다른 글자에도 사용되었는데, 일반적으로 상반부의 뒤집힌 삼각형 모양을 남긴다.

예를 들어 '용龍'자는 갑골문에서 弄라고 쓰는데, '제'자의 머리 부분을 정수리에 얹은 용의 모양이고, '봉鳳'은 갑골문에서 羨라고 쓰는데, '제'자의 머리 부분을 정수리에 얹은 새의 모양이다. 상나라 사람들 자신을 가리키는 '상商'은 갑골문에서 禹라고 쓰는데, '제帝'자가 대문 혹은 패루 위에 높이 서 있는 모양이고, 때로는 위쪽에 '제'자의 머리 부분 2개가 나란히 늘어서서 쯎와 같이 되기도 한다.

은허에서 출토된 무정의 부인 부호婦好의 무덤에는 여러 건의 용봉 모양 옥기들이 부장되었고, 게다가 용과 봉황의 머리 위에는 모두 갑골문의 뿔 즉, '제'자의 머리 부분이 있다. 특히 354호 표본은 "한 마리 용과 괴이한 새의 형상인데, 괴이한 새가 용을 등에 얹고 하늘로 날아오르는 장면

'현조부玄鳥婦' 명문의 탁본

과 상당히 유사하다."[106] 용의 머리 위에는 '뿔'이 하나 있으나, 괴이한 새의 머리 위에는 2개가 있다. 이외에 부호묘 371호 옥기는 꿇어앉은 사람의 모습인데, 몸에는 옷과 꽃 장식을 조각했다. 몸 뒤로는 깃털 모양의 새 꼬리가 뻗어 있다. 이런 옥기들은 모두 새에 대한 상나라 사람들의 숭배를 반영한 것일 수 있다.

　　상족은 기이한 내력을 지녔으니, 그들이 개창한 왕조도 틀림없이 평범하지 않았을 것이다. 특히 왕조가 건립된 초기에는 현대인들의 상식으로는 생각할 수 없는 기이한 행적을 많이 보였다.

제6장 초기 상 왕조: 창고의 장관

상나라는 중국 역사에서 가장 기이한 시대였을지도 모른다. 그 시기를 초기, 중기, 후기로 나눈다면 사람들이 가장 잘 아는 것은 후기의 은허 시대일 것이다. 은허에서는 시기적으로 가장 이르고 정교하고 아름다운 청동기와 대규모 인신공양제사 장소가 발굴되었다.

그런데 사실 초기 상나라의 기이한 흔적은 더 많다. 그들이 200년 전후의 기간에 창조한 성취는 그 후 1000여 년 동안에도 재현되기 어려웠다. 이것은 거의 진·한 대통일 왕조의 기상에 접근할 정도였다. 예를 들어 초기 상나라가 보유한 천 리나 떨어진 먼 식민도시는 당시의 인구 총량과 경제 수준을 벗어난 초대형 창고 저장 시설을 갖추고 있었다.

초기 청동기, 말하자면 초기 상나라는 가히 '현대화'라는 기적을 이룬 시대였다.

동서의 두 도읍

고대 역사에서 하나라와 상나라는 늘 함께 거론되지만, 고고학적으로 보면 양자는 전혀 다른 정치 체제였다.

얼리터우-하 왕조는 보수적이어서 대외 확장에 전혀 열중하지 않았고, 동아시아 최고의 선진적인 청동 기술을 가지고 있었음에도 줄곧 그것을 얼리터우 작업장의 중후한 담장 안에 가두어뒀을 뿐, 변용시켜 군사력을 확장하는 데 쓴 경우는 대단히 드물었다.

그러나 상 왕조는 달랐다. 개국 초 수십 년에 걸친 통합과 동화同化를 거쳐 상족은 대규모 확장을 시작해서, 개국하고 200년이 지나자 그 통치 범위는 이미 하나라보다 10배 이상이 되어서 언어와 풍속이 다른 무수한 부족을 포함했다. 이런 측면에서 초기 상나라는 중국 역사에서 '최초의 왕조'였다.

그러나 개국왕 상탕의 시대로 돌아가면 형세가 아직 이렇게 낙관적이지 않았다. 얼리터우 고고학이 보여주듯이 하 왕조의 정복자는 하나의 통일된 부족 집단이나 국가가 아니라, 서로 다른 문화 구역들 사이의 느슨한 동맹체였다. 이 때문에 먼저 그들을 하나의 새로운 부족 집단(새로운 상족)으로 통일하고, 아울러 하 왕조가 축적한 모든 기술을 계승할 수 있게 확보해야 했다. 이를 위해 상탕은 당연히 많이 고심해야 했다. 그와 이후 2, 3대 왕은 모두 여기에 힘썼다. 그들의 노력과 성과가 역사서에 기록되지는 못했으나 대형 성터 두 곳의 유적에 기록되어 있었다.

고고학이 제공하는 정보를 통해 보면 상족은 하 왕조를 멸망시킨 뒤에 잠시 얼리터우 고성을 보존해두고, 동시에 2개의 새로운 도시를 건설하기 시작했다. 하나는 얼리터우에서 동쪽으로 8킬로미터 떨어진 옌스 상성이고, 다른 하나는 얼리터우에서 동쪽으로 100킬로미터 떨어진 정저우 상성으로, 이 두 도시는 초기 상나라의 동도東都와 서도西都라고 할 만하다.

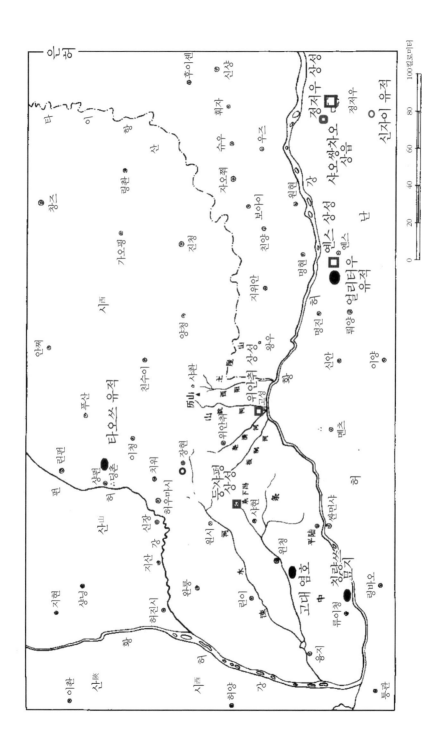

초기 상나라의 부분 성터 개념도[107]

서도는 지난날 하 왕조의 핵심 구역에 위치했으니, 얼리터우의 옛 백성을 나누기 위한 고려였던 듯하다. 옌스 상성은 이전부터 있었던 얼리터우 도기 문화의 바탕을 지니고 있으며, 외래문화는 많지 않다. 초기 단계의 주요 주민은 이주된 얼리터우 고성의 집단과 소수의 상족 정복자였을 것이다.[*]

정저우 상성은 이전에 있었던 얼리터우 문화의 촌락을 토대로 건립되었으며, 상나라 왕이 각 동맹군을 안치한 주요 거점이어서 외래문화의 요소가 더 많다. 여기에는 북방의 샤치위안과 후이웨이, 동방의 웨스 등 도기 문화 유형도 있고, 얼리터우에서 옮겨 온 청동 작업장도 있었다. 하나의 성읍에 중단기 내에 이렇게 많은 도기 문화 유형이 모이게 된 것은 역사상 공전절후의 일이었다.

분명히 이것은 하 왕조를 점령하여 형성된 '동방 부락 연맹'으로서, 각자가 사용하던 도기 양식은 통일되지 않았고, 언어 혹은 방언의 차이도 대단히 컸을 터인데, 여기서 '응결핵' 역할을 한 것은 규모가 아주 작은 선先상족이었다.

하나라의 도읍 얼리터우는 당연히 수백 년 동안 번성했으나, 내부는 줄곧 이원분립二元分立 구조였다. 궁전 구역과 청동 작업장 구역은 오랫동안 공동으로 다스려졌으니, 게다가 상호 간의 갈등은 하 왕조가 멸망하게 된 직접적인 근원이었다. 얼리터우를 정복한 뒤에 상족은 이 두 종류의 집단을 분화하거나 끌어들이는 한편, 얼리터우와 옌스 상성으로 나누었고, 결국에는 그들을 자기 왕조 안으로 동화시켜 흡수했다.

상나라 초기에 옌스 상성과 정저우 상성은 모두 작은 궁성일 뿐이었

---

[*] 『사기』「은본기」 등 역사서의 기록에 따르면 상 왕조는 다섯 차례 천도했고, 마지막은 반경盤庚이 은殷으로 천도한 것이었다. 은도殷都의 유지遺址(은허殷墟)에 대해서는 이미 고고학적 발굴이 충분히 이루어졌으나, 그 이전 4개의 도성이 어디 있었는지는 줄곧 정론이 없어서 현재의 고고학적 발굴 성과와도 완전히 들어맞게 할 방도가 없다.—원주

다. 그러나 수십 년 뒤에 얼리터우 고성이 완전히 폐기되고 모든 인구가 옌스 상성과 정저우 상성으로 이주하면서, 두 도시가 신속하게 팽창하기 시작했다. 성벽과 전체 규모가 더 큰 궁전, 그리고 왕성하게 번영을 누리던 수공업 작업장과 평민 거주지가 건설되었다. 이 두 상성의 수명은 모두 200년 전후로서 상나라 전기의 통치 중심이었다.

얼리터우 고성이 폐기될 때 상족의 통치 구역 안에 있던 다원적인 동기 문화는 하나의 새로운 양식으로 융합되었다. 적어도 얼리터우와 샤치위안, 웨스, 후이웨이까지 네 종류의 서로 다른 요소가 뒤섞여 발전했는데, 고고학자들은 그것을 '얼리강二里岡 문화'라고 부른다. 얼리강은 정저우 상성 남측에 있는 작은 유적지의 명칭인데, '얼리터우'와는 글자 하나만 다를 뿐이며, 사실상 그것도 얼리터우 도기 문화의 특징을 정확하게 계승했다.

이로 말미암아 각지에서 들어온 도기 공예가 정저우에서 융합되고, 아울러 신속하게 외부로 퍼져나갔으니, 이것은 이런 도기를 사용하는 사람들이 이미 하나로 동화되었음을 말해준다. 그러니 이것은 새로운 상 민족의 탄생을 알리는 표지였다. 그리고 이것은 이전의 선先상족에 비해 규모가 훨씬 커졌으니 '왕조 상족'이라고 칭할 만하다. 이에 이르러 상 왕조의 여러 부락 연맹체가 하나의 통합 민족으로 변했다.

물론 이전의 샤치위안과 웨스, 후이웨이 문화는 본래의 터전에서 여전히 지속되고 있었으며, 어쩌면 그것들도 새롭게 일어난 초기 상나라(얼리강) 문화에 의해 잠식되고 병탄되었을 테지만, 그래도 그것은 나중의 일이다. 초기 상나라 단계에서 신속하게 소멸한 것은 얼리터우-하 왕조의 문화뿐이었으니, 상 왕조가 가장 우선적으로 점령한 곳이 지난날 하 왕조의 강역이었기 때문이다.

얼리터우의 쇠망과 옌스 상성 및 정저우 상성의 흥기는 하·상 교체기의 전례 없이 격렬하고 복잡한 민족 통합 운동을 보여준다. 신석기 이후의 오랜 부족 정벌과 왕조 교체의 역사에서 이처럼 격렬하게 일상용 도기가 다른 지역으로 이동해서 모이고 그 스타일이 변화한 예는 없었다.

상나라 사람들이 하나라 사람들과 맹우盟友들을 대하는 방법도 무척 훌륭했다. 그 배경은 어쩌면 그들이 오랫동안 유목과 무역에 종사하면서 동부 평원에서 수백 년 동안 이주해 다니는 동안 동방 각 부족에 대한 충분한 지식을 축적했기 때문일 수도 있다. 이것은 다른 어떤 부족도 갖추지 못한 우월한 자질이었다. 하나라를 멸할 때 상나라 사람들은 이미 초보적인 문자를 가지고 있었다. 이것은 진정한 왕조 통치를 건립하는 데에 필요한 수단이었다. 상나라 사람들도 종교의 신비감과 위력을 이용했을 것이다. 상나라 초기의 종교에 대해서는 그 이해 정도가 아직 매우 미흡하지만, 훗날 상 왕조에서 종교가 차지했던 지위를 통해서 보자면, 초기 상나라 왕들은 틀림없이 종교에 상당히 많은 정력을 쏟았던 것으로 보인다.

동서의 두 도읍이 초보적인 규모를 갖춘 뒤에 정저우 상성과 옌스 상성의 규모는 어떠했을까. 성곽을 제외한 주성主城의 면적은 각기 3제곱킬로미터와 2제곱킬로미터였다. 공통점은 둘 모두 너비 약 10미터의 흙을 다진 성벽과 성안의 궁성, 역시 흙을 다져 토대를 만든 궁전 구역이 있었으며, 게다가 궁전 구역 북측에 돌을 쌓아 만든 직사각형의 인공 연못이 있었다. 다른 점은 옌스 상성 안에는 대형 창고 터가 여러 곳 있지만 청동 제조 등 수공업은 규모가 크지 않았던 데에 비해, 정저우 상성은 면적이 더 크고 인구와 각종 수공업 시설이 더 많았으며, 바깥으로 외곽성外郭城이 둘러져 있었다는 사실이다.

두 상성의 보존 상황도 달랐다. 후세에 정저우 상성은 줄곧 중요한 성읍으로 쓰였고, 현대에 이르러서는 다시 시 구역에 점거당해 유적지가 심하게 훼손되었다. 이 바람에 발굴 영역도 상대적으로 적고 여기저기 분산되어 있어서 상성의 전체 모습을 재현하기 어렵다. 이에 비해 옌스 상성은 줄곧 밭으로 쓰였으므로 상대적으로 완전하게 보존될 수 있었다. 돌을 쌓아 만든 옌스 상성의 공용 배수 체계에서 배수 도랑은 폭이 거의 1미터에 가까우며, 서쪽에서 동쪽으로 도시 전체를 관통했다.

다만 신석기 이래로 초기 상나라처럼 동서로 두 도읍을 둔 형태는 거의 유일무이한 사례라고 할 수 있다. 모두 두껍게 다져 성벽을 올린 토성이 있었으니 분명 외부의 위협에 대비하는 모양새지만, 당시의 형세로 보면 새로 일어난 상 왕조를 위협할 만한 세력은 전혀 없었던 듯하다. 하나라의 도읍 얼리터우 사람들은 성의 방어를 중시하지 않고 줄곧 소규모 궁성만 짓고 큰 성은 짓지 않았다. 이에 비해 새로 일어난 상 왕조는 늘 위기감을 느꼈던 듯하다. 정복된 하나라 사람들 부락과 토착 부족들이 수시로 봉기할 수 있다고 염려한 탓에 전력을 다해 두 곳의 큰 성을 지었던 것으로 보인다.

그보다 더 이른 스자허石家河와 량주, 스마오 고성은 면적이 정저우 상성과 비슷하지만, 내부에는 거주에 부적합한 영역이 아주 많았다. 예를 들어 스마오성 안에 있는 양묘粱峁*는 지형 기복이 심하고, 스자허와 량주의 성벽은 본질적으로 홍수를 막는 제방과 건축의 토대에 가까웠다. 성안에는 습지와 강의 지류가 수없이 흐르고 있었다. 그러나 정저우와 옌스의 상나라 성은 반듯했으며 지어진 것에 규칙이 있고, 내부는 대부분이 주거에 적합한 평탄한 토지여서 수용할 수 있는 인구가 더 많았다.

얼리터우에 나타난 각종 현상으로 볼 때 이들 초기 왕조는 그 내부가 대부분 자치 부족으로 이뤄져 왕권과 맺는 관계가 상대적으로 느슨했다. 그러나 옌스와 정저우의 상나라 성은 엄밀하게 계획되어 안팎이 분명히 구별됨으로써 초기 상나라 왕이 각 부족을 통합하려고 결심했다는 점을 잘 보여준다. 부족이 모여 사는 상태에서 한 부족의 취락, 즉 족읍族邑은 하

---

* 양粱은 골짝과 평행을 이룬 황토 고원의 고지대. 묘峁는 대개 만두 모양으로 고립된 황토 언덕을 가리킨다.

나의 독립된 경제 체제로서 자체의 수공업과 농업, 목축업을 갖추고 있었
다. 그러나 큰 성에 들어가 살게 되면 전통적인 자급자족 생활은 많은 부
분 포기할 수밖에 없고, 왕실이 주도하는 더 큰 경제와 정치 체제 안에 융
합되어야 했다.

엔스 상성에 비해 정저우 상성은 더욱 특수했다. 구리 주조와 골제骨制
작업장 같은 수공업은 모두 성 밖에 있었고, 성안에는 주로 왕실에 봉사하
는 사람들이 거주하면서 관리행정, 무장 호위, 심부름 등을 제공했을 가능
성이 크다.

초기 상 왕조는 이미 문자와 문서를 사용했을 것이다. 정저우 상성 영
역 안에서는 뼛조각이 몇 개 발견되었는데, 그중 하나인 소의 갈비뼈에는
글자와 부호들이 새겨져 있었다. 해석하자면 이런 내용이다.

> 또 토지신에게 양을 부탁하며 을축에 점을 쳤는데, 7월에 기쁜 일이 생
> 겼다.
> 又, 毛土羊, 乙丑貞, 比(及)孚, 七月.[108]

글의 스타일은 은허 갑골복사와 매우 비슷하나, 몇 개 뼛조각의 실물
과 발굴 지층에 대한 정보가 이미 사라져버린 상태여서 더 정확한 시대를
판단할 방도가 없다. 추론에 따르면 상나라 초기의 것*으로 은허보다 100

---

* 유러우치尤柔嶬의 「얼리강 유지 우골 복사二里岡遺址牛骨刻辭」에서는 이렇게 개괄했다. 1953년에
  허난성 정저우시 훠잔가貨棧街에서 발견된 얼리강二里岡 상나라 문화 시기의 소뼈 두 조각은 각기 소
  의 갈비뼈와 상박골이다. 지금은 실물의 소재를 알 수 없다. 원래의 뼈는 천명자陳夢家의 감정과 연
  구를 거쳤는데, 관련 자료는 『문물참고자료文物參考資料』(1954) 및 그의 저작 『은허복사종술殷墟卜
  辭綜述』, 그리고 1959년에 출판된 『정저우 얼리강鄭州二里岡』 보고에 들어 있다. 그 가운데 상박골에
  는 한 글자만 새겨져 있는데, 지금의 연구자들이 '우又'자 하나를 더 해석해냈다. 그리고 갈비뼈에 새
  겨진 글자를 천명자는 10자라고 여겼고, 리쉐친李學勤도 10자라고 여겼으나, 리웨이밍李維明은 한 글
  자가 빠졌으므로 응당 11자가 되어야 한다고 주장했다. 원래의 10자는 "又土羊乙丑貞從受十月"이라
  고 해석했으나, 리웨이밍은 "又, 毛土羊, 乙丑貞, 比(及)孚, 七月"이라고 해석했다. 천명자는 거기에

년 이상 앞선다고 한다. 이것은 초기 상나라에 이미 성숙한 문자가 있었으며, 게다가 뼈에 점사占辭를 새기는 방법이 나타났음을 말해준다.

청동기의 확장

상나라 초기 왕조의 확장은 지극히 신속하고 맹렬했다. 심지어 천 리 밖의 창장강 부근(지금의 우한武漢 교외의 황피구黃陂區)에도 판룽청盤龍城이라는 번영했던 성이 있었음이 확인됐다. 중원 지역에는 상나라 사람들이 만든 소규모 도시들이 더욱 촘촘하게 이어졌다.

선상先商 부족은 떠돌며 무역에 종사함으로써 다른 종족에 비해 각 지역의 교통과 지리, 물산, 민속을 더 잘 이해하고 있었다. 그뿐 아니라 새로운 상 왕조의 구성원은 주변의 각 문화권에서 들어왔고, 강역을 확장하는 데에도 큰 도움을 주었다. 게다가 상나라 왕족은 장사꾼의 마인드로 새로운 왕조 관리에 수완을 발휘했으며, 확장의 목표는 주로 소금이나 구리, 주석 등의 광산 자원이 풍부한 지역을 지향했다. 상 왕조의 원정과 확장에서 무역은 정복 전쟁과 마찬가지로 중요한 수단이었다.

상나라 사람들은 하 왕조의 청동 제련과 주조 기술을 매우 중시해서, 옌스 상성과 정저우 상성이 처음 건설되었을 때는 성벽을 짓기도 전에 얼리터우 고성에서 청동 작업장을 옮겨다놓았다. 정저우 상성의 청동 작업장은 더욱 발달해서 성 남쪽의 작업장이 사용하기에 충분하지 않게 되자 또 성 북쪽의 쯔징산紫荊山에 새 작업장을 추가로 만들었다. 이 작업장들은

새겨진 글이 복사卜辭가 아니라 연습 삼아 새긴 글자이며 시대도 은허 시기라고 여겼다. 나중에 허난성 고고공작소 연구자는 이 소뼈가 변동을 겪은 얼리강 시기의 지층에서 출토되었으므로 상나라 초기의 것이라고 주장했다. 오늘날 대다수 학자는 이 관점에 동의하고 있다. http://www.kaogu.cn/cn/kaoguyuandi/kaogubaike/2013/1025/34220.html 참조.

얼리터우의 방식을 이어받아 청동 주조 구역의 땅 아래에 인간 희생을 매장했다.

청동 기술은 오랫동안 얼리터우에 갇혀 있었으나, 더 현실적이었던 상나라 사람들은 각 부족이 청동 기술을 고루 장악하게 했고, 게다가 옌스와 정저우의 두 핵심적인 상성뿐만 아니라 먼 지역을 정벌하러 나서는 상나라 사람들의 무리도 모두 청동 기술자를 보유하고 있었다. 그들은 청동 화살촉과 청동 창鋼戈을 주조할 돌 거푸집을 지니고 있어서, 소규모 구리 광산을 발견하면 즉시 현지에서 무기를 생산할 수 있었다. 초기 상나라에서 청동 무기의 생산 수량은 급격히 증가했고, 출토 지점도 중원 각 지역에 분포되어 나타났으며, 심지어 창장강 유역까지 퍼져서 일부 남방의 토착 세력도 청동을 주조할 기회를 가질 수 있었다. 그러므로 상 왕조야말로 진정으로 청동 제련과 주조술을 보급한 주역이라고 할 수 있다.

왕조의 확장은 인구 증가를 토대로 하는데, 이를 위해서는 농업이 뒷받침되어야 한다. 이 부분에서도 상 왕조는 하 왕조를 넘어섰다. 장사와 무역, 물소 목축에 정통한 상족은 일단 농업을 경영하기 시작하자 비상한 능력을 발휘했다. 얼리터우-하 왕조는 주로 무논에 의지했는데, 이는 하나라 사람들이 뤄양 분지의 못들을 개간한 성과였다. 그런데 상나라 사람들은 황허강과 화이허의 습지 평원에서 흥기했으므로 무논에 낯설지 않았으나, 그들의 농업은 더욱 균형적이었다. 정저우 상성의 식량을 표본화하여 부선법 처리로 통계를 냈는데 좁쌀, 쌀, 밀이 각각 1576개, 191개, 91개로 집계되었다. 이것을 통계 처리한 연구자는 "최소한 상나라 초기에는 조가 정저우 지역 고대 선조들이 재배한 가장 중요한 작물 종류였다"라고 결론을 내렸다.[109]

밀 알갱이 1000개의 무게는 쌀과 비슷하니, 각각을 무게로 환산하면 좁쌀은 쌀보다 조금 많은 수준이고, 밀은 18.3퍼센트를 차지해 상당한 비중이었다.

[표5] 정저우 상성 출토 식량 낟알 및 환산 무게

	좁쌀	쌀	밀	기장	합계
낟알 수	1576	191	91	44	1902
1000알 무게(g)	2	16	16	7	
낟알 점유 비율	82.86%	10%	4.78%	2.3%	
환산 무게(g)	3.152	3.056	1.456	0.308	7.972
무게 점유율	40.5%	38.3%	18.3%	3.9%	

　　표의 결과는 얼리터우 시대에 비해 쌀의 비율이 매우 뚜렷하게 감소
했고, 밭작물인 좁쌀과 기장은 뚜렷하게 증가했다.(74쪽의 〔표2〕와 비교하면
좁쌀의 비율이 증가한 것은 맞으나, 기장의 비율은 7.3%에서 2.3%로 감소했다. 저자
의 오류로 보인다.─옮긴이) 또 밀은 밭작물에 속하지만 밀을 심는 늦봄에는
물이 많이 필요한 데 비해 화베이의 늦봄에는 비가 적게 내리므로 넓은 면
적에 밀을 심으려면 더 성숙한 관개 지식과 시설이 필요하다. 이 때문에
밀은 벼농사의 부산물로 봐야 한다. 이외에도 얼리터우 시기에 비해 덜 덥
고 덜 습해져 벼농사를 지을 무논의 면적도 감소했을 가능성이 있다.

　　정저우 상성의 식량 표본에 따르면, 상나라 사람들은 이미 각종 주요
작물의 재배 기술을 장악하고 있었으니, 이는 인구 증가뿐만 아니라 그들
이 각 지역 식민지를 확장하는 데에도 편의를 제공했다. 그들은 각종 자연
환경에 적응한 식량의 종자와 재배 기술을 보유하고 있었기 때문이다.

진난晉南의 식민 성채

　　초기 상 왕조의 확장 궤적은 산시山西 남부에 가장 뚜렷하게 나타난다.

엔스 상성에서 서북쪽으로 향하면 점차 구릉 산악지대로 진입하는데, 200킬로미터를 지나 황허강을 건너면 바로 산시성 위안취현垣曲縣의 구청진古城鎭이다. 이곳 황토 대지臺地 위에는 흙을 다져 쌓은 작은 성이 하나 있는데, 여기서 통제하는 황허강의 나루터는 위시豫西와 진난이 소통하는 요새로서, 고고학자들은 그곳을 '위안취 상성垣曲商城'이라고 부른다.

위안취현의 고성에서 계속 서북쪽으로 나아가 중탸오中條 산맥을 넘어 탁 트인 윈청運城 분지로 진입하면 또 하나의 흙을 다져 쌓은 작은 성이 나타나는데, 이것이 바로 샤현夏縣 둥샤펑 상성東下馮商城이다. 위안취 상성과 둥샤펑 상성은 모두 크지 않아서 성벽의 길이가 300~400미터 정도이고, 면적은 약 0.1제곱킬로미터이며, 건설 시기도 비슷하다. 이들은 모두 상 왕조가 개국하고 거의 100년 뒤에 지어졌다.

진난 중탸오산 지역에는 드문드문 구리 광산이 있어 하나라 때 샤현 둥샤펑과 장현絳縣 시우비西吳壁에 모두 구리 제련 공장이 나타났다. 이들은 물론 구리 원료를 가지고 얼리터우 하나라 도읍과 무역을 했을 테지만, 하 왕조의 직접적인 통치를 받았는지는 확정할 수 없다. 그런데 상나라 초기에는 왕조 통치의 확실한 증거가 나타났다.

상나라 초기에 둥샤펑에는 흙을 다져 쌓은 성벽뿐만 아니라 밀집해 있는 대형 창고 건축도 있었다. 성안 서남쪽 귀퉁이에 있는 이 창고들은 모든 건물이 흙을 다져 만든 둥근 토대 위에 지어졌는데, 토대의 직경은 10미터 전후이고, 중앙에 기둥을 박았던 구멍이 있다. 그리고 십자형의 흙을 다져서 만든 토대가 건물들을 4개의 부채꼴 모양으로 나누어놓았으며, 둥근 토대 바깥에는 또 바깥 담장을 위해 둥글게 만든 기둥 구멍과 담장의 토대가 있다. 총체적으로 보면 창고의 형태는 원형이었다.

원형의 건물은 줄지어 분포되었는데, 밀집해 있으나 질서가 있었다. 제한된 발굴 지역 안에서 이미 10여 곳이 발굴되었는데, 시추한 흔적을 토대로 추측건대, 이런 건물 조합이 적어도 7줄이 있었으며, 각각의 줄마다

둥샤펑 창고 구역 F501, F502 원형 건물 발굴 사진[110]

6, 7개의 건물이 있었으니 전체는 거의 50곳이다.

둥샤평을 발굴하고 40년이 지난 2019년에 옌스 상성에서도 똑같은 형태의 대형 창고 구역이 발견되었다. 토대는 원형이고 실내에는 목재를 뼈대로 한 십자형의 흙담이 있어서, 둥샤평의 건물과 완전히 같은 모양이었다. 이를 통해서 둥샤평이 상 왕조의 직할지였음이 실증되었다.

옌스 상성 안의 이 창고 구역은 서쪽 성벽과 아주 가까이 붙어 있으며, 분류 번호는 VIII 토대 유적군基址群인데, 그 구역의 면적은 4만제곱미터로서 표준적인 체조 경기장 3개의 크기에 근접하며, 원형 창고 건물이 100개에서 120개 정도가 있었을 것으로 추측된다.

옌스와 둥샤평의 원형 창고 구역은 기본적으로 같은 시기에 건설되어서 형태와 전체적인 배치가 완전히 일치한다. 이것은 그것들이 동일한 기획자에게서 나온 것이며, 상 왕조의 주도 아래 지어진 것임을 말해준다. 더욱 중요한 것은 그것이 또 상 왕조의 정치적 통제 범위를 보여준다는 점이다. 이것은 도기 '문화'만 근거로 해서는 확증하기 어려운 명제다. 게다가 둥샤평과 옌스 상성의 정치적 관계가 일단 확정되면 그들 사이에 있는 위안취 상성의 귀속 문제도 해결된다.

이상의 사실은 상 왕조 초기에 통치 범위가 이미 진난의 윈청 분지까지 뻗어 들어갔음을 말해준다. 그 거리는 그다지 멀다고 할 수 없으나, 황허강과 중탸오 산맥이 가로막고 있음으로 인해 지리적 환경이 상족에게 익숙했던 동부의 대평원과는 무척 달랐다. 그러므로 상나라 사람들이 새로운 지역을 탐색하려고 노력했음을 알 수 있다.

거대 곳집府庫의 수수께끼

이어지는 문제는 이 원형 건물의 기능이 무엇이냐는 것이다. 그것이

식량 창고였다고 여기는 학자도 있고, 소금 저장고였다고 여기는 학자도 있다. 중탸오산 북쪽 기슭에는 염수호鹽水湖를 통해 형성된 옛날의 염지鹽池인 셰저우解州 염지가 있는데, 이것은 둥샤평 상성과 겨우 60킬로미터밖에 떨어져 있지 않고, 길도 평탄해서 교통이 편리하다. 그런데 다시 위안취현과 옌스 상성으로 가려면 산을 넘고 황허강을 건너야 해서 교통이 비교적 곤란했다. 그래서 상나라 사람들은 둥샤평에 방대한 소금 창고와 운송 중계 기지를 건설했을 가능성이 크다. 한 학자에 따르면, 둥샤평 창고 구역의 토양을 감정해본 결과 이곳의 나트륨 농도가 다른 지점보다 훨씬 높았다. 이 역시 원형 건물이 소금 저장고였음을 증명하는 듯하다.[111]

　　서쪽 도읍인 옌스 상성에는 이 창고 시설만 있었던 게 아니다. 그 전에 이미 직사각형의 대형 창고 건물군이 2곳이나 발견되었으니 분류 번호는 II구역과 III구역이다. 이 창고들은 남북으로 좁고 긴 형태이고 그물 모양으로 긴밀하게 분포되어 있는데, 각 건물은 남북의 길이가 약 25미터, 동서의 폭이 약 7미터다.

　　그 수량도 원형 창고와 마찬가지로 놀라울 정도다. II구역에는 6줄의 건물군이 있는데, 각각의 줄에 약 16개의 건물이 있으니 전체가 거의 100개이며, III구역의 규모도 비슷하다. 창고 건물의 중간에는 또 저수지의 유적이 있으니, 화재가 발생했을 때 불을 끌 용도로 물을 비축한 곳이었을 것이다.

　　둥샤평과 옌스의 이런 창고 구역들은 환경이 모두 무척 유사하다. 담에 둘러싸인 밀폐된 공간으로서 경비가 상당히 엄격했다. 사용 시간은 거의 100년 정도일 수 있으며, 보수하고 중건한 흔적이 있다. 창고 구역 안에서 발견된 생활 쓰레기(도자기 파편)가 적었는데, 이는 그 안에서 살았던 사람이 거의 없고, 경비가 삼엄한 왕조의 금지禁地였음을 말해준다.

　　옌스 상성 II구역과 III구역 안에 저장된 게 대체 무엇이었는지 지금으로서는 아직 해답이 없다. 유적지가 거의 완벽하게 파괴되어서 남아 있는 것이라고는 흙을 다진 토대뿐이라서, 기본적으로 남겨진 성벽과 실내

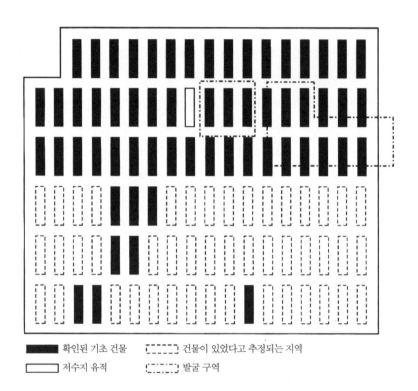

확인된 기초 건물　　건물이 있었다고 추정되는 지역

저수지 유적　　발굴 구역

옌스 상성 II구역의 직사각형 창고 건물 분포 평면도

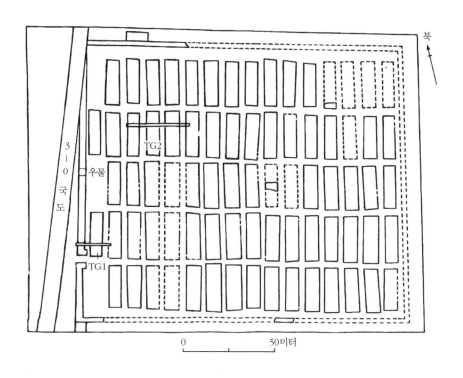

엔스 상성 III구역의 직사각형 창고 건물 분포 평면도[112)]

시설은 없다. 어떤 학자는 무기고라고 추측하기도 하지만, 규모가 지나치게 방대하다. 그리고 당시에는 이렇게 많은 무기를 집중적으로 보관할 필요가 없었다.

공간과 수요 등의 요소를 고려하면 식량 창고일 가능성이 비교적 크다. 다만 당시의 식량으로 이렇게 거대한 공간을 가득 채우기는 대단히 어려웠다. 건물 하나의 용적은 길이 20미터, 폭 5미터, 높이 3미터이니, 건물 200개의 용적은 6만 세제곱미터로서 7만 톤이 넘는 식량을 저장할 수 있다. 당시 옌스 상성의 총인구는 6만이 될 수 없었는데, 설사 6만 명이라 하더라도 이 정도의 식량이면 4~5년 동안 충분히 먹을 수 있었다. 자연 경제를 기조基調로 하는 상고시대에 이처럼 거대한 식량 저장 창고는 너무나 이해할 수 없는 부분이다.

식량의 출처를 생각해보면, 당시 뤄양 분지의 모든 취락에서 징수한 곡식으로도 이 창고들을 가득 채우기는 어려웠다. 어쩌면 다른 외지에서 징수했을 수도 있으나, 당시의 교통 조건에서 육로를 통해 식량을 먼 거리까지 운송하기에는 전혀 부적합했으니, 황허강과 뤄수이강의 뱃길을 빌릴 수밖에 없었다. 상족이 습지 생활과 선박 운행에 익숙했다는 관점에서 보면 그럴 가능성도 있었다. 후한後漢 시기에 도성 뤄양의 동쪽 교외에 거대한 국가 식량 창고인 '상만창常滿倉'이 있었다.

> 영평永平 5년(62)에 상만창을 짓고 성 동쪽에서 조를 샀는데, 1휘斛 즉 10말斗에 20전錢이었다.
> 永平五年作常滿倉, 立粟市于城東, 粟斛直錢二十.(『晉書』「食貨志」)

상만창은 옌스 상성에서 서쪽으로 거의 10킬로미터 떨어진 곳에 있었으며, 곡물 운송도 태반은 뤄수이강과 황허강의 물길에 의존했다.

다시 원형 창고를 살펴보자. 둥샤펑과 옌스 상성의 원형 건물이 확실히 소금 저장고라면 또 다른 문제가 생긴다. 소금의 저장량이 당시 수요의 총량을 훨씬 초과하는 것이다. 십자형으로 격리한 담장을 고려하지 않고 직경 10미터, 높이 3미터로 용적을 계산했을 때, 저장고 100개의 전체 용량은 5만 톤에 이른다. 담장과 회랑 등의 공간을 제외하더라도 1~2만 톤의 소금은 넉넉하게 저장하고도 남는다. 그런데 한 사람에게 매년 필요한 소금이 1킬로그램이라고 계산했을 때 (현대의 평균 소비량보다 조금 낮은데, 이는 상고시대의 소금은 비교적 사치품이어서 보통 사람은 넉넉하게 쓰기가 매우 어려웠으므로) 이 소금은 1000~2000만 명이 1년 동안 먹을 수 있는 분량이다. 초기 상나라에서 황허강과 창장강 유역의 총인구가 이렇게 많았을 리는 없고, 상 왕조도 이렇게 광대한 지역에 소금을 판매할 수 없었다.

　　옌스와 둥샤펑의 대형 창고 구역이 구체적으로 어떤 역할을 했는지는 일단 논외로 하고, 상나라 말엽 은허 시기에 이르면, 심지어 그 이후의 서주와 춘추 시기에도 이런 규모의 창고 시설이 발견되지 않았다. 전국시대에 이르러서야 초기 상나라의 옌스와 비견할 만한 식량 창고가 뤄양에 나타났다.[113] 그러니까 그 후 1000여 년 동안 옌스 상성의 창고 구역이 확보한 규모를 초월한 예가 없었다는 뜻이다.

　　이렇게 거대한 창고 구역은 상나라 초기의 왕권이 지극히 강력한 통제력을 지니고 있어서, 심지어 하나의 전문적인 관료 기구가 그 건축과 경영, 관리를 책임져야 할 정도였음을 말해준다. 그것과 비교할 수 있는 것은 전국시대와 진·한 시기의 군주집권제 국가기구뿐이다. 다만 애석하게도 초기 상나라 시기와 관련해서는 문자 기록이 전혀 남아 있지 않아서, 웅대한 왕권은 우담바라처럼 잠깐 나타났다가 사람들의 기억 속에서 사라져버렸다. 은허에서 발견된 상나라 말엽의 갑골복사에도 초기 상나라의 정권과 사회 형태에 관한 기록이 전혀 없다. 이러한 고고학 발견의 결과는 해답보다는 더욱 짙은 의혹만을 던져줄 뿐이다.

제7장 인신공양제사의 번영과 종교개혁운동

중국의 도시 가운데 정저우처럼 교묘하게 들어맞은 예는 매우 드물다. 지금의 정저우시는 3500년 전 상나라의 성터 위를 완전히 덮어 눌러버렸다.

현대에 들어와 진행된 정저우의 도시 건설은 상나라 도시를 탐색하는 작업과의 분쟁을 수반했다. 무의식중의 파괴도 피할 수 없었다. 1974년에 그곳의 수문지질관측소水文地質觀察站가 사무실을 확장하려 했는데, 그 정원의 위치가 마침 상나라 성 궁전 구역 중앙에 있었다. 시공하기 전에 고고학자들이 먼저 시추 탐사와 발굴을 진행했는데, 그 결과 대형 궁전 토대가 발견되었고, 또 동쪽 측면에서 인공으로 파낸 해자垓字 하나가 발견되었다. 해자 안에는 거의 100개 정도의 사람 두개골이 주발 모양으로 가공된 채 쌓여 있었는데, 가장자리를 고르고 단정하게 절단했고 심지어 반질반질하게 갈아서 윤을 내어놓기도 했다.

유적지 보호를 위해 기초공사가 취소되었고, 관측소는 정원을 고고학자들에게 양도했다. 그러나 3000여 년 전의 두개골과 이웃해 살기를 바라는 이들이 적었으므로, 이때부터 이곳은 정저우 상성의 고고학자들 전

용 사무실로 쓰이게 되었다. 당연히 두개골 구덩이 위에는 보호방이 지어
졌고, 지금 이곳은 허난성 문물과학기술보호센터가 되었다.[114]

궁전 구역의 해자에 이런 두개골이 퇴적된 것은 상나라 문화에 대한
선입견에 매우 잘 부합한다. 그들은 피비린내를 풍기기로 유명했으며, 훗
날의 은허는 더욱 절정의 경지에 올랐다. 그러나 종합적으로 보면, 고고학
이 제공하는 현상은 더욱 복잡하다. 첫째, 상나라 사람들이 태어날 때부터
살육과 인신공양제사에 열중했던 것은 결코 아니며, 단지 왕조가 확장 궤
도에 들어서면서 그런 제사 행위도 갑작스럽게 증가하기 시작하여 다채
롭고 성대한 국가 수준의 종교 활동이 되었다. 둘째, 개국하고 거의 200년
동안 상 왕조 내부에서 살생하지 않고 청동기를 매장하는 새로운 제사 방
식을 장려하는 왕실의 '종교 혁명'이 한바탕 일어났을 가능성이 있다. 셋
째, 그 개혁이 실패한 뒤에는 소요와 내전이 발생하여 상나라 초반의 전성
기가 종말을 고하고, 이어서 스산하고 짧으나 잔혹하기 그지없었던 중기
상나라가 나타났는데, 이것은 더욱 알 수 없는 상 왕조의 또 다른 일면이
었다.

초기 상나라에서는 동도와 서도가 함께 존재했으니, 먼저 서도인 옌
스 상성에서부터 이야기를 시작해보자.

옌스: 돼지 제물에서 인간 제물까지

옌스 상성의 인구와 번영 수준은 정저우 상성보다 못했으며, 제사 유
적도 정저우 상성처럼 많지 않으나, 유적지가 전체적으로 잘 보존되어 있
으므로, 그것을 통해 초기 상나라 시기의 제사 행위가 변화한 궤적을 살펴
볼 수 있다. 옌스 상성의 지층은 3개의 시기로 구분되는데, 전체 시간이 약
200년이므로 70년을 하나의 시기로 삼아 추산해보기로 하자.

　　상 왕조가 막 개국했을 때 옌스 상성 궁전 구역에는 정원이 딸린 몇 개의 큰 저택이 지어지기 시작했으며, 아울러 궁전 북측에 두 곳의 제사 구역을 계획했다. B구역과 C구역은 동서로 길고 좁은 직사각형이며, 면적은 모두 1000제곱미터를 넘는데, 사방에는 흙을 다지고 담을 둘러서 '제사용 대정원'을 만들었다.

　　이 두 제사 구역에서는 주로 돼지를 희생으로 바쳐 제사 지냈으니, 예를 들어 현재 3분의 1이 발굴된 C구역에는 매장된 돼지가 100마리를 넘어섰다. 그러므로 제사 구역에서 사용된 돼지는 최소 300마리가 넘을 것으로 추측된다.

　　이 돼지들은 온전한 형태로 생매장된 예도 있고, 머리를 자르거나 절반으로 자른 예도 있었으며, 여러 마리를 한꺼번에 매장하거나 1마리만 매장한 예도 있었다. 또 돼지와 소, 양을 함께 매장하거나 심지어 사슴의 몸뚱이가 매장되어 있기도 했다. 어떤 흔적들을 통해 판단하건대, 이 제사 희생들과 제수용 고기들은 옻칠한 목기木器에 담겨 있어서, 제사 의례가 대단히 공경스러웠던 듯하다.

　　또 여러 층에 걸쳐서 여러 차례 매장된 예도 있다. 예를 들어 H124는 퇴적층이 5층으로 나뉘는데, 각각의 층마다 약간의 돼지머리와 온전한 돼지 혹은 사지를 해체한 후의 돼지 유골이 있었고, 심지어 토끼 유골들까지 조금 섞여 있기도 했다.

　　또 어떤 제사갱에는 먹을거리가 아니라 용구用具가 매장되어 있었다. 예를 들어 면적이 40제곱미터가 넘고 깊이가 1.5미터가 넘는 H460에는 온전하거나 또 복원할 수 있는 도기가 150여 점 매장되어 있었고, 또 '대나무 자리竹席'와 풀로 엮은 광주리, 식물의 줄기와 잎이 대량으로 퇴적되어 있었다.[115]

　　제사 구역 B와 C가 건설되고 거의 반세기 뒤에 상나라 사람들은 또 궁전 구역 동쪽에 제사구역 D(제1기)를 만들었다. 이것은 본래 궁전을 건설할 때 흙을 채취하면서 생긴 커다란 구덩이로서 깊이가 5미터, 면적은 230제곱미터인데, 온전한 돼지 72마리가 64곳에 나뉘어 매장되어 있었고, 아울러 약간의 소의 뿔과 아래턱뼈가 함께 들어 있었다.[116]

이상이 상나라가 개국하고 70년 사이에 옌스 궁전 구역에서 행해졌던 제사의 흔적인데, 이것은 하나라의 도읍 얼리터우 궁전 구역의 제사 의례를 계승한 흔적이 뚜렷하다. 즉 돼지 매장을 위주로 하고 사람과 돼지를 함께 매장하는 현상이 없었으며, 심지어 공사 과정에서 흙을 채취한 구덩이를 제사 장소로 사용한 방법도 모방했다.

상 왕조가 개국하고 거의 100년이 되었을 때(옌스 제2기) 제사 구역 B와 C의 동쪽에 직사각형의 제사 구역 A가 나타났다. 면적은 800제곱미터 남짓으로서 농구장 2개 크기에 해당하는데, 그 안에는 사람과 가축을 희생으로 사용한 각종 형식의 제사 현장과 제사갱이 있었다.

용량이 비교적 큰 H282는 직사각형으로서 깊이 3미터, 면적은 거의 30제곱미터로서, 보통 크기의 응접실 정도다. 발굴 현장을 보면 옌스의 상나라 사람들은 구덩이를 막 파고 나서 먼저 바닥에 장작과 건초를 조금 깔고 큰 불을 피워서 구덩이 바닥과 벽면을 태웠다. 그런 뒤에 남북의 양쪽 벽에 제물을 놓을 아주 많은 '벽감壁龕'을 팠다.

제사에 바친 것은 주로 사람과 소, 돼지였으며, 사지를 해체하거나 허리를 베기도 했고, 혹은 온전한 인간 희생을 구덩이 바닥에 놓고 돼지와 소의 골육과 함께 매장했다. 또 약간의 돌이나 도기 조각을 깔아서 구덩이 안에 쌓기도 했다. 이런 퇴적층은 모두 14개로서, 기본적으로 제사갱을 가득 채웠다.

구덩이 어귀의 가장자리에는 나무 말뚝을 박은 흔적이 있었는데, 발굴자는 '제사 의장을 거는 데에 사용된 것'이라고 추측했다. 제사 지낼 때 칼로 자른 사람이나 소, 돼지의 고깃덩어리를 먼저 구덩이 벽면의 나무 말뚝에 걸어 전시하고, 마지막에야 구덩이 바닥에 놓고 매장했다는 것이다.

옌스 상성의 온전한 돼지 제사갱(국부)[117]

현재 해당 제사갱은 일부분만 발굴되었고 또 발굴 보고서가 지나치게 간단해서 제사에 희생된 사람과 가축의 수량을 통계내지도 않았고, 각 층의 평면도와 사진도 없다. 다만 제사 지내는 원리는 기본적으로 뚜렷했으니, 신령에게 고기를 봉헌한 것이었다.

사람과 돼지, 소 외에 제사 구역 A에서는 또 아주 다양한 종류의 제수품을 사용했다. 예를 들어 깊이 1.4미터, 면적이 약 130제곱미터인 제사 현장에서 주로 사용된 제수품은 불에 태운 볍씨였다. 또 개나 어류, 밀을 바쳐서 제사한 곳도 있었다. 우물을 개조한 어느 제사갱에는 일정한 간격의 깊이로 개를 1마리 묻고, 아울러 몇 개의 돌을 깔아놓았다. 또 소머리와 많은 물고기, 심지어 도제 거북이를 매장한 곳도 있었다.[118]

이런 제사 구역은 반세기 가까이 함께 사용되었다. 옌스 상성 제2기가 끝날 때 B구역과 C구역은 퇴적물이 포화상태에 이르렀고, D구역의 큰 구덩이도 점차 생활 쓰레기로 채워졌다. 제3기에 이르러 제사 활동은 주로 A구역에서 진행되었으며, 상 왕조가 내란에 휩쓸려 소슬해지자 옌스 상성은 폐기되었다.[119]

제사 구역 A, B, C, D는 옌스 상성 궁전 구역에 부속되어 있었으므로 상나라 왕과 고급 귀족만이 여기서 전례典禮를 거행할 수 있었다. 다만 궁전 밖의 평민 구역에서도 각종 제사 흔적이 남아 있었으니, 궁전 구역의 인신공양제사가 보급되면서 평민들 가운데에도 사람을 죽여 제사에 바치는 현상이 늘어나기 시작했음을 말해준다.

하나라의 도읍 얼리터우와 옌스 상성 궁전 구역의 제사 행위를 통해 보건대, 상 왕조와 하 왕조 사이에는 대단히 분명한 계승 관계가 있었다. 옌스의 상나라 사람들은 하 왕조 궁전 구역의 건설과 제사 방식을 배웠다. 제사 구역은 궁성의 북측에 집중되었고, 주요 제수품은 돼지였다. 처음에는 어린 돼지를 위주로 했다가, 국력이 강성해진 뒤로는 다 자란 돼지로 등급이 올라갔다. 이 부분에서 하 왕조와 상 왕조의 역정은 판에 박은 듯했다.

다만 차이점도 분명했다. 얼리터우-하 왕조의 궁전 구역에서는 인신공양제사 행위가 그다지 보편적이지 않았고, 제수품도 상대적으로 단조로웠다. 그런데 옌스의 상나라 사람들은 개국하고 거의 100년 뒤부터 갈수록 인간 희생을 바치는 제사가 많아졌고, 아울러 소와 개, 물고기, 사슴, 토끼, 볍씨 등의 식량을 혼합해서 바치는 제사 방식을 모색했다. 그들은 어쩌면 신령도 인간과 입맛이 같으므로 식단이 조금 더 다양해야 한다고 생각했을 수도 있다.

옌스 상성의 민간에서 행해진 인신공양제사 행위를 다시 살펴보자.

옌스에는 묘지의 집중적인 분포가 살펴지지 않으며, 무덤들은 성안 각처에, 특히 성벽 안쪽에 드문드문 분포되어 있었다. 동쪽 성벽 아래의 작은 무덤 구역에는 제3기(상나라가 개국하고 약 150년 뒤)에 지어진 제사갱 K1이 있는데, 구덩이 어귀는 타원형이고 긴 쪽의 직경은 약 3미터다. 아래로 향하면서 점차 직사각형으로 변하는데, 전체 깊이는 약 2미터이고, 구덩이 바닥에는 두께 10밀리미터 정도의 홍갈색 흙이 깔려 있었다. 구덩이 벽을 따라 10세 정도 되는 소년의 시체 1구가 위쪽을 향해 똑바로 뉘여 있었는데, 몸뚱이 위에는 여러 개의 돌이 얹어져 있었다. 구덩이 안의 다른 위치에도 돌들이 잔뜩 깔려 있었다.

깔린 돌 위에는 또 2구의 소년 유골이 있었는데, 그중 1구는 두 손이 몸 뒤로 뒷짐을 진 채 교차해 있었고 종아리도 교차해 있었으니, 틀림없이 밧줄에 묶인 채 생매장되었을 것이다. 두 사람의 엉덩이는 모두 돌에 눌려 있었다. 구덩이 중앙에는 돼지 1마리가 매장되어 있었다. 사람과 돼지를 잘 배치한 뒤에 구덩이 안에 50센티미터 정도의 흙을 채웠는데, 그 속에는 폭이 약 10센티미터쯤 되는 사람 머리뼈 조각이 섞여 있었다.

그런 뒤에 또 2명의 소년을 매장했는데, 그중 1명은 허리를 숙인 채 무릎을 꿇고 있었다. 두 사람의 몸에도 모두 돌이 눌려 있었고, 또 도기 대야陶盆와 조개껍데기로 만든 칼蚌刀이 각기 하나씩 놓여 있었다. 이 층에는 여러 종류에 속하는 많은 도기 파편이 있었는데, 그중에는 아주 큰 솥들 즉 역鬲과 정鼎의 파편도 있었다.

이상의 내용을 종합하면, 전체 제사갱은 3층으로 나뉘며 모두 5명의 소년을 매장했다. 소년들의 키는 130센티미터 전후였으나 2명은 종아리가 절반쯤 잘려 있어서 전체 신장이 1미터가 되지 않았다.[120]

제사갱 부근의 무덤은 등급이 높지 않고 부장품도 적어서 제사갱 K1을 지은 사람이 어느 무덤의 주인인지 판단하기 어렵다. 어쩌면 그것은 어떤 자연신에게 바친 제사였을 수도 있다. 이 무덤 바로 근처에는 도기를 제작하는 작업장이 있고, 구덩이 안에 다양한 종류의 도기 파편이 많이 들어 있었으므로, K1은 도기를 제작하는 부족의 집단적인 제사 행위의 흔적일 가능성이 있다.

옌스 상성 궁전 구역의 H282와 H124 제사갱 및 동쪽 성벽 아래의 K1은 모두 여러 층으로 나뉘어 있고, 여러 차례에 걸쳐 인간 희생과 제수품을 매장해서, 전체적인 형태는 여러 겹으로 만든 거대한 햄버거와 같았다. 상나라 후기의 은허에서는 이런 제사 방식이 드물어졌고, 주로 직사각형 구덩이 단층에 1명 혹은 여러 명을 매장했다. 다만 은허 말기의 뒤쪽 언덕에 있는 둥근 제사갱 H10은 3층으로 나누어 73명을 매장했으니, 옌스에서 행해졌던 여러 층의 제사갱을 이용하는 방법이 완전히 없어진 것은 아니었음을 말해준다.

정저우 제2기의 민간 제사

다시 정저우 상성을 살펴보자. 그곳의 지층은 4개의 시기로 나뉘는데, 앞쪽의 3기는 옌스 상성과 기본적으로 동시에 진행되었다.[121]

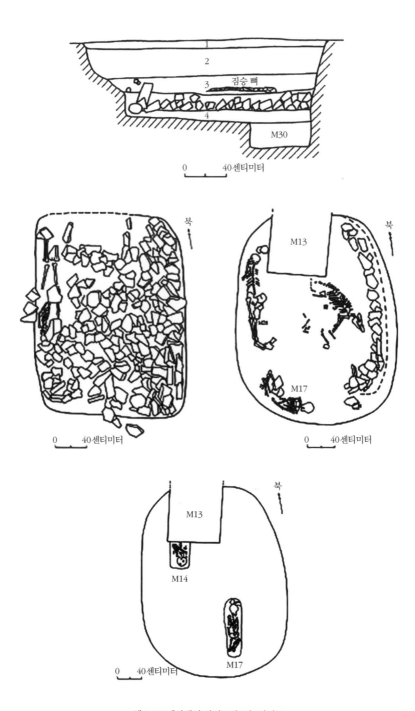

옌스 K1 제사갱의 단면도와 3층 평면도

상 왕조가 개국하고 처음 70년 전후(제1기)에 정저우 상성의 주요 성벽은 아직 건설되지 않았고, 궁전 구역에만 약간의 흙으로 다진 토대 위에 건물이 세워져 있었으나, 제사 유적지는 극소수만 발견되었다.[122] 물론 이 역시 유적지가 현대 도시 구역과 중첩되어 발굴 면적에 한계가 있기 때문일 수도 있다.

정저우 상성 제2기에 이르러 성벽과 궁전 구역이 연이어 건설되자 인신공양제사 현상도 늘어나기 시작했다. 다만 이 시기 인신공양제사가 이뤄진 장소는 주로 궁전 구역이 아니라 보통 백성의 거주지와 작업장이었다.

남성南城 바깥의 얼리강 지구에는 작은 하천과 가까운 고지대에 번영했던 취락이 자리 잡고 있었다. 여기에는 인간의 유골이 매장된 회갱이 아주 많다. 발굴 보고서에서는 '던져 매장했다擲埋'라는 말을 사용했는데, 사자의 시체나 인골 부스러기를 아무렇게나 구덩이에 던져넣었다는 뜻이다. 여러 사람을 던져 매장한 3개의 구덩이가 한 곳에 집중되어 있는데, 상황이 상당히 복잡하지만, 여기서는 그중 2가지만 소개하겠다.

H171은 직경이 약 2.8미터쯤 되는 타원형인데, 구덩이 바닥에는 곧 성년이 되는 2명의 유골이 있었다. 1명은 양팔이 뒤로 묶여 있고 손가락과 발가락이 모두 잘려 있었으며, 다른 1명은 두 다리가 묶여 있고 양손이 잘려 있었다. 이외에 그들의 몸뚱이 아래에는 다른 사람의 넓적다리뼈가 몇 개 깔려 있었고, 다시 3미터 깊이까지 내려가자 머리뼈 하나가 매장되어 있었다. 이 구덩이는 지하수가 치솟는 바람에 바닥까지 이르지 못한 채 발굴을 중지했으므로, 그 아래쪽에 매장된 사람이 더 있을 수 있다.

구덩이를 메운 흙에는 많은 도기 부스러기와 짐승의 뼈, 쇠뿔, 골제 비녀, 골제 비수 등의 잡다한 물건들이 섞여 있었으나, 사람을 매장한 층은 '대부분 비교적 순정한 황사黃沙 퇴적층과 회백색 경토층硬土層'이었다. 발굴 보고서에서는 이런 인골과 인골 부스러기가 매장될 때 "의도적이고

차분했는데, 그것들이 매장된 원인은 제사를 지낸 후에 구덩이를 메운 일
과 관련이 있을 수 있다"라고 했다.

　　다시 서쪽의 H111을 살펴보자. 이것은 남북으로 긴 직사각형 구덩이
로서 깊이가 적어도 6.4미터인데, 10여 층으로 흙이 채워져 있다. 그 가운
데 6층에는 많은 인골과 돼지, 개 등의 가축이 매장되어 있다. 가장 아래층
에는 커다란 돼지 1마리가 매장되어 있고, 그 위층에는 큰 돼지와 작은 돼
지가 각기 1마리씩 매장되어 있다. 다시 한 층 위에는 성년 인골 1구와 아
동 인골 3구, 크고 작은 돼지가 각기 1마리씩 묻혀 있고, 또 인간의 부스러
진 골반뼈와 정강이뼈가 섞여 있었다. 다시 한 층 위에는 아동의 유골 1구
와 큰 돼지 1마리가, 다시 한 층 위에는 성년 유골 1구와 크고 작은 돼지
각각 1마리, 개의 머리 하나가 매장되어 있었다. 제일 위층에는 개 1마리
가 묻혀 있었다. 대다수 사람과 돼지의 자세는 모두 대단히 부자연스러워
서, 밧줄에 묶인 채 구덩이에 던져진 듯했다.

　　이외에 얼리강 취락에는 한 사람만 매장하거나 인골 부스러기를 매
장한 회갱도 여러 곳이 있었다. 제2기 정저우 상성의 안팎에는 사람과 돼
지, 소 또는 개를 혼합하여 매장한 제사갱이 여러 개가 있었다. 예를 들어
북쪽 성벽 밖의 골제 물품 제작소 유적지에서는 5구의 인골과 5구의 돼지
를 던져 매장한 곳이 발견되기도 했다.

　　이런 상황으로 보건대 상나라 민간에서 행해진 인신공양제사 행위는
정저우 상성 제2기에 이미 대단히 유행하고 있었으며, 게다가 다른 제사
희생들(소와 양, 돼지, 개)과 혼합해서 매장되었다. 옌스 상성 제2기 궁전 구
역의 제사 상황과 결합하면 이 시기 정저우 상성의 궁전 구역에서도 응당
인신공양제사와 가축 희생 제사가 행해졌을 테지만, 그 유적은 이미 후세
에 파괴되었을 수 있다.

왕실: 인간-개의 혼합 제사와 두개골 가공

정저우 상성 제3기에 이르면 궁전 구역에 인간과 개를 혼합하여 제사하는 현상이 나타났다.

궁전 구역 동북쪽 150미터 지점에는 '신령한 돌神石'을 숭배 대상으로 한 제사 현장이 있는데, 그 중심에서 직경 5미터 범위 안에 몇 개의 편평한 붉은색 사암 덩어리가 있다. 그중 3개는 함께 쌓여 있는데 가장 큰 것은 높이가 약 30센티미터이고(바닥 부분은 땅속에 묻혀 있음), 폭은 약 45센티미터, 두께는 약 15센티미터로서 편평한 석비石碑와 비슷하다. 서남쪽에는 또 다른 돌 3개가 한 줄기 선형으로 배열되어 있다. 발굴 보고서에서는 그것을 '매장된 돌'이라고 칭하면서 제사를 받는 대상이라고 여겼다.

이 붉은 돌들을 둘러싸고 개와 사람의 유골을 매장한 여러 개의 제사 갱이 있는데, 그 가운데 개를 매장한 곳이 8곳이다. 거기에는 온전한 개의 유골이 수없이 중첩되어 있었고, 어떤 개들은 다리가 묶여 있었던 듯한 모습이었다. 또 2곳에는 구덩이 바닥에 부스러진 인골과 2구의 완전한 인골이 매장되어 있었다. 대다수 구덩이는 바닥까지 발굴하지 못했으나, 사용된 개는 총 100마리가 넘을 것으로 추정된다.

개가 매장된 어느 구덩이에서는 또 기문夔紋을 장식한 얇은 황금 조각 하나가 출토되었는데, 지금까지 발굴된 가장 이른 시기의 황금 공예품일 수 있다. 이 개 구덩이 바깥에는 각기 1명의 사람을 매장한 14개의 구덩이가 있는데, 모두 지극히 좁아서 사람을 강제도 밀어넣은 듯했다. 부장품은 없고, 어떤 이는 손발이 묶인 모습이었다. 그들 또한 개와 마찬가지로 '신령한 돌'에 바쳐진 제수품이었다.

'신령한 돌'의 동서 양쪽에는 각기 오각형의 구덩이가 하나씩 있는데, 서로 1미터 남짓 떨어져 있다. 구덩이 안에는 짙은 회색의 기름기에 절은 재가 쌓여 있고, 구덩이 벽은 우중충한 황색에 많은 지방을 함유하고 있어서 "손으로 만지면 매우 매끄럽다"라고 했으니, 제사를 주재한 이가 개와 인간의 지방을 구덩이 안에서 태워 '요제燎祭'를 지낸 결과일 것이다. 그 이전 하나라와 상나라 유적지에서는 이렇게 많은 개와 사람을 함께 바친 제사 장면을 보기 드물었으나, 그보다 조금 뒤의 은상 단계의 퉁산銅山 추완丘灣, 지금의 쉬저우徐州시 북쪽 교외에 있는 개와 인간의 혼합 제사 현장의 중심에도 몇 개의 커다란 돌이 쌓여 있다. 이런 풍속이 어디에서 비롯된 것인지, 추완과 정저우 사이에 어떤 관계가 있는가에 관해서는 아직 더 많은 고고학적 발굴을 통해 검증해봐야 한다.

이외에 정저우 상성 궁전 구역에는 흙을 다져 기반을 만든 대형 건물이 있었는데, 제3기에 이르러 그 건물은 폐기되고, 기반에는 남북으로 뻗은 폭 2미터의 해자가 뚫렸다. 그 안에는 많은 인간 두개골이 쌓이거나 매장되어 있었다. 해자의 동쪽 벽에는 남북으로 늘어선 3개의 기둥 자국이 있었는데, 그것들 사이의 거리는 1미터 남짓이었다. 지면에는 생활 쓰레기와 골기骨器를 가공한 잔여물이 아주 많았고, 또 보기 드문 청동 비녀와 옥비녀, 도끼 모양의 옥산玉鏟이 있었다. 이로 보건대 해자 동쪽에는 공사장의 천막이 하나 있었을 것으로 추측된다.

이런 흔적들로 보건대 해자 동쪽의 작업장은 어떤 특정한 상품을 생산한 게 아니라 궁전 구역에 사는 이들을 위해 각종 생활용품을 수시로 가공하거나 개조해준, 일종의 '수리 구역'이라고 할 만하다. 두개골도 물론 그 작업장에서 가공한 것이겠지만, 무슨 이유에서인지 그 옆의 해자에 쌓이게 되었다.

해자 안의 두개골은 남쪽에서 북쪽으로 3곳에 무더기로 쌓여 있었는데, 북쪽과 중간 무더기는 상대적으로 온전했고, 파손된 남쪽의 것은 누군가 인위적으로 파괴한 것일 수도 있다. 40여 개의 두개골은 출토될 때 완전한 모습이었고, 인체의 다른 부위에 해당하는 뼈는 발견되지 않았다.

이 두개골들은 다음과 같은 방식으로 가공되어 있었다. 눈언저리와 귓구멍 부분은 톱질해서 쪼개고 주발 모양의 두개골 부분만 남겼으며, 다시 톱질한 부분을 돌로 갈아 반질반질하게 다듬었다. 톱질해서 잘라낸 얼굴과 아래턱뼈, 치아 등은 발견되지 않았다. 아마 작업장은 처리 순서가 나뉘어 있었으며, 쓸모없는 남은 뼈들은 다른 곳으로 운반되었던 듯하다.

감정 결과 이 두개골들은 모두 남성, 주로 청년의 것이었고, 중년과 소년의 것도 소량 포함되어 있었다. 이 두개골들과 함께 두 개의 뿔이 달린 소의 머리뼈가 하나 쌓여 있었다. 사진으로 보면 어떤 두개골에는 인위적으로 뚫은 듯한 구멍이 있으나, 발굴 보고서에서는 이에 관해 자세히 소개하지 않았다. 현재 상나라 때의 것으로 가공된 두개골 유적은 여기에서만 발견되었다. 어떤 학자는 그것들이 '음용기飮用器'로서 원시종교에서 어떤 무술巫術을 행하는 데에 쓰인 법기法器였을 가능성이 있다고 했다.[123]

이 두개골들은 곧 메워질 해자에 던져진 뒤에 매장되었으니, 틀림없이 버려진 것이었다. 다만 그것들 가운데 아주 대다수가 온전한 형태이면서 주발 모양으로 가공되었으며, 게다가 해자 또한 원래 폐기할 뼈들을 버리는 장소가 아니었다. 이것은 정저우 상성 제3기 끝머리의 한바탕 큰 소요와 풍속의 변혁과 관련이 있을 가능성이 크다.

제3기의 번영 단계에서 궁전에 두개골 제작소가 있는 일은 그리 특이한 일이 아니었다. 정저우의 상나라 사람들은 사람의 두개골로 생활 용구를 제작하기도 했다. 예를 들어 북쪽 성벽 밖 쯔징산紫荆山 북측에는 골기 제작소가 하나 있었는데, 정저우 상성 제2기부터 운영되기 시작했다. 처음에는 짐승의 뼈만 사용하다가 제3기에 이르면 인골을 가공하여 대량의 골기를 제작하는 현상이 나타났다. 먼저 인간의 팔다리뼈의 골구骨臼를 톱질해서 잘라내고 중간 부분의 골관骨管만 남긴 뒤에 다시 8센티미터 정도의 조각으로 잘라서, 그것을 갈아 비녀나 화살촉, 바늘 등을 만들었다.

이 골기 제작소는 그 위로 허난성의 여러 건물들이 들어서버려, 발굴에서는 매우 협소한 공간을 활용할 수밖에 없었다. 현재는 이미 반쯤 완성

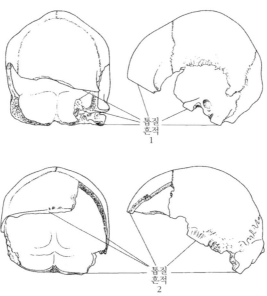

두개골이 쌓인 모습 및 두개골 2개의 톱질 흔적[124]

된 골제품과 폐기된 뼈만 많이 발굴했을 뿐 두개골은 발견하지 못했는데, 겨우 1킬로미터 떨어진 궁전 구역에서는 사람 두개골만 출토되었다.

왕실 고위층 외에도 정저우 상성 제3기에서는 보통 족읍族邑도 인신 공양제사를 대량으로 행사했다. 예를 들어 남쪽 성 밖의 청동 작업장에서 는 2곳의 제사갱이 발견되었다. 남북으로 똑바로 자리 잡은 M172는 직사 각형의 구덩이로서, 동쪽으로는 청동 주조 작업장과 바짝 붙어 있다. 형 상은 표준적인 묘혈을 닮았는데, 구덩이 바닥에는 4구의 성인 유골이 나 란히 매장되어 있다. 이들은 머리가 정확히 북쪽을 향하고 있는데, 3구 는 상반신이 이미 부식되어 사라진 상태였다. 발굴 보고서의 추측에 따르 면, "살해한 뒤에 차례로 구덩이 안에 늘어놓은 듯하다"고 했다. M167은 M172와 형태가 비슷하며, 4구의 성인 유골이 매장되어 있는데, 골격은 대 부분 이미 부식된 상태였다.

이외에도 상성 안팎에는 또 많은 제사갱이 드문드문 분포되어 있었 다. 서쪽 성 밖에서는 각기 1마리의 소를 매장한 4개의 제사갱이 발견되 었고, 성 밖 서남쪽 귀퉁이에서는 비교적 깊은 구덩이 하나가 발견되었다. 깊이 약 3미터쯤 되는 곳에서 2구의 남자 유골이 발견되었는데 상태가 불 완전했다. 발굴 보고서에서는 "제사를 지낸 후 죽여 순장한 일과 관련된 듯하다"라고 했다.

국가 종교로서의 인신공양제사

엔스와 정저우의 제사 역정을 종합하면 상나라 제1기(최초 70년)에 궁 정과 민간에서 행해진 제사는 돼지 희생이 위주였고, 인간 희생을 쓰는 경 우는 매우 드물었다. 다만 인신공양제사가 전혀 없었다고는 단언할 수 없 다. 필경 룽산 시대 이래 화베이 각지에서 인신공양제사는 매우 일상적이었으므로, 단지 옌스와 정저우에서만 지금까지 아직 발견되지 않았을 뿐일 가능성이 크다.

상나라 제2기(개국 후 70년에서 140년 사이)에 옌스의 왕궁 구역에서는 대량의 인신공양제사가 시작되었고, 정저우의 보통 상족들에게도 그런 현상이 많이 나타났다. 가축 희생을 이용한 제사도 계속 존재했다.

상나라 제3기(개국 후 140년에서 200년 사이)에는 두 도시의 궁정과 민간에서 행해진 인신공양제사의 빈도가 전례 없이 증가했다. 제3기가 끝난 뒤 이 두 상나라 성은 점차 쇠퇴했고, 인신공양제사 현상도 함께 사라졌다. 뒤에서 설명하겠지만, 그것은 상나라의 새로운 통치 중심지로 옮겨 갔다.

종합하자면, 상나라가 개국하고 100년 동안 왕실은 많은 인신공양제사를 시작해 옌스와 정저우의 상성에 있는 궁전 구역에 제사 흔적이 밀집해서 남게 되었다. 그리고 왕실 제사에 희생된 사람의 수가 민간 제사의 그것을 훨씬 초과한 것은 바로 상 왕조의 국가 종교가 인신공양제사를 정해진 형식으로 삼았음을 나타낸다.

그에 비해, 얼리터우-하 왕조에서는 인신공양제사가 많지 않아 지금은 제3기 D1 궁전의 정원에서 3구의 유골을 발견했을 뿐이며, 다른 지점에서도 그런 제사 형식은 비교적 드물고, 왕권과 직접적인 관계를 발견할 수 없다. 그러니까 하 왕조에서는 아직 인신공양제사를 국가 종교로 삼지 않았다는 뜻이다. 얼리터우 궁전 구역의 '1호 거형갱'에는 돼지들이 매장되었으며, 그 규모는 민간의 규모를 넘어섰는데, 이는 하 왕조의 왕권이 종교에 의지하는 정도가 이미 대단했음을 의미한다. 다만 통치자들이 아직 인신공양제사를 특별히 중시하지 않았을 뿐이다.

인신공양제사의 급속한 증가는 상 왕조의 확장과 동시에 이루어졌다. 개국하고 50년 남짓 뒤에 상나라의 확장은 진난과 관중 동부, 심지어 후베이성까지 향하게 되었다. 새로 정복한 지역에서 상나라 사람들은 많은 인구를 포로로 사로잡았을 텐데, 그 포로들은 강제 노동에 노예로 동원되기도 하고 제사에 바칠 희생으로 쓰이기도 했을 것이다.

그 외에 상나라 사람들의 인신공양제사라는 종교 행위는 그들의 복잡한 유래와도 관련이 있다. 하나라를 멸한 초기에는 여러 문화에서 온 집단이 융합하여 신흥 왕조의 '상족'이 되었고, 이런 이유로 그들은 자기 정체성을 유지할 수 있는 종교 문화를 구축할 필요가 있었다. 그리고 사람을 희생으로 바치는 제사는 가장 뚜렷하고 간편한 방식이었다. 그것을 빌려 제사를 집행하는 '우리'(상족)와 제사에 바쳐지는 '그들'(상족이 아닌 이들)을 구분하고, 이를 통해 상족은 유일무이한 우월감을 얻을 수 있었다. 바꾸어 말하자면 그들은 '야만'의 이족異族을 신들과 선조에게 바치는 방식으로 하늘의 축복과 보우를 기원하고, 그것을 통해 대지에 군림하면서 여러 부족을 통치할 칼자루를 획득했던 셈이다.

상나라 사람들의 인신공양제사가 흥성할 무렵에 왕실은 그런 제사의 최대 주관자가 되었다. 이것은 왕권과 신권이 고도로 융합했음을 나타낸다.[125] 얼리터우-하 왕조에 비해 이것은 새로운 변화였다. 인신공양제사는 상 왕조의 국가 종교이자 상족 전체의 국민 종교였다. 그런 제사 행위는 옌스와 정저우 상성의 궁정과 민간에서뿐만 아니라 각지의 식민 성읍에도 퍼졌다. 예를 들어 진난의 위안취 상성과 샤현의 둥샤평 상성, 그리고 라오뉴포老牛坡 유적에는 인신공양제사와 인간 순장 현상뿐만 아니라 여러 사람을 매장한 둥근 자루 모양의 제사갱도 있었다.

첫째, 샤현 둥샤평 상성의 H550에 매장된 인골은 5구이고, 양과 개가 각기 1마리씩 매장되었다.[126]

둘째, 위안취 상성의 H353에는 여러 구의 시신이 무질서하게 쌓여 있었는데, 그 가운데 한 사람의 정강이뼈에는 버들잎 모양의 청동 화살촉이 박혀 있어서, 틀림없이 부상 후에 포로로 사로잡힌 사람임을 알 수 있다. M16에는 젊은 여자 1명을 순장했다.[127]

셋째, 시안의 라오뉴포에 있는 상나라 사람들의 거점에 있는 삼각형의 작은 구덩이는 두세 살 전후의 어린아이 머리 3개를 묻고 흙을 다져서 만들었다.[128]

그러나 상나라 초기의 국운과 인신공양제사가 나란히 번영할 무렵에 새로운 종교 이념이 정저우 상성에 들어와 대단히 복잡한 결과를 유발했다. 그것은 미처 주목받지 못한 상나라의 문화 혁신 운동이었다.

은폐된 종교 개혁 운동

상나라가 개국하고 200년 남짓 지난, 정저우 상성 제4기 초엽에 정저우와 옌스의 상성에서는 대단히 적막한 상황이 발생했다. 옌스 상성은 시나브로 폐허가 되었고, 정저우 상성 또한 쇠락하여 미약해진 상태로 수십 년을 더 유지했다.

상나라 중기에 막 진입했을 때 정저우 상성에는 전혀 새로운 제사 방식이 나타났으니, 바로 청동기를 매장하는 것이었다. 고고학자들은 성벽 바깥에서 이 시기의 청동기 매장갱 3곳을 발견했다. 1974년에 발견된 장자이난가張寨南街 요장갱窖藏坑에는 3건, 1982년에 발견된 샹양向陽 후이족식품공장 요장갱에는 13건, 1996년에 발견된 난순청가南順城街 요장갱에는 12점의 청동기가 들어 있었다.

이 3곳의 요장갱에는 모두 세트로 이루어진 솥鼎이 있었고, 그 외의 작은 청동 예기禮器와 무기는 큰 솥 안에 가지런히 배열되어 있었다. 청동 솥의 체형은 크고 무거웠으며 주조한 기술이 정밀하고 빼어났다. 외부는 유정문乳釘紋과 기룡문夔龍紋, 짐승 얼굴을 한 도철문饕餮紋이 장식되어 있었다. 이런 청동기 세트의 주인은 틀림없이 일반 귀족이 아니라 상나라 왕이었을 것이다.

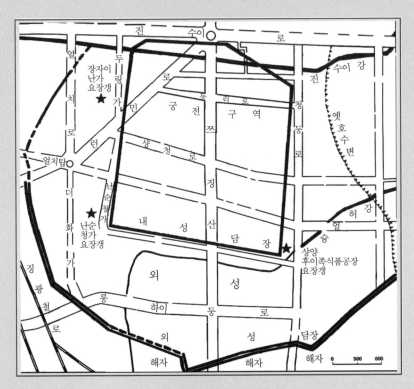

정저우 상성 세 청동기 요장갱 분포도[129]

얼리터우-하 왕조의 청동 예기 가운데 무늬가 장식된 것은 아주 드물었으나 정저우의 요장갱에서 발견된 청동기들은 지금까지 발견된 상나라의 무늬 장식 대형 청동기 가운데 가장 초기의 것이다. 청동 솥의 짐승 얼굴을 한 도철문은 량주 고대 왕국의 옥기에 장식된 신인의 짐승 얼굴과 문양이 매우 비슷하다.

상고시대에 청동기는 대단히 귀중해서, 일반적으로 전란이 발생하거나 다급히 목숨을 구하기 위해 도망치는 경우에나 구덩이를 파고 묻을 수 있었다. 하지만 정저우 상성 요장갱은 '도망칠 때 보물을 묻는' 특징에 전혀 부합하지 않는다. 매장은 대단히 차분하게 진행되었고, 기물들은 가지런히 진열되었으며, 게다가 약간 의례적인 작업도 수반했다.

예를 들어 장자이난가 요장갱에는 크고 작은 2개의 청동 솥이 있었는데, 두 솥 입구의 높이가 똑같게 하려고 일부러 큰 솥의 바닥 부분에 땅을 조금 파냈다. 상양의 공장과 난순청가의 요장갱은 유물의 양이 많고 배열이 가지런할뿐더러 구덩이 내부의 지표면을 정리하여 나무판을 깔고 주사를 뿌린 흔적이 있었다. 난순청가 요장갱은 두 층으로 나뉘는데, 아래층에는 몇 건의 완전한 도기를 매장했고, 위층에 청동기를 안치했다.

이것은 재난으로 인해 급히 도피하기 전에 보물을 묻는 행위와는 거리가 멀었다. '도망칠 때 보물을 묻는' 행위는 일반적으로 왕궁이나 귀족들이 생활하던 지역 안에 나타나지만, 정저우 상성의 세 요장갱은 모두 주요 성벽 바깥의 지세가 높고 시야가 좋은 곳에 있었으니, 도망가려는 이가 이처럼 눈에 띄는 곳에 보물을 매장했을 리는 없다. 그러므로 학자들은 대부분 그것들이 상나라 왕이 제사를 거행한 산물이고, 제사 대상은 지신地神이나 천신일 것이라고 여기고 있다.[131]

이 3곳 요장갱의 매장품은 청동기를 위주로 하며, 단지 장자이난가 요장갱에만 소량이 짐승 뼈와 인골이 매장되어 있을 뿐, 다른 2곳에는 인골이나 가축의 뼈가 전혀 없다. 이에 대해 발굴 보고서에서는 상세하게 소

난순청가 요장갱에서 출토된 청동 솥의 탁본[130]

개하지 않았다. 나는 이 약간의 짐승 뼈와 인골이 의도적인 배치이며, 인
간 희생과 가축 희생을 바치던 제사에서 기물器物을 바치는 제사로 바뀌는
과도기를 나타낸다고 생각한다.

이렇게 기물을 놓고 매장하여 제사하는 활동은 일찍이 신석기시대에
전례가 있었다. 지금으로부터 8000년 전의 허베이 이현易縣 베이푸디北福
地 유적지의 제사갱에 도기와 옥기, 석기가 묻혀 있었고, 그 가운데는 체형
이 아주 크고 실용적인 가치가 없는 돌도끼도 있었으니, 그것은 완전히 의
례용이었다.[132] 5000년 전의 창장강 중류 취자링屈家嶺 문화에도 각종 도제
'통형기筒形器'를 묻은 제사 현장이 있었고, 4000여 년 전에 이르러 취자링
문화는 이미 스자허石家河 문화로 변했으나 여전히 소형 도제 동물과 인형
을 묻어 제사에 바치는 경우가 많았다.

정저우 청동기 요장갱은 상 왕조의 개국으로부터 200년 남짓 후, 조
야와 위아래에 인신공양제사가 역사상 전례가 없을 정도의 규모에 도달해
있었던 때에 만들어졌다. 이때 상 왕조가 돌연 살인과 살생하지 않는 시험
을 시작했으니, 이는 정말 이해하기 어려운 일이었다. 상나라 사람들의 관
념에 따르면 이처럼 호화로운 제수품에 인간 희생을 곁들이지 않는 것은
틀림없이 '아낄 줄 모르고 함부로 쓰는' 처사였을 것이다.

다만 초기 상나라와 중기 상나라가 교체되는 때 즉, 상나라가 개국하
고 200년쯤 지난 뒤에 어느 왕이 인신공양제사를 요구하는 종교를 개혁하
여 인간과 가축 희생 대신 기물을 매장하려고 시도했을 수 있다. 이 혁신
운동은 왕궁 구역에서 인간 두개골에 톱질하여 가공하던 일이 갑작스럽게
중지되고, 완성을 앞둔 물건이 대량으로 해자에 던져져서 매장된 데에서
도 나타났다. 마치 상 왕조의 상류층이 하룻밤 사이에 '살인하지 않는' 새
로운 종교에 귀의한 듯했다.

혁신은 돌연히 일어났으나 그 전조는 찾을 수 있다.

기물을 매장하는 제사 방식은 상나라 사람들의 아득히 먼 남방 거점

인 판룽청盤龍城 상성에서 나타난 적이 있다. 왕자쭈이王家嘴 취락의 H6과 H7 제사갱에는 동기와 도기, 옥기, 석기 등의 기물만 매장되어 있었다. 이 것들은 판룽청 문화의 제5기에 속하니, 정저우 상성의 샹양 창고와 난순 청가의 요장갱보다 시기적으로 약 60~70년 앞선다. 이것은 틀림없이 상 나라 정복자가 그곳 토착 문화(취자링 문화와 스자허 문화의 잔재)에 영향을 받 았기 때문일 것이다. 판룽청의 상나라 사람 무덤에는 인간을 순장했으나 인신공양제사를 지내거나 함부로 살인하는 (그렇게 해서 회갱에 던지는) 현 상은 아주 드물었다. 이는 중원의 상나라 사람들과는 상당히 다른 모습이 었다.

판룽청의 정복자는 정저우의 왕실과 밀접하게 연계되었을 것이다. 정저우 상성에서는 후베이 지역의 특징을 지닌 인문경도印紋硬陶와 원시적 인 사기그릇瓷의 파편이 발견된 적이 있는데,[133] 이것은 판룽청의 정복자 들이 왕이 있는 도읍에 도기를 제작하는 장인들을 보냈기 때문일 가능성 이 크다. 합리적으로 추론하자면, 판룽청의 상나라 귀족에게 영향을 받은 어느 왕이 돌연 살인하지 않는 매장 제사의 이념을 받아들여 종교 혁신을 추진하기 시작했고, 그 바람에 정저우 상성의 청동기 요장갱과 해자에 매 장된 두개골 무더기가 나타나게 되었던 셈이다.

이 '매장 제사 개혁'과 거의 동시에 상나라 왕실 내부에 격렬한 충돌 과 전쟁이 일어났다. 그 결과 초기 상나라의 극성기가 끝나서 정저우와 옌 스의 상성뿐만 아니라 각지의 크고 작은 상성들도 계속해서 몰락하여 폐 허가 되었으니, 위안취와 둥샤평, 판룽청 등이 그런 예다. 정저우 상성에 서는 황량하게나마 조정이 유지가 되어 몇 차례 매장 의식을 거행했으나, 이미 왕조의 통제력을 잃은 상태였다. 이 적막한 시기는 정저우 상성 제4 기에 속한다.[134]

『사기』「은본기」에 따르면 상나라 제10대 왕인 중정仲丁 시기에 '9세世 의 변란'이 발생했고, 이후 5대(9명의 왕)에 걸쳐서 왕족의 형제나 숙질叔姪

이 계속해서 내전을 일으키는 바람에 왕조가 쇠락했다고 했다.

> 중정 이래로 적장자嫡長子를 폐하고 다른 자제를 옹립하자 자제들이 다
> 투어 왕위에 대신 올라 9세에 이르도록 변란이 일어났으니, 이에 제후
> 들이 아무도 조정에 들어가 왕을 알현하지 않았다.
> 自中丁以來, 廢適而更立諸弟子, 弟子或爭相代立, 比九世亂, 於是諸侯
> 莫朝.

　다만 역사서의 기록은 매우 제한적이어서 도대체 왕실의 누가 분쟁
을 일으켰는지는 분명히 알 수 없다.
　고고학적 발굴을 통해 발견한 청동기 요장갱을 종합해보면, 중정이
나 그의 부친인 제9대 왕 태무太戊가 '매장 제사 개혁'을 시작함으로써 내
전을 유발했을 가능성이 있다. 개혁파 조정은 정저우 상성에서 잠시 남은
목숨을 구차하게 부지했으나 결국 철저하게 소멸당했다.
　『사기』의 기록에 따르면, 상탕이 개국하고 상나라는 줄곧 '박亳'에 도
읍했는데, 제10대 왕 중정이 '오隞'로 천도했고, 제12대 왕 하단갑河亶甲은
'상相'에 거주했으며, 제13대 왕 조을祖乙이 '형邢'으로 천도했다. 잇따른 세
차례의 천도는 모두 '9세의 변란'이 일어난 초기에 이루어졌으니, 당시 상
나라 상류층이 투쟁과 내전으로 동요하고 있었음을 알 수 있다. 다만 이
도성들의 지명을 고고학적 발굴로 발견한 상성들과 정확하게 대응시키기
는 어렵다.
　'9세의 변란'은 상나라 중엽 거의 100년 동안 지속되었을 수 있다. 이
기간에 도성과 비슷한 샤오쐉차오 상읍小雙橋商邑이 나타났다. 마치 '제사
개혁'에 대한 적개심을 보여주기라도 하는 것처럼 이곳의 인신공양제사
활동은 그 빈도가 특별히 증가했을 뿐만 아니라 잔혹하기도 했다.

상나라 중엽: 잔인한 샤오쌍차오

정저우 상성에서 서북쪽으로 약 14킬로미터 떨어진 샤오쌍차오에는 거대한 인공 토대土臺가 하나 있다. 이 지역 전설에 따르면 그것은 전한의 개국공신 주발周勃*의 무덤이라고 해서 '주발묘周勃墓'라고 불렸다.

1989년에 그 지역 주민이 '주발묘'에서 서쪽으로 수십 미터 떨어진 밭에서 일하다가, 신발 케이스 크기의 입방체로 된 청동광靑銅框을 캐냈는데, 윗면에는 짐승의 얼굴과 복잡한 꽃무늬가 주조되어 있었다. 다행히 그것은 고고학 관련 부서에 헌납되었고, 고고학자들은 비로소 '주발묘'의 연대가 알고 보니 주발이 살았던 시대보다 1000여 년이나 앞선다는 사실을 발견했다. 이런 이유로 상대 중엽의 성읍이 마침내 베일을 벗었다.[135]

9세의 변란이 일어난 뒤에 정저우 상성은 점차 폐허가 되었고, 샤오쌍차오는 상 왕조에서 거의 유일하게 번화한 도읍이 되었다. 정저우와 옌스의 상성에 비해 샤오쌍차오의 취락 규모는 조금 작았고, 남겨진 문화층도 비교적 얇았으니, 지속된 시간이 그리 길지 않았음을 말해준다.[136]

상고시대의 샤오쌍차오는 동쪽으로 거대한 호수와 습지에 바짝 맞붙어 있었으니, 옌스와 정저우의 상성도 동쪽에 습지가 있었음을 고려한다면, 상나라 사람들이 도성을 선택할 때는 이런 지형을 선호했던 듯하다.

'주발묘'에 대한 시추조사 결과 이곳에는 상나라 중엽에 흙을 다져 만든 토대 위에 지은 대형 건물이 있었는데, 동서의 길이는 약 50미터이고 남북의 폭은 약 40미터, 흙을 다진 토대의 높이는 9미터 이상이었다. 그

---

* 주발周勃(?~기원전 169)은 명장名將 주아부周亞夫의 부친이다. 그는 기원전 209년에 유방劉邦이 군사를 일으킬 때 함께 참여하여 위무후威武侯에 봉해졌고, 초나라와의 전투에서 공을 세워 강후絳侯에 봉해졌다. 이후 한신韓信 등의 반란을 평정하고 태위太尉에 봉해졌다. 특히 여태후呂太后가 죽은 후 진평陳平과 연합하여 여록呂祿이 쥐고 있던 군권軍權을 빼앗고, 여씨呂氏 제후들을 살해한 후 문제文帝를 옹립하여 승상으로서 보좌했다. 시호諡號는 무武다.

꼭대기에는 궁전이 있었을 텐데, 화재로 소실된 뒤에 그을린 흙이 쌓여 있었다. 신석기시대 이래로 이렇게 높고 큰 토대는 여태껏 없었다. 량주 고성에 더 큰 인공 토대가 있었으나 각 층마다 꼼꼼하게 다지지는 않았다. 그로부터 아주 오랜 시간이 지나도록 그 기록은 깨지지 않았다. 당시의 상왕조가 왜 이렇게 큰 토대를 지었는지는 아무도 모른다. 혹자는 국력이 쇠락하던 시대에도 상나라 사람들은 여전히 일반적인 상식으로는 생각할 수없는 행위를 했다고 설명한다.

샤오쐉차오에 대한 발굴은 '주발묘' 토대 서쪽에 가장 집중되었다. 여기에는 궁전 건축과 대량의 제사갱 유적이 있어서 다시 '궁전 구역'과 '제사 구역'으로 구분되었다. 사실 이 둘은 함께 뒤섞여 있어서 분명하게 나누기는 어렵다.

고고학자들은 궁전 구역의 바깥에서 궁성 담장 유적의 일부를 발견했는데, 흙을 다져 만든 토대는 높이가 약 4미터이고, 길이와 폭은 약 300미터 전후의 궁성으로 추정되었다. 이외에 더 큰 담장 유적은 발견하지 못했으니, 샤오쐉차오는 '상성商城'이라고 칭할 수 없다.

현재까지 궁전-제사 구역의 발굴 면적은 그다지 크지 않아서 기본적으로 남북 200미터, 동서 100미터 범위 안에 제한되어 있다. 남쪽에서 북쪽으로 4개의 발굴 구역(IV, V, VII, IX)을 나누었는데, 흙을 다진 토대 가운데는 기둥을 박았던 구멍과 기둥 초석礎石 등이 있는 부분도 있었다. 다만 후기에 심하게 파괴되어 건물의 원래 모습을 복원하기는 어렵다.

샤오쐉차오 유적 중에서 궁전 구역의 특징은 대량의 인신공양 제사갱과 아무렇게나 던져진 인골들이라고 할 수 있다. 보아하니 이곳은 정저우 상성의 '매장 제사 개혁'과 대립하는 이들의 본영本營으로서 왕조의 내전에서 승리한 이들인 듯하다. 상 왕조의 인신공양제사 문화도 이런 이유로 전승되어 내려갈 수 있었다.

일부 제사갱에는 인골이 너무 많아서 발굴 보고서에서는 그것을 '총

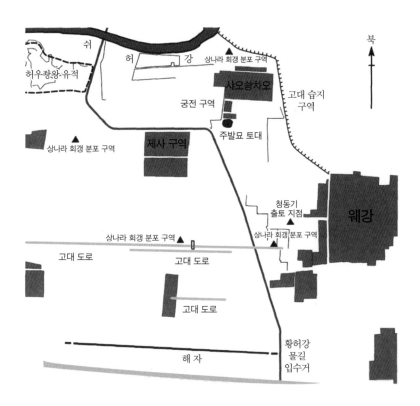

샤오솽차오 유적지의 주요 유적 분포도[137]

장갱叢葬坑'이라고 칭했다.

　먼저 V구역의 H66 총장갱을 살펴보자. 규모는 아주 작아서(길이 1.88미터, 폭 0.85미터, 깊이 0.6미터) 그저 좁은 1인용 묘혈 정도인데, 그 안에는 3층에 걸쳐서 아주 많은 인골과 소량의 도기 조리기구 파편, 짐승의 뼈가 쌓여 있었다. 이중에 인골이 가장 많아 31매나 되었고, 또 하나만 있는 팔이랄지 갈비뼈 등 해체된 기타 부위들도 있었다. 일부 잘린 대퇴골은 골반뼈와 이어져 있었으나 손가락뼈와 발가락뼈는 비교적 적어서 해체될 때 이미 잘려나간 듯했다.

　감정 결과 이 인골들은 청년 남성의 것이고, 다수의 머리뼈에는 타격의 상흔이 있었다. 둔기에 맞아 갈라진 무늬가 있거나, 직경 1~3센티미터의 날카로운 것에 구멍이 뚫린 것들도 있어서 모양이 다양했다.

　날카로운 것으로 낸 두개골의 구멍 중 대다수는 상나라 사람들이 일상적으로 사용하던 청동 창銅戈의 무기흔과는 달랐다. 창은 날이 비교적 얇아서 당연히 좁고 긴 상처를 내야 했기 때문이다. 두개골에 난 구멍은 청동 끌鑿이 낸 흔적에 가깝다. 나무로 된 자루에 고정하여 전투에서 도끼처럼 휘둘렀던 것으로 추정된다. 지금까지는 아직 이런 종류의 무기가 출토되지 않았다. 다른 가능성도 있으니 창戈으로 찍는 것이다. 예를 들어 7호 두개골은 상처의 크기가 2.5센티미터×0.9센티미터였다.

　상처들 대부분은 두개골의 왼쪽에 나 있었고, 일부는 바로 정수리 위에 나 있었으니, 인간 희생이 죽기 전에 무릎을 꿇은 자세였고, 처형자(제사하는 이)는 희생자 앞에 서서 오른손으로 무기를 잡고 희생자의 머리를 강력하게 가격한 것으로 추측된다. 두세 개의 크기가 다른 구멍이 있는 두개골이 아주 많아 어쩌면 예리한 물건으로 구멍을 뚫고 둔기로 쪼개는 일을 겸했을 수도 있다. 제사 수행원 두 명이 한 명의 희생자를 동시에 살해하는 상황이었을 수도 있다. 두 개의 구멍이 뚫린 두개골도 있었는데, 발굴 보고서에서는 '두 개의 이가 달린' 어떤 날카로운 것에 의해 만들어진

게 아닐까라고 추측했다.[138) 다만 구멍의 형상이나 크기, 거리가 일치하지 않은 예도 있어서 '두 개의 이가 달린' 무기로 단번에 만들어낸 상처라고 단정하기 어렵다. 이런 상처들로 보건대 대다수는 일격에 목숨을 잃기에 충분했는데, 제사하는 이가 왜 2차, 3차의 타격을 가했는지는 알 수 없다. 지금으로서는 아직 해석하기 쉽지 않다.

자세한 살해 상황을 복원하는 데 도움이 될 만한 상처들도 있다. 예를 들어 18호 두개골의 왼쪽 귀 뒤에는 좁쌀 크기의 구멍이 하나 있다. 흉기가 두개골을 뚫고 나와 반대편 귀에 상처를 낸 자국으로 해석될 수 있다. 제사하는 이는 희생자의 머리를 밟고 힘껏 잡아당겨서야 흉기를 빼낼 수 있었을 테고, 그 바람에 뼈 벽에 외부로 향해 쪼개진 자국이 나타났을 것이다. 이외에 두개골 하부에 잘린 목뼈가 이어져 있는 예도 있었다.

이 남성 청년들의 유골이 담긴 구덩이에는 3살 어린아이의 일부 팔다리뼈 한 점이 발견되었다. 이는 무의식중에 섞여 들어간 듯하다. 그러니까 H66에는 최소 32명이 매장되었던 셈이다. 다만 그 치수를 보면 성년 유골 31구를 수용할 수 없었고, 설령 사지를 해체하여 배열하더라도 불가능했으니, 구덩이 안의 유골은 희생자들 유골 전부가 아닐 것이다. 게다가 살이 발라졌을 가능성이 큰데, 그게 아니라면 골격이 이처럼 밀집된 형태로 쌓일 수 없기 때문이다.

다시 VIII구역의 H18 총장갱을 보자. 이 구덩이 입구는 불규칙한 타원형이며 긴 쪽의 직경은 180센티미터, 짧은 쪽의 직경은 90센티미터이며, 20센티미터 깊이에서부터 드문드문 쌓인 인골 무더기가 나타나기 시작하는데, 주로 머리뼈와 사지의 뼈이고, 다른 부위의 뼈는 없다. 인골과 함께 도제 대야陶盆와 솥鬲, 항아리罐 등의 조리 기구 파편이 섞여 있었고, 돼지 뼈 등 짐승의 뼛조각도 조금 있었다.

이 제사갱은 비교적 완전하게 보존되어 있었는데, 발굴자는 그것을 전체적으로 실내로 옮겨서 전시하기로 했다. 그러기 위해 구덩이의 맨 위

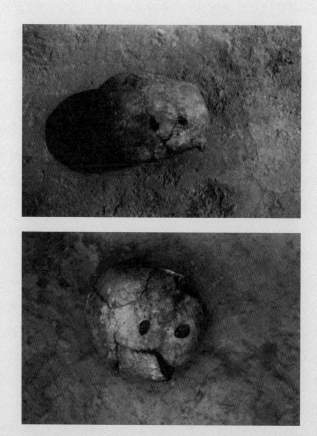

H66 갱 안의 구멍 뚫린 2개의 두개골: 구멍이 너무 규격에 맞고 정리되어 있어서 옥기나 석기를 가공
하듯이 처리한 것으로 보이나, 발굴 보고서에는 자세한 정보가 없다.

층만 발굴했는데 맨 위층만 해도 희생자가 30명 이상이다. 인골의 부스러진 상태와 취사 기구의 파편, 돼지 뼈 등이 함께 묻혀 있는 것으로 보건대, 이 인간 희생자들은 돼지와 함께 살해된 뒤에 제사하는 이가 조리하여 일부를 먹고, 남은 뼈와 다 쓴 조리 기구, 식기도 파괴해서 H18 총장갱에 던져넣었을 것이다.

IX구역의 H63은 더욱 특수하다. 이 구덩이는 비교적 크고(길이 105미터, 폭 6.8미터, 깊이 1.7미터) 평면은 물방울 모양인데, 가장 밑바닥에 작은 원형의 구덩이를 파고 그 안에 아래턱이 없는 인간의 머리뼈 9개를 배열했다. 그보다 한 층 위에는 대량의 머리뼈와 인골 부스러기, 그리고 기본적으로 완전한 형태를 갖춘 인골 몇 구가 많은 도기 파편 및 짐승의 뼈와 함께 묻혀 있었다. 희생자는 최소 56명이다. 이 구덩이에는 비교적 장기간에 걸쳐 사용하면서 여러 차례 제사를 지낸 흔적이 있다.

이상의 세 '총장갱' 외에 궁전 구역 중앙에는 1명에서 4명까지 매장자의 수가 다른 제사갱이 30곳이 있으며, 지층 또는 보통의 회갱에 던져진 60여 구의 유골이 있다. 일반적으로 지층에 부분 부분 던져진 유골은 대부분 젊은 여성의 것이고, '총장갱'의 것은 대부분 젊은 남성이다. 이런 유골과 제사갱은 대다수가 V구역에 있으며, 소수는 서쪽의 VIII구역까지 이어져 있다. 앞서 설명한 H66의 예처럼, 많은 머리뼈는 예리한 도구에 구멍이 뚫려 있고, 손발이 잘려 나간 것들이나 묶인 자세를 한 것들도 있다.

궁전 구역의 최남단에 위치한 IV구역에도 많은 제사갱이 있다. 이 구역에는 청동기를 주조한 흔적이 있는데, 인신공양제사의 수량이 많지 않으며 주로 다양한 동물이 같은 구덩이 안에 뒤섞여 매장되어 있어서, 발굴보고서에서는 그것을 '종합 제사갱'과 '다종 희생갱'이라고 칭했다.

예를 들어 H6에는 소의 머리뼈와 뿔, 소뼈, 돼지와 학, 닭 등의 뼈와 많은 도기 파편, 원시적인 사기그릇 파편, 녹송석에 상감하여 만든 물건의 파편, 골기, 조개껍데기로 만든 기구蚌器, 석기, 망가진 청동기와 옥기 등이

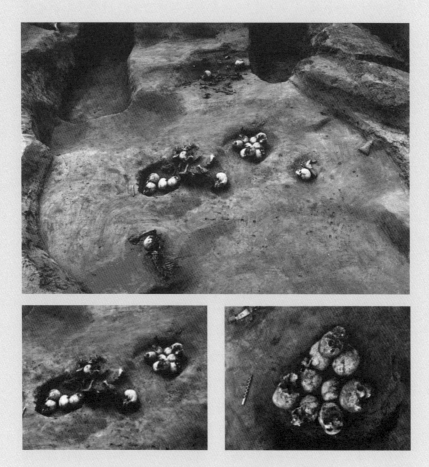

H63의 상대적으로 완전한 인골 및 바닥 부분의 머리뼈 무더기

매장되어 있었는데, 구덩이를 메운 흙에는 불에 그을린 알갱이와 검게 탄 흙덩어리, 검은 숯 등이 많이 섞여 있어서 제사 지낼 때 줄곧 불을 피워 음식물을 조리했음을 말해준다.

H29에는 구리를 제련한 잔재와 구리 광석인 공작석孔雀石, 자잘한 구리 조각, 석기, 골기 등이 많이 나왔고, 동물의 뼈로는 코끼리와 소, 돼지, 개, 사슴 등이 있었다. 코끼리뼈는 주로 상아와 머리뼈였고, 소뿔이 40여 개였으며, 통계에 따르면 적어도 30여 개의 소머리뼈가 있었다. 이외에도 진흙으로 만든 용광로 하나가 뒤집힌 채 발견되었다.

IV구역의 제사갱에는 매장된 소뿔과 소머리뼈의 수량이 가장 많았다. 이전의 옌스와 정저우의 상성에 비해 샤오솽차오 상읍에서는 돼지를 이용해 제사 지내는 현상이 급격히 감소하고 소를 바치는 경우가 현저히 증가했다. 다만 제사갱에는 소뼈의 다른 부위가 드물게 묻혀 있어서 제사하는 이들이 쇠고기는 나누어 먹고 머리뼈와 뿔만 제사갱에 매장한 듯하다.

발굴된 흔적으로 보면, IV구역에는 흙을 다져 만든 대형 건물의 토대가 있다. 동서의 길이가 50여 미터이고 남북의 폭이 10미터인데, 샤오솽차오 성읍의 청동기 주조 구역이었을 가능성이 있다. 얼리터우-하 왕조와 초기 상나라의 옌스와 정저우 상성, 후기 상나라의 은허 유적에서 청동기 주조 구역과 궁전 구역은 모두 일정한 거리를 두고 떨어져 있었다. 그런데 샤오솽차오에서는 궁전 구역과 긴밀하게 이어져 있으니, 청동 주조에 종사하던 이들과 왕실 궁정의 관계가 더 밀접했음을 의미한다. 다만 이상한 것은 샤오솽차오의 청동 주조 작업장에 인신공양제사 현상이 적어서 이전이나 이후와는 달랐다는 사실이다.

종합하자면, 샤오솽차오 취락이 존재했던 시기는 길지 않고 규모도 그다지 크지 않았으나, 아주 많은 인신공양제사 흔적을 발견했다. 중기 상나라 왕도의 인신공양제사가 전례 없이 증가했음을 알 수 있다.

현재 샤오솽차오의 발굴은 아직 그다지 전면적이지 않은데, 이미 발견된 평민 취락과 작업장, 정상적인 무덤은 비교적 적고, 완전한 형태의 청동 예기도 아주 적다. 가장 전형적인 청동기는 '주발묘' 옆에서 발견된 2개의 사각형 청동광青銅框인데, 어떤 학자는 이것이 대들보를 받치는 나무 기둥의 머리 부분을 장식한 물건이 아닐까라고 추측한다.

정면의 짐승 얼굴 문양 외에 사각형 구멍이 뚫린 청동 구조물의 측면에는 또 복잡한 도안이 있는데, 발굴 보고서에서는 그것을 '용호박상도龍虎博象圖'라고 칭했다. 용은 형태가 길고 비대하여 얼리터우 무덤 속의 녹송석 용의 형태와 비슷하다. '코끼리'는 코가 긴 짐승의 모양인데 체형은 상당히 작다. 다만 코끼리와 어느 정도 비슷하니, Ⅳ구역 H29에서 출토된 코끼리뼈와 함께 생각하면, 샤오솽차오의 사람들은 코끼리에 대해서 상당히 잘 알았던 듯하다.

이외에 샤오솽차오 유적지의 일부 도기와 석기는 같은 시대 웨스 문화의 기물과 상당히 비슷하다. 예를 들어 흑피도기黑皮陶器가 그런 예인데, Ⅳ구역 제사갱에서는 또 돌괭이石鋤와 비슷하게 직사각형에 구멍이 뚫린 석기가 여러 차례 발견되었으나 구체적인 기능은 자세히 알 수 없다.『죽서기년』에는 "중정이 즉위하자 남이藍夷를 정벌했다仲丁卽位, 征於藍夷"라는 기록이 있는데, 현대의 학자들은 일반적으로 남이가 산둥 중남 지역의 웨스 문화라고 여긴다. 그러므로 중기 상나라 왕조가 산둥 지역에 대한 정벌 전쟁을 벌였을 가능성이 있다.[139] 그러나 일찍이 상나라가 개국할 때 웨스 문화는 상 문화의 원천 가운데 하나였으니, 샤오솽차오 시기에 이르면 동방의 다른 집단이 중기 상나라에 가맹하여 새로운 스타일의 도기와 석기를 가져왔을 가능성이 크다. 전체적으로 보면 샤오솽차오 왕실과 동방 집단들의 관계는 응당 평화적인 협력을 위주로 했을 것이다.

초기 상나라에 비해 샤오솽차오 시기의 상 왕조는 상당히 쇠약해져 있었으니, 그것은 특히 샤오솽차오 취락에 방대한 성벽과 궁전 건물, 창고

사각형 청동 구조물 및 문양 탁본

체계가 없고 진난과 후베이의 상성도 폐쇄되었다는 사실을 통해 알 수 있다. 다만 샤오쐉차오의 상 왕조가 이른바 '주발묘'라고 불린 곳의 거대한 토대를 흙으로 다져 만들 수 있었고, 인신공양제사의 규모도 더 커졌다는 점을 고려하면 상 왕조의 인신공양제사 문화가 이 시기에 이미 기본적인 틀을 정했다고 할 수 있다.

고고학자들은 샤오쐉차오에서도 곡식의 부선법을 실시했는데, 낟알의 수량 가운데 여전히 좁쌀이 절대다수를 차지했다.[140] 환산 중량에서도 좁쌀이 수위를 차지했고 그다음은 순서대로 밀과 벼, 기장이었다. 이것은 얼리터우-하 왕조 시기에 벼농사만 유독 큰 비중을 차지했던 국면이 이미 점차 약화되고, 덥고 습한 기후도 절정이 지나가는 상황이라서, 황허강 남안이 점차 밭농사로 회귀하고 있었음을 말해준다.

[표6] 샤오쐉차오 유적지 출토 곡식의 낟알 및 환산 무게

	좁쌀	벼	보리	기장	합계
낟알 수	1409	94	127	51	1681
1000알 무게(g)	2	16	16	7	
낟알 점유율	83.8%	5.6%	7.6%	3.0%	
환산 중량	2.8	1.5	2.03	0.36	6.69
중량 점유율	41.9%	22.4%	30.3%	5.4%	

은허에 비하면 초기 상나라와 중기 상나라에 대한 고고학적 발굴은 늦게 시작되었으며 그 성과도 한계가 많다. 예를 들어 정저우와 옌스의 상성에서 왕실과 귀족의 무덤군을 여태 발견하지 못하고 있다. 은허의 고고학적 발굴 성과로 보면, 후기 상나라의 가장 성대한 인신공양제사 현장은 왕릉 구역에 있었으므로, 지금 우리가 목격한 초기 상나라와 중기 상나라

의 제사 현장은 당시의 중심이 아니었을 가능성이 있다.

초기와 중기 상나라의 존속 기간은 모두 합쳐서 약 300년인데, 그 사이에 인신공양제사 행위는 신속하게 증가했고, 도살 방식도 갈수록 잔인해졌다. 인간 희생 대신 청동기를 매장하는 개혁적인 시도가 있었을 수도 있으나 잠깐 반짝했다가 사라졌을 뿐이다. 상 문명의 기본 특징은 이미 틀이 정해졌다. 문자와 청동 기술, 거대한 성지城池, 폭력을 숭상하고 인신공양제사에 열중하는 문화가 그것이다. 이외에 초기 상나라의 신기한 확장과 방대한 창고 시설도 유일무이하다. 다만 그 시대의 휘황찬란함과 야만성은 이미 완전하게 복원할 길이 없다.

이스라엘의 고고학자 기디언은 '초기 국가' 혹은 '복잡한 족장사회Complex Chiefdom' 단계에서는 사회가 더 복잡하게 변하기 시작하면서 왕권이 막 나타나는데, 통치자가 자기의 통치 체계가 그다지 발달하지 않았음을 발견하면 서둘러 일종의 강력한 기제를 빌려 권력을 유지하려고 하며, 그에 따라 인신공양제사를 지내는 종교와 전쟁 포로를 희생으로 바치는 제사 행위가 나타난다고 했다.[141] 그러나 전쟁과 인신공양제사가 왜 신흥 왕권을 견고하게 만들어주는가에 대해 그는 많이 설명하지 않았다. 신석기시대 말기에서 중기 상나라에 이르는 1000여 년에 걸친 인신공양제사의 역정에 대한 지금까지의 정리를 종합할 때, 나는 두 측면에서 그것을 이해할 수 있다고 생각한다. 이론적 측면에서 왕이 많은 제물을 바치는 것—이것은 그가 신의 축복과 보우를 받을 수 있음을 의미하니—은 왕권과 신권의 융합을 나타낸다. 그리고 현실적 측면에서 전쟁은 자기 나라나 부족의 민중이 일치단결하여 외적과 맞서게 하니, 결과적으로 왕의 권력을 더 공고하게 만든다.

기디언의 서술에 하나의 배경을 보충할 수 있을 것이다. '초기 국가' 이전의 부락이나 심지어 촌락의 단계에서도 인신공양제사 행위는 이미 광범하게 존재했으니, 원시시대의 종교—혹은 '무술巫術'이라고도 할 수 있는 것―에는 인신공양제사의 이념이 전혀 없었던 게 아니었다. 예를 들어 룽산 문화 시기의 화베이 지역에는 부락들 사이의 전쟁과 충돌이 상당히 격렬해서, 여러 지역에서 '초기 국가'의 초기 형태가 배태되었으며, 게다가 상당히 많은 인신공양제사 현상을 수반했다. 여기에는 기디언의 결론처럼 '통치자가 견고한 통치 기반을 획득하기 바라는' 요소가 있으나, 전쟁 자체가 '초기 국가'를 형성하는 주요 원인이고 인신공양제사는 정쟁의 부산물인 듯하다.

'초기의 왕권은 인신공양제사에서 영험을 간구했다'라는 기디언의 결론이 대다수 '초기 국가'의 특징에 부합하기는 하지만, 예외를 피할 수는 없다. 예를 들어 한때 대단히 찬란했던 '량주 고대 국가'에서는 그런 제사의 흔적을 전혀 발견하지 못했는데, 오히려 그 체제가 해체된 뒤에 비로소 량주 문화의 일부 지역에서 인신공양제사가 늘어나기 시작했다.[142] 룽산 시대에는 타오쓰와 스마오라는 두 고대 국가가 거의 같은 시기에 나란히 존재했는데, 스마오의 인신공양제사 현장은 매우 밀집해 있었으나, 타오쓰에서는 비교적 드물었다. 다만 나중에는 똑같이 해체되었으니, 말하자면 인신공양제사가 스마오의 지속적인 번영을 보장해주지는 못했다는 것이다. 당시 화베이 지역에서 스마오처럼 인신공양제사에 열중했던 초기 고대 국가가 다수를 차지했으나 쇠망의 운명을 피한 곳은 하나도 없었다.

얼리터우-하 왕조의 인신공양제사 유적도 그다지 많지 않으며, 게다가 왕실의 인신공양제사 행위는 민간에 비해 적었다. 이런 정황은 상나라 초기까지 지속되었는데, 다시 100년 가까이 지난 시점에서 그런 제사 행위가 폭발적으로 늘어났다.

결국 신석기시대 말기에서 상나라까지 인신공양제사는 비교적 보편적인 문화 형태였다. 특히 창장강 중류 지구가 여기에 해당되었다.

제8장 무덕武德, 남방 영토를 잃다: 판룽청

　　초기 상 왕조의 확장 능력은 종종 예상을 벗어났는데, 남방을 향해서 가장 멀리 진출한 도시는 판룽청이다. 이곳은 오늘날 우한武漢시 교외의 황피구黃陂區에 있는 호수에 둘러싸인 반도다.

　　얼리터우-하 왕조 시기에 판룽청은 이미 작으나마 규모를 갖춘 지역 취락으로서, 주민들은 대부분 석기를 사용했고 아주 극소수만 작은 동기銅器를 사용했다. 도기 제조업이 발달하여 당시로서는 독보적으로 단단한 도기와 원시적인 사기제품을 생산할 수 있었다. 상용되던 도기와 비교해서 이것들은 더 견고하고 윤택이 났으니, 굽는 온도가 더 높았고 도토陶土의 배합 비율과 공예도 더 복잡했다.

　　당시 이곳에는 이미 대형 도기를 굽는 '장요長窯'가 있어서 하·상 시대에 대한 일반적인 인식을 바꿔놓았다. 지하 가마의 길이는 50미터에 이르고, 중간에 몇 개의 문이 있어서 한 번에 많은 제품을 구워 제작할 수 있었다. 분명히 이것은 전문적인 생산이었으며, 게다가 그 지역에는 연료가 돼줄 삼림이 무성했고, 물길도 창장강과 한수이강으로 이어져 도시의 상품을 외지로 유통하기에도 편리했다.[143]

약 3500년 전(판롱청 문화 제4기)에 한 무리의 상나라 원정대가 도기 유통으로 바쁜 판롱청의 번화한 나루터에 나타났다. 그들은 모 $矛$ 와 과 $戈$, 칼, 도끼, 활 등의 날카로운 무기로 무장하고 있었는데, 온몸이 재로 덮인 토착민들은 그저 외래인들을 위해 영채를 지어주고 명령에 따를 수밖에 없었다. 남중국 창장강 유역에서 가장 이른 시기에 형성된 구리 제련 기지와 구리 교역 센터는 바로 이렇게 나타났다.

이때 상나라는 이미 개국한 지 수십 년이 되었으나, 통치 중심은 정저우 상성에 있어서 창장강 유역의 주민들 가운데 이 북방 왕조의 위명을 들은 적이 있는 이는 매우 드물었고, 이들이 왜 이 먼 남방까지 왔는지는 더욱 알 턱이 없었다.

창장강 중류에는 품질 좋은 구리 광산이 있었고, 또 청동을 생산하는 데에 필요한 주석과 아연 광산도 있었으니, 바로 상나라 원정대가 줄곧 찾고 있던 것이었다. 그들은 무수한 하천과 산을 건너, 어쩌면 여러 세대를 거쳐서 비로소 이곳에 도착했을 것이다. 판롱청 자체에는 광산이 없었으나, 그곳은 두 강이 합류하는 곳으로 창장강 중류에서 북방으로 통하는 요충지이자, 구리 제련에 필요한 각종 재료가 가장 무난하게 집산될 수 있는 장소였다.

물론 창장강과 한수이강의 지류는 아주 많고, 교통이 편리하다는 것이 판롱청만의 강점은 아니었으나, 상나라 사람들이 이 작은 반도를 택한 이유는 이곳에 대규모 도기 제작 산업이 존재하고 있었기 때문이었다. 도기 제작은 구리 제련 및 주조와 상통하는 면이 있어서 상나라 사람들로서는 그 지역 주민들을 이용하여 구리 제련 산업을 발전시키기가 좋았다. 이외에 판롱청이 이전까지 도기를 외부에 유통해왔으므로 강상 무역로를 상당히 잘 알고 있었으니, 상나라 사람들에게는 이런 경험이 대단히 가치 있게 다가왔을 것이다.

그리고 창장강과 한수이강 유역은 유구한 신석기문화를 거쳐왔을 뿐

만 아니라 대형 수리 시설과 벼농사가 만들어낸 성읍이 있었고, 백성의 참
여도가 아주 높은 토착 종교가 있었다. 그래서 상나라 사람들이 여기에 거
점을 설치하고 장기간 경영함으로써 자연히 그 지역 주민들과 주고받는
상호 영향도 갈수록 깊어졌을 것이다. 그러나 쌍방 모두 그것이 불러올 결
과를 예측하지는 못했다. 100여 년 뒤에, 전성기를 구가하던 상 왕조가 남
방의 영향으로 붕괴되었던 것이다.

창장강 유역의 청동 산업 기지

판룽청이 근거지를 정한 뒤에 상나라 사람들은 점차 주변 지역으로
확장하여, 청동 산업이 처음 규모를 갖추게 되자 곧 흙을 다진 성지와 궁
전을 건설하기 시작했다. 이때는 판룽청 문화의 제4기 끝머리였다.

판룽청의 내성內城은 크지 않아서 동서의 폭은 260미터, 남북의 길이
는 290미터, 면적은 7만5400제곱미터여서, 하나라의 도읍 얼리터우 궁전
구역보다 작았다. 성의 네 면에 성문이 하나씩 있고, 성벽은 판축법版築法으
로 쌓았는데, 폭과 높이가 모두 10미터 전후였다.[144] 창장강 유역에는 원
래 판축 기술이 없었으니, 이것은 상나라 사람들이 가져온 기술일 것이다.
이외에 내성에서는 도기를 제작하고 구리를 제련한 흔적을 발견하지 못했
고, 이것들은 모두 성 밖에 분포되어 있었다.

성벽 밖에는 해자가 둘러 있으며, 나무로 엮은 나루터 유적도 일부 남
아 있다. 고고학 발굴자에 따르면, 해자의 물은 강과 이어져 있어서 선박
운항 기능을 갖추고 있었을 것이라고 했다. 2001년에 발굴자는 또 끊어졌
다 이어진 외성의 유적을 발견했다. 그것은 남쪽으로는 물을 곁에 두었고,
반월형의 육지를 둘러싸고 있었다. 이렇게 외성이 물에 인접해 있고 내성
을 둘러싼 구조는 정저우 상성과 무척 비슷하니, 정저우 상성의 40배 축소

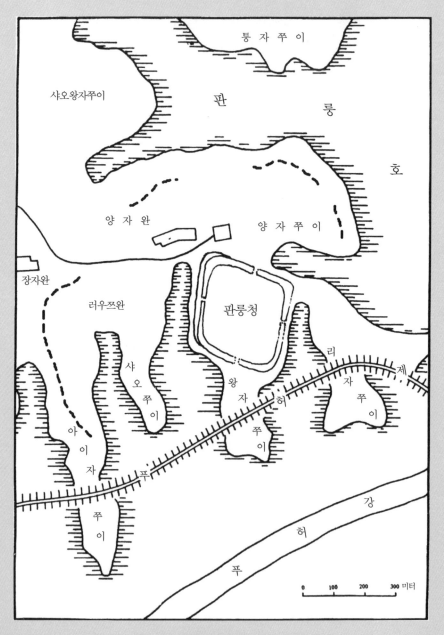

판룽청 유적지 평면도

판이라고 할 만하다.

　내성의 '궁전 구역'에는 2개의 대형 건물이 흙을 다진 토대 위에 있었는데, 길이 40여 미터에 폭 6~7미터였다. 벽체는 신석기시대 창장강 유역에서 흔히 볼 수 있는 나무 골재에 진흙을 바른 구조였다. 원목을 골조로 쓰고 왕겨를 섞은 진흙을 아주 두껍게 발라 벽을 만들고, 아울러 백회 가루를 칠했다. 건물 벽 바깥으로는 나무 기둥을 촘촘하게 붙여 거대한 '사면파四面坡' 지붕과 회랑의 처마를 지탱했다. 건물 처마 아래의 지상에는 도기 부스러기를 깔아 '집터서리散水'를 만들어서 빗물이 지면을 침식시키는 것을 방지했다. 정원의 빗물을 배출하기 위한 도제 하수관도 있었다. 남측의 건물 F2는 칸이 나뉘지 않은 대청으로서, 공무를 처리하는 회의실이었을 가능성이 있다. 북측의 F1에는 4칸짜리 본채가 있었으니, 주인 가족이 살던 곳이었다.[145]

　상나라 사람들이 온 뒤에 본래 도기를 생산하던 판룽청 지역에는 동제품들이 가득 차게 되었다. 고고학자들은 무덤과 회갱에서 주기酒器와 용기容器, 취사기, 무기 등 각종 청동 제품들을 자주 발견했다. 러우쯔완樓子灣과 양자쭈이楊家嘴처럼 내성 밖 수 킬로미터 이내의 취락들은 모두 대규모 구리 제련·주조 작업장을 가지고 있었고, 숯과 재의 퇴적 범위가 수십 미터에 이르렀다.

　양자쭈이 유적지 제5기에는 길이 30미터 남짓의 재가 쌓인 도랑이 있었는데, 그 안에는 도기 도가니陶坩堝와 도기 항아리陶缸, 동기 부스러기와 청동 용액의 찌꺼기, 공작석 등이 들어 있었다. 러우쯔완 유적지 제5기에서 발견된 10제곱미터 전후의 둥근 구덩이에는 돌과 청동을 제련하고 남은 찌꺼기, 청동 찌꺼기가 묻은 도기 항아리 파편이 들어 있었다. 발굴자에 따르면 이 둥근 구덩이는 구리를 제련하는 작업장의 천막 내부였을 것이라고 한다. 양자완楊家灣 유적지 제6기에서는 재가 가득 찬, 길이 30미터의 얕은 도랑이 발견되었는데, 3세트 총 10건의 도기 항아리가 분포되어 있었다. 이 항아리들은 모두 서너 개의 돌로 지탱되어 있었는데, 틀에 올려진 부뚜막 같았다. 발굴 보고서에 기록된 이런 숯과 재, 제련의 흔적은 모두 노천 작업장이며, 얼리터우 유적지처럼 '공장' 건물을 갖춘 곳은 아직 발견되지 않았다.

판룽청의 토착민은 높이 0.5~1미터의 대형 도기 항아리를 만드는 데에 장기가 있었는데, 바닥은 둥근 호형弧形이고 바깥 표면에는 돌출된 사각형 장식들이 있어서, 발굴자는 그것을 '치구사복도항侈口斜腹陶缸'이라고 불렀다. 그것은 5000여 년 전의 후베이 톈먼天門 스자허石家河 고성까지 거슬러 올라가는데, 그곳 주민들은 늘 통 모양의 대형 도기와 항아리를 제작한 뒤에 땅에 묻어 제사 지냈다. 이런 항아리는 제사 기능과 실용성을 겸해서, 식량이나 물을 저장할 수도 있고 조리하는 데에도 쓸 수 있었다. 그런데 상나라 사람들이 오고 구리 제련 산업이 흥성한 뒤에 이런 대형 도기 항아리는 구리를 제련하는 데에도 활용되었다.

판룽청의 구리 제련 및 주조 현장을 통해 보면, 먼저 외지에서 각종 광석을 운송해와서 성 밖에서 제련하여 구리 덩어리를 만들거나 혹은 동기를 주조하는 작업까지 계속했고, 그런 다음에 중원의 상나라 중심 지역으로 유통했음을 알 수 있다. 판룽청 사람들이 부장품으로 묻은 각종 동기는 같은 시기 중원의 동기들과 형태와 문양이 기본적으로 같지만 그 지역만의 특징도 있다. 그것은 동기에 문자나 부족을 나타내는 부호가 없다는 점이다.

그렇다면 판룽청의 구리 광물은 어디에서 온 것인가?

후난성 웨양岳陽 퉁구산銅鼓山 유적지에서는 판룽청의 것과 형태가 유사한 일련의 도기들이 발견되었으나 광물을 채취하거나 제련한 흔적은 발견되지 않았다. 그러나 지명을 통해 추측하자면 여기에는 응당 구리 광산이 있었을 것이다.[146] 장시江西 루이창瑞昌 퉁링銅嶺 유적지에는 고대의 광정鑛井과 제련에 쓰인 용광로, 각종 설비가 발견되었는데, 가장 이른 채광 시

판룽청 출토 도기 항아리 및 도기 항아리를 이용한 구리 주조 실험

기는 상나라 초기와 중기로서 기본적으로 판룽청의 시기와 같다. 다만 도기 형태는 판룽청과 관계가 깊지 않다.[147] 판룽청과 거리가 더 가까운 곳은 후베이 다예大冶의 퉁루산銅綠山 유적지인데, 지금은 서주 시대의 채광 유적만 발견되었으나 판룽청 시기부터 이 채광을 시작했을 가능성이 크다.

이렇게 드문드문 흩어진 자료를 통해 보건대, 판룽청의 구리 광물은 기본적으로 당시에 수로 교통이 상대적으로 발달했던 후베이鄂와 후난湘, 장시贛까지 세 지역에서 왔을 것이다. 이 광산들을 판룽청 사람들이 직접 운영하지는 않았을 것이고, 주조한 청동기를 현지인들이 캐낸 광석과 교환하는 무역을 통해 얻었을 것이다. 구리 광산을 찾기란 그다지 어려운 일이 아니다. 구리 광물의 표층에는 정교한 녹송석이 있는데, 이것은 늘 장식물로 제작되어 유통되었다. 그러므로 이 녹송석 장식물의 생산지만 찾으면, 마치 덩굴을 더듬어 참외를 따듯이 구리 광물을 쉽게 찾을 수 있었다.

판룽청과 상 왕조 사이에 어떤 관계가 있었는가에 대해서는 학자들 사이에 견해가 다르다. 어떤 이는 그곳이 상 왕조의 직접적인 관할지라고 보는데, 그곳에서 생산된 일부 구리 덩어리와 동기가 상나라 왕에게 무상으로 공납貢納되었다는 뜻이다. 또 어떤 이는 상 왕조에서 갈라져 나왔으나, 정치적으로는 자주권을 가진 지방 국가라고 주장한다. 어쨌든 그곳은 황허강 유역의 상 왕조 중심지와는 1000리 남짓 떨어져 있고, 중간에 산과 크고 작은 하천, 무수한 토착 부족의 영지가 가로막혀 있으므로, 당시의 교통 조건에서 이렇게 먼 지역을 왕조가 직접 통치하기는 어려웠을 것이라는 뜻이다. 또 다른 이는 그곳이 창장강 유역의 토착민에 의해 건립된 초기 상태의 국가로서, 먼 북방의 상 왕조와는 아무 관계가 없다고 주장하기도 한다.[148] 다만 이곳에서 출토된 동기와 도기가 정저우 상성의 것들과 유사하게 얼리터우 문화의 지류에 속한다는 사실은 경시할 수 없다. 출토된 갑골에 파인 구멍이 있는 것도 상 왕조 중심지의 점복 방식과 같다. 물론 기물의 형태가 정치적 관계를 완전하게 대표하지는 않으니 다른 증거가 더 필요할 것이다. 첫째, 판룽청의 무덤 가운데 일부는 개를 순장했는데, 이것은 중원 상나라 사람들 특유의 습속이다. 먼저 묘혈의 허리 부분에 흙구덩이를 하나 파서 개 1마리를 묻은 뒤에 관을 안치하는 것이다. 고고학에서는 이것을 '요갱순구腰坑殉狗'라고 부른다. 이외에 묘실과 묘혈을 채운 흙 속에 개를 매장하기도 한다. 둘째, 일부 무덤의 주인은 머리가 북쪽을 향하고 있다. 상나라의 먼 지역 성읍에 있는 무덤의 주인들은 종종 머리를 상나라의 도읍이 있는 쪽으로 뉘는데, 예를 들어 스자좡石家莊 타이시臺西 유적지의 주인 머리는 남쪽을 향하고, 산시陝西 라오뉴포老牛坡 유적지의 주인 머리는 동북쪽을 향하고 있는데, 둘 다 상나라 후기의 도읍인 은허 방향이다.

　판룽청 통치자가 어디에 속하느냐에 관해서는 무덤을 통해 많은 정보를 얻을 수 있다. 이미 발굴된 무덤 가운데 리자쭈이李家嘴 PLZM2는 규모가 가장 크고 성벽과 건설 시기도 비슷한데, 상당히 많은 청동기와 3명의 순장자까지 들어 있다. 순장자 가운데 1명은 아동이다. 이것은 대단히 전형적인 상나라식 무덤으로 허리 부분에 개를 순장했고, 그 위층에 부장품과 순장자를 배열했으며, 심지어 관목의 널빤지 위에 전형적인 상나라의 도철문饕餮紋을 조각했다.

　판룽청과 같은 시기의 정저우와 옌스 상성에서는 아직 고급 무덤을 발견하지 못했으므로 판룽청의 것과 비교할 수 없으나, 은허 시대의 상나라 귀족 무덤에는 판룽청의 것과 같은 연원이라는 것이 아주 뚜렷하다. 그러므로 판룽청의 통치자는 틀림없이 상 왕조의 상류층이었을 것이다.

　리자쭈이 PLZM2에는 50건의 청동기가 부장되어 있는데 주로 세트로 구성된 각종 예기禮器다. 무기로는 청동 도끼銅鉞 2개와 청동 창인 동모銅矛와 동과銅戈가 각기 하나, 길이 30센티미터 전후의 청동 칼銅刀 4자루가 있었다. 옥기는 장식품 외에 옥과玉戈가 4개 들어 있었다. 이 무덤의 주인은 성과 궁전의 건설을 담당했던 통치자의 가족일 것이다.

리자쭈이 PLZM2 관목의 기룡도철문變龍饕餮紋이 진흙에 남긴 흔적[149)

이외에 판룽청에는 중소형의 상나라식 무덤들이 있다. 이 무덤들의 주인은 같은 상나라 부족에 속했을 텐데, 전체가 판룽청으로 이주하여 그곳에 번영하는 원방遠方 제후국을 건설했을 것으로 보인다.

판룽청 상나라 사람의 무덤에 부장된 무기는 종류와 수량이 적지 않은데, 자주 보이는 창戈과 화살촉 외에 '동구도銅鉤刀'가 2자루 발견되었다. 칼날의 길이는 약 40센티미터이고 칼등에 몇 개의 구멍이 뚫려 있어서 기다란 나무 자루에 고정하기 편하게 되어 있다. 이것은 비교적 초기의 대도大刀로서, 은허 시기에 이르면 도신刀身이 더 넓게 진화하여 '권두대도卷頭大刀'라고 불리게 된다.

피에 굶주리지 않은 상나라 사람들

판룽청 상 문화의 특징을 실증하는 각종 증거가 있으나, 그것과 상 왕조의 차이점도 경시할 수 없다. 더욱이 이곳에서는 인신공양제사가 벌어진 적이 없다. 그런 제사를 지낸 제사갱은 성 안팎에서 모두 발견되지 않았고, 성벽과 궁전 구역에서도 사람을 매장하여 건물의 기초를 다진 흔적이 발견되지 않았다. 중원 지역 상나라 유적지에서는 인신공양제사와 사람을 매장하여 다진 건물의 기초, 대량의 인골을 가공한 작업장, 임의적인 살인 행위와 회갱 속에 버려진 유골 등이 모두 자주 발견되었다. 다만 판룽청에서는 아직 이런 흔적을 발견하지 못했다.

판룽청에서 유일하게 인신공양제사의 특징이 남아 있는 것은 사람을 순장한 것이다. 예를 들어 앞서 설명한 리자쭈이 PLZM2 무덤에 들어 있던 3명의 순장자와 그보다 조금 뒤에 발굴된 중형 무덤인 양자쭈이 M14와 양자완 M13에는 각기 1명의 순장자가 묻혀 있었다.[150] 현재 판룽청에서는 이미 30여 곳의 무덤들이 발굴되었는데, 순장자의 비율이 낮다고는

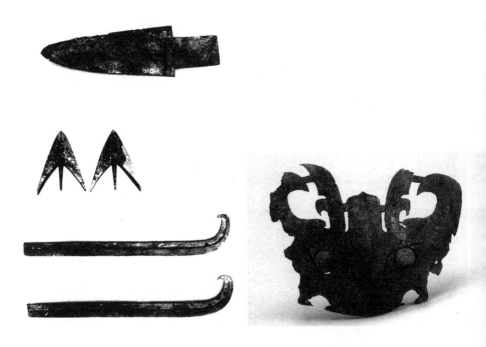

판룽청에서 출토된 청동 무기: 창銅戈(위), 화살촉銅鏃(중간), 동구도銅鉤刀(아래). 셋의 비례는 다름.

청동 '마면馬面': 이것은 가죽으로 제작한 투구의 장식일 가능성이 있다. 판룽청에서는 마차와 말의 뼈가 발견되지 않았으니, 당시 상나라 사람들은 아직 말을 기르거나 마차를 모는 기술이 없었다.

할 수 없다.

판룽청의 통치자는 상나라 사람이면서 청동 제련과 주조 산업을 경영하던 이들이었는데, 이 두 가지 신분은 인신공양제사를 지내는 종교와 밀접한 관계가 있다. 그런데 그들은 왜 중원에 비해 더 평화적으로 (비록 사람을 순장하기는 했으나) 변했을까?

창장강 유역은 벼농사 지역으로서 물과 토양의 조건에서 받는 제약이 상당히 크다. 벼농사 취락은 종종 작은 유역 안에 밀집되어 있고, 서로 다른 유역들 사이의 거리가 상당히 멀어서 '크게 분산된 작은 취락'의 형태를 드러낸다. 그러나 화베이 지역은 주로 밭농사를 지었으므로 지형의 영향을 적게 받아서 취락의 분포도 그다지 집중되어 있지 않았다.

이런 인구 분포는 상나라 통치자들에게 직접적인 영향을 주었다. 번영했던 판룽청의 작은 유역에서 외래의 이 통치자들은 인구 가운데 극소수에 지나지 않았으니, 그 지역 토착민의 감성을 고려하지 않을 수 없었다. 그렇지 않으면 주변의 토착민들이 일시에 봉기했을 때 대항할 수 없기 때문이었다. 이곳은 상 왕조와 너무 멀리 떨어져 있어서 군사적 지원을 받을 수도 없었다. 그래서 그들은 뒤에서 등장하게 될 가오청藁城 타이시臺西와 시안 라오뉴포 같은 북쪽 변방 성읍의 통치자들처럼 잔인한 폭력을 휘둘러 멋대로 주변 주민을 대할 수 없었고, 지나치게 폭력적인 종교 제사와 통치 방식을 버리고 토착민들의 반항을 자극하는 행위를 최대한 피해야 했다.

판룽청 토착민들의 관점에서 보면, 그들이 이런 외래인들의 통치를 받아들인 것은 청동 무기의 위력을 두려워한 것도 있었겠지만, 그보다 중요한 것은 청동 산업이 가져다줄 이익이었을 것이다. 외래의 상나라 사람들은 청동 제련과 주조 기술을 가지고 있었으나, 새로운 환경에서 산업을 구축하기에는 인원수가 부족했다. 그러므로 처음부터 그들은 현지인들과 협력해서 광물을 채취하고, 구매하고, 운송하여 제련하고 주조하여 외부에 유통하는 사슬 구조의 산업 체제 전체를 구축해야 했다. 이것은 현지인 들도 새로운 산업에 종사하여 이익을 얻을 수 있다는 뜻이었으므로, 상나 라 사람들과 토착민은 협력할 수 있었다. 판룽청의 고대 국가는 줄곧 이런 산업 협력의 토대 위에 건립되었을 것이다.

종족을 중심으로 소형 국가가 곳곳에 들어선 당시의 거대 환경 속에 서 판룽청 사람들은 무장武裝을 중시할 수밖에 없었으니, 흙으로 다진 성지 부터 빈번히 출토되는 각종 청동 무기가 모두 이런 상황을 설명해준다. 다 만 이와 동시에 청동 산업을 운영하기 위해서는 평화로운 환경도 필요했 다. 외래의 상나라 후예와 토착민이 협력하든, 아니면 주변 부족들의 상업 과 교환—구리와 주석, 아연 광석을 사들이고 구리 덩어리와 청동기는 판 매하는 식으로—을 하는 방식이든 간에, 판룽청 사람들도 기본적으로 이 것을 해냈다. 판룽청 안팎에 시신을 어지럽게 매장한 구덩이와 상처를 입 거나 사지가 해체된 유골이 발견되지 않았다는 사실이 명확한 증거다.

그러니까 이렇게 얘기할 수 있겠다. 판룽청의 상나라 사람들은 중원 의 전통적인 인신공양제사와 인간을 매장하여 건물의 기초를 다지는 종교 의식을 자발적으로 버리고, 중원보다는 평화로운 그 지역 토착민의 종교 이념을 받아들였던 셈이다.

남방의 평화로운 제사

5000여 년 전의 취자링屈家嶺 문화에서 4000여 년 전의 스자허石家河 문 화까지 판룽청이 있는 창장강과 한수이강 지역에는 홍수를 막기 위한 '옛 성'과 벼농사를 위한 수리 시설이 아주 많이 나타났고, 특히 톈먼의 스자 허 고성은 규모가 가장 크다. 그러나 창장강과 한수이강 지역에서는 줄곧 계급 분화도 초기 국가와 문명도 나타나지 않았다. 중요한 원인 가운데 하나는 바로 그 지역의 종교 형태였다. 제사 방식은 주로 기물을 늘어놓고 매장하는 것이었으며, 살인하거나 가축을 희생으로 바치는 행위는 아주 드물었다.

예를 들어 취자링 문화는 주로 통형 도기와 도기 항아리를 묻었고, 스자장 문화는 진흙으로 도제 인형과 동물, 술잔 등을 대량으로 만든 후 불에 구워 조악한 도기 제품으로 만들어 매장했다. 이런 평화로운 종교 이념은 부족 간의 협력 관계를 유지하는 데에 도움을 주었을 뿐만 아니라, 초기 국가의 폭력적 통치 기능을 어느 정도 대체했다. 게다가 사회의 잉여 생산품을 소모하여 부의 지나친 집중으로 인해 직업적 통치계층이 나타나는 것을 피할 수 있었다.[151]

상나라 사람들이 도래한 후, 국가 권력은 이미 피할 수 없게 되었다. 예를 들어 판룽청의 성지와 궁실은 부와 권력의 집중을 분명히 보여주지만, 그 지역 민간 종교는 여전히 융합과 동화 작용을 일으켰다. 발굴 현장을 보면, 판룽청의 상나라 사람들은 늘 살인하지 않는 제사를 거행했다. 그 대신 그들은 흙구덩이와 잿더미 속에 도기와 동기 혹은 옥기를 늘어놓고 매장했다.

판룽청 바깥의 왕자쭈이王家嘴에는 H6과 H7이라는 두 개의 제사갱이 있는데, 판룽청 문화 제5기―이때는 성벽과 궁전이 건설되고 얼마 후인데―에 속한다. 양자는 1.5미터 정도 떨어진 채 남북으로 늘어서 있고, 수십 년 전에 건설된 길고 큰 도요陶窯(Y3)와 아주 가까운 위치에 있었다. 그리고 부근에는 도요 경영자의 집이 있었다. 당시 제사를 주재한 이는 먼저 몇 미터 길이의 얕은 구덩이를 파고, 그 안에 장작과 풀을 깐 뒤에 불을 붙여서 신에게 경의를 표했으며, 불이 꺼지고 재가 식은 뒤에 다시 구덩이 바닥에 깊고 가파른 작은 구덩이를 팠다. 그런 뒤에 그 안에 제사에 바칠 기물들을 배치했고, 마지막으로 재가 섞인 흙으로 매장했다.

H6에서 출토된 청동 제품은 2개의 자귀錛와 칼刀 한 자루, 파종 침鑱

하나, 화살촉 10개로서 모두 무기와 공구이며 주기酒器나 식기는 없었다. 도기로는 솥鬲과 술잔爵, 대야盆, 병壺, 두레박罐, 주둥이가 큰 단지大口尊, 항아리瓮 등이었다.

H7에서 출토된 청동기는 여러 형태의 술잔들(작爵, 고觚, 가斝)과 창戈, 자귀錛, 칼刀이 있었으며, 옥과玉戈와 옥병형기玉柄形器, 돌도끼가 있었으나 도기는 없었다. 이런 물품들은 원형으로 놓여 있었으며, 구덩이 벽을 따라서 또 3개의 돌이 놓여 있었다. 특히 주목할 만한 것은 동가銅斝 안에 점복에 사용된 적이 있는 뼈가 담겨 있었는데, 그 안에 잘 패인 둥글고 오목한 작은 구덩이와 불에 그슬려 갈라진 무늬가 있었다는 점이다. 이 뼈는 제사갱에 함께 매장되었으므로, 이 제사에 대해 점을 친 것일 가능성이 크다.

갑골 점복은 전형적인 중원의 초기 상 문화를 대표하는 것으로서 창장강 유역에서는 아주 드물게 보인다. 그러므로 청동 주조 기술과 마찬가지로 그것도 상나라 사람들이 가져온 것일 테다. 그뿐 아니라 북방에서 가져온 갑골 점복이 남방의 매장 제사 의식에 흡수되었으니, 이것은 남북과 주객主客의 두 문화 사이에 융합이 이루어졌음을 잘 보여준다.

이외에 판룽청 밖의 양자완楊家灣에서 발견된 제사갱 H6—왕자쭈이의 H6과 구별하기 위해 이후로는 '양자완 H6'으로 칭함—은 판룽청 문화 제7기(상 문화 후기)에 속하는데, 대개 성지와 궁전 체계가 건설되고 100여 년 후의 것인 듯하다.

양자완 H6은 3개의 건물과 큰 잿더미 지대 사이에 있는데, 잿더미는 동기를 제련하고 주조할 때 형성된 것인 듯 불규칙한 직사각형으로서 길이 2미터 남짓이고 깊이 64센티미터 크기다. 구덩이 안에는 재가 섞인 흑회토黑灰土가 채워져 있고, 구덩이 바닥에는 주사가 깔려 있고 짐승의 뼈가 있으니, 응당 제수품으로 만든 육고기였을 것이다.

매장된 기물은 58건에 달했는데 주로 동제銅制 주기酒器와 식기(예기)였고, 그다음이 도기와 옥기, 석기였다. 구덩이 입구에 청동 무기를 집중적으로 배치했는데 도끼鉞가 하나, 창인 모矛와 과戈가 각기 하나, 화살촉 15개, 옥과玉戈 하나였다. 그 가운데 청동 도끼는 조형이 과장되어 있고 칼날 부분은 반원형으로서 양날의 각구角鉤 모양으로 위로 날개를 펼친 듯했다. 도끼 몸체의 중앙에는 변의 언저리가 비교적 두껍고 큰 원형의 구멍이 뚫려 있다. 이런 청동 도끼는 중원 지역에서는 매우 보기 드무니, 판룽청의 가장 후기에 발전된 독특한 형태에 속한다. 미학적 효능이 늘어났으나 실용성은 떨어져서 깊이 쪼갤 수 없다. 양자완 제7기의 무덤인 M11에서도 이와 유사한 게 하나 나왔다.

이전에 판룽청 사람들에게는 아직 이렇게 실용적이지 않은 도끼가 없었는데, 예를 들어 성을 건설하던 단계(제4기)의 리자쭈이 M2 무덤에 부장된 청동 도끼는 여전히 실용적인 상나라의 특징을 지니고 있다. 상나라 사람의 문화 가운데 도끼는 군권軍權의 상징이자 포로를 살해해 제사에 바치는 데에 쓰인 주요 도구였다. 판룽청 사람들은 후기에 이르러서도 청동 도끼를 생산했으니, 이는 그들에게 상 문화의 혈맥이 여전히 이어지고 있었으며, 부족의 군사 체계도 줄곧 존재했음을 의미한다. 다만 후기의 청동 도끼는 비실용적인 캐릭터로 변했으니, 이것은 또 그들이 이미 사람이나 가축을 죽이는 일이 무척 드물어졌음을 말해준다. 그리고 청동 도끼와 각종 무기를 제수품으로 삼아 제사갱에 묻은 것은 상나라 사람들이 사람을 죽여 바치는 제사에 대한 일종의 풍자에 가깝다.

이 3개의 제사갱은 발굴 보고서에서 확인한 것이다. 이외에 왕자쭈이 유적지(지층은 자세히 알 수 없음)에서는 10여 개의 밀집된 작은 구덩이가 발견되었는데, 각기 0.5제곱미터 정도의 크기다. 그 안에는 숯과 검은 재, 완전한 도기 항아리 또는 파편, 음식이나 술을 담았던 도기가 아주 많이 들어 있었다. 이런 구덩이들은 청동의 제련과 주조에 쓰일 수 없었으므로 역시 제사갱이었을 가능성이 있다.

현재 판룽청 밖에서는 모두 4곳의 물품을 매장한 제사갱 또는 제사장이 발견되었는데, 많지 않은 듯하나 성 안팎에서 발굴된 무덤이 모두 30여 곳에 지나지 않는다는 점을 고려할 필요가 있다. 이렇게 계산하면 평균 10명 이하의 사망자가 하나의 제사갱이나 제사장을 가지는 셈이 된다. 게다가 각 제사갱 안에는 여러 세트의 기물이 들어 있을 수 있으므로, 판룽청 사람들의 매장 의식의 횟수와 물자 소모가 얼마나 많았는지 일면을 볼 수 있다.

앞서 설명했듯이 허베이 이현의 베이푸디北福地 유적지(지금으로부터 8000년 전)에서는 대량의 석기와 도기, 옥기를 제사 현장에 늘어놓고 묻은 현상이 있었는데, 베이푸디가 석기 제작 공장이고 판룽청은 동기의 제련 및 주조 공장이었음을 고려하면, 그들 사이에 비슷한 종교적 논리가 있었을 가능성이 크다. 석기와 구리 광석의 원료는 대지에서 나오니, 완성품을 땅속에 묻는 것은 대지에 대한 감사의 표현이다. 이 역시 일종의 '파종무술播種巫術'로서, 물품을 종자로 상상한 것이다. 종자가 흙 속에서 싹을 틔우고 성장하면 더 많은 과실을 맺게 되리라는 것이다.

판룽청은 정저우 상성과 아주 멀리 떨어져 있었으나, 두 지역 사이에는 여전히 많은 연계가 있었다. 예를 들어 판룽청의 발달된 도기 공예가 정저우 상성에 이미 수입되었고, 약 3400년 전에 정저우 상성에서는 또 왕실 등급의 청동기를 매장하는 제사 활동이 나타났다. 그런데 이것은 판룽청의 상나라 사람들이 '어머니 국가'에 대한 영향으로 상 왕조가 잠시 사람을 희생으로 바치는 제사를 폐기할 것을 고려하게 했다.

다만 상 왕조의 중심지대에서는 금방 커다란 동요가 일어나서, 정저우 상성과 옌스 상성은 문이 닫혔고, 계속해서 일어난 샤오솽차오 조정은 다시 인신공양제사를 지내는 종교로 회귀했다. 이것은 상 왕조의 내전에서 승리한 자가 판룽청과 대립 관계에 있던 이들임을 뜻한다. 판룽청과 왕조 중심부의 연계는 여기에서 철저히 단절되었다.

그 뒤에 판룽청(과 그곳의 상나라 사람들)은 또 수십 년 동안 유지되었

양자완 M11 청동 도끼

양자완 H6 청동 도끼

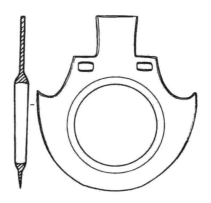

0   10센티미터

양자완 판룽청 제7기의 캐릭터화된 청동 도끼

고, 게다가 창장강 유역의 토착 부족과의 융합 정도가 갈수록 강해졌다. 결국에 판룽청은 소멸했으나 청동 기술은 남방에 널리 확산했다.

청동 기술의 강남 확산

판룽청의 소멸 원인을 알아내기는 무척 어렵다. 주변 부족의 공격으로 멸망했을 수도 있고, 판룽청 사람들이 다른 곳으로 이주했기 때문일 수도 있다. 창장강 유역에서는 줄곧 권력이 집중된 정권이 나타나기 어려워서, 북방에서 전래된 청동 기술과 문자를 쓰는 기술—비록 직접적인 증거는 아직 없으나—이 수입된 뒤에도 그다지 분명한 변화가 없었다.

그러나 북방에서는 은허 시기의 상 왕조가 안정과 부흥을 실현함으로써 구리 원료에 대한 수요가 갈수록 커졌으니, 이 역시 창장강 중류의 구리 광산 개척과 제련업의 흥성을 촉진했다. 이에 따라 남방의 구리와 주석 원료가 줄곧 중원으로 수입될 수 있었고, 동시에 상 왕조의 일부 수준 높은 청동기도 창장강 유역에 판매되었다. 물론 남북의 무역과 기술적 교류는 있었으나, 이후에도 상 왕조는 통치의 촉각을 이곳으로 뻗을 생각은 하지 않았다.

창장강 유역의 장시와 후난, 쓰촨에서 모두 상나라 후기(은허 시기)의 청동기가 출토되었는데, 요장갱에 매장되거나 부장품으로 묻혀 있었다. 이것들은 상나라의 양식과 현지의 요소가 뒤섞였는데, 현지화 특징이 일반적으로 판룽청보다 높았다.

첫째, 장시 신간新干 다양저우진大洋洲鎮에서 발굴된 무덤의 부장품은 480건에 달해서 판룽청의 고급 무덤보다 부장품이 10배나 많았다. 그 가운데는 청동 솥鼎이 31건, 과戈가 28건, 모矛가 35건이었다. 이외에도 쌍날 가래犁鏵와 쟁기耒, 보습耜, 삽, 낫 등 대량의 청동 농기구와 공구들도 있었다. 상나라 말엽에 이르러 장시의 우청吳城에서는 또 흙을 다진 성지가 발견되었는데, 판룽청 사람 일부가 이곳까지 흘러와서 섞여 들어갔을 가능성이 크다. 다만 그 성의 유적지에는 고급 궁전과 무덤에 대한 정보가 없으므로 그것이 초기 국가의 형태로 발달했다고 판단하기는 무척 어렵다.

둘째, 후난에서 상나라 말엽의 청동기가 드문드문 출토되었는데, 대부분 정밀한 솜씨를 발휘하여 기이한 형태로 만들었으니, 그 가운데 유명한 것으로는 사양방준四羊方尊과 호식인가虎食人卣가 있다. 특히 닝샹현寧鄕縣 장자아오張家坳에서 출토된 구리 솥鼎의 입구 안쪽에는 '사병巳丙'이라는 명문이 새겨져 있으니, 이것은 천간天干을 명문에 새기는 전형적인 상족의 특징이므로, 은상이 후난 지역과 밀접한 관계가 있었음을 말해준다. 이외에 그 지역에서는 또 인면방정人面方鼎과 수면동부獸面銅瓿가 출토되었는데, 동부의 내부에는 224건의 작은 청동 도끼斧가 담겨 있었다. 현재 후난에서 발견된 상나라 말엽의 청동기는 대부분 드문드문 낱개로 출토되는데, 응당 제사를 목적으로 매장한 것일 테다.[152]

셋째, 쓰촨 광한廣漢의 싼싱두이三星堆 제사갱에서도 밀집된 청동기 및 그 지역 특유의 청동 가면과 신수神樹, 신인상神人像이 출토되었는데, 시대적으로는 은허 전기에 속한다. 다만 인신공양제사 현상 및 왕권과 관련된 대형 공사는 발견하지 못했다. 이런 것들은 모두 창장강 유역의 종교-사회 전통에 속한다.

판룽청은 황허강 근처의 정저우 상성과 족히 500킬로미터 정도 떨어져 있으며, 초기 상 왕조의 웅대한 확장 운동의 산물이다. 3500년 전에 세계에는 이런 규모의 강역을 가질 수 있는 정권이 어디에도 없었다. 오늘날에는 500킬로미터가 그다지 먼 거리가 아니지만, 판룽청과 정저우는 각기 창장강과 황허강 유역에 속하므로 수로 운항의 편의가 전혀 없이 그저 분수령에 가로막혀 있었을 뿐이라는 사실에 주목해야 한다. 이후에 이 두 지역을 동시에 통치 범위에 포함하기 위해서는 전국시대 말기의 진秦나라가 대두할 때까지 기다려야 했는데, 그것은 이미 1000여 년 뒤의 일이었다.

지나친 확장은 초기 상나라에 번영을 가져다주었으나, 그보다 더한 은밀한 우환과 교훈이 있었다. 훗날의 상나라 왕은 상나라 사람들이 다른 부족의 문화에서 문화적으로 침식당해 초기 상나라와 같은 전철을 밟지 않도록 하려고 고심하기 시작했고, 이것이 만상晩商 즉 은상 시대의 기조를 정했다.

제9장 3300년 전의 군영軍營: 타이시臺西

후퉈강滹沱河은 여러 산속에서 흘러 나와 황허강 최하류의 습지에서 하나로 융합된다. 사슴들은 물이 얕은 강가의 풀밭에서 먹이를 찾다가, 위험을 감지하면 신속하게 갈대밭에 숨는다.

초원과 습지 가운데는 자잘한 농업 취락들이 드문드문 들어서 있고, 농민들은 좁은 반지하식 구덩이를 판 움집에 살면서 곡물과 콩, 삼, 뽕나무 등을 기르고 또 물고기를 잡고, 새를 사냥하고, 야생 과일을 따며 삼베와 누에고치의 실로 짠 방직물을 입고 지냈다. 『상서』「우공禹貢」의 논리에 따르면 이곳은 "새를 잡아 그 가죽으로 옷을 만들어 입는鳥夷皮服*" 야만의 황무지였으나, 왕조 시대에 진입한 뒤로는 신분 높은 통치자가 나타나기 시작했다.

스자좡石家莊 동쪽 교외의 구청현 타이시촌臺西村에는 상나라 때의 유적이 하나 있는데, 후퉈강에 의한 충적평원沖積平原이다. 이곳에는 지면에서

---

* 『사기』「하본기夏本紀」의 '조이피복鳥夷皮服'에 대한 배인裴駰의 『집해集解』에서는 정현鄭玄의 말을 빌려서 '조수鳥獸를 잡아먹는 동방의 민족東方之民搏食鳥獸者'이라고 했다. 본래는 동방 바다의 섬에 사는 이들이 조수의 가죽과 깃털로 옷을 만들어 입는 것을 가리킨다.

몇 미터 높이에 길이는 100미터 남짓 되는 3개의 흙 언덕이 있어서 주기적으로 범람하는 홍수를 피할 수 있었다. 그 언덕 위에는 상나라 때의 유적이 두루 분포되어 있는데, 1973년부터 1974년 사이에 고고학자들이 그곳의 '타이시' 주변에서 일군의 건물과 무덤을 발굴했다. 이에 따라 상나라의 소형 취락을 가리고 있던 베일이 부분적으로 걷히기 시작했다.

고고학적으로 발굴된 많은 상나라 유적 가운데 타이시는 규모가 아주 작고 '지명도'도 높지 않은 편이나, 그것은 상나라 권력 체계에서 말초적 부분의 가장 완전한 형태였다. 그것은 상 왕조가 어떻게 1000리도 넘는 광활한 강역의 국토를 다스렸는가를 보여주는 가장 진귀한 축소판이다.[153]

처마 아래의 인두人頭

발굴 결과에 따르면 처음 타이시에서 살았던 이들은 가난한 농부로서, 협소한 반지하의 움집에 살면서 돌과 뼈로 만든 농기구를 사용했다. 지상에는 크지 않은 구덩이를 파서 식량을 저장했고, 모래가 섞인 조잡한 도기로 음식물을 조리했다. 이런 신석기시대의 생활 장면은 이미 수천 년 동안 이어온 것이었다.

그런 뒤에 청동기를 사용하는 일군의 외래인이 그곳을 점령하여 주변 농업 취락을 통제하고 통치 권력을 수립했다. 그들이 거주했던 건물은 발굴하지 못했으나, 서대西臺의 흙 언덕 주변에서 그들의 가족무덤을 발굴했다.

이것은 3300년 전 상 왕조가 건립되고 이미 300년 가까이 지나던 때였다. 이전에 상 왕조의 통치 중심은 줄곧 황허강 남쪽이었는데, 반경이 황허강 북쪽의 은殷 지역으로 도읍을 옮겼다. 천도한 뒤에 상 왕조는 방어 권역을 정비할 필요가 있었고, 특히 황량하고 야만적인 북방에 대한 방어

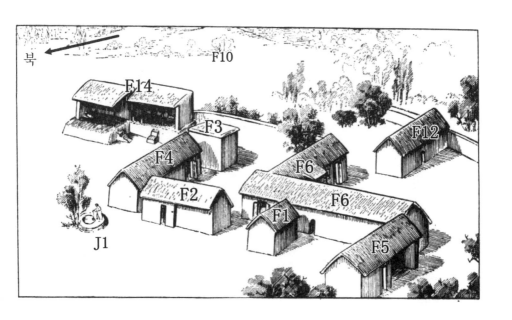

유적지 복원도

를 강화해야 했다. 이에 일군의 상나라 부족이 은 땅의 도읍에서 북쪽으로 이주하여 타이항산太行山을 따라 군사적 목적의 취락을 건립했다.

스자좡 타이시의 이 수십 명의 무사와 그들의 가족, 종복이 온 것은 왕조를 위해 후퉈강 남안을 수비하기 위해서였다. 새로 건설한 은 땅의 도읍은 여기서 서남쪽으로 800리 밖에 있었다. 이것은 판룽청과는 완전히 다른 거점으로서, 상 왕조의 정상적인 상태와 더 가까웠다.

이 무사들은 타이시에서 이미 수십 년 동안 자리를 잡고 지냈으며 이미 3세대가 태어난 상태였다. 그 뒤에 후퉈강의 대홍수가 모든 것을 삼켜버렸다. 무사와 농부들의 건물과 지세가 비교적 높았던 무덤 구역에는 미세한 입자의 흙이 두껍게 쌓였고, 그 안에는 강에 사는 조개와 무논에 사는 소라 따위가 섞여 있었다.

홍수가 물러나자 무사들은 새로운 주거지를 마련해야 했다. 이번에는 건물터를 서대 근처의 고지대에 정했다. 이곳은 그들의 아버지와 할아버지 세대의 무덤들이 있었으나 현실적 필요가 더 중요했고, 더욱이 묘지는 이미 퇴적된 진흙 아래에 덮여버린 상태였다.

발굴 현장을 보면, 청동기 무사들은 서대 주변의 지형을 진지하게 살피고 먼저 백석분白石粉으로 새로운 주거지의 성벽 윤곽을 그리고, 이어서 땅을 평평하게 고르고 지반을 다질 구덩이를 판 다음, 흙을 다져서 50센티미터 남짓한 두께의 흙담을 쌓았다. 굽지 않은 흙벽돌을 쌓아 만든 흙담은 높이가 2미터 이상이었다.(해당 지역의 빈약한 판축 기술로는 아주 높은 담장을 지탱하지 못했던 듯하다.) 그런 뒤에 흙담 위에 나무 도리標條와 서까래椽子를 얹고 갈대 묶음을 깐 다음, 풀을 섞은 진흙을 발라 지붕을 완성했다.

여기서는 모든 게 아주 자연스러운 듯했으나, 고고학적 발굴은 으스스한 장면을 폭로했다.

2칸이 이어진 건물(F2) 서편 담장의 기초 구덩이 안에는 도기 항아리陶罐 하나가 묻혀 있었는데, 그 안에는 세 살도 되지 않은 어린아이 유골이

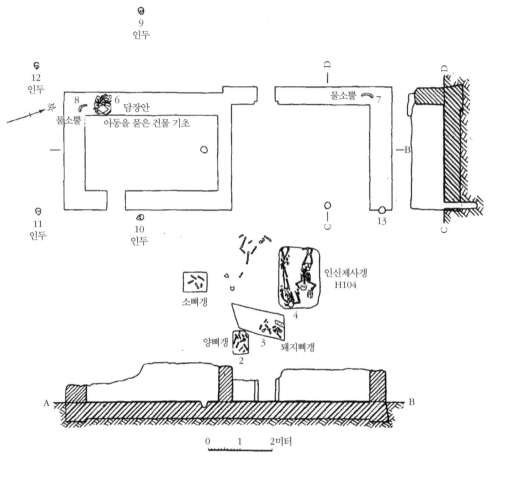

9
인두

12
인두

8   6 담장안
물소뿔   아동을 묻은 건물 기초

D

물소뿔 ⌒ 7

D

B

C

13

11
인두

10
인두

소뼈갱

양뼈갱

2

3

돼지뼈갱

인신제사갱
H104

4

A   B

0   1   2미터

F2 기지 평면도

하나 들어 있었다. 분명 이것은 새로운 건물의 기초를 다지기 위한 무술巫術로서, 어린아이를 토지신에게 바침으로써 가택의 평안을 보우해달라고 기원한 것이다. 제사에 바쳐진 희생자는 어린아이뿐만이 아니었다. 동쪽으로 향한 건물 앞에는 또 4개의 제사갱이 있었는데, 그 가운데 3곳에는 각기 돼지와 소, 양이 1마리씩 묻혀 있었고, 네 번째 구덩이(H104)에는 사람이 매장되어 있었다.

　　H104는 한 변이 2미터 전후의 사각형으로서 깊이는 약 1.5미터였는데, 바닥에 3명이 매장되어 있었다. 14살의 한 소년은 먼저 피살되어 구덩이 귀퉁이에 던져진 듯하고, 그 뒤에 2명의 성인 남자가 두 다리를 묶인 채 구덩이 안에 던져졌고, 팔은 몸부림치는 모습을 보여준다. 다만 유골은 구덩이 바닥이 아니라 20센티미터에서 120센티미터까지 볼록하게 솟은 곡면 위에 있었으니, 이것은 제사를 바치는 이가 구덩이에 흙을 채울 때 두 남자가 흙 속에서 빠져나오려고 기력이 소진할 때까지 꿈틀거리다가 생매장당했음을 말해준다.

　　유골의 자세로 보건대, 그들은 모두 묶인 뒤에 구덩이에 떠밀려 들어간 후 생매장되었다. 남측의 남자는 35세 전후인데, 두 다리는 묶여 있고 두 손은 땅을 짚은 채 머리를 치켜들고 몸부림치며 반항하는 모습이었다. 25세 정도의 북측 남자도 두 다리가 묶인 상태로 머리는 아래로 향한 채 두 팔을 벌리고 역시 몸부림치며 반항하는 모습이었다. 두 유골은 거의 평행으로 놓여 있었으니, 동시에 구덩이에 떠밀려 들어갔을 가능성이 있다.

　　이 건물에는 또 일반적인 상식으로 이해하기 어려운 현상이 더 있다. 폐기된 뒤에 무너져내린 흙벽돌 속에 4개의 인두가 섞여 있었는데, 각기 동쪽, 서쪽, 남쪽 세 벽의 바깥에 있었다. 이 인두들은 흙을 다진 흙벽 안이나 실내에 묻힌 것도 아니었으니, 이렇게 되면 하나의 가능성만 남게 된다. 즉 그것들은 실외의 처마 아래에 걸려 있다가, 마지막으로 건물이 무너지면서 매몰되었으리라는 것이다.

다른 상나라 유적지에서 인신공양제사와 사람을 건물 토대에 매장하는 것은 아주 흔한 현상이지만, 건물에 사람 머리를 걸어놓은 예는 없었다. 이것은 대다수 유적의 보존 상태가 좋지 않고, 게다가 후세 사람들의 경작으로 파괴되어 건물 기초와 담장 기초만 남음으로써 지면 위 건물의 각종 현상을 발견하기 어려웠기 때문일 수 있다. 인간 희생을 바친 제사갱과 건물 기초는 지하에 묻혀 있어서 지금까지 보존될 수 있었다.

그러나 타이시 유적지는 달랐다. 건물이 무너진 뒤에 폐허는 묻혀서 그 지역 토대土堆의 일부분이 되었고, 후기의 파괴가 일어나지 않았다. 일부 건물의 남은 담장은 심지어 아직도 2~3미터 높이로 보존되어 있고, 벽에 뚫은 창문도 뚜렷하게 볼 수 있다.

타이시의 지하 매장과 각지의 이미 알려진 상 문화 유적지는 무척 비슷하다. 예를 들어 건물 기초에 사람을 묻고, 인신공양제사를 지내고, 사람을 순장했다. 다만 타이시의 경우 옛날 지표면 위의 건물 유적이 그대로 보존됨으로써 우리에게 매우 귀한 보충 지식을 제공했다. 원래 인신공양제사와 관련된 것은 무덤과 제사갱뿐만 아니라 지상의 전시물도 있었던 것이다.

그렇다면 타이시의 건물 폐허는 어떻게 완전히 매몰되었을까? 바람에 날려온 모래 먼지가 쌓인 것일까, 아니면 홍수의 범람으로 퇴적된 진흙 때문일까? 발굴 보고서에서는 이에 관해 언급하지 않았다.

제사갱과 걸어놓은 사람의 머리로 보건대, F2는 신을 모신 사당이었을 가능성이 있다. 북쪽에서 남쪽을 향한 건물은 한쪽에 담장이 없는 널찍한 공간을 가진 건물로서, 어떤 숭배 대상과 제사에 바칠 물건을 두기에 적합했다. 한쪽 면에는 4개의 제사갱을 마주하고 있고, 몇 개의 건물이 3면을 둘러싸서 작은 뜨락을 만들었으니, 반드시 어떤 특수한 기능이 있었을 것이다.

처마 아래에 사람의 머리를 걸어놓은 것은 F2만이 아니었고, 그것과

반쪽이 트인 건물

문루 구조

F6 복원도

가까이 붙어 있는 F6도 마찬가지였다. F6은 북쪽에서 남쪽을 향한 2칸 건물과 서쪽에서 동쪽을 향한 4칸 건물로 구성되어 있는데, 서쪽 벽 안에는 사람의 머리 하나를 흙 속에 묻고 다졌고 대략 18세쯤 되는 여성이었다. 건물이 무너진 뒤에 덮인 진흙 속에는 5개의 인두가 흩어져 있었는데, 묻히기 전에 그것들은 건물 처마 아래에 걸려 있었던 것으로 보인다.

F6은 전혀 신을 모신 사당 같지 않다. 아마 권력의 중심이었던 듯하다. 거기에는 서로 연결되지 않고 칸으로 나뉘어 독립적인 방이 5개 있고, 또 한 면에 벽이 없이 반쪽만 열린 공간을 가진 건물이 있다. 4개의 방문 양측에는 모두 나무 기둥을 세운 구덩이가 있었으니, 발굴 보고서에서는 이 기둥들이 '문루門樓' 형식의 장식 구조를 지탱했을 것으로 추측했다. 앞서의 흩어진 인두들은 애초 문루에 걸려 있었을 가능성이 있다.

그렇다면 이 건물에 거주했던 이들은 누구일까? 무너진 건물 안에서는 문물이 별로 발굴되지 않아 답을 제시할 수 없으나, 건물 주변에 있는 주인의 무덤은 청동기시대 무사의 군상群像을 흐릿하게 비춰준다.

청동기시대 무사의 군상

타이시 유적지에서는 모두 112곳의 상나라 무덤을 발굴했는데, 청동기가 부장된 곳은 18곳뿐이고, 각 무덤에는 평균 5건을 부장하고 있었다. 이것은 이 취락의 인구 가운데 귀족 통치자는 소수였음을 말해준다. 11개의 무덤에는 순장된 사람이 있었는데, 2명을 순장한 것이 2개이고 나머지는 1명만 순장하여, 모두 13명을 순장했다.

귀족 무덤에는 대부분 도끼鉞와 과戈, 극戟, 모矛, 칼刀, 화살촉 등의 청동 무기가 부장되어 있었다. 원형의 청동포靑銅泡도 있었는데, 소가죽으로 만든 갑옷 위에 엮어 붙였던 것인 듯하나, 가죽 갑옷 자체는 이미 부패하여 남아 있지 않다. 또 가罍와 고觚, 작爵 등의 세트로 된 청동 주기酒器도 있었다. 약간 신분이 높은 상나라 사람들은 모두 청동 주기 한 세트를 순장했으나 대부분 품질이 조악했다. 어쩌면 이 거점은 너무 소형이라 자원도 부족하고 귀족 집안도 그다지 호사를 누리지 못해 저렴한 상품을 사서 부장품으로 씀으로써 계급에 맞는 예법을 겨우 지켜 체면치레했을지도 모른다.

타이시의 상나라 무덤에도 '요갱순구腰坑殉狗'가 많았다. 여기서는 개고기를 먹는 풍습이 더 성행해서, 부장된 식기 가운데 대다수에 개고기가 담겨 있었는데, 주로 개의 머리와 다리였다. 더욱 체면을 차린 무덤에는 사람을 순장했는데, 남자 무덤에 여자 순장, 남자 무덤에 남자 순장, 여자 무덤에 남자 순장의 예가 모두 있었다. 다만 2명 넘게 순장한 무덤은 발견하지 못했으니, 필경 무사들의 경제 형편이 그다지 넉넉하지 않았던 듯하다.

이제 몇 명의 전형적인 무덤 주인들을 살펴보자.

M17의 주인은 젊은 나이에 죽은 무사다. 이 무덤은 비교적 간단해서 2층의 대臺와 순장된 사람이 없이 그저 묘혈의 허리 부분에 판 흙구덩이에 개 1마리를 매장했을 뿐이다. 무덤 주인은 대략 22세의 남자로 머리와 가슴 골격은 대부분 부패하여 사라진 상태였다. 부장된 용구는 도제 솥鬲 하나밖에 없었고, 나머지는 모두 무기로서 청동 화살촉 4매와 비수, 끌, 과戈 그리고 모와 과를 합친 형태의 극戟이 하나씩 있었다.

청동 과와 극에는 모두 나무로 된 자루가 달려 있었는데, 이는 참으로 귀한 것이다. 비록 이미 부패해 없어졌으나 흙에 남은 흔적을 통해 헤아려 보면 극은 길이가 80센티미터, 과는 87센티미터로서 모두 짧은 자루를 달고 보병 전투에 임하는 무기였다. 타이시 유적지에는 마차의 유적이 발견되지 않았으니, 아직 보병전을 벌이던 시대였음을 알 수 있다. 무덤에서는 또 옥 재질의 돌을 갈아 만든 도끼인 월鉞과 부斧가 각기 한 자루씩 발견되

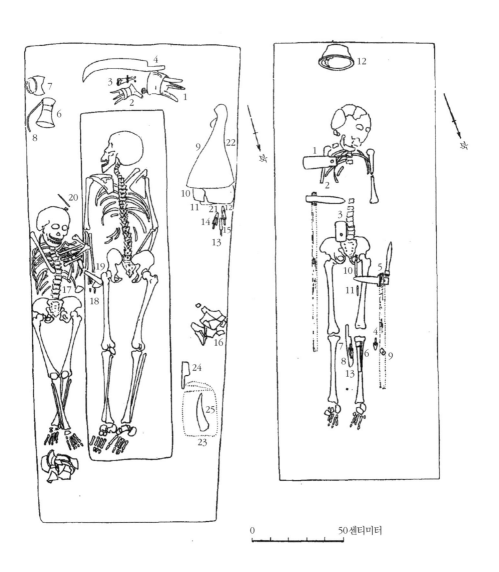

M14와 M17의 평면도

었으나 사용한 흔적이 없었으니, 전문적으로 부장용으로 만든 것임을 알
수 있다.

부장품으로 보면 M17의 무덤 주인은 귀족 통치계층에 속하며, 그의
부친은 청동 도끼를 지닌 군사 우두머리였을 수 있다. 다만 이 무덤 주인
은 젊은 나이에 일찍 죽어서 아직 분가하여 독립하지 못했으므로 자기의
노비를 순장하지 못했다. 본인이 지닌 무기 외에 부친은 값비싼 다른 물건
을 부장하지 않고 돌도끼石鉞 하나만 부장하여 죽은 이가 본래 부친의 청동
도끼와 군사 우두머리 신분을 계승할 수 있었음을 상징적으로 나타냈다.

M14의 주인은 45세 전후의 중년 남자인데, 군사 귀족이자 무의巫醫
겸 점술사로서 신장은 약 170센티미터로서 골격이 건장하다. 그는 바닥에
검게 옻칠하고 붉은 그림이 그려진 목관에 안치되었으나, 관의 나무는 이
미 썩어 없어졌다.

2층의 대에는 25세 전후의 여자 1명을 순장했는데, 신장은 150센티
미터 정도로 손발이 묶인 채 생매장되었을 가능성이 있다. 그녀는 입을 벌
리고 고함을 지르는 자세를 그대로 유지하고 있었다. 그리고 머리를 묶는
데에 사용된 무늬 없이 소박한 골제 비녀 외에 다른 장식물이 없었다.

이외에 2층의 대에는 또 주인의 부장품이 놓여 있었다. 금박을 붙인
옻칠한 상자 하나와 어느 정도 수준이 되는 상나라 사람에게 빠져서는 안
될 청동 주기 세트, 실제 사용되었던 조리 기구인 도제 솥鬲 2개, 자루까지
길이가 대략 50센티미터쯤 되고 칼날 부분이 넓으며 칼끝이 위로 치켜 올
라가서 찌르기가 아니라 휘둘러 베기에 적합한 청동 대도大刀 한 자루, 몇
개의 청동 화살촉과 요아獠牙 문양이 장식된 커다란 청동 도끼鉞 하나가 있
었다.

특이한 것은 오른편의 2층 대에 소의 견갑골을 가공한 점복용 뼈 3조
각이 있었다는 점이다. 그 위에는 점복을 위한 홈이 잘 패여 있었으나 글
자는 새겨지지 않은 상태였다. 그리고 작은 크기의 청동 톱과 끌이 있었는

M14에 부장된 요아동월獠牙銅鉞

데, 아마도 소의 뼈를 가공하는 도구였던 듯하다.

무덤 주인의 왼발 근처에는 옻칠한 상자가 하나 있었는데, 그 안에는 손바닥만 한 길이의 돌로 만든 낫鐮刀이 들어 있었다. 고고학자들은 이것이 농기구가 아니라 의료용 수술칼 즉 석제 폄겸砭鐮*이라고 추측했다. 고대의 전쟁터에서 가장 흔한 상처는 화살에 맞은 상처인데, 화살촉에는 대부분 역방향의 미늘이 있어서 살가죽 안에 깊이 박히면 뽑아내기 어렵다. 이때는 이 폄겸을 이용해서 먼저 상처 부위를 절개하고 화살촉을 뽑아내야 한다. 다른 하나는 둔기에 맞아 생긴 어혈瘀血이다. 가죽 갑옷을 입은 전사에게는 늘 이런 상처가 생기는데, 이 역시 폄겸으로 피부를 절개해서 어혈을 빼내야 한다. 옛사람들은 청동으로 제작한 수술칼을 사용하는 데에 익숙하지 않았는데, 구리의 성질이 나빠서 괴혈壞血을 일으키기 쉬웠고 예전부터 써 오던 석제 도구가 오히려 낫다고 생각했을 수도 있다.

갑골과 석제 폄겸을 통해 보면, 타이시 M14의 주인은 틀림없이 점술사 겸 군의軍醫였을 것이다. 상고시대에 이 두 신분은 종종 겹쳤으므로 '무의巫醫'라고 불렸다. 다만 이것은 그의 정식 신분이 아니다. 그는 몸체의 길이가 30센티미터가 넘는 커다란 청동 도끼鉞를 가지고 있었는데, 이것은 타이시 유적지에서 출토된 청동 도끼와 옥도끼, 돌도끼 가운데 치수가 가장 큰 것이다.

도끼는 군사 우두머리의 신분 표지이자 제사에서 인간 희생을 바칠 때 머리를 자르는 도구였다. 상나라 때 청동 도끼의 칼날 부분은 대부분 좌우 대칭이 아니었으나, 휘둘러 벨 때는 힘을 쓰기가 더 편했다. M14 주인의 청동 도끼는 형태가 사납고, 도끼 몸체를 주홍색으로 장식하여, 그 모습이 흡사 시뻘건 입을 크게 벌린 짐승의 머리와 비슷하다. 주둥이 안에

---

* 폄겸砭鐮은 침겸針鐮, 도겸刀鐮, 겸鐮 등으로도 불리는 의료기구로서 종창을 베거나 사혈瀉血하는 등의 용도로 쓰였다. 돌을 갈아서 만든 모양이 낫을 닮았다고 해서 이런 명칭이 붙었다.

는 또 한 쌍의 날카로운 요아가 있다.

타이시의 무덤 중에는 또 3개의 소 견갑골을 부장한 M103이 있다. 무덤 주인의 신장은 약 170센티미터이며, 2명의 작은 남자 하인을 순장했다. 1명은 15세 전후의 소년으로, 두 다리는 무릎뼈 아래가 절단되어 있었는데, 생전에 이미 그런 장애가 있었던 듯하다. 갑골문에서 정강이를 잘라내는 것이 '월刖'인데, 도망칠 가능성이 있는 노예에 대해서는 가장 훌륭한 예방 수단이지만 사망률도 높았다. 은허의 복사에 따르면, 상나라 왕은 여러 명의 노예에게 월형을 실시한 적이 있으며, 또 점을 쳐서 언제 정강이를 잘라야 사망률이 낮아질지를 묻기도 했다.

상고시대에 갑골을 이용해 점을 치는 것은 수준 높은 기술로서, 종종 가족 내부에서 전승되었다. 타이시의 점복 기술도 이러했다면 M103의 주인은 M17의 부친이었을 가능성이 크다. M103의 주인이 조금 일찍, 대홍수가 발생하기 전에 묻혔기 때문이다.

M38의 주인은 술을 마시고 무기를 잘 다루던 젊은 아낙으로서 30세 전후이며, 신장은 약 150센티미터다. 검게 옻칠한 관 안에 오른쪽을 향해 옆으로 누워 있었으며, 얼굴은 2층에 순장된 사람을 바라보고 있었다. 이 여주인은 머리카락을 묶은 비녀가 없었으니, 머리를 풀어 헤치고 있었을 가능성이 있다. 순장된 사람은 15~16세의 소년으로 무덤 주인보다 키가 작고, 자기의 작은 관이 있었다.

무덤 주인의 관 안에는 몇 건의 청동기가 부장되어 있었는데, 주기로 청동 고觚와 작爵이 각기 하나씩 있었으나 가斝가 없어서 '3개로 이루어진 세트'를 완성하지 못했다. 부장된 청동기는 사직품絲織品으로 감쌌는데, 그 가운데는 특별히 제작한 주름 무늬의 명주絹 즉 '곡縠'이 있었다. 무기로는 청동 화살촉과 과戈가 하나씩 있었는데, 섬세하게 잘 제작된 과의 날은 길이가 약 22센티미터이고 가장 넓은 부분의 폭은 약 5센티미터였다. 이것은 타이시 유적지뿐만 아니라 상·주 청동기시대 전체에서 비교적 짧은 편

M103 묘혈 사진

에 속하는 것으로, 여성 무사를 위해 특별히 제작된 무기였던 듯하다.

상나라 때의 여성 귀족은 보편적으로 술을 마셨고 심지어 전투에도 참여했다. 타이시 유적지와 기본적으로 같은 시대에 속하는 은허의 부호婦好 무덤에도 많은 주기와 무기가 부장되었으며, 게다가 갑골문에는 부호가 군대를 이끌고 원정했다는 기록이 남아 있다.

이 여성 무사는 아마 아내이자 어머니였고 남편도 타이시 청동기 무사였을 테지만, 죽은 뒤에는 모두 단독으로 매장되어 각자 자기의 하인을 순장했다.

무덤을 통해 보면, 타이시 취락의 청동기 무사는 낮은 계급의 귀족에 속하며, 보편적으로 남녀 노비를 소유했다. 순장된 이는 자기 소유 노비의 일부분일 뿐 전부는 아니었을 것이다. 무사들은 모두 무기와 주기를 부장했으나 농업 생산 도구는 없었으니, 틀림없이 그들은 생산에는 종사하지 않고 주변 촌락에서 식량과 각종 생산품을 징수해서 생활했을 것이다. 무덤 속의 무사는 여러 연령층이 모두 있으며, 무장한 여성도 있는데, 그들은 동일 씨족의 성원이었을 가능성이 있다. 이런 가족 혈연 단위는 상 왕조의 가장 기본적인 군사와 정치 단위를 구성했다.

타이시에서는 청동 화살촉이 매우 많이 발견됐으며, 게다가 형태도 각기 달라 한 번에 주조된 게 아님이 분명하다. 타이시 자체에서는 청동 작업장을 발견하지 못했으니, 무사들의 청동 화살촉 등 무기는 비교적 여러 곳에서 사들였을 것이다. 상나라 사람들의 족읍에 청동 작업장이 있는 경우가 많고 청동 화살촉은 가장 흔한 생산품이었으니, 당시 상나라 사람 취락들끼리 청동기 교역이 상당히 활발하게 이루어졌음을 알 수 있다.

타이시의 무덤 구역에서는 또 완전한 형태의 깃털 화살을 발견했는데, 전체 길이는 85센티미터였다. 화살대는 이미 썩어 없어졌으나 남은 흔적이 아주 뚜렷한데, 등나무 줄기 종류로 만든 듯하다. 깃털은 이미 흔적도 없이 사라졌으며, 발굴자가 복원도를 그릴 때는 후세의 문헌을 참고하

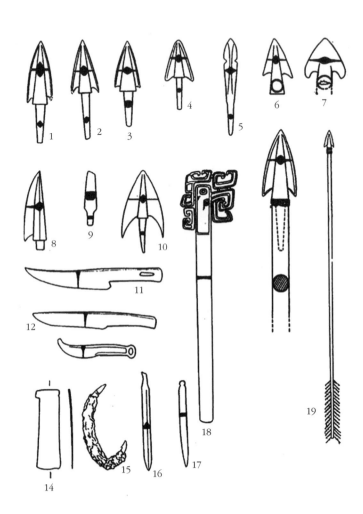

타이시에서 출토된 화살촉과 복원도

여 화살 꼬리의 깃털을 덧붙였다.

숙소와 부엌

주택 구역의 복원도는 무사들의 생활에 관한 약간의 정보를 제공한다.

발굴된 주택 구역에 이어진 건물은 7개의 조합에 모두 20여 칸이었다. 모든 칸에는 단독으로 밖을 향한 문이 달려 있었고, 내부는 서로 연결되어 있지 않았다. 문을 여는 방향도 일치하지 않아 한 건물에 있는 2개의 방은 각기 동쪽과 서쪽으로 문이 달려 있을 수도 있었다. 전체적으로 말하자면 이 주택 구역은 일련의 '독신자 숙소'와 비슷했다.

이 건물들은 일상생활을 하던 주택이 아니었으니, 거의 모든 방에 밥을 하는 솥을 비롯한 취사도구가 없고, 부뚜막이나 불을 피우는 구덩이도 없었다.(부뚜막의 그을린 흙과 재는 본래 가장 보존되기 쉬운 것이다.) 다만 주택 구역 최북단에 2칸짜리 '공공 부엌'이 있었다.

그러므로 이 주택 구역은 군영軍營의 성격을 가진 공공건물로서, 무사들이 정기적으로 묵으며 근무하도록 제공된 것이었다. 그들은 별도 주택에 노인과 처자식, 노비, 가축을 두었을 것이다. 거의 모든 청동기 무사의 무덤에 취사용 도기 솥鬲과 청동 솥鼎이 부장되어 있었으니, 이것은 개인의 가정생활이 있었음을 말해준다. 다만 지금까지는 아직 개인 주택이 발굴되지 않았다. 군영의 숙사 규모로 판단하건대, 그들의 주택도 그다지 호화롭지는 않고 수십 제곱미터 크기의 흙을 다져 만든 기초 위에 세운 건물이었을 것이다.

분류 번호 F14인 2칸짜리 '공공 부엌'은 넓은 공간을 가진 건물로 남쪽 방의 벽에는 부뚜막이 있고, 나무 기둥의 아래쪽 절반은 풀을 섞은 진

흙을 발라서 부뚜막의 불이 옮겨 붙지 않게 했다.

2칸짜리 부엌에서는 대량의 도제 취사 기구가 출토되었는데 대형 항아리부터 소형의 솥과 그릇^皿까지 갖춰져 있었다. 그 가운데 하나인 큰 항아리 안에는 17근^斤에 달하는 '회백색 물 때 모양의 침전물'이 담겨 있었는데, 검사 결과 황주^{黃酒}를 만들기 위한 효모^{酵母}였다. 보아하니 부엌은 양조장의 역할도 겸했던 듯하다. 이외에 출토된 기물 가운데는 도제의 깔때기 모양 용기도 있었으니 술을 따르는 도구였을 것이다.

부엌에서 발굴된 몇 개의 도기 항아리 안에는 말린 과일이 아주 많이 담겨 있었다. 자두씨와 복숭아씨의 속살과 대추씨, 대마^{大麻}와 전동싸리^{草木}^樨의 씨도 있었다. 한 학자의 주장에 따르면, 그것들은 질병을 치료할 목적의 약주를 제조하는 데에 쓰였을 가능성이 있다.

화베이 지역의 아열대 시절

타이시 유적지에서 출토된 야생동물의 뼈는 주로 사슴뿔로 제작된 동구였으며, 미록^{麋鹿}이 포록^{麅鹿}보다 많았다. 생활 습성으로 보면, 미록은 주로 덥고 습한 지역의 못 주위에 사는 데 비해, 포록은 주로 건조한 풀밭과 성긴 숲에 산다. 이것은 당시 타이시 지역에 못과 습지가 많고, 간혹 마른 풀밭과 숲이 있었음을 말해준다.

앞서 설명했듯이 상족은 대두하여 왕조를 세우는 과정에서 줄곧 물소를 데리고 다녔다. 심지어 청동기 무사가 머나먼 북방에 와서 군사 거점을 건립할 때도 이런 익숙한 가축을 몰고 왔다. 타이시 유적지의 건물과 무덤에서는 대부분 물소의 뼈가 출토되었다. 예를 들어 타이시 동측의 제사갱 H50에는 완전한 형태의 물소 유골 하나가 묻혀 있었고, M102에도 물소의 뿔 한 쌍과 양의 견갑골, 돼지 다리가 묻혀 있어서 돼지와 소, 양의

0   25센티미터

F14 건물(부엌) 복원도와 일부 도기들

'세 희생'을 대표했다. F2 동쪽 벽의 남북 양쪽 끝에도 물소 뿔 하나를 매장하고 흙을 다져서 토대를 만들었다.

상족의 전설 가운데 선조 왕해王亥가 물소 떼를 따라 황허강 북쪽, 타이시 유적지에서 북쪽으로 250킬로미터 떨어진 역씨易氏의 땅에 간 적이 있다고 했다. 다만 또 다른 중요한 가축인 말은 타이시 유적지에서 종적을 찾아보기 어렵고, 지휘 센터로 보이는 F6의 서쪽 대문 밖에 있는 쓰레기 구덩이 H3에서 말의 갈비뼈 하나를 발굴했을 뿐이다. 그것은 음식으로 먹고 남은 것일 가능성이 있다.[154] 말과 말이 끄는 전차가 중국에서 출토된 것은 비교적 시기가 늦다. 대체로 상나라 후기에야 보급되었다. 타이시와 같은 시기의 은 땅의 도읍에도 이미 마차가 있었으나, 타이시 취락은 등급이 상대적으로 낮았으므로 아직 없었을 것이다.

이외에 M112의 부장품 가운데는 철인동월鐵刃銅鉞과 청동 단지銅瓿가 각기 하나씩 들어 있었다. 도끼는 비교적 작아서 성인의 손바닥만 한 크기였는데, 주요 몸통은 청동이고 칼날은 철로 만들었다. 칼날은 이미 떨어져 없어졌고 떨어진 부분에 아직 상당히 많은 철 물질이 남아 있다. 왜 칼날이 없는 이 도끼를 부장했을까? 어쨌든 탄화된 철은 청동보다 훨씬 견고하고 날카롭지 않은가? 이것은 해석하기 어렵다. 어쩌면 철로 된 칼날 부분이 너무 진귀해서 후세 사람이 떼어내 계속 사용하고, 도끼 몸체만 부장했을 수도 있다. 청동 단지는 상당히 정교하여 타이시의 다른 무덤에 부장된 청동기보다 잘 만들어졌다. 보아하니 이 무덤의 주인은 대단히 부유했던 듯하다. 이 무덤은 1972년에 농민이 흙을 채취할 때 파낸 것으로서 전문적인 발굴을 통해 나온 게 아니다. 그 바람에 무덤에 순장된 사람이 있다는 것만 알 수 있을 뿐, 다른 많은 정보는 이미 복원할 길이 없다.

일찍이 한 학자는 상나라 때는 아직 철을 제련하고 단련할 기술이 없었으므로, 이 청동 도끼의 철로 된 칼날은 틀림없이 운철隕鐵이었을 것이라고 주장했다. 다만 거기에 함유된 미량의 원소로 추측건대 운철이 아니라 인공으로 제작한 연철鍊鐵이라고 주장하는 학자도 있었다. F14 '부엌' 앞쪽에서는 제련한 철 잔해와 철광석 2개가 출토되었으니, 타이시에 살았던 이들이 어쩌면 이미 철을 제련하는 초보적인 기술을 장악했다는 증거일 수도 있다. 다만 철을 제련하고 단련한 작업장과 생산품이 발굴되지 않아서, 지금으로서는 확정할 수 없다.

타이시 유적지에는 청동기 무사뿐만 아니라 보통 농민도 있었다. 발굴은 귀족들이 경영하던 지극히 제한된 공간에만 집중되었으나, 가장 변두리 지역에서 가난한 사람이 살았던 건물의 기초가 발굴되었으니, 이것이 바로 F10이다.

무사들의 진영에서 뒤쪽으로 10여 미터 떨어진 곳에 있는 F10은 동서의 길이가 2.6미터, 남북의 폭이 1.6미터이고, 실내에는 겨우 4제곱미터의 공간만 있어서 지극히 협소하다. 건축 방법은 먼저 지상에 50센티미터 깊이의 반지하 형태의 구멍을 파서 거실의 윤곽을 만들고, 그런 다음 초목을 덮어 움집을 만들었다.

실내의 방 귀퉁이에는 직경과 깊이가 모두 50센티미터 정도 되는, 물건을 저장하기 위한 원형의 구덩이가 하나 있었는데, 그 안에는 밥을 짓는 데에 쓰던 도제 솥鬲과 부서진 석제 농기구가 들어 있었다. 저장 구덩이 옆은 부뚜막으로서 불탄 흙과 재가 있었다. "저장 구덩이와 부뚜막을 빼면 두 사람이 겨우 쉴 만했다. 이런 누추한 건물은 당연히 거주자의 사회적 지위가 낮은 것과 관련이 있다." 이것은 신석기시대와 청동기시대의 지극히 일상적인 농민의 집이다.

농민의 무덤은 청동기 무사들의 군영 주위에 흩어져 있었는데, 대부분 부장품이 없거나 한두 건의 조악한 도기만 있을 뿐이었다. 타이시에서는 지금까지 112곳의 크고 작은 무덤이 발굴되었는데, "완전한 형태나 이미 부패하여 가루가 된 것 외에, 10곳의 무덤에 있는 주인의 유골은 넓적다리뼈나 정강이뼈가 전부 혹은 절반이 잘려 나간 상태였다. 그 가운데는

제사갱 속의 물소 해골

잘린 면에 칼로 자른 흔적이나 톱으로 벤 흔적이 있으니, 월형刖刑을 받은 듯하다."

다리가 잘린 사람의 수가 전체 무덤의 수 가운데 10분의 1을 차지하는데, 일부 무덤의 유골이 완전히 부패해서 관찰하고 통계를 낼 방법이 없다는 점을 고려하면, 실제의 비율은 더 높을 것이다. 이 역시 청동기 무사들이 농민을 통치하는 방식 가운데 하나였다.

타이시 유적지에서는 또 돌과 뼈를 갈아 만든 화살촉이 대량으로 출토되었는데, 하층 농민의 사냥 도구였던 것들도 있고 청동기 무사의 것도 있었다. 이 귀족들은 일반적으로 서너 개의 청동 화살촉만을 부장했는데, 보아하니 더 많이 부장하는 것은 부담스러운 일이었던 듯하다.

타이시 유적지에는 문자가 남아 있지 않으며, 청동기에도 부족을 상징하는 명문銘文이 없어서, 그곳에 살던 상나라 사람들의 씨족 명칭과 그들이 주둔해 방어하던 이 지역을 부르던 명칭이 무엇이었는지 알 수 없다. 그저 규모가 그다지 크지 않은 군사 취락이었고, 주인도 성명을 남기지 않은 지방의 군사 귀족이었다. 그와 안양 은허에 있던 상나라 왕 사이에는 적어도 하나의 지휘 계층이 더 끼어 있었을 것이다.

은 땅의 도읍과 거리가 약간 멀지만, 타이시의 상나라 사람들은 전혀 고립되지 않았다. 그들이 사용한 청동기는 은허의 그것과 완전히 똑같아서, 전형적인 은허 초기의 양식에 속한다. 예기의 꽃무늬는 번잡하여 거의 전체에 퍼져 있는데, 상나라 초기 정저우와 판룽청의 청동 예기는 대부분 좁은 띠 하나만 장식되어 있다. 이것은 타이시의 상나라 사람들이 도성과 대단히 밀접한 관계를 맺고 있었으며, 상 왕조도 이들 북방 변경의 수비자들을 상당히 중시했음을 말해준다.

이 군영은 훗날 폐기되었다. 발굴 현장을 보면, 가장 큰 연합 건물인 F6과 같은 일부 건물은 화재로 훼손되었다. 다만 이것이 영지를 폐기한 게 전적으로 화재 때문임을 의미하지는 않는다. 설령 화재로 훼손되었더라도 중건하는 게 어려운 일은 아니었기 때문이다. 게다가 이 군영의 건물은 원래 수재를 당한 뒤에 중건한 것이었다.

이곳이 폐기된 진정한 원인은 청동기 무사들이 방어지를 옮겼기 때문일 것이다. 반경이 천도한 뒤에 황허강 북안에 대한 상 왕조의 통치는 나날이 안정되었고, 변방의 방어선도 점차 북쪽으로 옮겨 갔다. 은허 후기엔 북방의 방어선은 이미 타이시 유적지와 약 80킬로미터 떨어진, 오늘날 허베이성 딩저우定州까지, 심지어 그보다 더 북쪽까지 나아가 있었다.

어쩌면 일부 건물이 불탄 것을 타이시의 우두머리는 신이 내린 계시로 해석하여 옛 거처를 버리고 북쪽으로 이주했을 수도 있다. 청동기 무사들이 서둘러 떠날 때 공동 부엌의 양주 원료를 담은 대형 도기 항아리와 같은 일부 무거운 물품들은 버려졌다. 주위의 농민에게 군영에 남겨진 물품들은 상당한 가치가 있었을 테지만, 보아하니 그들은 사람의 머리가 걸려서 대롱거리는 이 무서운 영지로는 들어가지 않았다. 그래서 오랫동안 손보지 않은 건물은 계속 무너지다가 결국에 묻히고 말았다.

이와 동시에 은상 왕조는 한창 중흥하여 번영을 향해 치달리고 있었다.

부록: 북방의 식인 부락

옌산燕山산 남쪽 기슭에 늘 식인하던 취락이 하나 있었으니, 이것이 바로 오늘날 베이징 창핑구昌平區의 장잉張营 유적지다.[155]

얼리터우-하 왕조 시기에 장잉의 취락은 이미 존재하고 있었으나, 그 단계의 유적은 아주 드물게 남아 있다. 초기 상나라의 마지막(장잉 유적지 제3기, 얼리강 문화 후기)에 이르러 장잉에는 이른바 '별당瘪裆'이라고 하는, 자루 모양의 다리가 달린 도기 솥鬲과 같은 상족 스타일의 도기들이 나타났으나, 여전히 현지의 도기가 주류를 이루고 있었다.

새로운 변화는 동기를 제조하기 시작한 것이었다. 장잉 유적지에서 발굴된, 구리 주조를 위한 석제 및 도제 거푸집은 모두 화살촉과 바늘, 송곳, 낚싯바늘, 작은 칼과 같은 소형 동기를 제작하기 위한 양면 거푸집이었다. 이외에도 구리로 만든 귀걸이와 끌, 물고기 모양의 칼집 장식魚鏢, 그리고 빗이 있었다. 구리를 제련한 찌꺼기도 출토되었으니, 그 지역에서 구리 광석을 이용하여 제련하고 주조했음을 알 수 있다. 다만 청동 용기의 거푸집과 실물이 발견되지 않았고 청동 과와 모, 도끼 등의 무기도 발견되지 않았다. 검사 결과 대다수 청동기는 구리와 주석의 합금이고 기본적으로 아연은 없었다. 다만 이런 합금은 경도가 상당히 강해서 작은 청동기를 제작하는 데에만 적합했다. 장잉 사람들의 청동기는 자체적으로 사용하기 위한 것이 주류였고 외부에 판매하는 것은 적었던 듯하다.

장잉의 취락에서는 몇 개의 아주 작은 건물 유적지만 발견되었고, 뚜렷한 계층의 분화 없이 여전히 부락 생활의 단계에 머물러 있었다. 현재까지 122곳의 회갱(쓰레기 구덩이)이 발굴되었는데, 그 가운데 12곳에는 인골 부스러기와 조각이 돼지, 소, 양, 사슴의 뼈와 뒤섞여 있었다.[156] 완전한 형태의 골격이나 지체肢體는 없고, 인두도 모두 깨져 있었다.

인골로 제작된 일부 공구들은 주로 대퇴골 뼈로 만든 송곳이었는데, 그것들은 쓰다가 망가진 뒤에 쓰레기 구덩이에 던져졌을 것이다. 그 외에 F1에서는 사람의 넓적다리뼈 하나가 발견되었는데, 이것 역시 공구를 제작하기 위한 재료였을 것이다.

발견된 60개의 인골 가운데 2개만 하나라 말엽, 상나라 초기(장잉 제2기)에 속하고, 나머지는 상나라 중전기中前期(장잉 제3기)에 속한다. 발굴 보고서에서는 회갱 H84의 인골은 적어도 7명의 것이고, H105의 인골은 2명의 것이라고 추측했다. 인골은 지나치게 부스러져 있어서 대부분 연령과 성별을 감정할 수 없고, 몇 개의 치아만이 20세 전후 청년의 것이었다.

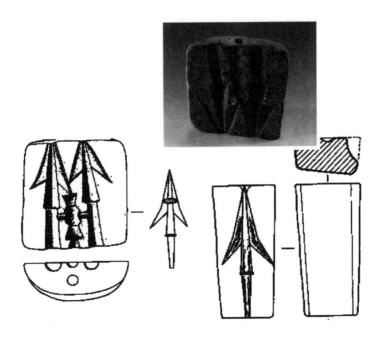

화살촉을 주조하는 데에 쓰인 2개의 석제 거푸집. 각기 화살촉 하나와 2개만 주조할 수 있었다. 시안의 라오뉴포 제2기에서 발견된 도제 거푸집이 한 번에 적어도 5개의 화살촉을 주조할 수 있고, 정저우 상성의 도제 거푸집이 한 번에 10여 개를 주조할 수 있었던 데에 비해, 장잉은 취락의 규모도 작고, 청동기 생산량도 훨씬 적었다.

몇몇 뼈들, 특히 넓적다리뼈에는 두드려 깨고 칼로 자른 흔적이 있으니, 뼈를 두드려 골수를 빨아먹은 결과일 수 있다. 절반 정도의 뼈는 익힌 흔적이 있으니, 틀림없이 구워서 먹었을 것이다. 발굴 보고서에서는 당시 이곳에는 식인 풍속이 있어서, 전쟁 포로나 노예를 살해한 뒤에 사지를 해체해서 나누어 먹었을 것으로 추측했다.

제3기의 장잉 사람들은 청동기를 제련하고 주조할 줄은 알았으나, 석기를 완전하게 대체하지는 못했다. 발굴된 것들 가운데 가장 중요한 농기구와 공구들은 모두 석기로서 돌도끼가 32건, 돌대패石鏟가 13건, 돌낫石鐮이 56건, 돌칼石刀이 23건, 돌 자귀石錛가 10건, 돌 화살촉이 10건, 돌을 갈아 만든 쟁반盤이 11건, 봉棒이 14건이었다. 가축 사육 외에 수렵이 차지하는 비중도 상당히 커서 회갱 안에는 비교적 많은 사슴류의 뼈와 호랑이, 표범, 갈색곰, 말, 나귀 등의 뼈도 있었다.

그렇다면 장잉의 세력이 가장 번성하고 식인 행위가 가장 많았던 제3기에 그들은 상 왕조와 무슨 관계였을까?

이 단계에서 초기 상 왕조의 확장은 정점에 도달해 있었으나, 장잉 취락은 정저우 상성과 750킬로미터도 넘게 떨어져 있어서, 후베이의 판룽청보다 절반쯤 더 멀었다. 그러므로 초기 상 왕조의 세력이 직접적으로 이곳을 통제했다고 단언하기는 무척 어렵다. 그러나 청동을 제련하고 주조하는 기술과 상나라 양식의 도기들은 장잉 사람들이 분명 상 문화의 영향을 받았음을 보여준다.

장잉 사람들의 식인 풍습은 그들 고유의 전통으로서 상족과 큰 관계가 없을 테지만, 새로 전래된 청동 주조 기술로 인해 그들은 주변의 부족을 더 쉽게 격퇴하여 식용 인골의 수량을 늘릴 수 있었다. 이는 기술로 변화된 집단이었으나, 결국에는 초기 국가의 단계까지 세력을 확장하지 못했다. 보아하니 이곳 사람들은 부락 생활에 안주하다가 나중에 다른 곳으로 이주하여 3000여 년 전의 안개 속으로 사라져버린 듯했다.

　야만적이고 황량한 상고시대에 대해 우리 현대인이 이해할 수 있는
것은 사실상 아주 적다.

제10장 은허 왕실의 인신공양제사

    샤오솽차오 유적지로 대표되는 '중기 상나라'는 길지 않은 셈이어서 100년도 채 미치지 못한다. 그 기간에 잔혹한 인신공양제사 의식을 치르고, 흙을 다져 만든 거대한 토대土臺인 '주발묘'를 만들었으나, 상 왕조 전체는 여전히 쇠락한 흔적을 드러내고 있었다. 제19대 왕인 반경이 은 땅으로 천도하면서부터 비로소 중기 상나라의 슬럼프에서 벗어났다고 할 수 있다.

    전후로 500~600년 동안 존속했던 상 왕조에서 은상 시기는 대략 뒤쪽의 절반인 250년 정도를 차지하며, 이 때문에 학계에서도 그것을 '후기 상나라晩商'라고 부른다. 은허의 고고학적 발굴은 비교적 풍부해서 상나라 왕의 점복을 글자로 새겨 기록한 갑골이 대량으로 출토되었으며, 왕궁과 왕릉, 그리고 여러 곳의 상나라 족읍과 묘지들이 발굴되었는데, 왕족의 것도 있었고 보통의 상나라 족읍 사회도 있었다.

    은허에는 인신공양제사의 흔적이 가장 많이 보존되어 있는데, 이 장에서는 주로 은허의 왕족 생활 구역과 인신공양제사를 지낸 장소인 왕궁(종묘) 구역과 왕릉 구역을 소개하겠다.

반경의 훈계

후세의 천도는 종종 도성만 바꿀 뿐이어서 전국에 미치는 영향은 일
반적으로 크지 않았다. 그러나 국가와 부족이 한 몸이었던 상고시대에 나
라의 도읍은 통치자 족군族群이 가장 집중된 것으로, 먼 변방에 드문드문
분포된 거점을 제외한 모든 통치 족군 혹은 국가와 왕조가 통째로 이주해
야 했다. 왕궁뿐만 아니라 모든 상족 부락과 가족의 지파支派, 그들의 가축
과 노예까지 포함되었다. 그러므로 천도 논의는 논쟁을 가득 불러일으켰
을 테고, 대다수 상족은 이주를 바라지 않았을 것이다.

이것이 바로 당시에 반경 왕이 직면했던 곤경이었다.

유가의 경서 『상서』의 몇몇 편에는 역대 상나라 왕의 말이 기록되어
있는데, 후세 사람들이 개편하고 재창작했다는 혐의를 피하기는 어려우
나 여전히 기본적으로 원형을 보존한 개별 편장篇章도 있다. 그 가운데 가
장 믿을 만하고 편폭도 비교적 긴 것은 「반경盤庚」인데, 여기 수록된 말 가
운데는 상나라 사람들의 정신적 기질과 세계관이 상당히 충분히 구현되어
있다.

상나라 사람들의 관념 속에서는 예측 불가하게 환희와 분노 사이를
오가는 신들이 인간 세계를 주재하므로, 천도를 추진하려 한 반경의 말에
나타난 신권神權의 이념은 대단히 솔직하면서도 공갈과 협박으로 가득 차
있다. 이것은 유가에서 묘사하는 옛 성현과는 너무나 거리가 멀고, 상고시
대에 대한 후세 사람들의 상상력도 넘어선다.[157]

「반경」의 문장은 심오하고 난해한데, 이것은 상나라 사람들의 언어
특징이다. 다만 거기에 사용된 것은 어쨌든 후세와 일맥상통하는 문자이
니, 잘 모르는 방언을 듣는 상황과 비슷하더라도 기본적으로 큰 뜻은 판단
할 수 있다.

「반경」에는 반경 왕이 세 차례에 걸쳐 천도에 대해 말한 것이 기록되

어 있는데, 1차는 천도하기 전의 것이고, 나머지 2차는 새로운 도읍으로
천도한 뒤의 것이다.

1차는 반경이 귀족을 왕궁 정원에 소집하여 행한 장편의 연설인데,
대체적인 뜻은 천도 논의를 바꾸는 것은 용납할 수 없으니 반드시 집행
해야 한다는 것이다. 연설이 시작되자마자 반경은 조상의 권위를 인용하
여 이렇게 말했다. 즉 선왕이 지금 왕조의 기초를 다졌는데, 이제 상 왕조
가 불행히도 큰 재난을 당했으나 선왕은 도움의 손길을 내밀지 않으니, 우
리더러 이곳을 떠나라는 뜻이다. 만약 불만을 품고 천도하라는 내 명령을
어긴다면, 우리 선왕이 하늘에서 너희에게 징벌을 내리며 이렇게 말할 것
이다. "왜 감히 짐의 후손에게 복종하지 않는 것이냐!" 일단 선왕들의 기
분이 상하면 하늘에서 너희를 징벌할 것이니, 너희는 끝이 좋지 않을 것
이다!

> 선왕께서 너희에게 벌을 내리시고 "어찌하여 내 자손들과 친밀하지 아
> 니한가!" 하고 말씀하실 것이다. 그러므로 덕을 잃으면 하늘에서 너희
> 를 벌하실 텐데, 너희는 도망치지 못하리라!
> 先后丕降與汝罪疾曰, 曷不暨朕幼孫有比. 故有爽德, 自上其罰汝, 汝罔
> 能迪.

상족의 종교 관념에 따르면, 역대의 왕들은 죽은 후 하늘로 올라가 상
제와 함께하면서 줄곧 자기 자손을 감독하며 보호하고 지켜줄 것이며, 후
대의 상나라 왕도 수시로 인간 세상에 축복과 보우 혹은 재앙을 내린다.
같은 논리에 따라 귀족도 죽은 뒤에 하늘나라로 들어가서 인간 세상에 관
여할 능력을 조금 지니므로, 당연히 자기 후손을 보우하려 할 것이다. 인
간 세상의 분기分岐는 이로 말미암아 하늘나라의 분쟁으로 발전할 것처럼
보인다. 이런 논리적 모순에 직면하자 반경은 신계의 규칙을 강조해야 했

다. 즉, 하늘나라의 귀족들은 반드시 선왕들에게 복종해야지 자기 자손만 편들 수 없다는 것이다. 현세의 귀족이 왕을 거스르면 그들의 선조는 당연히 대의멸친大義滅親의 행동을 취하게 되리라는 뜻이다.

반경은 이렇게 말했다.* [저자의 해석] 예전에 우리 선왕이 너희 선조의 투항을 받아들였기에 지금에 이르러 너희는 내가 (가축처럼) 기르는 백성이 될 수 있었다. 너희에게 악한 마음이 있다면 형벌과 죽임을 당할 것인데, 우리 선왕이 (하늘나라에서) 너희 조상을 추궁할 테니 너희 조상은 너를 돕지 못하고 버려둘 것이다. 그러니 너희는 죽임을 당하지 않도록 조심해라!

> [일반적 해석] 옛날 우리 선왕께서 너희 조부와 아비를 부려서 힘쓰게 하셨으니, 너희는 모두 내가 기르는 백성이 되었다. 너희가 못된 마음을 품는다면 우리 선왕께서 너희 조부와 아비에게 알릴 것이고, 너희 조부와 아비는 너희와 인연을 끊고 버려서 너희를 죽음에서 구해주지 않을 것이다.
>
> 古我先后, 旣勞乃祖乃父, 汝共作我畜民. 汝有戕, 則在乃心, 我先后綏乃祖乃父, 乃祖乃父, 乃斷棄汝, 不救乃死.

계속해서 그는 이렇게 말했다. [저자의 해석] 지금 제사를 책임진 이들은 이미 제수품(조개껍데기와 옥)을 준비했으니, 너희 조상이 (우리 선왕과 함께 나의 제수품을 받으면) 곧 우리 선왕에게, '어서 우리 자손에게 벌을 내리시옵소서!'라고 말할 것이고, 우리 선왕은 즉시 너희에게 불길한 재앙을 내릴 것이다!

---

* 이 부분부터는 『상서』 「반경」의 내용에 대한 저자 나름의 해석을 제시하고 원문을 인용하는 형태로 되어 있는데, 원문에 대한 일반적인 해석과는 약간 다른 부분도 있다. 이번 번역에서는 인용된 원문을 일반적인 해석에 가깝게 제시하여 독자들이 저자의 해설과 미묘하게 다른 부분을 음미할 수 있도록 했다.

[일반적 해석] 여기 내게 정치를 어지럽히는 신하들이 자리를 함께 차지하고 있는데, 너희가 재물을 모으면 너희의 조부와 아비가 우리의 높은 선왕께 이렇게 아뢸 것이다.

"저희 자손에게 큰 형벌을 내리시옵소서!"

이에 높은 선왕께서 너희에게 불길한 재앙을 크게 내리실 것이다.

茲予有亂政同位, 具乃貝玉, 乃祖先父, 丕乃告我高后曰, 作丕刑于朕孫. 迪高后丕乃崇降弗祥.

다만 선왕이 벌을 내리기 전에 반경은 현세의 형벌로 살육을 감행하려 했다. 그는 일상에서의 사례를 이용하여 천도를 불안하게 여기는 이들에게 경고했다. [저자의 해석] 너희가 완고한 생각으로 내 고충을 헤아리지 않고 내 생각을 바꾸려 하는 것은 모두 번거로움과 고통을 자초하는 짓이다. 여러 사람이 배를 타고 강을 건너려 하는데 너희만 혼자 그렇게 하려 하지 않고 배 안에서 계속 소란을 피우며 호의를 가진 이들의 마음을 불안하게 한다면, 나는 너희를 강물에 던질 수밖에 없다. 너희가 생각을 돌리지 않고 혼자 화낸들 무슨 소용이 있겠는가?

[일반적 해석] 너희가 내 마음의 괴로움을 염려하지 않으면서 모두 너희의 마음에 들지 않는다고 여기고, 정성을 다해 공손히 생각하지 않은 채 나 한 사람을 흔드는데, 너희는 그저 스스로 곤란해져서 고통을 자초할 뿐이다. 배를 탔는데 너희가 건너지 않으면 거기 실은 물건이 썩어버릴 것이다. 너희의 정성이 부족하니 그저 침몰할 수밖에 없다. 그 점을 생각하지 않는다면 스스로 분노한들 어찌 해소할 수 있겠는가?

汝不憂朕心之攸困, 乃咸大不宣乃心, 欽念以忱, 動予一人, 爾惟自鞠自苦. 若乘舟, 汝弗濟, 臭厥載. 爾忱不屬, 惟胥以沈. 不其或稽, 自怒曷瘳.

마지막으로 반경은 은혜와 위세를 함께 펼쳐서 회유와 위협으로 제1
차 강연을 마친다. [저자의 해석] 아! 이제 내가 하는 말을 명심해라. 나의 크
나큰 은혜에 영원히 감사하고, 스스로 나와 단절하는 일을 저지르지 말라.
너희가 마음속에서 공평함을 찾는다면 내 도리를 이해하고 착실하게 복종
할 것이다. 더 불안해하거나 내 말에 따르지 않는다면 조금 험한 일을 저
질러 너희 코를 베고, 너희 일가족을 하나도 남김없이 몰살해버릴 것이다.
그렇게 되면 새 도읍에는 너희 자손이 없게 될 것이다! 가라, 살아 있는 자
들이여! 지금 나는 너희를 이주시켜 영구한 가문을 세워줄 것이다.

[일반적 해석] 아! 이제 나는 (천도하는 일을) 바꾸지 않겠다고 너희에게 알
리나니 영원히 공경하며 크게 걱정하여 서로 관계를 끊고 멀리하지 말
도록 하라. 너희는 각자 잘 생각하여 서로 따르고 너희 마음에 중도를
정하라. 길하지 않고 선량하지 못하여 법도를 어겨 공손히 따르지 않고
잠시라도 간사하고 못된 짓을 행한다면 내가 그의 코를 베고 집안을 멸
하여 자손도 남기지 않음으로써 이 새로운 도읍에 그 종족이 옮겨 가지
못하게 하리라! 가라, 살아서 생업에 힘써라! 이제 나는 너희를 옮겨 너
희 가문을 영원히 세워주겠노라.

嗚呼, 今予告汝不易, 永敬大恤, 無胥絶遠. 汝分猷念以相從, 各設中于乃
心. 乃有不吉不迪, 顚越不恭, 暫遇奸宄, 我乃劓殄滅之, 無遺育, 無俾易種
于玆新邑. 往哉, 生生. 今予將試以汝遷, 永建乃家.

천도의 대업은 결국에 완성되었다. 이후의 2차에 걸친 강연은 모두
새 도읍에서 이루어졌는데, 의견의 갈림이 이제 그다지 심각하지 않았으
므로 반경의 위협은 줄어들었고 격려는 조금 더 많아졌다. 그는 '상제'를
끌어들여 천도의 이유를 설명했다. [저자의 해석] 너희는 내가 왜 굳이 백성

을 놀라게 하여 천도했느냐고 묻지만, 이는 내 뜻이 아니라 상제께서 내 조상의 선한 마음에 보답하여 우리의 진흥을 도우려 하셨기 때문이다. 나는 단지 경건하고 정성스럽게 복종하여 너희 만민의 운명을 성실히 떠맡았을 뿐이니, 새로운 도읍에서 영구히 가문을 평안하게 지키도록 하라.

> [일반적 해석] 너희는 내게 왜 만민을 놀라게 하며 천도했느냐고 묻는데, 이는 상제께서 우리 선조의 덕에 보답하여 우리나라를 잘 다스리려 하셨기 때문이다. 나는 독실하고 공경스럽게 백성의 운명을 책임졌을 뿐이니, 이를 통해 새 도읍에서 영원히 살도록 한 것이다.
> 爾謂朕, 曷震動萬民以遷. 肆上帝將復我高祖之德, 亂越我家. 朕及篤敬, 恭承民命, 用永地于新邑.

연설에서 반경은 또 특별히 상제에게 중시된 '선조高祖'를 언급하면서 "이는 상제께서 우리 선조의 덕에 보답하여 우리나라를 잘 다스리려 하셨기 때문"이라고 했다. 후세 상나라 왕의 복사卜辭 가운데 '선조高祖'는 일반적으로 왕해王亥를 가리킨다. 아마도 왕해가 처음으로 상족을 이끌고 황허강을 건너 북쪽으로 갔고, 반경도 이번에 황허강 북쪽으로 천도했기 때문에, 선조 왕해의 보우를 중시했을 수도 있다.

「반경」의 연설을 통해 보면, 상나라 왕의 권위는 하늘의 상제에게서 온 것이지만, 왕은 상제와 직접 소통하는 게 아니라 인간 세상에 관여하려는 상제의 뜻을 선조들을 통해 대신 나타냈다. 반경의 연설을 직접 들은 이들은 모두 상나라의 고급 귀족이었을 테지만, 반경은 그들에게 그다지 존중하는 마음이 담긴 칭호를 쓰지 않고 직접적으로 '백성民'이나 '너희 만민汝萬民' '무리衆' '너희爾衆' 등으로 부르고 있다. 왕과 이들 고급 '백성'의 관계는 목동과 가축의 관계와 같다. "너희는 모두 내가 기르는 백성이 되었다汝共作我畜民"라거나 "(하늘의 뜻을 받들어) 너희를 기른다奉畜汝衆"라고 하면서 걸핏하면 살육과 신령의 징벌을 내세워 위협하고 온정을 베푸는 일은 적었으니, 그야말로 각박하고 은혜가 모자랐다고 할 수 있다.

반경은 또 귀족들을 '생생生生'이라고 칭했으니, 직역하자면 '살아 있는 사람活人'이라는 뜻이다.* 이 역시 생사여탈의 권력은 왕의 손안에 있으니, 누구든 살아 있는 사람은 왕이 베푼 은혜 덕택이고, 고급 귀족도 예외가 아니라는 뜻이다.

200여 년 뒤에 상 왕조가 멸망하고, 주공 주단도 은허의 사람들을 다른 곳으로 옮기라는 의견을 제시할 때 반경과 마찬가지로 은상의 귀족들을 동원하려고 연설했다. 그러니 도읍으로서 은허의 탄생과 괴멸은 반경과 주공의 두 연설 사이에서 결정된 셈이었다.

중도에서 폐기된 완베이 상성

반경은 어디에서 천도했고, 목적지는 어디였는가? 『사기』 「은본기」에서는 황허강 북쪽에서 남쪽으로 천도했다고 설명했다.

반경이 왕이 되었을 때 은나라는 이미 황허강 북쪽에 도읍을 두고 있었는데, 반경은 황허강 남쪽으로 건너가 성탕의 옛 거처에 다시 살게 되었으니, 바로 다섯 번 천도하며 정해진 거처가 없었다.
帝盤庚之時, 殷已都河北, 盤庚渡河南, 復居成湯之故居, 乃五遷, 無定處.

그러나 사실은 전혀 반대였다. 현대 고고학적 발견에 따르면, 사실은 정저우 샤오쐉차오에서 안양 은허로 천도한 것이었다.

---

* 역자가 제시한 번역에서는 "살아서 생업에 힘써라"라고 했다.

은허의 위치는 옛 황허강의 서북쪽, 타이항산 동쪽 기슭의 평원에 있었다. 안양安陽강(과거의 원수洹水)은 타이항산에서 흘러 나와 동쪽으로 흘러 옛 황허강으로 들어갔으며, 안양강의 양안이 바로 은 땅이었다. 은허의 갑골복사에서 '은殷'이라는 지명이 나타난 적이 있는데, '의衣'라고 썼다. 글자의 형태는 깃이 넓은 두루마기長袍를 닮았는데, 발음이 가까운 가차자假借字에 해당한다. 그러나 더 자주 보이는 명칭은 '대읍상大邑商'인데, 갑골문에서 '대大'는 '천天'과 통용되는 글자였으므로, 그것은 또 '천읍상天邑商'이라고 해석할 수 있다. 상족은 자기의 도성을 '상商'이라고 불렀으며, 어디로 천도하든 간에 이 지명은 줄곧 따라다녔다.

반경이 왜 황허강 북쪽의 은 땅으로 천도하려 했는가에 관해서는 역사서와 고고학에서 모두 해답을 제시하지 못하고 있다. 『상서』「반경」에서는 상나라 사람들이 예전의 도성에서 곤란한 일들을 당하여 안정적이지 못했다고 언급했다. 그러나 고고학의 발굴 결과로 보면 샤오쐉차오 시절의 중기 상나라는 웅대했다고 하기는 어려워도 그곳을 위협할 세력은 사실 없었다. 특히 샤오쐉차오의 서쪽과 남쪽에는 강대한 부족이 전혀 없었으므로, 반경이 왜 동북쪽으로 옮겨 갔는지 해석하기 어렵다.

샤오쐉차오 도읍에는 산둥의 웨스 문화에서 온 요소가 있었으니, 샤오쐉차오 조정은 동방과 상당히 긴밀한 연계를 가진 듯하다. 그러므로 반경은 산둥으로 천도하는 게 이치에 맞다. 그런데 사실은 그 반대였다. 이후의 갑골복사에 따르면, 산둥 지역의 토착민(동이족)과 상 왕조의 관계는 그다지 좋지 않았다. 보아하니 샤오쐉차오에 융합된 웨스 문화의 요소는 상 왕조가 동방과 오랫동안 친밀한 관계를 유지했음을 나타내는 게 아닌 듯하다.

또 어떤 학자는 수재를 피하고 구리 광산을 찾는 등의 관점에서 천도의 원인을 모색하기도 했다.[158] 확실히 은허는 샤오쐉차오에 비해 지세가 약간 높고 황허강과 멀리 떨어져 있으며, 게다가 서쪽의 타이항산에는 구리 광산이 있었다. 다만 문제는 관중 분지 라오뉴포의 상 문화 유적지와 진난 지역의 위안취垣曲와 둥샤평東下馮 상성처럼 이런 조건을 만족하는 지역이 아주 많았다는 데 있다.

은허에 대한 고고학적 발굴은 하나의 실마리를 제공한다. 이 단계에서 상나라 사람들은 한 가지 중요한 기술 즉, 말이 끄는 전차를 장악했는데, 이 기술은 북방에서 전래됐을 가능성이 있다. 이 때문에 반경이 북방으로 천도한 것도 말의 산지와 더 가까워지기 위해서일 수도 있다.

이상의 서술은 모두 '이성'의 층위에서 반경의 천도 원인을 찾는 것이었으나, 상나라 사람들이 살던 시대에 '이성'은 단지 정책 결정에 일부분에만 영향을 미쳤고, 상당 부분은 귀신과 점복에 의해 결정되었다. 이런 '비이성'적인 요소를 복원할 수는 없으나 경시할 수도 없다. 완베이 상성은 반경이 안양강 북쪽에 기획한 대형 성으로서, 기본적으로 정사각형─한 변의 길이는 2200미터─이며, 흙을 다져 만든 성벽의 바닥은 폭이 10여 미터에 이르니, 그 규모는 초기 상나라의 정저우와 옌스의 상성을 넘어선다. 틀림없이 반경은 초기 상나라의 황금시대를 다시 건립하려고 시도했다.

완베이 상성의 왕궁 구역은 성안 중앙에서 남쪽으로 치우쳐 있으며, 2개의 대형 궁전 토대가 있다. 이것은 닫힌 쓰허위안四合院 구조이며, 중심 전당은 북쪽에 있다.

1호 궁전의 토대는 대단히 커서 총면적이 거의 1만6000제곱미터─동서의 길이는 약 173미터, 남북의 폭은 약 90미터─에 이르러서 표준 체조 경기장 정도다. 이 궁전은 규모에서 예전의 기록을 깼으며, 그 뒤로 수백 년 동안 그것을 넘어선 예가 없다. 이를 통해서도 반경의 당시 야심이 얼마나 컸는지 알 수 있으니, 상나라 귀족과 민중이 천도에 반대한 정서가 전혀 이유 없는 게 아니었다. 어쨌든 새로운 도읍과 궁정을 건설하는 데에 필요한 재물은 그들의 몫이었기 때문이다.

궁전의 정실正室 안에는 개를 매장하여 다진 토대가 있으며, 정원으로 통하는 여러 개의 계단이 있다. 게다가 여러 계단의 동쪽에도 구덩이를 하나씩 파서 사람을 1명씩 매장했다. 현재 발표된 간략한 보고서에는 정보가 한정되어 있어서 결국에 얼마나 많은 구덩이가 있고, 그 안에 매장된 사람들의 특징이 어떠한지는 분명하지 않다. 다른 건물과 방 옆에도 기초나 제사갱이 있었는데, 구덩이 안에는 주로 양이 들어 있었고, 비어 있는 구덩이도 있었다. 발굴자의 추측으로는 술과 피로 제사를 지냈을 가능성이 있다고 했다. 문 옆의 기초에 있는 구덩이에도 사람을 1명 매장했다.[159]

2호 토대는 규모가 약간 작아서 면적이 약 6000제곱미터인데, 지금은 작은 일부분만 발굴되어 있다. 그곳 제사갱 안에서는 순장한 사람이 발견되지 않았다. 한 우물 속에서는 동물 뼈들이 대량으로 발견되었는데, 황소와 물소가 모두 포함되어 있고, 황소가 절대다수를 차지했다.[160]

상 왕조가 완베이 상성을 이용했던 기간은 길지 않아 성벽의 많은 부분이 아직 완성되지 않은 상태에서 성 전체가 버려졌다. 그런 뒤에 상나라 사람들은 안양강 남쪽에 새로운 왕궁 구역을 건설했으며, 다수의 족읍 취락도 안양강 이남에 자리를 잡았으니, 이것이 바로 후세에 유명해진 '은허'다. 다만 완베이 상성은 3000여 년 동안 잊혔다가 21세기에 이르러서야 새롭게 발견되었다.

그렇다면 상나라 사람들은 언제 안양강 이남으로 이주하기 시작했을까? 은허에서 출토된 갑골복사를 보면, 가장 이른 시기는 제22대 왕인 무정武丁 시대였다. 무정은 반경의 조카로서, 그들 사이에는 또 2명의 왕이 있었으니, 반경의 아우인 소신小辛과 소을小乙(무정의 부친)이 그들이다. 그러므로 완베이 상성은 그저 반경과 소신, 소을까지 3대만 거쳤을 뿐이고, 기간도 50년을 넘기지 못했다.

완베이의 궁전 구역에는 불탄 성벽과 지붕이 무너져 만들어진 불에 그슬린 흙더미 같이 화재로 훼손된 흔적이 많이 남아 있다. 어떤 학자는 이를 근거로 완베이의 궁전에 화재가 발생하여 심각한 손실이 발생하자 무정이 지지부진 완공이 늦어지고 있던 이 성을 불길하다고 여기고 버린 후, 안양강 남쪽에 새로운 궁전 구역을 건설했다고 추측했다.[161]

무정武丁의 새로운 도읍

새 궁전 구역은 안양강 물길의 굽이 안쪽, 지금의 안양 샤오툰촌小屯村 북쪽의 '은허박물관' 자리에 있었다.

새 궁전을 지을 때 무정은 이전의 '성지城池' 도성의 모델을 버렸다. 그는 상 왕조의 도성이 외래의 위협을 받을 가능성을 믿지 않고, 방대한 인력을 소모하여 성벽을 쌓기보다는 차라리 능동적으로 외부로 확장하는 게 낫다고 생각했다. 무정이 계획한 궁전도 더는 폐쇄된 큰 정원이 아니라 서로 독립된 몇 개의 대형 건물로서, 모두 1미터 두께로 다진 기초 위에 나무 기둥을 세우고, 흙을 다져 쌓은 중후한 벽이 있어서 지진을 견딜 수 있었고, 게다가 단독으로 분산된 구조도 화재를 방비하는 데에 편리했다.

왕궁의 건물은 대부분 안양강과 태양이 떠오르는 동쪽을 향하고 있으며, 남북으로 좁고 길게 배치되었다. 갑구甲區로 획정된 가장 북단은 상나라 왕의 주요 생활 구역으로서 대여섯 채의 중심 전당과 날짐승 사육장이 있었으니, 상나라 사람들이 새를 숭배하는 신앙이 있었음을 암시한다. 궁전의 잡역을 하는 이들이 거주했던 작은 건물은 주변에 이어져 분포되어 있다.

갑구에서는 갑11 궁전 기초가 가장 커서 남북 길이가 46.7미터이고 폭은 10.7미터다. 가장 큰 나무 기둥은 원형으로 주조된 청동 조각 위에 세워졌는데, 일상적인 주초석柱礎石은 아니었다. 다진 흙에는 인두 1개가 매장되어 있었으나, 궁전의 토대를 파지는 않았으므로 기초를 다지는 데

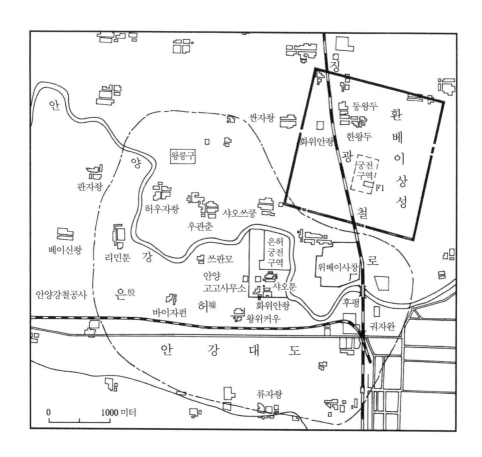

완베이 상성과 은허 유적지의 범위

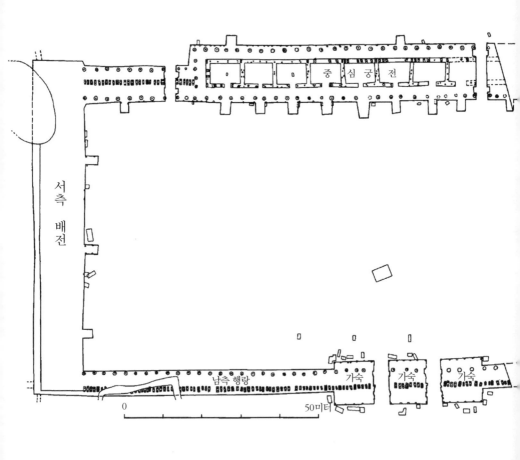

중심궁전

서측 배전

남측 행랑

가숙 가숙 가숙

0   50미터

완베이 상성 1호 궁전 발굴 평면도[162]

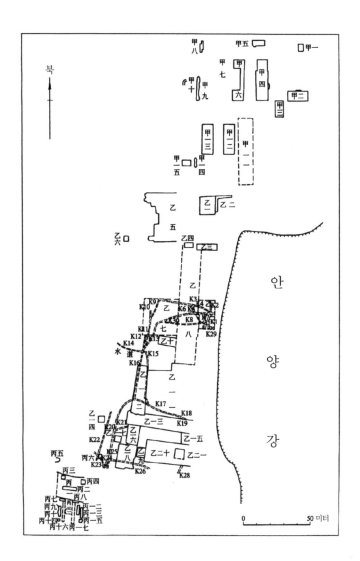

은허 궁전 구역 건축[163)

에 몇 개의 인두를 묻었는지는 아직 알 수 없다.

갑11의 서쪽은 갑12 기초로서 남북의 길이는 20.5미터이고 동서의 폭은 8.7미터다. 기둥을 세웠던 2개의 구멍을 통해 보건대, 이것은 무거운 처마가 있는 전당이었다. 2개의 기둥 구멍 옆에서는 각기 1개의 인두를 발견했는데, 그 가운데 하나는 귀와 코를 따라서 아래쪽을 잘라낸 반쪽짜리였다.[164]

갑구의 면적은 크지 않아서 남북의 거리가 100미터 전후다. 그 남단은 을구乙區인데, 이곳에는 전당이 더 많고 더 크며, 게다가 각 대전의 주변에 모두 여러 개의 제사갱이 있다. 고고학자들은 을구가 상나라 왕의 종묘가 있던 구역으로서 상족의 시조인 설契 이래의 역대 선왕과 선비先妣를 모시는 곳이었다고 추측하고 있다.

가장 큰 제사 구역은 을7 기초의 남쪽에 있는 공터다. 이곳에는 100여 개의 제사갱이 밀집되어 늘어서 있는데, 제사에 희생된 사람의 수가 600명을 넘어서며 또 마차 5대, 말과 소가 수십 마리, 양과 개도 100여 마리나 된다. 일부 제사갱에는 머리가 잘린 시신이 밀집해 있다. 또 1명만 묻은 제사갱도 있는데, 희생자는 무기를 휴대하고 무릎을 꿇은 자세로 창戈과 방패를 손에 쥔 형태다. 은허박물관에서는 을구의 일부 제사갱을 복원하고 유리 덮개를 덮어 노천에 전시함으로써 관람객들이 상 왕조의 독특한 기질을 직접 볼 수 있게 했다.[165]

을구도 상나라 왕이 일을 논의하고 공무를 처리하는 주요 장소였으니, 중대한 결정은 갑골 점복을 이용해서 역대의 선왕에게 징조를 보여달라고 청했으므로 종묘도 정치를 논의하는 전당이었다. 일부 황실 전용 점술사도 이곳에 거주하여 수시로 왕에게 봉사했다. 제사 구역의 을12 전당바로 옆에는 YH127로 분류된 구덩이가 있는데, 그 안에는 1만7000여 개의 갑골이 쌓여 있었다. 그것들은 주로 거북의 복갑腹甲이었는데, 해독 결과 무정이 왕으로 있을 때의 복사卜辭였다. 이곳은 갑골복사의 저장실이었을 가능성이 있는데, 일정 기간이 지난 뒤에 흙을 메워 매장한 듯했다. 갑골 무더기 안에는 또 완전한 형태의 유골이 하나 있었는데, 발굴자의 추측에 따르면, 이 사람은 갑골을 보관하던 이로서, 마지막에 갑골 문서를 위해 '부장'되어서 구덩이를 지키는 귀신으로서 이 비밀을 3000여 년 동안 보호해온 듯하다. 무정이 남긴 갑골은 아주 많고, 은허 안에 흩어져 있는 범위도 넓어서 YH127에만 한정되지 않는다.

을구의 제사갱은 대부분 선조에게 바친 것이나, 왕궁의 면적이 제한되어 있어서 이 광장을 몇 차례 사용하고 나자 무정은 어쩔 수 없이 안양강 북쪽에 새로운 왕릉 구역과 제사 구역을 계획해야 했다. 이후로 을구 전당의 종교적 기능은 감소하여 기능상 점차 갑구에 의존하게 되었다. 점술사 가족도 매우 신속하게 번성하여 남쪽으로 수백 미터 떨어진 곳으로 이주함으로써 오늘날 샤오툰촌 일대에 새로운 점술사 취락을 형성했다.[166)

을구 서남쪽으로 10미터 남짓 떨어진 곳은 발굴자가 병구丙區라고 부르는 부분이다. 이곳의 기초 범위는 아주 좁아 주변의 길이가 30미터를 넘지 않으며, 게다가 유적도 대단히 특수해 흙을 다져 만든 협소한 기초와 제사갱만 몇 개 있을 뿐이다. 5개의 제사갱에는 머리가 잘린 사람이 매장되어 있는데, 그 가운데 한 곳에는 20명이, 나머지 4곳에는 모두 3명이 매장되어 있다. 일부 제사갱에는 개와 양이 매장되어 있으며, 8곳에는 양의 뼈가 섞인 검은 재가 가득 채워져 있었다. 또 빈 구덩이들도 있었다. 재는 제수품을 태우는 '요제燎祭'의 흔적이었고, 빈 구덩이 안에 바쳐진 것은 응당 술과 피였을 것이다. 이를 통해 추측건대, 이 흙을 다져 만든 협소한 기초들은 보통의 건물이 아니라 제물을 바치는 제사대로서 인간 희생과 가축을 도살하고 해체하여 제수품을 진열하는 곳이었다.

상나라 왕은 모시는 제사의 종류가 매우 많았으며, 지하에 직접 묻는 것은 일부분에 지나지 않았다. 갑골복사에서는 상나라 왕도 늘 사방의 바

람과 새, 강하江河, 산악 등의 자연신에게 제사를 지냈으며, 일상적으로 '요
제'를 활용했다. 병구의 제사대와 제사갱은 주로 자연신에게 바친 것일 수
도 있다.[167]

을구와 병구의 동남쪽은 발굴자가 '정구丁區'라고 확정한 부분인데,
일련의 대형 건물들이 있다. 이곳은 상 왕조의 '대학'이었을 가능성이 있
는데, 이에 관해서는 뒤에서 자세히 소개하겠다.

상나라 각 족읍의 취락은 왕궁 바깥을 둘러싸고 분포되어 있다. 직경
5, 6킬로미터의 넓고 성긴 '은허 유적지군遺蹟地群'을 형성하고 있는데, 안
양강 남북에 걸친 그 지역의 면적은 30제곱킬로미터가 넘는다.

각각의 족읍 취락은 모두 기본적으로 독립된 경제 단위이며, 주변에
는 자체의 전답과 목장이 있다. 대부분 청동 주조나 골제품, 도기 등 각 분
야의 물품을 생산하는 수공업 작업장을 가지고 있었다. 이외에도 방직이
나 염색, 목기(수레 제작), 가죽, 식품 가공 등 유적을 남기기 쉽지 않은 산
업도 틀림없이 있었을 것이다.

무정이 건설한 은허의 도읍은 200년 정도 사용되었다. 소규모 개조
와 확장이 이루어지기는 했으나 기본적인 배치는 상 왕조가 끝날 때까지
줄곧 변하지 않았다.

은허를 막 발굴하기 시작했을 때 이곳이 이처럼 방대하고 성긴 곳이
라고 인식한 사람은 없었으며, 최초의 '은허'라는 개념은 그저 샤오툰촌
북쪽의 갑골이 출토된 왕궁 구역을 가리키는 데에 지나지 않았다. 그래서
초기의 보호구역 범위는 대단히 한정적이었고, 심지어 안양시 서북쪽 교
외에는 철강 공업 구역으로 계획되는 바람에 결과적으로 많은 상나라 유
적지가 파괴되었다.

공장과 건물, 철도, 비행장의 틈새에는 아직도 수시로 상나라의 족읍
이 발견돼 유물이 출토되고 있는데, 그들은 보편적으로 사람을 희생으로
바쳐 제사 지내고, 건물의 기초를 다지고, 무덤에 순장했다. 이것이 상나

라의 문화이자 중국 상고시대 인신공양제사 문화의 마지막 '광휘光輝'였다.

왕릉과 순장자

궁전 구역에서 서북쪽으로 5킬로미터 떨어진 곳에 은허의 왕릉 구역이 있다.

1935년부터 시작된 왕릉 구역의 대규모 고고학 발굴을 통해 이미 10여 곳의 왕급 무덤이 발견되었는데, 묘혈의 길이는 모두 10미터가 넘었고, 심지어 20미터가 넘는 것도 있었으며, 깊이도 10미터가 넘었다. 이곳은 지금까지 발견된 가장 오래된 왕급 묘지인데, 지하수가 솟아서 발굴이 불가능한 것들도 있다.

묘혈은 건조 과정에서 일단 아주 크고 깊게 구덩이를 파게 되면, 흙을 나르고 관을 안치하는 등의 작업이 어려워지므로, 이를 위해 완만한 언덕 형태의 '묘도墓道'를 만들어 드나들기 편하게 했다. 왕릉 구역의 대규모 무덤 가운데는 4개의 묘도가 있는 것이 8곳, 2개의 묘도가 있는 곳이 3곳, 하나의 묘도만 있는 곳이 2곳이다.[168]

공중에서 내려다보면, 4개의 묘도가 있는 무덤은 십자형의 형태를 나타내는데, 그 가운데 M1576은 발굴이 아직 끝나지 않았고, 단지 사각형 묘혈의 일부만 발굴했는데, 묘도도 없고 매장된 것도 없었다. 어떤 학자는 그것이 마지막 왕인 제신帝辛 즉 주왕紂王이 자신을 위해 만든 무덤인데, 나중에 주왕이 죽고 나라가 멸망하면서 무덤도 사용되지 않았다고 추측했다.

이 왕급 대형 무덤 주위에는 몇몇 왕족과 귀족의 무덤이 있다.

상나라 사람들이 고급 무덤을 건설하는 과정은 다음과 같다. 먼저 묘혈과 묘도를 파고 나서 묘혈 바닥에 사각형의 묘실을 판다. 그 안에는 목

재를 이용해서 목조 건물과 같은 곽실槨室을 세운다. 관곽에는 종종 꽃을
조각하고, 붉게 옻칠해서 형태가 아름답다. 곽실 안쪽에는 관목과 가장 진
귀한 부장품, 무덤 주인과 가장 가까운 순장자를 안치한다. 무덤 주인을
안장한 뒤에는 곽실 꼭대기에 목재를 덮기도 하고, 이어서 묘혈의 2층 대
에 계속해서 부장품과 순장자를 안치한 뒤에 흙을 채워서 층층이 다져서
대형 무덤을 완성한다.

　　왕의 무덤 2층 대에 순장된 사람 가운데 일부는 지위가 상당히 높아
서 자기의 관을 가지고 있기도 하고, 청동 무기와 예기, 옥기를 부장하기
도 한다. 심지어 순장자 자신을 위해 한두 명의 순장자를 안치하기도 한
다. 애석하게도 왕릉 구역의 모든 고급 무덤은 심각하게 파괴되어서 먼
저 부장품이 깡그리 도굴되었을 뿐만 아니라, 묘혈의 구조와 관곽의 구조
도 파헤쳐지거나 불타버려서 이 왕릉의 주인이 어느 왕인지 판단할 길이
없다.

　　왕릉의 묘혈과 묘도 안에는 또 많은 순장자의 유골이 남아 있다. 사람
을 순장하는 순서는 다음과 같다. 첫째, 우선 곽실 바닥에 약간의 구덩이
를 파고 사람 1명이나 개 1마리를 따로 묻는다. 순장자는 대부분 청동이나
석제, 옥제의 무기를 지니고 있으니, 무덤의 수호자 신분이다. 이것은 '요
갱순구腰坑殉狗'라는 상나라 장례 풍속의 호화판이다. 둘째, 순장자와 개를
안치한 뒤에 다시 곽실을 건조한다. 셋째, 관곽 밖과 묘혈 안쪽, 묘혈 가장
자리의 토대土臺와 묘도 등등 무덤 속 곳곳에 순장자를 안치한다. 심지어
묘혈에 흙을 채우고 다지는 과정에서도 순장자의 완전한 시신이나 사지가
해체된 시신을 매장하기도 한다. 각 왕릉의 순장자는 적어도 수백 명인데,
그나마 이것도 심각하게 파괴된 뒤에 남은 유골의 숫자다.

　　일부 묘혈과 묘도에는 많은 시신을 채우지 못해 시신의 머리만 잘라
묻기도 했다. 예를 들어 M1550 대묘에는 243개의 인두가 매장되어 있는
데, 북쪽 묘도에 235개, 남쪽 묘도에 8개가 매장되어 있다. 대다수 인두에

는 경추뼈 몇 마디가 달려 있는데, 발굴 보고서에서는 이것이 "당시에 사람 머리를 잘라 가죽과 뼈를 모조리 다진 흙 속에 묻은 증거"라고 했다.[169] 이 순장자들의 유골은 왕릉의 순장갱군殉葬坑群에 붙어서 매장되었다. 왕릉 옆에 줄지어 늘어선 직사각형의 구덩이는 크기가 한 사람의 묘혈 정도인데, 구덩이마다 10여 구의 머리 없는 유골들이 밀집되어 묻혀 있다. 다른 왕릉에도 이와 유사한 현상이 있다.

왕릉 구역의 대형 무덤들 가운데 가장 동쪽에 있는 50WGM1은 파괴당한 정도가 비교적 가벼워서 그래도 기본적인 무덤 구조를 알아볼 수 있다. 거기에는 남북 양쪽에 묘도가 있으며, 왕릉 구역에서는 비교적 소규모의 왕급 무덤이다. 곽실 내부는 이미 파괴되었으나 동서의 2층 대에 있는 순장자의 상태는 기본적으로 완전하다. 동쪽에는 17명을 순장했는데, 그 가운데 E9관에는 동과銅戈가 3건, 동궤銅簋와 동작銅爵, 동가銅斝, 동고銅觚가 각기 1건, 그리고 마차를 모는 데 사용된 청동 궁형기弓形器 하나가 부장되어 있었으니, 이 순장자에게 자기 소유의 마차가 있었음을 말해준다. 서쪽에는 24명이 순장되어 있었는데, 그 가운데 W8관에는 동과와 동정銅鼎이 각기 1건, 동고와 동작이 각기 2건 있었고, 그 외에 옥기와 각종 작은 청동기들도 있었다. 발굴자에 따르면 E9와 W8은 각기 동서쪽에 순장된 사람들의 우두머리였던 듯하다.

비교해 보면 서쪽에는 모두 24명에 옥기 10건과 작고 정교한 동과가 3건이 있었고, 동쪽에는 모두 17명에 옥기 5건과 중후하고 실용적인 동과가 6건이 있었다. 서쪽의 인골은 대부분 썩어 없어졌고, 동쪽의 유골은 대부분 건장하고 보존 상태도 양호했다. 그들은 각기 무덤 주인의 두 부류 노예로서 동쪽 사람들은 호위와 전투를 담당하고, 서쪽 사람들은 집안일을 담당했던 듯하다. 이외에 북쪽 묘도 안에는 2명의 사람과 4마리의 개, 16필의 말이 매장되어 있었으니, 이들은 무덤 주인이 출타할 때 쓸 거마대 車馬隊였다.

무덤 전체에서는 순장자의 온전한 시신 45구와 인두 34개 그리고 개와 말, 원숭이, 사슴 및 종류를 판별하기 어려운 동물의 뼈가 발견되었다. 이 무덤도 후기에 파괴되었으므로 이것은 남아 있는 것들의 수량일 뿐이다.[170] 대대적으로 파괴하기 전 도굴자는 50WGM1의 묘혈 어귀에 직경 6미터의 구덩이를 파서 곽실까지 곧장 내려간 후, 먼저 모든 부장품을 훔친 뒤에 곽실에 불을 질러서 곽실의 흙벽이 족히 2미터 가까이 불에 그슬렸다.

비록 심각하게 파괴되었으나 일부 왕릉 안에서는 아직 거대한 고래의 머리뼈와 같은 의외의 물건들이 발견되기도 한다. 보아하니 상나라 사람들은 줄곧 바다와 어떤 연계가 있었던 듯한데, 다만 현존하는 갑골문에는 이런 것들에 대한 기록이 없어서 자세한 내용은 알 수 없다.

뭇별처럼 조밀한 제사갱

왕릉에 매장할 때 순장된 이들 외에도 상나라 왕은 매년 역대 선조에게 제사를 지내야 했고, 거기에도 많은 인간 희생이 필요했다.

왕릉 구역의 동반부東半部에는 줄을 이루어 밀집된 소형 무덤들이 있는데, 그 안에는 머리가 분리된 많은 시신이 매장되어 있다. 1934년부터 1935년까지 중앙연구원의 고고학자들이 이곳에서 1221곳의 '작은 무덤'을 발굴했는데, 그 가운데 소수는 순장갱이고 다수는 제사갱이었으나, 상세한 발굴 자료는 줄곧 발표하지 않았다.

그 뒤에 왕릉 구역에서는 또 여러 차례 제사갱이 발굴되었는데 예를 들어 1950년과 1959년, 1976년, 1978년이 그러했다. 매번 수십 곳에서 심지어 100곳 이상이 발굴되었고, 게다가 시추조사 결과 아직 발굴되지 않은 곳이 700여 곳이나 되니, 발견된 제사갱은 총 2200곳 전후였다.

발굴 중인 왕릉구 M1550 대묘[171]

막 발굴이 끝난 2개의 묘도를 가진 50WGM116 대묘[172]

묘도 안에 배열된 인두. 한 줄에 10개씩임[173)

2021년에 이르러서도 아직 새로운 제사갱이 계속 발견되고 있다.

1976년에 50WGM1 남측에서 191곳의 제사갱이 발굴되었는데, 완전히 파괴되거나 유골이 남아 있지 않은 게 22곳, 일부만 파괴된 게 21곳이었다. 이때 발표된 정보는 아주 약간 많았는데, 이를 근거로 상나라 때 왕릉 제사의 자세한 부분을 조금 이해할 수 있다.[174]

첫째, 이 제사갱들은 두 종류로 나뉜다. 하나는 남북 방향으로 만들어진 것으로서 대다수를 차지하며, 참수된 청년 남성을 매장했다. 다른 하나는 동서 방향으로 만들어진 것으로서 주로 젊은 여성과 어린아이의 온전한 시신이 매장되었다. 쌓은 순서로 보면, 동서 방향의 제사갱이 조금 늦게 만들어졌다. 구덩이 속의 기물을 근거로 발굴자는 남북 방향의 제사갱은 무정 시기의 것이고, 동서 방향의 것은 무정의 아들 조경祖庚과 조갑祖甲, 심지어 조갑의 아들 늠신廩辛 시기의 것으로 추측했다. 종합하자면 이 제사갱들이 사용된 기간은 거의 100년 가까이 되는 셈이다.

둘째, 갑골복사에서 참수하여 제사에 바치는 것을 대부분 '벌伐'이라고 칭하는데, 이것은 상나라 왕이 제사 지낼 때 가장 많이 사용한 방식이었다. 발굴된 남북 방향의 제사갱을 보면 대다수는 상당히 경솔하게 목이 잘려서 "목뼈에 아직 아래턱뼈나 위턱뼈가 남아 있는 것들도 있었다. 아래턱뼈 가운데도 칼로 자른 흔적을 볼 수 있는 것이 있다." 1959년에 발굴된 제사갱에도 이런 현상이 있었다. "인골에는 위아래 턱뼈가 남아 있는데, 치아가 모두 붙어 있으니, 참살되었을 때의 처참한 상황을 상상할 수 있다."[175] 몇몇 희생자는 머리를 자르기 전에 학살되기도 했다. "팔이나 다리, 손가락, 발꿈치가 잘려 나갔거나 허리가 잘린 유골도 있고 (…) M161에 매장된 8구의 노예 유골은 모두 머리가 잘린 상태였으며, 게다가 대부분 손가락과 발꿈치가 잘려 나간 상태였다."

셋째, 또 사지가 해체된 인간 희생도 있었다.

갑골복사에는 '타제㝬祭'라는 것이 있는데, 어떤 학자는 이것이 복부를 갈라 내장을 꺼내고 사지를 잘라 바치는 제사라고 주장한다.[176] 이외에도 '세제歲祭'가 있는데, 갑골문의 형상은 도끼로 살을 발라내는 것이니, 이 역시 사지를 해체하여 바치는 제사의 일종이다. 그러므로 일부 제사갱에는 시신이 분해된 뒤에 남은 뼈가 가득 차 있는 것이다. 예를 들어 M141에는 어지러운 뼈들이 "서너 겹으로 쌓였는데 그 높이가 1미터에 달하니" 응당 수십 명의 뼈가 포함되었을 것이고, M137에는 사지가 해체된 뒤의 남은 유골 4구가 들어 있었는데 머리에 칼자국이 있는 것은 가죽을 벗기고 뼈를 바르는 등의 조작을 가한 듯하다. 이외에도 사람의 치아 4개와 개 이빨 5개, 돼지 이빨 3개가 있었는데, 발굴자는 일부 인간 희생은 돼지, 개와 함께 도살된 후 조리되어 먹히거나 제사에 바쳐졌다고 추측했다.

넷째, 조금 늦은 동서 방향의 제사갱에서 인간 희생은 주로 젊은 여자와 어린아이였으며, 대부분 묶인 채로 생매장되어서 몸부림치는 자세가 유지된 유골이 아주 많다. 소수의 구덩이에는 참수된 남자도 섞여 있었다. 개별 구덩이는 기물을 주로 매장했으니, 예를 들어 M229에는 크고 작은 동정銅鼎 2개와 동두銅斗 하나, 도기 2개, 두 다리가 묶인 채 허리를 숙인 자세로 생매장된 어린아이 유골 1구가 매장되어 있었다.

다섯째, 이런 제사갱 가운데 극소수에만 '부장품'이 들어 있었는데, 주로 옥비녀나 옥 물고기와 같이 몸에 차고 있는 작은 옥 장식이었으니, 개별적인 인간 희생이 절대 가난한 전쟁 포로나 노예가 아니었음을 말해준다. 그 가운데는 비교적 고급 장식물을 가진 인간 희생이 8명이었는데, 초기 상나라의 남북 방향 제사갱이 2곳, 후기의 동서 방향 제사갱이 6곳이었다. 이렇게 보면 무정 이후 상대적으로 신분이 높고 재산이 많은 여성을 제사에 바치는 현상이 증가한 듯하다. 다만 이런 구별이 반드시 제사 의식의 변화를 의미하는 것은 아니니, 1976년에는 발굴 구역의 면적과 표본이 제한적이어서 전체적인 상황을 대표할 수 없다.

여섯째, 통계를 내보면 이 191곳의 제사갱에는 모두 1178구의 유골이 매장되어 있으나, 이것은 절대 완전한 숫자가 아니다. 파괴된 몇몇 곳을 제외하고도 1976년의 발굴이 비교적 성급하게 진행되어서 통계에 빠진 부분이 있었기 때문이다. 2013년에 고고학자들은 예전에 발굴했던 3곳의 제사갱(M57과 M58, M208)을 다시 발굴했다. 원래 보고서에서는 이 3곳에 각기 6명과 8명, 7명이 매장되었다고 했으나, 다시 검사한 결과 각각의 구덩이마다 똑같이 10명이 매장되어 있었다.[177] 이런 누계의 비례에 따르면 1976년에 발굴된 유골의 총수는 1683구에 이를 수 있는데, 완전히 파괴된 22개 제사갱을 빼고 169곳―일부만 파괴된 21곳을 포함해서―의 통계를 내면 각각의 제사갱마다 평균적으로 10정 정도 매장된 셈이다. 이외에 왕릉 구역의 일부분은 아직 조사하지 않았고, 게다가 아주 많은 제사갱이 이미 농업 활동으로 인해 훼손되었다. 1976년에 발굴할 때 고고학자들은 지역 농민들을 조사하는 과정에서, 이전에 그 지역 목화밭에서 종종 무더기로 매장된 인두가 발견된 적이 있음을 알게 되었다. 무심결에 제사갱을 파헤친 결과였을 것이다.

일곱째, 위치와 척도에 따르면 1976년에 발굴된 이 191곳의 제사갱은 22개 조합으로 나눌 수 있으며, 각 조합은 한 차례의 단독으로 거행된 제사 활동을 대표한다. 제사갱의 수가 가장 많은 조에는 47곳, 가장 적은 조에는 1곳이 있었다. 이런 식으로 계산하면 매번 제사를 지낼 때마다 8.7개의 제사갱을 판 셈이 된다. 지금까지 왕릉 구역에서 이미 발견된 제사갱은 2200곳인데, 이런 규모 계산법에 따르면 253조가 있었던 셈인지라, 마침 은허 왕릉 구역의 사용 기간과 비슷하다. 여기에 따라 추측하자면, 왕릉 구역에서는 매년 한 차례의 대형 제사를 거행하고 한 조의 제사갱을 매장했는데, 이런 식의 활동이 약 200년 이상 지속되었다.

여덟째, 왕릉 구역의 제사갱에 매장된 것이 모두 인간 희생은 아니었으며, 소수의 가축 희생을 매장한 제사갱도 있었다. 1978년에 제사 구역 남측에서 40곳의 제사갱을 발굴했는데, 그 가운데 30곳에 말 117필이 매장되어 있었고, 각기 사람을 1명씩 매장한 게 5곳이었다. 그리고 또 5곳에는 각종 가축과 짐승이 매장되어 있었는데 돼지와 개, 소, 양 외에도 아시아코끼리와 여우, 원숭이, 비버도 있었다.[178] 가축 희생을 매장한 제사갱은 엄정하게 배열되어 있었고, 각종 동물의 배치도 대단히 가지런하고 법도에 맞추어져 있어서 심지어 어떤 아름다움을 느끼게 하기도 했다. 그 가운데 아시아코끼리는 아주 어려서 아직 앞니도 나지 않았고, 등에는 구리 방울 하나가 달려 있었으니, 틀림없이 인공으로 사육된 것이었다. 그 앞쪽 구덩이 귀퉁이에는 어린 돼지 1마리가 놓여 있었는데, 크고 작은 것이 대비되어 구도 감각이 뛰어났다. 이를 통해 합리적으로 추측할 수 있으니, 돼지와 개, 소, 양은 상나라 왕이 조상에 바치는 음식이었고, 말과 각종 야생동물은 선조에게 바치는 생활용품이자 애완물이었다. 예를 들어 1976년에 발굴된 제사갱에는 사람 1명과 5마리의 매가 매장되어 있었는데, 응당 매 조련사와 매를 선왕과 선비先妣에게 바친 것이라 하겠다.

참수의 진지함 정도

왕릉은 대략 20년을 전후하여 하나씩 증가했고, 제사갱은 매년 증가했을 것이다. 왕릉의 순장자와 제사갱의 인간 희생은 대부분 목이 잘렸으나, 양자 사이에는 미세한 차이가 있다.

앞서 살펴보았듯이, 왕릉 묘혈의 인두 가운데 대다수에는 목뼈 몇 마디가 달려 있는데, 이것은 살해될 때 누군가 희생자의 머리카락을 잡고 목을 늘이게 하여 칼날을 받도록 했음을 말해준다.

이런 인신공양제사 방식에 대해서 갑골문에는 전문적인 글자가 있으나, '벌伐' 외에도 '해𢦏'라는 글자가 있으니 𤊾라고 쓴다. 학계에서는 보통 이 글자가 한 사람이 두 손을 등 뒤로 묶인 채 상투를 반듯이 세우고 있으

1. M26 2. M1 3. M39 4. M161 5. M6 6. M139

일부 제사갱의 평면도

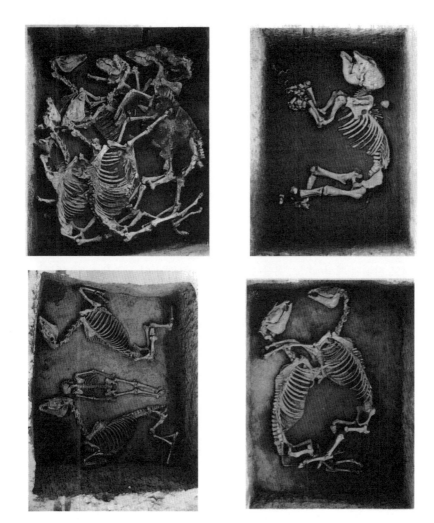

1978년 발굴된 마갱馬坑과 상갱象坑[179)]

며, 도끼 한 자루가 목을 치는 형상이라고 여긴다.[180] 일부 갑골복사에서는 사람의 머리 위에 손 하나를 그려서 ◈라고 쓰기도 하는데, 이것은 목을 칠 때 누군가 처형당하는 이의 머리카락을 손으로 잡아당기는 것을 나타낸다.[181]

머리카락을 묶은 모양을 한 것의 용도는 아주 명확하니, 희생자가 목을 움츠리는 것을 방지하기 위해서다. '벌伐'은 보통의 창戈으로 목을 치는 것이며, 존귀한 도끼鉞를 쓰게 되면 목을 치는 과정도 더 진지해져서 왕이나 왕후 등의 지도적인 인물이 직접 집행했을 가능성이 있다.

왕릉 묘도에 놓인 비교적 완전한 사람의 머리는 막 세상을 떠난 선왕에 대한 존중을 나타낸다. 이것은 효자의 인지상정이다. 매년 역대 선조에게 바치는 제사에는 이런 연구와 노력이 투입되지 않는다. 제사갱의 머리 없는 시신에는 종종 아래턱뼈나 심지어 위턱뼈까지 달려 있는데, 연례행사로 진행된 제사에서는 목을 함부로 치는 경향이 더 강했음을 의미한다.

은상의 왕릉 제사에서는 남성 희생자와 순장자에 대해 대부분 참수의 방법을 사용하고 심지어 사지를 해체하기도 하지만, 여성들은 대부분 시신이 온전히 보존됐다. 이를 뒷받침하는 종교적 사유는 아마 이런 것일 테다. 남성 포로와 노예는 반항 능력을 갖추고 있으므로 목을 베면 그 영혼을 철저히 굴복시킬 수 있다. 상대적으로 여성 노예와 전쟁 포로는 공격성이 없고, 심지어 남성 선왕과 신들의 성 노예가 될 수도 있으므로 당연히 시신을 온전히 보존해야 한다. 물론 성별이 용도를 구분하는 전적인 기준은 아니었으니, 남성이든 여성이든 희생자(순장자)는 모두 사지가 해체되고, 피부와 살이 벗겨지고, 심지어 익혀 가공될 수도 있었다.

은허 궁전 구역에서는 1000명 가까운 인간 희생이 발견되었는데, 왕릉 구역에서는 1만 명이 넘는다. 이것은 상나라 왕실이 제사 지내던 주요 장소가 왕릉 구역임을 말해준다. 그리고 지금까지 초기 상나라의 정저우 상성과 옌스 상성, 중기 상나라의 샤오솽차오 유적지에서는 아직 왕릉 구역이 발견되지 않았다. 이것은 그곳의 대규모 인신공양제사 구역이 아직 발견되지 않았을 수도 있음을 의미한다.

초기와 중기 상나라 궁전 구역의 인신공양제사에서 인두는 일반적으로 예리한 무언가에 의해 구멍이 뚫려 있었지만, 은상 시기에 이르면 이런 현상은 이미 무척 드물어졌다. 이것은 제사 방식의 중요한 변화였다.

갑골복사에 기록된 아주 많은 제사 현상은 고고학적 발굴에서 여전히 정확히 대응하는 현장을 찾기 어렵다. 예를 들어 '침제沉祭'는 제수품을 강물에 던져 넣어 강의 신에게 보호해주기를 기원하는 것이니, 당연히 고고학적 발굴이 가능한 현장을 남기기 어렵다. 또 피나 내장을 제사에 바치는 것을 의미하는 글자도 있으나, 그것들도 지층 속에서 보존되기 어렵다. 말을 바쳐서 제사했다는 기록은 거의 없으나, 제사 현장에서는 100여 마리의 말 희생을 발견할 수 있으니, 이 역시 고고학적 발굴과 갑골복사가 대응되지 않는 부분이다.

이상에서 상 왕실의 인신공양제사와 인간 순장을 살펴보았다. 그리고 왕실 아래에는 또 수많은 귀족이 있었는데, 그들의 인신공양제사와 인간 순장도 왕실처럼 집중되지는 않았으나 분포 범위가 더 넓으며, 시대에 따라 등급이 높아지는 추세도 더 뚜렷해진다.

부록 1: 사람의 엉덩이뼈髖骨를 이용한 점복

고고학적 발굴 성과로 보면, 반경이 천도하기 전에 은 땅에는 이미 비교적 번영한 상나라 사람들의 취락이 있었다. 거기에는 청동 예기를 부장한 무덤이 있을뿐더러 200제곱미터가 넘는 흙을 다져 지은 건물이 있었다.

반경 시기보다 앞선 2개의 정원 건물(F1, F2)이 발견되었는데, 그 가

운데 F1의 기초에는 7명을, F2의 기초에는 최소한 5명(완전하게 발굴되지 못
함)을 매장했다. 주로 한 살이 넘은 어린아이로서 다리나 하반신이 잘려
나갔다. F2의 동측에는 또 제사갱이 하나 있는데, 그 안에는 2구의 유골과
인두 하나가 불에 그슬린 흙덩이와 함께 어지럽게 쌓여 있었다.[182] 이것은
전형적인 상나라 사람들의 종교 유적이므로, 반경의 조정으로서는 은 땅
이 전혀 낯선 외지가 아니었던 셈이다.

　　은허 초기 및 궁전 구역이 안양강 북쪽에서 남쪽으로 옮겨올 때를 전
후하여 상나라 사람들은 몇몇 기이한 점복 방식을 시험한 적이 있는 듯하
다. 안양강 남쪽 궁전 구역에서 남쪽으로 1킬로미터 떨어진 곳에 있는 묘
포苗圃 북쪽의 유적지에서는 이 시대의 회갱 몇 개가 발굴되었는데, 거기에
는 각종 동물과 사람의 머리뼈 부스러기가 들어 있었다. 제1기의 H19에는
대량의 점복용 소의 견갑골과 6개의 인간 엉덩이뼈 조각이 들어 있었다.
그리고 인간 엉덩이뼈에는 둥근 홈과 사각형 홈이 패여 있었으며, 불에 구
워 갈라진 무늬가 있었다. 틀림없이 이것은 조작자가 인간의 뼈를 이용해
서 예측의 정확성을 시험한 것이었다.

　　H19와 그 옆의 회갱에서 모두 150여 개의 인골이 발견되었는데, 대
부분 부스러진 잔해로서 엉덩이뼈와 구골臼骨, 척추뼈, 팔다리뼈, 머리뼈,
턱뼈 등으로서 점술에 이용된 짐승 뼈 총량의 10분의 1에 해당했다. 이 구
역에는 골기 제작소가 있었을 가능성이 있으며, H19는 어느 점술사의 작
업장이었다. 그는 작업장 근처에 살면서 각종 뼈를 편리하게 골라 가공하
고, 뼈를 이용한 갖가지 점복의 정확성을 실험했던 듯하다. 골기를 제작하
고 남은 자투리는 회갱에 던져졌을 것이다. 인골의 예언 효과는 소뼈보다
못했던 듯해서 널리 보급되지 않았다. 그 이후로는 거북의 복갑腹甲을 이용
해서 점을 치는 현상이 뚜렷이 증가하니, 이 역시 반복적인 시험 후에 얻
은 수확일 것이다.[183]

은허 묘포 북쪽의 인간 엉덩이뼈를 이용한 점복의 조각[184]

부록 2: 최초의 찜 쪄진 인두

1984년에 고고학자들은 또 은허 왕릉 구역의 무덤들을 또 한 차례 발굴했는데, 일찍이 '사모무방정司母戊方鼎'이 도굴되어 나왔던 M260을 포함했다. M260은 무정의 부인 가운데 하나인 '부정婦妌'의 무덤일 가능성이 있다.

이 대묘 옆에는 또 상대적으로 작은 귀족의 무덤이 있다. 이 무덤들의 주인은 응당 왕실 친척이기 때문에 왕릉 구역에 묻히도록 허가받았을 것이다. 그 가운데 M259는 지층과 부장품으로 보건대 은허 제2기, 대략 무정 집권기의 중후기에 속한다.

M259 묘실 안 2층 대에는 어린아이 유골 1구가 놓여 있는데, 머리는 잘려서 자기 몸뚱이에 눌려 있었다. 거기에 이어진 동서 양측의 2층 대에는 순서대로 성년의 인두 14개가 놓여 있었는데, 개중 하나는 청동 시루甑에 담겨 있었다. 시루는 쓰러져 있고 일부가 눌러서 평평해져 있었는데, 나무로 된 곽실이 무너지면서 그렇게 된 듯했다. 묘실 발치의 2층 대에는 소의 넓적다리 등 식품이 있었다. 이외에 묘혈에 흙을 채우는 과정에서 한 사람을 죽여 매장하기도 했다.

인두가 속했던 몸체는 묘혈 안에 없었으니, 묘혈의 면적이 제한적이라서 묘혈 양쪽에 각기 구덩이를 하나씩 팠던 듯하다. 동쪽 구덩이에는 머리가 없는 유골 6구가, 서쪽 구덩이에는 8구가 매장되어 있어서, 묘혈 안의 인두 14개의 숫자와 대응했다.[185]

청동 시루는 음식물을 찌는 조리 기구인데, 그 안에 담긴 인두도 음식물로 간주되어 쪄졌을까? 당시 고고학자는 이런 가능성을 전혀 생각하지 못했다. 그로부터 10여 년 뒤에 은허의 다른 귀족 무덤에서도 청동 시루와 인두의 조합이 나타났고, 게다가 인두가 속했던 몸뚱이가 그 옆에 놓여 있었다. 사람들은 그제야 상 왕조의 인간 순장 행위에 대해 새롭게 인식하게 되었다.

부록 3: 갑골복사에 담긴 인간 희생의 수

후허우쉬안胡厚宣은 갑골복사에 의거해서 은상의 여러 왕이 제사에 바친 인간의 수에 대해 통계를 낸 적이 있다. 그는 인신공양제사와 관련된 갑골 1350조각에 담긴 1992조목의 복사卜辭를 찾아냈는데, 모두 1만3052명이었다. 이외에도 인간 희생의 수를 기록하지 않은 복사가 1145조목이 있었으니, 최소 1명으로 계산하더라도 갑골복사에 기록된 인간 희생의 수는 1만4000명을 넘는다.

복사가 소속된 시대에 따라 나누면, 은상 각 시기의 인신공양제사 횟수는 다음과 같다.

1) 무정 시기 갑골복사는 1060조목에 9021명이 희생되었고, 531조목에는 인간 희생의 수가 기록되지 않았다.

2) 무정의 아들 조경祖庚(제23대)과 조갑祖甲(제24대) 시기에는 갑골복사 11조목에 622명이 희생되었고, 희생자 수를 기록하지 않은 57조목이 있다.

3) 늠신廩辛(제25대)과 강정康丁(제26대), 무을武乙(제27대), 문정文丁(제28대) 시기에는 갑골복사 688조목에 희생자가 3205명이었고, 희생자 수를 기록하지 않은 444조목이 있다.

4) 가장 후기의 제을帝乙(제29대)과 제신帝辛(즉 주왕紂王, 제30대) 시기에는 갑골복사 117조목에 희생자가 104명이었고, 희생자 수를 기록하지 않은 56조목이 있다.[186]

M259에서 출토된 청동 시루와 그 안의 인두

　　이상의 통계에서 무정이 바친 인간 희생의 수가 가장 많아서 전체의
69퍼센트를 차지한다. 그러나 이것은 단지 출토된 갑골 표본에 지나지 않
으니, 실제 발생했던 인신공양제사를 완전히 대표하지는 못한다. 가장 분
명한 것은 조갑과 제을, 제신의 시기에 인신공양제사와 관련된 갑골복사
의 수량이 아주 적다는 점인데, 이것은 제사 제도가 달랐기 때문에 생긴
현상이었을 가능성이 크다.

　　무정 등 다수의 왕이 다스리던 시대에 왕의 제사에는 상당히 큰 불확
정성이 있었다. 매번 제사를 지내기 전에 점을 쳐서 제사의 방식과 희생의
수량이 신령의 뜻에 부합하는지 물어야 했으므로, 자연스럽게 인간 희생
에 관한 많은 기록을 남기게 되었다. 다만 조갑과 제을, 제신이 실행한 것
은 이른바 '주기 제사周祭'로서, 천간天干의 순서에 따라 제사를 바쳐야 하
는 모든 선왕과 선비先妣에게 1년을 주기로 한 제사 일정표를 제정하여, 매
년 제사 지내는 시간과 형식을 고정했다. 그래서 갑골복사에 더는 제사
에 바칠 인간 희생과 동물의 종류와 수량에 대해 기록하지 않게 된 것이
다.[187] '주기 제사'에 어떤 제수품이 사용되었고 그 수량이 얼마나 되었는
가에 관해서 지금으로서는 아직 정확한 결론이 없다.

제11장 상족의 사유와 국가

상 왕조는 많은 유적지와 문물 그리고 수많은 백골을 남겼다. 그렇다면 화하 문명의 원천이 되는 이 왕조는 어떻게 운영되었을까? 상나라 왕은 자기 권력의 출처를 어떻게 해석했을까? 그의 신하와 백성은 또 이에 대해 어떻게 이해했을까?

상 왕조는 이미 문자가 있었으므로, 가장 엄격한 '문명'의 기준에 따르더라도 거기에 완전히 부합했다. 상나라의 갑골문과 후세의 한자는 하나의 맥락에서 전승되면서 중단된 적이 없으니, 이것은 당연히 현대인이 갑골문을 해석하는 데에 자연스러운 편리를 제공한다. 다만 그 과정에서 잘못 인도되어서, 현대인이 상 왕조의 문화와 정치를 이해하기가 매우 쉽다고 여기게 할 수도 있다. 그런데 사실 그것은 서주 이후의 화하 문명과는 아주 달랐고, 전국시대 이후의 중국과는 더욱 천양지차가 있었다.

맹자나 순자 같은 전국시대의 사상가가 직접 상 왕조를 방문한다면, 그가 보고 들은 것은 역사서들에서 얻은 인식을 철저히 뒤집어버릴 것이다. 현대의 고고학자들도 그저 진정한 상나라의 작은 귀퉁이만 들춰냈을 뿐이다. 그뿐 아니라 고고학적 발견을 어떻게 해석하고, 심지어 상나라의 문화를 어떻게 복원할 것인가 하는 것은 더욱 곤란한 작업이다.

냉혹하고 폭력적인 세계관

은허에서 수만 조각의 갑골복사가 출토되었으나, 그것들은 모두 상
나라 왕이 특정한 문제에 대해 점친 기록일 뿐이어서, 거시적인 자기 진술
은 전혀 없다. 상대적으로 말해서 『상서』「반경」에 기록된 반경의 천도 연
설은 이 부분에서 대체 불가의 가치를 담고 있다.

반경의 연설에서는 종종 '덕德'이라는 말이 나오는데, 상나라 사람들
은 이미 어느 정도 체계를 갖춘 도덕관념을 가지고 있었던 듯하다. 사실
그들이 말하는 '덕'은 후세의 '덕'에 담긴 의미와는 그다지 같지 않았으니,
그것은 객관적인 행위 규범이 아니라 구체적으로 '이익을 준다'라는 뜻이
다. 왕의 '덕'은 신하와 백성에게 이익을 주는 것이고, 그 반대말은 징계
즉, '죄'와 '벌'이니, 어느 하나도 없어서는 안 된다. 『상서』「소고召誥」에서
밝혔듯이, "죄를 내세워 죽임으로 처벌하고, 덕을 이용해 선함을 드러내는
用罪伐厥死, 用德彰厥善188)" 것이다. 서주 초에 주공이 '경덕敬德' 개념을 발전시킨
때에 이르러서 '덕'은 비로소 점점 통용되는 가치관이 되어 갔다.

상나라 사람들의 관점에서 세계는 냉혹하고 폭력과 살육, 약탈, 불안
전으로 가득 찬 곳이었다. 그들은 귀신에게 명확한 선악 개념이 있다고 여
기지 않았고, 어쩌면 그들에게 본래 명확한 선악 개념이 없으니 당연히 귀
신이 그런 것을 가졌으리라 상상하지 못했을 수도 있다. 상나라 사람들은
귀신이 수시로, 마음대로 어떤 인간에게나 재앙을 내릴 수 있다고 생각했
다. 크게는 흉년과 전쟁, 작게는 살아가면서 뜻대로 풀리지 않는 갖가지
일들까지 모두 귀신이 배후에서 조종하며, 이것은 설사 왕이라 할지라도
피하기 어렵다고 생각했다.

　　귀신의 은총을 얻기 위해서 혹은 재앙을 내리지 않게 하기 위해서 상
나라 왕은 줄곧 귀신에게 많은 제수품을 봉헌했다. 다만 이것은 여전히 효
과를 보장할 수 없었다. 갑골복사에서 상나라 왕은 자주 점쳐서 물었다.

　　"신帝께서 우리에게 가뭄을 내리시렵니까? 신께서 수확에 손해를 끼
치지 않겠습니까? 오직 신만이 우리에게 재앙을 내릴 수 있습니까? 오직
신만이 왕의 질병을 일으킬 수 있습니까? 신께서 우리에게 해코지한 것입
니까?"

　　상제와 크고 작은 자연신 외에 직접 상나라 왕의 생활에 영향을 주는
것은 하늘나라의 조상들이었다. 모든 상나라 왕은 치통과 이명, 악몽을 포
함한 그 어떤 불편함도 어느 선왕이나 선비先妣가 해코지한 것인지를 미리
점복을 통해 확인하고, 어떤 제사를 올려서 조상신의 분노를 없애야 할지
를 결정해야 했다.

　　상제와 선왕은 인간 희생을 포함한 각종 제수품을 요구할 뿐만 아니
라, 상나라 왕의 부인을 포함한 인간 세상의 살아 있는 사람에게도 군침을
흘렸다. 무정은 부인 부호婦好에게 무척 의지했으나, 불행히도 그녀는 일찍
세상을 떠났다. 이에 무정은 점을 쳐서 물었다.

　　"상제께서 부호를 아내로 맞아들이려 한 것입니까? 아니면 당唐(즉 상
탕商湯)이나 태갑大甲, 조을祖乙, 부을父乙(무정의 부친 소을小乙)이 그런 생각을
한 것입니까?"

　　마지막으로 점복의 결과를 갑골의 뒷면에 새겼으나, 앞서 나열한 몇
몇이 아니라 상족이 왕조를 건립하기 전의 제8대 추장인 상갑미上甲微였
다.[189]

　　상제께서 부호를 아내로 맞이한 것입니까?

　　惟帝取婦好.(『合集』2637)

조을이 부호를 아내로 맞이한 것입니까? 부을입니까?

惟祖乙取婦, 惟父乙.(『庫』1020)

당唐(즉 상탕商湯)이 부호를 아내로 맞이한 것입니까? 태갑입니까? 조을입니까?

부호를 하늘나라에서 아내로 맞이하자, 왕이 점을 풀이해서 상갑미上甲微라고 했다.

惟唐取婦好？惟大甲取婦. 惟祖乙取婦. 婦好有取上. 王占曰, 上惟甲.(『合集』2636)

세계 질서에 대한 상나라 사람들의 이해도 그들이 창조한 갑골문에 나타나 있다. 갑골문에서 가장 흔히 보이는 것은 살인과 관련된 글자인데, 그 뜻은 살육하는 것뿐만 아니라 더욱 의례화된 인신공양제사였다.

과戈는 상나라 사람들이 가장 많이 사용한 무기로서 갑골문에서는 라고 쓴다. 그리고 과를 부수로 한 일련의 회의자會意字들이 있는데, 예를 들어 벌伐은 갑골문에서 라고 쓰며, 갑골복사에서 매우 많이 나타난다. 과戈를 이용해서 한 사람을 치는 것이 벌伐이다. 두 사람(많은 사람을 상징함)을 치는 것은 '섬戕'으로서 갑골문에서는 라고 쓰는데, 지금의 번체자 '섬殲'에는 원래의 글자 모양이 남아 있다. 은허의 제사 구역에서 출토된 머리와 몸통이 분리된 많은 유골은 대부분 벌제伐祭의 유물이다.

은상의 인신공양제사에서는 강인羌人을 많이 사용했는데, 글쓰기에 편하게 하려고 했기 때문일 수도 있으나 점술사는 전문적으로 '강인을 과로 친다伐羌'라는 뜻을 나타내기 위한 글자를 하나 만들어냈는데, 갑골문에서는 라고 쓴다. 글자의 모양은 과戈로 1명의 강인을 치는 모습이다.

직무를 나타내는 '직職'을 갑골문에서는 라고 쓰는데, 예정隸定 즉 옛 문자를 그 원래의 구조에 따라 현재의 글자체로 쓰자면 '시戠'가 된다.

𠨂의 글자 모양은 '과戈'에 '석石'을 더한 것이니, 틀림없이 돌은 잘 갈아서 과戈의 칼날로 썼을 것이다. 갑골복사에서 이 글자의 의미는 '기다린다待'는 것이다. 과의 칼날을 가는 것은 쳐 죽이기 위해서이므로, 그 자체로는 기다려야 하는 과정이기 때문이다. 갑골복사에 자주 나타나는 "戠, 亡尤"라는 문장은 "기다려라, 걱정하지 말고"라는 뜻이다. 이를 통해서 또 '직무'의 '직職'이라는 글자가 파생되었는데, 직무 자체도 명령을 기다리는 상태이기 때문이다.

수戍는 갑골문에서 𠧟라고 쓰는데, 한 사람이 과戈를 메고 있는 모습을 형상한 것으로 출정出征과 수비를 나타낸다. 융戎은 갑골문에서 重라고 쓰는데, '과戈'와 '순盾'이라는 두 글자를 조합하여 전쟁을 나타냈다. 서쪽 주족周族의 말에서 융戎에는 야만인이라는 뜻이 들어 있으니, 예를 들어 '융적戎狄'이라는 말은 후세에 줄곧 계승되어 쓰였다. 다만 상족의 '융'자에는 본래 이런 뜻이 없었다.

전翦자는 갑골문에서 𠧟라고 쓰는데, 칼날 부분을 깃털로 장식한 과戈를 형상한 것으로, 공격하여 점령한다는 행위와 보편적인 살육을 의미한다. 깃털의 의미는 자세하지 않으나 어쩌면 상나라 사람들이 새를 숭배하여 그 깃털을 신성함의 표지로 삼았을 수도 있다. 다만 갑골복사에서는 상나라 사람들이 다른 부족을 '전翦'했을 뿐만 아니라 야만족도 상나라 사람들의 성읍을 그렇게 할 수 있었다고 기록되어 있다. 훗날 주나라 사람들의 서사시에서 그들이 상나라를 멸한 일을 '전상翦商'이라 한 것도 그 글자의 큰 뜻을 취한 것이다.

'과戈'를 부수로 하는 많은 글자 외에 무기의 형태와 유사한 것으로 천간天干의 '무戊'가 있으니, 갑골문에서는 𠧟라고 쓴다. 지지地支의 '술戌'은 갑골문에서 𠧟라고 쓴다. 심지어 일인칭인 '아我'도 갑골문에서는 𠧟라고 쓴다. 이를 통해서 또 세歲와 의義, 함咸, 성成 등의 상용자들도 만들었으나, 그 본래 의미가 무엇이었는지는 이미 판단하기 무척 어렵다. 다만 그것들도 틀림없이 살육과 정벌에 관련된 것이었을 터다. 갑골문의 '왕王'자는 ✝️ 라고 쓰는데, 전투용 도끼鉞의 칼날 부분을 형상한 것으로서, 군사 정벌은 왕이 전유하는 권력임을 상징한다.[190]

　　적(외부 부족)에 대한 살육과 정벌 외에 상나라 사람들 자신들의 삶에도 폭력이 빠지지 않았다. 예를 들어 '교教'자는 갑골문에서 🐟 라고 쓰는데, 오른쪽의 '복攴'은 손에 몽둥이 하나를 들고 있는 모양이고, 좌상 쪽의 '효爻'는 풀줄기를 늘어놓고 수를 계산하는 방식이며, 아래쪽의 '자子'는 바로 어린아이를 가리킨다. 명칭을 통해 뜻을 헤아리자면, 몽둥이를 이용해서 아이가 산수를 공부하도록 다그치는 것이니 바로 가르침을 뜻한다. '효爻'는 팔괘八卦를 연상하게 할 수도 있으나, 초기의 '효'에는 팔괘로 점친다는 뜻이 없이 단순히 수를 계산한다는 뜻만 있었다. 다만 더 늦은 시기의 팔괘는 확실히 풀줄기를 이용한 산수 방식에서 발전되어 나온 것이다.

　　손에 몽둥이를 든 부수는 '복攴'뿐만 아니라 '복攵'도 있는데, 모두 위협하고 내쫓는다는 뜻을 나타낸다. 이외에 손으로 전투용 추鎚를 든 모양을 나타낸 '수殳' 부수가 있는데, 갑골문에서는 🐟 라고 쓴다. 예를 들어 갑골문 🐟은 몽둥이로 인간 희생의 머리를 가격하여 죽이는 제사 방식의 일종으로, 북방의 바람을 관장하는 신에게 제사할 때 쓴다.

　　북방을 일컬어 🐟라고 한다.
　　伏風曰🐟.(『合集』14294)

　　갑골문은 표준적인 '남성 문자'이며, 게다가 룽산 문화 이후 부락의 옛 풍습이 아직 바래지 않은 시대의 남성들이 창조한 문자다. 당시에는 아직 후세 사람들이 이해하는 것과 같은 왕조의 질서가 없었고, 부락들 사이의 약탈과 살육이 흔한 일이었고, 피에 굶주린 신들이 야만적이고 황량한 대지를 주재했다.

　　물론 갑골문에 여인의 형상도 있다. '여女'자를 갑골문에서는 ♀라고 쓰는데, 무릎을 꿇고 앉은 여자를 형상한 것으로 순종하는 자세와 상대적으로 큰 가슴을 특징으로 한다. 손으로 여자 1명을 붙잡고 있는 것이 '타奻'인데, 갑골문에서는 ♀라고 쓴다. 이것은 여자를 희생으로 바치는 제사 방식의 일종이다. '모母'자는 갑골문에서 ♀라고 쓰는데, 여자의 가슴 앞에 두 개의 점을 찍어서 젖을 먹이는 특징을 강조했다.

　　상나라 사람들은 존귀한 여성을 '부婦'라고 칭했는데, 유명한 왕의 부인인 '부호婦好'와 '부정婦姘'이 그 예다. '부婦'자의 '계彐' 부수를 갑골문에서는 ♀라고 쓰는데, 땅을 쓰는 빗자루 즉 '추帚'를 나타낸다. 이로 보건대 그들은 집안일을 하는 존재로 여성을 인식했으며, 빗자루를 사용하는 것은 부녀婦女를 대표하는 일이었음을 알 수 있다. 방직이나 바느질, 의복 제작과 같이 당시 여인과 관련 있는 일에 관한 갑골문의 글자는 대단히 드무니, 그것들이 문자를 만들어 사용한 남성(무사)의 관심사가 아니었던 듯하다.

　　물론 왕의 부인(왕후)은 대단한 권세를 지니고 있어서 늘 전쟁과 제사를 주관했으나, 이것이 상 왕조의 전체적인 성별의 질서를 대표하지는 않는다.

외래 기술과 은상의 중흥

　　초기 상나라의 확장은 주로 청동 기술에 의존했는데, 말엽의 은상 시기에 이르면 왕조에 대단히 중요한 기술 가운데 하나인 마차를 획득했다.

　　두 마리 말이 끄는 두 바퀴의 가벼운 전차는 어떻게 상 왕조 혹은 동아시아에 들어왔을까? 이것은 지금까지도 역사의 수수께끼다. 이런 기술은 5000년 전 중동 지역에서 나타난, 소나 나귀가 끄는 바퀴 달린 차량과

흑해 북쪽의 초원에 살던 이들이 길들인 말에서 비롯되었다. 3000여 년
전에 말이 끄는 전차를 몰았던 '인도-유럽인'이 사방으로 확산하면서 멀
리 남아시아 아대륙subcontinent과 그리스 반도에까지 이르렀다. 예를 들어
범어로 된 옛 인도의 서사시나 호머의 서사시에 이런 영웅의 탈것에 대한
칭송이 여러 차례 나온다.

수레를 모는 것 말고 직접 말을 타는 것도 빠른 교통 수단이다.
4000~3000년 전까지 인류가 말을 타는 일은 거의 드물었다. 그 원인은
명확하게 설명하기 어렵지만 생활 습관의 관성일 수도 있고, 말 품종의 진
화 때문일 수도 있다. 예를 들어 순마갱殉馬坑 가운데 시대적으로 오래된 것
일수록 말의 체격이 더 작아지니, 그것을 타고 장거리를 여행하기에는 전
혀 부적합했을 수 있다. 상고시대에 말이 끄는 두 바퀴 마차는 육지 교통
의 속도를 끌어올릴 유일한 수단이었다.

상나라 때의 일부 순마갱에는 사람도 함께 순장된 경우가 있는데, 이
때문에 어떤 학자는 상나라 때 이미 말을 타는 행위와 기병騎兵이 있었다고
추측하기도 한다. 다만 이런 추론이 반드시 성립하지는 않는다. 상형象形의
원리를 이용해 글자를 만드는 데에 뛰어났던 상족이니, 만약 당시에 말을
타는 행위가 있었다면 당연히 그와 관련된 글자를 만들었을 터인데, 지금
까지 발견된 갑골문 중엔 전혀 없기 때문이다.

인력거나 소가 끄는 수레와는 달리, 두 마리 말에 걸어 고속으로 달리
는 가벼운 수레를 만드는 건 아주 높은 수준의 기술이 필요하다. 그뿐 아
니라, 말을 길들이고 수레를 모는 기술도 대단히 복잡해서 하루아침에 발
전시킬 수 없다. 전국시대의 『장자莊子』를 보면 '윤편착륜輪扁斲輪'의 우언寓言
이 나오는데, 장인匠人 윤편이 제작한 수레바퀴는 고속으로 달리는 마차에
쓸 수 있다고 했으니, 그 기술이 세밀하고 정묘했음을 알 수 있다.

상나라 전기와 중기에는 아직 마차의 흔적을 발견하지 못했고, 그저
인력으로 끄는 소형의 두 바퀴 수레의 바퀴 자국만 발견했을 뿐이다. 얼리

터우-하 왕조와 상나라 전기와 중기 유적지 가운데서는 말의 유골이 거의 발견되지 않았다. 화베이 북부 일부 부족의 유적에서는 말의 뼈가 발견되었으나, 포획한 야생마를 식용으로 먹었을 뿐 길들인 흔적은 없었다.

반경이 은 땅으로 천도하고 반세기 뒤 무정이 집권하던 시기에 돌연 2마리 말이 끄는 두 바퀴 전차가 나타났다. 예를 들어 은허 궁전 구역 을구에는 그런 마차 4대가 매장되어 있었고, 무정의 부인 부호의 무덤에는 마차를 모는 데 사용된 청동 궁형기弓形器 6개가 있었으며, 무정의 갑골복사에도 마차가 자주 나타났다. 마차는 은상 시기에 무척 갑작스럽게 나타났으며, 게다가 시작하자마자 기술이 이미 완전하게 성숙해 있었다고 할 수 있다. 이것은 외부에서 수입되었을 가능성이 크다.

어쩌면 어느 중동 지역의 마차를 가진 부족이 중앙아시아와 몽골의 대초원에 진입했다가, 다시 남쪽으로 옌산을 지나 산시나 허베이 지구에서 우연히 상족을 만났을 수도 있다. 그런 뒤에 상족이 전차를 몰고, 말을 사육하고, 마차를 제조하는 기술을 신속하게 장악했을 것이다. 또 하나의 가능성은 마차 기술이 느리지만 서쪽에서 동쪽으로 향하면서 몇몇 부족 사이에서 '릴레이' 형식으로 전파되다가 결국에 상족에게 이르렀을 수도 있다.

러시아 시베리아 지역에서 고고학자들은 이미 마차를 보유한 취락을 발견했으나, 시베리아와 중원 사이에 마차 기술이 전파된 중계점을 아직 발견하지 못하고 있다. 이 수수께끼가 풀리려면 아직 시간이 필요하다.

중국 최초의 마차 실물과 문자 기록은 무정 시기에 나타나지만 그때가 마차를 들여온 시점인 것은 아니다. 어쨌든 기술이 이식되기 위해서는 일정 기간 학습하고 경험이 축적되어야 하기 때문이다. 이 과정은 수십 년에서 100년 이상이 걸릴 수도 있다. 이렇게 생각하면 무정의 백부인 반경 시기에 이미 마차 기술을 도입했을 것이다. 정말 그러했다면, 반경이 황허 강을 북쪽으로 건너 은 땅으로 천도한 것은 말들을 더 편리하게 가져와서 사육하기 위해서였을 수 있다.

상나라 때의 중원 기후는 비교적 덥고 습해서 본래 말을 사육하기에 부적합했으나, 은 지역은 타이항산과 아주 가깝고 산간의 풀밭은 상대적으로 지대가 높고 한랭하여 말을 사육하기에 적합했다. 지베이翼北(허베이 북부, 과거 기주翼州의 북쪽)과 진베이晉北의 초원지대에서 말을 사들이기도 더 편리했다. 상족은 중원 습지의 환경에 익숙했으니, 은허는 그들이 받아들일 만하고 북쪽과 충분히 가까운 지역이었다. 이렇게 되면 전통적인 물소와 새로 들여온 전투마를 모두 보살필 수 있었다.

이렇게 보면 은상 초기의 스자좡 타이시 지역의 상나라 거점에서 발견된 말 뼈에 관해 설명할 수 있게 된다. 타이시의 상나라 취락은 아직 마차를 쓸 만한 자격을 갖추지 못했으나, 북방에서 길들인 말을 사서 은허로 보내는 경로에 있었다. 그러므로 개별 말이 이곳에서 병으로 죽어서 회갱 속의 뼈로 변했을 가능성을 배제할 수 없다.

은상 단계에서 마차는 아직 그다지 많지 않아서 육지의 전쟁 형태를 바꿀 정도는 아니었으나, 그것은 더 중요한 가치를 지니고 있었다. 바로 통신 수단과 왕조 상류층의 교통수단이 되었던 것이다.

마차는 은허와 수백 리 밖의 상나라 제후국 사이에 더 신속하게 정보를 소통하게 해주었고, 아울러 제후국 수장들도 더 편리하게 도읍으로 돌아와 왕을 알현할 수 있게 해줬다. 당연히 이 역시 그들이 상족의 특성을 유지하는 데에 유리했다. 평생 외딴곳에 있으면서 점점 다른 부족과 동화되어가는 것을 피할 수 있었기 때문이다. 게다가 귀중하고 진귀한 마차를 몰고 달리는 자체가 영예로운 일이어서, 도중에 거치는 이역의 다른 부족들이 놀라 두려워하게 만들 수 있을 뿐만 아니라, 수레에 탄 상나라 귀족도 충분한 우월감을 느낄 수 있었을 것이다. 이 역시 왕조의 엘리트들이 갖는 자기 정체성의 일부였을 것이다.

구체적인 용도에서, 마차에 의지해 신속하게 통신할 수 있는 능력 덕

분에 서로 100리도 넘게 떨어진 상나라의 군사 거점들 사이에 효율적인
연락망을 유지할 수 있었다. 어떤 성읍이 토착 부락에게 위협당하면 주변
의 거점에서 신속하게 참전할 수 있었고, 전투 상황에 대한 보고도 신속하
게 은 땅의 도읍으로 전송되어서 후방에서 지원 역량을 조직하기 편했을
것이다. 말이 끄는 전차는 보병보다 3배 이상 빠른데, 이것은 전투 상황에
대해 보고하고 명령을 내리는 시간이 원래의 4분의 1만 필요함을 의미한
다. 그러면 왕조가 효율적으로 관리하고 때맞춰 반응할 수 있는 면적을 10
배 이상 확대할 수 있었다.

갑골복사에는 말이 끄는 전차를 이용한 전투가 기록되어 있는데, 무
정이 주^㠱라는 부족을 정벌한 이야기였다. 그에 따르면 계축일^{癸丑日}에 '쟁
^爭'이라는 점술사가 무정을 위해 점을 쳐서 이렇게 물었다.

"오늘부터 정사일^{丁巳日}까지 우리 군대가 (언제) 주 부족을 공격하는
게 좋겠습니까?"

무정이 점복을 해독하고 이렇게 말했다.

"정사일은 부적합하니 다음 갑자일^{甲子日}이 되어야 한다."

11일 후 갑자일에 거북의 복갑에 전투 결과를 이렇게 새겼다.

"계해일^{癸亥日}에는 전투에 전차를 투입하지 않았는데, 이날 저녁부
터 이튿날인 갑자일까지 (아마도 전차를 투입한 결과) 주 부족을 확실히 소멸
했다."

주 지역은 비교적 평탄한 곳이어서 전차를 몰고 작전하기에 적합했
을 것이다. 무정이 점복에서 앞쪽 나흘 동안에는 결전을 벌이지 말라고 한
것은 틀림없이 전차가 집결할 때까지 기다렸다는 뜻일 것이다.

어떤 학자는 주 땅이 산시^{山西} 남부의 창즈^{長治} 일대라서, 은허에서 여
기까지 오려면 산을 넘어야 한다고 했다. 그러므로 상나라의 전차는 분해
한 뒤에 말에 실어 운반하여 산을 넘은 뒤에 다시 조립해서 전투에 투입했
을 것이므로, 무정의 주력군은 7일 동안 기다려야 했다는 것이다. 이 전투

에 투입된 전차가 몇 대나 되는지는 갑골복사에 기록되지 않았는데, 많아 봐야 수십 대 정도였을 것이다.

주 부족은 규모가 크지 않았던 듯하니, 은허의 갑골복사에 나타난 횟수가 많지 않다. 이 전투는 무정이 상당히 집중적으로 전차를 사용해본 일일 가능성이 있다. 그 갑골복사는 특이하게도 큰 필획으로 거북 복갑의 정면에 새겨져 있다. 이것은 그가 이 전투에 대단히 관심이 많았음을 말해준다. 이와 동시에 무정은 '부缶' 부족에 대한 전쟁을 일으켰을 수도 있으나, 그와 관련된 점복은 '주' 부족 옆쪽에 가늘고 조그마한 글씨로 새겨져 있어서, 양자의 차이가 아주 크다. 이는 당연히 두 적대 부족의 실력 차이를 나타내는 게 아니라 전차의 실험을 강조한 것이라고 하겠다.

무정은 늘 마차를 타고 사냥했으니, 예를 들어 '코뿔소를 쫓은逐兕' 일이 있다.

어느 계사일癸巳日에 점술사 '각殼'이 상나라 왕을 위해 점을 쳐서, 다음 열흘 사이에 재앙이 있을 것인지 물었다. 무정이 그 점괘를 해석하여 뭔가 뜻대로 되지 않는 일이 있을 거라고 했다. 이튿날인 갑오일甲午日에 무정은 야생 물소를 사냥하러 갔는데 '소신小臣(왕의 개인적인 노예)' 하나가 마차를 몰았다. 그런데 달리던 도중에 마차가 돌을 들이받아 차축이 부러지고 마차 전체가 뒤집혀버렸다. 무정의 친척이나 지위 높은 신하인 '자앙子央'도 마차에서 튕겨 나와 떨어져버렸다. 왕과 자앙은 아마 같은 마차에 타고 있지 않았던 듯하다.

이 사고는 점복의 예측 결과를 넘어선 것이어서, 전날의 갑골복사 뒷면에 보충해서 새겨졌다. 현재까지 발견된 갑골복사 가운데 마차에 관한 기록은 주로 무정 시대의 것이지만, 이것이 그 시대에 마차를 사용한 횟수가 가장 많다는 뜻은 아니다. 고고학 발굴 결과를 보면, 무정 이후 마차의 수량은 줄곧 증가하여 은상 말기에 이르면 은허 안팎의 귀족들도 수레와 말을 순장하는 풍조가 갈수록 늘어났다.

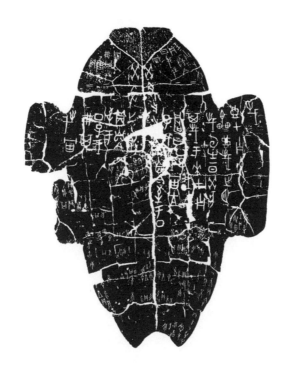

『합집合集』 6384 정正

계축일에 쟁爭이 점을 쳤다. "지금부터 정사일까지 우리가 (언제) 주 부족을 정벌할 수 있습니까?" (무정) 왕이 점을 풀이했다. "정사일에는 그들을 정벌하지 말고, 다가오는 갑자일에 정벌해야 한다." 11일 뒤 계해일에는 마차가 정벌하지 않았다. 그날 저녁부터 갑자일까지는 정벌해도 된다.

癸丑卜, 爭貞, 自今至于丁巳, 我翦𢦏㝬. 王占曰, 丁巳我毋其翦𢦏. 于來甲子翦𢦏. 旬有一日癸亥, 車弗翦𢦏. 之夕向甲子, 允翦𢦏.

『합집合集』 10405 무정의 마차 사고

계사일에 각ᵇ이 점을 쳤다. "열흘 사이에 재앙이 있을까요?" (무정) 왕이 점을 풀이했다. "이 기간에 허물*이 있을 것이다." 과연 그 말과 같았다. 갑오일에 왕이 코뿔소를 사냥하는데 소신小臣이 마차를 몰다가 바위에 부딪혀 왕의 마차를 망가뜨렸고,** 자앙도 추락했다.

癸巳卜, 殼鼎(貞), 旬亡禍. 王(占)曰, 乃茲亦有咎. 若偁. 甲午, 王往逐兕, 小臣葉車馬, 硪, 奐(壞) 王車, 子央亦墜.

---

* 판독문의 '咎'는 '祟'으로 읽기도 한다.
** 판독문의 '葉'은 '甾'로, '硪'는 '龟丂', '王車'는 '王耑'로 읽기도 한다.

이 때문에 은상 후기에는 작전에 투입할 수 있는 마차가 이미 무정 시기를 훨씬 초과하여 수백 대 규모가 되었을 것이다. 무정 이후의 갑골복사에서 마차에 관한 기록이 적은 이유는 출토된 갑골의 양이 적어서일 가능성이 크다. 무정 시기의 갑골은 요행히 많이 보존되었고 후세 왕들의 것은 상대적으로 적으니, 이것은 고고학에서 피하기 어려운 우연성이다.

대략 반경이 은 땅으로 천도한 것과 같은 시기에 중동 지역에서는 고대 이집트와 히타이트 사이에 유명한 카데시Kadesh 전투가 벌어졌는데, 쌍방이 투입한 전투용 마차는 모두 1000대가 넘었다. 이 전투는 고대 이집트어와 히타이트의 설형문자로 기록되어 있다. 이에 비해 상나라 때 전차의 수량은 이런 규모에까지 이르지 못했을 것이다.

상나라 사회의 기본 단위: '족族'

상나라 왕의 권력은 신의 세계에서 왔고 인간 세계의 모든 것에 대한 생사여탈의 권한을 가진 듯했으나, 현실에서는 더 복잡하게 나타났다.

초기 상나라에 관해서는 고고학적 자료가 상당히 적고 문헌으로 남은 역사서도 믿을 수 없는데, 위안취垣曲와 옌스偃師 상나라 성의 거대한 창고 건물군이 발굴되고 나서야 초기 상 왕조의 거대한 통제력을 엿볼 수 있었다. 이런 통제력이 어떻게 실현되었는지 지금으로서는 아직 해답을 제시할 수 없다.

쇠락하여 상황이 모호한 중기 상나라를 지나 후기 상나라 은허 시대부터 정보가 많아지기 시작했다. 은허에서는 초기 상나라와 같은 초대형 창고 건물이 발견되지 않았는데, 갑골복사 등 각종 자료를 통해 보면, 은상에는 완비된 국가 기구나 각급 정부 등 현대인에게 익숙한 각종 정부 체계가 없었다. 상나라 사회의 기본 단위는 혈연관계로 이루어진 '족族'으로서, 갑골문에서는 亅라고 쓴다. 글자의 형상은 전쟁에서 쓰는 깃발과 화살 하나로 그 전쟁의 속성을 직관적으로 표현했다. 상나라의 '족'은 종족이나 부족 혹은 씨족으로 이해할 수 있다. 모든 상나라 종족에게는 자기의 영역이 있어서, 경작하는 토착 농민을 통치했다.

모든 '족'은 각자의 '읍邑' 즉 농사지으며 거주하는 백성이 있는 지역을 가지고 있었다. 상대적으로 은허의 범위 안에서는 사람은 많고 땅은 협소했으므로 '족읍族邑'이 매우 밀집해 있었다. 족읍에 반드시 계급의 높낮이에 따른 통치 관계가 있었던 것은 아니며, 왕의 도성이 '대읍상大邑商'이라고 불리기는 했으나, 문자의 뜻만 보면 그저 상대적으로 큰 '읍'에 지나지 않았다.

도성 바깥의 부족들은 수십 리를 점유하여 작은 방국邦國이라고 할 만했으며, 그 주인(족장)들은 '후侯'의 작위를 가졌고, 그들이 다스리던 지역은 바로 제후국이었을 것이다. '후'는 갑골문에서 矦라고 쓰는데, 망루 아래에 화살 하나가 있는 모습으로서 경계 임무를 담당한 초소를 가리킨다. 그러므로 변방의 땅에 봉해져서 상 왕조를 보위하는 부족의 수령이 바로 '후'다. 갑골문에서 '후'는 상족 사람만이 될 수 있었으며, 상족에게 투항하여 의탁한 다른 종족의 방국 우두머리는 '후'라고 불릴 수 없었다. 다만 상 왕조 이후의 사람들은 이미 이런 구별을 이해하지 못하게 되었다.

상나라의 '족'은 혈연의 가족일 뿐만 아니라 정치와 경제의 단위로서, 자체의 무장 역량을 지닌 채 목축업과 어업, 수공업, 상업을 할 수 있었다. 어떤 '족'에게는 청동 주조랄지 골기 제작, 상품의 운송과 같은 특정 산업이 상당히 발달했을 수도 있으나, 여전히 자체의 농장을 지니고 있어서 자연 경제가 아주 큰 비중을 차지했다.

신권법의 논리로 보면 상나라 왕은 족장의 토지와 부속 백성도 박탈할 수 있었으나, 현실에서 족장이 뚜렷한 죄를 저지르지 않는 한 그런 상황은 지극히 드물었다. 상족의 생활에서는 전통적인 관습법이 아주 중요해서, 왕은 각 부족의 일에 마음대로 개입할 수 없었다.

일부 '족'은 역대 왕의 왕자들로부터 번성해 나와 일정 정도의 땅과 거기 사는 농부를 얻거나, 혹은 왕실의 직할지에서 나뉘어 나오거나 새로 정복한 땅에 자기 족읍을 건설하기도 했다.

또 더 오래된 일부 '족'은 상 왕조가 개국하기 전이나 하나라를 멸망시키는 과정에서 상탕과 동맹이나 의존 관계를 맺었다가, 상나라가 건립된 뒤에 넓은 의미의 상족에 흡수되거나 동화되기도 했다. 상나라 초기 상태에 대한 고고학적 발굴 성과로 보면, 당시의 가맹자는 대단히 다원적으로서 웨스 문화와 샤치위안 문화, 후이웨이 문화 등지에서 비롯되었다. 은허 시대의 갑골복사에는 상나라 왕이 이윤伊尹이나 무함巫咸, 황윤黃尹 등 왕실 가족 외의 '대신'에게 제사를 지낸 일이 기록되어 있는데, 이들은 틀림없이 초기에 상족과 동맹한 각 부락의 추장이었을 것이다. 왕실 가족이 갈수록 번성하면서 오래전부터 자격을 지닌 이 가맹족들도 소원해졌으나, 여전히 상나라의 정치와 문화 권역에 속해 있었다.

상나라의 '족'에 대한 역사 문헌의 기록은 지극히 적으나, 고고학적 발굴에서는 아주 많이 볼 수 있다. 예를 들어 상나라 왕의 갑골복사에는 대개 누구에게 외지를 정벌하러 나가라고 명령했다는 기록만 있을 뿐, 그들에게 얼마만큼의 병력을 내주었다는 말이 없다. 이것은 그 사람이 족장(제후국의 군주)이라서 자기 가족이 보유한 무장 세력을 데리고 출정하는 것이기 때문에 자세히 기록할 필요가 없다는 뜻이다.

복사에는 '많은 자제가 있는 부족'이 출정했다는 기록이 보이는데, 여기서 '자제'는 왕실의 자제를 가리킨다. 왕실 자제는 왕과 가장 가까운 관계이므로, 그들 가족의 무장도 상당히 훌륭했다. 그러나 왕자가 여러 세대에 걸쳐 하나의 '족'을 형성한 뒤에는, 더 이상 '많은 자제가 있는 부족'의 서열에 속하지 않게 된다.

상나라의 귀족은 청동기를 중시해서 일부 예외적 무기에는 주인의

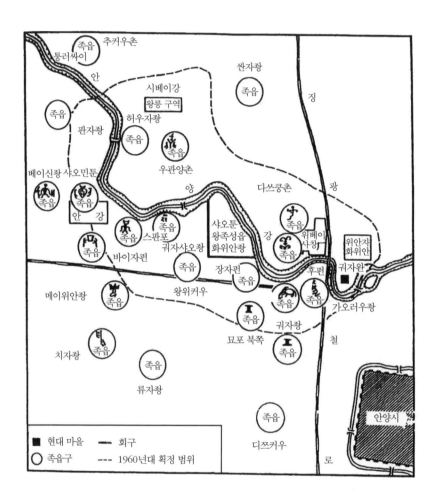

은허 범위 안의 족읍 분포도. 원 안의 족읍 부호는 청동기의 '족휘族徽'에 따른 것임[191]

상대 청동기에 있는 일부 족휘族徽 부호[192]

이름이나 종족의 토템 즉 족휘族徽를 주조하기도 했다. 일단 가족이 크게 번성하면 종종 몇 개의 지파로 나뉘고 이에 따라 족휘도 변하게 되는데, 주로 몇 가지 작은 부호를 덧붙여 구별하게 된다.

상나라가 '족'을 사회의 기본 단위로 삼았다는 것은 무덤에서 대단히 뚜렷하게 나타난다. 이른바 부족이 모여 살고 부족이 모여 장례를 지내기 때문에, 부족의 무덤은 일반적으로 서열이 있다. 족장은 부족 성원과 함께 묻히지만, 무덤의 위치는 앞쪽이나 중간의 상대적으로 존귀한 자리에 있고, 일반적으로 부족 성원들과 떨어져 단독으로 매장되지 않았다. 남성의 무덤에는 종종 무기를 부장했다. 부족 묘지의 성원은 피차간에 빈부 격차가 있었을 가능성이 크지만, 모두 같은 묘지를 사용했고, 출토된 청동기에도 종종 같은 족휘가 들어 있었다. 통치 받던 농노農奴는 순장된 경우가 아니라면 주인 가족의 묘지에 함께 묻힐 수 없었다.

정치 경제와 군사 부분에서 상나라의 '족'은 대단히 독립적이었고 세습적이었다. 일부 외지의 '족'들은 또한 제후국이어서 '분봉제分封制'나 '봉건제封建制'의 사회 규칙에 속했다. 그 기초 원리는 사회 발전의 정도가 낮고 교통과 통신이 낙후되었던 까닭에 관료제를 통한 직접 관리 방식을 채용하기 어려웠던 데에서 비롯되었다. 그러므로 왕권은 각각의 '족'과 세습적인 권력 구조를 승인하여 전통적인 관습법 속의 이권과 의무 원칙을 따를 수밖에 없었다. 상 문화는 잔혹하고 피비린내 나는 측면이 있으나, 내부 사회는 또 분권 체제로 운영되었다.

왕권과 가족 분봉제

사회가 '족'을 기본 단위로 삼고 완비된 정부 체계가 없었으므로 부세賦稅와 병역 제도도 없었다. 왕실과 조정의 지출은 왕조 경내의 보편적인 부세 징수에 의지하는 게 아니라 왕실 자체의 산업을 통해 부담했다. 귀족들이 왕에게 각종 물품과 인원을 바칠 수는 있었으나 계량화된 요구는 없었다. 갑골복사에는 각종 귀족이 왕에게 소나 양, 개, 전쟁 포로, 노예, 옥석, 갑골, 조개껍데기와 소금 등을 진상한 기록이 있으나 액수를 정하여 부세를 납부하라는 지시는 없었다.

이런 규칙 아래에서 왕이 직접 관리해야 하는 왕조의 사무는 비교적 적었고, 가장 중요한 사무는 제사와 전쟁을 조직하는 일이었다. 그리고 상나라의 각 종족은 제사에 바칠 제수품과 전쟁 병력―자체 무장을 갖춘―을 제공할 임무가 있었다. 이른바 "나라의 큰일은 제사와 전쟁에 있다國之大事, 在祀與戎"*라는 것이다. 이것은 바로 가족 분봉제이지 관료 제제帝制 시대의 규칙이 아니었다.

제사에 대한 갑골복사의 기록은 모두 대단히 간략해서 일반적으로 왕이 참여한 일만 기록했고, 다른 참가자를 기록한 경우는 지극히 드물다. 다만 실제 진행 과정에서 은허의 관련 종족은 응당 대표자가 참석했을 것이다. 예를 들어 어느 선왕에게 제사 지낼 때, 이 선왕의 후손이 형성한 종족은 응당 대표를 파견해서 제수품을 지니고 참가해야 했다. 오래된 선왕에 대한 제사일수록 참여자가 더 많아졌을 것이다. 왕실 가족 외의 선대 인물이나 강산의 자연신에게 제사 지낼 때도 관련 부족은 성원을 파견해서 참가했을 것이다.

전쟁이 일어나면 왕은 직접 어느 하나 혹은 여러 부족에게 참전을 명령할 수도 있었고, 때로는 그들을 집결하여 부대를 조직할 수도 있었다. 예를 들어 '등려만登旅萬'193)이라는 말은 1만 명의 군대를 소집했다는 뜻인데, 이 경우는 미리 필요한 병력의 총수를 확정하고 나서 각 종족에게 분담하여 병력을 파견하게 했을 것이다. 때로는 3개의 분대를 조직하기도

---

* 이것은 『좌전』 성공成公 13년에서 유강공劉康公이 한 말이다.

했으니, 이른바 "왕이 3개의 군대를 조직했으니, 좌군과 중군, 우군이었
다王做三師, 左中右"194)라는 게 그것이다. 춘추 시기의 전쟁을 통해 보면 각 귀
족의 무장은 해체되지 않고, 단지 더 큰 작전 단위에 편입될 뿐이었다. 각
종족의 참전은 왕에 대한 의무이자 전리품과 인구를 약탈할 기회이기도
했다.

부세 체계가 없었기 때문에 왕의 궁정 지출은 주로 왕실 자체의 산업
에 의지해야 했다. 왕은 많은 읍邑 즉 전장田莊을 소유하여 왕이 임명한 관
리자 즉 소신小臣을 통해 경영했으며, 수확물은 왕실의 사유재산이었다. 이
런 왕실의 전장은 은허 부근이나 주변의 수십 리 혹은 100여 리 이내에 분
포했을 것이다. 은허의 갑골복사에서는 비바람이 순조롭기를 기원하는 내
용이 자주 보이는데, 이는 주로 왕이 자기 소유의 전장에서 거둘 수확에
관심을 기울였기 때문일 것이다.

왕에게는 또 소나 양을 방목하는 목장이 있었다. 목동인 '추芻'는 대부
분 전쟁에서 사로잡은 노예인데, 도망쳤다는 기록이 자주 보인다. 왕실의
읍에는 식량 창고廩를 설치해놓고, 왕이 수시로 사람을 파견해서 시찰했
다. 왕궁 안에는 또 청동기 주조 작업장이 있었으나, 왕궁 바깥에 있는 것
보다는 규모가 크지 않았다. 상나라 왕이 전장을 경영한 방식에 대해서는
갑골복사에 왕이 사람들에게 경작하고 개간하라고 명령했다는 기록이 조
금 있기는 하지만, 더 자세한 관리는 하층의 낮은 관리들을 통해 이루어졌
을 것이다.

은허의 발굴에서는 또 몇몇 해석하기 어려운 현상이 나타나기도 했
다. 예를 들어 왕의 궁전에 저장된 대량의 석제 농기구가 그런 예다. 갑9
궁전 토대 옆의 구덩이 E181에서는 수확용 돌칼 444개가 출토되었고,195)
그 외에 궁전 구역의 '대련갱大連坑'에는 돌칼이 1000개가 넘게 들어 있
었으며, 돌낫도 여러 곳에서 집중적으로 출토되어 모두 3640개나 되었
다.196) 이 돌칼과 돌낫은 모아서 함께 보존했던 농기구로 대부분 사용되어

닳은 흔적이 있었는데, 그것을 사용한 사람들은 왕실 소속의 노예였을 것이다. 말하자면 이 사람들에게는 자기 소유의 농기구조차 없었고, 생존 상황이 가축에 가까웠다는 뜻이다.

E181 구덩이에는 매장물이 대단히 많아서 돌칼 외에도 많은 점복용 갑골과 소형 청동기, 대량의 녹송석 덩어리, 금박金箔—원래 보고서에서는 '금혈金頁'이라고 칭함—과 금박으로 만든 '금화金花'가 있었다.[197] 이것들은 왕실이어서 가질 수 있는 재물이었으니, 왕실과 노예들의 거처는 그다지 멀리 떨어져 있지 않았던 듯했다.

주의해야 할 점은 은허 왕궁 구역에서만 이런 석제 농기구 대형 세트가 발견되었을 뿐, 은허의 범위 안에 포함된 것들까지 포함해서 다른 상나라 때의 취락 어디에서도 이와 유사한 게 발견되지 않았다는 사실이다. 이것은 왕실 외에 상나라의 족읍들에서는 표준적인 '노예제' 노동 형식을 채용하지 않았고, 농노들은 각자 자기의 농기구를 제작하여 소유했다는 뜻이다.

그렇다면 왜 왕실에서만 이렇게 야만적이고 효율이 낮은 생산 방식을 사용했을까? 이 역시 역사의 수수께끼 가운데 하나다.

'족'을 기본 단위로 하는 사회 구조에서 왕조 내부의 계급 차이와 족군族群의 차이는 종종 함께 뒤섞여 있었다. 도성과 주변은 상족이 가장 집중된 지역이지만, 갖가지 내력을 지닌 천민 부족과 상나라 귀족 소유의 노예도 있었을 것이다. 이 노예들은 주변 지역과 전쟁을 하면서 생긴 포로들로, 수시로 제사에 바쳐졌을 것이다. 다만 노예 인구가 차지한 비율이 어느 정도였는지는 확정하기 어렵다.

도성에서 멀리 떨어질수록 각 지역 토착민과 상나라 사람의 언어와 풍속의 차이가 더 컸을 것이다. 그들은 대부분 해당 지역의 상나라 종족이 통치했고, 인권이 제약된 농노였다. 상나라 외부 범위에서 토착민들은 자기들의 우두머리와 부락을 조직하기 시작했는데, 그들은 종종 인접한 상나라 제후국의 통치를 받으며 제후국에 부세를 내고 노역을 제공했다.

이런 다른 종족의 우두머리를 '백伯'이라고 불렀는데, 갑골문에서 ⊖ 라고 쓰는 이 글자의 내력은 분명하지 않다. '백百'과 발음과 형태가 비슷 하므로 상나라 사람들이 관습적으로 다른 종족이 우두머리가 모두 100명 정도의 무리를 이끄는 사람이라고 습관적으로 인식하고 있었을 수도 있 다. 그러나 실제로는 그보다 규모가 훨씬 커서 '방국方國의 군주'라고 할 만 한 이도 있었다.

'백伯'은 상족이 아니었다. 예를 들어 갑골복사에 자주 나타나는 '강방 백羌方伯'은 강족으로 이루어진 방국의 우두머리를 가리킨다. 주족周族의 우 두머리는 '주방백周方伯'이었다. 『사기』에 따르면 주나라 문왕은 상나라 주 왕紂王에 의해 '서백西伯'에 임명된 적이 있다. 이 호칭은 근거가 있었으나, 주나라가 상나라를 멸한 뒤에 후세 사람들은 이미 상나라 문화에서 '백伯' 이 의미했던 것을 이해하지 못하게 되었다.

다른 부족의 방백이 반드시 상 왕조에 신하로 복종한 것은 아니었으 며, 험한 지형을 믿고 오랫동안 상 왕조와 적대한 부족도 있었다. 상 왕조 도 이런 부족의 방국을 정벌하여 사로잡은 방백을 제사에 바쳤다. 특히 은 상 후기에 상나라 왕은 이것을 더욱 중시했다. 그들은 인간 희생의 지위가 높을수록 제수품으로서 가치가 더 높아진다고 여겼을 수 있다.

갑골복사에 따르면 장수했던 무정武丁은 종종 직접 다른 부족, 특히 서부의 강족—지금의 산시山西와 산시陝西 지역의 토착민—을 정벌하여 그 포로를 제사에 바쳤다. 무정의 갑골복사에는 늘 제사에 바친 인간 희생의 수가 기록되었는데, 그에 비해 무정 이후의 8명의 왕은 모두 이렇게 활약 하지 않았으니, 당시 제사에 바치던 인간 희생이 갈수록 더 지방의 제후 나 신하로 복종한 '백伯'들이 제공하는 것에 의지했기 때문일 가능성이 크 다. 다만 다른 부족을 직접 정벌하는 일은 줄곧 왕의 영예로운 행사였으 며, 모든 왕은 반드시 그것을 결행하여 자기가 왕의 자격이 있음을 증명해야 했다.

상나라 왕은 '보步'라고 하는 군사 정벌 의식을 거행했는데, 갑골문에 서는 🐾 또는 👣라고 쓴다. 걸어간다는 뜻인데, 왕이 완전무장하고 부대를 이끌고 행군하는 것을 가리키는 것일 수 있다. 갑골복사에는 '보'에 관한 기록이 많다. 은허 시대에 왕이 사냥하거나 출정할 때는 대개 마차를 탔으나, '보'라는 유서 깊고 위엄 있는 의식은 줄곧 존재했다.

신체가 부적합한 경우와 같은 드문 상황에서 왕은 특정 귀족에게 자기 대신 '보' 의식을 거행하게 할 수도 있었다. 갑골복사에는 다른 사람이 스스로 '보'를 거행했다는 기록이 없다. 주족이 궐기했을 때 그들도 '보' 의식을 배웠다. 예를 들어 일부 문헌에는 주나라 무왕이 '보'의 형식으로 행군했다고 기록했는데, 갑골복사와 무척 비슷하다.

> 왕이 이에 주나라에서 '보步'의 형식으로 행군하여 상나라 왕 주紂를 정 벌했다.
>
> 王乃步自於周, 征伐商王紂.(『逸周書』「世俘」)

다른 부족과의 동화: 전통 상실의 위험

천하의 독보적인 청동 기술로 초기 상 왕조의 확장은 더할 나위 없는 정도에 이르렀다. 전형적인 예는 바로 창장강 유역의 판룽청 상성이다. 다만 초기 상 왕조의 급속한 확장에는 알 수 없는 위험이 내재해 있었다.

군사적으로 먼 지역의 식민지는 충분히 스스로 방어할 수 있었으나, 왕조의 중심지와는 산천으로 멀리 격리되어 있었고 다른 토착 부족에게 둘러싸여 있었으므로, 정복자들은 현지인과 서로 섞이고 동화되는 일을 피할 수 없었다. 이에 따라 상족의 정신에 담긴 핵심 즉, 용감무쌍한 무력과 인간을 희생으로 바치는 제사를 버리고, 심지어 다른 부족의 괴상한 종교를 받아들이기도 했다. 이것이 바로 판룽청에서 일어났던 교훈이다. 더욱 용납할 수 없는 것은 남방 다른 부족의 문화가 거꾸로 정저우 상성에 유입되어 왕실을 오염시킴으로써 왕조의 내전 즉 '9세의 변란'이 일어나게 한 것이다. 외래 정신의 오염은 결국에 숙청되었으나, 초기 상나라의 확장 성과도 태반이 물거품으로 변했다.

상 왕조가 무력으로 무너질 수는 없었으나 다른 부족의 영향으로 타락할 수는 있었다. 1000리가 넘는 광대한 영역의 왕조를 유지하면서 상족 자체의 고귀한 특성을 어떻게 유지할 것인가 하는 것이 초기 상나라가 남긴 숙제였다. 이에 대해 앞서 언급했던 마차 기술 외에, 무정은 또 다른 수단을 이용해서 상 왕조의 특징을 보존함으로써 다른 부족에 의해 부식되는 것을 피했다.

초기 상나라는 강역이 지나치게 크고 식민도시가 멀리 있었을 뿐 아니라, 왕권도 과도하게 발달해 있었다. 그 표지는 바로 정저우와 옌스의 상성에 갖추고 있던 방대한 성과 창고 체계였다. 그러면 직업화된 관료 집단이 필요한데, '직업'은 원래의 종교 생활에서 벗어나서 고용주 즉, 왕에 대해서만 책임질 뿐이니, 전통문화의 특징을 상실하는 것이었다.

초기 상나라의 왕권은 또 상족의 사회 구조를 바꾸었으니, 특히 옌스와 정저우의 두 상성이 그런 예다. 전통적인 상족 공동체는 도시 생활과 맞지 않아서, 성안의 종족은 이전의 농업과 목축업, 수공업을 함께 경영하던 자족의 모델을 포기하고, 왕권의 유희 규칙 속에서 더욱 전문화된 인력 집단이 되었다. 이것은 상족의 전통적인 정신이 상실되는 시작점이었다.

왕권과 관료 체계가 주도한 사회 규칙 속에서 어떤 왕이 돌연 기발한 생각으로 전통적인 인신공양제사를 포기하여 정저우 상성 말엽에 일어났던 것과 같은 사태가 발생한다면, 명령에만 복종하는 관료 체계에서는 그것을 바로잡을 수 없다. 그것은 그저 왕의 도구일 뿐이기 때문이다. 다행스럽게도 정저우에서 가장 발달했던 청동 주조 작업장과 골제품 작업장이 성 밖에 있었는데, 그 집단은 상족 전통의 보존자를 대표하고, 아울러 내전 와중에 인신공양제사를 폐지한 성안의 '개혁파'를 격파했다. 미국의 백인 정신이 남부 대농장의 교양 없는 백인 노동자rednek와 불가분의 관계에 있는 것처럼, 상족의 전통 정신은 분산되어 자치로 유지되는 족읍과 불가분의 관계에 있다.

'9세의 변란'을 겪고 반경이 은 땅으로 천도하여 방대한 완베이 상성을 건축하기 시작하자, 역사는 초기 상나라 시대로 다시 돌아가는 듯했다. 다만 이런 위험을 인식한 무정은 완베이 상성의 건축을 폐기하고 족읍들이 각자 뜻대로 자유롭게 발전함으로써, 예전의 작은 공동체 사회 구조와 전통적인 부족 생활의 방식을 유지할 수 있게 했다. 이로써 상조의 종교 문화는 유지되고 전승될 수 있었다.

판룽청의 부패와 그것이 유발한 전통 종교에 대한 정저우 상성 조정의 배반은 무정에게 경종을 울려주었다. 어쩌면 그의 주요 정책은 모두 초기 상나라 조정의 붕괴에 대한 반성에서 나왔다고도 할 수 있다.

마차라는 새로운 통치 기술을 얻었더라도 무정은 최대한 안전하게 통제할 수 있는 규모에서 강역을 유지했다. 지나치게 큰 강역은 너무 많은 다른 부족을 포함하여 상족 인구를 희석하고, 여러 가지 많은 위험을 초래할 수 있었다. 무정은 사방으로 출격해서 강토를 개척했으나 상 왕조의 세력 범위를 최대한 안정적으로 넓혔으며 판룽청처럼 먼 곳에, 체스를 두는 듯한 배치는 하지 않았다. 왕조가 통치하는 다른 부족은 지나치게 많을 필요가 없으며, 관건은 신들에게 바칠 제수품이 충분한가에 달려 있을 뿐이었다.

무정의 확장 전쟁은 모두 대규모 인신공양제사를 수반했다. 다른 부족의 포로들은 본래 노동을 담당한 노예로 삼을 수도 있었으나, 인신공양제사는 상 왕조의 정신적 지주이자 상족이 신들의 보살핌을 받는 근원이

었으므로, 현실의 물질적 이익을 조금 버리더라도 신들의 환심을 사야만
상 문화의 흥성을 유지하고 보호할 수 있었다.

무정이 토대를 마련한 은허의 배치는 그 후 200년 동안 상 문화의 기
조가 되었다. 그의 무덤은 이미 훼손되어 확인할 수 없으나, 그의 부인 부
호의 무덤은 온전하게 발굴되었다. 이를 통해서 현대인도 상나라 왕실 생
활의 일면을 알 수 있게 되었다.

제12장 왕후의 사교 범위

안양의 은허박물관—궁전 종묘 구역—의 대문을 들어서서 왼쪽으로 돌아가면 멀리 대리석으로 만든 한 여성의 조각상이 보인다. 그 여인은 손에 청동 도끼를 들고 온몸에 갑옷을 입은 채 자기 무덤의 전시실 앞에 서 있다. 그 여인이 바로 무정의 부인 부호다.

1976년에 부호 무덤이 발굴되자, 은상 왕족의 생활도 처음으로 온전하게 현대인의 눈앞에 전시되었다. 상나라 왕릉 구역의 무덤은 대부분 이미 심각하게 파괴되었으나, 궁전 구역 서남쪽에 자리한 부호의 무덤은 각종 도굴꾼의 탐색을 피해 대단히 온전하게 보존되었다. 무정 시대의 갑골 복사에는 부호의 그림자가 자주 나타나므로, 이 왕후의 생전과 사후의 일에 관해 서술할 수 있는 게 아주 많다.

요행으로 보존된 왕후의 무덤

은허 왕궁 구역의 서측은 안양강이 범람하여 만들어진 호수다. 호

수 서남쪽에 약간 높이 올라간 대지臺地가 있는데, 무정이 새 왕궁을 건설할 때 이곳에도 번영한 취락이 있었다. 왕궁과 겨우 200미터 정도 떨어져 있었으니, 거기 살던 이들은 틀림없이 왕실과 밀접한 관계가 있던 이들이었다. 틀림없이 부호의 가족으로서, 부호도 죽은 후에 이곳에 묻혔을 것이다.

부호의 무덤은 직사각형 묘혈로 이루어져 있는데 남북의 길이는 5.6미터, 동서의 폭은 4미터, 깊이는 7.5미터였다. 발굴 당시 묘혈 바닥에는 이미 지하수가 스며들어 아주 많은 부장품과 유골 조각이 진흙 속에서 건져졌다. 모두 16명을 순장했는데, 묘혈 바닥의 요갱腰坑에 1명, 덧널槨 안팎에 8명, 곽실 꼭대기에 4명, 모형의 벽감壁龕에 3명이 매장되어 있었다. 이외에 개 6마리를 순장했다. 부호 자신의 유골은 이미 완전히 부식되어 보이지 않았는데,[198] 상나라 때의 무덤에서 이는 비교적 흔한 현상으로서, 바닥에 살포한 주사에 부식되었기 때문일 가능성이 크다.

부장품은 대단히 온전하게 보존되어 있었으며 모두 1928점이었다. 그 가운데 청동기와 옥기, 골기가 각기 수백 점이었으며, 청동기의 총 중량은 3250근(1950킬로그램)에 이르렀다. 아주 많은 청동기에 '부호婦好'라는 명문銘文이 있어 무덤 주인의 신분을 직접 증명했다. 그리고 '후모신后母辛'이라는 명문도 있었는데, '신辛'은 부호의 출생일로서, 천간으로 이름을 쓰는 상족의 습속에서 비롯된 것이다. '후모后母'는 그녀가 왕의 자녀를 낳은 후에 얻은 존칭이다.

청동 예기 가운데 솥鼎만 하더라도 31점이 있었는데, 가장 큰 것은 한 쌍의 청동 방정方鼎으로 높이 80센티미터이고 각각의 무게는 256근(153킬로그램)과 235근(141킬로그램)이었다. 상나라 사람들이 가장 중시했던 주기酒器로는 동고銅觚 53점, 동작銅爵 40점, 그리고 각종 화盉와 굉觥, 호壺, 두斗, 가斝, 유卣, 관罐 등이 있었다. 비교적 독특한 취사 기구로서 3개가 연이어 진 시루甑가 있었는데, 물을 끓이는 바닥 부분과 일체를 이루고 있으며, 위

우방이偶方彝

3개가 연이어진 시루甑

쪽에 단독으로 내릴 수 있는 3개의 시루가 있었다. 그리고 '우방이偶方彝' 1
점이 있었는데, 표면에는 새의 형상과 기룡夔龍의 문양, 긴 코와 큰 귀를 가
진 코끼리 머리가 주조되어 있었다. 기물 전체의 모습은 하나의 전당 같았
고, 정수리 부분의 덮개는 '양면파兩面坡' 형식의 지붕을 닮았으며, 그 아래
쪽에는 처마 조형이 있고, 바닥의 모습은 건물의 토대를 닮았다.

초기와 중기 상나라 때는 청동기 표면에 무늬를 장식한 경우가 무척
드물었으나, 부호의 시대에는 청동기 표면에 무늬를 가득 장식하기 시작
함으로써 은상 시대의 예술과 기술의 발전을 보여준다.

부호도 군대를 지휘하는 장수여서 부장된 청동 무기로 도끼 4자루와
과戈 91개, 화살촉 57개 등이 있었는데, 그 가운데 3개의 큰 도끼에는 '부
호'라는 명문이 있다. 하나는 두 마리 호랑이가 사람의 머리를 먹는 장면
을 묘사한 꽃무늬가 들어 있고 무게는 18근(10.8킬로그램)이었으며, 다른
하나는 용무늬가 있고 무게는 17근(10.2킬로그램)이었다. 나무 자루까지 포
함하면 이 두 도끼의 무게는 모두 20근(12킬로그램)이 넘으니 예의적 성격
이 강하여 실전에 쓸 무기로는 적합하지 않았다. 2개의 작은 도끼는 '아계
亞啓'라는 명문이 있는 실용 무기였다. 일부 청동 과는 체형이 가볍고 얇아
서 전문적으로 부장품으로 쓰이는 값싼 무기였다.

옥기 가운데도 무기가 있었는데 옥과玉戈가 39개, 옥척玉戚이 9개였다.
옥척의 모양은 도끼鉞에 가까웠는데, 새로운 의미―청동 도끼의 모양과
구별―를 더하기 위해 그 양측에 몇 가닥 수염 모양의 장식을 덧붙였다. 2
개의 '옥원동내과玉援銅內戈'는 옥으로 칼날 부분을 만들고 청동으로 꼬리 부
분을 만들었다. 이런 옥 무기의 용도는 주로 의례용이었다.

또 옥으로 된 반지가 하나 있었는데, 표면에 활시위를 걸 수 있는 작
은 통이 있었고, 또 끈을 꿰어서 휴대할 수 있도록 구멍이 뚫려 있어서, 엄
지에 끼고 활시위를 당기기 편하게 한 실전 무기였다.

이외의 옥기로는 많은 벽璧과 결玦, 황璜, 종琮이 있었다. 몇몇 결玦과

쌍호식인두대월雙虎食人頭大鉞과 부분 확대

황^璜으로는 용이나 호랑이 등의 예술적 조형을 만들기도 했다. 옥종^{玉琮}은 량주 문화의 기본 형상을 유지했고, 또 가장자리에 요철의 띠무늬^{扉棱}를 만드는 등 약간의 변화를 주기도 했다. 야오산^{瑤山}산과 판산^{反山}산 등지의 무덤에서 발굴된 량주 고대 국가 시기의 전형적인 옥종에 비하면 부호 무덤의 옥종은 그 형체가 조금 작고, 량주 고대 국가의 옥종에 들어 있던 전형적인 신인수면문^{神人獸面紋} 장식이 없었다. 다만 분류 번호 1003 하나에는 량주의 신인수면문의 간략화된 흔적이 남아 있었으나 상당히 큰 변화가 있었다. 예를 들어 짐승 얼굴은 옥종 표면에 나타나는데, 량주의 경우 짐승 얼굴이 모서리의 양쪽 측면을 차지하고 있었다.

상 문화는 량주 문화와 얼마나 관계가 있는가? 이것은 대단히 답하기 어려운 문제다. 어쨌든 량주 문화가 끝나고 상 왕조가 건립되기까지 700여 년이 걸렸고, 부호의 시대에 이르면 1000년이 된다. 다만 부호 무덤에서 출토된 일부 옥종은 어떤 가능성을 암시하는 듯하다.

여성으로서 부호의 무덤 속에는 2개의 옥 빗^{玉梳}과 머리를 묶는 데에 쓰인 많은 비녀^笄가 있었는데, 그 가운데 옥비녀가 28개, 골제 비녀가 499개였으며, 비녀의 머리 부분에는 대부분 새나 기룡^{夔龍} 혹은 사람의 모습을 조각했다. 방직용 도구로는 옥방륜^{玉紡輪}이 22개 들어 있었다. 이외에도 옥으로 된 동물 형태의 작은 조각칼과 동물 모양의 청동 자^尺 등이 많았으니 역시 여성들의 방직 및 바느질과 관련된 것들이다.

부호의 무덤에서는 또 구리로 된 '궁형기^{弓形器}'가 6개 출토되었다. 고고학자들은 처음에 이 기물의 용도를 몰랐으나, 나중에 그것이 늘 마차와 함께 나타난다는 사실을 발견하자, 그것이 마부의 허리에 걸어서 고삐를 묶는 데 쓰는 것이리라 추측하게 되었다. 보아하니 부호 본인은 적어도 6대의 마차를 소유했던 듯하다. 이외에도 무덤에는 한 쌍의 소형 옥마^{玉馬} 조각이 부장되어 있었다.

이상의 예기와 무기, 장식물 외에 무덤에는 또 각종 재질의 도구들이

옥척玉戚

옥원동내과玉援銅內戈

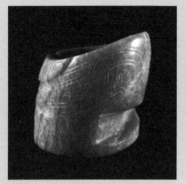

부호 무덤의 옥반지

옥종玉琮(분류번호 1003)

들어 있었다. 예를 들어 구리 제품으로는 도끼斧와 끌鑿, 자귀錛, 톱, 대패鏟, 낫, 소도小刀, 키嚴箕 그리고 '여러 개의 갈고리가 달린 기물'과 '두 개의 뿔이 달린 기물'—이것은 물건을 거는 데 쓰인 것으로 보인다—이 있었다. 석제 제품으로는 자귀와 추鎚, 공이杵, 숫돌磨石 등이 있었다.

부호의 무덤에는 옥석 조각 공예품이 많았는데, 예를 들어 옥으로 조각한 용기容器(예기禮器)인 궤簋가 그것이다. 옥 장식의 몸체는 모두 아주 작아서 일상에서 쓰는 노리개에 속하거나 방직품에 엮인 장식품이었다. 사람과 동물을 입체로 조각한 조형물들도 있었는데, 발굴 보고서에서는 그것들을 '원조圓雕'라고 불렀다. 이것은 상나라 이전까지는 비교적 보기 드문 것이었다.

옥기 가운데는 또 한 쌍의 절구와 공이가 있었는데, 절구의 직경은 약 30센티미터이고, 공이의 길이는 28센티미터로서, 주사 안료를 가는 데에 쓰던 것인 듯, 결 안에 주홍색이 스며들어 있었고, 연마하는 표면은 무척 반질반질했다. 매장할 때 절구와 공이는 분리되어서, 옥으로 된 공이는 덧널椁 안에, 절구는 묘혈 상층의 채운 흙 속에서 발견되었다. 그것들은 일상적인 화장품을 제작하는 도구가 아니었을 것이다. 왜냐하면 체형이 비교적 크고, 무덤 주인과도 상당히 멀리 떨어진 자리에 있었기 때문이다. 상나라 사람들은 붉은색을 숭상해서, 제사와 전쟁 같은 어떤 중요한 상황에서는 얼굴에 붉은색을 칠했을 가능성이 있다. 이 절구와 공이는 아마 부호의 부하들에게 주사 염료를 주는 데에 사용되었을 것이다.

상나라 사람들은 열대 해양의 조개껍데기를 화폐로 사용했는데, 부호의 무덤에서는 모두 6880개의 조개껍데기가 발견되었다. 이 조개껍데기들은 모두 관 안쪽, 무덤 주인의 허리 부분에 놓여 있었으니, 이것들이 무덤 주인이 하늘나라에 갈 때 가장 중요한 재물로서 반드시 몸에 지니고 있어야 할 것임을 말해준다.

무덤 속의 청동기 명문은 '부호'와 '후모신' 외에 '후토모后蚕母'가 있다. 발굴 보고서에서는 토^彔도 부호의 이름이리라 추측했다. 다른 청동기 명문에는 '아기^{亞其}'와 '자속천^{子束泉}' 등의 인명이 들어 있었다. 그들은 부호의 친척이나 동료로서, 자기의 청동기를 부호에게 선물했을 수 있다.

왕릉과의 비교

왕릉의 규격은 부호의 무덤에 비해 훨씬 크다. 묘혈의 면적만 보더라도 왕릉의 대묘는 변의 길이가 대부분 20미터 전후이고, 묘혈 바닥의 면적도 100제곱미터를 넘어서는데 부호의 무덤은 겨우 40제곱미터(7미터×5.6미터) 정도로 아주 작으며 게다가 묘도도 없다. 왕릉 안에서 발견된 순장자는 걸핏하면 100명을 넘어서고, 심지어 수백 명(이것도 도굴 이후에 남은 숫자)에 이르지만, 부호의 무덤에 순장된 이는 16명뿐이어서 차이가 아주 크다. 만약 왕릉 구역의 대묘가 파괴되지 않았더라면 부장품도 틀림없이 부호의 무덤에 비해 훨씬 풍부하고 호화로웠으리라고 상상할 수 있다.

왕릉 대묘의 도굴되고 남은 문물 가운데는 부호 무덤의 것과 유사한 것들도 있다. 예를 들어 돌 조각품인데, M1001에서는 호랑이 머리에 사람 몸을 한 쪼그려 앉은 짐승과 올빼미 조각이, M1500에서는 용과 소, 호랑이가 각기 한 쌍씩 출토되었다. 그것들의 조형은 부호 무덤 속의 옥석 조각들과 조금 비슷했으나, 체형이 상대적으로 커서 길이가 30~40센티미터에 이르렀다. 이런 돌 조각품은 후세의 서주와 춘추 시기에도 무척 드물다.

부호의 무덤에서는 91개의 동과^{銅戈}가 출토되었는데, 왕릉 구역에 부장된 무기의 규모는 더 컸다. 예를 들어 M1004에서 출토된 청동 투구^{銅盔}는 100개—이미 모두 부스러져 있었으나—가 넘었고, 동과는 72개—대부분 1미터 정도의 나무 자루가 달려 있음—였고, 동모^{銅矛}의 머리 부분이

'후토모后¾母' 명문 탁본

731개였다. M1001 대묘는 도굴된 뒤에 채운 흙 속에서 골제 화살촉 6583
개가 출토되었다. 이것들은 파괴된 뒤에 남은 것들로 완전한 숫자를 대표
하지 않으니, 왕릉 대묘의 호사스러움을 더욱 짐작할 만하다.[199]

　　이외에 왕릉 구역의 M260은 왕의 무덤이 아니어서 왕의 무덤에 비해
규모가 훨씬 작은데, 1939년에 그 지역 사람이 이 무덤에서 유명한 '후모
무后母戊'* 대정大鼎을 도굴했다. 어떤 학자는 이를 근거로 그 무덤이 무정의
또 다른 왕후 '부정婦姘'의 무덤일 것으로 추측했다.

　　M260에는 하나의 묘도만 있는데, 1984년에 발굴할 때 순장자 38명
을 발견했으니, 부호의 무덤보다 두 배 이상이다.[200] '후모무' 대정은 무
게가 1600근(960킬로그램)에 이른다. 부호의 무덤에서 발견된 가장 큰 방
정方鼎의 무게는 256근(153킬로그램)에 지나지 않았다. 양자를 대비해보면
이 '후모무' 무덤의 규격이 부호의 것보다 훨씬 크다는 것을 알 수 있다.
어쩌면 이것은 부정이 상대적으로 늦게 죽었고, 당시 은상의 국력이 이
미 더 강대해진 상황이었거나, 아니면 부정의 아들이 왕위 후계자가 되거
나 혹은 다음 대의 왕이 되었으므로 그 무덤을 더 호사스럽게 지었을 수도
있다.

상나라 왕의 부부생활

　　갑골복사를 보면 무정은 최소한 세 명의 부인이 있었으니 각기 비신妣
辛과 비무妣戊, 비계妣癸였다. '비妣'는 후세의 왕이 그녀들에게 붙인 존칭이
며, 그 가운데 비신이 바로 유명한 부호다.

　　부호는 무정의 첫째 부인으로서, 무정 시기의 갑골복사에 200여 차

---

* 이 대정大鼎의 명칭을 '사모무司母戊'라고 하기도 한다.

13925正

『합집合集』 13925 정正: 정유일에 점친 기록
丁酉卜, □貞: 婦好有受生. 王占曰, 吉, 其有受生.

례나 등장한다. 무정이 완베이 상성에서 안양강 남쪽으로 왕궁을 옮겼을 때 대략 20세 남짓이었으므로, 한편으로는 서부 산악지대의 부족들과 전쟁을 일으키면서 다른 한편으로 왕후의 인선人選을 확정했을 것이다.

이것을 위해 점을 칠 때 무정이 가장 관심을 기울인 것은 부호가 후계자를 낳을 수 있는가였다. 어느 정유일丁酉日에 宁이라는 점술사가 무정을 위해 점을 쳐서 물었다.

"부호가 임신할 수 있겠습니까?"

소 갑골을 불에 태워서 갈라진 무늬가 그다지 이상적이지는 않았던 듯, 점술사가 감히 결과를 쓰지 못하자, 무정이 직접 갈라진 무늬의 징조를 해독했다.

"길하다. 부호는 임신할 수 있겠구나."

하지만 『합집』 13925에서 볼 때 무정이 부호를 아내로 맞이한 동기는 점복의 결과 때문이 아니었던 듯하다. 그는 미리 결정해놓은 상태였고, 점복은 그저 필요한 절차를 완성하기 위한 것이었을 뿐이다. 부호는 몇 차례 임신한 적이 있는데, 아들을 낳을 수 있는지 예측하기 위해 무정은 여러 차례 점을 봤다.

어느 갑신일甲申日에 점술사 각敼이 갑골을 불에 태운 뒤에 무정을 위해 물었다.

"부호의 출산이 훌륭嘉하겠습니까?(아들을 낳을 수 있겠습니까?)"

무정이 해석했다.

"정일丁日에 출산하면 아들을 낳을 수 있겠다. 경일庚日에 출산하더라도 똑같이 길하다."

그 결과 31일 뒤인 갑인일甲寅日에 부호는 아들이 아니라 딸을 출산했다.

또 한번은 부호가 아들을 유산했거나 혹은 사산死産한 일에 대해 무정이 점복에서 의문을 제기했다.

『합집』14002 정: 갑신일에 점친 기록

甲申卜, 殼貞, 婦好娩嘉. 王占曰, 其惟丁娩嘉. 其惟庚, 娩, 弘吉.

三旬又一日甲寅娩, 不嘉.惟女. 二告.[201]

"제 조모님이신 '비기^{妣己}'께서 이 아이를 해치신 것인가요?"[202]

'비기'는 상나라 제16대 왕인 조정^{祖丁}의 부인이다. 『사기』「은본기」에 따르면, 조정에게는 4명이 아들이 있어서 연이어 왕이 되었으니 각기 양갑^{陽甲}과 반경^{盤庚}, 소신^{小辛}, 소을^{小乙}이다. 보아하니 조상들은 무조건 후세 왕의 가족을 보우하는 게 아니라 각종 이유로 해코지하기도 하는데, 그것을 푸는 푸닥거리의 방법은 때맞춰 제수품을 바치는 것이었다.

갑골의 기록에 따르면, 부호는 무정에게 대단히 유능한 조수였다. 예를 들어 부호는 왕조의 의례에 참여하여 '우로^{右老}'를 접견한 적이 있는데,[203] '우로'는 귀족 장로들의 대표자다. 부호는 또 '양^洋'이라는 지역에서 '다부^{多婦}'를 접견한 적이 있는데,[204] '다부'는 귀족 가족들을 대표하는 여성들을 가리키는 말일 수 있다. 외지에 있을 때 부호는 각종 예물을 모아 무정에게 보내기도 했는데, 예를 들어 무정이 점을 칠 때 사용했던 몇몇 갑골에는 '부호가 들여왔다^{婦好入}'(『合集』10133 反)라고 새겨져 있다.

조상들에게 제사를 바치는 것은 상나라 왕의 중요한 일이었고, 왕후로서 부호도 일부분을 분담해야 했다. 무정의 복사 가운데는 부호가 명령을 받고 하늘과 선조, 신천^{神泉} 등에 대한 각종 제사를 주재했다는 기록이 있다. 예를 들어 (역대 여성 선조인) '비계^{妣癸}'와 '다비^{多妣}'에게 제사 지낸 것이 그런 예다.

을묘일에 □의 손님이 점을 쳐서 물었다.
"부호가 '비계'에게 □ 제사를 지낼 수 있겠습니까?"
乙卯卜, □賓貞, 乎婦好有□於妣癸.

점을 쳤다.
"부호가 '다비'에게 순제^{紃祭}를 올릴 수 있습니까?"
貞, 婦好有紃於多妣.

제사 방식은 'ㅁ'인데, 어떤 학자는 그것이 '복服'자와 통하는 것으로, 역시 전쟁 포로를 바치는 제사라고 주장했다.[205]

더욱이 부호는 '벌제伐祭'를 주재한 적도 있다. 과戈 또는 월鉞 등으로 인간 희생의 머리를 잘라 신령에게 바치는 제사였다. 이것은 인신공양제사 가운데 흔히 보이는 살인 방식이지만, 현재 남아 있는 복사에는 부호가 제사에 바친 인간 희생의 숫자가 기록되어 있지 않다.

점을 쳐서 물었다.
"부호가 벌제伐祭 지내는 것을 삼가야 합니까?"
貞, 叀婦好呼(禦)伐.

부호의 무덤에서 출토된 '부호' 명문이 들어 있는 2자루의 큰 청동 도끼는 그 무게가 실전에 사용하기에는 전혀 부적합하나 모두 사용된 흔적이 있다. 예를 들어 무게 9킬로그램인 도끼는 이미 한쪽 모서리가 없어진 상태였다. 그러므로 그것들은 제사에 바칠 희생의 목을 칠 때 사용되었을 가능성이 있다. 무정은 부호의 "어깨에 병이 있는지"에 대해 점을 쳐서 물어본 적이 있으니, 이를 근거로 추측하자면 청동 도끼를 휘둘러 무리하게 인간 희생의 목을 치다가 발병한 것일 수도 있다.[206]

무정 시기에는 확장 전쟁이 빈번하게 일어났고, 부호도 늘 무기를 들고 출정했다.

갑골에 기록된 바에 따르면 부호는 무정의 출정에서 선봉을 맡아서 '방龐'이라는 부족에게서 병력을 징집한 적이 있었다.

갑신일에 점을 쳐서 각殻이 물었다.
"부호가 먼저 '방龐'에서 징집해도 되겠습니까?"

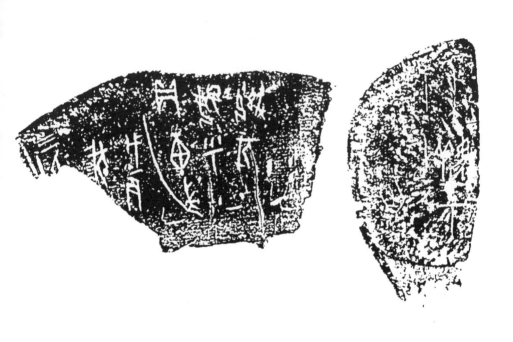

『합집』2631: 부호의 벌제伐祭 기록

貞, 叀婦好呼(禦)伐.

甲申卜, 殼貞, 乎婦好先登人於龐.(『合集』7283)

그 가운데 가장 유명한 것은 징집한 인원도 많고 규모가 가장 커서 모두 1만3000명을 징집한 때였다.

신사일에 점을 쳐서 물었다.
"부호가 3000명을 징집하게 하고, 병력 1만 명을 징집하여 (강족)을 정벌해도 되겠습니까?"
辛巳卜, 貞, 登婦好三千, 登旅萬, 呼伐(羌).

갑골문에서 군대를 동원하고 조직하는 일을 '등登'이라고 하는데, 말하자면 부호가 3000명을 모으고 나머지 1만 명은 (응당) 무정이 징집했을 것이다.

갑골문이 부서진 조각만 남아서 적이 누구인지는 자세하지 않으나, 어느 학자는 '호벌呼伐' 뒤쪽에 있는 글자는 응당 '강羌'일 것이라고 추측했다. 다른 갑골에서 부호는 확실히 강족과의 전쟁에 참여했다.

점을 쳤다.
"월戉이 강족을 잡을 수 없겠습니까?"
점을 쳤다.
"부호에게 잡게 해도 되겠습니까?"
貞, 戉不其獲羌. 貞, 呼婦好執.(『合集』176)

대체적인 뜻은 월戉이라는 장수가 강족을 사냥하는데, 무정이 부호도 가서 강족을 사로잡으라고 명령했다는 것이다.

부호는 또 토방土方과 파방巴方을 정벌한 적이 있는데,[207] 이 두 방국

『영장英藏』150 정正: 부호의 병력 징집 기록

辛巳卜, 貞, 登婦好三千, 登旅萬, 呼伐(羌).

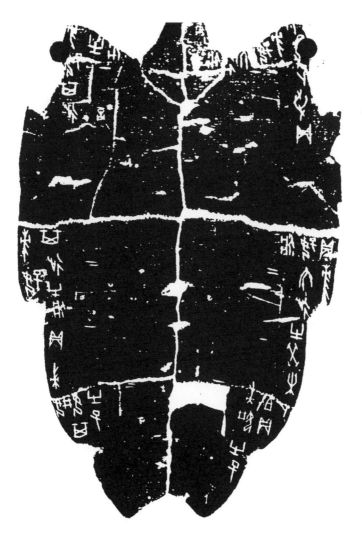

『합집』 13931: 부호의 병과 부정의 아들 출산을 물은 기록

□申卜, 爭貞, 婦好不延有疾. 貞, 婦好其延有疾.

癸未卜, 㱿貞, 婦妌有子. 貞, 婦妌母其有子.

은 모두 은허의 서쪽, 지금의 산시山西성과 산시陝西성의 경내에 있었다. 이외에 부호는 또 시尸 또는 이夷라는 방국을 정벌한 적이 있으니, 바로 지금의 산둥성 경내에 있었던 동이東夷였다.

무정의 또 다른 부인 부정은 부호보다 나이가 적었을 것이다. 부호와 마찬가지로 부정도 늘 제사를 주재했으며,[208] 병력을 이끌고 출정하기도 했다.[209] 이외에 또 하나의 복사 기록에 따르면, 부호가 참여한 적이 무척 드물었던 일은 바로 왕의 농장을 관리하는 일이었다. 복사에서는 부정이 곡물 수확을 감독하고 풍년을 기원했다는 기록이 여러 차례 나왔다.

부호는 마지막에 병으로 죽었다. 부호의 병세가 위중했던 기간에 무정은 선조들에게 자주 제사를 바치고, 부호의 건강을 살펴달라고 기도했다. 그리고 부호의 병이 위중할 때 부정이 막 임신했는데, 이 때문에 무정이 점을 쳐서 부호의 병세와 부정의 임신과 출산에 관해 물었던 일이 같은 귀갑龜甲에 기록되어 있다.

귀갑의 좌우 양쪽에서 점을 쳐서 물은 것은 같은 일이지만, 긍정과 부정으로 결과가 나뉘었다. 우측은 무정이 바란 대로 "부호의 질병이 이어지지 않을 것"이고 "부정이 아들을 낳을 것"이라는 결과가 나왔으나, 좌측은 그의 바람과는 달리 "부호의 질병은 이어질 것"이고 (부정에게) 자식이 없을 것"이라는 결과가 나왔다.

어떤 복사에서는 부정이 후세의 상나라 왕에게 '비무정妣戊姙'이라고 존칭을 받기도 했다.[210] 이것은 무정이 출생한 날의 천간이 무戊라는 것과 함께 그녀가 저명한 '후모무정后母戊鼎'과 왕릉구 M260 무덤의 주인임을 말해준다.

『제왕세기』에 기록된 부호의 아들

무정은 상나라 역사에서 중요한 왕이다. 그는 은허 도읍과 상 왕조 후기의 강역 토대를 다져 후세에 '고종高宗'으로 불렸다.

갑골복사에는 그의 재위 기간이 기록되어 있지 않으나, 『상서』「무일無逸」에 따르면 주나라가 건립된 뒤에 주공이 은상 유민들에게 연설하면서 고종 무정이 "59년 동안 나라를 다스렸다"[211]라고 언급했다.

은상 시기 200여 년 동안 반경부터 주왕紂王까지 모두 12명의 왕을 거쳤으니,[212] 무정이 재위한 기간이 거의 4분의 1을 차지한다. 세상에 전해지는 역사서에는 무정의 부인에 대한 기록이 전혀 없으니, 은허의 갑골과 무덤이 아니었다면 우리는 부호와 부정의 존재를 전혀 몰랐을 것이다.

그러나 부호의 아들 '효기孝己'가 서진西晉 황보밀皇甫謐*의 『제왕세기帝王世紀』에는 이렇게 기록되어 있다.

처음에 고종에게는 현량 아들 효기가 있었으나 그 모친이 일찍 죽었다. 고종은 후처의 말에 미혹되어 그를 추방해서 죽게 했으니, 천하가 그를 애통하게 여겼다.[213]
初, 高宗有賢子孝己, 其母早死. 高宗惑後妻之言, 放而死, 天下哀之.

더 이른 시기의 역사서에는 왕자 '효기'에 관한 기록이 없으나, 출토된 갑골문으로 증명할 수 있다. 무정의 아들 조경祖庚과 조갑祖甲이 왕위에 있을 때 제작된 갑골복사에는 '형님 기兄己'에게 제사 지낸 일이 기록되어

---

* 황보밀皇甫謐(215~282)은 어릴 적 이름이 정靜이고 자가 사안士安, 자호가 현안선생玄晏先生이다. 후한 시기의 명장 황보숭皇甫嵩의 증손으로 의학과 역사학에 조예가 깊었다. 평생 벼슬살이하지 않고 저술에 전념하여 『침구갑을경針灸甲乙經』을 비롯해 『역대제왕세기歷代帝王世紀』와 『고사전高士傳』 『일사전逸士傳』 『열녀전列女傳』 『현안선생집玄晏先生集』 등을 남겼다.

있다.[214] 조갑의 아들 경정庚丁 즉 강정康丁에 이르면 또 부친의 형인 기兄己를 '소왕부기小王父己'라고 불렀으며,[215] 마지막 두 왕인 제을帝乙과 제신帝辛(주왕)에 이르면 또 그를 '조기祖己'라고 불렀다.[216] 보아하니 후세의 역대 왕들은 모두 이 태자가 왕의 신분으로서 제사를 받을 자격이 있다고 인정한 듯하다.

무정은 사실 너무 장수해서, 그의 부인과 아들은 대부분 그의 생전에 죽었다. 효기가 쫓겨나서 죽었는지 아닌지는 이미 실증하기 어려우나, 시간의 순서로 보면 그는 부호가 낳은 아들일 가능성이 있다.

'효기'의 '효孝'는 갑골문에서는 나타난 적이 없는데, 이 왕자뿐만 아니라 복사에 들어 있는 모든 상나라 제왕의 칭호에 '효'자를 붙인 예는 없다. 이것은 어쩌면 훨씬 뒤인 진·한 시대의 인물이 덧붙인 것인지도 모른다.

『제왕세기』의 정보가 어디서 나온 것인지는 수수께끼다. 이 책은 4세기 초엽에 지어져서 사마천보다 400년 정도 늦으며, 그것이 왜 사마천이 기록하지 않은 역사적 사실을 제공하는지는 아무도 모른다. 보아하니 몇몇 역사의 조각들은 유가의 '육경'에 들어가지 못하고 『사기』에도 수록되지 못했으나 상나라와 주나라 때부터 진, 한, 삼국시대에 이르기까지 줄곧 그늘 속에서 전해지고 있었던 듯하다.

부호가 죽을 때 무정은 아직 살아 있었고, 아울러 안양강 북쪽의 왕릉 구역에 자기 무덤을 만들었다. 그런데 왜 왕후를 왕릉 구역에 매장하지 않고 자기 친정에 남겨놓았는지는 약간 해석하기 어려운 면이 있는 듯하다. 그러나 이것이 상나라가 멸망할 때 왕릉 구역이 대대적으로 털리는 재난을 당했음에도 부호는 그 재난을 피할 수 있게 해주었다.

부호 가족의 삶

부호의 무덤은 고립되지 않고 가족묘지 속에 있었다. 일부 무덤은 이미 도굴되었고, 일부는 그 지역 주민의 집에 깔려 있어서 발굴할 방도가 없다.

1976년에 안양고고공작대安陽考古工作隊가 부호 무덤 주변의 샤오툰촌小屯村 북쪽에서 은상 시기의 대묘 6곳을 발견하고, 나중에 그중 부호 무덤에서 동쪽으로 22미터 떨어진 곳에 있는 서로 이웃한 두 곳을 발굴했으니, 분류 번호가 각기 샤오툰小屯촌 북 M17과 M18이다. 두 무덤은 비교적 양호하게 보존되어 있고 부호의 시대와 가까우니, 틀림없이 부호의 가족 성원에 속할 것이다.

M17 무덤 주인의 유골은 이미 부패해 없어졌고, 무덤 안에는 2명의 순장자와 개 2마리가 묻혀 있었다.

M18 무덤 주인은 35~40세 사이의 귀족 여성으로서, 무덤 안에는 5명의 순장자와 개 2마리가 묻혀 있었다. 식별할 수 있는 순장자는 모두 청장년의 남성이었다. 1명은 메운 흙 속에 묻혀 있었고, 나머지는 덧널 안에 들어 있었는데, 개중에 두 사람은 어깨 부분에 동과銅戈를 하나씩 메고 있었고, 1명의 동과 옆에는 청동 화살촉 10개가 있었다. 이로 보건대 두 사람은 틀림없이 무덤 주인의 호위병이었다.

M18에는 청동 예기 24건이 부장되어 있었고, 무기로는 동과가 9개, 옥과와 옥척이 각기 하나씩 있었다. 부호의 무덤에 비하면 규격이 훨씬 낮았고, 부장된 청동기의 중량은 도합 178근으로서 부호 무덤의 그것에 비해 약 20분의 1에 지나지 않았다. 다만 이 무덤의 여주인도 틀림없이 가족의 무장 세력을 보유하고 정계에서 활약한 인물이었다. 부장된 옥과의 손잡이 부분에 주묵朱墨으로 쓴 글자 중 7자가 남아 있었으니(아래 사진 참조), 대체적인 뜻은 '북北' 땅에서 어떤 적들을 사로잡았거나 혹은 제사에 바쳤

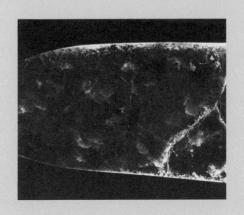

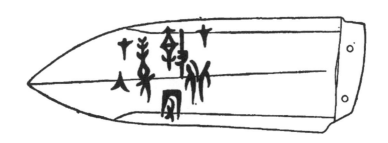

M18에서 출토된 주서옥과朱書玉戈의 세부 및 모사본[217)]

다는 것이다.

이외에 무덤에서는 또 무게 8근에 구경口徑이 약 33센티미터인 청동 쟁반이 발견되었는데, 그 안에는 똬리를 튼 용이 한 마리 새겨져 있었다. 용의 몸뚱이 옆에는 또 작은 기룡문夔龍紋이 있었고, 외부 테두리는 물고기 문양이 두르고 있었다.

상나라 귀족의 무덤에서 용의 형상은 그다지 보편적인 게 아니어서, 기본적으로 왕실과 친연성이 있는 무덤 주인이라야 사용할 수 있었다. M18의 이 구리 쟁반은 4000여 년 전의 타오쓰陶寺 귀족 무덤에 들어 있던 채도룡반彩陶龍盤과 형태가 유사할 뿐만 아니라, 갑골문에서 특유한, 신성한 의미를 나타내는 뿔을 지니고 있었다. 이것은 용에 대한 숭배가 1000년 남짓 연속되었음을 말해준다.

M18에 부장된 청동 예기는 그다지 많지 않지만, 족휘族徽를 나타내는 명문은 여러 종류다. 무덤 주인 본인의 것으로 보이는 것은 '자↑모子↑母'다. 여기서 '자子'는 무덤 주인의 선조가 왕자였음을 나타내고, '↑'는 응당 그녀의 이름일 것이다. 그 외에 명문이 들어 있는 청동기는 친우들이 무덤 주인에게 준 것으로 보인다. 그 가운데 '자어子漁'라는 명문이 있는데, '어漁'자는 3개의 물줄기 안에 있는 4마리 물고기를 형상한 것으로, 형태가 복잡하면서도 정교하고 아름답다. '자어'는 무정 시기 갑골복사에 자주 나타나므로,[218] 왕조의 중요한 신하였음을 알 수 있다. 이로 보건대 이 '자어'는 M18 무덤의 주인과 친척 관계여서 동준銅尊과 동가銅斝를 하나씩 선물한 듯하다. M18에 부장된 청동기 가운데 이 2개가 비교적 무겁고 또 정교하다.[219]

부호의 무덤이 있는 이 묘지의 서측과 남측은 주거 구역으로서, 면적 100제곱미터 전후의 건물 여러 채가 밀집해 있다. 무정 시기에 은상의 경제 수준은 아직 그다지 높지 않았으니, 중급 이상의 귀족이어야 이런 집에 살 수 있었을 것이다.

그 가운데 사각형에 가까운 건물 F29는 부호의 무덤에서 약 50미터 정도 떨어져 있는데, 아마도 부호 가족의 종묘宗廟였던 듯하다. 그 남쪽 정원 안에는 흙을 다져서 만든 사각형의 건물 토대가 2개(F30과 F31) 있는데, 그 위쪽에는 기둥을 막았던 구덩이와 같은 건축물의 흔적이 없다. 다만 여러 개의 제사갱이 있으니, 틀림없이 선조에게 제사 지내던 장소로 부호가 죽은 뒤 친족들은 여기서 그녀에게 제사를 바쳤을 것이다.

여기에서는 모두 17개의 제사갱이 발굴되었는데, 개 1마리를 묻은 한 곳을 제외하고 나머지 제사갱에는 1명에서 3명까지 불균등하게 매장했으며, 모두 27명을 매장했다.

인간 희생을 매장한 제사갱은 두 종류로 나뉜다. 하나는 신체가 온전한 아이를 매장한 것으로서 모두 13명이 매장되어 있는데, 그 가운데 5곳에는 1명만 매장했고 4곳에는 2명을 매장했다. 이 아이들은 대부분 허리를 숙이고 있으며, 간단한 옥 장식이나 조개껍데기로 만든 가슴 장식, 작은 골제 구슬, 녹송석 장식을 차고 있었다. 묶이거나 몸부림친 흔적은 보이지 않으니, 죽인 뒤에 구덩이에 안치한 듯하다. 부호와 M18 무덤의 주인은 모두 고급 여성 귀족이니, 모두 생전에 아이를 좋아했으므로 후손들이 예쁘게 치장한 아이를 제사에 바쳤을 수도 있다.

다른 하나는 청장년의 남성을 매장한 것으로서 각 제사갱에 1명에서 3명까지 매장했으며, 모두 머리를 자른 뒤에 묻었다. 머리를 자른 과정은 상당히 거칠었던 듯, 몇몇 인체의 목뼈에는 턱뼈가 붙어 있었고, 머리뼈에 많은 칼자국이 있었다. 예를 들어 M53에 들어 있던 2개의 머리뼈에 난 칼자국은 주로 볼과 아래턱 부분에 집중되어 있었다. 이런 흔적은 인간 희생의 머리를 자를 때 목을 고정하지 않은 상태로 칼이나 도끼로 여러 차례 얼굴에 내리쳤음을 의미한다.

한 명만 매장한 M64는 상당히 특수하다. 희생자의 두 팔은 등 뒤로 묶여 있고, 그의 두개골만 잘라냈을 뿐, 얼굴 부위와 눈언저리, 후두부를

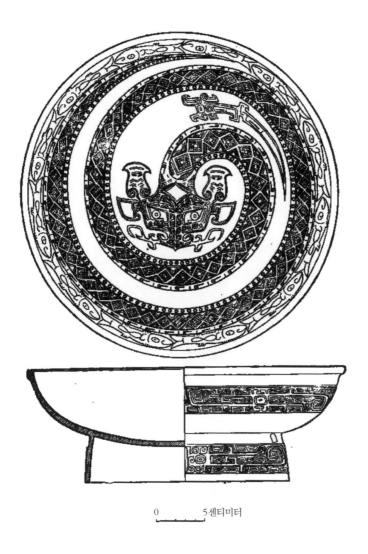

0   5센티미터

M18에 부장된 구리 쟁반의 탁본과 청동기의 명문 — 족휘族徽

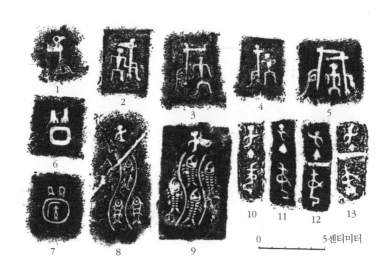

M18에 부장된 구리 쟁반의 탁본과 청동기의 명문 — 족휘族徽

M64의 인간 희생

포함한 머리뼈는 대부분 몸뚱이에 붙어 있다. 그는 제사갱에 던져질 때 아직 죽지 않았을 수도 있는데, 머리가 잘린 다른 유골들은 모두 반듯한 자세인 데에 비해, 그는 옆으로 누운 채 허리를 굽히고 몸부림치는 듯한 자세였으며, 머리뼈는 자기 가슴 앞쪽에 있었다. 이것은 악의를 품은 학살이었을 가능성이 크며, 제사를 바친 사람은 인간 희생이 두개골이 잘린 뒤에 몸부림치고 고함치는 것을 감상하며 자극과 만족감을 느끼려 했던 듯하다. 칼을 썼든 도끼를 썼든 간에 가지런하고 완벽하게 인간의 두개골을 자르기란 모두 무척 곤란한 일이므로, 두 가지 가능성이 있다. 첫째, 제사를 바치는 이가 톱으로 희생자의 머리를 자르거나 둘째, 조작자가 이미 숙련된 기술이 있어서 아무 결함이 없이 순조롭고 완전하게 두개골을 자르는 것이다.

부호 가족의 이 취락은 줄곧 번영하지 못했다. 부호는 은허 제2기의 초기 단계에서 죽었고, 그로부터 40~50년 뒤에 상 왕조는 은허 제3기로 진입하기 시작했다. 이때부터 왕궁 서남쪽의 이 고지대에는 이미 대형 건물이 없어졌고, 더는 귀족의 무덤도 없어졌으니, 주민들은 보통 백성으로 바뀐 듯했다.

은허 제4기에 이르러 이곳에 몇 개의 토굴이 나타났는데, 발굴 보고서에서는 그것들이 왕궁에서 곡물을 저장하던 창고라고 추측했다. 다만 이 토굴들의 규모는 아주 작아서 직경이 2미터도 되지 않고, 가장 깊은 곳도 3~5미터에 지나지 않았다. 게다가 수량도 아주 적어서 10개를 넘기지 않았다. 상 왕조의 창고 구역이 이렇게 초라하지는 않았을 것이다.

부호 가족은 왕실에서 나왔고 또 왕실과 혼인 관계에 있었으니, 상나라 때의 세습 원칙에 따르면 수십 년 만에 가문의 형편이 일반 민중의 수준으로 떨어질 순 없다. 그러므로 그들은 비교적 먼 어느 곳으로 이주하여 새로운 족읍을 건설했을 가능성이 크다. 그리고 그들이 살았던 이 작은 고지대는 왕궁의 어느 하급 관리의 주거지가 되었을 것이다. 그 결과 부호와

'자↑모' 귀족들의 무덤도 점차 잊혀버렸다.[220]

　주나라가 상나라를 멸했을 때 이곳에 왕후와 그 가족의 무덤이 있다는 사실을 기억하는 이는 모두 없어졌고, 그에 따라 다행스럽게도 상나라 왕궁과 왕릉에 대한 주나라 사람들의 보복성 파괴를 피할 수 있었다.

제13장 대학과 왕자

1991년에 상 왕조의 궁전 구역과 멀지 않은, 지금의 화위안좡^{花園}^莊 동측의 밭에서 갑골로 가득 찬 토굴 하나가 발굴되어 H3으로 분류됐다.[221] 이 갑골의 주인은 '자^子'라는 이름의 젊은 왕족으로 무정 초기에 살았으며, 집은 왕궁 남쪽으로 400미터 남짓 떨어진 곳에 있었다.

H3의 갑골복사에는 '자'의 길었다고 할 수 없는 일생이 기록되어 있다. 즉, 그가 어릴 때 교육을 받고 엄격하고 잔혹한 전쟁 훈련에 들어갈 때부터 장성한 뒤 다른 부족을 정벌하며 왕조의 흥성을 위해 여러 전장을 전전했던 때까지의 기록이다. 이것은 상나라 왕족의 가장 일상적인 인생 궤적이었다. 게다가 그가 교육받은 대학[222] 건물도 발굴되었다.

왕족 학생의 훈련 과목

은허에서 출토된 갑골복사의 절대다수는 상나라 왕에게 속하며, 다른 왕족 성원과 고급 귀족의 생활에 대한 기록은 대단히 드물다. 게다가 귀족 스스로 점을 친 경우는 더욱 드물었으니, 화위안좡 동쪽의 이 '자'의 신분은 상당히 특수해서 무정의 동생이나 당제堂弟였을 가능성이 있다.*

그의 유년 시절에 부친은 이미 세상을 떠났다. 그의 진짜 이름은 알 수 없으나, '자'는 그의 복사에서 사용한 자칭自稱이거나 혹은 점술사가 그에 대해 쓴 호칭일 것이다.

'자'는 소년 시절에 '입학'해서 왕실 대학에서 '무월舞戉'과 같은 각종 귀족의 기능을 배웠다. 상나라 사람들의 '무舞'는 후세에서 말하는 공연성 춤이 아니라 집단적인 실전 훈련으로서, 심지어 다치거나 죽을 가능성도 있었다.

한 갑골복사에서 '자'는 당시 시행된 '무월'에 참가하지 말았어야 했었는데, 대원들이 재앙을 당할 수도 있었기 때문이다.

'자'는 '무월'에 참가하지 말라. 대원이 재난을 당할 것……

子弜(勿)叀(惠)舞戉, 於之. 若用, 多萬有災…… (『花東』206)

상나라 사람들은 단체로 시행한 '무월'을 '만萬'이라고 하고, 각각의 대원을 '다만多萬'이라고 했다. 청동 도끼를 휘두르는 법을 훈련하는 '만무萬舞'에서 다치거나 죽는 일을 피하기 위해 '자'나 다른 사람은 대열의 어느 위치에 서야 하는지 점을 쳐서 물어보았을 수도 있다.

---

* 이 '자子'의 구체적인 신분에 관해 학자들의 해석은 일치하지 않는다. 어떤 이는 왕실의 가까운 친척이지만 반경에게 제사를 지냈다는 복사가 없으니 반경 이전의 왕에게서 갈라져 나온 방지旁支라고 했다. 나는 이런 추측 방식에 문제가 있다고 여기는데, 반경 시대에는 네 명의 형제가 왕위에 올랐고(양갑陽甲, 반경盤庚, 소신小辛, 소을小乙), 반경 외의 세 왕의 후예는 왕이 되지 않았으니 당연히 반경에게 제사를 올리지 않았을 것이기 때문이다. 다만 이것이 왕자王子라는 그들의 존귀한 신분에 영향을 주지는 않았을 것이다. 화위안좡花園莊 동쪽 '자子'의 복사卜辭에는 '부父'가 언급된 적이 없으니, 그의 부친이 누구인지 확정하기는 매우 어렵다.—원주

정해일에 점을 치고 '자'는 왼쪽에 섰다.

丁亥卜, 子立於左.(『花東』50)

갑오일에 점을 치니 중간에 서지 말고, 학교에서는 벌伐을 보이지 말라
고 했다.

甲午卜, 弜(勿)立中, 叀(惠)學, 弜(勿)示伐.[223]

둘째 조목은 다른 사람의 복사인데, 분명한 것은 이번에 대열의 중간
에 서서는 안 되고, 목을 쳐서 죽이기에도 적합하지 않다는 것이다. '만무'
훈련에 왜 위험이 있는지는 뒤쪽의 서술에서 설명하겠다.

'무월' 외에 '자'는 또 활쏘기를 배웠다. 성장 과정에서 그는 '이궁二
弓'과 '삼궁三弓'처럼 강도가 다른 활을 사용했다. 후세의 소설『홍루몽紅樓
夢』에도 이렇게 숫자로 활의 강도를 나눈 예가 있다.

태부인[가모賈母]이 웃으며 물었다.*
"요즘 보옥이 활 솜씨가 어떻더냐?"
가진賈珍이 황급히 자리에서 일어나 대답했다.
"하하, 아주 많이 늘었습니다. 자세도 좋아졌을 뿐만 아니라 활도 **더 센**
걸 쓰게 되었습니다."
"그만하면 됐으니 더 센 걸 쓰려고 욕심내지 말도록 해라. 그러다 탈이
라도 나면 안 되니까 말이다."

어느 날 '자'에게 병이 생겨서 점을 쳐서 물었다.

---

* 이것은『홍루몽』제75회에 들어 있는 내용으로 원문은 다음과 같다: "賈母笑問道, 这兩日你寶兄弟的
箭如何了. 賈珍忙起身笑道, 大長進了, 不但樣子好, 而且弓也長了一個力氣. 賈母道, 這也够了, 且別貪力, 仔
細努傷."

기己가 점을 쳐서 물었다.

"오늘 학교에 가지 않아도 됩니까?"

己卜, 子其(疫?), 弜(勿)往學.(『花東』181)

그러나 이것은 집사가 그를 대신해서 점친 것일 수 있다.

갑골문의 '역疫'자는 글자 형태가 한 사람이 침대에 누워 몸 아래로 땀을 흘리고 있고, 누군가 추錘로 그의 배를 치는 모양으로서, 병으로 아픈 상태를 상징한다. 다른 해석은 손에 침석砭石을 들고 환자를 안마하여 치료한다는 것이다. 어느 것이든 병들어 침대에 누워 있는 모습을 반영한 것이다.

복사에 들어 있는 '학교에 간다往學'라는 말은 대단히 중요한데, 그것은 '자'가 집 밖의 '대학'에 가서 공부한다는 것이지, 집안에서 개인 교습을 받는 게 아님을 나타내기 때문이다. 이외에 복사에는 여러 차례 '학상學商'이라는 말이 등장하고, 또 '학강學羌'이라는 말도 한 차례 등장했으니, 이것은 강족과 상나라 사이의 모의 전투를 가리킬 가능성이 있다. 물론 쌍방의 전사는 모두 학생들이 분장한 것이다.

갑골문의 '학學'자는 㕯이라고 쓰는데, 위쪽은 두 손을 숫자를 헤아리는 풀줄기爻에 놓은 모습이고, 아래쪽은 하나의 건물을 나타낸다. 그러니까 '산수를 배우는 곳'이라는 뜻인 셈이다.

위쪽의 두 손은 생략되어서 㕯라고 쓰기도 하고, 효爻도 두 묶음에서 한 묶음으로 생략되어 㕯라고 쓰기도 한다. 다만 아래쪽의 건물은 생략할 수 없으니, 배우는 장소를 나타내기 때문이다. 그러나 복사에서 보면 은허의 '대학'은 산수를 가르치지 않았던 듯하다. 어쩌면 이것은 대단히 초급 학습 내용이므로 점복으로 기록할 가치가 없었을 수도 있다. 은허의 대학에 어떤 건물이 있고, 교과과정은 또 어떻게 개설되었는가에 관해서 '자'

의 복사에는 그다지 많은 정보가 들어 있지 않다.

1973년에 '자'의 갑골 토굴에서 서북쪽으로 400미터 떨어진, 지금의 샤오툰촌 남쪽에서 글자가 새겨진 갑골이 대량으로 발견되었다. 그 가운데 소뼈로 된 갑골(『둔남屯南』 662)에는 대학의 교과과정 안배에 관한 내용이 들어 있었으니, 바로 대학 교육을 총괄하는 교관이 남긴 것이었다. 그리고 그 교관은 상나라 왕 본인이었을 가능성이 크다.

복사의 제1조는 "정유일丁酉日에 점을 쳤다. '오늘은 정일丁日인데 (학생들이) 만무를 배워야 할까요?'"였고, 제2조는 "아무래도 다음 정일에 배워야 할까요?"였다.

뒷면의 복사 2조목은 '만무'를 배울 장소에 대한 점복으로서, "'오른편' 학교에서 할까요, '안쪽' 학교에서 할까요?"라는 내용이었다.[224] 보아하니 대학 건물은 좌우 대청으로 나뉘었고, 중앙의 뒤쪽에 해당하는 '안'이 있었던 듯하다.

1) 정유일에 점을 쳤다. "오늘은 정일인데 (학생들이) 만무를 배워야 할까요?" 丁酉卜, 今日丁, 萬其學.
2) "아무래도 다음 정일에 배워야 할까요?" 於來丁乃學.
3) "오른편 학교에서 할까요?" 於右學.
4) "안쪽 학교에서 할까요?" 若內學.

왕이 직접 대학의 교과과정에 관심을 기울인 것도 매우 정상적인 일이니, 그 안의 학생들이 모두 자기 친척이기 때문이다. 또 다른 왕실의 복사에서는 왕이 '입入' 땅에 대학을 건설한 적이 있음을 보여준다.

'입' 땅에 대학을 지을까요? 승낙하다.
乍(作)學於入, 若.(『合集』16406)

『둔남屯南』662 갑골 조각

이 '입ㅅ'을 '내內' 즉 왕궁 안이라고 해석하는 학자도 있다. 그러나 그것은 또 '예汭' 즉 물가라는 뜻일 수도 있다.

1996년에 왕궁 구역 남측의 안양강과 아주 가까운 곳에서 대형 건물의 토대가 발굴되었는데, 그것이 바로 은상 시기 왕족의 대학이었을 가능성이 크다.

은허박물관 궁정 구역을 참관할 때, 북쪽을 향해 대문을 들어선 뒤에 오른편이 '54호' 건물 토대다. 그것은 요凹자 모양의 대형 건물로서, 발굴 당시에 '정조丁組'라고 이름이 붙여졌다. 이곳은 왕궁 구역에서 지세가 가장 낮은 곳으로서, 동쪽으로는 안양강과 바짝 붙어 있다. 건물이 자리 잡은 환경과 건축 구조가 갑골복사에서 '자'가 '무월'을 배웠던 대학에 대한 묘사와 무척 비슷하다. 그 북쪽은 왕실 종묘 을구乙區 및 자연신에게 제사 지내던 병구丙區와 바짝 붙어 있다. 거기서 남쪽으로 400미터 떨어진 곳이 바로 '자'의 집이자 화위안좡 동쪽의 갑골이 출토된 곳이다. 여기서 서남쪽으로 200미터 떨어진 곳에서는 대학의 교과과정을 안배한 내용이 담긴 갑골이 출토되었다.

발굴된 지층을 보면 무정이 즉위한 초년, 그러니까 그가 안양강 남쪽에 새로운 왕궁을 지으려고 준비할 때, 먼저 이곳 '정조'에 중소형의 건물을 지었고, 게다가 인간 희생을 이용해서 기초를 다지지도 않았다. 상나라 사람들에게 이것은 그 건물이 절대 장기적으로 쓰일 게 아니라 과도기에 임시로 쓸 학교 건물에 지나지 않는다는 의미였다.

대략 20년 뒤에 무정의 새 왕궁이 연이어 완공되자, '정조'의 대학 구역에서도 대규모 개조와 확장 공사가 진행되었다. 남쪽과 북쪽에 각기 한 줄씩 평행으로 전당(정丁2와 정1)을 지었는데, 길이는 각기 75미터와 65미터였다. 그것들을 이으며 관통하는 것은 서쪽 끝에 있는 일련의 대청들(정3)이어서, 결과적으로 '요凹'자 모양의 건물이 형성되어 마당 하나를 에워싸면서 동쪽의 안양강을 바라보게 되었다.

　　대학 교과과정을 안배한 그 갑골에 묘사된 바에 따르면 정3이 바로 '안쪽'이고, 여기서 동쪽을 바라보았을 때 우측의 정2가 바로 '오른쪽 교사右東'이다. 갑골문에서 東자의 글자 모양은 위쪽이 건물 지붕이고, 아래쪽은 깃털 화살의 묶음이다. 그러므로 그것은 실내의 활 쏘는 장소를 가리킬 가능성이 있다. 활쏘기는 중요한 교과과정 중 하나이며, 게다가 활쏘기를 배우는 건물은 공간이 커서 '만무'를 연습하는 때도 쓰일 수 있었다.

　　정조 건물은 안양강을 마주하고 있고, 주변 환경은 물가의 갈대밭과 습지였으므로, 건물의 서쪽과 남쪽, 북쪽에는 도랑이 둘러 있었을 수 있고, 심지어 대학생들이 배를 몰고 수전水戰을 연습할 수 있는 나루터도 있었을 것이다. '자'의 복사(『화동花東』 183)에서는 바로 부하에게 배를 준비하라는 내용이 들어 있다. 어쩌면 이 귀족 대학도 상나라의 조상들이 살았던 남방 수향水鄕의 환경을 재현한 것일 수 있다. 발굴 보고서에서는 그것을 이렇게 묘사했다.

> 3개의 건물 사이에 비교적 널따란 활동 공간이 있으며, 건물군의 전체 윤곽은 직사각형이다. 동쪽에는 북쪽에서 남쪽으로 흐르는 환허洹河(안양강)강이 있다. (…) 이 오래된 건물군을 진지하게 체험하면 웅장한 장관을 보여주고 또 아름다운 환경과 풍부한 삶의 정취를 느끼게 해준다고 여기게 될 것이다.

　　낮게 움푹하고 강가에 자리 잡아 모래가 많은 토질을 가진 이 지역은 대형 건물을 짓기에 전혀 적합하지 않다. 다만 부정은 공사비를 아끼지 않고, 공사 초기에 먼저 2미터 남짓한 깊이의 기초 구덩이를 파서 황토를 채우고 층층이 다져서 단단하게 한 뒤에야 나무 기둥을 묻고 판축版築한 벽을 설치했다. 기둥이 묻혔던 구덩이를 통해 보면, 가장 굵은 기둥은 직경이

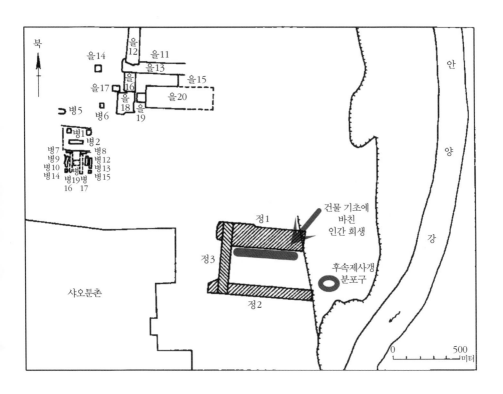

정조丁組 건물 평면도[225)]

거의 1미터에 이르렀다. 북쪽을 향해 난 정1은 체적이 가장 큰 중심 건물로서, 실내에서 출토된 1건의 동화銅盉에는 '무부을武父乙'이라는 명문이 들어 있었다. 발굴자는 그것이 무정이 자기 부친 소을小乙을 위해 제작한 제기祭器라고 보았다. 이 동화는 도기 항아리에 담겨 토대 위에 판 작은 구덩이에 매립되어 있었는데, 보아하니 무정이 이 건물을 무척 중시해서 부친의 영혼이 그것을 보우해주기를 바랐던 듯하다.[226]

발굴 보고서에서는 이 건물이 무정의 '세 부친三父'을 모신 종묘라고 칭했는데, 그 안에는 소을의 두 형제인 반경과 소신小辛의 위패도 함께 모셨을 가능성이 크다. 화위안좡 동쪽의 '자'가 남긴 복사에 따르면, 학생들은 인간 희생이나 가축 희생을 이곳으로 가져와서 제사에 바치기도 했다. 그러니 이 3명의 선왕은 귀족 학생들의 선배이기도 했다는 사실을 잘 이해할 수 있다.

결투 파트너

정1에는 남쪽을 향한 일련의 문이 있는데, 문 양측에는 모두 제사갱이 있다. 그 수는 총 10개로 발굴자는 분류 번호에 무덤을 의미하는 M을 붙였다. 현재 그 가운데 8곳이 발굴되었고 구덩이마다 목이 잘린 시신 3, 4구가 들어 있었다. 대부분 엎드려 누운 자세이고, 인두는 죽은 이의 어깨 부분에 놓여 있었다. 식별할 수 있는 사망자는 모두 청장년의 남성이었다.

한 가지 특수한 상황은 절반의 제사갱에서 골제 화살촉이 발견되었는데, 그 가운데 2곳에는 각기 1개와 3개가 매장되어 있고, 또 다른 2곳에는 각기 2개씩 매장되어 있었다.

예를 들어 M18에는 모두 4명이 매장되어 있었다. 구덩이 바닥에 매장된 3명은 엎드려 누워 있었고, 인두人頭는 찢어 부서진 상태였고, 목 부

0   10센티미터

무부을武父乙 동화銅盉와 명문²²⁷⁾

분은 동쪽을 향하고 있었다. 나중에는 또 그 발치의 구덩이 벽에 감실을 하나 파서 무릎을 꿇은 사람 하나를 안치했으나, 인두는 찢어 부서지지 않은 채 벽감 안쪽에 놓여 있었다. 이 구덩이에는 3개의 골제 화살촉이 있었는데, 그 가운데 하나는 북측의 엎드려 누운 사람의 허벅지 부근에, 다른 2개는 각기 중간 사람의 상박上膊과 갈비뼈 부위에 놓여 있었는데, 갈비뼈 위의 것은 이미 손상되어 부러져 있었다. 다른 세 구덩이의 골제 화살촉은 인간 희생의 허빅지 부위(M3와 M2)에 놓이기도 하고, 허리와 팔뚝 부위(M15)에 놓이기도 했다.

이 골제 화살촉의 등장은 해석하기가 상당히 어렵다. 모든 구덩이에 다 있는 것도 아니고 모든 희생자가 다 가지고 있는 것도 아니기 때문이다.

화살의 나무 부분은 썩어 없어졌을 수 있는데, 그렇다면 이 화살촉들은 처음에 살대와 함께 매장되었을까? M2 북측 희생자의 허벅지 부위에는 2개의 화살촉이 있었다. 그 가운데 하나는 정강이 부위에 가로로 놓여 있고 꼬리 부분이 구덩이 벽을 향하고 있어서 살대와 연결되지 않았음을 말해준다. 그렇지 않다면 살대가 구덩이 벽에 닿아서 방향이 바뀌었을 것이다. 이 화살촉들은 인간 희생의 몸에 쏜 것일 가능성이 크다. 다만 주인이 완전히 뽑아서 다시 사용하기도 했을 테고, 뼈나 근육에 박혀서 뽑기 어려운 것들은 주인이 그냥 살대만 뽑고 화살촉은 희생자와 함께 구덩이에 묻어버렸을 수도 있다.

그러므로 이렇게 추론할 수 있다. 대다수 희생자가 화살에 맞았는데 단지 일부만 뽑혔을 뿐이라는 것이다. 화살촉을 지닌 유골은 대부분 허벅지나 팔 등 치명적이지 않은 부위에 맞았는데, 이는 그들이 살아 있을 때 정지한 상태가 아니라 도망치던 와중에 화살에 맞았음을 말해준다. 그리고 이런 이유로 화살에 맞은 부위가 치명적인 곳이 아닐 수 있었다.

역사학자 리징형李競恒은 은허의 인간 희생이 화살을 가지고 있는 현상에 주목했는데, 그의 추론에 따르면, 이것은 상나라 사람들이 강족 등의 포로를 사로잡기 위해 고의로 치명적이지 않은 부위를 쏜 결과라고 했다.[228] 나는 이런 추측이 성립하기 어렵다고 생각하는데, 실제 전투에서 화살을 명중시킬 부위를 이처럼 차분하게 선택할 방법은 없으며, 게다가 화살에 맞은 포로를 은허로 데려오기가 매우 어려웠을 것이기 때문이다. 전통 시대에는 외상이 종종 치명적인 감염을 일으키기도 했다.

이 때문에 이런 일은 오직 제사장 근처에서만 일어날 수 있다. 게다가 이 4개의 제사갱에 있는 화살촉은 같은 규격이고 뼈의 재질도 끝이 뾰족한 마늘모 모양으로 크기가 비교적 커서 길이가 10센티미터가 넘으므로, 발굴자는 그것을 '큰 마름모'라고 칭했다. 그 특징은 미늘이 없어서 뽑아서 다시 사용하기에 편하다는 것이다. 그러므로 이 희생자들은 학생들이 활쏘기를 연습하고 격투로 때려죽인 훈련 파트너였을 것이다.

상 왕실과 '대학'에 청동 화살촉이 없었을 리 없는데, 왜 희생자에게 그것을 사용하지 않았을까? 이것은 '훈련'에 대한 고려 때문일 수 있다. 어쨌든 끝이 날카로운 청동 화살촉은 치명적인 상처를 입히기 쉬운 데에 비해 골제 화살촉은 치사율이 상대적으로 낮기 때문이다. 그 외에 출토된 골제 화살촉의 날에 마모되어 손상된 부분이 많다는 사실도 그것들이 여러 차례 사용된 연습용 소품이었음을 말해준다.

정1의 남쪽 처마 아래에 있는 제사갱은 통일적으로 제작되어 매립되었다. 우선 단단히 다진 기초에 2미터 남짓한 깊이의 구덩이를 파고 인간 희생을 넣었으며, 몇 개의 부순 도기를 넣기도 했다. 이것은 인간 희생자들이 지하에서도 생활용품을 가지고 있어서 더 편안한 마음으로 전당을 지킬 수 있게 하기 위해서일 것이다. 그런 뒤에 흙을 메우고 다졌다. 인간 희생의 머리뼈는 아마 이렇게 해서 부서졌을 것이다. 흙을 다 채운 뒤에는 제사갱이 쉽게 발견되지 않도록 지면 전체에 20센티미터 두께의 황토를 깔았다.

나중에 시추 탐사한 결과 남쪽 처마 아래에는 제사갱이 10개만 있는 게 아니었으나, 고고학자들은 건물 기초를 완전하게 보존하기 위해 계속 발굴하지 않았다. 추측에 따르면 인간 희생은 40명보다 적지 않을 거라고 했다.

'정조' 건물이 전부 완성되어 사용된 뒤에도 대학생들은 여전히 인간 희생을 이용하여 사격과 박투를 연습했으므로 끊임없이 새로운 제사갱이 생겨났다. 이들 후기의 제사갱들은 정1 동남쪽의 공터에 만들어졌는데, 현재 이미 줄을 이루고 있는 6곳을 발견한 상태다. 그 가운데 M10에는 허리를 숙인 3구의 시신이 매장되었으며 머리는 잘리지 않았고, 한 사람은 손과 발이 없었다. 이외에 구덩이 귀퉁이 2곳에서 흩어진 치아들을 발견했는데, 발굴자는 이것은 '당시에 떨어진' 것들이라고 추측했다.

이 제사갱에서 가장 특이한 점은 도기 파편뿐만 아니라 4개의 작고 정교한 청동 도끼斧와 손잡이에 고리를 달아 장식한 작은 칼 3개, 손바닥 크기에도 미치지 않는 직사각형의 숫돌 2개가 있었다는 점이다. 청동 도끼의 전체 길이는 7~14센티미터 사이이고, 청동 칼은 길이가 20센티미터 전후였다. 칼과 도끼는 기본적으로 완벽한 모양이었으나 날 부분에 약간 흠결이 있어서 사용된 것임을 알 수 있었다. 2개의 숫돌에는 구멍이 뚫려 있는데 줄에 꿰어서 휴대하기 편하게 하려는 용도였을 것이다.

앞서 살펴본 M18과는 달리 M10에 있는 이 3명의 희생자는 몸에 화살촉이 없었으나, 근접전에 쓰는 칼과 도끼를 지니고 있었다. 그들은 대학생들이 '만무'—짧은 무기를 들고 근접전을 펼치는—를 연습하는 파트너였을 것이다. 이처럼 고도로 실전에 가까운 육박전 훈련도 일종의 격투라고 할 수 있으며, 겨루기의 규칙은 당연히 희생자에게 불리했을 것이다. 복사에서 도끼를 사용하는 '만무' 연습자는 좌측과 중간, 우측으로 나뉘어 섰는데, 많은 학생 대열이 몇 명의 소수로 구성된 격투 파트너들을 둘러쌌을 것이다.

그 외에 이 4개의 청동 도끼는 모양이 상당히 특수해서, 상나라 양식이 아니라 옌산燕山산 이북 초원지대에 유행하던 '관공부管銎斧'였다. 꼭대기 부분에 둥근 관 모양의 구멍을 주조하고, 그 구멍에 또 작은 구멍이 하나 있어서, 나무로 된 자루를 끼워 넣고 못을 박아 자루를 고정했다. 상나라 양식의 도끼鉞는 전체가 납작한 편형片形으로서 나무 자루의 꼭대기를 쪼개서 도끼 상단에 볼록 솟은 부분을 거기에 끼우고, 다시 끈으로 묶어서 고정했다.

은허 지구에서는 이런 관공부가 비교적 드물게 발견된다. 발굴 보고서에서는 구덩이 안의 세 사람이 북방 초원에서 온 전쟁 포로라고 추측했다. '정조' 건물이 왕족의 대학이라면 이 북방의 포로들은 귀족 대학생들의 파트너였을 것이다. 화위안좡 동쪽의 '자'가 남긴 복사에 들어 있는 '학상學商'과 '학강學羌'이라는 말에도 나타났듯이, 대학 안에서는 늘 무리를 나누어 대항하는 형식으로 훈련했으며, 때로는 상나라 학생들이 가상의 적으로 분장하기도 했다.

후기의 이런 제사갱들에서는 골제 화살촉이 발견되지 않았고, 유골에도 대부분 찍힌 상처가 있어서, 희생자들이 모두 도끼 등에 찍혀 죽었음을 알 수 있다. 예를 들어 M11의 희생자는 왼손이 없었고, M13의 희생자는 왼손과 왼쪽 정강이가 절단되었으며, M12의 희생자는 오른손이 없었다. 손이 없는 이들은 박투 과정에서 팔로 칼이나 도끼를 막은 결과로 그렇게 되었을 것인데, 이것은 희생자들이 방패를 갖추지 않았을 수도 있음을 말해준다.

희생자들은 거의 모두 머리가 잘렸으나, 상대적으로 완전한 유골도 있었다. 예를 들어 M9에 매장된 희생자 갑甲은 두 다리가 무릎 부분에서 함께 묶이고 두 손도 등 뒤로 묶여 있었으며, 게다가 그 구덩이에 매장된 3명의 희생자 가운데 두 번째로 구덩이에 밀어 넣어졌다. 다만 지금은 이미 왜 그 사람만이 머리가 잘리지 않고 생매장되었는지 알 수 없다.

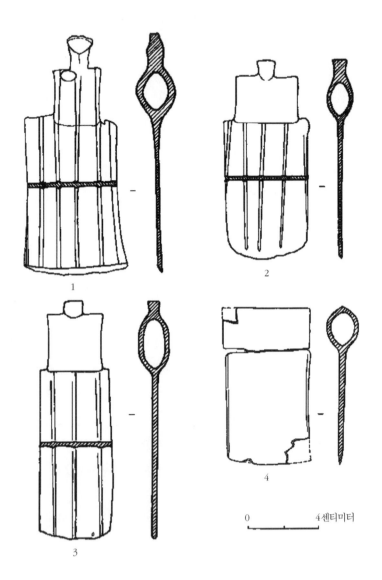

M10에서 출토된 관공부管銎斧 4자루의 스케치

앞서 살펴보았듯이, 은허의 대학이 있는 곳의 지명은 '입ㅅ'이었는데, 이곳은 또 대학생들이 그 조상(선왕)에게 제사 지내던 곳이었다. '자'의 복사에는 '입'에서 조상에게 제사 지낸 일이 두 차례 언급되어 있다. 첫 번째는 소 1마리를 잡고 사람(오랑캐) 하나의 '목을 쳐서伐' 바쳤고, 두 번째는 강족 1명의 목을 쳐서 바쳤다.

> 갑오일에 점을 쳐서 "소 1마리를 잡고 오랑캐 1명의 목을 쳐서 바치면 되겠습니까?" 하고 물었다. '입'에 있었다. 1, 2, 3.
>
> 甲午: 宜一牢. 伐一夷. 在入, 一二三.(『花東』340)

> 기유일 저녁에 "강족 1명의 목을 쳐서 바치면 되겠습니까?" 하고 물었다. '입'에 있었다. 경술일에 "소 1마리를 잡아 바치면 되겠습니까?" 하고 물었다. 탄彈. 1.
>
> 己酉夕: 伐羌一. 在入. 庚戌, 宜一牢, 彈, 一.(『花東』178, 376)

'자'의 복사로 보면 몇몇 인간 희생은 학교에서 제공한 게 아니라 학생 스스로 준비했으니, 먼저 박투를 훈련하고 마지막에 죽인 인간 희생을 선조에게 봉헌했을 가능성이 있다. 200여 년에 이르는 은허 대학의 역정에서 결투 파트너가 되어 죽은 희생자는 틀림없이 이미 발굴된 6곳의 제사갱에 들어 있던 몇몇에 그치지 않았을 것이다. 수많은 시신이 달리 처리되거나 특별히 기념할 만한 의미가 있을 때만 제사갱에 매장되었을 것이다.

'자'의 귀족 인생

'자'의 많은 복사 가운데 보이는 그의 가장 일상적인 일은 선조와 선비先妣에게 제사를 바치는 것이었다. 대부분 돼지나 소, 양, 술醴을 바쳤으나 드물게 인간 희생을 바치기도 했다. 예를 들어 조경祖庚과 조신祖辛에게 제사 지낼 때 '자'는 "강족 1명의 살을 저며 바쳤다冊羌一人(『花東』 56)." 갑골문에서 '책冊'은 살을 저몄다는 뜻이다. 이외에 그는 상족의 시조와 관련된 '현조玄鳥'에게도 제사를 바친 적이 있다.(『화동』 1557) 제사는 늘 '내록來鹿'이라는 장소에서 거행되었으니 '자'의 장원이 있는 영지領地였을 것이다.

그의 사냥 활동도 아주 많았는데 주로 '품록品鹿'이라는, 개인의 사냥터임이 분명한 지역에서 행했다. 마차는 '자'의 생활에서 아주 중요한 항목 중 하나로, 그는 왼쪽 말이나 오른쪽 말에 재앙이나 질병이 생기지 않는지 여러 차례 점쳐 물은 적이 있다. 보아하니 마차를 끄는 말이 각기 좌우를 담당해서, 보통 뒤섞어 쓰지 않은 듯했다.

'자'는 자기 건강에 아주 관심이 많아서 이명耳鳴과 꿈, 마음의 질병과 두통, 눈의 질환 때문에 여러 차례 점을 친 적이 있었다. 그에게는 늘 두통 증상이 있었다.

'자'와 무정의 부인 부호는 관계가 밀접했으니, 아마 친족 관계였을 것이다. 그리고 그는 나중에 부호의 시위관侍衛官이 되었다. 그의 복사에서는 '왕王'이 단지 두 번 나타날 뿐이나 부호의 이름은 수십 차례 나타난다. '자'는 늘 어느 지역에 가서 부호를 만나야 하는지, 부호와 함께 제사를 거행해야 하는지 등을 점쳐서 물었다. 그는 늘 부호에게 예물을 바쳤는데, 한 번은 6명을 바쳤고(『화동』 288), 또 '경첩磬妾'을 1명 바쳤는데 틀림없이 경쇠磬 연주에 뛰어난 여인이었을 것이다.(『화동』 265)

부호는 왕을 위해 말을 골라 구매하는 일을 맡은 적이 있었다. 몇몇 말 상인 즉 다어정多御正이나 다고多賈 등이 여러 차례 '자'를 통해 부호에게 예물을 보내며 만날 기회를 마련하려고 했기 때문이다. '자'는 그런 만남을 여러 차례 안배했고, 매번 상인들에게서 열 꾸러미의 주단綢緞을 알현 예물로 바치게 했다.

'탄^罪'이라는 말 상인은 늘 '자'의 집에서 바삐 봉사하며 그를 통해 부호에게 세 꾸러미의 주단을 보내고 단독으로 접견할 기회를 얻으려 했다. 이에 '자'가 점을 쳐서 물었다.

"이 예물을 전달해야 합니까?"

점복의 결과는 '용^用'이었으니, 그래도 된다는 뜻이었다. '자'가 또 점을 쳐서 물었다.

"부호에게 '탄'을 천거해야 합니까?"

그러나 점복의 결과는 '불용^{不用}'이었다.(『화동』 63)

'자' 자신도 늘 말을 샀는데, 항상 상인에게 가서 '새 말'을 살펴보았다. 보아하니 그가 말을 살피는 기술은 그다지 훌륭하지 않았던 듯하니, 복사에는 이렇게 기록되어 있다.

"직접 산 말이 또 죽었다."

무정 시기에 상 왕조는 대외 전쟁이 잦았는데, '자'는 '백^白'이라는 장수를 따라 '소^邵' 지역을 정벌하러 가야 하는지 고민한 적이 있다. 그는 또 부호를 통해 '백'과 가까운 관계를 맺으려고 '백'에게 점복에 쓰는 거북 껍데기를 보내고자 시도하기도 했다. 다만 결국에는 보내지 않았으니, 복사에서 더 나은 정보가 나오지 않았기 때문이다.(『화동』 220, 237)

'자'의 복사에서 아내는 '부^婦', 아내의 모친은 '부모^{婦母}'라고 불렀다. 보아하니 이 장모는 '자'의 일에 간섭하기를 좋아한 듯한데, 예를 들어 '자'는 복사에서 이렇게 물은 적이 있다.

"'부모'가 나더러 갑^甲 아무개와 함께하고, 을^乙 아무개와는 함께하지 말라고 하는데, 그 말에 따라야 합니까?"(『화동』 290) 복사에는 그의 자녀에 대한 정보가 나오지 않는다.

'자'의 수명은 길지 않았을 수 있으니, 어쨌든 당시 성인의 평균 수명은 30세 전후에 지나지 않았기 때문이다. 그가 죽은 후, 그가 점쳤던 갑골은 2미터 남짓한 깊이의 토굴에 묻혔다. 1991년에 은허박물관 정문으로 통하는 대로를 건설할 때, 고고학자들은 공사할 지역을 조사하기로 했고, 이 바람에 '자'의 갑골이 묻힌 H3호 구덩이를 발견했다. 그 가운데는 귀갑 1500여 개가 들어 있었는데, 복사를 새긴 것은 500여 개였고 또 점복에 쓸 뼈들이 소량 있었다.

도굴꾼들에게 발견되지 않았던 덕에 구덩이 안의 갑골은 완전한 모습으로 보존되어 있었다. 이들 귀갑에는 갈라진 문양이 두루 퍼져 있어서 대단히 바스러질 듯했으나, 기술적인 처리를 거치고 나자 기본적으로 원래 모습을 유지하게 되었다. 불법적으로 도굴되었더라면 절대 다수의 갑골들이 모두 부스러기로 변해버려서 식별할 수 없었을 것이다. 역대 상나라 왕이 남긴 갑골복사는 수량이 많기는 하나, 대부분 도굴되어서 출토되었으므로 대단히 어지럽고, 똑같이 어떤 왕이나 어떤 차례에 속한 복사들이 모두 연계성을 상실했다. 고고학자들은 글자체와 점술사의 이름을 통해 뿔뿔이 흩어진 복사들의 조합을 나누고 연대를 구분할 수 있기를 바라지만, 결론은 종종 논쟁만 잔뜩 유발할 뿐이었다. 이것은 도굴로 인해 야기된 돌이킬 수 없는 정보의 손실이다.

5년 뒤인 1996년에 '자'가 수업했던 대학이 있었던 '정조' 기초도 발굴됨으로써, 이 왕자의 생애가 세인들의 눈앞에 나타나게 되었다. 이것은 은상 시대 개인의 독립 가문에 관해 기록한 완전한 문헌이다.

'자'의 집과 무덤은 발견되지 않았다. 다만 일반적으로 그가 사용했던 갑골이 먼 곳에 버려졌을 리는 없으므로, 결국 자기 집 정원 안에 매장했을 것이다. 그러므로 그의 집 기초는 이미 후세 사람들에 의해 파괴되었을 가능성이 크다.

전사한 족장 '아장^{亞長}'

'자'의 갑골 구덩이 H3이 발굴되고 10년 뒤에, 거기서 서북쪽으로 수십 미터 떨어진 곳에서 또 하나의 묘지가 발견되었는데, 거기에는 '자'보다 2~3세대 후대(은허 제2기 말엽)의 귀족 무덤인 M54가 발견되었다. 상족은 대개 부족이 모여 살았고 무덤도 이웃해 있었으므로, M54의 주인은 '자'의 후예일 가능성이 크다.

2000년 겨울에 화위안좡 동쪽의 밭에서 고고학자들은 뤄양삽^{洛陽鏟}으로 시추조사를 벌여서 M54의 위치를 초보적으로 확정했다. 1991년에 여기서 출토된 '자'의 갑골 구덩이 덕분에 고급 대묘가 있을 수 있다고 판단하고, 2001년 봄 땅이 녹은 뒤에 발굴하기로 계획했다. 그런데 도굴꾼들이 줄곧 고고학자들의 진행 과정을 뒤쫓다가 밤중에 무덤의 위치를 찾아냈다. 다행히 이상 징후를 발견한 주민들이 이를 고고학자들의 사무실에 알렸다. 이에 학자들은 도굴되기 전에 발굴하기로 했다. 이렇게 해서 2001년 초, 큰 눈이 내리는 가운데 묘혈 안의 곽실이 열렸다. 도굴꾼들의 손을 타지 않아 많은 부장품과 순장자들이 매장 당시의 배치를 그대로 보존하고 있었다.[229)

이 묘혈은 입구 부분의 남북 길이가 5미터, 폭이 3미터였는데, 아래로 가면서 점점 커졌고 깊이는 약 6미터였다. 무덤 바닥의 네 벽은 높이가 약 1.8미터로서 흙을 다져서 2층의 대를 만들었다. 중앙에는 검게 옻칠한 목판으로 곽실을 쌓았고, 그 안에는 꽃무늬와 기룡문을 조각하고 금박을 상감한, 붉게 옻칠한 관을 안치했다.

아주 많은 청동 부장품에는 '아장^{亞長}'이라는 족휘가 주조되어 있었다. '아^亞'는 무덤 주인이 군사 우두머리 신분임을 나타낸다. '장^長'은 가족의 족휘로서, 글자 형태는 한 사람이 옆으로 서 있고, 머리 뒤쪽으로 아주 긴 머리카락이 늘어져 있으며, 손에 지팡이를 짚은 노인의 모습을 형상화했다. 아마도 '자'의 후손이 번성하여 '아장'의 씨족이 형성된 듯했다.

무덤 주인은 35세 전후의 남성으로서, 머리뼈 앞부분에는 약간 여성적인 특징도 있었다. 그는 몸을 구부린 채 사지를 반듯이 펴고 누워 있었는데, 오른쪽 발뼈에는 오랫동안 꿇어앉아서(엉덩이가 발 위에 얹혀서) 형성된 닳은 자국이 있었다. 이것은 상고시대 사람들의 습관적인 앉은 자세였다. 은허에서 발굴된 귀족 무덤 가운데 M54의 주인은 사망 원인이 상당히 특수했는데, 유골의 여러 부분에 상처가 있었다. 첫째, 왼팔 팔뚝에 날카로운 것에 찍힌 자국이 3가닥 있었는데, 길이는 모두 1센티미터 전후였다. "이 3곳의 상처는 모두 뼈가 스스로 회복한 흔적이 없으니, 상처가 무덤 주인이 사망하기 얼마 전에 생겼음을 의미한다. 즉 무덤 주인은 연속적인 타격을 당하고 얼마 뒤에 죽었다는 뜻이다." 둘째, 왼쪽 갈비뼈 중간쯤에 날카로운 것에 찍힌 자국이 뚜렷하다. 셋째, 골반 중앙에서 약간 우측에 깊이 2센티미터 정도에 폭이 1.15센티미터의 구멍이 하나 뚫려 있다. "……내부는 둥근 구멍 형태다. 상처의 형태로 추측건대, 창 종류의 찌르는 무기에 의해 만들어졌을 것이다." 넷째, 허벅지 뒤쪽에도 아주 깊이 베인 흔적이 있다.

이 '아장'씨의 족장은 분명히 전쟁 와중에 상처를 입고 죽었다. 적이 그의 머리에 치명타를 가하지 못한 것은 청동 투구╹를 쓰고 있었기 때문일 것이다. 격투 시간은 아주 짧았을 것이며, 왼팔에 연속으로 난 베인 상처는 그가 계속 서 있는 상태에서 공격을 당했음을 말해준다. 그러나 이미 적의 공격을 막거나 피할 수 없는 처지였을 것이다.

당시의 현장을 약간은 복원해볼 수 있겠다. 전투 과정에서 그는 전방으로 돌격해야 했고, 또 귀족 우두머리의 복장을 하고 있었기 때문에 많은 적에게 표적 공격을 당했다. 우선 정면의 적이 내지른 청동 창에 오른쪽 하복부가 찔렸는데, 창날이 골반까지 깊이 파고들었다. 반신을 보호하는 갑옷을 입었으나 이 부위는 방호하기 어렵고, 게다가 창날도 일상적인 가죽 갑옷은 뚫기에 충분했다. 그는 두 손으로 창대를 움켜쥐고 상대가 다시 찌르려는 것을 막았으나, 창날은 이미 뼈에 박혀서 쉽게 뽑히지 않았다. 이때 또 다른 적이 왼쪽에서 다가와 연속으로 칼을 휘두르는 바람에 그의 왼팔과 왼쪽 갈비뼈 등 여러 곳에 상처가 생기고, 왼팔의 근육이 찢겨서 팔을 쓸 수 없게 된다. 넓적다리의 상처로 보건대, 또 하나의 창'이 적어도 두 차례 그의 왼쪽 넓적다리와 엉덩이를 베거나 걸어서 당겼던 듯하다.

그가 적에게 머리가 잘리지 않은 것은 자기편이 다가와 구출해주었기 때문인지도 모른다. 다만 그 뒤에 하루도 지나기 전에 '아장'은 출혈 과다와 상처 감염으로 혼수상태가 되었고, 이때 군중의 무의巫醫가 응급 처치했으나 살릴 수는 없었다. 결국에 그의 시체는 마차에 실려 은허로 돌아와 매장되었다. 시신이 부패하는 냄새를 줄이기 위해 시신에는 많은 산초나무 열매가 뿌려졌다. 그의 전사에 어쩌면 왕도 조의를 표하고 약간의 재물을 하사했으리라.

왕릉 구역 밖의 상나라 귀족 무덤 가운데 화위안좡 동쪽 M54의 부장품은 비교적 풍부했다. 우선 청동 예기가 많았다. 지명도가 비교적 높은 것으로는 무게가 14근(8.4프로그램) 남짓한 '아장우준亞長牛尊'이다. 이것은 서 있는 물소의 모습인데 형태가 매끄럽고, 입을 약간 벌린 상태이며, 온몸에 용과 호랑이, 새 모양의 무늬가 들어 있다. 특히 등에 또 손잡이가 달린 덮개가 있으니, 소의 복부에 재물(조개껍데기)을 넣어두기 편하게 하려는 용도인 듯하다.

무덤에는 모두 40건의 청동 예기와 용기容器가 들어 있었는데, 몇몇 얇은 청동기는 매장할 때 부서져 고고학자들이 최대한 붙여서 복원했다. 이 유명한 '아장우준'은 바로 그런 복원을 통해 나타난 것이다.

제법 큰 청동 무기는 161건이 있었는데, 그 가운데는 도끼鉞가 7개, 모矛가 78개, 과戈가 73개, 끝머리가 말려 올라간 대도大刀가 3개였다. 주인이 쓰던 도끼 외에 나머지 과와 모, 대도 등은 150명의 부대가 무장할 수

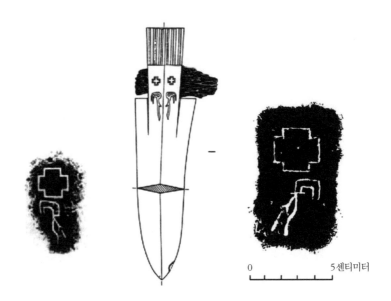

'아장'의 족휘를 나타내는 명문

있을 정도였는데, 이마저도 주인 가족이 소유한 무기의 전부가 아니었을 것이다. 씨족 성원의 자체 장비를 고려하면, 아장 씨족의 병력은 틀림없이 1000명이 넘었을 것이다.

비교적 중후한 청동 도끼는 무게가 12근 전후였고, 다른 것들은 상대적으로 얇아서 대부분 1.4근 전후였다. 대다수 과와 모는 나무 자루柲에 연결되어 있었는데, 길이는 겨우 10센티미터 남짓했으나, 가장 긴 것은 38센티미터에 달하기도 했다. 이것은 공간을 절약하기 위해 매장할 때 자루를 잘랐기 때문일 수 있다.

청동 화살촉은 881개로서 여러 군데에 묶음으로 놓여 있었다. 남은 흔적으로 보건대 일부는 매장될 때 살대가 달린 완전한 형태의 우전羽箭이었다. 무덤에는 또 방패와 활의 흔적도 있었다.

마차에 쓰인 기물로서는 동책銅策(채찍 손잡이) 2개와 궁형기弓形器 6개가 있었으니, 무덤 주인이 적어도 6대의 마차를 보유했음을 말해준다. 궁형기에는 복잡한 문양이 주조되어 있고, 어떤 곳에는 녹송석이 상감되어 있기도 했다. 다른 씨족 성원을 고려하면, 아장 씨족은 적어도 10대 이상의 전차를 소유했을 것이다.

악기로는 한 세트의 청동 징鐃이 있었다. 이것은 군대의 우두머리가 명령을 내리는 도구 가운데 하나로서, 이른바 "징을 울려 병력을 거둬들이는鳴金收兵" 등의 용도로 쓰였다. 이외에도 각종 도구와 잡다한 물건들이 있었는데, 그 가운데 둥근 동포銅泡가 149개나 있었으니, 가죽으로 된 갑옷에 엮어 붙였던 것들이다.

비교적 특수한 것은 주인의 관 안에 손 모양의 청동기 하나가 들어 있었다는 점인데, 정상적인 오른손보다 약간 작아서 길이가 13센티미터이고, 약간 굽어서 반쯤 쥔 자세인데, 위에는 눈目 모양의 문양이 주조되어 있고 심지어 손톱 문양까지 있었다. 그것의 손목 부분은 속이 비어 있어서 나무 자루를 끼울 수 있게 되어 있는데, 나무 자루가 이미 부식되어 사라

복원한 뒤의 '아장우준'

져서 구체적인 길이는 알 수 없다.

다른 청동기와는 달리 이 손 모양의 청동기는 관 내부 왼쪽 정강이 근처에 놓여 있었다. 무덤 주인의 두 손은 기본적으로 완전했으며, 이 손 모양의 청동기도 주인의 오른손 근처에 놓인 게 아니었으니, 결코 의수義手가 아니었다. 어떤 학자는 포크처럼 솥 안의 음식물을 건지는 데에 쓰였으리라고 추측했다. 다만 식기가 단독으로 관 안에 놓일 필요는 없는 듯하다. 그것과 무덤 주인의 친밀 관계로 보건대, 주인이 늘 손에 쥐고 있던 것으로서, 일종의 권력을 나타내는 지팡이와 비슷해 보인다.

청동 도구 가운데는 5자루의 소도小刀도 있었다. 2개의 손잡이 끝에는 각기 말머리와 사슴 머리가 주조되어 있고, 손잡이의 무늬 장식도 긴 목과 비슷하다. 또 하나는 전체가 호랑이 모습─발굴자는 개 모양이라고 여겼는데─을 하고 있으며, 꼬리를 길게 늘여서 칼날 부분을 만들었다. 완전한 형태의 네 다리가 있어서 탁자에 세워놓을 수 있다.

부장된 옥기와 석기 가운데는 작은 옥 장식과 조각품 외에 옥제 무기도 있었으나, 실용적인 가치는 높지 않고 주로 군사 우두머리의 신분을 상징하는 것들이었다. 이런 것으로는 옥월玉鉞 1개와 옥척玉戚 6개, 옥모玉矛 2개, 옥과玉戈 8개가 있었다. 이외에 창날 부분은 옥으로 되어 있고 손잡이 부분은 청동으로 된 '동교옥원모銅散玉援矛' 2개와 '동내옥원과銅內玉援戈' 3개가 있었다.

골제 화살촉은 43개였는데, 끝에 날을 세우지 않아서 앞부분이 평평했다. 발굴자는 이것이 사냥할 때 동물의 모피를 손상시키지 않기 위한 것이라고 추측했다. 그러나 나는 이것도 훈련용품이었을 가능성이 있다고 생각한다. 치명적이지 않은 화살촉은 희생자의 치사율을 낮추니, 병사들은 더 많은 훈련의 기회를 얻을 수 있는 것이다.

묘실 층의 대에는 47개나 되는 많은 나무 몽둥이가 놓여 있었는데, 길이는 1.3~1.6미터이고 직경은 약 3센티미터였다. 붉은색이나 검은색으

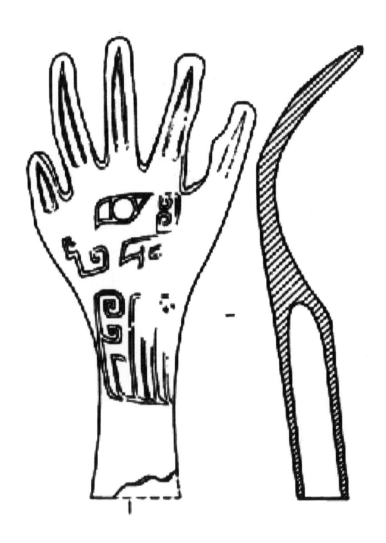

'아장'의 손 모양 청동기 스케치

로 옻칠이 된 것들도 있었다. 발굴자는 이것들이 동과銅戈와 동모銅矛의 자루인데, 너무 길어서 곽실에 놓을 수 없었으므로 잘라서 2층 대에 놓은 것이라고 추측했다.

발굴된 조개껍데기는 1472개로서 모두 연마하여 화폐로 쓰던 것이었다.

도기는 많지 않았다. 일부 도기 안에는 많은 매실 씨가 들어 있었는데, 볶아 만든 과일 죽이었을 가능성이 있다. 또 상당히 많은 부스러진 뼈가 들어 있는 것들도 있었는데, 발굴자는 고깃국으로 추측했다.

묘혈 안에는 15명의 순장자와 15마리의 개가 순장되었는데, 그 가운데 개 1마리는 묘실 바닥 정중앙 요갱腰坑 안에 있었으니, 이는 상족의 전통적인 매장 예법에 따른 것이었다. 무덤 주인과 가장 가까운 위치에 있는 6명의 순장자는 곽실 안 관 바깥에 좌우로 각기 3명씩 안치되어 있었다. 시신은 온전했으나 골격의 보존 상태는 비교적 좋지 않았는데, 덧널 안의 어떤 부장품이 강력한 부식 작용을 한 듯했다. 이들은 먼저 살해된 뒤에 멍석으로 시신을 싸서 곽실 안에 들여놓았다. 곽실 밖의 무덤 바닥에는 4명의 순장자가 있었는데, 성별이 감정된 3명은 모두 남성이었다. 1명만 25세 전후였고, 나머지는 모두 열 살 남짓했다.

이상 시신이 온전한 인간 희생의 자세는 주인과 마찬가지로 몸을 숙인 채 사지를 반듯하게 펴고 있었다. 은허의 무덤에서 이는 상당히 특이한 현상이다. 무덤 주인이 전사해서 상당히 불길하다고 여겨서 이런 방식으로 푸닥거리한 것일 수도 있다.

2층 대에는 3개의 인두가 있었는데,[230] 하나는 20세 전후의 남성이고 나머지 2개는 30세와 40세 전후의 여성이었다. 주목할 만한 점은 30세 전후의 여성이 어려서부터 아래턱의 앞니 2개를 뽑아버렸다는 점이다. 이것은 '동이東夷'의 습속으로서 다원커우大汶口 문화 이래로 산둥과 자오둥膠東의 몇몇 지역에 줄곧 존재했다. 무덤 주인은 생전에 동이를 정벌하는 전쟁

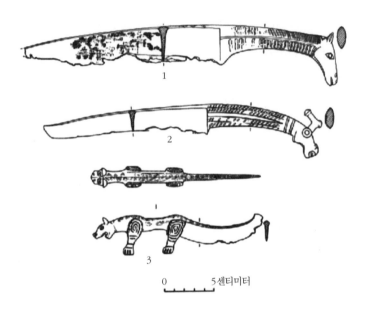

'아장' 무덤의 청동 소도小刀 스케치

에 참여하여 그곳에서 몇몇 포로를 데리고 돌아왔던 듯하다.

인두와 같은 층 2층 대 안에는 또 소와 양의 다리, 도제 두^豆와 고^觚, 작^爵이 있었다. 여기엔 음식과 술이 담겨 있었을 것이다.

부장품과 인간 희생을 모두 배치한 뒤에는 묘혈에 흙을 채우고 다지기 시작했다. 다지는 과정에서도 인간과 개를 순장했을 수 있다. 절반 정도의 깊이에 도달하자 세 살 어린애 하나를 죽여서, 그 인두를 얼굴이 아래로 향하도록 흙 속에 집어넣었다. 그리고 지면과 1미터쯤 떨어진 곳에 이르자 또 25세 전후의 여자 하나를 죽여서 인두를 옆으로 돌려서 흙 속에 안치했다. 뼈와 치아를 감정한 결과 이 여자는 생전에 영양 상태가 상당히 훌륭하고 물질생활이 비교적 풍요로웠다. 발굴 보고서에 따르면, 모두 4명의 성인과 어린애 1명의 머리뼈가 매장되었으나 그들의 몸뚱이는 발견하지 못했고, 게다가 그 무덤 주변에서도 인간 희생을 바친 제사갱이나 머리 없는 시신이 묻힌 구덩이가 발견되지 않았다.

무덤이 채워지고 몇 년 뒤에 무덤 주인의 가족은 무덤 위에 '향당^{享堂}'을 세웠다. 먼저 무덤 바로 위쪽에 1미터 두께의 흙을 다져서 기초를 만들면서 성년 인두 하나와 소년 1명의 온전한 시신을 넣었다. 그런 뒤 그 기초 위에 정자 형태의 향당을 지었다.

어느 정도 시간이 지나고 향당이 무너지자, 누군가 그 자리에 사각형에 가까운 구덩이를 파고 머리가 잘린 채 위쪽을 향해 똑바로 누운 채 사지를 반듯하게 편 남자의 시신을 매장했는데, 인두는 몸뚱이 왼쪽에 있었다. 오른쪽에는 2구의 어린애 시체가 있었다. 이 제사갱은 '아장'의 후손이 만들었을 가능성이 있다.

M54 부근에서 고고학자들은 모두 40개의 수혈묘^{竪穴墓}를 발굴했는데, 대부분 부장품이 적은 소규모 무덤으로 사람을 순장한 것은 2개뿐이었다. 그중 하나인 M82에는 2명이 순장되어 있었다. 이 무덤들은 대부분 아장 씨족의 성원이나 거기에 속한 백성이었을 텐데, 보아하니 그들은 대부분

그다지 부유하지 않았다.

'자'와 아장의 후손들은 여러 세대에 걸쳐서 번성했을 것이다. 주나라가 상나라를 멸한 뒤 그 후손들은 다른 왕족들과 함께 상족의 기원지인 상추商丘로 이주하여, 그곳에 송宋나라를 세우고 상나라 왕실의 혈맥을 계속 이어갔다. 그들이 피비린내 나는 인신공양제사를 지내는 종교를 버릴 수 있었던 것은 100여 년이 지난 후의 이야기다.

제14장 서부의 일진일퇴 전쟁: 라오뉴포^{老牛坡}

산들에 둘러싸인 관중 분지는 동서로 좁고 긴 버들잎 모양이며, 웨이수이^{渭水}강이 분지의 중앙을 흐르면서 도중에 펑허^{澧河}강과 바허^{灞河}강, 징허^{涇河}강, 베이뤄허^{北洛河}강 등의 지류가 유입되고, 결국에 황허강이 크게 굽이진 곳에서 그 물줄기로 흘러든다.

기나긴 신석기시대에 관중 분지 안에는 줄곧 번영했던 작은 촌락들이 많았으나, 4000여 년 전의 룽산 시대에 이르면 화베이 각 지역이 보편적으로 동요와 전쟁에 휘말리기 시작했다. 관중 지역도 예외가 아니었다. 지금의 시안시 교외의 커성좡^{客省莊}(제2기)에는 많은 충돌과 함께 살육이 벌어지고 인신공양제사의 흔적까지 나타났다.

다만 무슨 이유에서인지 관중의 신석기인들은 초기 국가 단계로 '진화'하지 못했다. 룽산의 동요기가 지난 뒤에 이곳에는 또 양사오 시대의 저 다툼 없는 사회 상태로 회귀했다. 관중 외의 지역에서는 난쭤^{南佐}와 스마오^{石峁}, 타오쓰^{陶寺} 등의 고대 국가가 홀연히 흥성했다가 쇠락했고, 하·상의 문명이 신속하게 교체되면서 등급이 올라갔으나, 이것들은 모두 관중의 평온한 삶에 영향을 주지 못했다.

이것이 상고시대의 상태였다. 모든 인류 사회가 자동으로 진화하여
더 큰 공동체와 국가를 형성한 것은 아니었다. 사실 대다수는 줄곧 정체되
어 아무 변화가 없는 상태로 있다가 강대한 고대 국가나 왕조에 병탄됨으
로써 인류의 '발전'이라는 큰 조류에 억지로 휩쓸려 들어갔다.

왕조 확장도 토착민의 반항을 유발할 수 있었다. 관중은 상 왕조의
'서부' 변경으로서, 인신공양제사에 바칠 희생자들의 주요 공급지였다. 상
왕조 세력은 여기에서 수백 년 동안 활약했으나, 분지 전체를 점령하지는
못했다. 시안시 동쪽 교외의 바차오구瀟橋區의 라오뉴포老牛坡촌의 황토 지층
에는 상 왕조가 수백 년 동안 관중 지역을 경영한 역사가 기록되어 있다.

상 왕조는 성읍이나 제후국을 설립하여 외지와 변경을 관리했는데,
본질적으로 이것은 일종의 분봉건국제分封建國制였다. 훗날 서주도 똑같이
봉건제를 실시했으나, 다른 점은 상 왕조의 성읍이나 제후국은 상 문화의
독특성을 무척 중시해서 토착민들과 분명하게 구별했으므로, 문화와 민족
의 융합 현상이 나타나기 무척 어려웠다는 사실이다. 물론 상 왕조로서는
후베이의 판룽청은 특별한 예였고, 하나의 교훈이기도 했다.

라오뉴포는 상 왕조가 외지에 설립한 전형적인 제후국이었다. 이곳
은 상족의 인신공양제사 문화와 토착 부족의 문화 사이에 일어난 격렬한
충돌을 우리에게 보여준다.

초기 상나라의 침입자

20세기의 어느 날 라오뉴포의 한 주민이 밭을 갈다가 우연히 상나라
때의 청동기를 파냈는데, 이것이 고고학자들의 주목을 받았다. 1985년부
터 1989년까지 고고학자들은 이곳에서 여러 차례 발굴을 진행했고, 이로
말미암아 신석기시대에서 상 왕조 전체에 걸친 취락이 점차 그 진면모를

드러냈다.[231]

라오뉴포촌은 관중 분지의 중심에 가까우며, 뒤로는 리산驪山산에 기대어 있고, 앞으로는 바허灞河강을 마주하고 있다. 상족이 오기 전 이곳 토착민들은 아직 석기시대에 살고 있었다. 그들은 황토 언덕에 밭을 개간하여 돌칼과 돌낫으로 곡물을 수확하고, 바허강에 그물을 쳐서 물고기를 잡으면서 엄지손가락 굵기의 석제 그물추를 아주 많이 남겨놓았다. 그들은 또 도제 항아리의 주둥이 언저리에 꽃무늬를 두르고, 돌을 갈아서 손바닥만 한 크기의 둥근 고리 모양의 '돌구슬石珏'을 만드는 등 예술적인 작업도 했다.

토착민의 무덤에는 부장품이 아주 적고 어떤 무기도 없었으니, 그들의 삶에 폭력적인 충돌이 적었고 또 권력 조직과 사회 분화가 거의 일어나지 않았음을 말해준다. 그렇다면 왜 상나라 정복자들을 그곳에 끌어들이게 되었을까?

무덤 안에 답이 묻혀 있다. 발굴된 7개의 무덤 가운데 4곳의 부장품에 녹송석이 들어 있었다. 그러니까 근처 산중에 구리 광산이 있었다는 뜻이다. 이것이 바로 상족의 목표물이 되었고, 게다가 청동기를 생산할 수 있는 곳에서만 상족이 안정적인 거점을 마련할 수 있었다.

어쩌면 얼리터우-하 왕조를 막 멸망시킨 뒤에 신흥 상족이 승세를 타고 관중으로 진입했을 수도 있다. 그들은 황허강 남안의 옛길을 따라 올라가 위시豫西의 산과 골짝, 밀림을 뚫고 나아갔다. 이것은 상당히 힘겨운 길이었으나 도중에 사람 사는 마을이 없지는 않았다. 양사오 시대에 농업 취락은 이미 이 산간의 여러 대지臺地에 널리 퍼져 있었기 때문이다.

관중 분지는 비록 탁 트였으나 아직 고대 국가로 진입하지 않은 상태였고, 약탈할 가치가 있을 만큼 번영한 부락도 없었으므로, 상족은 관중 지역을 전혀 오래 머물 만한 곳으로 여기지 않았다. 개국 후 100년 정도 되자 정저우-뤄양 지구에는 인구 증가의 압력이 커지기 시작했고, 이에 관중 지구가 비로소 상 왕조 확장의 신대륙이 되었다. 상족 무리는 연이어 통관潼關으로 진입하여 분지 동부에 확산하여 크고 작은 일련의 거점들을 세웠다. 그 가운데 라오뉴포는 규모가 가장 크고 지속된 기간도 가장 길다.

라오뉴포의 상나라 시기 지층은 4기로 나뉜다. 제1기는 그래도 그 지역 토착민이 살았던 세계였으나, 제2기부터 청동기를 주조한 흔적이 발견되면서 초기 상나라 양식(얼리강 문화)의 도기 파편들이 대량으로 나타났다. 이것은 상족이 침입해서 정착한 증거인데, 후베이의 판룽청도 이 시기에 형성되었다. 관중 주변에는 구리 광산이 적고 여기저기 흩어져 있어서 판룽청과 같은 규모의 청동기 산업을 형성하기는 어려웠으나, 정복자들이 자체적으로 쓰기에는 충분했다.

라오뉴포 제2기의 생활 구역 겸 작업장에는 크고 작은 회갱이 가득차 있었는데, 고고학자들은 그 안에서 제련된 구리 덩어리 2개와 청동 화살촉 2개, 청동 추錘 1개, 청동 화살촉과 과戈를 주조하는 데 쓰인 도제 거푸집 잔해가 각기 하나씩 발견되었다. 이 거푸집은 소형 청동기를 주조하기 위한 '쌍면 거푸집'으로서 두 쪽의 거푸집을 합쳐서 여러 차례 사용할 수 있었다. 벽돌 반 조각 크기의 화살촉 거푸집에는 5개의 화살촉을 주조할 수 있는 공간이 부채꼴로 분포되어 있었는데, 그 가운데 4개는 완전한 형태로서 미늘이 없었으며, 양쪽으로 날개를 펼쳐 삼각형을 이루고 있었다. 과戈를 주조하는 거푸집은 창날 부분이 평평하고 반듯했으며 끝이 날카로웠다. 이것은 모두 초기 상나라 청동 무기의 특징이다.

상족에게서 흔히 보이는 주기酒器와 같이 조금 큰 청동기와 그런 청동기를 주조할 거푸집은 발견되지 않았다. 이로 보건대 첫째, 이 정복자들의 지위는 그다지 높지 않았고, 둘째, 군사적인 요구가 가장 절박해서 제한된 구리 자원으로 새로운 거점을 공고하게 다져야 했다. 그러나 그들은 또 청동기의 도철문을 모방하여 도기를 제작함으로써 고향 귀족들의 삶을 흉내

내려고 시도하기도 했다.

상족에게서 흔히 보이는 인신공양제사도 당연히 빠지지 않았다. 긴 변의 길이가 50센티미터쯤 되는 삼각형의 작은 구덩이에는 3개의 완전한 어린애 머리뼈가 매장되어 있었으나, 몸뚱이와 사지의 뼈는 전혀 발견되지 않았다. 채운 흙은 다지기 과정을 거쳤으므로 머리뼈가 심하게 파손되어 성별을 판별할 수 없었고, 그저 아이들의 나이가 두 살 전후라는 사실만 판단할 수 있었다. 이 어린애들은 청동 주조 시설에 대한 제사로 바친 것일 텐데, 머리뼈가 매장된 그 구덩이 바로 근처에 있는 커다란 회갱(88XLI2H6) 안에서 제련된 구리 잔해의 덩어리 2개가 발견되었기 때문이다. 이것은 구리 용광로가 멀지 않은 곳에 있었음을 말해준다.

청동 화살촉과 추가 출토된 88XLI2H18 회갱에서는 인간의 머리뼈를 연마해서 만든 타원형의 '골병骨餠' 2개도 발견되었다. 직경은 약 3.5센티미터로서 동전보다 조금 큰데, 구멍이나 무늬 장식이 없어서 용도가 무엇인지 알 수 없다.

발굴 범위가 제한적이어서 상족의 건물과 무덤은 발견하지 못했고, 회갱만 몇 개 발견했을 뿐이다. 이런 정보들로 보면, 제2기에는 상족 정복자들의 수가 많지 않고, 생활도 호사스러웠다고 할 수 없다.

이상의 내용을 종합하면 라오뉴포 제2기에는 청동을 주조하는 도구만 발견되었을 뿐, 대량의 주물 찌꺼기와 같이 청동을 야련冶練한 흔적은 없었다. 그렇다면 주조에 쓰인 구리 원료는 어디에서 온 것일까?

바허강을 따라 상류로 20킬로미터쯤 올라가면 란톈현藍田縣 화이전팡懷珍坊촌에 이 시기에 퇴적된 구리 찌꺼기와 목탄 부스러기, 구리를 제련한 용광로의 잔해가 있다. 가령 풀을 섞어 반죽한 진흙의 붉은 덩어리 한쪽 면에 구리 용액이 녹색으로 들러붙어 있었는데, 발굴자는 이것이 구리 용광로 벽면의 잔해일 가능성이 있다고 추측했다.

같은 시기의 라오뉴포와 마찬가지로 화이전팡에서도 대형 청동 용기

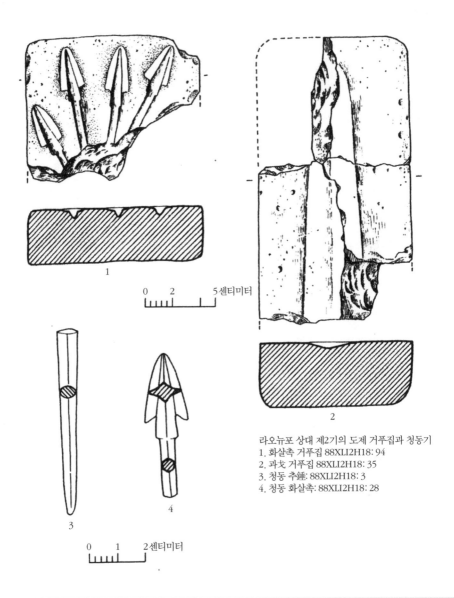

라오뉴포 상대 제2기의 도제 거푸집과 청동기
1. 화살촉 거푸집 88XLI2H18: 94
2. 과戈 거푸집 88XLI2H18: 35
3. 청동 추錘: 88XLI2H18: 3
4. 청동 화살촉: 88XLI2H18: 28

0   2   5센티미터

0   1   2센티미터

1

2

3

4

라오뉴포 상대 제2기의 도제 거푸집과 청동기

청동 제품을 모방한 제2기의 도제 궤簋. 상나라 청동기에 흔히 보이는 도철·기룡문으로 띠를 둘러 장식함

(예기)가 발견되지 않았으나, 출토물 가운데는 초기 상나라 양식의 도기와 청동 과戈, 소형 칼刀, 추錐, 족집게鉆, 화살촉, 고리環 등의 소형 청동기들이 들어 있었다. 이외에 무게 3근의 구리 원병圓餠(주조에 사용된 구리 덩어리)이 하나 있었다.

여기에서도 주조할 때 쓰는 거푸집과 같은 설비는 발견되지 않았다. 보아하니 이곳과 라오뉴포는 서로 보완 관계를 이루고 있어서, 이곳에서 제련한 구리 덩어리를 라오뉴포로 보내서 주조했던 듯하다. 다만 본래 함께 있어야 할 제련과 주조 작업장이 왜 20킬로미터의 간격을 두고 두 곳으로 분리되어야 했을까?

첫째, 구리 광석을 운송하기 쉽지 않고, 제련장이 광산에서 가까우니 비용이 적게 들어갔기 때문일 수 있다. 둘째, 이 두 가지 공정은 모두 특수한 조건이 필요하니, 제련을 위해서는 구리 광석이 필요하고, 주조를 위해서는 또 아연과 주석 그리고 배합하는 기술이 필요하다. 두 공정이 분리된 배후 원인은 아마 서로 다른 두 상족이 각자의 산업을 소유했기 때문일 수 있다. 화이전팡의 일파는 광산을 소유하고, 라오뉴포의 일파는 아연과 주석 및 주조 기술을 보유하고 있어서 분업 형태로 협력할 수 있었으나, 하나로 합치기를 원하지는 않았던 듯하다.

구리 제련 시설이 있었던 것과 같은 시기의 화이전팡 유적에서는 또 5개의 등급이 낮은 무덤이 발굴되었다. 시신은 대부분 손상되어 있었는데, 매장할 때 이미 사지가 잘려 나간 듯했다. M1 무덤의 주인에게는 머리뼈와 오른쪽 반신의 골격이 없으나, 오른쪽 정강이뼈는 가지고 있었다. M2의 주인은 어린애로서 "구덩이 안에는 2개의 정강이뼈만 있는데, 잘린 흔적이 뚜렷했다." M3 주인의 유골에는 팔뼈와 갈비뼈 등이 빠져 있었는데, 발굴 보고서에서는 매장할 때 시신이 이미 불완전했을 것이라고 여겼다. M4의 주인에게는 오른쪽 팔뼈와 왼쪽 넓적다리뼈, 그리고 다른 자잘한 뼈들이 빠져 있었다.[232]

이것은 상족의 정복과 잔혹한 통치로 인해 자급자족하던 토착 촌락이 상족의 노예 장원莊園이 되어버렸음을 의미한다. 구리 광석을 채취하고 운송하는 데에는 상당히 많은 노동력이 필요했는데, 화이전팡의 이 사망자들은 노역하다가 학살당한 현지 노동자였을 가능성이 있다. 다른 한편으로, 이 사람들은 여전히 상당히 규범에 맞은 무덤을 가지고 있었다. 묘혈 안에는 몇 가지 간소하고 보잘것없는 부장품이 들어 있었으니, 그들이 여전히 자기 촌락의 익숙한 환경 속에서 살았고, 죽은 뒤 친척들이 안장해 줬음을 말해준다.

화이전팡의 초기 상나라 문화층은 아주 얇고 더 늦은 시기(은상 시기)의 도기와 청동기가 없었으니, 이 거점은 잠깐 반짝했다가 영영 폐기되어 버렸음을 알 수 있다.

제2차 서진 운동

화이전팡 취락과 심지어 관중뿐만 아니라, 상나라 중엽에 상족이 각 방향으로 확장하던 조류는 모두 동결되고 수축되었다. 이 시기에 강력한 외적은 없었으나, 앞서 살펴본 대로 내부에서 일어난 '9세의 변란'으로 왕조가 거의 100년 동안 정체되었다.

그런 뒤에 반경이 은 땅으로 천도했다. 그 후에 은상은 마침내 안정되기 시작했다. 수십 년의 휴양을 거쳐서 왕조의 실력은 점차 회복되었고, 장수했던 무정의 재위기에 이르면 또 사방에 대한 전쟁을 시작했다. 게다가 이미 말이 끄는 전차를 보유해서 왕궁은 1000리 밖 전선과 연락하는 문제도 해결했으니, 정벌이 더는 장님 코끼리 만지듯이 자발적으로 확장한 게 아니라 왕의 통일적인 지휘를 통한 군사 행동이 되었다.

제2차 '서진西進 운동'은 무정이 시작했으며, 중점적으로 나아가는 방향은 진난晉南과 관중 분지였다. 상족 침입자는 지속적으로 관중 서부를 향해 밀고 나아가면서 각종 토착 부락과 자주 격전을 벌였다. 이것은 제1차 확장 조류가 도달하지 못했던 지역이었다.

관중 서부에는 '주周'라고 불리는 강족 부족이 있었다. 한 갑골복사의 내용은 바로 무정이 직접 방국 주나라를 정벌해야 할 것인지를 물었다.

병신일에 빈賓이 점을 쳐서 물었다.
"왕께서 방국 주나라를 정벌해야 합니까?"
丙辰卜, 賓貞, 王惟周方征.(『合集』6657 正)

이외에 무정은 또 여러 차례 점을 쳐서 "주나라를 치기寇周" 위해 어떤 무장 세력을 파견해야 하는지 물었다. '구寇'라는 것도 '치다撲'라는 뜻으로 모두 정벌한다는 의미다. 이런 복사는 9조목에 이르는데, 예비로 움직인 무장 세력으로 '다자족多子族'이 있었다.

기묘일에 윤允이 점을 쳐서 물었다.
"다자족에게 견후犬侯를 따라 주나라를 쳐서 왕의 일을 도우라고 할까요?"
己卯卜, 允貞, 令多子族從犬侯寇周, 葉王事.

그 외에도 견후犬侯와 윤후尹侯, 숭후호崇侯虎 그리고 글자 형태를 해석할 수 없는 제후와 인명도 있었다.[233] 이로 보건대 무정이 동원한 병력은 대단히 강력하고 많았으며, 특히 '다자족'은 상나라 왕족의 무장 세력으로 천멍자陳夢家(1911~1966)는 그것을 청나라의 팔기군八旗軍에 비유했다.

특별히 강조해야 할 점은 무정이 여기서 토벌한 강인羌人의 주나라, 즉 강성姜姓의 주족은 훗날 문왕의 희성姬姓 주족과는 다른 부족이라는 사실이다.* 무정 시기에 주나라 문왕의 선조인 희성의 주족은 관중 분지가 아니라 아직 멀리 치우친 산시陝西의 산간 지역에 살았으므로, 상 왕조는 아직 그들의 존재를 알지 못했다. 물론 강인의 주족과 희성의 주족은 혈연적으로 연계되어 있는데, 이에 대해서는 뒤에서 자세히 소개하겠다.

상나라 군대는 강성 주족을 멸한 뒤에 치산岐山산 남쪽, 웨이수이강 북쪽의 주원周原 지역을 점거했다. 그런 뒤에 무정은 왕족으로서 높은 지위를 가진 이를 책봉하여 주원 지역을 다스리게 했는데, 갑골문에서 그는 '주후周侯'라고 불렸다. 주의할 점은 이것은 상족이 건립한 주원의 제후국이라는 사실이다.

주원 지역에서는 상나라 때의 청동기가 몇 차례 출토되었는데,[234] 토굴에서 출토된 것도 있고 무덤에서 출토된 것도 있다. 대다수 청동기의 형태는 은허 전기에 속해서 마침 무정 시기의 서진 운동과 들어맞지만, 그보다 시대가 빠른, 은 땅으로 천도하기 이전의 상나라 전기에 속하는 청동기도 소수가 나왔다. 이 소수의 청동기는 주인이 상 왕조 핵심 구역에서 새로 정복한 주원으로 가져온 것들로서, 몇 세대 동안 보존되어 사용되다가 마지막에 부장품으로 지하에 매장되었다.

이 청동기들은 주원 지역을 점령한 뒤에 상 왕조가 이곳에 안정적인 거점과 확장 기지를 설립하려 시도했음을 나타냈다. 분명히 새로 책봉된 이 '주후'는 왕실과 밀접한 관계였으며, 무정 시기의 복사에는 그에 관한 내용이 아주 많다. 예를 들어 『합집合集』20074에는 무정이 "주후에게 이

---

* 쉬중수徐中舒는 이곳의 주방周方은 강성姜姓이 건립한 여국女國 즉, 모계사회의 강원국姜嫄國이라고 했다. 쉬중수, 「주원갑골초론周原甲骨初論」, 『쉬중수역사논문선집徐中舒歷史論文選輯』(下册), 중화서국, 1998, 1423쪽. 그 외에 兪紹宏 等, 「甲骨文'周'箋識」, 『大連大學學報』 2015년 제1기. 한편 둥산董珊은 주원이라는 지역에는 시대를 달리하면서 다른 성씨의 족군族群이 진입하여 국가 정권을 세웠는데, 이렇게 앞뒤로 성립된 국가가 동일한 나라 이름인 '周'를 사용할 수 있었고, 아울러 이 국명으로 자기들의 국족國族을 명명命名했다고 주장했다. 董珊, 「試論殷墟卜辭之'周'爲金文中的妘姓之墧」, 『中國國家博物館館刊』 2013년 제7기 참조. ─원주

번 달에 재앙이 없게 해주십시오"라고 기도한 내용이 들어 있다.

다시 몇 세대 뒤 상 왕조가 주나라 문왕에게 수여한 봉호封號가 바로 '주방백周方伯'이었다.[235] '백伯'은 다른 부족의 추장이니, 상 왕조가 다른 부족의 우두머리에게 '후侯'라는 칭호를 주었을 리는 없다.

무정은 일찍이 '부주婦周'라는 이의 병세가 지속될 것인지 점을 쳐서 물은 적이 있다.[236] '부婦 아무개'라는 칭호는 전적으로 상족 혈통의 후비后妃에게만 사용되었으니, 예를 들어 유명한 '부호'의 경우가 그러했다. 다른 부족의 여자는 왕이 총애하는 비빈이 되더라도 이런 칭호를 누릴 수 없었으니, 예를 들어 상나라 마지막 왕인 주왕이 총애했던 달기妲己는 '기성己姓'의 소국蘇國 출신이지 '자성子姓'의 상족 출신이 아니었으므로 '부달婦妲'이라고 부를 수 없었다.

무정이 죽은 후에 서진 운동은 다시 시들해졌다. 그 결과, 서부의 토착민인 강족과 상족의 충돌이 나날이 빈번해졌고, 관중 서부의 상족 거점은 안정될 겨를이 없어서 곧 분란에 빠졌다. 주원 지역에서 무정 시기의 청동 예기가 여러 세트 발견되었으나, 어떤 고급 건물도 발견되지 않았다. 이것은 이 상족 제후국이 건립되고 얼마 후에 바로 소멸했거나 핍박받아 떠나야 했음을 의미한다.

1972년에 주원 범위 안에 속하는 치산岐山현 징당京當촌에서 '목目'자 형태의 무늬가 장식된 상나라 양식의 청동기 5개가 출토되었다. 그것들은 '둥근 돌을 쌓아 만든 토굴'에 보존되어 있었는데, 그 지역 주민이 파냈을 때 인골은 발견하지 못했다. 이것은 이 청동기들이 부장품이 아니라 전란이 도래할 무렵에 매장한 것으로, 강족에게 포위당했다는 것을 알았으나 미처 보물을 가지고 떠날 겨를이 없어서, 주인이 포위를 돌파하기 전에 미리 매장할 수밖에 없었음을 말해준다.

상족은 다른 부족에게 지나치게 잔혹했고, 사로잡힌 강족은 몇 무리씩 은허로 보내져서 제사에 바쳐졌다. 그러므로 강족은 전사하거나 도망칠지언정 상족의 통치 아래에서 구차하게 살고 싶어 하지 않았다. 그러므로 무력에만 의지한 상족은 관중 분지 전체를 통치하기가 줄곧 어려웠다.

더욱 복잡한 것은, 사회적 동요가 일종의 사이펀siphon 효과를 발휘해서 더 멀리 서북방에 있던 토착 부족이 느리지만 지속적으로 룽산隴山산과 류판산六盤山을 넘어 관중 땅을 향해 이주하게 했다는 사실이다. 그들은 상족의 신기한 청동기 제품에 이끌림과 동시에 전쟁으로 황무지가 된 토지를 점거하려고 시도했다. 예를 들어 '짧은 자루 모양의 다리分襠袋足'들을 가진 도제 솥鬲을 특징으로 하는 류자劉家 문화는 서북방에서 관중으로 진입한 이들로서, 이들이 갑골문에서 말하는 강인의 군체羣体라고 주장하는 학자도 있다.[237]

무정이 죽은 후, 그의 아들 조경과 조갑이 연이어 왕위에 올랐다.『사기』「은본기」에서는 조갑이 "음란하여 은나라가 다시 쇠락했고," 주후周侯의 나라가 폐기되었다고 기록했다. 이로부터 상족 세력은 관중 서부에서 철수했고, 이곳은 철저히 버려져서 청동기마저 발견된 게 드물어졌다. 다만 상족은 아직 관중 동부의 라오뉴포를 고수하고 있었고, 이곳에 무정이 새로 책봉한 상나라 귀족이 바로『사기』와『봉신연의封神演義』에서 명성이 자자한 숭후호崇侯虎였다.

200년 앞서 태어난 숭후호

『사기』「주본기周本紀」는 문왕 주창이 상나라 주왕에게 유리羑里에 구금된 이유를 이렇게 기록했다.

숭후호가 주왕에게 서백을 참소하여 이렇게 말했다.
"서백이 선을 쌓고 덕을 베풀어 제후들이 모두 그를 향하고 있으니 장차 왕께 불리할 것입니다."

이에 주왕이 서백을 유리에 구금했다.

崇侯虎譖西伯於殷曰, 西伯積善累德, 諸侯皆向之, 將不利於帝. 帝紂乃囚
西伯羑里.

이때부터 주창은 일련의 만남과 행운을 겪게 된다. 석방된 뒤에 그는
역량을 축적하며 상나라를 정벌하려고 은밀히 도모했으며, 세상을 떠나기
한 해 전에 주족의 모든 역량을 동원해 숭국崇國을 공격해서 마침내 이 원
수의 나라를 멸망시켜버렸다. 『시경』「대아大雅·황의皇矣」는 숭국의 멸망을
생생히 묘사한다.

상제가 문왕에게 말했다.
"너희 동맹의 방국에 문의하고
너희 형제의 나라와 연합하라.
성에 오를 갈퀴鉤援와
망루 달린 수레 임臨과 성벽을 쳐서 무너뜨릴 수레 충衝을 가지고
숭국의 성벽을 공격하라!"
帝謂文王, 詢爾仇方, 同爾兄弟, 以爾鉤援, 與爾臨衝, 以伐崇墉.

그렇다면 문왕이 이렇게 절치부심하고 상제까지 동원하여 숭국을 저
주하게 된 까닭은 무엇인가? 그러나 역사서의 기록이 자세하지 않다. 사
실 주나라 문왕보다 200년 앞선 상나라 무정 시대의 갑골복사인 『합집合
集』 6554에 이미 숭후호가 등장한다.[238]

1) 점을 쳤다. "숭후호에게 방국 모髳를 정벌하는 데 따라가게 하면 도
움을 받을 수 있을까요?"

貞, 令從崇侯虎伐𦍋方, 受有佑.

2) 점을 쳤다. "숭후를 따라가게 하지 말까요?"

貞, 勿從崇侯.

무정이 숭국에게 방국인 모를 정벌하게 한 것은 그들이 지역적으로 비교적 가까웠다는 뜻이다. 『상서』 「목서牧誓」에 따르면, 훗날 주나라 무왕이 상나라를 멸할 때 동맹군 가운데 '모𦍋'도 있었다.

주원과 방국 모는 멀리 떨어져 있지 않았으며, 추측건대 숭국과 주원 사이도 그다지 멀지 않았던 듯하다.

갑골문의 형태로 보면 '숭崇'자의 중간은 서 있는 침대 모양인데, 위아래는 각기 중괄호〔 〕와 비슷한 모양이다. '상牀'은 발음을 나타내는 부분일 수 있는데 '숭崇'과 비슷하다. 복사에서 이 '숭'자는 종종 대단히 수척하고 길게 그려져 보통 글자 2개보다 더 높기도 하다. 그것을 통해 '높다高'라는 뜻을 나타낸 듯하다. 발음과 뜻을 통해 보면 그것은 모두 '숭'자에 무척 근접해 있다.

숭후호는 왜 주나라 문왕보다 200년 전에 나타났을까? 그는 숭국을 개국한 군주로서, 무정 시기에 탁월하게 활약하여 현저한 공을 세웠기 때문일 가능성이 크다. 후허우쉬안胡厚宣은 결론적으로 이렇게 설명했다. 무정 시기에 상 왕조를 호위한 정족鼎足과 같은 3명의 장수가 있었는데, 숭후호가 바로 그 가운데 하나였다. 그런데 유명 인사는 사회적 영향을 이끌 수 있으므로, 후세 사람들이 문왕의 경력을 얘기할 때 그와 가까운 시기의 '숭후崇侯'를 잘못 써서 '숭후호'가 되었다는 것이다.

이외에 나라를 연 군주의 이름은 후세의 역대 군주에 대한 대칭代稱이 될 수 있다. 예를 들어 서주가 건립된 뒤에 문왕의 두 동생인 괵중虢仲과 괵숙虢叔의 후손이 봉해진 나라의 이름도 모두 '괵'이었으며, 이 두 나라의 후

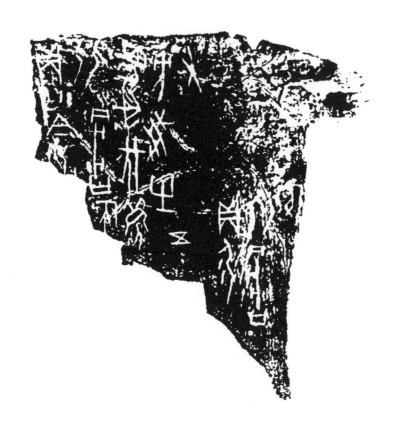

『합집』6554

1) 貞, 令從崇侯虎伐髳方, 受有佑.   2) 貞, 勿從崇侯.

세 군주들도 계속 괵중과 괵숙으로 불렸다. 이런 논리에 따르면 숭국의 역대 군주들도 모두 숭후호라고 불릴 수 있었다.

숭국이 어디에 있었는가에 관해서는 라오뉴포 유적지가 답을 제공한다.

『시경』과 『사기』의 기록에 따르면, 숭국을 멸한 뒤에 주나라 문왕은 즉시 주둔지를 주원에서 풍豐 땅으로 옮겼다.

> 문왕이 천명을 받아
> 이런 무공을 세웠지.
> 숭국을 정벌하자
> 풍 땅에 성읍을 지었지.
> 文王受命, 有此武功. 旣伐於崇, 作邑於豐.(『詩經』「大雅·文王有聲」)[239]

옛날에 이미 숭국이 풍 땅에서 멀리 않은 곳에 있었으리라고 추측한 학자가 있었다.

> 숭국은 대개 풍豐과 호鎬 사이에 있었을 것이다.
> 崇國蓋在豐鎬之間.(『史記正義』「周本紀」)

풍 땅은 지금의 시안시 서쪽 교외에 있었고 라오뉴포는 동쪽 교외에 있어서, 두 지역 사이의 거리는 대략 50킬로미터쯤이다. 그러므로 발굴 보고서에서는 라오뉴포가 숭국의 도성이었을 가능성이 있다고 추측했다.

> 라오뉴포 유적지의 소재지가 과연 숭국의 도읍이었다면 풍豐과 호鎬 일대는 숭국의 세력 범위 혹은 정치적 관할구역에 속했을 가능성이 완전하다.[240]

고고학적 발굴 결과에 따르면, 라오뉴포 제3기, 즉 은허의 전반기이 자 무정이 서부 확장을 개시한 시기에 일군의 신분이 더 높은 상나라 사람들이 이곳에 정착하여 고급 건물을 건축했고, 이 때문에 라오뉴포는 보통의 거점에서 성읍과 제후국으로 확대되었다. 이것이 숭후호가 나라를 열게 된 출발점이었을 수 있다.

상 왕조는 관중 지역에 안정적인 전진기지를 건립할 필요가 있었는데, 라오뉴포는 관중 분지의 중심에 자리 잡고 있고 구리 광산의 자원도 있으며, 게다가 상족 정복자들이 100년 넘게 경영한 역사가 있었으므로, 각 분야에서 모두 가장 직합했다.

숭국의 식인자

대략 무정 시기에 라오뉴포에 2개의 대형 건물이 나타났다.

1호 기초는 동서의 길이가 30미터이고 남북의 폭이 15미터 남짓, 다진 흙의 두께가 1미터로서, 그 위에는 여러 채의 건물이 있었다. 식별이 가능한 3개 건물의 흔적 가운데 F3이 상대적으로 완전한데, 길이는 11미터 남짓하고 폭은 거의 6미터로서, "면활面闊*은 4칸, 진심進深 즉 앞쪽에서 뒤쪽까지의 깊이는 2칸이고, 동쪽으로 향해 2개의 문이 나 있으며, 앞쪽에는 복도가 있다. 지붕은 양면파식兩面坡式의 중형 건물이다." 그곳은 숭후호 가족이 거주했던 주택이었을 가능성이 크다.

2호 기초는 1호 기초와 100미터 떨어져 있는데, 빗물에 일부가 훼손

---

* 중국 건축물의 평면 너비를 재는 단위로서, 고대 건물의 1칸(두 트러스truss 사이의 공간)의 너비라는 뜻이다.

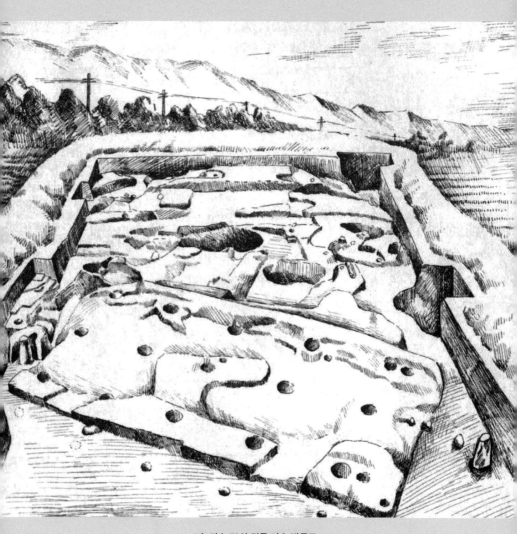

1호 기초 F3의 건물 기초 발굴도

남

인골   기초 기초   밟아서 다진 층

흙으로 다진 기초

백회를
칠한 방

0   2미터

2호 기초 발굴도

되었다. 남북의 길이가 23미터이고 동서의 폭이 12미터, 다진 흙의 두께
가 1.3미터로서, 복원한 기둥은 남북으로 5개, 동서로 8줄인 대형의 단독
전당이었다. 이곳은 숭후가 공무를 처리하던 조당朝堂이었을 것이다.

건물 유적지를 보호하기 위해 고고학자들은 흙을 다진 기초를 발굴
하지 않았으므로, 기초를 만들 때 인간 희생을 바쳤는지는 확정할 수 없
다. 다만 발굴 전 지역 주민들이 이곳에 벽돌 가마를 하나 건설한 적이 있
는데, 남겨진 흙 벼랑의 단면에 '어린아이 유골 1구'가 실내의 지면 아래
에 눌려 있는 듯한 모습이었다. 이처럼 우연한 기회에 유골을 발견할 수도
있으니, 기초를 다질 때 바친 인간 희생의 수도 적지 않았을 것이다.

흙을 다져 기초를 만든 궁전 구역의 동측에는 꽃무늬를 장식한 도제
항아리를 제조하고 돌벽을 쌓는 전통을 이어가는 토착 농부들의 집이 있
었다. 무정이 대대적인 확장을 추진하던 시기에 라오뉴포에 정착한 상족
이 갈수록 많아지자, 새로 온 상족의 거처를 짓기 위해 일부 농부들은 쫓
겨나야 했다. 그리고 토착민들의 건물은 쓰레기 구덩이로 쓰기에 알맞았
다. 이것은 황토 지대 특유의 '토굴地窯' 형식이었다. 지상에 원형에 가까운
구덩이(직경 3~5미터, 깊이 1.5~2.5미터)를 파고, 구덩이 어귀에 풀로 시렁을
얹어서 비바람을 막았으며, 구덩이 벽에 위아래로 드나들 수 있도록 계단
을 팠다.

관중에서 이뤄伊洛과 진난晉南까지는 황토 분포대로서, 황토가 비교적
훌륭한 수직의 층을 이루고 있어서 쉽게 무너지지 않아 토굴을 파기에 적
합했고, 게다가 보온성이 뛰어나서 거주할 만했다. 이런 토굴 식의 건물은
양사오 문화 후기에서 상·주 시대까지 1000년이 넘게 사용되었다.

다만 많은 상족이 라오뉴포에 온 뒤에 이런 토굴이나 회갱에는 도기
파편 등 생활 쓰레기뿐만 아니라 인골도 매장되었다. 예를 들어 다음과 같
은 것들이다.

H5의 바닥에는 인골 2구가 있었는데 상태가 매우 불완전하고, 돼지와 개의 뼈와 함께 뒤섞여 있었다. 발굴자는 "살해한 뒤에 아무렇게나 던져버린 게 틀림없다"라고 추측했다.

H19의 바닥에는 인골 1구가 있었는데, "머리뼈 외에는 골격이 불완전하여 비정상적인 사망이었음을 보여주고, (…) 동시에 사슴뿔과 부스러진 뼛조각, 크기가 다른 강의 조약돌, 이미 무더기로 쌓인 불탄 흙과 재가 있었다."

H17의 바닥에는 "구덩이 벽 바로 옆에서 완전한 인간의 머리뼈 하나가 발견되었는데, 그 근처에 많은 초목의 재가 있었으며, 그 재 안에는 또 익힌 동물의 뼈와 사슴뿔, 붉게 그을린 흙덩어리가 있었다."

이상 3개의 회갱에서 인골은 모두 바닥에 있었으니, 분명히 쓰레기 구덩이가 막 사용되기 시작했을 때 던져졌음을 알 수 있다. 구덩이 안에는 가축 뼈와 인골이 함께 뒤섞여 있었고, 재와 그을린 흙덩어리도 있었다. 그러므로 그것들도 제사갱일 가능성이 있으나, 발굴 보고서의 정보량이 적어 확실히 증명하기 어렵다.

H8은 더욱 특수해서, 연결된 대형 회갱이다. 토굴을 개조하여 만든 것으로 먼저 전용 쓰레기장인 을乙(길이 2.6, 폭 2.3, 깊이 1.1미터)을 파고, 가득 찼을 때 바로 옆에 더 크고 깊은 갑甲(길이 3.7, 폭 2.9, 가장 깊은 곳의 깊이 2.4미터)을 팠는데, 마지막에는 갑도 가득 찼다.

갑과 을 두 구덩이 안에는 각종 생활 쓰레기와 "아주 많은 인골과 소, 개, 돼지 등 동물의 뼈가 함께 뒤섞여 있었다." 다른 회갱들과는 이런 점에서 달랐다. 첫째, 이 두 회갱은 바닥에만 인골이 있는 게 아니라 각 층에 모두 있었으니, 살인 행위가 쓰레기 구덩이를 사용한 전 시기에 걸쳐서 행

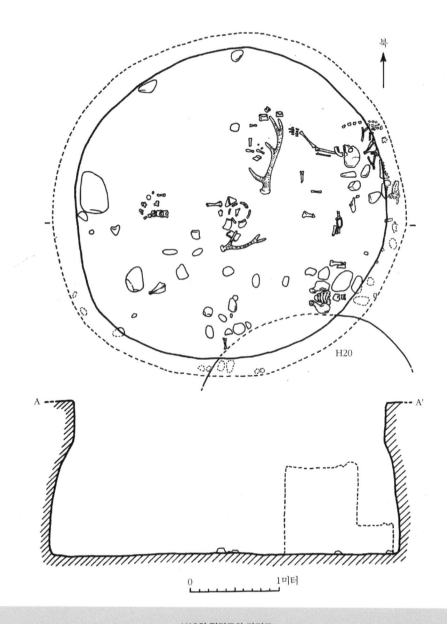

북

H20

A — — — — A'

0   1미터

H19의 평면도와 단면도

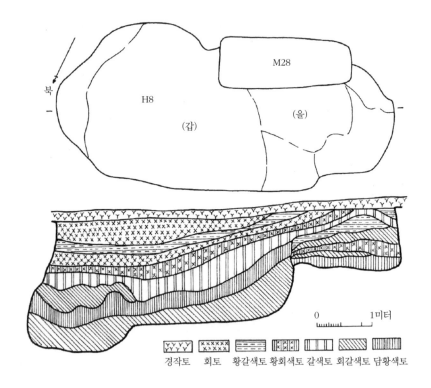

북

H8
(갑)

M28

(을)

0   1미터

경작토   회토   황갈색토 황회색토 갈색토 회갈색토 담황색토

H8의 평면도와 단면도

해졌음을 말해준다. 둘째, 인골은 모두 부스러져 있고, 게다가 다른 가축들의 뼈와 뒤섞여 있으니, 응당 먹고 나서 버려졌다는 특징이 있다. H8 주변의 인가에 인육을 먹는 관습이 아주 오랫동안 지속되었던 듯하다. 그게 아니라면 인골이 쌓인 쓰레기 구덩이가 이렇게 널리 분포되기 어렵기 때문이다.

한편, H8에 쓰레기를 버린 이들은 귀족뿐만 아니라 현지 토착민도 있었다. 구덩이 안의 출토물 중 돌칼과 돌낫, 돌 끌, 그리고 현지의 전통적인 꽃무늬 테두리가 들어 있는 도기 항아리도 있었기 때문이다.

이 거주 구역에서는 모두 19개의 제3기 회갱이 발굴되었는데, 인골이 있는 것은 앞서 서술한 네 곳뿐이어서, 다수를 차지하지는 않는다. 이것은 상족 통치자의 살인 행위와는 어느 정도 구별되니, 살인을 즐기고 인육을 먹은 자들은 응당 소수였고, 어쩌면 특정한 상황에서 그렇게 했을 것이다.

숭후의 청동 산업

숭국의 건립은 상 왕조가 서쪽으로 확장하는 것을 보장했으니, 이를 통해서 무정은 강인羌人의 주족을 멸하고 상족의 주나라를 분봉分封했다. 다만 무정이 죽은 후 주원의 상족 제후국은 지켜지지 못했다. 무정의 아들 조경 또는 조갑이 왕위에 있을 때, '주周'와 관련된 갑골복사 하나에는 또 '숭후' 등이 나타났다.[241]

갑골은 지나치게 심각하게 마모되고 손상되어서, 상나라 왕이 도대체 그들에게 무슨 일을 하게 했는지 판단하기 어렵다. 시간적으로 보면, 조경과 조갑 시기에는 상 왕조의 세력이 쇠퇴해서 상족의 주후는 토착민들로부터 위협받고 있었고, 이 때문에 상 왕조는 주변 제후를 움직여서 구원해야 했을 것이다. 다만 그런 조치도 효과가 없어서, 토착 세력이 또 관중 서부를 점령해버렸다.

상족의 주나라가 멸망한 뒤에 상 왕조에 대한 라오뉴포의 중요성은 한층 높아졌고, 기능의 배치도 그에 따라 변했다. 은허 전기의 흙을 다져 기초를 만든 대형 건물은 폐기되었고, 청동을 제련하고 주조하는 구역으로 재건되었다. 승후의 새 궁전 구역은 유적지의 서북측, 그러니까 고고학자들이 제4발굴구역이라고 획정한 곳으로 이전했을 가능성이 있다. 현재 이 구역에 대한 발굴은 아직 적게 이루어진 상태다.

은허 후기(라오뉴포 제4기)에 이르러 숭국은 더욱 번영했고, 청동 산업의 규모도 더 커졌다. 구리를 제련하는 과정에서 나온 찌꺼기가 아주 많이 퇴적되어서 적어도 길이 18미터, 가장 깊은 곳의 깊이가 2미터에 이르는 흙 도랑을 가득 채웠다. 구리 광석의 찌꺼기와 멀지 않은 산비탈에는 제4기 청동 주조 작업장의 쓰레기가 퇴적되어 있는데, 안에는 구리 용광로로 쓰인 도제 항아리와 부서진 거푸집이 아주 많이 묻혀 있었다.

소형 청동기를 주조하고 양면의 도제 거푸집을 여러 차례 사용하던 제2기와는 달리, 제4기의 도제 거푸집은 상대적으로 대형의 기물을 주조하는 데 사용되었고, 게다가 일회용으로만 쓰였다. 현재 발견된 도제 거푸집은 솥鬲과 과戈, 월鉞, 가죽 갑옷 귀퉁이에 엮는 둥근 동포銅泡와 같은 각종 용기容器와 무기를 제조할 수 있었다. 그리고 이른바 소 얼굴과 인간 얼굴을 닮은 마스크와 같은 장식물도 있었으나 크기가 약간 작아서 얼굴에 쓰기에는 적합하지 않았다. 이것들은 가죽으로 된 투구의 이맛전額頂에 붙여 적군을 위협하는 용도도 쓰였을 수 있다.[242]

라오뉴포 제2기에는 제련 시설과 주조 시설이 분리되고 규모도 아주 작았으나, 제4기에 이르면 제련과 주조 시설이 일체가 되고 규모도 더 커져서 권력 구조가 이미 다시 조직되었음을 말해준다. 원래 분산되어 서로 종속되지 않았던 상족의 거점, 그리고 자연 자원과 상업적 교환으로 이루어진 산업의 형세가 더 큰 정치 체제로 병합되어 방국方國의 정치 체제를 형성했다.

화이전팡은 상대적으로 외지고 폐쇄적이었으나, 라오뉴포는 관중 분지의 중심에 더 근접해 있고, 웨이수이강 남안의 교통 간선을 통제하고 있었다. 이 때문에 구리를 제련하고 주조하는 시설이 라오뉴포에 집중됨으로써 군사적 방어가 더 편해져서, 적에게 따로 나뉘어 격파되는 일을 피할 수 있었다. 구리 광석을 운송하는 길이 20킬로미터가 늘었으나 제련과 주조라는 두 공정이 빈틈없이 이어지면서 구리 덩어리를 다시 녹이는 비용을 덜 수 있었다.

은상 만기의 궁전 구역은 아직 발견되지 않았으나, 청동 산업의 흥성 정도로 보건대 이 시기에는 틀림없이 더 큰 핵심 건물군이 있었을 것이고, 심지어 흙을 다져 쌓은 성벽도 있었을 가능성이 있다. 훗날 주나라의 서사시에서 말했듯이, 숭국을 공격할 때 그들은 단단한 성벽에 직면했으니, 이른바 "숭국의 성벽은 까마득히 높구나崇墉仡仡"243)라는 것이었다.

숭국의 상족 무덤에는 대량으로 인간을 순장했는데, 등급이 조금 높은 무덤에는 순장자 수가 10명 전후여서, 대다수 상족 제후국과 거점에 비해 '사치스러운' 셈이었다. 다만 상 왕조 말기에 주나라 문왕이 숭국을 멸한 뒤 이런 무덤들은 엄중하게 파괴되었다. 이와 관련된 자세한 내용은 상·주 왕조 교체를 살펴볼 때 다루겠다.

숭국-라오뉴포 후기의 안정적인 번영은 상족이 북방 산지의 부족을 투항시킨 일과 관련이 있는데, 그 부족은 바로 주나라 문왕의 조부 세대의 희성姬姓 주족이었다. 그들은 토착민과 상 왕조가 밀고 당기기를 반복하던 주원 지역에 안치되었는데, 상고시대 화하 문명의 역정을 변화시키는 대전환도 여기에서 출발했다.

제15장 주족周族의 기원 서사시와 고고학

주족은 서부에서 흥기한 부족 가운데 하나다.

상족의 전설과 비슷하게 주족의 시조도 미혼의 여자가 신의 자취를 만나서 위대한 아들을 낳았다. 다만 하나라와 상나라 부족의 기원과 비교하면, 주족의 서사시에 포함된 정보가 훨씬 많다. 시작 단계부터 주족의 원류는 상대적으로 뚜렷하며 믿을 만하다고 할 수 있다. 후세 고고학에서 주족이 나라를 열기 300년 전의 취락을 발견했을 뿐만 아니라, 그것이 문헌에 담긴 많은 기록과도 호응한다.

다만 주족의 기원을 얘기하는 데에도 곤란한 점이 아주 많다. 주족은 본래 문자가 없어서 구두로 전해진 전설만 있었는데, 상나라를 멸한 뒤에야 비로소 상족이 발명한 문자로 자기들의 역사를 기록하기 시작했으니, 일부 상 문화의 요소가 스며드는 것을 피하기 어려웠다. 게다가 서주 이후 사람들은 황제黃帝나 염제炎帝와 같은 더 오래된 반신半神의 제왕을 위한 '창세기創世記'를 창조하면서 많은 주족 초기의 전설을 접목하거나 뒤섞어버림으로써 큰 혼란을 조성했다.

그러므로 서주 이후에 견강부회한 이야기를 삭제하고, 주족의 기원에 대해 근본부터 '철저하게 개혁'하여 살펴볼 필요가 있다.

주족은 강족에게서 나왔다

『시경』「대아·생민生民」에는 주족의 창시創始 전설이 기록되어 있다.

처음에 사람을 낳았는데
이는 강원姜嫄이 있었기 때문이지.
사람을 어떻게 낳았나?
천제天帝에게 제사 지내어
자식 없는 불길함을 없애달라고 기원했지.
천제의 발자국에서 엄지발가락을 밟으니
아아 기뻐라! 이에 제사를 마치고 쉬었지.
임신하자 신중하게 태교胎教하고
낳아 양육하니
바로 후직后稷이었지.
厥初生民, 時維姜嫄. 生民如何, 克禋克祀, 以弗無子. 履帝武敏, 歆, 攸介攸
止. 載震載夙, 載生載育, 時維后稷.

아! 10달을 채웠는데
처음 낳았으나 순조로웠지.
산문産門이 찢어지지도 않고
아무 재해도 없었지.
그것으로 영험을 나타내셨는데
상제께서 안심하지 않으실까?

제사를 편히 받지 않으실까?

괜히 기르지도 못할 아들을 낳은 게 아닐까?

誕彌厥月, 先生如達. 不坼不副, 無菑無害. 以赫厥靈, 上帝不寧. 不康禋祀,
居然生子.

아, 좁은 골목에 놓아두니

소와 양이 숨기고 길러주었지.

아, 평원의 숲에 놓아두려 하니

마침 그 숲을 벌목해버렸지.

아, 차가운 얼음에 놓아두니

새가 날개로 덮어주었지.

새가 떠나자

후직이 울어댔지.

길고 큰 소리로 울어대자

그 소리가 길에 가득 울렸지.

誕寘之隘巷, 牛羊腓字之. 誕寘之平林, 會伐平林. 誕寘之寒冰, 鳥覆翼之.
鳥乃去矣, 后稷呱矣. 實覃實訏, 厥聲載路.

아, 이 아이가 기어다니는데

사물을 식별하고

이미 먹을 것을 찾았지.

큰 콩을 심으니

무성하게 자랐지.

조 이삭은 예쁘기도 하고

삼과 밀은 무성했으며

오이 열매도 많이 달렸지.

誕實匍匐, 克岐克嶷, 以就口食. 蓺之荏菽, 荏菽旆旆. 禾役穟穟, 麻麥幪幪,
瓜瓞唪唪.

아, 후직이 농사지을 때는
수확을 돕는 도리가 있었지.
무성한 풀을 뽑고
좋은 곡식을 심었지.
가지런하고 무성하게 자라
풍성하게 묘목이 자라고
이삭이 패어 자라더니
견실하고 훌륭한 알곡이
익어 고개 숙이고 많이 달렸지.
이에 태邰 땅에 집을 짓고 살았지.

誕后稷之穡, 有相之道. 茀厥豐草, 種之黃茂. 實方實苞, 實種實褎, 實發實
秀, 實堅實好, 實穎實栗. 卽有邰家室.

아, 하늘에서 훌륭한 씨앗 하사하셨으니
검은 기장들과 붉은 기장
흰 차조가 있었지.
검은 기장들 널리 심으니
마지기 따라 수확했지.
붉은 기장과 차조 널리 심으니
수확물을 안고 지고 돌아와서
제사 지내기 시작했지.

誕降嘉種: 維秬維秠, 維穈維芑. 恒之秬秠, 是穫是畝. 恒之穈芑, 是任是負,
以歸肇祀.

아, 내 제사 어떠했던가?

절구질해 꺼내거나

키질하거나 문질러 껍질 벗겼지.

사락사락 쌀을 일어

푹푹 김이 나도록 쪘지.

계획하고 생각하여

개사철쑥 캐다가 소 내장의 지방 넣고 볶았지.

숫양 잡아 길의 신께 제사 지내면서

굽고 볶아

내년에도 풍년을 기원했지.

誕我祀如何, 或舂或揄, 或簸或蹂. 釋之叟叟, 烝之浮浮. 載謀載惟, 取蕭祭脂. 取羝以軷, 載燔載烈, 以興嗣歲.

높고도 풍성하게

두豆와 와두瓦豆에 담으니

그 향기 피어나기 시작했지.

상제께서 편안히 흠향하시니

그 냄새가 정말 때맞춰 피어났지.

후직이 제사하기 시작하니

하늘에 죄를 짓고 후회하는 일 없어

지금까지 이르렀지.

昂盛於豆, 於豆於登, 其香始升. 上帝居歆, 胡臭亶時. 后稷肇祀, 庶無罪悔, 以迄於今.

이 서사시에서는 주족의 시조가 '강원'이라는 여자인데, 어느 정착촌에 살았다고 했다. 그곳에는 집과 뜨락 그리고 작은 골목, 방목하는 소와 양이 있었고, 마을 밖 평지에는 숲이 있어서 주민들이 거기 나무를 베어 건물을 지었다. 보아하니 이곳은 평원, 적어도 험준한 산골이 아닌 곳에 있는 작은 촌락이었다.

강원은 신에게 제사를 바치고 자기가 결혼한 후 아들을 낳을 수 있게 해달라고 기원했다. 그런 뒤에 상제가 남긴 거대한 발자국—정현鄭玄의 해설에 따르면 큰 발자국의 엄지발가락 부분—을 밟고 임신하여, 결국에 무사히 아들 하나를 낳았다. 강원은 무척 긴장했다.

"결혼도 하기 전에 아이를 낳았으니, 설마 내 제사에 바친 게 상제의 마음에 들지 않아서 이렇게 된 것일까?"

강원은 이 아이를 버리려 했으나, 일련의 신기한 기적들이 아이를 보호하여 살 수 있게 되었다. 골목에 버리자 소와 양들이 와서 젖을 먹였고, 평원의 숲에 버리려 하자 주민이 와서 벌목하는 바람에 실행하지 못했고, 차가운 얼음에 버리자 새들이 날아와 날개로 덮어 따뜻하게 해주었다. 아이의 울음소리가 커서 큰길까지 전해지자, 결국에 누군가 발견해서 보살펴주었다. 아이가 기어다닐 수 있게 되자 스스로 먹을 것을 찾아 먹었고……

강원이 결국에 아이를 '회수'했는지 아닌지 서사시에서는 줄곧 언급하지 않았다. 이 아이는 자란 뒤에 농사를 지으면서 큰 콩과 조, 삼, 밀, 오이 등을 파종했다. 그리고 잡초를 제거해서 작물이 무성하게 자라게 하고, 각종 우수 품종을 배양하는 등 농장을 관리하는 일련의 기술을 장악했다.

이 아이의 이름은 '후직'이니, 글자의 뜻은 '곡물의 우두머리'를 가리킨다. 상고시대에 '후后'는 우두머리를, '직稷'은 곡물을 나타냈다. 『사기』 「주본기」에서는 어렸을 때 모친에게 버려졌기 때문에 그의 이름이 '기棄' 라고 했다. 이것은 비교적 초기의 본명이었을 텐데,[244] 장년이 되어 사업에 성공한 뒤에 비로소 '후직'이라는 존칭을 얻었을 가능성이 있다.

서사시의 마지막에서 기-후직은 자기가 수확한 것을 상제에게 바치며 제사를 지냈다. 그는 곡식을 절구질하여 껍질을 제거하고 향기가 나도록 쪘고(신석기시대 말엽에 자주 보이는 도제 시루甑를 이용했을 것이다), 또 숫양을 잡아 개사철쑥에 양의 지방을 발라 장작더미에 얹고 구웠다. 모든 음식은 높은 다리가 달린 도제 쟁반豆에 담았다. 상제는 하늘에서 편히 지내면서 제수품의 향기를 맡고 감탄했다.

"어디서 이렇게 때맞춰 향기가 풍기지?"

후직은 제사를 통해 상제의 보우를 얻어 줄곧 아무 재앙이 일어나지 않았다. 주족의 제사는 이때부터 계속 이어져왔다.

똑같이 미혼 상태에서 아들을 낳아서 간적簡狄에게서는 상족이 번성했고, 강원에게서는 주족이 번성했다. 어떤 학자는 이것이 초기 인류의 모계 가족을 나타낸 것이라고 여겼다. 여성은 시집가지 않고, 남자가 외부 부락에 가서 임시로 반려가 되었으므로, 자식을 낳아도 "어미는 알아도 아비는 모르는" 상황이 나타났다는 것이다. 그러나 「생민」에서 강원이 결혼도 하기 전에 아이를 잉태한 사실을 발견한 뒤에 두려움을 느꼈다는 사실에 주목할 필요가 있다. 그리고 이것은 부계 사회의 관념이다. 그러므로 「생민」은 모계 사회와 부계 사회가 교체하는 시대를 반영하고 있다. 당시에는 두 가지 가족 개념이 뒤섞여 병존했던 것이다. 이것은 또한 남성 시조 우두머리가 나타나게 된 배경이기도 하다. 그는 모계 가족에서 탄생하여 자기의 부계 가족과 국족國族을 건립했던 셈이다.

「생민」에는 '상제'가 자주 나타난다. 은허 갑골복사를 보면 '제帝' 혹은 '상제'는 본래 상족의 논리와 종교 개념에서 나타난 것임을 알 수 있다. 그러니까 이것은 나중에 온 주족이 상족에게서 배운 것이지 그들이 본래 가지고 있던 게 아니었다. 「생민」이라는 서사시의 최초 판본에서 이 주족의 신은 현지의 어떤 산신이나 하늘신과 같은 다른 이름이 있었을 것이다.

「생민」에서는 또 농업 경영에서 성공한 뒤에 기-후직이 모친의 유태

씨有邰氏 부족에 가정을 꾸렸다. 고대의 주석가들은 태邰가 산시陝西 우궁현
武功縣 즉, 관중 분지의 평탄한 지역에 있다고 설명했는데, 땅의 형세가 「생
민」에서 묘사한 것과 비슷하다. 게다가 우궁현은 주원 지역과 아주 가까우
니, 넓은 의미에서 주원의 일부라고 할 수 있다. 그러므로 후직의 후인이
'주'라는 부족 이름을 가지게 된 것이다.* 다만 고대의 역사가들은 강원의
성이 '강姜'이니, 그녀가 기본적으로 강족 여성이라는 점을 소홀히 여겼다.
이것은 강원이 강인이고, 주족은 강족에서 번성해 나온 지파임을 의미한
다. 물론 이것이 우리가 옛사람보다 총명하다는 뜻은 아니고, 단지 오늘날
은 은허 갑골복사의 도움을 통해 관중 지구의 주민이 주로 강족이었음을
알게 되었을 뿐이다.

후직은 성년이 된 뒤에 부계 가족의 규칙에 따라 아내를 얻었다. 그의
아내는 길성姞姓의 여성으로서, 후세의 주족도 이런 이유에서 한 가지 관념
을 형성하게 되었다. 즉 "희성과 길성이 결혼하면 자손이 반드시 번창한
다姬姞耦, 其子孫必蕃"라는 것이다.[245] 다만 그 이면에는 한 가지 문제가 숨겨져
있다. 즉, 서부의 부족들 가운데는 '같은 성씨끼리 결혼하지 않는다同姓不婚'
라는 금기가 있었다는 사실이다.(상족에게는 이런 게 없었을 가능성이 크다.) 당
시 후직은 강성 유태씨 부족으로서 강성의 성원이었으니, 모친의 강성 부
족 안에서 배우자를 찾을 수는 없었으므로 근처의 길성 부족들이 강성과
혼인 관계를 맺었을 것이다.

---

* 한漢·위魏 이래 학자들이 이해한 '주원周原'은 대부분 치산岐山현과 푸펑扶風현 사이에 있었는데,
이것은 좁은 의미의 주원이다. 역사지리학자 스녠하이史念海는 상고시대 주원의 범위는 더욱 커서,
"당시의 주원은 지금의 산시陝西성 평샹鳳翔현과 치산현, 푸펑현, 우궁武功현의 대부분과 바오지寶鷄
시, 메이郿현, 첸乾현, 융서우永壽현의 일부분을 포괄한다"라고 했다. 史念海, 「周原的歷史地理與周原
考古」, 『陝西師範大學學報』(哲學社會科學版) 1978년 제2기; 尹盛平, 『周原文化與西周文明』, 江蘇教育出版
社, 2005, 107쪽—원주

농업, 목축업의 겸업과 이주

「생민」에는 또 하나의 큰 문제가 숨겨져 있다. 후직 이전에는 농업이 없었는가? 만약 있었다면 후직은 단지 농업의 개량자일 뿐이고, 없었다면 그는 농업의 창시자로서 지위가 더욱 중요해진다.

「생민」의 예비 환경으로 보면, 후직이 지나치게 먼 고대의 야만적인 세계에 살았다는 흔적은 없다. 『사기』「주본기」에 기록된 주족의 역대 우두머리는 시조 후직에서 문왕까지 모두 15명이다. 이 숫자가 전부는 아닐 테지만, 적어도 후직의 시대가 아주 먼 옛날 혼돈의 시대까지 이르지는 않는다는 것을 말해준다. 다시 말해서 「생민」은 후직이 농업을 발명했다고 설정하지 않았다.

다시 고고학적 발굴을 살펴보자. 주족이 기원한 관중 지역은 후직 이전의 3000년에서 4000년 사이에 다디완大地灣과 양사오 문화 유적지가 이미 여기저기 점점이 퍼져 있었고, 신석기시대의 농업이 발전하여 흥성하고 있었다. 이렇게 유구한 농업 문화권에서 주족도 자기 선조가 농업을 발명했다고 상상했을 가능성은 크지 않다.

「생민」에서는 후직이 버려진 뒤에 소와 양의 무리가 그를 보호하고 젖을 먹여 길러주었다고 했다. 나는 당시 목축업의 번영에 더 주목할 필요가 있다고 생각한다.

지금으로부터 4000년 전부터 '기후 최적기Megathermal'가 점차 끝나면서, 중국 서북부의 해발 고도가 비교적 높은 지역이 먼저 영향을 받아, 온난다습한 기후가 건조하고 쌀쌀하게 바뀌어가는 추세였다. 이런 변화는 목축에 더 적합했으므로, 고지대 주민의 식량 파종은 점차 감소하고 소와 양의 목축업 비중은 천천히 높아지고 있었다.

상나라 때에 이르면 산시山西와 산시陝西의 많은 토착민이 상족에게 '강羌'이라고 불렸다. '강'의 갑골문은 笭이라고 쓰는데, 양의 머리에 사람의 몸을 하고 있다. 이것은 그들의 생활에서 목축업이 중요한 지위를 차지하고 있었다는 뜻이다. 상 왕조가 멸망한 뒤에 주족과 강족은 상나라의 문자를 배워서 강족의 성을 '강姜' 즉, 여성의 강족 사람이라고 썼다.

주족이 농업에 정통한 후직의 형상을 강조한 까닭은 자기들과 강족의 영역을 구별하여 자기들이 더 '진보'하고 '개화'했음을 강조하기 위해서였을 것이다. 목축업과 농업 사이에서 후직은 우선 농업을 발전시키는 길을 선택했다. 그렇다면 이 양자는 도대체 어떻게 구별될까?

동식물의 자연 번식 주기는 목축업에 비해 농업의 수확 주기가 짧고, 수율ROI이 상대적으로 높아서, '회전'과 증식이 더 빠르다. 소와 말, 그리고 현대적으로 개량되지 않은 양은 일 년에 한 번 임신하여 새끼를 1마리만 낳을 뿐이고, 게다가 여러 해 동안의 생장기를 거친 뒤에야 번식할 수 있다. 이런 이유로 목축업의 증식 속도는 상대적으로 느려서, 설령 무한하고 풍부한 풀밭과 인력이 있더라도 속도를 늘려 순환하게 할 수 없다. 가축 가운데서도 소와 양에 비해 돼지는 한 번에 더 많은 새끼를 낳고 증식도 더 빠르지만, 돼지의 음식물은 주로 농업에 의존해야 하므로, 돼지만 길러서는 목축업을 할 수 없다.

소와 양에 비하면 전통적으로 효율이 낮은 식량 품종일지라도 수확과 파종의 비율이 쉽게 10배를 초과하며(좁쌀 종자 하나를 심으면 1000알 이상을 수확할 수 있다) 게다가 식량을 매년 적어도 한 차례 수확할 수 있다. 이것은 토지와 인력이 충분한 상황에서 농업의 규모와 제공하는 음식물의 수량이 빠른 속도로 증가할 수 있음을 의미한다. 이 때문에 소년 시대의 후직은 열심히 농사를 지어서 빠른 속도로 부자가 되었다. 물론 서사시에서 그는 무궁한 정력과 풍부한 경험치를 부여받았다.

관중 분지는 면적이 그다지 크지 않고 사방이 산으로 둘러싸여 있어서 농사에 적합한 평지와 목축에 적합한 산지 사이의 거리가 아주 가까웠다. 그래서 후직(과 초기 주족)은 이 두 가지 경제 형태를 깊이 이해하고 스스로 선택할 기회를 가질 수 있었다.

'야만인' 속으로

『사기』에서는 후직이 요堯임금의 조정에서 '농사農師'를 지내며 농업을 지도하고, 하 왕조까지 벼슬살이했다고 기록했다. 훗날 하 왕조가 동요하자 후직의 아들 부줄不窋은 '농사' 직위를 버리고 일군의 친족을 데리고 주원 및 관중 분지를 떠나 야만인 융적戎狄 속으로 이주하여 생계를 꾸리며 계속 번성했다. 이때부터 주족은 산베이陝北의 산지에서 11대를 살다가, 문왕의 조부 고공단보古公亶父 세대에 이르러서야 다시 주원으로 돌아왔다.

> 후직이 죽자 그의 아들 부줄이 그 벼슬을 이어받았다. 부줄 말년에 하후씨의 정치가 쇠락하여 농사에 힘쓰지 않는지라, 부줄은 그 벼슬을 잃고 융적 사이로 갔다.
> 고공단보는 다시 후직과 공유公劉의 산업을 수립하고 덕을 쌓으며 의롭게 행동하자, 나라 사람들이 모두 그를 추대했다. (…) 이에 자기 가족과 함께 빈豳을 떠나서 칠수漆水와 저수沮水를 건너고 양산梁山을 넘어 기산岐山 아래에 이르렀다. 빈 땅의 모든 이가 노인을 부축하고 어린아이 손을 잡은 채 기산 아래의 고공단보에게 다시 귀의했다.
> 后稷卒, 子不窋立. 不窋末年, 夏后氏政衰, 去稷不務, 不窋以失其官而奔戎狄之間.
> 古公亶父復修后稷公劉之業, 積德行義, 國人皆戴之. (…) 乃與私屬遂去豳, 度漆沮, 逾梁山, 止於岐下. 豳人舉國扶老携弱, 盡復歸古公於岐下.

이 전설에서 요임금과 하 왕조에 관련된 부분은 이미 검증할 도리가

없다. 얼리터우 문화는 주원 지역까지 뻗어나가지 못했으니, 초기 주족과
얼리터우-하 왕조 사이에 연계가 있었는지를 증명하기는 매우 어렵다.

부줄이 북방으로 이주한 시대는 상 왕조 전기 즉, 상족 정복자들이 관
중에 침입했을 때였을 가능성이 크다. 부줄의 가족은 확장 중인 상 왕조
에 대해 전체적으로 이해하지는 못했으나, 청동 무기를 사용하고 도처에
서 포로를 잡는 사람들을 대단히 두려워했던 것은 매우 분명하다. 게다가
주원 지역은 지나치게 평탄해서 침입자의 시야에 완전히 노출되어 있었으
므로, 안전을 위해서라도 그들은 북방 산지로 숨는 것을 선택할 수밖에 없
었다. 훗날 주족은 이 망명을 "오랑캐 사이에 숨었다竄於戎狄"라고 표현했
다. 현대의 역사가들은 늘 융적이 유목민이라고 오해하는데, 사실은 그렇
지 않다. 이를 위해서는 주족이 보았던 융戎과 적狄의 의미를 이해할 필요
가 있다.

상나라의 갑골복사에는 융과 적이 없다. 주족이 말한 융은 지역과 문
화가 상대적으로 주족과 가까우나 약간 '야만적이고 낙후한' 부족들이다.
가장 분명한 것은 융족도 희성이나 강성과 같은 족성族姓을 가지고 있으며,
여기서 그들과 주족이 어떤 유래를 지니고 있음을 알 수 있다. 실제로 상
족이 보기에 주족과 융족은 크게 구별되지 않고, 모두 넓은 의미의 강족에
속했다.

그런데 주족이 보기에 적狄은 더 야만적인 부족들이었다. 춘추 시기
이전의 문헌에는 적인狄人에 관한 기록이 거의 없다. 춘추 시기의 적인은
족성이 '외隗'인데, 상나라의 갑골복사에 '귀방鬼方'이라는 말이 들어 있으
니, 어쩌면 그들 사이에 어떤 관계가 있을 수도 있다.

그러므로 부줄이 '오랑캐 사이에 숨은' 것은 유목민에게 투신한 게 아
니었다. 당시에는 순수한 유목민이 없었기 때문이다. 부줄이 간 곳은 실제
로 관중 분지 이북의 산간 지역이었고, 그곳에 살던 이들은 강성의 융인戎
人 즉 강족이었다. 그들의 경제에서 목축업이 조금 많기는 했으나 농업에

도 종사하면서 정착하여 생활했다.

　　그러나 부줄과 그의 아들 '국鞠'이 구체적으로 어디에 살았는지 역사
서에는 기록되어 있지 않다. 이 공백기도 두어 세대에 그치지는 않을 것이
니, 어쨌든 아득한 고대에 구두로 전해진 조상의 전설에는 빠진 부분이 있
을 수밖에 없기 때문이다. 강성의 유태씨有邰氏 부족의 생활권을 벗어난 뒤
에 후직의 후손들은 스스로 새로운 족성으로 희씨를 선택했다. 이것은 그
들과 강성 집단 사이의 혈연관계가 이미 충분히 멀어져서 통혼할 수 있게
되었음을 나타낸 것이다. 이것이 바로 훗날 주 왕조를 건립한 희성 주족
이다.

　　『시경』에는 '국'의 아들 공유公劉가 부족을 거느리고 다시 이주한 이
야기를 담은 서사시가 있으니, 바로 「공유公劉」다.

　　　독실한 공유
　　　안녕을 도모하지 않았지.
　　　밭의 경계를 나누고
　　　밖에 쌓거나 창고에 넣어두었다가
　　　마른 식량을 포장하여
　　　크고 작은 자루에 담았지.
　　　화목하게 단결하여 영광을 누렸고
　　　활과 화살을 준비하고
　　　방패와 창, 도끼도 준비하여
　　　방향을 정해 출발했지.
　　　篤公劉, 匪居匪康. 迺場迺疆, 迺積迺倉, 迺裹餱糧, 於橐於囊. 思輯用光, 弓
　　　矢斯張, 干戈戚揚, 爰方啓行.

　　　독실한 공유

선주先周 부족의 이주

이 들판을 시찰했지.

거주하는 이 많았으나

귀순하여 상쾌한 마음으로

탄식하는 일도 없었지.

작은 동산에 올랐다가

다시 평원으로 내려왔지.

무엇을 몸에 찼나?

고운 옥 장식과

입구를 옥으로 장식한 칼집이지.

篤公劉, 於胥斯原. 旣庶旣繁, 旣順廼宣, 而無永嘆. 陟則在巘, 復降在原. 何
以舟之, 維玉及瑤, 鞞琫容刀.

독실한 공유

저 많은 샘을 따라갔지.

드넓은 벌판 바라보며

남쪽 산등성을 올랐지.

높은 언덕에 올라 살펴보니

많이 이들 모여 사는 언덕 있는 벌판이 있었지.

여기에 살며

군대의 관사를 짓고

솔직하게 말하고

웃으며 얘기 나누었지.

篤公劉, 逝彼百泉. 瞻彼溥原, 廼陟南岡. 廼覯於京, 京師之野. 於時處處, 於
時廬旅, 於時言言, 於時語語.

독실한 공유

이 높은 언덕에 의지했지.
신하들은 절도 지키고 장엄했고
자리 깔고 안석을 놓았지.
이곳에 올라 의지하고
신에게 제사 지냈지.
우리에서 돼지 잡고
바가지에 술을 따랐지.
그것을 먹고 마시고
그를 군주로 삼아 모셨지.
篤公劉, 於京斯依. 蹌蹌濟濟, 俾筵俾几. 旣登廼依, 廼造其曹. 執豕於牢, 酌
之用匏. 食之飮之, 君之宗之.

독실한 공유
넓고 큰 땅을 개척했지.
그림자 지면 산등성이에 올라 살펴서
남북을 관찰하고
흐르는 샘물을 관찰했지.
군대를 셋으로 나누어 돌아가며 근무하고
낮은 습지의 평원을 측량했지.
정전井田을 나누어 곡식을 생산하고
산 서편을 측량했지.
빈 땅의 거처는 충분히 광대했지.
篤公劉, 旣溥旣長. 旣景乃岡, 相其陰陽, 觀其流泉. 其軍三單, 度其隰原. 徹
田爲糧, 度其夕陽. 豳居允荒.

독실한 공유

빈 땅에 집을 지었지.

위수渭水를 가로질러 건너

숫돌과 쇠를 단련할 돌 추를 얻었고

거처가 정해지자 강역을 정했지.

무리가 늘어나고 부유해져서

황간皇澗의 물줄기를 끼고 살았지.

과간過澗을 거슬러 올라갔지.

정착한 사람들 조밀해지자

예수芮水 강물 밖으로 나아갔지.

篤公劉, 於豳斯館. 涉渭爲亂, 取厲取鍛. 止基廼理. 爰衆爰有, 夾其皇澗. 溯其過澗. 止旅乃密, 芮鞫之卽.

　　이번 이주의 목적지는 빈豳 땅이었는데 그 과정이 장중하고 유쾌했다. 그들은 이미 잘 준비해서 수확한 곡식을 자루와 광주리에 담았고, 부족 성원들은 활과 화살, 창과 방패를 들고 경계하며 나아갔다. 도중에 산을 건너고 낮은 평지로 내려오고, 많은 샘물과 강물을 건너 마침내 평탄한 산간의 골짝을 보았다. 그런 뒤에 고지대에 집을 마련해서 풀로 시렁을 얹고, 물가의 평지를 개간하고 또 돼지를 잡고 술을 준비하여 잔치를 벌였다. 부족의 수령으로서 공유는 대중의 공경과 우러름을 받았다.

　　그렇다면 빈 땅은 어디에 있는가?『한서漢書』「지리지地理志」에서는 쉰이현旬邑縣에 있다고 했다. 후세의 고고학적 발굴에 따르면 지금의 산시陝西성 셴양성咸陽城에서 서쪽으로 148킬로미터 떨어진 창우長武현 녠쯔포碾子坡촌에 선주先周 문화 유적지가 있으니, 그것은 응당 공유가 빈 땅에 정착하여 생활하기 시작한 시기에 조성된 것일 터다. 후세 주족의 기억 속에서 그것은 또 '오랑캐 사이에 숨은' 시절에 속한다. 그리고 고고학적 발굴을 통해 보면 그것은 반농반목半農半牧의 경제 형태였다.

토굴집과 수수

지금의 산시성 창우현은 관중 분지 북쪽 가장자리의 황토 고원 계곡 지역이다. 1959년에 중국사회과학원 고고소考古所는 이곳에서 선주 녠쯔포 유적지를 발견했고, 1980년부터 1986년까지 고고소의 징웨이고고대涇渭考古隊가 이 유적지를 10여 차례 발굴했다.[246]

이곳은 징허涇河강의 지류에 씻겨 형성된 커다란 계곡으로서, 녠쯔포 유적지는 남쪽 산비탈에 있었으며 게다가 여러 시기의 다른 문화 지층이 있었다.

가장 이른 시기의 유적은 지금으로부터 6000년쯤 전의 것으로서 양사오 문화와 반포 문화 후기에 살았던 주민들이었다. 반포 문화 유적지는 이미 여러 차례 발굴되었는데, 녠쯔포의 특수한 점은 이곳의 주민이 말의 뼈로 제작된 기물, 2개의 골제 송곳과 1개의 골제 비녀를 남겼다는 것이다. 그런데 같은 시기 화베이 지역의 신석기 유적지에서는 말의 뼈가 발견된 예가 아주 드문데, 조그마한 녠쯔포에서 3개나, 그것도 서로 다른 회갱에서 발견되었다. 이것은 이곳 사람들이 일상적으로 야생마를 사냥해 먹고, 말뼈로 기구를 제작했음을 말해준다.

이것들은 반포 문화 후기에 이곳에 온 주족과는 관계가 없겠으나, 공유와 주족이 왔을 때의 환경을 보여준다. 이곳은 관중보다 북방의 특징이 더 많았다.

지리적으로 보면 녠쯔포는 농업이 번성한 관중 분지와 거리가 100킬로미터 정도로 멀지 않으나, 이미 산베이의 황토 고원 지형에 속했다. 여기서 북쪽 오르도스Ordos와 몽골 초원까지는 지형이 탁 트여서, 나중의 중앙아시아 유목지대의 가장자리에 속한다. 녠쯔포의 해발 고도는 1000미터에 가까워서 관중 분지보다 기후가 건조하여 야생마가 생존하기에 적합했다.

반포 시대 이후 넨쯔포에는 무려 2500년에 걸친 공백기가 있었다. 상나라 때에 이르러 이곳에 번영한 촌락이 나타났는데, 탄소14 연대측정법으로 조사해보니 지금으로부터 3500년에서 3100년 전의 것이었다. 발굴자는 그것을 '선주先周' 문화라고 칭하고, 초기와 후기로 시기를 나누었다. 이곳의 '선주'는 바로 빈 땅으로 이주한 공유 부족이 살았던 시기를 가리킬 가능성이 있다.

선주의 넨쯔포 사람들에게는 여러 종류의 건물이 있었는데, 가장 흔히 보이는 것은 황토 언덕에 지은 '토굴 건축'이었다. 당시 상고시대 사람들은 흙 언덕을 깎아 수직의 면을 만들 능력이 없어서, 먼저 흙 언덕에 높이가 1미터쯤 되는 갱도를 파고, 안으로 깊이 들어간 뒤에 다시 주변을 파서 거주 면적을 넓혔다. 이렇게 해서 천정이 둥근 토굴 거실이 만들어졌다. 갱도는 드나드는 길이었다. 토굴의 벽에는 감실을 파서 물건을 저장하고 수납하는 공간으로 삼았다.

나중에 주족의 서사시로서 『시경』에 수록된 「면綿」은 이 토굴 생활을 회고한 것이다.

> 토굴과 흙방만 있을 뿐
> 아직 집이 없었지.
> 陶復陶穴, 未有家室.

이것은 후기 신석기시대 황토지대에서 흔히 보이는 거주지였고, 그보다 1000년 전에 산시山西의 고대국가 타오쓰陶寺의 일반 주민들도 이런 토굴에서 살았다.

토굴보다 조금 적은 것으로 반지하식 건물이 있었다. 먼저 1미터 깊이의 구덩이를 파서 거실을 만들고, 다시 나뭇가지를 엮어서 벽과 지붕을 만든 후, 마지막으로 황토를 개어서 덮었다. 화베이 지역의 신석기시대에 이런 반지하식 건물은 매우 흔한 것이었다.

넨쯔포에는 또 흙을 다져서 판축한 지면에 지은 건물 F1이 있었다. 서쪽에서 동쪽을 바라보고 있는 이 건물의 기초는 전체가 흙을 다져서 만들었는데, 흙담의 두께는 약 1미터이고 실내 공간은 크지 않았다. 길이는 5.4미터이고 폭은 약 3미터다. 문 바깥의 지면에는 여러 개의 돌판을 깔았고, 품品자 모양으로 배열된 아궁이 구덩이가 있었다. 보통 주민의 거주지에서 3개의 아궁이를 동시에 사용할 가능성은 크지 않으니, 이것은 응당 촌락 사람들이 모여 활동하던 곳―어쩌면 신을 경배하던 사당이었을 것이다.

F1 뒷면에는 H189로 분류된 구덩이가 하나 있는데, 바닥은 수수 작물이 쌓여 있었다. 동서의 길이는 1.8미터이고, 남북의 폭은 1.2미터로서 면적과 상태는 관처럼 생겼다. 두께는 5~20센티미터인데, 이것은 토층에 눌린 뒤의 사태이므로, 묻히기 전의 두께는 50센티미터 전후였을 것으로 추정된다.

이 수수들은 단순한 종자가 아니라 완전한 이삭에 20~30센티미터 길이의 줄기와 심지어 몇 개의 잎까지 달려 있었다. 그것은 F1과 앞뒤로 이웃하고 있었고 또 모두 동쪽을 향하고 있었다. 이것은 아마 우연의 일치가 아니라, 제사의 흔적일 가능성이 크다.

상고시대 중국의 유적지 가운데 수수가 출토된 곳은 극소수다. 지금으로부터 약 5000년 전의 정저우鄭州 다허大河촌 유적지의 양사오 문화 말기의 건물 유적지에서 식량이 가득 담긴 도기 항아리 하나가 발견된 적이 있는데, 감정 결과 수수 종자였다. 다만 이 결론은 여전히 논쟁의 대상이다. 넨쯔포의 이 수수 유적은 지금으로부터 약 3300년 전의 것으로서 전혀 논쟁의 여지가 없으니, 거기에는 완전한 수수 이삭과 줄기, 잎이 달려 있기 때문이다. 그 외에 H823 토굴식 건물의 벽감에서도 아직 껍질을 벗기지 않은 수수 종자가 발견되었다.

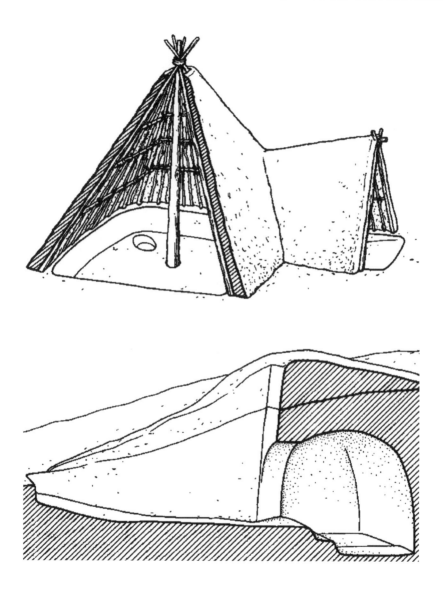

녠쯔포의 선주先周 시대 반지하식 집과 토굴 복원 단면도

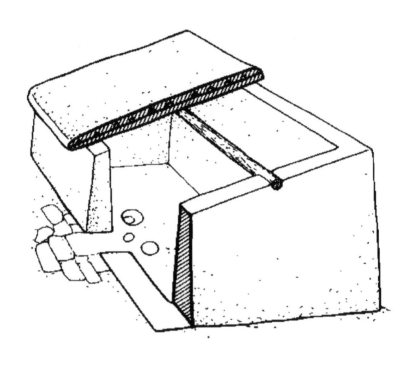

녠쯔포의 흙을 다져 지은 건물 F1 복원도

주족의 시조 이름이 후직인데, 고대에 직稷은 곡물에 대한 일반적인 칭호였으나, 좁은 의미의 수수를 의미하기도 했다.* 녠쯔포 유적지에 수수를 매장하는 제사의 흔적이 있다는 사실은 초기 주족의 관념 속에서 수수는 자기들의 시조와 밀접한 관련이 있었음을 말해준다.

녠쯔포의 건물(토굴)과 식량 작물은 정착한 농업 생활을 보여준다. 그리고 그곳 쓰레기 구덩이는 또 목축업이 발달했음을 보여준다.

발굴 과정에서 많은 짐승의 뼈가 수집되었는데 주로 소와 말, 양, 돼지 등 가축의 뼈였고, 그 가운데는 또 소뼈가 가장 많았다. 그것들은 분명히 이 유적지의 선주 거주민이 먹고 남긴 잔해였다. 이 현상은 소 떼 방목을 위주로 한 목축업이 당시 매우 발달했음을 충분히 보여주며……

대량의 가축 뼈 외에 아주 많은 도살 도구와 가죽 벗기는 도구도 출토되었다. 각종 골제 도구 가운데는 말뼈로 제작된 것이 아주 큰 비중을 차지했다. 흔히 보이는 골제 송곳과 비수匕 외에도 말의 아래턱뼈를 갈아 만든 큰 자귀錛 모양의 칼도 27개나 있었는데, 발굴 보고서에서는 그것들이 육류를 가공하는 도구라고 했다. 보아하니 녠쯔포의 선주 거주민들은 육식이 모자라지 않았던 듯하다.

석제와 골제 화살촉도 아주 많았으나, 먹고 남은 들짐승의 뼈는 아주 적었다. 지리 환경으로 보면, 옛 녠쯔포 주변에는 각종 들짐승이 있었을 테지만, 그것들을 포획하는 일은 많지 않았던 듯하다. 어쩌면 사육한 가축만으로도 육식의 수요를 충족할 수 있었기 때문일 것이다.

H2018 회갱에서는 1구의 완전한 말의 유골이 발굴되었는데, 발굴

---

* '직稷'이 어떤 곡물을 대표하는지에 대해 옛사람들도 견해가 달라서 조粟의 일종으로 여기는 이도 있고 수수高粱로 여기는 이도 있었다. 이것은 학술적으로 해결되지 않은 안건 가운데 하나로 청대의 학자 정요전程瑤田과 왕염손王念孫은 모두 수수라고 주장하는 편에 속했다. ─원주

보고서에서는 묶인 흔적이 발견되지 않은 것으로 보건대, 죽은 뒤에 매장되었을 거라고 설명했다. 회갱의 종축縱軸과 말의 머리는 모두 동쪽을 향하고 있었고 앞서 살펴본 종교적 건물인 F1과 수수 제사갱 H189도 모두 동쪽을 향하고 있었으니, 이 역시 제사갱일 가능성이 크다. 그 이면에는 선주 거주민들의 종교 신앙의 요소가 개입했을 것이다.

단독으로 말을 매장한 제사갱 외에 말을 순장하기도 했다. 선주 말기의 무덤 가운데 여성을 2차로 매장한 M195의 무덤 주인은 40세 전후의 여성으로서, 묘혈은 깊이가 거의 3미터이며, 묘혈 상층에 작은 말 한 필이 제물로 바쳐져 있다. 넨쯔포에 있는 200여 개의 선주 무덤들 가운데 말을 순장한 무덤은 지금까지 이것 하나만 발견되었다.

넨쯔포에서 말은 식용과 가죽, 뼈를 이용하는 것 외에 다른 용도가 있었을까? 당시 넨쯔포는 말이 끄는 전차 기술을 아직 장악하지 못했는데, 마차를 제조하기 위해서는 발달한 청동 도구가 있어야 했기 때문이다. 게다가 이곳은 황토 고원의 언덕과 계곡이 많은 환경이어서 수직의 높이차가 크고 계곡이 종횡으로 패여 있어서 마차를 몰기에 부적합했다.

넨쯔포에서 사육한 말과 소, 양은 아주 많았는데, 이런 가축을 위해서는 상당히 큰 풀밭이 필요했다. 농작물의 줄기와 촌락 부근의 풀밭에만 의지해서는 그런 가축들을 유지하기가 무척 어려웠을 것이다. 방목을 위해서 그들은 10~20킬로미터 반경의 범위 안에서 이동해야 했다. 그리고 소와 양은 도망쳐서 잃기 쉽고, 들짐승과 다른 부족의 습격을 방어해야 했으므로, 말을 타고 방목하는 게 가장 적합했다. 넨쯔포 사람들은 이미 기마술을 익히고 있었을 가능성이 크다.

상족 난민이 청동기를 가져왔을까?

선주 녠쯔포에는 구리를 제련하고 주조한 흔적이 발견되지 않았으나 소량의 동기銅器는 있었다. 이것은 녠쯔포가 외부 세계―상 왕조일 가능성이 큰데―와 연계하고 있었음을 보여준다.

가장 큰 동기는 선주 초기의 요장갱窯藏坑에서 나온 3건으로서 1개의 단지瓿와 2개의 솥鬲이다. 요장갱은 타원형으로서 긴 쪽의 직경이 2미터가 넘고 깊이는 약 1.1미터다. 구덩이를 판 뒤에 먼저 바닥에 30센티미터 두께의 흙을 깔고 나서 3개의 동기를 품자형으로 바짝 붙여서 안치했는데, 모두 주둥이가 아래를 향하도록 거꾸로 놓았고, 마지막으로 흙을 채워 매장했다.

매장 과정은 상당히 차분해서 의례적 성격이 강했으니, 전란을 피해서 보물을 숨겼을 가능성은 크지 않기 때문이다. 발굴 보고서에서는 이곳에 동기를 묻은 것은 제사의 성격인 것으로 추측했다.

관중과 산베이 지역에서는 기물을 매장한 제사가 비교적 드물게 발견된다. 이것은 그 지역의 종교의식이 아니었으니, 정저우 상성 말기의 청동기를 매장한 3곳의 제사갱을 떠올리게 한다. 어쩌면 정저우 상성의 '종교 개혁'의 여파가 이 먼 산촌의 취락에까지 미친 것일까?

시간상으로 보면, 녠쯔포의 제사갱은 정저우 상성의 그 '종교 개혁'보다 조금 늦으며, 게다가 무덤도 상 문화 이주민의 존재를 보여주는 게 있으니, 바로 선주 말기의 M163이다. 무덤 주인은 50세 전후의 남자로서 묘혈 중앙에 얼굴 크기의 구덩이를 팠는데, 그 안에 짐승의 뼈가 들어 있었다. 발굴자는 개의 뼈라고 추측했는데, 그 위에 석판을 덮고 다시 관을 안치했다. 이것은 상족의 전형적인 '요갱순구腰坑殉狗'의 장례 습속이다.

녠쯔포 무덤 구역에서 지금까지 발견된 상나라 양식의 무덤은 이것 하나뿐이다. 다만 이 상족 남자는 홀몸이 아니라 적어도 한 가족과 함께였을 터인데, 그의 무덤을 만든 사람은 분명히 상나라 무덤의 매장 습속을 알고 있었다.

그러므로 앞서 살펴본 청동기 매장 유적과 상나라식 매장 습속은 이런 가능성을 제시한다. 정저우 상성의 종교 개혁이 내전을 유발한 뒤에 소수의 실패한 '혁신파' 상족이 머나먼 녠쯔포로 도망쳤고, 아울러 정저우 상성에서 새로이 형성된 (창장강 유역의 판룽청에서 유입된) 매장 종교의 이념을 이곳에 가져온 것이다. 서부에는 사람 희생을 바치는 종교가 없었으니, 이들 망명한 상족들은 토착민에게 쉽게 받아들여졌을 것이다.

다시 이 3건의 동기들을 살펴보자. 그 가운데 단지觚는 청동으로 주조되었으나 명문과 족휘가 들어 있지 않고, 제작 방식이 상당히 정교하니 분명히 상 왕조 경내에서 들여온 고급 제품이다. 이와는 달리 2개의 솥은 청동이 아니라 황동으로 주조되었고 무늬를 장식하지 않았다. 아연이나 주석이 함유되지 않았으므로 용액의 유동성에 차이가 커서, 기물의 표면에 아주 많은 모래만 한 작은 과립 형태의 패인 부분과 접힌 주름이 있다. 이외에 다리가 고르지 않아서 개중의 하나에는 발바닥에 사마귀가 붙어 있는 듯한 모습이다. 발굴 보고서에서는 이것이 1차 주조에 실패한 뒤에 재차 보완하여 주조함으로써 생긴 현상이라고 추측했다.

기술은 훌륭하지 않으나 이 2개의 솥은 무게가 적지 않아서 모두 10킬로그램에 가까우며, 구경口徑은 약 30센티미터다. 보아하니 주인에게 구리 원료가 모자라지는 않았으나, 관련 기술이 모자랐을 뿐인 듯하다. 주인은 오랫동안 그것들로 음식물을 조리한 듯한데, 솥의 발과 하부에 약 2센티미터 정도의 그을린 층이 있기 때문이다. 청동 단지는 조리용이 아니라 음식을 담는 것이기 때문에 그을음이 없다.

2개의 황동 솥은 망명한 상족의 주조 기술을 나타내는 듯하다. 구리 솥을 주조하기 위해서는 여러 개의 바깥 거푸집과 속 거푸집, 중심 거푸집芯范을 만들어야 하는데, 이것은 완성품을 보고 짐작해서 바로 지식을 얻을

M163에서 출토된 구리 솥銅鼎

수 있는 게 아니라, 주조에 참여한 적이 있어야만 모방해서 만들 수 있었다. 이 조작자들은 구리를 주조하는 기술만 알았을 뿐, 청동의 배합에 관한 지식은 부족했거나 아니면 서부 산악지대에서 아연과 주석을 얻기 어려웠기 때문일 수도 있다.

종합하자면, 외부에서 온 이들은 산베이 토착민이 청동 제품(적어도 대형 청동기)을 생산할 수 있게 만들지는 못했다. 녠쯔포에서 발견된 다른 동기는 모두 소도小刀와 비수, 송곳, 동포銅泡 등 작은 도구뿐이었고, 게다가 모두 쓰레기 구덩이에서 나왔다. 선주 시기의 무덤에는 부장된 동기가 극소수였고, 후기 무덤에서만 구리 화살촉 2개와 구리 방울 1개가 나왔는데, 그것도 3개의 무덤에서 따로 출토되었다. 그 가운데 한 무덤(M1169)의 주인은 화살에 맞아 죽었는데, 구리 화살촉 하나가 그의 오른쪽 넓적다리뼈에 박혀 있었다. 틀림없이 그 화살촉의 진정한 주인은 적대했던 부족이었을 것이다.

평안한 부족

지금까지 발굴된 녠쯔포 초기와 후기의 무덤들에는 모두 인간을 순장하거나 인신공양제사를 지낸 현상이 발견되지 않았다.

이 무덤들은 매우 간단해서, 대다수 사망자는 나무 관을 써서 빈부격차를 거의 발견할 수 없다. 전기 무덤에는 부장품이 거의 없고, 후기에는 모든 무덤에 평균적으로 하나씩 들어 있었으나 기본적으로 모두 밥을 짓는 데에 쓰인 도제 솥鬲이었다. 그러므로 녠쯔포-주족에게는 빈부의 분화가 거의 일어나지 않았음을 알 수 있다. 균등하다는 것이 가난하다는 것을 의미하지는 않으니, 유적지의 가축 뼈들로 보건대 그곳 사람들의 육류 섭취량은 지금까지 발견된 고대의 모든 농업 취락을 훨씬 넘어섰으며, 심지어 그들은 사냥과 물고기 잡는 일도 귀찮게 여길 정도였다.

이외에 선주 시기의 무덤에는 또 두 가지 특징이 있다. 첫째, 남성과 여성의 매장 자세가 달라서 남성은 엎드린 채 사지를 반듯하게 폈고, 여성은 반듯하게 누워서 사지를 반듯하게 폈다. 둘째, '참지장斬肢葬' 즉 사망자의 손이나 발의 일부를 잘라내고 매장한 예가 아주 많았으며, 잘라낸 지체肢體를 묘혈 안에 둔 경우도 있었다. 이런 장례는 일찍이 양사오와 반포 문화에서 상당히 유행했는데, 반포 문화에서 선주 시기까지는 무려 3000~4000년의 거리가 있다. 중간에 여러 차례 신석기 문화가 교체되었으나 '참지장'은 줄곧 보존되었는데, 그 배후에 숨겨진 원인을 고고학자들은 지금도 해독하지 못하고 있다.

다시 부락 생활 속의 폭력적 요소를 살펴보자. 묘혈 속의 시신은 기본적으로 온전해서, 머리가 잘리거나 시신이 분해되어 매장된 현상은 발견되지 않았다. 회갱이나 버려진 우물, 토굴 속에 매장된 극소수는 몸을 반듯하게 편 채 두 손을 교차하고 있고, 몸뚱이 근처에 부장품 하나가 놓여있었다. 분명히 이들은 살해되어 버려진 게 아니라 가족이 정상적으로 매장했는데, 다만 어떤 이유로 인해 부락의 공동묘지에 들어가지 못했을 수 있다.

넨쯔포의 회갱에서는 인골이 발견되지 않았으나, 팔뼈의 일부인 듯이 보이는 절단된 인골 하나가 발견된 적은 있다. 발굴 보고서에서는 그것이 칼과 같은 도구로 자른 게 아니라, 옥기를 가공하듯이 선으로 자르는 기술을 사용한 것처럼 보인다고 했다.

폐기물을 버리는 회갱에 사람을 매장한 M501은 상당히 특수하다. 이회갱은 규모가 상당히 큰데, 2구의 성인 유골이 매장되어 있다. 1구는 상대적으로 온전하며 25세 전후의 남자이고, 다른 하나는 성별을 알 수 없고 사지의 일부만 남아 있으며, 게다가 어지럽게 흩어져 있다. 두 시신의 옆에는 각기 도제 두豆가 하나씩 부장되어 있었다. 자세히 살펴보면 이 두 유골은 야외에서 들짐승에게 물려 죽은 후, 먹히고 남은 부분인 듯하다.

H318은 버려진 우물인데, 나중에 회갱으로 사용되었다. 비교적 깊은 부분에 사람의 머리뼈 하나가 묻혀 있고, 중간 부분에는 엎드린 채 사지를 펴고 있으나 손이 없는 18세가량 여성의 유골이 있다. 넨쯔포의 선주 시기에 발견된 모든 유골 가운데 이 유골만이 가장 비정상적인 죽음에 가깝다.

전체적으로 보면, 넨쯔포 유적지에는 비정상적인 죽음과 멋대로 혹은 악의적으로 버려진 유골은 극히 드물고 점유율도 대단히 낮아서, 심지어 양사오 반포 문화 시기의 전형적인 유적지보다 훨씬 낮다. 그러므로 이곳의 생활은 대단히 평화로웠다고 할 수 있다. 훗날 주족이 상 왕조의 인신공양제사 문화를 없애고 완전히 새로운 주 문명을 건립할 수 있었던 문화적 유전자가 넨쯔포 시기에 이미 결정되었을 가능성이 크다. 물론 넨쯔포의 선주 유적은 그저 작은 촌락에 지나지 않아서 주민도 기껏 수백 명뿐이었으니, 빈 지역 시기의 전체 희성 주족(부락)을 대표할 수는 없다. 당시의 희성 주족은 이런 규모의 촌락이 몇 개, 심지어 십여 개 정도만 있었을 것이다.

「공유」에서는 희성 주족이 빈 땅에 거처를 정한 뒤에 다시 관중 분지로 남하하면서 웨이수이강을 건널 때 작은 구리 제품을 얻었다고 서술했다.

> 독실한 공유
> 빈 땅에 집을 지었지.
> 위수渭水를 가로질러 건너
> 숫돌과 쇠를 단련할 돌 추를 얻었지.

여기에는 상 왕조의 거점에 대한 희성 주족의 첫인상이 포함되어 있을 것이다. 보아하니 상족이 웨이수이강 남안의 라오뉴포와 같은 성읍에서 생산한 동기가 먼 산악지대에 살았던 희성 주족에게 강력한 매력을 풍 겼던 듯하다. 그리고 '숫돌과 쇠를 단련할 돌 추를 얻었다'라는 것은 이 동 기가 갈거나 두드려 단련할 필요가 있었음을 말해주니, 분명히 이것은 대 형 용기容器가 아니라 작은 칼이나 송곳 등의 공구였을 것이다. 그래도 이 것은 문화적으로 미개하고 낙후된 희성 주족에게는 가장 필요하고, 교환 할 가치가 있는 동기였다.

그러면 희성 주족은 무엇을 가지고 그런 동기와 교환했을까? 상족 성 읍은 주변의 토착민들을 통치했으므로 식량이 모자라지는 않았을 테니, 희성 주족이 무역할 상품으로 가장 적합한 것은 가축, 특히 말과 소였을 것이다. 서사시에서 이런 것들을 언급하지 않은 까닭은 그들이 보기에 가 축은 멸시받는 야만인 신분과 연계되기 쉬웠기 때문인 듯하다.

시조 후직 이래 주족은 줄곧 소심할 정도로 신중하게 자기들을 보호 하려는 의식을 지니고 있었다. 주족은 소규모 부족 집단으로서 강족 위주 의 큰 환경 속에서 생장했다. 스스로 희성으로 규정함으로써 자기들이 강 족과 다름을 나타냈으나, 서부 부족들이 상 왕조에 저항하는 전쟁에는 참 여하지 않고 산간 지역으로 숨어 들어가서 충돌로부터 멀리 떨어져버렸 다. 그들은 강자와 거리를 유지하는 것은 가장 훌륭한 생존의 길임을 알고 있었다.

산베이 산지에서 주족은 300여 년 동안 10여 세대를 거치면서 평온 하게 살았다. 문왕의 조부 '고공단보' 세대에 이르러서야 강대한 상 왕조 와 연계를 맺었다. 이때부터 주족의 운명에도 극적인 변화가 생겼다.

주족과 희성의 기원, 그리고 그것과 황제黃帝 전설의 관계에 관해서는 학술적으로 많은 논쟁이 아직 정리되지 않았으므로, 나는 그와 관련된 논 의를 잠시 이 장의 부록으로 덧붙이고자 한다.

부록: 화하 기원 고사의 내력

· 강족과 주족에게서 나온 염제와 황제

『시경』「생민」에서 기-후직의 결말은 그저 가업이 흥성하고 상제의 보우를 받아 고향에서 상당히 위신 높은 장로가 되었을 뿐이다. 다만 춘추 시기에 이르면 후세 사람들은 또 더 오래된, 『시경』에도 없는 요임금과 순임금을 창조했다. 이에 후직의 경력은 다시 바뀌어서 더욱 찬란한 내용이 덧붙여졌다. 요임금이 기의 재능에 대한 소문을 듣고 그를 '농사農師'로 천거하여 천하 백성에게 농업을 지도하게 했다는 것이다. 순임금 때에는 더욱 중용되어 '후직'이라는 칭호를 얻게 되었다.

다만 후직을 요·순에게 봉사하게 한 것은 시간상으로 대응하기가 매우 어렵다. 요·순은 하 왕조 이전의 인물로 안배되었는데, 하 왕조와 상 왕조는 1000년 전후의 시간을 더했다. 그런데 이 기간에 주족의 우두머리는 15명뿐이다. 이렇게 계산하면 각 세대의 우두머리는 평균 70년 동안 부족을 다스렸던 셈이나, 이것은 상식에 부합하지 않는다.[247]

후직뿐 아니라 상족의 시조인 설契도 이 반신半神 위인들의 휘하에 끌어들여져서 대우大禹가 치수하는 일에 조수가 되었다. 사실 주족과 상족이 막 탄생했을 때는 서로 거리가 까마득해서 피차의 존재를 알았을 가능성이 크지 않고, 더욱이 그 시조들 사이에 어떤 관계가 발생했을 리 없다. 단지 서주에 이르러서 비로소 상족과 주족의 시조에 대한 전설이 개편되어 하나로 정리됨으로써 신분의 정체성을 나누어 누렸다. 어떤 의미에서 이것도 왕조를 잃은 상족에 대한 일종의 위로였다.

춘추 말년에 공자는 『상서』를 편집하면서, 가장 오래되고 믿을 만한 반신의 제왕은 요·순과 대우이고, 후직과 기는 그들의 부하라고 여겼으니, 이것이 『상서』 서사의 기점이 되었다. 현대의 학술 기준으로 보면 요·순과 대우, 하 왕조와 같은 『상서』의 가장 오래된 편장篇章들은 모두 믿을 만한 게 아니다. 단지 상 왕조에 이르러서야 비로소 「반경」과 같이 일부 믿을 만한 내용이 나타나기 시작한다.

주족의 더 오래된 시조, 혹은 상족이나 주족 등 각 민족의 시조에 관해서 춘추 시기에는 또 황제와 염제라는 주장이 나타났다. 그 가운데 하나는 "황제는 희수姬水로 부족을 이루었고, 염제는 강수姜水로 부족을 이루었다黃帝以姬水成, 炎帝以姜水成"라는 것이다.[248] 황제와 염제는 각자 터전을 일구었던 지역의 강물을 성으로 삼았다는 뜻이다. 사실 이것은 강족과 주족이 한때 공생 관계였다는 사실을 더 오랜 옛날까지 끌어올린 것이다. 염제는 강족의 시조가 되고 황제는 주족과 상족 그리고 다른 각 부족의 시조가 되었다.

역사학의 대가 구제강顧頡剛은 이런 현상을 '누적되어 이루어진 중국 고대사'라고 불렀다. 즉 더 나중에 만들어진 전설일수록 오히려 신의 계보에서는 더 오래된 존재가 되니, 마치 장작을 쌓을 때처럼 '나중의 것이 윗자리를 차지하게' 된다는 뜻이다. 시대가 늦을수록 각 부족의 선조에 대한 전설도 점차 한데 모여서 하나가 되는데, 이때 각자의 선조 가운데 누가 더 앞선 존재이고 누가 더 대단한 존재였는가 하는 것이 문제가 된다. 이 때문에 더 큰 범위의 신분 정체성을 만들기 위해서는, 더 오래된 선조를 만들어 각 부족에게 공동의 시조를 덧붙여줄 수밖에 없다. 선조가 되는 신들의 관계가 화해를 이루어야 인간 세상의 각 부족의 관계도 화해를 이룰 수 있다.

각 부족의 공동 선조인 '황제'를 창조한 이런 작업은 춘추 시기에 이미 시작되었다. 공자는 『상서』를 편집할 때 상당히 신중해서 그것을 채용하지 않았다. 다만 전한前漢 때에 이르면 황제의 고사는 이미 다양한 판본이 나타났다. 사마천은 이것들이 모두 그다지 믿을 만하지 않으니, 학식이 있는 사람은 그것들을 함부로 믿어서는 안 된다고 생각했다.

그러나 『상서』만 홀로 요임금 이래의 일을 기록했다. 그런데 제자백가는 황제를 얘기했으나 그 문장이 훌륭하지 않으니, 높은 관직에 있는 선생들은 그것을 얘기하기 어려워한다.

然尙書獨載堯以來. 而百家言黃帝, 其文不雅馴, 荐紳先生難言之.(『史記』「五帝本紀」)

다만 사마천도 구제강이 말한 것과 같은 과학적 인지 방법이 없었고, 공자와 같은 자신감도 없었으므로, 상대적으로 그다지 황당해 보이지 않는 황제와 다른 4명의 옛 왕의 전설을 편집하여 『사기』 제1권 「오제본기」를 쓸 수밖에 없었다.

다시 주족의 '희성姬姓'의 내력을 살펴보자. 그것은 응당 후세에 창조된 황제와는 관계가 없을 것이다. 고대의 어느 경학가는 '희'자는 계집 여女 부수에 발자국을 더한 형태로서, 강원姜嫄이 상제의 발자국을 밟은 일을 상징한다고 해석했다. 후한 허신許愼의 『설문해자說文解字』에서는 '희'가 형성자形聲字이고, 오른쪽은 소리를 나타내는 부분이라고 여겼다. 확실히 그것은 '거臣'자와 형태가 아주 비슷하다. 다만 문제는 '희'자가 상족의 갑골문에서 나온 것이라는 점이다. 그런데 상족이 까마득히 멀리 있는 작은 부족의 기원 신화에 관심을 가졌을 가능성은 크지 않으므로, 발자국 모양을 나타낸 것이라는 설명은 사실에 맞지 않다.

그렇다면 주족의 이 희성은 대체 어떻게 생겨난 것일까? 틀림없이 거주했던 곳의 지명에서 비롯되었을 것이다. 나중에 생겨난 황제 전설을 빼면, 후직의 어느 후손이 희수 근처에 살았던 적이 있어서 자기 부족에게 희성을 얹어주었으리라 추측할 수 있다. 이후로 그들은 강성의 부족과 통혼할 수 있게 되었다.

오랫동안 주족에게는 모두 입말만 있었고 문자는 없었는데, 상나라 말엽에야 그들과 접촉하면서 주족의 상층 족장도 비로소 상족의 문자를

배우기 시작했고, 아울러 그 가운데 발음도 가깝고 계집 '여' 부수를 가진
'희'자를 골라 씀으로써, 이후 계속해서 사용하게 되었을 것이다. 상족의
'희'자에 담긴 본래 의미는 여자가 머리를 빗을 때 사용하던 참빗篦子인데,
사실 그것은 인신공양제사 방식의 일종이기도 했다. 상고시대의 족성은
대부분 강姜과 길姞, 사姒와 같이 계집 '여' 부수의 글자를 사용했는데, 이
것은 그들의 여성 시조에 대한 전설과 관련이 있을 것이다.

· 세 '주周'의 뒤얽힘

무정 시기 은허의 복사에 '주周'자가 있으나, 복사에 들어 있는 '주'와
관련된 사건은 주나라 문왕의 가족들이 가진 기억 속에 나타난 적도 없고,
『시경』 등의 문헌에도 들어 있지 않다. 이것은 조금 해석하기 곤란한 현상
인데, 상나라 말엽의 주족은 상 왕조에 빌붙는 데에 무척 열중했으니 무정
시기의 영광을 누락시켰을 리 없기 때문이다.

사실 그 이면의 문제는 바로 '주'자가 본래 하나의 지명일 뿐이고, 그
곳에 살았던 부족이 교체되면서 전후로 3개 부족이 주원 지역에 살았으
나, 서로 간에 큰 차이가 있어서 뒤섞일 수 없다는 데에 있다.

제일 먼저 살았던 이들을 살펴보자. 후직의 아들이 고향 주원과 유태
씨 부락을 떠난 뒤에 그 땅에 또 주민이 있었는가? 당연히 유태씨의 많은
이가 아직 고향에서 계속 살고 있었을 수 있으며, 그뿐 아니라 그들이 주
원에서 '주'라는 이름의 부락을 형성했다.

『산해경』「대황서경大荒西經」에 따르면, 후직의 아우 태새台璽*의 아들
숙균叔均이 후직의 농업을 계승하여 '서주西周'라는 나라를 건립했다.

'서주'라는 나라가 있는데 희성이고 곡식을 먹는다. 어떤 사람이 밭을

---

* 후직后稷은 제곡帝嚳의 장자이고 태새台璽는 다섯째 아들이라고 알려져 있다.

갈고 있는데 이름이 숙균이다. 제준帝俊이 후직을 낳았고, 후직이 (하늘
로 올라가서) 온갖 곡식의 씨앗을 가지고 내려왔다. 후직의 아우 태새가
숙균을 낳았다. 숙균은 부친과 후직을 대신해서 온갖 곡식을 파종하여
농사를 짓기 시작했다. 적국처씨赤國妻氏와 쌍산雙山이 있다.

有西周之國, 姬姓, 食穀. 有人方耕, 名曰叔均. 帝俊生后稷, 稷降以百穀.
稷之弟曰台璽, 生叔均. 叔均是代其父及稷播百穀, 始作耕. 有赤國妻氏. 有
雙山.

여기서는 제준 즉 제곡帝嚳이 후직을 낳았다고 했으니, 더 이상 강
원이 결혼하기 전에 아들을 낳은 게 아니다. 그러니 이것은 틀림없이 후
세 사람이 견강부회하여 덧붙인 말이다. 『시경』「생민」에 따르면, 강원은
후직을 낳은 후에도 계속해서 자식을 낳았을 것이고, 그래서 후직에게는
같은 어머니에게서 태어난 아우 태새가 있게 되었다. 태새의 '태台'는 바
로 '태邰'이니, 그는 강원의 유태씨 부족에 속했다는 뜻이다. 그리고 태새
의 아들 숙균도 당연히 주원에서 살았고, 아울러 그곳을 '서주'라는 나라
로 발전시켰을 것이다. 이 '서쪽'의 주나라는 훗날의 서주 왕조와 혼동되
기 쉬우며, 실제로『산해경』에서 그것을 '서주라는 나라西周之國'로 칭한 것
은 후직과 부줄不窋의 후손으로서 멀리 이주한 주족 일파와 구별하기 위해
서였을 것이다. 후직과 부줄의 후손(희성 주족)은 융적의 산림으로 이주했
으나, 태새와 숙균의 후손은 고향인 주원을 개발하고 후직의 농업을 계승
했다.

이외에도『산해경』은 한 가지를 혼동한 듯하다. 숙균 일파의 주족은
틀림없이 희성이 아니라 강원이 예전부터 가지고 있던 강성을 계승했을
가능성이 크다. 다만 희성 주족의 후직 일파가 나중에 주 왕조를 건립하여
명성이 너무 커지자, 후세 사람들이 주족은 틀림없이 대부분 희성일 것이
라고 오해하게 되었다.

부줄이 '멀리 융적 사이로 피신한' 기간에 주원의 강성 주족은 잠시 상당히 번영했을 것이다. 앞서 살펴보았듯이, 무정 시대의 갑골에는 '주 땅에 대한 토벌寇周' 기록이 많이 있는데, 복사만 하더라도 거의 10조목이나 되어서 상족이 그들에 대해 깊은 인상을 지니고 있었음을 말해준다. 물론 결과적으로 강성 주족은 상나라에 정복되었고, 대다수 사람은 은허로 압송되어 무정 시기 갑골복사에 기록된 제수품이 되었을 것이다. 이때부터 이 강성 주족은 역사에서 영원히 사라져버렸다.

이후에 무정은 주 땅에 상족 귀족을 분봉分封하여 상족의 제후국周侯之國을 건립했다. 갑골복사에도 그에 대한 기록이 있는데, 모두 왕실과 관계가 친밀했다는 내용이다. 무정 이후 상나라의 세력이 퇴조함에 따라서 이 상족의 제후국인 주나라도 소멸했고, 주원은 황무지가 되었다. 부족의 소속을 알 수 없는 소수의 집단만이 그곳에서 활동했을 뿐이다.

종합하자면, '주 땅'은 하나뿐이니 바로 주원 지역이다. 그러나 '주'라는 이름을 가진 집단은 3개가 있었다.

첫째, 강성의 주족이다. 이들은 태새와 숙균의 후손들이 형성한 부족으로 하 왕조 때부터 줄곧 주원에 살다가 상나라 무정 때에 정벌되어 소멸했다. 여기서 말하는 하 왕조는 그저 시간 개념일 뿐이니, 하 왕조는 관중 땅을 통치할 능력이 없었다.

둘째, 무정이 분봉한 상족 제후국인 주나라가 있으나, 존속 기간은 매우 짧았다.

셋째, 후직과 부줄의 후예가 형성한 부족이다. 그들은 하 왕조 때 주원을 떠나 산림으로 들어가 융적 사이에서 살았으나 상 왕조 말기에 다시 주원(숙균의 후손들이 살았던 곳)으로 돌아와 후세에 익히 알려진 희성 주족을 이루었고, 아울러 상나라를 멸하고 주 왕조를 건립했다.

사람들은 오랫동안 첫째와 둘째 주족(혹은 나라)의 존재를 알지 못하고, 그저 후직의 후손인 희성 주족만 알았기 때문에 이런 의문을 품기 쉬

왔다. 무정 시기에 후직과 부줄의 후손들로 이뤄진 이 희성 주족은 여전히
융적 사이의 깊은 산림에 있었으니, 근본적으로 상 왕조와 전쟁할 능력도
없었을 뿐더러 더 중요한 것은 그런 기회조차 없었는데, 왜 당시의 갑골복
사에 늘 '주'가 나타나는 것일까? 또 희성 주족이 무정 시기에 상 왕조와
자주 전쟁을 벌였다면, 상나라를 멸한 뒤의 주족은 왜 이런 사실을 대대적
으로 선전하여 서사시와 역사서에 기록하지 않았을까?

제일 먼저 이 모순을 인식한 사람은 쉬중수徐中舒(1898~1991)였다. 그
는 희성 주족이 도래하기 전에 주원에서는 '강족 여인국가' 살고 있었다고
추론했다. 그러니까 강원 부족의 후손이 희성 주족과 오랫동안 통혼 관계
를 유지했다는 것이다.[249] 이 추론은 대단히 중요하니, 이 장은 바로 그의
관점을 심화하여 서술한 것이다.

'주周'자의 갑골문은 圃 또는 用로 쓰는데, 고문자학자들은 이것은 농
사짓는 밭의 형상이라고 생각한다. 후직 이래의 주족은 농사에 뛰어났으
므로 밭의 형상으로 주족을 나타냈다는 것이다. 다만 이런 설명에는 사실
상 문제가 있다. 갑골문은 상족이 창조한 것인데, 상족이 보기에 서부의
강인은 야만인이었다. 이른바 주족의 농업 수준도 높다고 해봐야 서부의
환경에서 그렇다는 말이지, 상 왕조에 비하면 기술을 언급할 가치도 없다.
그러니 상족이 먼 지역의 야만인을 위해 전문적으로 농업을 나타내는 글
자를 만들지는 않았을 것이다.

그러므로 갑골문의 '주'는 바로 주위 또는 주변의 뜻을 가진, 생활에
서 사용하는 회의자會意字였을 수 있다. 그리고 주족이 자칭한 '주'는 그저
지명에 대한 발음일 뿐 문자도 명확한 뜻도 없었을 수도 있고, 어쩌면 우
리가 지금까지 모르고 있을 수도 있다.

· 신농은 염제이자 강족이다

부줄은 왜 주원을 떠났는가? 자기의 사촌 형제인 숙균과 불화를 일으

켜서 멀리 타향으로 가서 새롭게 자리를 잡을 수밖에 없었기 때문일 가능성이 크다.[250]

희성과 강성의 두 주족은 아주 일찌감치 분가했으나, 희성 주족은 태새와 숙균이라는 친족에 대한 기억을 보존하고 있었을 것이다. 특히 그들이 주원으로 돌아와 거처를 정했을 때 숙균 일파는 진즉 멸절했으나, 희성 주족은 주원 땅이 본래 숙균 부족이 농사짓던 곳임을 알고 있었고, 그래서 숙균은 '전조田祖'라는 신으로 지위가 격상되었다. 희성 주족은 거문고를 타고 북을 쳐서 전조에게 제사 지내고 비를 내려달라고 기원했다. 농작물에 해충이 발생하면 해충을 잡아 불더미에 던지면서 전조에게 해충을 구제하도록 도와달라고 기도했으니, 이른바 "전조에게는 신령함이 있으니, (해충을) 잡아 불에 던져주소서田祖有神, 秉畀炎火!"라는 게 그것이다.[251]

대략 춘추 시기 이후로 더 오래된 제왕의 전설을 창조하려 했으므로, 숙균의 지위는 또 상승하여 신농神農이 되었다.[252] 전설 속에서 신농과 염제는 늘 한 사람으로 뒤엉키는데, 이렇게 해서 재미있는 현상이 나타났다. 춘추 시기부터 시작해서 사람들이 더 오래된 제왕의 전설(황제와 염제)을 창조한 소재는 주로 후직과 숙균이라는 백질伯姪 관계의 이 두 사람에게서 찾았다. 그 결과 후직은 황제로 변했고 숙균은 염제(신농)로 변했다. 심지어 어떤 판본에서는 황제와 염제가 형제가 되기도 했으니, 이것은 또 후직과 숙균의 부친 태새의 관계를 복제한 것이기도 하다.

강원이 낳은 이 두 아들은 주족의 두 지파로 분화하기도 했고, 또 후인들에 의해 황제와 염제로 창조되어 중화 세계 전체의 공동 선조가 되었다. 그 이면의 원리는 서주 이래 희성 주족의 문화가 정통이 되었으니, 그들의 기원에 대한 고사가 자연스럽게 새로운 고대사를 창조하는 우선적인 소재가 되었다는 것이다. 물론 다른 동방 부족의 기원 전설도 소재가 될 수 있었으나, 그 지위는 주족 시조의 화신化身처럼 핵심적인 자리에 훨씬 미치지 못했다.

숙균 일파의 강성 주족을 이해하면 무정의 갑골복사에 나타나는 '주'를 해석할 수 있을 뿐 아니라, 『시경』「대하·문왕^{文王}」의 저 유명한, "주나라는 오래된 나라지만, 그 운명은 새로워졌다^{周雖舊邦, 其命維新}"라는 구절을 이해하는 데에도 도움이 된다.

희성 주족을 '오래된 나라^{舊邦}'라고 칭하는 것은 너무 적절하지 않다. 강성 주족은 그다지 찬란한 역사는 없었지만, 적어도 무정의 복사가 증명하듯 한때는 상 왕조가 비교적 중시했던 적수였다. 그러므로 이 오래된 나라는 주로 이미 멸망한 강성 주족을 가리킨다고 봐야 한다.

제16장 상 왕조의 앞잡이: 주원으로 가다

상나라의 왕 가운데는 주왕^{紂王}의 지명도가 가장 높은데, 그는 망국 군주의 각종 전형적인 모습을 보여주었다. 사실 주왕보다 행위가 더 과장된 상나라 왕이 있었으니, 바로 주왕의 증조부이자 제27대 왕인 무을^{武乙}이다. 게다가 무을은 주족을 상 왕조의 속국으로 받아들였으니, 이것은 희성 주족과 은상 사이의 무려 반세기가 넘는 이야기의 발단이었다.

역사서에서 무을은 무척 색다른 왕이었다. 그는 사납고 강건했으며 상족의 전통적인 종교 원칙을 준수하지 않았고, 심지어 지고한 '천신^{天神}'에게 불경을 저지르기도 했다. 그에 대한 『사기』의 묘사는 거의 만화에 가깝다. 무을은 '천신'의 인형을 제작하게 한 다음 그 인형과 싸우는 장면을 연출했는데, 결과는 당연히 무을의 대승으로서 인형은 처참하게 짓밟혔다. 물론 그가 더욱 창의적으로 신을 죽인 행위는 '하늘을 향해 활을 쏘는 것^{射天}'이었다. 그는 자루에 피를 담아 높은 곳에 걸어놓게 하고 화살을 쏘아서 피가 줄줄 흐르게 함으로써 천신이 화살에 맞아 죽었음을 상징했다.253) 이런 황당한 연출의 배경에는 인류의 원시종교에 들어 있는 '교감무술^{交感巫術}' 즉, 상징물을 죽여서 본체를 죽게 하는 마법^{魔法}이 있었다.

그러나 사마천이 『사기』를 쓸 때 상 왕조는 이미 망한 지 1000여 년
이 지났는지라, 그의 묘사에는 원래 모습을 잃은 것도 있었다. 갑골복사에
서 상족이 숭배한 것은 하늘이 아니라 상제였다. 그런데 서주에 이르러 사
람들은 하늘과 상제를 동등하게 여기기 시작했다. 그러므로 무을의 시대
에 구타하고 활을 쏜 대상은 상족이 두려워하던 상제였던 셈이다.[*]

　무을 시기의 갑골복사는 상 왕조에서 가장 중요한 군사적 적수가 북
방의 '방方' 사람들과 서부의 '도방刀方' 사람임을 보여준다. '도방'의 '도刀'
는 '소召'와 통할 수 있으니, 그들은 바로 서부 강족인 소족召族이었다.

　당초에 무정이 서부로 확장해 라오뉴포에 숭후의 나라를 분봉했다.
거의 100년 뒤에 무을이 다시 돌아와서 숭국이 더욱 번영했다. 이외에 무
을은 또 당시로서는 언급할 가치도 없는 사소한 결정을 내렸다. 바로 북부
산간에서 이주한 작은 부락인 희성의 주족을 받아들여 그들이 주원에 거
처를 마련하고 상 왕조의 말단 속국이 되도록 윤허한 것이었다.

토굴집을 찾아온 불청객

　주족으로서는 빈豳 땅의 녠쯔포에서 주원으로 이주한 것은 큰 사건이
어서, 후세의 서사시에서 늘 이 일을 칭송했다. 당시 주족의 우두머리는

---

[*] 시라카와 시즈카白川靜는 주인周人이 천天을 숭배하는 현상에 주목하고, 무을武乙이 천신天神을 모
욕한 것은 "주인周人의 신앙을 모욕하기 위해서"였다고 여겼다. 다만 나는 무을 시대의 희성 주족은
아직 대단히 약소했으므로, 상나라 조정에서 그들이 무슨 신앙을 가졌는지 주목하지 않았을 테고, 더
욱이 일부러 그 신앙을 모욕하지도 않았으리라고 생각한다. 역사서에도 무을이 신을 모독한 일이 관
중 땅에서 일어났다고 기록하지 않았다. 무을이 주족을 모욕하려 했다면 후직后稷을 과녁으로 삼았다
고 하는 편이 더 적합한 듯하다. 무을의 일이 발생하여 기록되기까지 중간에 상당히 긴 시간 전해지며
변화해서, 서주西周 때부터는 종교관념 속의 제帝와 천天이 이미 뒤섞여서 구분되지 않았다. 그러므로
무을이 상제를 모욕한 일이 천신을 모욕한 것으로 기록되었던 것이다. 白川靜, 『西周史略』, 三秦出版社,
1992, 15쪽. ―원주

고공단보였다. 그러나 후세의 주족은 이 이주와 관련해서는 상 왕조를 언급하려 하지 않았으므로, 우리는 문헌을 낱낱이 파헤쳐서 복원 작업을 진행해야 한다.

우선 주나라의 관방官方 서사를 살펴보자.

고공단보는 왜 부족을 이끌고 빈 땅으로 갔을까? 역사서의 주장은 주족이 융적에게 위협당했기 때문이라고 했다. 공자의 손자 공급孔伋 즉 자사子思는 한 가지 이야기를 들려준 적이 있다. 애초에 적인狄人이 빈 땅의 주족을 공격하며 재물을 요구하자 고공단보는 부족에게 그들의 요구를 들어주게 했다. 다만 적인이 또 빈의 토지와 인구를 얻으려고 다시 공격하자 주족은 저항하기로 결심했으나, 고공단보는 이렇게 말했다.

"토지와 민중이 내게 속하든 융적에게 속하든 무슨 차이가 있는가? 나를 위해 전쟁을 벌여서 사람이 죽는다면 우두머리인 내게 또 무슨 의미가 있는가?"

이에 그는 지팡이를 짚고 빈 땅을 떠나서 양산梁山을 넘어 주원에 이르렀다. 빈 땅의 많은 이도 늙은 족장을 따라 이사했는데, 당시에 3000대의 마차가 동원되었다. 이때부터 주족은 주원에 정착하기 시작했다.[254]

여기에 기록된 3000대의 마차는 사실 지나치게 과장한 것인데, 녠쯔포에 대한 고고학적 발굴을 보면 빈 땅에서 살던 시기의 주족에게는 아직 마차가 없었기 때문이다. 『사기』「주본기」에서는 마차 3000대의 주장을 삭제하고, 빈 땅의 사람들이 '노인을 부축하고 어린아이 손을 잡은 채扶老携幼' 고공단보를 따라왔다는 기록만 남겨놓았다.

이주 이야기의 이 판본은 분명히 후세 유가의 가공을 거쳐서 인의仁義의 힘을 강조한 것이다. 그러나 그것은 또 약간의 정보를 제공하기도 한다. 첫째, 주족이 이주할 때 고공단보가 지팡이를 짚었다는 것은 그의 나이가 이미 상당히 많았고, 그의 자식들도 모두 성년이 되었음을 말해준다. 둘째, 모든 부족이 고공단보를 따라 주원으로 온 게 아니라, 일부는 빈 땅에 남았다는 것이다. 녠쯔포의 묘지 분포에서 선주 후기 무덤의 북측에 있는 것들은 서주와 동주 시기의 무덤임을 나타낸다. 이것은 여기에 줄곧 사람들이 거주했고, 취락 생활이 연속성을 유지했음을 의미한다. 분명한 변화가 발생한 것은 무덤의 숫자다. 선주 초기의 무덤은 93개이고 후기의 무덤은 139곳인데, 그에 비해 서주 시기의 무덤은 겨우 45개로 이전에 비해 많이 줄었다. 이것은 당시 취락의 인구 규모가 격감했음을 말해주며, 그 원인은 바로 고공단보의 시대에 다수의 주민이 족장을 따라 주원으로 이주했기 때문일 수 있다.

자사가 이야기한 이 판본은 후세 사람들이 도덕적 색채를 덧붙였으나, 여전히 주족 초기 부락 시대의 특징을 드러낸다. 즉 족장은 독단적인 권력이 없었으며, 부락의 민중은 상당히 큰 자주권을 지니고 있어서, 이주할지 말지를 결정할 수 있었다.

다만 역사서에서 융적이 빈 땅을 습격했다고 한 부분에 관해서는 고고학적 발굴에서 흔적을 발견하지 못했다. 녠쯔포 취락은 줄곧 이어졌고, 무덤 부장품도 늘어나서, 서주 시기의 무덤에는 일반적으로 모두 몇 건의 도기가 부장되어 있었다. 이것은 고공단보가 일부 부족 성원을 데리고 이주한 뒤에 빈 땅에 외래자의 정복이나 극적인 변화가 없었고, 심지어 주민의 생활수준도 계속 향상되고 있었음을 의미한다.

빈-녠쯔포에 외래의 위협이 없었다면, 고공단보와 일부 부족 성원은 왜 이주해야 했을까? 사실 이것은 무을의 서부 대확장에 따른 부산물이었다. 상 왕조는 종복으로 부릴 부족을 불러서 주원에 정착해 살게 하여 자기들의 속국이자 앞잡이로 삼고 싶어 했다. 이것이 바로 희성 주족이 주원에 정착하게 된 근본 원인이며, 그래서 주족이 상나라를 멸한 뒤에 다시 언급하고 싶지 않았던 어두운 역사이기도 했다.

다만 일부 문헌에는 이 과거사가 은밀히 숨겨져 있다. 문왕이 지은 『역경』의 일부 괘에 대한 효사爻辭에서는 당시 고공단보가 주원으로 이주한 일을 언급하고 있다. 『역경』에 어떻게 이렇게 상세하고 정확한 주족의 역사 정보를 담고 있게 되었는가에 대해서는 뒤에서 분석하게 될 것이다.

여기서는 우선 익괘益卦, ䷩를 보자. 이 괘의 이름에 따라 뜻을 짐작해 보면 이익을 얻는다는 것이다. 그것의 육사효六四爻의 효사는 다음과 같다.

중행中行이 공에게 말하자 그 말에 따랐다. 이로우니 의依를 위해 나라를 옮겼다.

中行, 告公, 從. 利用爲依遷國.

가오헝高亨은 '의依'가 '은殷'의 통가자通假字라고 했다.[255] 주족의 우두머리와 접촉한 이 '중행中行'은 『역경』에 여러 차례 등장한다. 글자의 뜻으로 보면 '중행'은 행군할 때 가장 중간 행렬에 있는 것으로서, 전차를 가리킬 가능성이 있다. 전차는 도로 중간에서 가고 보병이 양쪽에 있기 때문이다. 그러므로 전체 구절을 번역하자면, 누군가 전차를 타고 와서 공(고공단보)에게 이렇게 말했다는 것이다.

"나와 함께 가자. 은상 왕조를 위해 너희의 이 작은 나라를 옮기면, 너희에게도 아주 좋을 것이다."

말이 끄는 전차를 타고 빈 땅 깊숙한 곳까지 들어가서 희성 주족의 우두머리에게 이주를 권고한 이 사람은 숭국의 군주인 숭후였을 가능성이 크다. 숭국은 상 왕조가 서부를 경략하는 기지이니, 무을이 관중을 친히 정벌하려면 당연히 숭후가 여러 가지 구체적인 방안을 제시해야 했을 것이다.

이어서 수괘需卦, ䷄를 보자. 이 괘의 주요 내용은 주족이 상 왕조에 투항한 뒤에 상 왕조를 위해 포로를 잡은 갖가지 경험이다. 이 괘의 상륙효上六爻의 효사는 상당히 특수한데, 포로를 잡은 일을 기록한 게 아니라 함부로 찾아온 몇 명에 대해 기록하고 있다.

굴에 들어가니 3명의 불청객이 있었는데, 그들을 공경히 대하자 결국
에 길했다.

入於穴, 有不速之客三人來, 敬之, 終吉.

'굴穴'은 고공단보가 빈 땅에서 살던 토굴집이다. 『시경』「대아·면綿」
에는 빈 땅의 생활에 대해 이렇게 묘사했다.

> 고공단보256)에게는
> 토굴과 흙방만 있을 뿐
> 아직 집이 없었지.
> 古公亶父, 陶復陶穴, 未有家室.

효사에서는 3명의 불청객이 족장의 토굴집에 왔는데, 고공단보는 그
들의 의도를 몰랐으나 그래도 예를 갖춰서 대우했고, 결국에 아주 길한 결
과가 나왔다고 했다.

불청객이 왜 3명인가? 은상 시대의 마차에는 3명만 탑승할 수 있었
기 때문이다. 수괘에서는 이 조목을 마지막(상륙효)에 두었는데, 괘 전체가
주로 주족이 상 왕조를 위해 포로를 잡은 경력과 경험을 이야기하고 있다.
이 조목은 그들이 상 왕조에 봉사하게 된 원인을 거슬러 올라간다. 그리고
그 원인이란 바로, 처음에 마차를 타고 와서 고공단보의 토굴집에 들어온
그 3명의 낯선 사람들이다.

다시 승괘升卦, ䷭를 보자. 이 괘의 내용은 모두 기회를 만나 승진하는
것과 관련되어 있다. 이 괘의 괘사는 다음과 같다.

성대하게 제사를 지내니, 대인(상나라 왕)을 만나기에 이롭다. 걱정하지

말지니, 남방을 정벌하면 길할 것이다.

元亨, 用見大人, 勿恤, 南征, 吉.

빈-넨쯔포에서 보면 주원은 남쪽이니, 고공단보가 그곳으로 가는 것
이 바로 남방을 정벌하는 것이다. 당시 무을은 주원에 주둔하고 있으면서
이 황폐한 땅을 어떻게 이용할까 연구하던 중이었을 것이다. 고공단보의
구체적인 여정은 응당 징허澄河강 골짝을 따라 동남쪽으로 나아가서 산간
지역을 나온 뒤에 다시 서쪽으로 방향을 꺾어서 주원에 도착했을 것이다.

늙은 족장의 새 영지

승괘 육사효六四爻의 효사는 다음과 같다.

왕이 기산에서 제사를 지냈는데, 길하여 재난이 없다.

王用亨於歧山, 吉, 無咎.

그러니까 고공단보가 기산 아래의 주원에 도착하여 무을을 배알하
자, 무을은 제사를 거행함과 동시에 이 다른 부족 속국의 작은 두령을 초
대했다는 뜻이다.

주족의 서사시인 『시경』의 「면綿」은 고공단보가 일족을 데리고 주원
으로 이주한 큰 사건을 기록했다.

면면히 이어지는 오이 줄기

백성이 처음 태어났을 때는

두수土水 옆의 태邰와 저수沮水 및 칠수漆水 근처였지.

고공단보에게는

토굴과 흙방만 있을 뿐

아직 집이 없었지.

綿綿瓜瓞, 民之初生, 自土沮漆. 古公亶父, 陶復陶穴, 未有家室.

고공단보는

아침에 왕을 알현하려고 말을 달렸지.

서쪽 강가를 따라

기산 아래에 이르렀지.

아내 강씨와 함께

여기 와서 집터를 살폈지.

古公亶父, 來朝走馬. 率西水滸, 至於岐下. 爰及姜女, 聿來胥宇.

주원은 비옥하여

미나리와 씀바귀도 달콤했지.

처음으로 상의해서

우리 귀갑龜甲에 새겼지.

지금 여기에 거처를 정할 만하다고 하니

여기에 집을 지었지.

周原膴膴, 菫茶如飴. 爰始爰謀, 爰契我龜. 曰止曰時, 築室於玆.

　　시작 부분은 고공단보와 부인이 주원을 처음 시찰했다는 뜻이다. 그
의 부인은 '강씨姜女'이니, 빈 땅에서 결혼한 강성의 강족 여인이다. 빈 땅
주변에는 강성의 융인戎人이 살았으니, 희성과 강성의 이런 통혼은 매우 정
상적인 것이었다. 후세에 주족은 고공단보의 부인을 '태강太姜'이라고 존칭
했는데, 그녀는 태백泰伯과 중옹仲雍, 계력季歷을 낳았다.

고공단보 부부는 말을 타고 '중행'의 전차를 따라 출발했을 수 있으니, 그것이 이른바 "고공단보는 아침에 말을 달렸다"라는 구절의 뜻이다. 왕을 알현하러 가는 것이 바로 '조^朝'다. 서사시에서는 상나라 왕 무을이 생략되어 있으나, 사용한 어휘에는 여전히 흔적이 남아 있다. 그들은 산림지대에서 나온 뒤에 물가를 따라 서쪽으로 가서 마침내 기산 아래의 주원에 도착했다.

익괘의 육이효^{六二爻}와 육삼효^{六三爻}도 이 알현을 기록하고 있다. 육이효의 효사는 다음과 같다.

누군가 10붕^朋의 가치가 있는 귀갑^{龜甲}을 주었는데 거절할 수 없었다. 영^永이 점을 쳤는데 길하다고 했다. 왕이 상제에게 제사 지냈는데 길하다.
或益之十朋之龜, 弗克違, 永貞吉. 王用享於帝, 吉.

강족과 주족 등 서부의 부족은 본래 귀갑으로 점치는 관습이 없이, 그저 소나 말의 어깨뼈만 사용했다. 녠쯔포에서 이런 식으로 점치는 데에 사용된 뼈가 아주 많이 출토되었으나, 귀갑은 없었다. 귀갑으로 점치는 것은 상족이 가져온 습관이다.

육삼효에는 고공단보가 무정을 알현한 자세한 내용이 기록되어 있다.

중행이 공에게 규^圭를 쓰라고 말했다.
中行告公用圭.

그러니까 고공단보를 데리러 왔던 '중행'이 그에게 옥규를 들고 왕을 알현하게 했다는 것이다. 이 효사에서는 또 익괘를 이용해서 전쟁을 점쳤

는데, 재앙이 없어서 포로를 잡게 될 것이라고 했다.[257]

　　주원에 도착한 뒤에 고공단보는 진지하게 환경을 살펴보고, 이곳에 넓고 평탄한 풀밭과 숲이 있어서 큰 농장을 개간해 씀바귀를 기르더라도 물엿처럼 달콤한 맛이 나리라고 생각했다. 이른바 "주원은 비옥하여 미나리와 씀바귀도 달콤했다"라는 구절이 그런 뜻이다. 종합하자면 주원은 빈-녠쯔포의 좁은 골짜기보다 훨씬 훌륭하니, 이곳을 점유하고 개발함으로써 주족의 인구가 몇 배나 늘어나게 되었다. 그는 귀갑에 작은 홈을 파서 점을 쳤는데爰契我龜, 그 결과 이곳에 머물려면 지금이 호기이니 응당 이곳에 건물을 지어야 한다는 것이었다. 이른바 "지금 여기에 거처를 정할 만하다고 하니 여기에 집을 지었다"라는 구절이 그런 뜻이다.

　　사실 고공단보와 희성 주족은 그 이전에 주원에 대해 조금 알고 있었을 텐데, 어쨌든 녠쯔포에서 이곳까지는 그다지 멀다고 할 수 없기 때문이다. 다만 이전에는 이곳이 안전하지 못해서 적의로 가득 찬 야만 부락만이 활동하고 있었는데, 강대한 상 왕조-숭국의 군대가 적시에 와서 그들을 도륙하고 파괴해버렸다. 그러나 이제는 상나라 왕이 수긍해주었으니, 상황이 완전히 달라졌다.

> 안심하고 살게 되니
> 좌우 땅의 용도를 정하고
> 경계를 긋고 조리條理를 나누어
> 도랑을 파고 이랑을 일구었지.
> 서쪽에서 동쪽으로 가서
> 두루 일을 맡아 했지.
> 廼慰廼止, 廼左廼右, 廼疆廼理, 廼宣廼畝. 自西徂東, 周爰執事.

　　사공司空을 부르고

사도司徒를 불러

집을 짓게 했지.

먹줄을 반듯하게 찍고

담장 세울 목판을 묶어

엄정하게 사당을 지었지.

乃召司空, 乃召司徒, 俾立室家. 其繩則直, 縮版以載, 作廟翼翼.

많은 흙을 담아

목판 안에 주루룩 붓고

쿵쿵 다지고

담장 꼭대기를 삭삭 고르게 깎았지.

담장을 모두 세우니

큰 북을 울려도 들리지 않을 정도였지.

捄之陾陾, 度之薨薨, 築之登登, 削屢馮馮. 百堵皆興, 鼛鼓弗勝.

곽문郭門을 세우니

높기도 하여라!

정문을 세우니

존엄하고 장중하구나!

사단社壇을 세우니

많은 군대가 출동하게 되었구나!

廼立皋門, 皋門有伉. 廼立應門, 應門將將. 廼立冢土, 戎丑攸行.

그래서 그의 분노 끊어지지 않아

그 명성도 잃지 않았지.

떡갈나무 두릅나무 뽑아

다니는 길 통하게 했지.

혼이混夷를 돌파하여

궁지에 몰아넣었지.

肆不殄厥慍, 亦不隕厥問. 柞棫拔矣, 行道兌矣. 混夷駾矣, 維其喙矣.

우국虞國과 예국芮國의 분쟁 평정해줘

문왕은 그 군주들의 천성이 감동하게 했지.

우리에겐 은덕 베풀어 백성과 가까운 신하가 있고

우리에겐 앞뒤에서 보좌하는 신하가 있지.

우리에겐 사방으로 뛰어다니며 명령을 받드는 신하가 있고

우리에겐 나라를 지켜주는 신하가 있지!

虞芮質厥成, 文王蹶厥生. 予曰有疏附, 予曰有先後. 予曰有奔奏, 予曰有御侮.

마지막으로 「면」은 무척 장편의 서사로 주원의 건설 작업을 기록했다. 고공단보는 가는 도중에 자기를 따르는 민중을 계속 위로하다가 마침내 주원에 멈추었다. 그는 우선 들판에 구역을 나누어 각 종족이 점유할 경계와 집터, 밭의 방향을 정했다. 그리고 토지를 담당하는 사도司徒와 공사를 담당하는 사공司空 등의 임무를 나누어 맡김으로써 그들이 민중을 이끌고 집을 짓게 했다. 제일 먼저 건설한 것은 주족의 종묘로서 강원과 후직 이하의 역대 족장을 모셨다.

「생민」이 후직의 농업을 칭송하고 「공유」가 빈 땅으로 이주한 공유를 칭송한 것처럼, 「면」에도 즐거움과 드높이 고조된 정서가 넘친다. 이런 서사시들은 대구법對句法을 써서 선조들이 노력한 갖가지 장면을 기꺼이 나열한다. 거의 모든 건물에는 판축으로 다진 흙 담장을 세웠는데, 먼저 먹줄로 반듯하게 기초를 긋고 기둥을 묻은 다음, 양면의 목판을 고정하고 그

목판 사이에 흙을 메우고 다져서 견고하게 했다. 그런 뒤에 더 높은 목판을 고정해서 계속해서 위쪽으로 다지며 지어나갔다.

흙을 다지며 판축하는 데에는 밀집하여 협력하는 노동력이 필요한데, 주족은 리듬이 분명한 노래를 불러서 동작을 맞추었다. 주족 서사시의 네 글자 구절은 집단 노동할 때의 '달구질 노래夯歌'에서 비롯되었을 가능성이 크다. 100개가 넘는 담장을 동시에 지으면 쿵쿵 흙을 다지는 소리가 악어가죽으로 만든 북을 치는 소리보다 크게 울릴 것이다.

> 많은 흙을 담아
> 목판 안에 주르륵 붓고
> 쿵쿵 다지고
> 담장 꼭대기를 삭삭 고르게 깎았지.
> 담장을 모두 세우니
> 큰 북을 울려도 들리지 않을 정도였지.

주족은 또 도성의 곽문郭門 즉 '고문臯門'과 왕궁의 정문 즉 '응문應門'을 지었으니, 중심 취락은 두 겹의 담장과 해자를 둘러 방어했음을 말해준다. 주원에 대한 고고학적 발굴에서는 아직 선주 시대의 흙을 다져 지은 성벽을 발견하지 못했고, 심지어 고공단보 시기의 건물 유적도 발견하지 못했다. 어쩌면 정착 초기에 주족의 건설 규모가 아직은 제한적이어서, 남길 수 있는 유적도 너무나 미미했을 수 있다. 다만 고공단보 시기의 주족은 마치 하나의 씨앗처럼, 크기는 작았으나 적합한 토양에 떨어지기만 하면 크게 성장할 가능성을 지니고 있었다.

『시경』은 또 주족이 처음 주원에 도착했을 때, 그 들판에 숲과 관목이 가득 차 있고, 게다가 주족과 적대적 관계였던 '혼이混夷'와 '관이串夷'가 있었다고 기록했다.[258] 그러므로 주족은 숲을 벌목하는 데에 많은 노동력을

투입하여 흙 속의 나무뿌리를 파내고, 땅을 고르고, 농지를 개간했다. 그
리고 숲이 사라지자 관이 부락도 도망쳐버렸다.

> 나무를 베어 없애니
> 선 채로 말라 죽고 쓰러져 죽었지.
> 잘라내고 고르게 다듬었지,
> 관목과 베어내도 다시 자라는 나뭇가지들을.
> 개간하고 없앴지,
> 정목柽木과 거목椐木을.
> 상제가 밝은 덕을 지닌 이를 이주하게 하니
> 관이는 곧 격파되었지.
> 하늘이 그 배우자를 세우니
> 천명을 받아 견고해졌지.
> 作之屛之, 其菑其翳. 修之平之, 其灌其栵. 啓之辟之, 其柽其椐. 攘之剔之,
> 其檿其柘. 帝遷明德, 串夷載路. 天立厥配, 受命旣固.(『詩經』「大雅·皇矣」)

후세 주족의 서사시에서 고공단보는 '태왕太王(아주 옛날의 왕)'으로 추
존되었으며, 그가 이주한 기산 남쪽의 주원도 주족이 '상나라를 정벌한翦
商' 사업의 시발점으로 묘사되었다.

> 후직의 후손은
> 바로 태왕이지.
> 기산 남쪽에 살면서
> 상나라 정벌을 시작하셨지.
> 后稷之孫, 實維大王. 居岐之陽, 實始翦商.(『詩經』「魯頌」「閟宮」)

다만 고공단보 시대에 주족은 아직 상 왕조에 도전할 가능성이 전혀 없었고, 분수 넘치게 왕으로 불릴 생각도 하지 못했으니, 이것은 모두 주 나라가 건립된 뒤에 역사를 개조한 것이다. 그러나 이 서사시의 어휘 선택 은 약간 교활해서, 고공단보가 '사실상 상나라 정벌이라는 위대한 사업을 시작했다實始翦商'라고 했는데, 당시에는 아직 이것을 실현할 가능성이 없 었다는 사실을 숨기기 위한 책략이었다.

주원으로 이주한 뒤에 주족에게 모든 일이 순조롭지는 않았으며, 더욱이 족장의 집안에 분열이 생겼다.

떠난 형들과 멀리서 온 아내

역사서의 기록에 따르면, 고공단보에게는 적어도 3명의 아들이 있었 으니 태백泰伯, 중옹仲雍, 계력季歷이 그들이다. 고공단보가 막내인 계력에게 족장의 지위를 넘기려 하자, 인품이 고상했던 두 형은 주족을 떠나 남방의 야만족 속으로 가서 살았고, 훗날 그들의 후예가 오吳나라를 건립했다.

> 태백과 중옹은 남쪽 야만인의 땅으로 가서 문신하고, 머리를 짧게 잘라 서 (주족의) 족장이 될 수 없음을 보임으로써 계력을 피했다.
> 太伯仲雍二人乃奔荊蠻, 文身斷髮, 示不可用, 以避季歷.(『史記』「吳太伯 世家」)

이 기록은 많은 논쟁을 불러일으켰다. 관중의 주원과 강남의 오나라 는 거리가 너무 멀리 떨어져 있기 때문이다. 일부 역사학자들은 태백과 중 옹이 도망쳐 간 곳은 산시山西 남부의 우국虞國이라고 주장하고, 또 어떤 이 들은 관중 서쪽의 바오지寶雞 일대라고 주장하기도 한다.[259]

두 형의 행적에 대해 정론이 나오기는 어렵겠지만, 세 형제가 결렬한 원인은 역사서에 기록된 것보다 복잡할 것이다.

무을이 희성 주족이 주원으로 이주하도록 은혜를 베푼 데에는 조건이 있었다. 즉 안정적으로 자리를 잡은 뒤에 주족은 그에 상응하는 의무를 떠맡아야 했으니, 바로 상 왕조를 대신해서 인간 희생을 사냥해 왕의 제사에 바치는 일이었다.

갑골문에서 제사에 바친 강족은 주족과 동족이자 가까운 이웃, 혼인으로 맺은 맹우盟友였다. 이 때문에 상 왕조를 위해 강족―주족의 문헌에서 강성姜姓의 융인戎人이라고 한―을 포획하는 것은 주족의 전통 윤리에 전혀 부합하지 않는 일이었다. 어쩌면 이것이 태백과 중옹이 부친과 결별한 근본 원인이었을 것이다. 그들은 이런 두려운 일을 피하고 싶었을 것이다.

그러나 어린 계력은 부친과 같은 입장이었다. 어쨌든 주족은 강대한 상 왕조에 의탁해야만 발전할 기회를 잡을 수 있었기 때문이다. 어쩌면 고공단보가 상나라 왕을 알현한 일을 통해 주족 상층부는 상 왕조의 발달한 전쟁 기술과 통치술을 보고 크게 동요했고, 이제는 야만스럽고 황량한 산중 생활에 만족할 수 없게 되었을 수도 있다.

훗날 계력은 부친에게서 족장의 지위를 계승했다. 그가 계승자와 족장으로 있을 때 행한 가장 중요한 일은 각종 융인을 정벌하여 상나라에 포로로 바치는 것이었다. 세상에 전해진 역사서에서는 이런 일들을 기록하지 않았으니, 4세기 초 서진西晉 시기의 『죽서기년竹書紀年』에는 계력의 일부 행적이 기록되었다.[260]

『죽서기년』에 따르면, 무을이 왕위에 오르고 34년이 되던 해에, 계력이 은허에 가서 그를 알현하고 땅 30리와 옥기 10세트, 말 8필을 하사받았다. 이 30리의 땅은 은허 근교에 있어서 계력이 상나라 도읍에서 생활할 수 있는 봉읍이 되었을 것이다. 보아하니 계력은 무을에게 좋은 평가를 받은 듯했다.

상 왕조로부터 계속 지지를 받기 위해 주족은 상나라 왕을 위해 정복 전쟁을 벌여서 '혈세血稅'를 납부해야 했다. 계력은 주족을 이끌던 10여 년 동안 거의 줄곧 부하들을 이끌고 밖에서 정벌 전쟁을 벌였으며, 이에 따라 주족도 고도로 무장을 갖춘 채 전쟁과 약탈에 열중하는 부족으로 변해 갔다.

무을 35년에 이 호전적이고 신을 멸시하던 왕은 다시 몸소 관중을 정벌했고, 주족은 선봉으로 나서서 주변 부족을 대대적으로 토벌했다. 『죽서기년』에 따르면 그해 계력의 중대한 전과戰果는 '서부의 귀융西落鬼戎'을 공격한 것인데, 이 부족은 산시山西와 산시陝西 사이의 토착 부락이었을 것이다. 당시 계력은 20명의 '적왕翟王' 즉 적인狄人 부락의 우두머리를 사로잡는 전과를 올렸다.

문왕의 「미제괘未濟卦, ䷿」 구사효九四爻에 이 사건이 언급되어 있다.

점을 치니 길하여 후회가 없다. 벼락이 치듯 귀방鬼方을 정벌하여 3년 만에 큰 나라에서 상을 받았다.

貞吉. 悔亡. 震, 用伐鬼方, 三年有賞於大國.

그러나 무을은 그 순시와 친정親征 도중에 기이한 죽음을 맞았다. 『사기』 「은본기」에 따르면 무을이 웨이수이강 근처에서 사냥하다가 번개에 노출되어 벼락을 맞고 죽었다고 했다.* 「미제괘」 구사효의 효사에 담긴 '진震'은 이 일과 관련이 있는 듯하다.

무을이 갑작스럽게 죽고 나서 그의 아들 문정文丁이 왕위를 계승하여 제28대 왕이 되었다.[261]

---

* "武乙猎於河渭之間, 暴雷, 武乙震死."

문정 2년에 계력은 다시 부족을 이끌고 멀리 있는 '연경燕京의 융인戎
人'을 정벌하러 나섰다가 참패를 당했다. '연경'을 고대의 주석가들은 산시
山西 타이위안太原 일대라고 해석했다. 주족에게 이것은 황허강을 넘어 펀
허汾河강 상류로 진입한 원정이었다. 그러므로 주족이 이렇게 먼 지역을 점
령할 수는 없었을 테고, 전쟁의 목적은 그곳 토착민들을 사로잡아 상 왕조
에 바치는 것이었을 가능성이 높다.

문정 4년에 주족은 또 '여무餘無'의 융인을 공격하여 승리를 거두었
고, 상 왕조는 계력에게 '목사牧師'라는 직함을 수여했다. 주족의 서사시는
줄곧 자기들이 농경 문명이라고 강조했으나, 상 왕조가 보기에는 상대적
으로 목축업이 더 발달한 부족이었다.

이후에 계력은 연이어 전과를 올려서, 문정 7년에는 '시호始呼'의 융인
을 정벌하여 승리했고, 11년에는 '예도翳徒'의 융인을 정벌하여 3명의 추장
을 사로잡았다.

계력은 또 지국摯國에서 아내를 맞이했다. 지국은 동방의 작은 나라로
서 임성任姓의 부족이었다. 이 아내는 후세에 '태임太任'이라고 불렸는데, 당
시 지국 군주의 둘째 딸이었다. 후세의 주석가들은 지국이 지금의 허난성
루난汝南 일대, 은상의 남쪽에 있었던 은상에 예속된 토착민의 작은 나라
라고 했는데, 지명도가 아주 낮아서 기록된 게 대단히 드물다. 그러나 고
공단보와 계력의 시대에 이곳은 주족이 빌붙어 혼사를 진행할 수 있는, 상
왕조와 가장 가까운 나라였을 것이다.[262]

『시경』「대아·대명大明」에서 주족은 서부의 각 부족에게 이 새로운 부
인이 은상 왕조에서 시집왔다고 선전함으로써, 그녀가 상나라 왕가의 공
주임을 암시했다.

지국의 둘째 딸 임씨가

저 은상에서

주나라로 시집와서

경사에서 부인이 되었지.

곧 계력 왕과 함께하며

오로지 덕을 베푸는 일만 했지.

태임이 임신하여

이 문왕을 낳았다네.

摯仲氏任, 自彼殷商, 來嫁於周, 曰嬪於京. 乃及王季, 維德之行. 大任有身, 生此文王.

그러나 주족의 이런 주장에는 아주 많은 빈틈이 있다. 상나라 왕실의 족성은 '자子'인데 지국의 족성은 '임任'이다. 이것은 지국이 상나라 왕실과 동족이 아님을 말해준다. 갑골복사에서 보면 상나라 왕실은 기본적으로 종족 안에서 결혼했고, 야만족이나 속국과 통혼한 예는 극소수였다.

주원으로 이주한 뒤로 고공단보와 계력은 곧 주족을 이끌고 사방으로 세력을 확장하고 포로를 잡았으니, 당연히 주변 부족들과 관계가 몹시 나빴다. 이 때문에 그들은 상 왕조의 기치를 이용하여 자기의 위세를 키움으로써 주변 부족들을 두려움에 떨게 할 필요가 시급했다. 이런 상황에서 동방에서 구한 부인은 당연히 유용하게 쓰였다. 서부의 부족들은 상 왕조의 내부 상황을 거의 알지 못했으니, 주족의 허풍도 어느 정도 효과가 있었을 것이다.

다른 측면에서 보면, 지국의 공주를 아내로 맞이한 것은 주족의 우두머리가 귀화할 마음이 있음을 나타낸 것이다. 상나라가 보기에 이제 막 빈-넨쯔포에서 이주해온 주족은 미개인에 가까웠다. 그리고 지국은 중원 문화권에 더 근접해 있었고, 군주의 가족은 상 문화에 많은 영향을 받아서 상나라의 문자와 관방의 언어를 사용했을 수 있다. 그렇다면 신부 태임이 계족과 주족에게 가져온 영향은 심원했을 것이고, 특히 아들 주창 즉 훗날의 문왕을 낳았다.

　모친은 자식에게 전방위적인 영향을 준다. 주창이 성장한 환경은 틀림없이 상족과 주족의 문화를 겸비한 분위기였을 테고, 더욱이 어려서부터 상나라의 언어로 말하고 상나라 문자를 쓸 수 있었으며, 심지어 만년에는 점복과 역괘易卦를 이용해 점을 풀이하는 데에 몰두했다. 이것은 모두 모친이 가져온 문화의 영향과 관련이 있을 것이다.

　다만 계력 시대의 주족은 아직 야만의 색채를 벗어나지 못했으므로, 상대적으로 번화하고 개화한 중원에서 서부의 황량하고 외진 곳으로 시집온 태임은 줄곧 적응하기 어려웠을 것이다. 후세에 개조된 역사에서는 태임이 주창을 임신한 뒤에 "추악한 색을 보지 않고 음란한 소리를 듣지 않고 오만한 말을 하지 않았다"*라고 하여 유가의 부도婦道에 완전히 부합하는 태교胎敎의 창시자라고 했다. 사실 이것은 남편과 소원해서 조성된 가정생활의 냉담함에 따른 결과일 가능성이 크다. 일설에는 태임이 돼지우리에서 소변을 보다가 문왕을 낳았다고 한다. 이로 보건대 당시 주족 우두머리 집안의 생활 조건이 부락의 보통 민중과 큰 차이가 없었음을 알 수 있는데, 동방의 군주 가문에서 시집온 여자로서는 당연히 적응하기 어려웠을 것이다.263)

　주창에게는 2명의 아우가 있는데, 후세에 각기 괵중虢仲과 괵숙虢叔으로 불렸다. 다만 이 두 사람은 지명도가 지극히 낮아서 계력과 다른 여자 사이에서 태어났을 가능성이 있다.

　문정은 재위 기간이 길지 않아서 겨우 11년이었던 듯하다.264) 그가 죽기 얼마 전에 계력이 은허와 와서 포로를 바쳤는데, 괴이하게 피살당했다. 『죽서기년』에는 "문정이 계력을 죽였다"라고 기록되어 있다. 이외에는 더 많은 정보가 없다. 사실상 문정과 계력은 모두 상 왕조의 내부 싸움

---

* 『史記』「周本紀」: "目不視惡色, 耳不聽淫聲, 口不出放言."

으로 죽었을 가능성이 있다. 그다음으로 제29대 왕위에 오른 이는 문정의 아들 제을帝乙인데, 그는 즉위하자마자 상 왕조의 전통적인 제사 방식을 폐지하고, 현대의 연구자들이 '주기 제사周祭'라고 부르는 제도로 바꾸었다.

물론 이 주기 제사는 희성 주족과 아무 관계가 없다. 그 특징은 더 이상 상제와 산천, 용, 봉황, 사방신四方神 등의 자연신에게 제사 지내지 않고 오직 역대의 선왕에게게만 제사 지내는 데에 있다. 게다가 각 선왕에게 제사 지내는 기간과 방식을 통일적으로 규정하여 일 년을 주기로 한 거대한 일 정표를 작성함으로써, 더는 임시로 점을 쳐서 결정할 필요가 없게 되었다. 그리고 이것은 점술사와 사제司祭의 권력을 제한했다.

'주기 제사'는 상나라 제24대 왕인 조갑祖甲이 가장 먼저 발명했는데, 둥쭤빈董作賓(1895~1963)은 그것을 상족의 '새로운 종교 유파'라고 했다.[265] 다만 조갑이 죽은 후 예전의 종교가 신속하게 회복되어서 마지막 두 왕인 제을과 제신帝辛 시기에 이르러서야 새로운 유파의 '주기 제사'가 정식으로 확립되었다. 새로운 유파는 심지어 선왕뿐만 아니라 살아 있는 왕도 '제帝'라고 불렀기 때문에, 상나라의 마지막 두 왕의 칭호가 각기 제을과 제신이 되었다. 상족의 전통 종교에 따르면 이것은 틀림없이 하늘에 있는 상제의 존엄한 지위에 저촉되는 것으로 거의 대역무도한 참월僭越에 가깝다.

상 왕조 상층부의 이런 종교 개혁은 궁정 내부의 파벌 투쟁과 정변을 수반했을 것이다. 문정의 사망 원인을 확정하기는 어려우나, 계력은 그가 가까이하며 신임했던 이인지라, 당연히 새로이 왕위에 오른 제을과 반대편에 있었을 것이다. 그러므로 그는 문정의 세력과 함께 소멸되었을 가능성이 크다. 제을은 초년에 다시 혁신을 시작했는데, 신파와 구파는 의식儀式뿐만 아니라 권력의 분배를 두고도 다투었다. 구파의 종교에서 제사하던 각종 자연신 가운데는 상족의 기원이 되는 신령들이 포함되었을 수도 있는데, 이것은 상나라 왕이 다른 부족을 끌어들이는 공간을 조작할 수 있게 해주었다. 그런데 신파는 더욱 보수적인 왕족 집단으로서 왕의 혈통이 없

는 모든 이를 배척했으므로, 계력처럼 인기 있는 야만족의 추장은 당연히
말로를 걱정해야 했다.

계력이 죽었을 때 주창은 아직 열 살도 되지 않았을 테니, 응당 노련
한 가족 성원의 '정치적 보좌輔政'를 받아야 했을 것이다. 『죽서기년』의 기
록에 따르면, 제을 2년에 "주족이 상나라를 정벌했다周人伐商." 이것은 분명
히 자기 역량을 헤아리지 못한 행위였으므로, 현실적으로 보면 주족은 어
쩔 수 없이 상 왕조의 내전에 개입했을 수도 있다.

주족을 직접 이끈 것은 라오뉴포의 숭국이었으며, 무을도 몇 차례 친
정親征했으므로 숭국과 관계가 대단히 밀접했을 것이다. 어쩌면 문정이 죽
은 후 숭국에 주족과 같은 속국을 규합하여 조정의 내전에 개입했으나, 제
을의 지위가 이미 흔들리지 않았으므로 옛 왕을 보위하려는 시도를 중도
에 그만둘 수밖에 없었을 것이다.

제을은 이들 서부의 후侯·백伯의 행동에 보복하지 않았던 듯하다. 그
는 부친과는 달리 서부 확장 사업에 전혀 흥미를 느끼지 못했고, 그저 강
족 포로가 때맞춰 은허로 보내져서 조상들의 제사에 바칠 수만 있으면 그
만이었다. 게다가 주족과 같은 야만족의 수령도 더는 중용될 기회를 얻지
못하고 은허에 출입이 금지되었을 가능성이 있는데, 어쨌든 숭국과 같은
서부의 제후국이 충분히 그들을 관리할 수 있을 터였다. 그러므로 갑골복
사에서 제을이 왕위에 오르고 30~40년 동안 주족 상층부가 상나라 왕에
게 상을 받았다는 기록이 다시는 나타나지 않았다.

유년의 주창은 서부의 생활에 안주할 수밖에 없었다. 이 작은 나라는
또 40여 년의 적막한 시간을 보내고, 주창 말년에 발생한 어떤 사변을 겪
고 나서야 비로소 방대한 상 왕조의 시야에 다시 들어왔다. 당시 상나라
왕은 이미 제을의 아들 제신으로 바뀌어 있었으니, 그가 바로 후세에 이름
이 널리 알려진 주왕이다.

제17장 주나라 문왕 토굴 속의 비밀

상고시대 역사적 인물의 주택 가운데 발굴 기회가 생긴 것은 극소수였고, 설령 발굴되더라도 상응하는 기록이 없었다. 예를 들어 은허에서는 많은 궁전 기초가 발굴되었으나, 상나라 왕들이 어느 건물에 살았는지 확정할 수는 없다. 설령 진시황이나 한나라 무제, 당나라와 송나라 황제일지라도 그들이 유적지의 건물 어느 전당에 거주했는지 확인할 수 없다.

다만 주나라 문왕은 특별한 예외다. 1976년에 그가 거주하던 주택이 완전히 발굴되었고, 게다가 그것을 입증하는 갑골복사도 있었다. 이 주택은 주족 수령의 생활공간이었을 뿐 아니라 문왕의 놀라운 비밀 즉, 상나라를 정벌하기 위해 신들과 공모한 일을 숨기고 있었다.

청년 시대의 문왕부터 살펴보도록 하자.

문왕은 주왕紂王의 고모부인가?

웨이수이강이 시끄러워지면서 많은 수의 작은 목선木船들이 강 가운데 떠 있고, 그 위로 목판이 깔려서 부교浮橋가 만들어졌다. 청년 족장 주창, 훗날 주 문왕은 부족을 이끌고 강가에 나가 먼 길을 온 신부를 맞이했다. 그는 이 혼인의 영예를 사방에 융성하게 선전했다. 먼 동방 사성姒姓의 신국莘國에서 온 이 신부를 후세 사람들은 '태사大姒'라고 불렀다.

『시경』「대명大明」에서는 "문왕이 젊을 때 하늘이 짝을 만들어주셨다文王初載, 天作之合"라고 했다. 이것은 상제(하늘)가 직접 중매한 혼사였고, 큰 나라에서 온 이 여자는 마치 상제의 여동생 같았다.

> 대국에 미혼의 여자 있는데
> 천제의 여동생 같았지!
> 大邦有子, 俔天之妹.

문왕이 말년에 지은 『역경』에는 2개의 괘에 대한 효사에서 "제을이 여동생을 시집보냈다"라는 말이 나온다.

> 제을이 여동생을 시집보내면서 복을 기원하니, 대단히 길하다.
> 帝乙歸妹, 以祉元吉.(「泰卦, ䷊」'六五爻')

이런 주장에 따르면 문왕은 제을의 매부妹夫이자 주왕의 고모부가 된다.

그러나 이것은 분명 사실이 아니다. 사성姒姓은 상 왕족의 성이 아니니, 더욱 제을의 여동생이 될 수 없다. 아마 주족도 스스로 사실로 여기지 않았을 것이다. 그렇다면 태사의 신국은 어디에 있는가? 예전에는 지금의 산시陝西성 허양合陽현이라는 의견도 있었으나, 이것은 성립하지 않는다. 왜냐하면 허양현과 주원은 모두 웨이수이강 북안에 있으니, 왕래할 때 강을 건널 필요가 없기 때문이다. 신국은 응당 지국摯國과 비슷하게 허난 지역에 있어야 한다. 신부의 수레 행렬은 위시豫西의 옛길을 따라 관중으로 향한 다음 북쪽으로 웨이수이강을 건너야 주원에 도달할 수 있었을 것이다.[266]

사성의 신국은 하 왕실의 후예라고 한다. 이 작은 나라는 여자로 유명했던 듯하다. 상나라의 개국 군주인 상탕의 부인이 신국 출신인데, 다시 훗날 주창이 주왕에게 구금되었을 때 신하들이 주공主公을 구하기 위해 갖가지 귀한 예물을 주왕에게 바쳤을 때, 그 가운데 '유신씨有莘氏의 미녀'도 포함되어 있었다. 어쩌면 문왕의 부인이 신국 출신이었으므로 후세에 견강부회하여 갖가지 역사가 창작되었을 수도 있다.

문왕 모친의 친정인 지국과 비교해서 신국은 지명도가 조금 높았다. 이 역시 주족의 세력이 상승했음을 보여주는 것으로서, 주족은 이미 서부의 전도유망한 신흥의 방국邦國이 되어 있었다. 신국에서 시집온 이들은 2명의 자매였으니, 이른바 '찬녀유신纘女維莘'이라는 것이다. '찬纘'은 연속해서 잇는다는 뜻이니 하나에 그치지 않는다.

주창은 언니의 의복이 동생보다 고급이 아니라고 속으로 의심했다.

> 제을이 여동생을 시집보냈는데, 그 언니의 복식이 여동생의 것만큼 훌륭하지 않았다.
> 帝乙歸妹, 其君之袂, 不如其娣之袂良.(『易經』「歸妹卦」'六五爻')

여동생은 주족의 또 다른 주요 인물인 소공召公 석奭과 결혼했을 수 있다. 소공 석은 주창보다 나이가 어렸으며, 주창 만년과 무왕이 상나라를 멸하는 과업을 시행할 때 대단히 중요한 역할을 했다. 그의 직함은 '태보太保'였으니 군주를 감독하고 보호하는 사람이라는 뜻이었다.

상·주 시대에 직위는 대부분 세습되었다. 소공 석의 부친은 어린 주창을 보좌한 적이 있어서 자기 가족이 '태보'라는 특별한 영광을 얻을 수

있게 했다. 앞서 살펴보았듯이, 주창은 어린 시절에 부친을 잃고 너무 일
찍 족장 자리에 올랐으니,* 응당 그를 대신해서 부족의 일을 관리할 장로
가 있었을 텐데, 그것이 소공의 가족이었을 가능성이 아주 크다.

소공의 가족은 희성이지만 주창의 가족과는 그다지 가깝지 않은 친
척이었던 듯한데, 적어도 역사서에는 이 부분에 관한 기록이 없다.[267] 무
을 시기의 갑골복사에는 늘 '도방刀方'을 정벌했다는 기록이 나오는데, 천
명자陳夢家에 따르면 '도刀'는 바로 '소召'라고 했으니,[268] 나는 '도방'이 소공
이 속한 소부족召部族일 가능성이 있다고 추측한다. 그들은 상나라에 엄중
한 타격을 입고 요행으로 살아남은 성원들—예를 들어 소공 석의 조부 항
렬—이 나중에 주족에게 투신한 게 아닌가 싶다. 역사서에 기록되지 않은
소공 석의 부친을 여기서는 잠시 '소조召祖'라고 부르기로 한다.

소공 부족은 상나라와 오랫동안 싸운 경험이 있어서 '소조'도 상나라
의 상황을 상당히 잘 알고 있었으며, 아울러 어린 주창을 성년이 될 때까
지 보좌했다. 주창의 혼사도 소조가 분주히 다니며 성사시키고, 그러는 김
에 자기의 아들 즉 후세의 소공 석에게도 신국의 공주 하나를 아내로 맞아
주었을 것이다. 그래서 주창은 또 이 때문에 소공 석과 동서가 되었다.

『역경』「귀매괘」에서는 여동생의 복장이 더 훌륭한 듯했다고 했다.
어쩌면 그녀가 친정에서 더 총애받았을 수도 있고, 여자 측 가족이 다년간
주족의 정치를 보좌해온 '소조'를 실권자로 보고 더 중시했을 수도 있다.
동방에서 온 신부도 소공 가족에 어느 정도 상족 문화의 영향을 주었으니,

---

* 고대사에서 주창周昌 부자父子의 나이에 대한 기록은 믿을 수 없다. 예를 들어 주창은 90세 넘게 살
았고, 15세부터 자식을 낳기 시작했다는 등의 기록이 그러하다. 이런 견해는 『상서』「무일無逸」을 잘
못 읽어서 생겼을 수 있는데, 주공이 "문왕은 중년에 천명을 받아 50년 동안 자리에 있었다文王受命惟
中身, 厥享國五十年"라고 했는데, 후세 사람들이 문왕이 '천명을 받은 것受命'이 상족의 족장族長이 된
후 50년을 살았다고 오해했다. 사실 '천명을 받은 것'은 그가 상나라에 반란을 일으켜 왕으로 칭한 것
을 가리키며, '향국享國'은 그가 주족 족장이 된 것을 가리킨다. '천명을 받은 것'은 그가 은도殷都에서
석방된 뒤이며, 그로부터 몇 년 뒤에 죽었다.—원주

예를 들어 그녀 혹은 어쩌면 그 아들의 이름이 '신辛'이었을 수도 있다. 생일의 천간天干으로 이름을 짓는 게 상족의 습속이었기 때문이다.*

결혼 후에 주창은 아주 빨리 '친정親政'을 시작해서, 새로운 세대의 주족 역사가 여기서 시작되었다.

부친 계력에 비해 주창의 부부생활은 훨씬 행복했다. 이 부분은 주족 상층부가 이미 점차 상나라 화商化 되고 있었고, 족장의 집도 호사스러워지기 시작해서 체면을 갖춘 큰 저택을 소유했으니, 족장의 부인도 더는 돼지우리를 화장실로 쓸 필요가 없었기 때문이었다고 할 수 있다.

주창이 수령이 되었을 때는 동방 귀족들과 교류하는 데에 이미 큰 장애가 없었다. 그는 자식이 많기로 유명해서, 이른바 '문왕의 아들이 100명'이라는 설도 있었다. 그와 태사 사이에 태어난 아들만 하더라도 10명 전후였으며, 그 외에도 몇 명의 서자가 있었을 테지만 딸이 있었다는 정보는 없다.

상나라 왕 제을은 26년 동안 재위했을 가능성이 있는데,[269] 그의 뒤를 이은 제신이 바로 상나라의 마지막 왕인 주왕이다. 그는 이름이 '수受'여서 '신수辛受'라고도 불렸다. '주紂'는 후세 주나라 사람들이 폄하하여 붙인 호칭이다.

당시 상나라 왕이 교체되었을 때 주창은 아마 30세가 조금 넘었던 듯하며, 주족의 가장 중요한 일은 여전히 상나라를 위해 정벌 전쟁을 벌여서 포로를 잡는 것이었다. 『역경』의 일부 내용을 보면, 주창은 젊었을 때

---

* 서주 초기의 '언후지정匽侯旨鼎'에 새겨진 명문에 "언후匽侯가 처음 종주宗周의 일을 받자 왕이 패전貝錢 20붕을 하사하여 그것으로 '사姒'의 존이尊彝를 만들었다匽侯旨初見事於宗周, 王賞旨貝廿朋, 用作姒尊彝"라는 내용이 들어 있다. 언후는 소공 석의 아들이나 손자로서 연후燕侯(언후匽侯)에 봉해졌는데, 주왕에게 상을 받은 뒤에 모친 혹은 조모 '사姒'에게 제사 지내면서 이 동정銅鼎을 주조했다. 이 '사'는 태사大姒와 함께 주족에게 시집온 여동생일 가능성이 크다. 소공 가족의 다른 동기에서는 또 '부신父辛'이라는 이름이 언급되어 있는데, 누구인지 확인할 수는 없으나 이것을 보면 소공 가족이 이미 어느 정도 상화商化되었음을 알 수 있다. 曹斌 等,「匽侯銅器與燕國早期世系」,『江漢考古』2016년 제5기 참조.─원주

늘 부족을 이끌고 강융^{羌戎} 부락으로 원정하여 포로를 잡은 경험이 많았다. 그러나 자식들이 점점 자라게 되자 그는 전쟁의 살육에서 벗어나기 시작해서, 장자인 백읍고^{伯邑考}와 둘째 아들 주발^{周發}(훗날의 무왕)이 군사 업무를 더 많이 부담했다.

백읍고는 훗날 은허에서 죽었는데, 역사서에는 그에 관한 정보가 무척 드물다. 문왕의 자식들은 모두 이름이 외자로서 무왕은 발^發, 주공은 단^旦이었으나, 백읍고만 그 이름이 상당히 기괴하다. 사실 여기에는 숨겨진 사정이 아주 많다.

그의 본명은 응당 '읍^邑'이었을 것이다. '백^伯'은 그가 적장자임을 나타내는 말로서, 주족은 가족 항렬을 백중숙계^{伯仲叔季}로 나타냈기 때문이다. '고^考'는 아버지라는 뜻인데, 백읍고에게는 후사^{後嗣}가 없었으니 사실은 후세의 주나라 왕실에서 제사 지낼 때 그에게 붙인 존칭이었다. 일반적이지 않은 이 칭호를 통해서도 그가 본래 주창의 계승자였음을 알 수 있다.

『시경』「대명^{大明}」에는 이런 내용이 들어 있다.

> 장자가 떠났으나
> 무왕을 낳았지.
> 그를 보우하고 명령하여
> 상나라를 습격하여 정벌하게 했지.
> 長子維行, 篤生武王. 保右命爾, 燮伐大商.

여기에는 장자 주읍^{周邑}의 이름이 숨겨져 있고, 게다가 외지에서 죽었음을 암시했으니(유행^{維行}), 둘째 아들 주발이 비로소 주족의 계승자가 되었다. 백읍고의 죽음은 상·주 관계의 중요한 전환점이어서, 상나라를 정벌하겠다는 문왕의 결심은 이때부터 흔들리지 않았다.

문왕이 언제 상나라를 정벌하겠다는 생각을 품게 되었는지는 확정할 수 없으나, 적어도 그가 상나라의 도읍에 가기 전에는 상나라에 대한 인식이 무척 모호해서 명확한 계획을 세웠을 리 없다. 처음으로 문왕의 상상력을 계발한 것은 점복이었다.

자식들이 자기 대신 일부 작업을 분담할 수 있게 되자 주창은 점복과 제사, 통령通靈 등의 무술巫術을 연구하기 시작했다. 이 분야에 대한 그의 흥미는 처음에 점을 쳐서 강융羌戎을 포획하는 방법에서 비롯되었을 것이다. 이를테면, 언제 어디에서 매복할 것인가 하는 것을 묻는 식으로. 갑골복사 기술의 기원은 대단히 빨라서 4000여 년 전의 룽산 문화에서 시작되었고, 화베이 지역에는 이미 소나 양의 어깨뼈를 이용해서 길흉을 점치는 일이 유행하고 있었다. 그리고 연구가 깊어짐에 따라 주창은 위험한 금역으로 진입하기 시작했다.

갑골 점복의 표면적인 원리는 뼈나 귀갑을 그을려서 생긴 금(징조를 알리는 문양)을 살펴서 길흉을 해독하는 것이나, 심층 원리는 통령通靈 즉, 특정한 어떤 신들에게 뜻을 묻는 것이다. 예를 들어 상나라 왕이 역대의 선왕이나 상제에게 물으면, 신의 해답이 뼈의 갈라진 문양에 나타나는 것이다. 그런데 상나라 왕보다 지위가 낮은 사람은 고급 신령에게 가르침을 청할 권한이 없으니, 저급의 귀신에게 물을 수밖에 없다. 예를 들어 자기 조상이나 그 지역 토지신 혹은 집안의 부엌 신竈神과 같은 자잘한 신들이 거기에 해당한다.

게다가 보통 사람은 점복의 내용을 갑골에 문자로 새길 수 없다. 은허에서 발견된 갑골복사의 절대다수는 모두 역대 상나라 왕의 것이며, 다만 무정 시대에는 왕자의 것이 극소수 들어 있었다. 이것은 상나라 사람들의 종교 관념에서 갑골에 새기는 문자는 신에게 전달되고, 신과 소통할 수 있는 유일한 통로이므로, 왕 외의 다른 사람을 채용하는 것을 엄격히 금지했기 때문일 수 있다. 판룽청과 라오뉴포처럼 상 왕조가 외지에 분봉하는 중요한 제후국에서도 모두 점을 치고 글자를 새긴 갑골이 발견되지 않았다.

주창은 온갖 방법을 다해 상나라 경내에서 온 이들을 모아, 그들을 통해서 점복으로 신과 소통하는 상나라 상층의 기술을 얻어 이용하려 했다. 『사기』「주본기」에 따르면, 문왕은 현량하나 지위가 낮은 사람에게도 자기를 낮추어 예우했으며, 외부에서 온 재능 있는 이들을 접대하기 위해 항상 한낮이 되도록 밥조차 먹지 않았으므로 태전泰顚과 굉요閎夭, 산의생散宜生, 죽자鬻子, 신갑대부辛甲大夫와 같이 상나라에서 그에게 투신하는 이들이 점차 많아졌다. 심지어 멀리 요서遼西에 있다는 고죽국孤竹國의 백이와 숙제 형제도 주원으로 왔다. 그러나 이들의 신분 내력은 모두 고증할 수 없고, 단지 신갑대부만이 상나라 사람일 가능성이 있다. 그 이름에 천간이 들어 있는 것은 상나라 사람들이 이름을 짓는 습관이기 때문이다. 다만 2개의 천간을 연이어 쓰는 것도 매우 드문 일이었다.

주족 수령의 쓰허위안

문왕의 저택은 치산岐山산 발치의 주원, 지금의 산시陝西성 치산현 평추鳳雛촌 북쪽의, 평추촌 갑조甲組 건물 기초로 분류된 곳에 있다. 정원은 북쪽에서 남쪽을 향하고 있는데, 동서 폭이 32.5미터, 남북 길이가 45미터, 총면적 1469제곱미터로서 표준적인 농구장 3개를 나란히 이어놓은 규모에 해당한다. 3줄의 건물과 2개의 정원, 동서의 곁방이 둘러서서 표준적인 쓰허위안四合院을 이루고 있으며, 대문 밖에는 영벽影壁 하나가 있다.[270]

전체 정원은 흙을 다지고 목조 구조물을 지었는데, 흙을 다진 기초는 두께가 1.3미터이고, 담장의 두께는 0.6~1미터였으며, 지붕의 도리檁 위에는 갈대 묶음을 긴밀하게 깔고 다시 진흙을 발랐다. 바닥과 벽, 지붕에는 모두 1센티미터 두께의 백회白灰 반죽mortar을 발랐고, 실내 벽면의 백회는 비율이 약간 높아서 흰색에 가까운 연노란색을 띠고 있었다. 영벽에는

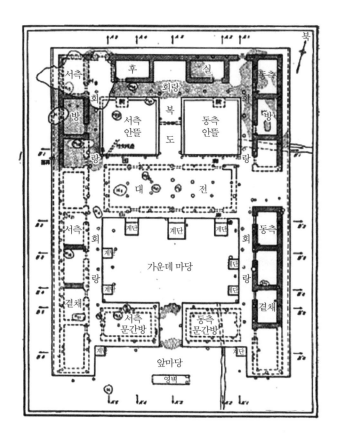

북

서측 회랑

후   실

회랑

방

서측 안뜰

복도

동측 안뜰

동측 회랑

방

랑

대   전

서측 회랑

계단   계단   계단

동측 회랑

랑

계단

가운데 마당

계단

결채

계단

서측 문간방

동측 문간방

결채

계단

계단

앞마당

영벽

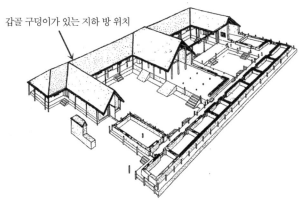

갑골 구덩이가 있는 지하 방 위치

평추촌 갑조 기초 평면도 및 복원 해부도[271)]

백회 반죽을 발랐을 뿐만 아니라 그림이 그려졌을 가능성도 있다.

남면의 제일 첫 줄은 문간방으로서 손님을 맞이하고 경비를 서는 인원이 거주했다. 좌우 문간방 사이에 난 길은 폭이 약 3미터로서 마차 한 대가 간신히 통행할 수 있으나, 대문 밖의 영벽을 고려하면 정원에 들어갈 수 있는 마차는 극소수였을 것이다.

대문을 들어서면 앞마당—보고서에서는 '가운데 마당中院'이라고 했음—인데 양측에 곁방廂房이 있고, 마당 안에는 정청正廳의 대전으로 통하는 3개의 계단이 있다. 정청은 폭이 상당히 크나 칸이 나뉘지 않았고, 내부에는 지붕을 받치는 2줄의 나무 기둥이 있었다. 이곳은 평소 족장이 사무를 보고 손님을 접대하는 장소로서, 주족의 많은 중요한 일이 모두 여기에서 계획되었다.

정청의 남쪽으로 향한 면에는 벽이 없이 나무 기둥만 있어서 탁 트인 로비 형태로서, 찾아오는 사람이 조금 많을 때는 앞마당에 모여서 족장이 처마 아래에 서서 하는 연설을 들을 수 있었다. 정청 뒷면에는 복도가 한 줄 나 있어서 동서 양쪽의 작은 뜨락을 나누었다. 북쪽 방(뒷방)과 동서의 곁방이 작은 뜨락을 둘러싸고 있었으니, 이곳은 족장 가족이 기거하는 곳이었다.

정원의 동서 양면에는 두 줄의 곁방이 있었는데 각기 8칸으로서, 건물의 깊이는 모두 2.6미터이고 폭은 약간 차이가 있다. 사용 면적은 11~16제곱미터 사이로서 그다지 크다고 할 수 없다. 2개의 주방은 모두 동쪽 곁방에 있는데, 하나는 남쪽에서 세 번째 칸에 있어서 앞마당을 마주하고 있고, 다른 하나는 북쪽에서 두 번째 칸에 있어서 동쪽의 작은 뜨락을 마주하고 있다. 주방 안에는 각기 폭이 1미터쯤 되는 부뚜막 구덩이가 있다.

거의 모든 건물에는 처마가 있는데, 처마를 받치는 전문적인 기둥이 있다. 처마 아래에는 자잘한 돌을 깔아 물이 퍼지는 자리를 마련해서 빗물에 지면이 씻기는 것을 방지했다.

정청은 공무를 논의하는 장소이고, 주인 가족이 평소 기거하는 곳은 주로 동서의 곁방이었다. 정면의 대문 외에 문간방과 동서의 곁방 사이에도 각기 작은 문이 있어서 집안사람들이 뜨락을 드나들기 편하게 했다.

앞마당과 동서의 작은 뜨락 안에는 정원 밖으로 통하는 하수관이 있어서 빗물을 배출하기 편하게 되어 있었다. 앞마당에는 소켓socket으로 연결된 6마디의 도제 배수관이 동쪽 문간방의 지하를 통과해서 정원 밖으로 이어졌고, 동쪽의 작은 뜨락에는 돌을 쌓아 만든 하수도가 동쪽 곁방의 지하를 통과했다.

전체적으로 보면 이 저택은 사면이 둘러싸여 폐쇄되었으며, 게다가 영벽이 바깥에서 들어오는 시선을 차단해서 사생활을 무척 중시했다. 게다가 동서로 눈에 띄지 않는 2개의 작은 문은 온화하고 신중하며, 사적이고, 편리하게 드나들 수 있어서 후세 중국 민가의 전범典範이라고 할 만하다.

비교하자면, 이 저택은 상나라의 건물과는 무척 달랐다. 은허 시대 상나라 왕궁 구역의 건물은 대부분 분산된 단독 구조로서 서로 둘러싸는 경우가 무척 드물어서, 방어와 사생활을 중시하지 않는 자신감을 드러냈다. 일반적인 상나라 귀족의 정원은 대부분 완전히 에워싼 '회回'자 형태로 배치되어, 완전히 폐쇄된 망루望樓와 같다. 그런데 문왕의 저택은 후세의 '쓰허위안'에 더 근접해 있다.

문왕의 이 저택은 아주 넓은 듯하지만, 대다수 건물의 칸은 상대적으로 작아서 실제 그 자리에 가보면 약간 좁다고 느껴질 것이다. 문왕에게 적어도 10여 명의 아들이 있었으니 딸까지 포함하면 자식이 거의 30명 전후이고, 게다가 1명 이상의 부인과 하인들까지 고려하면 이 저택에 다 수용하기 어려웠을 것이다. 이렇게 보면 성년의 자식들은 다른 곳에 거주했을 수도 있다.

탄소14 연대 측정에 따르면, 펑추촌 갑조 건물 기초 즉, 문왕의 저택이 건축된 시기는 기원전 1095년(오차 범위는 ±90년)이다. 이 연대치로 보면 그것은 주나라가 상나라를 멸하기 50년 전에 지어졌으니, 당시 문왕은 막 성년이 가까워진 때였다. 어쩌면 이 저택은 그의 혼사를 위해 준비된 것으로 주족이 상나라를 멸하는 사업도 여기에서 싹트게 되었을 것이다.

지하의 작업실

겉으로 보면 문왕의 저택은 그저 서부 추장의 체면을 세워주는 정원에 지나지 않지만, 눈에 잘 띄지 않는 서쪽 곁방의 남쪽에서 두 번째 칸에는 또 더욱 깊은 비밀이 묻혀 있었다.

이 곁방의 벽 아래에는 두 개의 토굴이 있는데, 상대적으로 큰 H11(1.55미터×1미터)은 방의 동남쪽 귀퉁이에 있으며, 바닥 부분은 점차 커져서 작은 토굴 방이라고 할 만했다. 아래쪽으로 1.9미터를 파고 들어가서 1미터 두께의 흙을 다진 기초를 뚫고 지난 다음에 동서 양쪽으로 확대되어서 바닥 부분의 길이가 3미터, 폭이 1미터였다가 위로 향하면서 점차 수렴하는 편병扁甁 모양의 공간을 형성했다.

주족에게 이런 지하실에서 생활하는 방식은 낯설다고 할 수 없으니, 빈-녠쯔포 시절에 그들은 주로 토굴집이나 토굴 안에서 거주했기 때문이다. 그러나 문왕이 살아 있을 때, 이 작은 토굴에는 나무로 된 사다리가 있어서 드나들 수 있고, 입구에는 바닥에 나무를 깔거나 가구를 두어서 은폐하여, 전적으로 주인의 밀실로 사용되었을 것이다.

H11 지하실에 보존된 것은 보통의 물자가 아니라 점을 치는 데에 사용된 갑골로서 모두 1만7000여 개가 발굴되었는데, 절대다수가 귀갑이었으나 모두 작은 조각으로 부서져 있었다. 이 부서진 귀갑 가운데 글자가

새겨진 것은 282조각뿐이었다.

당연히 이 지하실은 갑골 저장실일 뿐만 아니라 비밀 작업실이기도 했다. 그 북쪽의 벽에는 침대 크기의 벽감을 팠는데, 지하실 바닥에서 40센티미터 떨어져서 간이 작업대를 이루었다. 벽감 안에 기름등잔을 두고 자리를 깔고 앉으면 바로 벽감에 엎드려 점을 치거나 갑골에 문자를 새길 수 있었다.

두 번째 지하실 H31은 북쪽 담장에 바짝 붙어 있어서 더욱 은폐되어 있었는데, 처음 발굴했을 때는 발견되지 않았다. 이 지하실은 직경이 약 1미터이고 깊이가 약 1.6미터로서, 물건만 저장할 수 있을 뿐 사람은 들어갈 수 없었다. 그 안에 저장된 갑골은 아주 적었고, 복사卜辭가 새겨진 것도 몇 개가 있다.

고고학자들은 대부분 이 평추촌 갑조 건물 기초가 주족의 종묘라고 여기는데, 그 근거는 훗날『주례』에 "귀갑을 사당에 저장한다藏龜於廟"라는 말이 들어 있기 때문이다. 다만 주창 시대의 주족에게는 아직 이런 엄격한 예법이 없었고, 심지어 서주 중기의 쓰레기 구덩이에서도 점을 치고 난 갑골이 발견되기도 한다. 그러므로『주례』의 논법은 선주와 서주의 실상에 전혀 부합하지 않는다.

게다가 종묘는 공공건물이니 상대적으로 큰 공공의 공간이 필요한데, 평추촌 갑조 건물은 그렇지 않다. 그 정청과 정원은 모두 크지 않고, 게다가 대문 앞에 영벽까지 있다. 이것은 모두 가정 주택의 특징이며, 적어도 사용 초기에 이 건물은 주창의 주택이었을 것이다.

그런데 지하실보다 더 은밀하고 해석하기 어려운 것은 그 안에 저장된 갑골이다.

은허에서 상나라 왕은 모두 표면이 잘 정돈된 소의 어깨뼈나 귀갑에 점복의 내용을 새겼는데, 문왕 저택의 두 지하실에서 발견된 글을 새긴 갑골은 모두 잘게 부서져 있고, 새긴 흔적도 모기 다리보다 가늘고 글자도

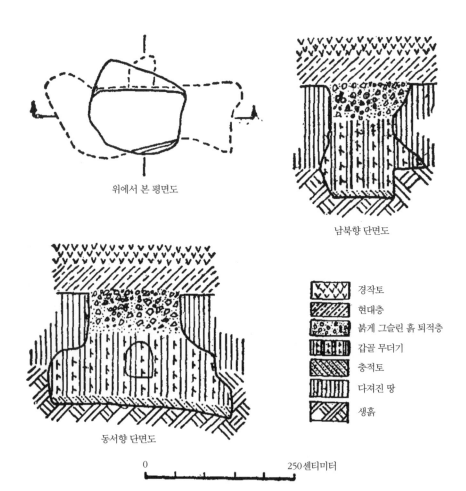

위에서 본 평면도

남북향 단면도

동서향 단면도

경작토

현대층

붉게 그슬린 흙 퇴적층

갑골 무더기

충적토

다져진 땅

생흙

0   250센티미터

H11 지하실의 평면도와 단면도

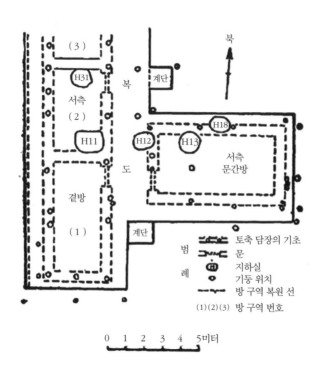

범례
- 토축 담장의 기초
- 문
- 지하실
- 기둥 위치
- 방 구역 복원 선
- (1)(2)(3) 방 구역 번호

0 1 2 3 4 5미터

H11과 H31 지하실의 위치

좁쌀처럼 지극히 작아서, 배율 높은 돋보기의 도움을 받아야 또렷하게 식
별할 수 있을 정도였다. 대다수 글자는 1제곱밀리미터 정도이고, 엄지손
가락 크기의 갑골 하나에는 20자 남짓을 새길 수 있었다.

처음 발굴했을 때 고고학자들은 글자가 새겨진 이 갑골들을 인식하
지 못하고, 그저 진흙 속에 뒤섞인 자잘한 뼈 부스러기인 줄로만 알았다.
이런 작은 글자는 탁본하기도 어려워서, 주원의 갑골문은 모두 사진을 찍
어 확대하거나 혹은 정리자가 돋보기를 대고 모사해야 했다.

복사를 왜 이렇게 작게 새겨야 했을까? 리쉐친李學勤(1933~2019)은
"갑골에 새긴 글자가 좁쌀만 한 크기인 것은 문장을 상관된 징조 옆에 국
한해서 다른 징조와 섞이지 않게 하려고" 그렇게 했다고 했다.[272] 그러니
까 불에 그슬려서 갈라진 무늬의 범위 안에 글자를 새겨야 했다는 뜻이다.
그러나 이 갑골의 잔해들로 보건대, 글자를 새길 공간은 충분했고 많은 잔
해가 공백으로 남아 있다. 게다가 은허의 갑골복사에도 이런 문제가 없었
다. 그러므로 주창이 처한 현실적 환경에서 답안을 찾는 게 나을 것이다.

실제로 주창이 하고자 했던 일은 상나라 왕이 신과 소통하여 점치는
기술을 비밀리에 배우는 것이었다. 그런데 이것은 상나라에서는 지나친
참람에 해당하는 행위였고, 게다가 훗날 주창이 상나라를 정벌하려는 생
각을 품은 것은 더욱 대역무도한 일로서 모든 이의 상상력을 뛰어넘는 것
이었다. 일단 이 음모가 누설되면 자기가 재앙을 당할 뿐만 아니라, 주족
전체가 그와 함께 순장될 수도 있었다.

그러므로 주창은 비밀을 유지해야 했다. 이를 위해 그는 남들 눈에 잘
띄지 않는 서쪽 곁방에 자신을 가두고 어두운 지하의 토굴에 숨어서 각종
점을 연습하고 글자를 새겼다. 게다가 글자를 일부러 아주 작게 새겼다.
어쨌든 이것은 문왕의 가장 은밀한 사업이었다.

점술에 빠진 이들은 대부분 신비롭고 기이한 전설을 포함한 각종 초
자연적 능력과 현상을 믿는다. 상나라 사람들의 전설에 따르면 검은 새玄

鳥(제비)는 상나라 왕의 조상이다.『역경』에는 "새가 날아서 흉하다飛鳥以凶"라든가 "나는 새가 소리를 남겼다飛鳥遺之音"와 같은 구절이 들어 있다. 그러니까 주창은 이미 나는 새가 적에게 정보를 전달할 수 있다는 데에 주목했다. 그는 틀림없이 제비가 자기의 비밀을 발견하면 상나라 주왕에게 알리리라 생각했을 것이다. 그런데 제비는 처마나 들보에 둥지를 틀기 좋아한다. 그러므로 수시로 날아드는 이 이목들을 피하기 위해, 그는 토굴로 숨어서 나무판자로 엄밀히 덮고 등잔을 켜야 했다.

문왕이 새긴 복사의 기록

주창이 현량한 인사들에게 자기를 낮추어 예우했다는 이야기 뒤에는 실은 상 왕조의 정보를 탐지하려는 노력이 숨겨져 있었으며, 상나라 왕가의 점복 기술은 그가 기울인 관심의 중점이었다. 세상에 전하는 문헌에서는 이런 내용을 서술하지 않았으나, 고고학은 완전히 다른 인식을 제공한다.

주창은 상나라에 인간 희생을 바치는 작업을 완성해야 했으므로 포로를 잡는 방법에 무척 관심이 많았다. 서쪽 곁방의 토굴에서 나온 갑골 가운데 하나(H31 : 3)는 어디에 가면 포로를 잡을 수 있느냐는 내용이었다. 이 조목의 글자를 현대의 글자로 바꾸면 다음과 같다.

8월 신묘일에 점을 쳐서 물었다.
"꿈에 계시를 얻었는데, 서쪽으로 가면 재앙이 없고, 50명을 사로잡을 수 있습니까?"
八月辛卯卜曰, 其夢啓. 往西, 亡咎, 獲其五十人.[273]

50명은 은허 갑골문에 늘 쓰이던 제사에 바쳐진 인간 희생의 수다. 무정과 무을이 직접 정벌하던 시대는 이미 과거가 되었고, 지금의 상나라에서 인간 희생은 주로 주족과 같은 작은 속국에서 제공하고 있었다. 이 때문에 주창은 무척 긴장했다. 상나라 왕이 하달한 임무를 완성하기 위해 그는 모든 방법을 동원해서 예측해야 했으며, 심지어 꿈의 계시와 갑골 점복까지 사용했다.

어떤 갑골복사는 더욱 기이하니, 내용이 뜻밖에도 상나라 선왕 특히 근년의 문정과 제을 즉, 주왕의 조부와 부친에게 제사한 것이다. 제사 형식도 완전히 상나라 형식으로서 소와 양, 돼지뿐만 아니라 인간 희생까지 사용했다.

갑골 H11: 1에는 계사일癸巳日에 '문무제을종文武帝乙宗'(주왕의 부친 제을의 종묘)에 어떻게 제사를 지내야 할 것인가 하는 내용이 기록되어 있으며, 그와 동시에 성당成唐(상나라를 개국한 성탕成湯으로 그의 생일도 을일乙日임)에게도 함께 제사를 지내도 되겠는지 점을 쳤다. 제사 방식은 2명의 여자를 '보제報祭'(큰 솥에 삶는 방식일 가능성이 있음)하는 것이었으며 또 돼지와 양을 각기 3마리씩 잡아서 피를 제사에 바쳤다.

갑골 H11: 112에는 이튿날인 을유일乙酉日에 '문무정文武丁'(주왕의 부친인 문정)에게 성대한 제사를 올리려고 준비하는 내용이 기록되어 있는데, 글자가 마모되어 사용된 제수품이 무엇인지는 자세히 알 수 없다. 제사 방식은 사지를 해체하는 '열裂'이었으며, 또 신체를 반으로 절개하는 '묘卯'도 있었다.

그렇다면 문왕은 왜 상나라 왕의 선조에게 제사를 올렸을까? 이것은 대답하기 무척 곤란한 문제다.

첫째, 당시 사람들의 관념에 따르면 신령은 제수품을 선택할 능력이 있었으니, 상나라 왕의 선조는 주족과 같은 야만의 작은 방국에서 바치는 제수품을 흠향하려 하지 않았을 것이다. 게다가 주족도 공공연하게 상나라 왕의 선조를 위해 사당을 건립할 수 없었다. 당시에 이것은 도리에 어긋나고 참람한 행위였으므로, 상 왕조에 그 소식이 전해지면 주족에게 살신의 재앙을 초래할 수 있었다.

둘째, 역사서에나 고고학적 발굴에는 모두 주족이 인신공양제사를 지냈다는 기록이 없다. 문왕의 저택 안팎에서도 인간 희생을 바쳐 건물 기초를 다졌다거나 인신공양제사를 지낸 현상이 발견되지 않았고, 쓰레기 구덩이에도 버려진 인골이 없었다. 주원 전체가 모두 이러했다.

셋째, 문왕 저택의 토굴에서 발견된 복사는 모두 대단히 미세하게 새겨져 있어서 은허의 갑골과는 현저하게 다르므로, 앞서 살펴본 이 2개의 갑골 조각도 은허의 상나라 사람에게서 가져온 게 아니다. 어쩌면 이것은 문왕이 어떤 기회로 은허에 갔을 때 상나라 사람들이 점을 치고 제사하는 전체 과정을 몰래 관찰하고 배운 후, 주원에 돌아와서 그 방법을 모방해서 새긴 복사일 수도 있다.

정말 그렇다면 왜 이런 식으로 했을까? 지금은 이미 표준적인 답안을 찾을 길이 없으니, 점복의 예측과 제사 자체가 바로 비이성적인 산물이기 때문이다. 게다가 주창은 여기에 대해 비상한 흥미와 탐색 정신을 지니고 있었다. 그는 상나라의 갑골 점복을 배웠을 뿐만 아니라, 역괘易卦로 예측하는 기술을 개조하여 『역경』 텍스트를 창작했다.

어떤 학자는 문왕 저택의 토굴에서 나온 갑골에 더 후기의 내용이 들어 있다고 여기고 있다. 예를 들어 주나라 무왕 시기와 서주 초기의 성왕成王과 강왕康王의 복사卜辭도 있다는 것이다. 다만 이런 복사는 수량이 극히 적고, 더욱이 직접적인 증거가 없다. 주나라로서는 상나라를 멸한 게 가장 중대한 역사적 사건이었는데, 그와 관련된 복사도 없고 후세 자손이 문왕에게 제사 지낸 내용이 담긴 복사도 없다.

주창이 죽기 얼마 전에야 도읍을 풍경豐京, 지금의 시안시 서쪽 교외로 옮겼고, 그로부터 얼마 뒤에 무왕이 호경鎬京을 건설하고 상 왕조를 멸

망시켰다는 사실에 주목해야 한다. 그러니까 이때에는 주원에 있는 문왕
의 저택은 왕실 가족의 사당이자 문왕의 기념관이 되었다는 것이다. 결과
적으로 서주 말년에 이르러 건물 전체가 큰 화재로 소실되었다.(무너진 흙
담장과 지붕 잔해에 불탄 뒤의 검붉은 색이 나타나 있다.) 갑골은 토굴에 보존되어
있었으므로 요행히 화재로 인한 소실을 피할 수 있었다.

문왕 저택에 남아 있는 갑골에 새겨진 글은 전체 양이 그다지 많지 않
고, 지나치게 자잘하게 흩어져 있다. 다만 문왕이 세상에 남긴 또 하나의
저작인 『역경』에는 주족의 초기 역사가 더 많이 포함되어 있으나, 새로운
해석 방식을 통해야만 부분적인 진상眞相을 환원할 수 있다.

제18장 『역경』 속의 포로 사냥과 포로 바치기

주원으로 이주한 이후 주족은 상 왕조의 속국이 되었으며, 그 대가는 주변 산지의 강족을 잡아 상 왕조의 인간 희생으로 바치는 것이었다.

상나라와 주족의 이런 관계는 고공단보 만년에 시작해서 계력과 주창까지 2세대를 거치고, 심지어 상나라를 멸하기 전의 무왕 초기까지 지속했을 가능성이 있다. 같은 시기의 상 왕조는 무을과 문정, 제을(소을小乙), 제신(주왕)까지 4대를 거쳤는데, 그 기간은 50년이 넘는다.

역사서와 문헌에서 주족의 이 시기 역사는 지워져 있어서, 거의 아무런 흔적도 남아 있지 않다. 이 기간의 역사와 함께 귀신을 숭배하고 인신공양제사를 바치는 상나라의 문화도 함께 잊혔다. 주 왕조가 건립된 이래 사람들의 기억에는 그 피비린내 나고 공포로 가득 찬 기나긴 연대가 더는 남아 있지 않게 되었고, '역사'는 고대의 성스러운 왕이 백성을 양육하고 교화한 온정 넘치는 지난날의 연속이 되었다.

다만 그럼에도 일부 실마리가 남아 있으니, 이것이 바로 문왕 주창이 창작한 『역경』이다. 주창은 줄곧 암흑의 상나라 시대를 살다가 상 왕조가 멸망하는 모습을 보지 못하고 죽었으나, 『역경』에 진귀한 기록을 아주 많이 남겼다. 개중에는 상족의 피비린내 나는 제사 의식과 인간 희생 사냥을 담당했던 주족의 경험도 포함된다.

주 왕조가 건립된 뒤에 상 왕조의 갑골 문서들은 철저히 파괴되었으나, 감히 문왕이 남긴 『역경』을 훼손할 사람은 없었다. 다만 거기 기록된 잔혹한 일들은 평범한 내용으로 변했다. 이것은 확실히 효과가 있었고 어느덧 3000년이 지났다.

다만 은허 유적이 발굴되어 출토된 갑골 문헌이 해석되면서 상 왕조의 진정한 과거사가 점점 복원되자, 3000년 동안 오독誤讀되었던 『역경』의 어휘와 구절도 비로소 새롭게 해석될 수 있었다. 이에 따라 문왕과 상나라 주왕의 시대가 부활하기 시작했다.

포로 '부孚'

문왕 주창의 『역경』에는 많은 '부孚'자가 나타난다. 그 뜻은 상당히 괴상해서 전국시대 이래로 경학가들은 대부분 그것을 신뢰한다는 뜻의 '신信'으로 풀이했고, 그 결과 많은 구절을 해석할 수 없는 상황이 조성되었다.[274] 사실 『역경』을 연구한 가오헝高亨은 이 '부孚'자가 바로 포로를 나타내는 '부俘'의 본래 글자라고 했다.

> 『설문해자』에서 "'부俘'는 군대에서 획득한 것이다"라고 했다. 군대가 적의 사람이나 재물을 노획한 것을 '부'라고 하는데 (…) 옛사람들은 이 것이 영광스러운 일이라고 생각했으므로 "'부'가 있으면 영광스럽다有 孚光"라고 했다. 「미제괘未濟卦」에서 "군자의 영광은 '부'를 가지는 것君子 之光有孚"이라고 한 구절의 뜻은 이와 같다.
>
> 說文, 俘, 軍所獲也. 軍隊虜獲敵方之人員財物謂之孚 (…) 古人認爲此乃光

榮之事, 故曰有孚光, 未濟六五云, 君子之光有孚," 句意同此.*

그러나 가오헝이 『역경』 연구와 관련된 저작을 썼을 때는 상 왕조가 사람을 죽여 제사에 바쳤던 행위에 대한 고고학적 성과가 아직 충분히 주목받지 못하고 있었고, 주족이 오랫동안 상 왕조를 위해 포로를 잡았던 역사도 아직 드러나지 않고 있었다. 그러므로 『역경』 속의 '부孚'자를 학계에서는 아직 중시하지 않고 있었다.

『역경』은 상 왕조 말엽의 산물이므로, 그 안에 담긴 문자를 해석하려면 상나라가 남긴 갑골문을 참조해야 한다. 갑골문에서 '부孚'자는 ꝏ라고 쓰는데, 글자 형태는 한 손으로 아이를 붙잡고 있는 모양 즉, 포획했다는 뜻이다. 게다가 특히 사로잡아서 제사에 바치는 인간 희생을 가리킨다.

예를 들어 은허의 갑골복사에서 "점을 쳐서 물었다. '제가 그물로 부를 잡을까요貞, 我用罔孚?'(『合集』 903 正)"라고 했을 때, '망罔'은 상형자象形字로서 한 사람이 두 손으로 그물을 든 모양을 나타낸 것이다. 이것은 상나라 사람이 포로를 잡을 때 쓰던 그물 도구로서, 형태는 두 개의 나무 손잡이에 묶은 한 장의 그물을 나타낸다. 이외에 갑골복사에는 '용부用孚'라는 말이 들어 있으니, 바로 포로를 죽여 제사에 바친다는 뜻이다.

그물罔로 포로를 잡은 일은 『역경』에도 기록되어 있으니, 예를 들어 「진괘晉卦, ䷢」 초륙효初六爻의 효사에는 이런 내용이 들어 있다.**

---

* 가오헝, 『주역고경금주』, 176쪽. 가오헝은 『역경』의 3분 1가량의 '孚'자를 '俘'로 해석하고, 나머지는 '罰'로 해석하거나 전통적인 해석에 따라 '信'으로 해석하기도 했다. 나는 『역경』의 거의 모든 '孚'자를 '俘'로 해석할 수 있다고 생각한다. 춘추 시기에 창작된 『시경』에 나온 '孚'자에는 확실히 '신용信用'의 뜻이 있으나, 『역경』의 괘사卦辭와 효사爻辭가 나온 시기는 그보다 더 이른 상대 말기이므로, 갑골문과 상대에 대한 고고학의 성과를 통해 해석해야 한다. —원주

** 이하 『역경』의 문장들은 전통적인 해석이 아니라, 이 책 저자의 해설을 기반으로 번역했다. 아울러 인용문에 대한 저자의 백화체 해설은 중복을 피하기 위해 필요한 부분만 골라 번역했다.

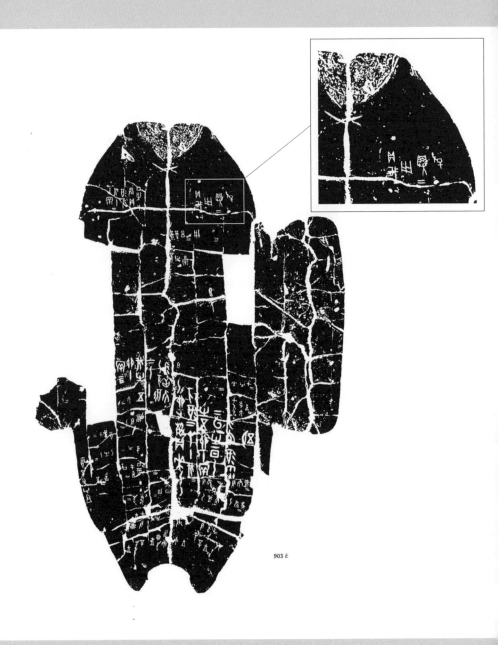

903 正

『合集』903 正："貞，我用罔孚."

그물로 '부'를 잡았는데, 풍족하게 잡아서 재앙이 없다.

罔孚, 裕, 無咎.

괘의 이름은 '진晉'인데 본래 의미는 공격한다는 것으로서 갑골문에서는 ꔾ라고 쓴다. 글자의 형태는 하나의 과녁에 2개의 화살이 꽂힌 모양을 나타냈다.

이외에 『역경』의 많은 괘들, 예를 들어 「대장괘大壯卦, ䷡」 「해괘解卦, ䷧」 「손괘損卦, ䷨」 「익괘益卦, ䷩」 「정괘井卦, ䷯」 「혁괘革卦, ䷰」 「풍괘豐卦, ䷶」 「미제괘未濟卦, ䷿」 등의 효사에 모두 '유부有孚'라는 구절이 들어 있으니, 포로를 잡을 수 있다는 점괘를 나타낸다. 고공단보가 주원으로 이주한 이래 주족은 줄곧 상 왕조를 위해 강족을 사냥했으므로, 주창이 『역경』의 점술 방법을 연구할 때는 포로를 잡는 일에 관한 예측 결과에 무척 관심이 많았다.

「수괘需卦, ䷄」는 모두 포로를 잡는 기술을 얘기하고 있다. 주족의 포로 사냥 경험은 수괘에 아주 많이 기록되어 있다. '수需'는 '수須'와 통하며 글자의 뜻이 같다. 이 괘는 주로 매복하고 적을 유인하는 기술을 얘기하고 있다.

포로가 있다. 영광스럽게 제사를 지내니, 점을 친 결과 길하다. 큰 강을 건너면 이로움이 있다.

有孚. 光亨, 貞吉. 利涉大川.

초구: 교외에 매복해야 하며, 인내심을 가져야 이롭고, 끝내 재앙이 없다.

初九: 需於郊, 利用恒. 無咎.

구이: 모래밭에 매복해야 하는데 약간 말(논쟁)은 있으나 결국에는 길하다.

九二: 需於沙, 小有言, 終吉.

구삼: 진흙에 매복하여 적이 이를 때까지 기다린다.

九三: 需於泥, 致寇至.

육사: 피바다 속에 매복해 있으면 (적이) 숨어 있던 굴에서 나온다.

六四: 需於血, 出自穴.

구오: 술과 음식을 베풀어야 한다. 점을 치니 길하다.

九五: 需於酒食, 貞吉.

상륙: 굴에 들어가니 3명의 불청객이 있었는데, 그들을 공경히 대하자 결국에 길했다.

上六: 入於穴, 有不速之客三人來, 敬之, 終吉.

구이효에서 말한 논쟁은 매복 지점에 관한 의견 차이를 가리킬 수 있다. 육사효는 적의 촌락을 습격하여 전투가 끝난 뒤에 땅바닥에 피가 흥건한 시체가 널려 있으나, 주족 군대는 서둘러 철수하지 않고 촌락 안에 다시 매복해 있다가 토굴 등지에 피신해 숨어 있던 이들이 나오면 사로잡았다는 뜻일 수 있다. 구오효는 거짓으로 잔치를 열어 사로잡을 상대를 초청한다는 뜻일 수 있다.

이런 전술은 아주 많은 성공 사례, 응당 고공단보 이래 주족에게 축적된 포로 사냥의 경험에서 나왔을 것이다.

마지막 상륙효는 앞서 설명한 바 있듯이, 대체로 3명의 불청객이 주족을 주원으로 초청함으로써 주족이 포로 사냥의 생애를 시작하게 되었다는 뜻이다.

『역경』에 왜 이렇게 많은 주족의 생활 경험에 대한 진실한 기록이 들어 있는가? 이것은 주창이 『역경』을 창작한 목적과 관련이 있다. 즉, 그는 각종 사물의 이면에 담긴 인과관계를 연구하고, 최종적으로 상나라를 정벌하는 이론과 방법을 세우고자 했던 것이다. 이에 대해서는 뒤에서 전문적으로 소개하기로 하겠다.

『역경』에는 주족이 사로잡은 포로의 양은 기록하지 않았으나, 앞서 살펴본 문왕 저택의 갑골 H31 : 3은 진귀한 정보를 제공한다.

8월 신묘일에 점을 쳐서 물었다.

"꿈에 계시를 얻었는데, 서쪽으로 가면 재앙이 없고. 50명을 사로잡을 수 있습니까?"

틀림없이 이것은 50명을 사로잡기 위해 점친 기록이다. 보아하니 주족이 매번 사로잡은 포로의 수는 수십 명 범위로서 그다지 많다고 할 수는 없다.

도망친 숫양, 완강히 반항하는 강족 추장

『역경』의 「대장괘大壯卦, ䷡」도 포로 사냥에 관한 것이며, 게다가 효사에는 숫양羝이 사로잡혔다가 탈출한 장면이 여러 차례 나타난다.

대장: 점을 치니 길하다.

大壯: 利貞.

초구: 발을 다쳤으니, 출정하면 흉하다. 포로가 있다.

初九: 壯於趾. 征, 凶. 有孚.

구이: 점을 치니 길하다.

九二: 貞吉.

구삼: 소인(강족)은 상처를 입혀서 사로잡고, 군자(추장)는 그물을 쳐서 잡는다. 점을 치니 사납다. 숫양이 울타리를 들이받아 뿔이 약해졌다.

九三: 小人用壯, 君子用罔. 貞厲. 羝羊觸藩, 羸其角.

구사: 점을 치니 길하나, 도망치면 후회한다. 울타리가 터졌으나 약해지지는 않았고, 큰 수레의 복토輹*가 약해졌다.

九四: 貞吉, 悔亡. 藩決不羸, 壯於大輿之輹.

육오: 역易 땅에서 양을 잃었으나, 후회는 없다.

六五: 喪羊於易. 無悔.

상륙: 숫양이 울타리를 들이받았으나 물러날 수도 끝낼 수도 없다. 유리함이 없으나 고난을 겪으면 길하다.

上六: 羝羊觸藩, 不能退, 不能遂. 無攸利, 艱則吉.

주족이 사로잡을 대상은 강족이다. 갑골문의 '강羌'자는 양의 머리에 남성의 몸뚱이를 한 모습이니, 「대장괘」의 숫양은 강족을 대신 지칭하는

---

* 복토輹는 수레 바닥에 설치하여 수레 몸체와 굴대를 연결하는 나무 장치다.

말일 것이다. 효사에 자주 나타나는 '장壯'자를 가오형은 '장戕' 즉, 상하게 한다는 뜻으로 해석했다.[275]

구삼효는 소인 즉 지위가 낮은 강족은 때려서 상처를 입힌 뒤에 사로 잡아도 되지만, 군자 즉 부족 추장은 상처가 생기지 않게 그물로 사로잡는 게 좋다는 뜻이다. 이것은 당연히 상나라 쪽에서는 인간 희생의 지위가 높을수록 진귀하다고 여기므로, 손상이 없도록 보증하는 게 최선이기 때문이었다. 은허의 갑골에 따르면 상나라 왕이 '강방백羌方伯'을 제사에 바치곤 했는데, 이런 강족의 수령도 상나라 왕의 조상들이 가장 좋아하는 것이었다.

이외에 또 이용 가치가 있는 포로들은 주창이 석방하여 어떤 직무를 맡겼을 수도 있다. 『묵자墨子』「상현상尙賢上」에는 이런 기록이 들어 있다.

> 문왕이 그물 속에서 굉요閎夭와 태전泰顚을 뽑아 정치를 맡기니 서방이 복종했다.
> 文王擧閎夭泰顚於罝罔之中, 授之政, 西土服.

굉요와 태전은 사냥 그물에서 발견한 인재로서, 그들에게 정치를 맡기자 서부의 부락들이 모두 주나라에 귀의했다는 뜻이다.

이것은 주창이 어떤 특정 부락을 귀순하게 하려고 포로의 상층 인물을 이용한 예를 가리키는 것일 수 있다. 다만 이렇게 운이 좋은 포로는 극소수였을 것이다. 이외에 『묵자』의 이곳 기록은 상당히 괴이한데, 어떻게야만 시대 주족의 정보를 얻었는지 알 수 없다. 그러므로 그 본래의 의미는 어쩌면 굉요와 태전이 본래 사냥 그물로 포획하던 사냥꾼이었는데, 나중에 주창에게 중용되었다는 뜻일 가능성이 있다.

「대장괘」의 구삼효로 돌아가면, 효사에서는 계속해서 '정려貞厲'라고 했다. 즉 점을 친 결과가 그다지 순조롭거나 이롭지 못했다는 뜻이다. 그

런 뒤에 '숫양이 울타리를 들이받아 뿔이 약해졌다'라고 했으니, 양의 뿔
이 울타리에 걸려버렸다는 뜻이다. 이것은 강족 수령이 사냥 그물에 걸려
사로잡힌 것을 비유한 듯하다.

구사효는 그물에 걸린 강족 수령이 또 탈출했고, 전차를 타고 추격한
주족 군대에게 저항할 때 수레를 망가뜨린 일을 비유한 것일 수 있다. 그
러므로 주족이 마차를 타고 포로를 잡았으며, 게다가 수령을 상처 없이 사
로잡는 일은 난이도가 훨씬 컸다는 것을 알 수 있다.

육오효는 확실히 상나라의 선조 왕해王亥가 역易 땅에서 소를 잃은 전
고를 활용했다. 다만 소 대신 강족의 양을 썼으니, 응당 거의 사로잡을 뻔
한 어떤 양(강족)들이 도망친 일을 비유한 듯하다. 그러나 점복의 결과는
후회할 필요가 없다고 했다. 그러니 주창이 상나라 선조의 전고를 사용할
때 반드시 원래 의미에 충실한 것은 아니었음을 알 수 있다. 어쩌면 그는
옛것을 지금 활용하는 것을 더 중시했다고도 할 수 있다.

상륙효는 그물에서 탈출한 강족 수령은 뿔이 걸린 숫양처럼 어쩔 도
리가 없다는 뜻이다. 점복의 결과는 수확한 게 없이 한 차례 고난과 위험
을 겪지만, 오히려 길하고 이로운 결말을 얻을 것이라고 했다.

그렇다면 「대장괘」는 왜 강족을 숫양으로 나타내고 또 이렇게 은밀
하게 묘사했는가? 나는 이것이 주족과 강족이 오래된 동족으로서 친연성
이 있기 때문이리라고 생각한다. 주족으로서는 상 왕조를 대신해서 강족
을 사냥하는 일이 도의상 일종의 치욕이었을 것이다. 그러므로 『역경』을
창작할 때 주창이 이미 상당히 상화商化되었고, 상족의 언어와 사유를 사용
했을지라도, 대단히 은밀하게 표현하면서 심지어 '강羌'이라는 글자조차
쓰려고 하지 않았다. 게다가 『역경』에서 주창이 강족을 사로잡는 일을 기
록하는 데에 쓰인 글자는 모두 '부孚'였는데, 이 글자에는 부족이라는 뜻이
들어 있지 않으므로 주족의 은밀한 아픔을 건드리지 않으려는 뜻도 있었
을 것이다.

포로 압송의 경험

포로 사냥의 경험 외에 『역경』에는 포로를 묶어서 살리는 방법에 관한 내용이 더 많이 들어 있다. 그들이 도망칠 수 없게 하면서도 상처를 입거나 굶어 죽지 않게 해야 했기 때문이다.

「규괘睽卦, ䷥」 구사효九四爻에는 '교부交孚'라는 구절이 들어 있다. 갑골문의 '교交'자는 ♠라고 쓰는데, 사람의 두 다리가 교차한 모양을 나타냈다. 그러므로 '교부交孚'는 압송하다가 숙영宿營할 때 포로의 두 다리를 묶어서 도주하지 못하게 하는 것을 가리켰을 가능성이 있다. 룽산 시대에서 은허에 이르기까지 각종 인간 희생 제사갱에는 두 다리를 묶어서 생매장한 유골이 자주 발견되는데, 이 역시 '교交'에 속했을 가능성이 있다.

「소축괘小畜卦, ䷈」 육사효六四爻의 효사는 다음과 같다.

포로가 있는데 피를 제거하여 두려움을 없애면, 재앙이 없어진다.
有孚, 血去惕出, 無咎.[276]

「대유괘大有卦, ䷍」 육오효六五爻의 효사는 다음과 같다.

그 포로를 묶었으나 여전히 기세가 흉흉하다면, 길하다.
厥孚交如, 威如. 吉.

그 외에 「가인괘家人卦, ䷤」 상구효上九爻에서도 "포로가 있는데 기세가 흉흉하다면, 결국에 길하다有孚威如, 終吉"라고 했으니, 이 역시 유사한 장면을 묘사한 것이다.

'길하다'와 '결국에 길하다'라는 것은 분명히 포로의 운명이 아니라, 점을 친 주창의 상황을 이야기한 것이다. 상 왕조는 건장한 인간 희생을 받고 싶어 했는데, 용감하고 건장한 포로를 잡는다면 은허로 압송해도 도중에 죽지 않게 하기가 더 쉬우니, 주족은 자연히 더 많은 상을 받게 될 것이다.

「구괘姤卦, ䷫」의 초륙효初六爻에는 '포로가 배회하다孚躑躅'라는 구절이 들어 있으니, 포로가 길을 가면서 비틀거리며 다리를 전다는 뜻이다. 체포 과정에서 상처를 입었을 수도 있고, 명령을 듣지 않아서 구타당해 그렇게 되었을 수도 있겠다. 이 괘의 구삼효九三爻에 대한 효사는 다음과 같다.

> (구타당해서) 엉덩이에 살이 없으니 길을 가기 곤란하다. 사납기는 하나 큰 재앙은 없다.
>
> 臀無, 其行次且. 厲, 無大咎.

그 외에 「쾌괘夬卦, ䷪」의 구사효九四爻에도 똑같이 "엉덩이에 살이 없으니 길을 가기 곤란하다"라는 구절이 들어 있으니, 이런 상황은 아주 일상적이었던 듯하다.

앞서 살펴본 「수괘需卦, ䷄」의 내용이 매복과 기습에 관한 것이었으나, 주족도 적과 정면으로 교전할 때가 있었다. 「중부괘中孚卦, ䷼」 육삼효六三爻 효사에는 이런 구절이 들어 있다.

> 적을 만나면 북을 울리며 공격하거나 후퇴하기도 하고, (패전하여) 눈물을 흘리기도 하고 (승전하여) 노래하기도 한다.
>
> 得敵, 或鼓或罷, 或泣或歌.

이 괘의 구오효九五爻에는 승전의 장면이 서술되어 있다.

> 포로를 엮어 묶으니, 재앙이 없다.

有孚攣如. 無咎.

'연여攣如'는 포로를 꿰듯이 엮어 묶은 모양이다. 갑골문의 '연攣'자는
𦥑라고 쓰는데, 한 손에 2꿰미 혹은 3꿰미의 새끼줄을 들고 있는 모양을
형상화한 것으로서, 꿰듯이 엮은 포로를 끌고 있다는 뜻으로 확장될 수 있
다. 「소축괘」 구오효의 효사에서도 "포로를 엮어 묶으니, 이웃을 풍족하게
할 수 있다有孚攣如, 富以其隣"라고 했는데, 이는 포로를 많이 잡아서 이웃까지
도 부유해질 수 있다는 뜻인 듯하다. 보아하니 주족은 부락의 무장 세력이
출정하여 포로를 사로잡아서 바치고 받은 상을 부족 전체가 나누어 향유
할 수 있었던 듯하다.

「비괘比卦, ䷇」 초륙효初六爻의 효사에는 이런 구절이 들어 있다.

포로가 있어서 (묶어) 늘어세우니, 재앙이 없다. 포로가 있어서 대아에
(음식을) 담아주면 결국에 다른 일이 생기더라도 길하다.
有孚, 比之, 無咎. 有孚, 盈缶. 終來有它, 吉.

「태괘泰卦, ䷊」는 다른 상황을 기록했다. 이 괘의 구삼효九三爻에는 이런
구절이 들어 있다.

포로를 긍휼히 여기지 말아야 먹는 데에 복이 있다.
勿恤其孚, 於食有福.

이것은 음식물에 지나치게 인색해서 포로에게 주려 하지 않았다는
뜻인 듯하다. 이어지는 육사효六四爻에는 또 이런 구절이 들어 있다.

(포로가) 훨훨 날아 도망쳐버려서 이웃을 부유하게 할 수 없으니, 포로

를 경계하지 않았기 때문이다.

翩翩, 不富以其隣, 不戒以孚.

「수괘隨卦, ䷐」의 내용은 더욱 복잡한데, 주로 도망친 포로를 추격해 잡는 일을 얘기하고 있다.

수: 성대하게 제사 지내고 점을 치니 이로워서, 재앙이 없다.

隨: 元亨, 利貞, 無咎.

초구: 관직에 변화가 있었는데 점을 치니 길했다. 대문을 나서서 (포로를) 묶으니 공을 세웠다.

初九: 官有渝, 貞吉. 出門交有功.

육이: 어린아이는 잡았으나 성인을 놓쳤다.

六二: 繫小子, 失丈夫.

육삼: 성인은 잡았으나 어린아이는 놓쳤다. 따라가서 구하니 이로움을 얻었다. 점을 치니 거기 머물라고 했다.

六三: 繫丈夫, 失小子. 隨, 有求, 得利. 居貞.

구사: 따라가서 (포로를) 획득했는데, 점을 치니 불길했다.(도주한) 포로가 길에 있어서 분명히 보이니, 무슨 재앙이 있겠는가?

九四: 隨有獲, 貞凶. 有孚在道, 以明, 何咎.

구오: 가嘉에서 포로를 잡으니, 길하다.

九五: 孚於嘉, 吉.

상륙: 그(포로)를 잡으면 단단히 묶어야 한다. 왕이 서산에서 제사 지낼
때 그들을 쓴다.

上六 : 拘繫之, 乃從維之. 王用亨於西山.

갑골문의 '계繫'자는 ╏라고 쓰는데, 한 사람이 목에 줄이 묶인 모양
또는 두 손과 목이 함께 묶인 모양을 나타낸다. 무정의 갑골복사(『합집』
1097)에는 무정이 '강족을 묶었다羌繫'라거나 '10명의 강족을 묶었다十羌繫'
라는 말이 나온다. 상나라 말엽에는 친히 정벌에 나서 포로를 잡은 일을
기록한 복사가 무척 드물어졌는데, 이때는 포로를 잡는 일이 주로 주족과
같은 부속 부족이 처리했으므로 상나라 조정에서 직접 손을 쓸 필요가 없
어졌기 때문이다.

구사효와 구오효를 보면 포로가 도망친 방향을 짐작하고 쫓아가 사로
잡았던 듯하다. 이 괘의 명칭인 '수隨'는 본래 쫓아가 사로잡는다는 뜻이다.

상륙효에서 "왕이 서산에서 제사 지낼 때 그들을 쓴다"라고 했는데,
가오헝의 해석에 따르면 '형亨'은 '향享'과 통하니, 신령에게 제사 지내면서
음식을 바친다는 뜻이다. 은허 서쪽은 타이항산맥太行山脈과 아주 가까우니,
상나라 왕이 정기적으로 산에 들어가 제사를 지냈고, 주창이 당시 압송한
포로들이 그 제사에 바쳐졌을 것이다.[277]

주창이 은허에 갈 기회를 어떻게 얻었고, 은허에 도착해서 어떤 일이
있었는가에 대해서도 『역경』에 약간의 기록이 있으니, 이것은 뒤쪽에서
소개하도록 하겠다.

물론 빈번히 외출하여 포로를 잡았다는 것이 주족이 이미 서부에서
가장 강대한 부족이 되어 근심 걱정 없이 편히 지낼 수 있었다는 뜻은 아
니다. 너무 많은 원한을 쌓아서 다른 부족에게 보복당할 수도 있었으니,
주족도 시시각각 두려움과 경계 속에서 살아야 했다. 이런 상황은 『역경』

『合集』1097：… 羌. 王占〔曰〕… 业(又)二日癸酉 … 十羌系 … 十丙业(又) …

에도 반영되었다.

예를 들어 「몽괘蒙卦, ䷃」 상구효上九爻 효사에는 이런 구절이 들어 있다.

> 침략하기에 불리하나, 침략을 막는 데에는 유리하다.
> 不利爲寇, 利御寇.

또 「정괘鼎卦, ䷱」 구이효九二爻 효사에는 이런 구절이 들어 있다.

> 우리 원수에게 병이 있어서 우리를 공격할 수 없으니, 길하다.
> 我仇有疾, 不我能卽, 吉.

이것들은 모두 주창이 적대 부족의 공격을 받을 가능성에 대해 점친 기록이다.

이외에 『역경』의 3개 괘에는 모두 '침입자가 아니라 청혼하러 온 것이다匪寇, 婚媾'라는 구절이 들어 있다. 「분괘賁卦, ䷕」 육사효六四爻와 「둔괘屯卦, ䷂」 육이효六二爻의 장면은 모두 부락 외부에 낯선 무리가 나타났고 또 누군가 마차를 쫓아와서 침입자가 아닌지 의심하는 것이다.

> 달려온 듯, 통통한 백마가 머리를 높이 추켜세웠는데, 침입자가 아니라 청혼하러 온 것이다.
> 賁如皤如, 白馬翰如, 匪寇, 婚媾.(「賁卦」 六四爻)

> 먼저 활시위를 당겼다가 나중에 활을 내려놓았다. 침입자가 아니라 청혼하러 온 것이다.
> 先張之弧, 後說之弧. 匪寇, 婚媾.(「睽卦」 上九爻)

멈추어 있는 듯, 머뭇거리는 듯, 말에 탄 채 서성거리며 나아가지 않으
니, 침입자가 아니라 청혼하러 온 것이다.

屯如邅如, 乘馬班如, 匪寇, 婚媾.(「屯卦」六二爻)

이로 보건대 주족은 상당히 경각심을 지닌 채 살아야 했던 듯하다.

당시 서부는 아직 국가의 시대로 진입하지 못했고, 부족들 사이의 약
탈 전쟁이 자주 발생했다. 그 외에 이것은 또 주족과 인근 부족 모두 족외
혼을 시행했으나, 설령 부락 사이의 통혼일지라도 전쟁이 일어나는 것을
피하기 어려웠음을 말해준다.

주왕을 만날 기회

문왕의 삶에서 앞쪽 50년 동안은 그래도 정상적인 나날을 보냈다고
할 수 있다. 그때 그는 상 왕조에 복속한 부족의 장로로서 이따금 은밀한
점복 실험에 빠졌던 것 외에는, 삶에 어떤 돌변이 일어날 가능성이 보이지
않았다.

본래 계력이 죽은 뒤부터 주족의 수령이 은허에 갔다는 기록이 더는
보이지 않으며, 이 시기 상나라 왕의 갑골복사에서도 주족이 나타나지 않
았다. 그러나 어떤 우연한 기회에 주창은 상나라 왕을 만날 수 있었다. 역
사서에는 이 일이 기록되어 있지 않으나, 출토된 갑골문이 실마리를 제공
한다.

문왕 저택의 토굴에서 발굴된 갑골 H11: 3에는 모기 다리만큼 가늘
게 작은 글씨가 3줄로 새겨져 있는데, 왼쪽에서 오른쪽으로 차례로 읽으
면 다음과 같다.

주원周原에서 출토된 갑골 H11: 3의 확대 사진

은나라 왕이 사냥하여 백帛 땅에 이르렀는데, 왕이 사냥을 잘할 수 있을
까요?

衣王田, 至於帛, 王獲田.

은허의 갑골문과 마찬가지로 '의衣'는 '은殷'과 통하고, '전田'은 사냥
田獵을 뜻한다. 여기서 말하는 은나라 왕은 바로 주왕이다. '백'이라는 지명
에 관해서 어떤 연구자는 지금의 산시陝西성 다리大荔현 창바이羌白진이라고
여기는데,[278] 바로 웨이수이강과 황허강이 합류하는 곳에서 약간 북쪽에
해당한다. 이것은 당초 주왕의 증조부인 무을武乙이 사냥하다가 벼락을 맞
고 죽은 곳이다. 주왕의 이번 순수巡狩는 무을에게 제사를 지내려는 목적이
었을 가능성이 있다.

관중으로 향한 이번 행차는 은허에서 출토된 갑골복사에는 기록되어
있지 않으나, 아마도 주왕이 즉위하고 10여 년쯤 되었을 때의 일인 듯하
다. 보아하니 주창은 주왕의 왕림에 극도로 관심을 가진 듯한데, 그게 아
니라면 몰래 점을 치지 않았을 것이기 때문이다. 어쨌든 상나라 왕은 이미
2대를 거치면서 수십 년간 서부에 온 적이 없었는데, 이것은 주족에게 재
앙을 가져올 수도, 기회를 제공할 수도 있었다.

문왕 저택의 또 다른 갑골 H31 : 2에 새겨진 복사는 상나라의 또 다른
중요 인물인 '의계자衣鷄子'를 언급하고 있는데, 이 사람이 바로 은기자殷箕
子다.

주창은 먼저 점을 쳐서 이렇게 물었다.

"은나라의 기자箕子가 (주원에) 오는데, 그에게 잡힐까요? 그를 모실
수 있을까요?"

이어서 유이㝢爾라는 곳에서 점을 쳐서 물었다.

"남궁태南宮邰에게 책임지게 할까요?"

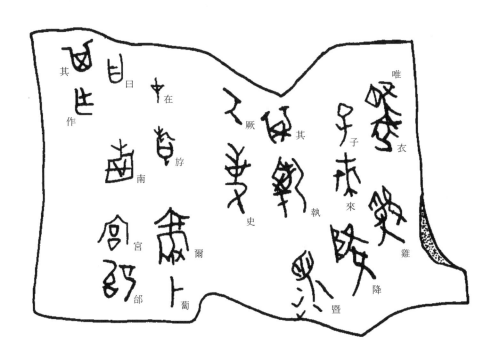

주원 갑골 H31: 2 모사본: 唯衣鷄子來降, 其執. 暨厥史(事). 在斿爾卜曰, 南宮邰其作.*

* 이 갑골문은 여러 가지로 해독되는데, 예를 들어 구제강은 "唯衣雞子來降, 其執暨厥史在邰, 爾卜曰南宮辭其乍"라고 해독했다.

기자와 관련된 이 복사를 학자들은 일반적으로 이렇게 해석한다. 주나라 무왕이 상나라를 멸한 뒤에 기자가 관중으로 와서 주나라에 투항할 때, 무왕이 그를 어떻게 접대할지 점을 쳐서 물었다는 것이다. 다만 이런 해석이 반드시 성립하는 것은 아니다.

『사기』에 따르면, 기자는 상나라 주왕의 측근이다.(후세의 주석가들은 서형庶兄 혹은 숙부라고 한다.) 주나라 무왕이 상나라를 정벌하기 전에 기자는 주왕의 노여움을 사서 옥에 갇힌 적이 있는데, 미친 척 꾸며서 목숨을 건졌다.[279) 그리고 『상서』 「홍범洪範」에 따르면, 무왕은 상나라를 멸하고 은허를 점령한 뒤에 "소공에게 옥에 갇혀 있는 기자를 석방하라 명하고命召公釋箕子之囚" 또 기자를 만나 나라를 다스리는 도리에 대한 가르침을 청했다. 『사기』와 『상서』의 이런 내용으로 보건대, 은허를 막 점령했을 때 무왕과 기자가 이미 교유가 있었다면, 이치상 기자가 가까운 곳을 두고 멀리서 구하려고 다시 관중으로 가서 투항할 필요가 없었을 것이다.

그러므로 H31: 2 '기자가 왔다箕子來'라는 복사는 응당 주창 시기의 것으로서, 주왕이 백 땅으로 사냥하러 왔던 것과 같은 사건일 것이다. 주왕은 관중 동부에 주둔하고 기자를 서쪽으로 보내 주족 등 관중의 속국들을 시찰하게 했을 것이다. 은허의 복사에서 '강降'은 일반적으로 신령이 복을 내리거나 직접 인간 세계에 강림하는 것을 가리킨다. 그리고 기자는 상 왕조의 중신重臣이니 주족의 관점에서는 대단히 존귀한 신분이다. 그러므로 '내강來降'은 절대 투항했다는 뜻이 아니라 왕림했다는 뜻으로 이해해야 한다. 그와 동시에 주창은 매우 긴장해서 기자가 이번에 와서 자기를 체포하지나 않을까 걱정했다. 그는 어쩌면 부친 계력이 은허에서 맞이한 최후를 연상했을 수도 있다.

남궁태南宮部라는 인물은 역사서에서 이름을 찾아볼 수 없으나, 무왕이 상나라를 멸할 때 남궁괄南宮括이라는 장수가 있었다.

남궁괄에게 녹대鹿臺의 재물을 백성에게 나누어주고, 거교巨橋의 곡식
을 꺼내 나누어주게 했다.

命南宮括散鹿臺之財, 發巨橋之粟.(『史記』「周本紀」)

그러므로 '태䊣'와 '괄括'은 어쩌면 같은 글자를 다르게 쓰는 방식이었
거나, 두 사람 모두 한 가족의 성원이었을 수도 있다.

이렇게 드문드문 흩어진 정보들을 통해 추측건대, 주창은 기자를 접
대할 때 이 중신에게 호감을 얻어서 백 땅으로 가서 주왕을 알현할 수 있
게 되었을 것이다. 주창에게 이것은 절호의 기회였다. 평소 그가 볼 수 있
었던 가장 고위급의 상나라 사람은 라오뉴포의 숭후였는데, 이제는 먼저
상나라 종정의 중신을 접대하고, 이어서 또 상나라 왕을 알현했으니, 자연
히 발탁될 기회를 얻게 된 셈이었다.

지금은 아직 주창이 주왕을 처음 알현한 일을 기록한 게 발견되지 않
았으나, 틀림없이 그 일은 상당히 순조롭게 진행되었을 것이다. 주창은 또
은허에 갈 기회를 얻었기 때문이다. 이번에 그는 일군의 강족 포로를 압송
했을 수도 있다. 이에 대해서는 『역경』의 여러 곳에 기록되어 있다.

주창이 은허에 포로를 바치러 가는 도중에 겪은 일은 앞에서 이미 소
개했으므로, 여기서는 다시 기자에 관한 분석을 보충하겠다. 『사기』 등의
문헌에서 기자는 상 왕조의 충신인데, 주왕의 귀에 거슬리는 충언을 했다
가 노여움을 사서 옥에 갇히는 재앙을 당했다. 다만 실제 상황은 훨씬 복
잡했을 것이다.

왕실 종친으로서 기자의 지위는 대단히 높아서, 상 왕조의 형세가 변
한다면 그는 왕위에서 아주 가까운 사람 가운데 하나였다. 상 왕조는 줄곧
형제간에 왕위를 계승했으므로, 비록 최근의 몇 대는 부자지간에 전승되
었으나 전통이 재현될 가능성이 전혀 없는 것은 아니었으니, 그와 주왕 사
이의 관계는 상당히 미묘했다. 주왕이 통치 후기에 늘 왕실의 가까운 친척

을 압제했고, 또 이 때문에 갈수록 많은 반대 세력이 생겨났음을 고려한다
면, 그가 관중을 순시할 때 주족 등 속국에 잠재된 군사적 역량을 약간 이
해한 후에 속국들을 끌어들여 만에 하나 왕조에 변고가 생기는 경우 자기
에게 충성하는 무장 세력을 결집할 방법을 암중으로 모색했을 가능성도
있다.

다만 기자와 주창은 그들의 이 우연한 만남이 어떤 결과를 가져오게
될지 모두 생각하지 못했을 것이다.

은허의 제사 의식을 목격하다

은허에 포로를 압송한 뒤에 주창은 자연스럽게 상족이 포로를 죽여
제사에 바치는 의식을 목격하게 되었을 것이다.

우선 상나라 왕의 궁정에서 포로를 바치는 의식이 거행되었다. 「쾌
괘」에는 이런 내용이 들어 있다.

> 왕의 궁정에서 찬양하자, 포로들이 매섭게 소리를 질렀다.
> 揚於王庭, 孚號有厲.

'찬양'했다는 것은 상·주 시기에 신하가 왕을 알현하는 것을 가리키
는 관습적인 표현이다. 포로들이 소리를 질렀다는 것은 그와 동시에 인신
공양제사를 지냈으므로 포로들이 비명을 질렀다는 뜻이다.

『예기』 「교특생郊特牲」에는 이렇게 기록되어 있다.

> 은나라 사람들은 소리를 숭상하여 (희생을 아직 죽이지 않아서) 냄새와 맛
> 이 아직 완성되지 않았을 때 그 소리가 먼저 진동했다. 3장章을 연주한

뒤에 제주祭主가 대문 밖으로 나가 희생을 맞이해 들어오는데, 소리가
울리는 것은 천지간의 귀신에게 (제사 지내는 것을) 알리기 위해서다.
殷人尙聲, 臭味未成, 滌蕩其聲. 樂三闋, 然後出迎牲, 聲音之號, 所以詔告
於天地之間也.

상족은 제사에서 소리를 중시했다. 제물로 바쳐진 동물이 크게 울부
짖어 하늘의 신들에게 제수품이 건강하고 격조에 맞다고 알리는 것이 바
로 "소리가 울리는 것은 천지간의 귀신에게 (제사 지내는 것을) 알리기 위해
서"라는 말의 뜻이다. 『예기』는 동주東周 시대에 편찬된 것으로서, 당시 사
람들은 이미 상나라의 인신공양제사 행위를 그다지 잘 알지 못했으므로,
상나라 사람도 주나라 사람처럼 가축을 제사에 바치는 줄로만 여겼다. 상
나라 때의 진정한 환경으로 돌아간다면 여기에는 분명히 인간 희생의 절
규가 포함되었을 것이다.

「관괘觀卦, ☷☴」의 괘사는 다음과 같다.

손을 씻었으나 제사를 올리지 않았고, 포로가 있는데 우러러보는 듯
했다.
盥而不荐, 有孚顒若.

'관盥'의 본래 의미는 의례적으로 물을 부어 손을 씻는 것이고, 땅에
술을 뿌려서 지신地神을 위로하는 것을 가리키기도 한다. 다만 손을 씻든
술을 뿌리든 간에 모두 제사 의식의 개시 단계에서 행하는 절차다. '천荐'
은 사람을 죽여 제사에 바치는 것을 가리킨다. 후세의 '천부荐俘'라는 말이
바로 여기에서 나왔다. 『일주서逸周書』「세부世俘」에는 '천부은왕정荐俘殷王鼎'
이라는 말이 나온다. 다만 「관괘」의 내용은 조금 특이하다. 이번에는 무슨
이유에서인지 '관盥'을 행한 뒤에도 머뭇거리면서 포로를 죽이지 않았다.

이것은 응당 주창이 은허의 제사 의식에 처음 참가해서 그 조작 원리를 몰랐으나, 긴장한 가운데 자기가 보고 들은 바를 단단히 기억하고 기록한 것일 터다.*

'옹顒'의 본래 의미는 머리가 큰 모양이나, 무슨 이유에서인지 『역경』을 주석한 당나라 때의 공영달孔穎達은 그것을 '엄정한 모양嚴正之貌'이라고 했다. 사실 여기서 그것은 머리를 치켜들고 구경하는 모양을 나타낸다. 의식이 시작된 뒤에 일부 포로들이 긴장한 채 고개를 쳐들고 바라보았다는 뜻이다.

「췌괘萃卦, ䷬」도 주창이 은허에 가서 보고 들은 것을 기록하고 있는데, 괘사 가운데는 상나라 왕이 소를 죽여 제사한用大牲 내용이 들어 있다.

> 제사를 지내고 점을 치니 길했다.
> "큰 희생(소)을 쓰면 길합니까?"
> 亨, 利貞, 用大牲吉.

그 가운데 초륙효初六爻의 효사는 다음과 같다.

> 포로가 있는데 끝이 좋지 않아서 소란을 피우고 함께 모이면서 비명을 지르고, 붙잡자 웃기도 했으나, 동정하지 않았다. 그대로 진행하니 재앙이 없었다.

---

* 가오헝은 「관괘觀卦」 괘사卦辭는 제사에서 인간 희생을 사용한 일을 얘기한다고 했다. 그의 해석에 따르면 '관盥'을 행한 뒤에 머뭇거리면 희생 소를 '천荐'하지 않은 것은 머리가 큰 인간 희생을 사용하기 위해 준비했기 때문이다. "제사에서 희생을 죽이지 않은 것은 포로가 있어서 그들을 죽여 희생으로 삼을 수 있기 때문이다. 그래서 '관盥'을 행하고도 '천荐'하지 않았고, 포로가 있는데 우러러보는 듯했다고 한 것이다祭不荐牲, 乃因有俘, 可殺之以當牲也, 故曰盥而不荐, 有孚顒若." 이런 해석의 전제는 희생 소를 죽이는 것은 정상적이고 인간 희생을 죽이는 것은 비정상적이라는 것이지만, 상대에는 인간 희생을 '천荐'하는 것이 흔한 행위여서 전환 관계를 형성하지 않았다. 가오헝, 『주역고경금주』, 219쪽 참조.─원주

有孚不終, 乃亂乃萃, 若號, 一握爲笑. 勿恤. 往, 無咎.

정신이 붕괴된 포로들이 도망치려 시도하거나 한데 모여 비명을 지르고, 실성하여 미친 듯이 웃는 이도 있었다는 뜻이다. 그러나 걱정하지 말고 의식을 진행해야 했다는 뜻이다.

육이효六二爻에서는 "포로가 있는데 약제禴祭에 이용했다孚, 乃利用禴"라고 했다. 상나라 때 '약禴'은 봄에 거행하는 제사의 일종이었다. 이외에 「승괘升卦, ䷭」의 구이효九二爻에서는 "포로가 있어서 약제에 이용했으니, 재앙이 없다孚乃利用禴, 無咎"라고 하여, 같은 내용을 기록했다.

「태괘兌卦, ䷹」구이효에서는 "포로가 즐거워하니 길하다. 도망친 것을 후회한다孚兌, 吉, 悔亡"라고 했다. 살아날 기회가 있다고 여긴 일부 포로들이 낙관적인 모습을 보이기 시작했다는 뜻이다. 그러나 구오효에 이르면, "포로의 살갗을 벗기자 사나워졌다孚於剝, 有厲"라고 했다.

「감괘坎卦, ䷜」에서는 "포로가 있어서 심장을 꺼내 익혀서 제사에 바쳤다有孚, 維心, 亨"라고 했다. 심장은 인체에 피를 공급하는 중추로서 옛사람들이 무척 중시하여, 사람의 심지心智와 혼백이 모여 있는 곳이므로 신령에게 바치기에 가장 적합하다고 여겼다. 예를 들어, 마야 문명과 아즈텍 문명의 인신공양제사 의식에서 바로 이렇게 심장을 꺼내 바치는 제사를 무척 중시했다. 「감괘」 외에 『역경』의 다른 괘에도 사람의 심장을 제사에 바쳤다는 기록이 있다. 『사기』에도 상나라 주왕이 비간比干의 배를 갈라 그 심장을 살펴보았다고 기록되어 있다. 보아하니, 이런 행위는 상나라의 제사에서 상당히 일상적이었던 듯하다.

포로 사냥과 제사에 바치는 것 외에도 『역경』에는 주창이 처음 은허에 갔을 때 보고 느낀 여러 소감과 경력, 특히 그가 주왕에 의해 구금된 뒤의 생활이 기록되어 있다.

제19장 유리羑里의 뇌옥에 관한 기억

주창은 은허에 도착한 뒤에 서부의 작은 속국 두령으로서 자연히 상 왕조의 몇몇 전례典禮에 참가했을 것이다. 환허洹河강(안양강) 만彎 안쪽의 상 나라 왕궁 구역을 보고, 당연히 늘 대형 제사가 거행되던 환허강 북안의 왕릉 구역도 보았을 것이다. 이외에 그는 또 제신-주왕이 건설 중이던 사 구궁沙丘宮 등 이궁離宮과 정원들도 보았을 것이다.

무정 이래 은허의 궁전 구역은 줄곧 확장되는 일이 적었으나, 주왕 때 에 이르면 이미 200년 가까이 지난 후였다. 이때 은상의 국력(과 인구)은 몇 배로 팽창했고, 스스로 매우 위대하고 정력이 넘치는 존재라고 여겼던 주왕으로서는 새로운 궁전을 짓는 게 그의 많지 않은 낭비 방식 가운데 하 나였다.

『죽서기년』과 『사기』 등 후세 역사서의 기록에 따르면, 주왕은 궁전 건설에 무척 열중해서, 건설한 새 왕궁과 정원이 북쪽으로는 지금의 허베 이성 광쭝廣宗의 사추궁沙丘宮(은허에서 동북쪽으로 150킬로미터)까지, 남쪽으 로는 지금의 허난성 치현의 조가朝歌(은허에서 남쪽으로 50킬로미터)까지 이르 렀다.

주왕 시대에는 그 도시(은허)를 조금 키워서 남쪽은 조가에서 틀어막고, 북쪽으로 한단과 사구를 점거하여 모두 이궁과 별관을 지었다.

紂時稍大其邑, 南距朝歌, 北據邯鄲及沙丘, 皆爲離宮別館.(『竹書紀年』)

술로 못을 만들고 고기를 걸어 숲을 만들어서 벌거벗은 남녀가 그 사이에서 서로 쫓아다니게 하고는 밤늦도록 술을 마셨다.

以酒爲池, 懸肉爲林, 使男女裸相逐其間, 爲長夜之飮.(『史記』「殷本紀」)

고고학 발굴을 통해 알 수 있듯이, 상나라 사람들은 폭음하고 주사酒邪를 부리는 기풍이 무척 성행했다. 제사에 바치는 가축과 인간의 지체肢體는 걸어서 전시할 수도 있었는데, 이것이 어쩌면 후세의 '주지육림酒池肉林' 전설의 원천이 아닌가 싶다. 물론 이것을 주왕이 처음 창시했다고는 할 수 없으며, 그저 주왕의 시대에 이르러서야 비로소 주창과 같은 주족이 구경할 기회가 있어서 기록하게 되었을 뿐이다.

주왕이 새로운 도읍을 건설할 계획은 없었으며, 그의 새 궁전은 타이항산 동쪽 기슭의 약 200킬로미터 길이의 좁고 긴 땅에 흩어져 있었다. 이것은 상나라 왕의 개인적인 영지이자 사냥터가 가장 집중된 범위였을 것이다. 그러나 사용 기간이 짧은 유적지일수록 남겨진 흔적이 더 적으니, 은허 범위 바깥에서는 현대의 고고학에서 아직 주왕의 새 궁전을 발견하지 못했다.

은허에 도착한 뒤에 주창이 접한 상나라의 또 다른 예측 기술은 바로 64괘를 이용한 점술, 이른바 '역괘易卦'였다. 전통적인 갑골 점복에 비해 역괘는 풀줄기만 이용해서 숫자로 추단推斷하고 연역演繹하기 때문에 귀갑이나 소뼈 등의 소모품이 필요 없다.

은허에서 구리 주조업에 종사하는 이들은 일상적으로 '역괘'를 이용해서 점을 쳤다. 궁전 구역에서 남쪽으로 1킬로미터 떨어진 묘포苗圃 북쪽의 구리 주조 작업장에 있는 M80 무덤에는 숫돌 하나가 부장되어 있었는데, 거기에는 여러 조합의 숫자가 새겨져 있었고, 각 조합은 모두 6개였다. 발굴자는 숫자의 홀짝이 음양을 대표하며, 각 조의 숫자는 '역괘'의 괘상卦象을 나타낸다고 여겼다.[280] 이 무덤은 은상 중엽, 제2기와 제3기의 교체기에 속하니, 주창의 시대보다 거의 100년가량 앞선다.

M80 숫돌에 새겨진 괘상은 단시 숫자만 있을 뿐 후세의 『역경』에 담긴 괘의 이름이나 음양의 괘상은 들어 있지 않다. 어느 학자가 시험적으로 시도한 해석[281]의 예는 다음과 같다.

1) 六六七六六八 : 「예괘豫卦」, ䷏
2) 七六七六六七 : 「이괘頤卦」, ䷚
　(위의 세 번째 숫자는 잘못 쓴 듯하니, '七六六六六七'이 되어야 한다.)
3) 七六八七六七 : 「분괘賁卦」, ䷕
4) 六六五七六八 : 「소과괘小過卦」, ䷽[282]
5) 八一一一六六 : 「함괘咸卦」, ䷞
6) 八一一一一六 : 「대과괘大過卦」 ䷛

상나라 왕실의 점술사도 역괘를 사용할 수 있었으며, 아울러 전통에 따라 그 결과를 귀갑에 새겼다. 궁전 구역 남측의 샤오툰촌小屯村은 점술사들의 거주지가 집중된 곳인데, 여기에서 발견된 온전한 귀갑 하나에는 몇 조의 역괘 숫자와 '정길貞吉'이라는 점친 결과가 새겨져 있다. 제1조와 제2조, 제4조의 숫자는 각기 후세의 「점괘漸卦」, ䷴」와 「건괘蹇卦」, ䷦」, 「태괘兌卦」, ䷹」로 해석된다.[283]

주창은 미래를 예측하는 무술巫術에 줄곧 열중하여 연구했는데, 이번에 은허로 오면서 그것을 배울 수 있는 아주 좋은 기회를 얻게 되었다. 그

샤오툰난지小屯南地에서 출토된 '역괘' 복갑卜甲

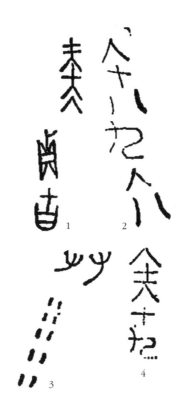

1. 복갑腹甲 좌상과 좌갑교左甲橋의 연결처
2. 복갑 우상右上과 우갑교右甲橋의 연결처
3. 좌갑교 하단
4. 복갑 우하右下와 우갑교 연결처

'역괘' 복갑의 문자와 부호(확대)

는 풀줄기를 이용해 점치는 '역괘'의 원리를 신속하게 장악하고, 아울러
더 완벽한 예측 체계로 발전시키려고 시도했다. 다만 얼마 후에 유리의 옥
에 갇히는 바람에 하마터면 인간 희생으로 제사에 바쳐질 뻔했다.

방백方伯에서 죄수로

이 일에 대한 『사기』의 기록은 약간 들쭉날쭉하다. 「은본기」에서는
구후九侯와 악후鄂侯가 주왕의 노여움을 사서 '해醢' 즉 육장肉醬에 담가지고
'포脯' 즉 육포肉脯가 되었는데, 주창이 그 소식을 듣고 '몰래 탄식竊嘆'했다
가 숭후호崇侯虎가 고발하는 바람에 유리의 옥에 갇혔다고 했다.

> 서백 주창과 구후, 악후가 삼공三公이 되었다. (⋯) 서백 주창이 그것을
> 듣고 몰래 탄식했다. 숭후호가 그것을 알고 주왕에게 고발하자, 주왕이
> 서백을 유리에 구금했다.
> 以西伯昌九侯鄂侯爲三公 (⋯) 西伯昌聞之, 竊嘆. 崇侯虎知之, 以告紂, 紂
> 囚西伯羑里.

이것은 전형적인 전통 서사의 판본이며, 그 속에서 문왕은 상 왕조의
충신이다. 그런데 「주본기」에서는 주창이 상 왕조의 삼공에 임명되었다는
기록이 전혀 없으며, 그가 구금된 까닭은 숭후호가 주왕에게 주창이 인심
을 매수하여 각처의 제후가 모두 그에게 마음이 기울어 있어서 왕조에 중
대한 위협이 되고 있다고 보고했기 때문이라고 했다.

> 서백은 (⋯) 자기보다 신분이 낮더라도 현량한 이를 예우해서 낮에도
> 밥 먹을 겨를도 없이 사인士人을 접대하니, 이 때문에 많은 사인이 그에

게 귀의했다. (…) 숭후호가 주왕에게 서백에 대해 이렇게 참소했다.

"서백이 선한 덕을 쌓아서 제후들이 모두 그를 향하니, 장차 제왕께 불리할 것입니다."

주왕이 이에 서백을 유리에 구금했다.

西伯 (…) 禮下賢者, 日中不暇食以待士, 士以此多歸之. (…) 崇侯虎譖西伯於殷曰, 西伯積善累德, 諸侯皆向之, 將不利於帝. 帝紂乃囚西伯羑里.

아마도 사마천이 서로 다른 판본의 전설을 채용하는 바람에 기록이 달라졌을 것이다. 대신을 죽여 식육食肉을 만드는 것은 상나라의 인신공양 제사에 관해 후세 사람들에게 남아 있는 기억의 잔재를 개편한 것이리라.

시대적 배경으로 보면, 주창은 상 왕조에서 '삼공'을 역임했을 가능성이 없으며, 게다가 상 왕조에는 이런 관직이 없었으므로 갑골문에도 이 어휘가 나오지 않는다. '공公'은 주족이 발명한 어휘로서, 공유公劉나 고공단보古公亶父라는 칭호에서 보이듯이 족장 혹은 두령을 가리킨다. 족장이 아닌 이에게 쓰인 예로는 소공召公과 필공畢公이 있다. 주 왕조가 건립된 뒤에는 확실히 '삼공'이라는 관직이 왕조의 가장 높은 대신으로 있었으나, 이것은 상 왕조와는 아주 다른 제도로서, 서로 다른 언어 전통에서 유래한 것이다. 또 속국의 수령으로서 주창이 상 왕조에서 고급 관직에 임명되기는 불가능했다. 상 왕조에는 자기들의 왕족 후예인 '다자족多子族'이 있어서, 모든 족장이 주창보다 지위가 높았다. 그러므로 그는 상 왕조의 정식 권력의 핵심에 진입할 수 없었다.

현대의 역사가들은 일반적으로 「은본기」의 관점을 채용하지 않고, 주족이 강대해지기 시작하자 주왕이 경각심을 가지게 되었다고 여기고 있다. 이런 해석이 현대의 상식과 조금 더 가깝다. 그러나 주창이 체포되었을 때 주족은 아직 대대적인 확장을 시작하지 않고 있었고, 상족이 건립한 라오뉴포의 숭국은 주족을 완전히 통제하거나 소멸시킬 능력이 있었다.

상나라 왕의 많은 행위가 이성적이었던 것은 아니나, 우리는 상식을
바탕으로 역사를 재건할 수밖에 없다. 내 추측 가운데 하나는 속국의 추장
으로서 주창이 당시 은허에 갔을 때 당연히 왕조의 몇몇 상층 인물과 얼굴
을 익혔을 것이고, 능동적이든 피동적이든 간에 자기 몸만 생각하여 파벌
싸움에 얽히는 상황을 피하기란 매우 어려웠으리라는 것이다. 이외에도
주원에서 은허로 온 자체가 이미 숭후호의 전통적인 관할 범위를 벗어난
것이니, 어쩌면 숭후호가 그로 인해 불만을 품고 기회를 봐서 주왕에게 참
소했을 수도 있다.

주왕은 응당 주창을 의심했을 테고, 그런 까닭에 이 늙은 추장은 자
기에게 딴마음이 없음을 증명해야 했다. 그렇지 않으면 그의 결말은 제사
에 바쳐진 인간·희생과 똑같아질 가능성이 매우 높았다. 예를 들어『역경』
「송괘訟卦, ䷅」의 내용은 모두 주창이 당한 소송에 관한 것이다. '송訟'은 소
송, 옥송獄訟이라는 뜻이다. 이 괘는 주창이 유리에 구금되었던 과정을 회
고한 것일 가능성이 크나, 내용에 은밀히 감춰진 부분이 많아서 소송당한
이유는 더욱 불투명하다. 이 괘의 괘사는 다음과 같다.

> 포로가 있는데 막혀서(갇혀서) 두려워했으며,[284] 중간에는 길했으나 끝
> 내 흉했다. 대인을 만나니 이로웠으나, 큰 강(황허강)을 건너는 것은 불
> 리하다.
>
> 有孚, 窒惕, 中吉, 終凶. 利見大人, 不利涉大川.

이것은 은허에 온 것을 후회했다는 뜻일 수도 있다.

『사기』에는 주창이 구금된 지역이 유리라고 했으나 구체적인 방위를
언급하지는 않았다. 그보다 뒤에 나온 역사서에서는 유리가 은허에서 남
쪽으로 100리 이상 떨어진, 지금의 허난성 탕인湯陰현이라고 했으나,[285] 다
른 문헌의 방증傍證도 없고 탕인현에서 상나라 때의 전형적인 유적지가 발

견되지도 않았다.

『역경』 텍스트를 통해 보면, 주창이 구금된 지역은 인신공양제사를 지낸 장소와 아주 가까웠을 것이다. 상나라의 대규모 인신공양제사는 은허의 왕릉 제사 구역으로서 안양강의 북안에 있으니, 남안의 궁전 구역과 멀리서 마주 보고 있었다. 그러므로 이곳이 유리의 소재 방위였을 가능성이 있다. 다른 하나는 주왕이 은허 주변에 많은 이궁과 별관을 짓고 있었으니, 그 가운데 새로운 제사 장소와 인간 희생을 가둔 감옥이 있었을 가능성을 배제할 수 없다는 것이다. 다만 아직 고고학 발굴에서 그런 곳이 발견되지 않았다.

『역경』의 많은 내용은 주창의 구금 생활과 관련이 있다. 그에게 이것은 가장 두려운 나날이었으며, 감금 도중에 여가가 있으면 64괘 점술 연구에 심혈을 기울였다. 64괘는 단지 숫자로 점치는 것이니, 풀줄기나 흙덩어리와 같이 아주 간단하게 숫자를 계산할 도구만 있으면 진행할 수 있었다. 주창은 뇌옥 생활의 각종 사건에 긴밀하게 관심을 가지고 그 길흉의 의미를 점쳐보려고 시도했을 뿐만 아니라, 64괘 점술 체계가 영험한지 검증하려 했고, 아울러 그 규칙을 더욱 완정하게 정리하려 했다. 이 때문에 이 기간의 생활을 그는 상당히 상세하게 기록했다.

지하 감옥 속의 인육 잔치

『역경』의 「감괘坎卦, ䷜」는 뇌옥 생활에 관한 것이다. 옛사람들은 '감坎'을 '함정을 판다坎陷'라고 해석했으니, 바로 해자나 땅굴을 팠다는 뜻이다. 64괘 가운데 「감괘」는 팔괘의 감괘(☵) 2개가 중첩된 모양이어서 괘의 이름을 '습감習坎'이라고 한다. '습習'은 이중二重이라는 뜻으로서, 『단사전彖辭傳』에서는 '이중의 위험重險'으로 해석하니,* 감옥 외에 또 두 겹의 해자로 격리되어 있었음을 가리키는 것일 수 있다.

습감: 포로가 있어서 심장을 꺼내 익혀서 제사를 지냈다. 행실에 존중함이 있다.

習坎: 有孚, 維心, 亨. 行有尙.

초륙: 구덩이가 겹쳐 있는데 구덩이 속으로 들어간다. 흉하다.

初六: 習坎, 入於坎窞. 凶.

구이: 구덩이에 위험이 있는데, 구하여 작은 것을 얻었다.

九二: 坎有險, 求小得.

육삼: 구덩이에 왔는데 구덩이가 위험하고 깊다. 구덩이에 들어가는 것은 쓸 수 없다.

六三: 來之坎, 坎險且枕. 入於坎窞, 勿用.

육사: 술 한 통과 음식 두 그릇을 항아리에 담았다. 창을 통해 받았는데, 끝내 재앙이 없었다.

六四: 樽酒簋貳, 用缶. 納約自牖. 終無咎.

구오: 구덩이가 채워지지 않았는데, 공경하게 대하니 평안해졌다. 재앙

---

* 왕필王弼은 '습習'에 대해 "편하게 익히는 것을 가리킨다謂便習之"라고 해석했으니, 익숙해지면 교묘한 기능이 생긴다는 뜻이다. 공영달의 『정의』에서는 『단사전彖辭傳』을 빌려서 중첩된 위험이라고 여겼다. "위아래에 모두 구덩이가 있으니, 위험이 중첩되어 있음을 말한 것이다. 위험이 중첩되면 위험하게 만드는 용도가 된다謂上下俱坎, 是重疊有險, 險之重疊, 乃成險之用也." 이런 해석이 왕필의 해석보다 더 합리적이다. ─원주

이 없었다.

九五 : 坎不盈, 祇旣平. 無咎.

상륙: 오라에 묶여 가시덤불을 두른 옥에 갇혔는데, 3년이 지나도록 벗
어나지 못했다. 흉하다.

上六 : 繫用徽纆, 置於叢棘, 三歲不得. 凶.

상륙효를 보면 감옥을 둘러싼 게 해자뿐만 아니라 가시덤불도 있었
음을 알 수 있다.

초륙효에 '감담坎窞'이라는 말이 있으니, 감방이 아주 깊은 토굴임을
말해준다. 은허에서는 상당히 깊은 저장용 토굴이 아주 많이 발견되었는
데, 종종 폭이 1미터 남짓이고 깊이가 5~6미터였다. 그러나 범인을 가두
는 구덩이는 그보다 조금 컸을 것이다. 아울러 지면에 지붕을 덮었고, 구
덩이 안의 범인에게 먹을 것을 던져주는 창호窓戶가 있었다.

비록 감방과 감옥 구역의 방어가 삼엄했으나, 주창은 어떤 방식으로
간수에게 뇌물을 주어서 자잘한 요구들을 만족할 수 있었던 듯하다. 그래
서 구이효에서 "구덩이에 위험이 있는데, 구하여 작은 것을 얻었다"라고
한 것이다. 험하다고 한 것은 지하 감옥이 가팔라서 기어오르기 어려웠다
는 뜻일 수 있다. 그래서 육삼효에서도 "구덩이에 왔는데 구덩이가 위험
하고 깊다. 구덩이에 들어가는 것은 쓸 수 없다"라고 했다.[286] 비좁고 깊은
구덩이에 갇혔으니 두렵고 불안한데, 석방될 희망은 보이지 않는다는 뜻
이다.

육사효를 보면, 누군가 보낸 술과 음식이 도기 항아리에 담겨 창호를
통해 전해졌는데, 새끼줄에 묶어 내려 보냈을 수 있다. 다만 음식을 보낸
사람에 대한 정보는 없다.

구오효에서 "구덩이가 채워지지 않았다"라고 했으니, 도망칠 기회가

없었다는 뜻일 수 있다. 다만 진술할 때 잘 응대한다면 평안할 수 있었으니, "공경하게 대하니 평안해졌다. 재앙이 없었다"라고 한 것이리라.[287]

이상으로 「감괘」의 각 효사를 살펴보았으나, 괘사에는 포로의 심장을 꺼내어 제사에 바친 일이 반영되어 있다. 이 포로는 응당 압송된 죄수이거나 혹은 주창이 감금된 이 유리의 감옥이 본래 인간 희생에 쓰일 이들을 감금해놓는 장소였을 수도 있다. 이런 참극을 목격했을 때 주창은 응당 자기의 언행을 조심하여 재앙을 초래하지 않도록 했을 것이므로 "행실에 존중함이 있다"[288]라고 했다.

「감괘」와 유사하게 「서합괘噬嗑卦, ䷔」도 뇌옥 생활을 기록한 것이다. '서합噬嗑'은 무언가를 먹었다는 뜻이지만, 입 안에 머금고 있으면서 아직 삼키지 않았거나 삼키기 어려운 상태다. 이 괘의 내용은 모두 감옥에서 밥을 먹은 일에 관한 것이다.

서합: 제사를 지냈다. 옥에 갇힌 것이 이롭다.
噬嗑: 亨. 利用獄.

초구: 발에 형구刑具를 신어서 발이 없어졌으나, 재앙이 없다.
初九: 屨校, 滅趾, 無咎.

육이: 살을 먹고 (누군가) 코를 베었으나, 재앙이 없다.
六二: 噬膚, 滅鼻, 無咎.

육삼: 육포를 먹었다가 식중독에 걸려 조금 고생했으나 재앙은 없었다.
六三: 噬腊肉, 遇毒. 小吝, 無咎.

구사: 뼈에 붙은 말린 고기를 먹다가 구리 화살촉을 얻었다. 고난을 겪

은 게 이로워서, 점을 치니 길했다.

九四: 噬乾胏, 得金矢. 利艱, 貞吉.

육오: 말린 고기를 먹고 황동을 얻었다. 점을 치니 사나웠으나, 재앙은 없었다.

六五: 噬乾肉, 得黃金. 貞厲, 無咎.

상구: (누군가) 나무틀을 어깨에 메고 귀가 잘렸으니, 흉하다.

上九: 何校, 滅耳, 凶.

이 괘의 6효 가운데 3개가 형구를 차고 형벌을 받은 내용을 담고 있다.

초구효의 '교校'는 나무로 제작한 형구이고, '구屨'는 발에 끼웠다는 것이니, 목제의 발 족쇄를 찼다는 뜻이다. 이 효의 결말은 재난이 없었다고 했는데, 이것은 발이 잘린 사람이 아니라, 그것을 목도하고 이 일에 대해 점친 주창 본인을 가리키는 말일 것이다.

상구효의 '하교何校'는 어깨에 채우는 목제의 형구다.

육이효에서는 누군가 코가 잘렸으며, 또 살과 살가죽을 먹었다는 말이 나온다.

육삼효를 보면 음식물을 먹고 식중독에 걸린 이가 주창 본인이었음을 알 수 있다. 감옥에서 고기를 먹는 것은 상당히 사치스러워 보인다. 다만 구사효는 그가 먹은 고기가 무엇인지 드러낸다. 뼈에 붙은 말린 고기胏를 먹다가 뜻밖에 청동 화살촉을 얻었다고 했으니, 화살에 맞고 죽은 인간 희생의 주요 부위는 익혀져서 제사에 바쳐지고, 살가죽과 힘줄 등 남은 찌꺼기가 감옥에 있는 범인의 음식으로 보내졌을 것이다. 게다가 범인 즉, 인간 희생 후보가 먹은 것은 모두 말린 고기로서, 익히지 않은 것이었다.

그러나 "고난을 겪은 게 이로워서, 점을 치니 길했다"라고 했으니, 결과적으로는 길했다고 했다.

육오효의 내용도 말린 고기를 먹은 것이다. 그런데 그것을 먹다가 '황금' 즉 노란 구리를 얻었으니, 그것은 응당 피살자의 몸에 차고 있던 어떤 작은 구리 장식이었을 것이다.

형벌과 살육 제사

『역경』의 「곤괘^{困卦}, ䷮」도 뇌옥 생활에 관한 것이다.

곤: 제사를 거행했다. 대인에 대해 점을 치니 길했고, 재앙이 없었다. 말은 했으나 믿지 않았다.

困: 亨. 貞大人吉, 無咎. 有言不信.

초륙: 엉덩이가 몽둥이에 곤욕을 치렀고, 깊은 골짝에 들어가 3년 동안 (보고 싶은 사람을) 보지 못했다.

初六: 臀困於株木, 入於幽谷, 三歲不覿.

구이: 술과 음식에 곤란을 겪었는데 붉은 옷을 입은 제사장이 와서 제사에 바치기에 유리했다. 정벌하니 흉험했으나, 재앙은 없었다.

九二: 困於酒食, 朱紱方來, 利用享祀. 征, 凶. 無咎.

육삼: 돌에 갇히고 질려^{蒺藜}에 의지해 있는데, 그 집에 들어갔으나 그의 아내를 만나지 못하니, 흉하다.

六三: 困於石, 據於蒺藜, 入於其宮, 不見其妻, 凶.

구사: (죄수를 태운 수레가) 천천히 오니 청동 우리에 갇혔다. 치욕스러웠
으나 (시련이) 끝났다.

九四: 來徐徐, 困於金車. 吝, 有終.

구오: 코를 베이고 발이 잘린 채 붉은 옷을 입은 제사장에게 곤욕을 치
렀는데, 점점 기분이 좋아졌으니 제사에 바치기에 유리했다.

九五: 劓刖, 困於赤紱, 乃徐有說, 利用祭祀.

상륙: 갈류葛藟 덩굴에 갇혀 두렵고 불안한데, 죄를 뉘우치라고 권하자
뉘우쳤다. 정벌하니 길했다.

上六: 困於葛藟, 於臲卼. 曰動悔, 有悔. 征吉.

초륙효에서 말한 '몽둥이株木'는 사람을 치는 곤장을 가리키는 듯하
니, 엉덩이에 심한 매질을 당했다는 뜻이다. 앞서 살펴본 「구괘姤卦」와 「쾌
괘夬卦」에 "엉덩이에 (매를 맞아) 살이 없어서 걷기가 힘들었다其行次且"라고
한 것도 이 효사의 내용과 비슷하다. 지하 뇌옥에 갇혀 3년 동안 보고 싶
은 이를 보지 못했다는 것은 「감괘坎卦」에서 "오라에 묶여 가시덤불을 두
른 옥에 갇혔는데, 3년이 지나도록 벗어나지 못했다"라고 했던 것과 관련
이 있으며, 주창이 어쩌면 3년 동안 구금되어 있었음을 말해준다.

『좌전』에서는 "문왕이 7년 동안 구금되어 있었다"라고 했다.[289] 이것
은 춘추 말엽의 전설에 속하는데, 3년과는 상당히 큰 차이가 있다. 주창이
구금되기 전후에 모두 은허에 살았던 것을 고려하면, 여기서는 주창이 은
허에서 모두 7년을 대기했고, 그 가운데는 뇌옥에서 보낸 3년의 기간도 포
함된다는 뜻일 가능성이 있다.

육삼효에 보이는 돌과 질려는 감옥의 격리 시설일 테지만, "그 집에

들어갔으나 그의 아내를 만나지 못했다"라는 것은 무슨 뜻인지 알 수 없다. 주창이 석방되어 집에 돌아간 뒤에도 그의 아내 태사는 여전히 생존해 있었기 때문이다. 어쩌면 여기서는 그가 막 주원으로 돌아갔을 때 집안에 어떤 변고가 일어나서 가족들이 재앙을 피해 밖으로 나가야 했다는 뜻일 수도 있다.

또 「송괘訟卦」의 구이효에 대한 다음 효사와 대조할 수도 있을 것이다.

> 송사에서 이기지 못했는데, (석방되어) 돌아오니 고을 사람 300호가 도망쳐버렸다. 허물이 없다.
> 不克訟, 歸而逋其邑人三百戶. 無眚.

이 효사와 「곤괘」 육삼효의 효사는 같은 일을 말한 것일 수 있다.

상륙효에서 말한 '갈류'는 앞서 나타났던 질려나 가시덤불과 유사하게 모두 격리 작용을 하는 가시들이고, '얼올臲卼'은 두렵고 불안한 모습으로서, 앞서 살펴본 「감괘」의 뜻과 같다. 둘째 구절에 대해서 공영달은 누군가 주창에게 죄를 회개하라고 권해서 그렇게 했더니, 결국에 이로웠다는 뜻이라고 해석했다. 상식적으로 판단할 때, 주창은 자기가 역모를 꾸몄다고 인정하지 않았을 테지만, 몇 가지 경미한 죄를 인정하여 석방의 은혜를 입어야 할 필요가 있었을 수도 있다.

지하 감옥 속의 생활 외에 『역경』에는 또 죄수가 감옥으로 압송되는 일에 관한 기록도 있다. 「곤괘」의 구사효는 수레 위에 설치된 청동 우리에 갇혔고, 그 수레는 아주 천천히 움직였다는 것을 말해준다. 공영달은 '인吝'을 '치욕스럽고 한스럽다可恥可恨'라고 해석했으나, 결국에는 나쁜 운세가 지나갔다고 했다. 이것은 「대유괘大有卦」 구이효의 다음 효사와 대조해볼 수 있다.

큰 수레에 실려서 느긋하게 갔으나, 재앙은 없다.

大車以載. 有攸往, 無咎.

'큰 수레'는 소가 끄는 수레이지, 말이 끄는 가볍고 빠른 전차가 아니다. 이것은 청동으로 제작한 죄수 우리를 실어서 '금거金車'로 만들 수 있었고, 그런 뒤에 '느긋하게' 갔으나 큰 재난은 당하지 않았다고 했다.

구이효의 내용은 더 복잡하다. 공영달은 '불紱'이 제사 지낼 때 입는 의복으로서 '주불朱紱'은 바로 붉은 제복祭服을 입은 사제司祭라고 해석했다.[290] 다만 "술과 음식에 곤란을 겪었다困於酒食"라는 구절은 해석하기가 조금 곤란한데, 다른 곳에서는 '곤어困於'라는 말이 모두 감금이나 형벌과 관련된 시설을 얘기했기 때문이다. 여기서는 인간 희생에게 마지막 음식을 주었다는 뜻인데, 신에게 바치는 제수품이 되기 위해서는 조금 잘 먹어야 하기 때문이다. 다만 인간 희생은 아무래도 먹고 싶은 마음이 생기지 않을 테니, 그 역시 '곤란한困' 일이었을 것이다. 그런 뒤에는 제사에 바칠 시간이 올 것이다.

구오효의 내용도 그와 유사하다. '의월劓刖'은 코를 베이고 발이 잘린 사람을 가리키니, 이 구절은 「서합괘噬嗑卦」에서 '발이 잘리고滅趾' '귀가 잘린滅耳' 사람이 살해되어 제사에 바쳐진 것과 같은 상황을 얘기한 것이다. '적불赤紱'은 앞서 설명한 '주불朱紱'과 같이 붉은 옷을 입은 사제다. 그리고 죄수가 점점 기분이 풀렸는데,[291] 어쩌면 이것은 일부 인간 희생이 술에 취해 해탈한 상태가 되었음을 묘사한 것으로서, 이렇게 상대적으로 기분이 풀린 인간 희생은 제사에 바치기에 더 적합했을 것이므로, "제사에 바치기에 유리했다"라고 했을 것이다.

상족의 제사갱에서는 정강이가 잘린 인간 희생의 유골이 자주 발견되니, 이것이 이른바 '월刖'이다. 코를 베는 '의劓'의 흔적은 볼 수 없다. 그러나 발굴된 인간 희생은 종종 사지가 해체되거나 손가락과 발가락이 잘리는 등의 시달림을 당한 흔적이 있으니, 이 효사와 정확히 호응한다.

「곤괘」의 괘사에서 말하는 상대가 '믿지 않은' 말이 주창의 자기 변론을 가리키는지 고발자의 말을 가리키는지는 판단하기가 그다지 쉽지 않다.[292]

은허에 있는 동안 주창도 상족이 포로를 죽여 제사에 바치는 의식을 참관했는데, 자기가 그 후보 가운데 하나가 되어 유리에 갇히게 되자 당연히 목격한 게 더 많아졌다. 이런 두려운 경험도 『역경』에 은밀하게 기록되어 있다.

예를 들어 「박괘剝卦, ䷖」를 보자. '박剝'은 살가죽을 벗긴다는 뜻으로서, 갑골문의 글자 형태는 매달아 놓은 한 마리 짐승의 가죽을 하나의 칼로 벗기고 있는 모습을 형상화했다. 이 괘의 괘사는 '느긋하게 (멀리) 가는 것이 불리하다'라는 것이다.

> 박: 느긋하게 (멀리) 가는 것은 불리하다.
> 剝: 不利有攸往.
>
> 초륙: 도마 위에서 발을 잘랐는데, 점을 치니 흉했다.
> 初六: 剝床以足, 蔑, 貞凶.
>
> 육이: 도마 위에서 정강이를 잘랐는데, 점을 치니 흉했다.
> 六二: 剝床以辨, 蔑, 貞凶.
>
> 육삼: 그것 살갗을 벗겼는데, 재앙이 없다.
> 六三: 剝之, 無咎.
>
> 육사: 도마에서 살을 발랐는데, 흉하다.

六四: 剝床以膚, 凶.

육오: 관어貫魚라는 환관이 총애 받으니, 모든 게 이롭다.

六五: 貫魚以宮人寵, 無不利.

상구: 큰 열매를 먹지 않으니, 군자는 수레를 얻고 소인은 골육骨肉이
발라질 것이다.

上九: 碩果不食, 君子得輿, 小人剝廬.

'상床'은 본래 잠자는 데에 쓰는 침대를 가리키지만, 여기서는 인간
희생을 죽여서 가죽을 벗기고 살을 바르는 데에 쓰는 도마라는 뜻이다.
'멸蔑'을 공영달은 '깎는다削也'라고 설명했는데, 갑골문의 글자 모양은 창
戉으로 사람의 두 발을 자르자, 잘린 사람이 눈을 부릅뜨고 쳐다보는 모습
을 형상화했다. 이것은 먼저 발을 자르고 살해하는 제사 방식이다. 소의
갈비뼈에 새겨진 어느 복사(『합집』 6610)에 "도끼로 강족의 두 발을 잘랐다
戉有蔑羌"라는 복사가 들어 있다. '월戉'은 '월鉞'의 본래 글자로서, 여기서는
멸제蔑祭를 집행하는 사람을 가리킬 수 있다.

「박괘」에 담긴 이 무시무시한 내용은 이 괘의 형상과도 관련이 있을
것인데, ䷖은 바로 틀에 설치한 도마의 모습이다.

육이효의 '변辨'은 왕필王弼의 해설에 따르면, '정강이足之上也'를 가리킨
다. 육삼효에서는 발과 정강이를 자른 뒤에 몸뚱이의 가죽을 벗기기 시작
했다는 뜻일 터다.

육오효에서 말한 '관어貫魚'는 글자만 보면 작살로 물고기를 잡았다는
뜻이지만, 여기서는 사람 이름이다. 이 효사의 전체적인 뜻은 환관인 '관
어'가 왕의 총애를 받는다는 것이다. 이 사람은 주창과 교유한 상나라 왕
궁의 내시일 가능성이 있으니, 그의 도움을 얻는다면 감옥에서 벗어날 기

『합집』 6610

회를 잡을 수 있을 것이었다.

상구효는 큰 과일을 먹지 않았듯이, 주창이 앞서 서술한 인간 희생들과 같은 운명을 맞이하지 않을 것이라는 뜻이다.[293] 뒤이어 서술된 군자와 소인의 운명은 신분과 지위의 차이가 운명의 차이를 이끈다고 말하는 듯하다.

소달기蘇妲己의 다른 일면

주창이 구금되는 과정에서 그의 자식들도 살펴볼 기회를 찾았을 수 있다.

「손괘損卦, ䷨」의 괘사는 다음과 같다.

느긋하게 (멀리) 가는 것은 유리하니, 찾아가려면 음식 두 그릇을 장만해서 먹게 할 수 있다.

利有攸往, 曷之, 用二簋, 可用享.

앞서 살펴본 감옥 생활에 관한 「감괘」에서 누군가 주창에게 찾아와 '술 한 통樽酒'과 '음식 두 그릇簋貳'을 주었다고 했으니, 이것도 같은 일을 말한 듯하다.

유리에 구금되어 있을 때 주창은 『역경』의 추론과 연역에 빠져 있었으나, 그 속에 그가 석방될 수 있는 비결이 담겨 있지는 않았고, 결국에는 그의 신하들과 가족의 노력에 의지해야 했다. 『사기』 「은본기」에 따르면, 주창 휘하의 굉요閎夭 등이 '유신씨有莘氏의 미녀와 여융驪戎의 문마文馬, 유웅有熊의 구사九駟'와 같은 각종 보물과 미녀를 수집해서 상나라 왕에게 바쳤고, 산의생散宜生이 '흑표黑豹'를 물색했으며, 아울러 그것들을 받은 주왕이 기분이 좋아져서 즉시 주창을 석방하라고 지시했다고 한다.

> 이것 하나면 서백을 석방하기에 충분한데, 하물며 이렇게 많음에랴!
> 此一物足以釋西伯, 況其多乎.(『太平御覽』 권892에 인용된 皇甫謐의 『帝王
> 世紀』)

『좌전』 양공襄公 31년의 기록을 보면, 이에 대해 춘추 시기의 누군가는 또 더 희극적인 주장을 펼쳤다. 주왕이 문왕을 7년 동안 구금하자 제후들이 모두 그를 따라 갇히는지라, 주왕이 두려워서 그를 돌려보냈다는 것이다.

이상의 두 가지 서사는 인과관계가 모두 대단히 간단하고, 게다가 후세에 가공된 성분이 들어 있다. 당시의 현실로 보면, 주왕은 서부 지역에 대해 그다지 큰 흥미가 없었으므로, 그곳에서 반란이 일어나지 않고 인간 희생을 정기적으로 은허에 보내줄 수만 있다면, 현상을 유지하는 게 상대적으로 훌륭한 방안이었다. 후세의 역사서에서 주왕을 철저하게 황당하고 비할 데 없이 잔인하고 포악한 말기의 군주로 묘사했으나, 그의 뛰어난 부분도 강조했다. 『사기』 「은본기」에는 이렇게 기록되어 있다.

> 주왕은 달변達辯인 데다가 견문이 무척 민첩하며 용력勇力이 남들보다
> 뛰어나 손으로 맹수를 때려잡았다.
> 帝紂資辨捷疾, 聞見甚敏, 材力過人, 手格猛獸.

그러나 그의 결점도 바로 여기에 있었을 수 있다. 자신감이 지나쳐서 세상 사람들의 능력이 모두 자기보다 못하다고 여기고 남의 의견을 듣지 않았고, 잘못을 저지르더라도 변명할 재능이 있었다. 그야말로 이런 격이었다.

지혜는 간언을 막기에 충분했고, 말솜씨는 잘못을 꾸미기에 충분했다. 신하들에게 능력을 자랑하고 천하에 명성이 높아서 모두 자기보다 못하다고 여겼다.

知足以距諫, 言足以飾非, 矜人臣以能, 高天下以聲, 以爲皆出己之下.

주족으로서는 주왕의 광망함도 괜찮았으니, 이렇게 되면 그의 경각심을 유발하지만 않는다면 그래도 희망이 있기 때문이었다. 게다가 주창은 당시에 이미 50세가 넘었으므로 옛사람의 기준에 따르면 벌써 고령이라고 할 수 있었다. 이 때문에 주족의 미래는 주로 이미 성년이 된 주창의 자식들, 특히 주창의 계승자인 백읍고가 주왕을 안심시킬 수 있는지에 달려 있었다.

당시의 주족에게는 주창의 부인 태사와 두 동생인 괵중과 괵숙 그리고 오랫동안 주족의 가문을 관리해온 '태보太保' 소공 석奭의 가족이 있었으므로 나라의 안정을 충분히 유지할 수 있었다. 산의생 등 외부에서 온 신하들의 역할은 주로 상 왕조 및 동방의 나라들에 대한 정보를 탐문하여 주창에게 의견을 제시하는 것이었다. 다만 예물을 바치는 것만으로는 부족했으므로, 문왕의 자식들은 또 은허에 가서 주왕을 직접 만나 인정에 호소할 기회를 모색해야 했다.

주창이 은허에서 겪은 일에 관해서는 옛날의 책에 상당히 많이 기록되어 있으나, 그의 자식들에 대한 언급은 없었다. 문왕의 아들들 가운데 가장 나이가 많은 네 명은 각기 장자인 백읍고와 무왕 주발, 주공 주단, 관숙管叔 주선周鮮이다. 상식적으로 추측하자면 주창이 은허에 가도록 허락받았을 때 장자인 백읍고가 주족의 사무를 대신 처리하고, 주창은 다른 아들 1명을 데리고 나갔어야 한다. 그리고 그가 체포되었다는 소식이 주원에 전해졌을 때, 백읍고와 두 아우도 뇌물로 쓸 예물을 가지고 서둘러 은허로 갔어야 한다.

그러나 이 과정에서 너무나 참담한 아픔을 겪었기에 후세의 주나라 사람들이 그 일을 깊이 숨기고 누설하지 않았으므로, 기록이 빠져 있다. 그러나 상 왕조가 끝난 뒤의 몇 가지 사정은 주창의 아들들이 어떻게 연줄을 찾아 주왕을 알현했는지 암시해준다. 당시 상 왕조에 부속된 나라 가운데 소국蘇國이 있었는데 황허강의 북안, 지금의 허난성 자오쭤焦作시 일대에 있었던 듯하며, 군주의 이름은 소분생蘇忿生이었다. 주나라가 상나라를 멸한 뒤에 무왕은 소분생을 주 왕조의 사구司寇에 임명하여 형법을 관장하게 했다.

> 옛날에 주나라가 상나라를 이기고 제후를 달래서 봉해주면서, 소분생은 온溫 땅에 봉하고 사구로 삼았다.[294]
>
> 昔周克商, 使諸侯撫封, 蘇忿生以溫爲司寇.(『左傳』成公 11年)

이 임명에 주목하는 역사가는 아주 드물다. 물론 이 사실을 해석하기는 어렵다. 소국과 주나라는 본래 아무 관계가 없었기 때문이다.

한 걸음 더 나아간 정보는 주왕이 총애했던 왕비로서 유명한 소달기가 바로 소국 출신이라는 사실이다. 『사기』에 따르면, 주왕이 소국을 정벌하자 그 군자가 공주인 달기를 주왕에게 바치도록 강요당했는데, 결국 달기가 주왕의 총애를 받았다고 했다. 딸을 바치도록 강요당했다는 이 주장은 그저 주왕이 호전적이고 여색을 좋아한 폭군이라는 형상을 강조하기 위한 것이니, 반드시 믿을 만하지는 않다. 다만 달기가 소국 출신이라는 점은 확실하다. 이 가족은 기성己姓의 소씨蘇氏이니, 소분생은 달기의 오빠나 동생일 가능성이 있다.

보아하니 한 가지 가능성을 생각할 수 있겠다. 즉, 백읍고가 은허에 도착한 뒤에 먼저 소분생의 가족과 연계를 맺고, 아울러 소달기를 통해서 주왕을 만나서 마침내 부친이 석방되도록 했다는 것이다.

앞서 살펴본 대로, 「박괘」의 육오효에 "관어貫魚라는 환관이 총애받으니, 모든 게 이롭다"라는 구절이 들어 있다. 여기서 말한 환관 관어가 감옥에 와서 문왕을 살펴본 것은 바로 소달기가 자기 뜻을 알린 일일 수 있다. 후세의 소설에서 소달기는 무시무시한 여우의 정령으로서 오로지 주창을 해치려고 음모를 꾸미지만, 실제 역사에서는 그녀가 바로 주창이 석방되는 데에 핵심적인 역할을 했을 가능성이 크다.

이 은혜는 주족에게 대단히 중요한 것이어서, 달기는 비록 많은 악명을 짊어지고 죽었으나, 주족이 천하를 탈취한 뒤에 무왕은 그녀의 가족을 중용했다. 주왕이 자살한 뒤에도 상 왕조는 완전히 멸망한 게 아니어서, 무왕은 주왕의 아들 무경武庚 즉 녹보祿父에게 은허에서 상나라 왕의 지위를 계승하게 했다. 이 무경은 소달기의 아들일 가능성이 크다. 주족이 소씨 가족을 두텁게 신임한 것은 후세의 소설과는 그야말로 현저한 차이가 있었다고 하겠다.

이어서 『역경』의 「관괘觀卦, ䷓」를 보자. 여기에 기록된 것은 어쩌면 주창의 아들들이 처음 은허에 왔을 때 사방으로 연줄을 모색하던 상황이었을 수 있다.

'관觀'은 본래 탐사하고 살펴본다는 뜻이다. 비록 괘사에서는 "손을 씻었으나 제사를 올리지 않았는데, 포로가 있는데 우러러보는 듯했다盥而不荐, 有孚顒若"라고 하여 인신공양제사에 대한 주창의 회상을 얘기하고 있으나, 그 뒤에 6개 효사는 모두 그의 옥사와 관련이 있다.

> 초륙: 아이(주창의 아들)가 살펴보니 소인에게는 재앙이 없으나, 군자는 억울한 일을 당한다.
>
> 初六: 童觀, 小人無咎, 君子吝.

육이: 문틈으로 엿보고, 여자가 이로운지 점을 쳤다.

六二: 闚觀, 利女貞.

육삼: 내 목숨을 살펴보고 진퇴를 결정했다.

六三: 觀我生進退.

육사: 상나라 도읍의 영광을 살피니, 왕에게 빈객으로 방문하는 게 유리했다.

六四: 觀國之光, 利用賓於王.

구오: 내 목숨을 살펴보니, 군자(나 자신)에게는 재앙이 없다.

九五: 觀我生, 君子無咎.

상구: 그의 목숨을 살펴보니 군자(어쩌면 주왕)에게는 재앙이 없다.

上九: 觀其生, 君子無咎.

이번에 주창은 재앙을 통해서 오히려 복을 받은 듯했다. 백읍고는 주왕에게 좋은 인상을 주어서 은허의 궁정에서 인질이 되어 주왕의 마차를 몰았다.* 상·주 시기에 왕의 마차를 모는 사람은 모두 지위가 매우 높았다는 사실을 알아야 한다. 전투할 때 총사령관은 늘 점을 쳐서 전차를 몰 사람을 선택했으니, 이 직무가 왕의 안위와 생사를 결정할 수 있기 때문이다. 주족은 빈-녠쯔포 시기부터 말을 기르는 일에 능숙했고, 주원으로 이주한 뒤에도 상 왕조를 따라 마차를 도입했으므로, 백읍고가 마차를 모는데에 뛰어났던 것은 아주 자연스러운 일이었다.

---

* 『태평어람太平御覽』 권84에 인용된 『제왕세기帝王世紀』: "質於殷, 爲紂御."

주창은 옥중에서 역괘를 수련한 사실이 상나라 상층부의 주목을 받아서, 종종 귀족들의 초청을 받아 점을 쳐주었다. 『역경』의 64괘 체계는 귀신과 선왕 같은 것과 관련이 없고, 그런 부류와 소통하지도 않았기 때문에 참람이라는 혐의를 피할 수도 있었고, 게다가 해석의 여지도 컸다. 주창은 또 서부에서 온 다른 부족의 추장이었는지라, 이 낯선 신분도 상족에게는 신선하게 느껴졌을 수 있다.

예를 들어「몽괘蒙卦, ䷃」의 괘사는 다음과 같다.

> 내가 아이를 구한 게 아니라 아이가 나를 구했다. 처음에는 점을 쳐서 알려주었는데, 재삼 묻는다면 나를 존중하지 않는 것이므로 알려주지 않았다.
>
> 匪我求童蒙, 童蒙求我. 初筮告, 再三瀆, 瀆則不告.

주창에게 점을 쳐달라고 청한 아이는 틀림없이 주족이 아닐 것이다. 그들 가운데는 늙은 족장을 감히 이렇게 수고롭게 할 수 있는 이가 없으니, 은허의 왕족만이 그렇게 할 수 있었을 터다. 상나라를 멸한 뒤에 무왕은 주왕의 아들 무경에게 상나라 왕의 지위를 계승하게 했는데, 이것은 은허에 있을 때 어린 무경이 이미 주창 부자와 빈번하게 교유하며 사적으로 친분을 맺은 것과 관련이 있을 수 있다.

『역경』에서 주창은 자기가 주왕에게서 상을 받은 일을 여러 차례 기록했다. 당시에 주왕은 천하의 공통적인 군주이자 유일한 왕이었으니, 『역경』에 나오는 '왕'이나 '대인大人' '대군大君'은 저자인 주창이 아니라 주로 주왕을 가리킨다고 해야 할 것이다. 예를 들어 "왕이 은허에 집을 마련해주었다「家人卦」: 王假有家"라든가 "왕이 은허에 조상의 사당을 마련하게 해주었다「萃卦」: 王假有廟"라는 구절이 그런 예다. 그리고 "그 왕의 모친에게 이 큰 복을 받았다「晉卦」: 受玆介福, 於其王母"295)라고 했으니, 주창은 상나라 왕이 어떤 선비^{先妣}들에게 제사 지내는 것을 수행^{隨行}했던 듯하다.

이외에 주창 부자는 은허에서 혼사를 치른 적도 있었을 터인데, 상족의 관습법에 따른 제약으로 상족과 통혼했을 가능성은 크지 않다. 그러나 지국^{摯國}이나 신국^{莘國}, 소국^{蘇國}과 같이 상나라 왕족의 혈통이 아닌 속국과는 혼인 관계를 맺을 수 있었으며, 게다가 은허에서 살고 있는 다른 나라의 군주와 귀족이 아주 많았으므로 혼사를 얘기하기도 상당히 편했을 것이다. 물론 처^妻와 첩^妾의 지위는 차이가 아주 커서 정실부인은 문호가 서로 어울려야 하지만, 첩은 지위가 낮은 가문에서 찾아야 한다. 예를 들어 「대과괘^{大過卦}」 구이효^{九二爻}에는 이런 구절이 들어 있다.

> 마른 버들에 싹이 나니, 늙은이가 그 딸을 아내로 주었다.
> 枯楊生稊, 老夫得其女妻.

이것은 주창이 첩을 들였음을 말한 것일 수 있다. 그런데 구오효^{九五爻}에서는 반대로 어린 남자가 늙은 아낙에게 맞아들여졌으니, 응당 자기보다 지체 높은 가문의 사위가 되었음을 말한 것이다.

> 마른 버들에 꽃이 피니, 늙은 아낙이 건장한 사내를 얻었다.
> 枯楊生華, 老婦得其士夫.

이것은 주창의 어느 아들의 혼사를 얘기한 것일 수 있다. 여자 쪽은 나이가 많아도 신분이 상당히 높으니, 동맹을 확대하기 위해서는 이런 혼사에 의지할 수밖에 없었을 것이다.

더 중요한 것은 유리에 구금되어 있던 동안 주창은 역괘의 점술 체계에서 신의 계시를 얻었다는 사실이다. 즉 상나라의 통치가 영원히 지속되지는 않을 것이고, 주족이 그 자리를 대신할 가능성이 아주 크다는 것이다. 이것은 『역경』을 쓰게 된 출발점으로서, 수많은 자잘한 사건의 배후에는 상나라를 정벌할 방법을 찾고자 하는 주창의 오롯한 마음이 숨겨져 있다.

제20장 상나라 정벌과 『역경』의 세계관

『역경』에 기록된 포로 사냥과 인신공양제사는 후세 사람들의 상상을 완전히 넘어서는데, 그렇다면 주창은 왜 이런 것들을 기록했을까? 설마 일기나 회고록을 쓰려고 했을까?

괘사와 효사의 번잡하고 어지러운 현상 이면에는 사실 세계의 운행 법칙에 대한 주창의 탐색이 들어 있었다. 괘상卦象의 배열과 조합에 따른 변화를 통해, 그는 현존하는 세계 질서가 영원한 게 아니라 변화할 수 있음을 발견했다. 더욱 중요한 것은 상 왕조의 통치도 이와 같다는 사실이다.

이것들을 얘기하기 전에 먼저 『역경』의 가장 기본적인 원리인 음양과 괘상, 괘사와 효사에 대해 살펴보자.

상족에게서 전해진 역괘 점술

상고시대에 사람들은 풀이나 대나무로 만든 작은 막대기로 수를 계

산하는 방법을 발명했다. 그것들은 땅에 늘어놓고 다른 모양을 만들어서
다른 숫자를 나타내도록 한 뒤에 계산했는데, 훗날의 주판珠板과 약간 비슷
했다. 수를 계산하던 대막대기는 '책策' 또는 '주籌'라고 불렸는데, 예를 들
어 지금까지 전해지는 옛말 가운데 '방책을 짠다運籌'라든가 '획책한다劃策'
라는 말도 있다.

수를 계산하는 일정한 지식이 축적되자, 옛사람들은 숫자가 아주 많
기는 하나 모두 홀수와 짝수로 양분될 수 있음을 발견했다. 이것은 마침
일상생활의 '양陽'과 '음陰'의 개념과 짝이 맞았다. 태양이 비치는 곳은
'양'이고 비치지 않는 곳은 '음'이니, 홀수는 '양'이고 짝수는 '음'이다. 그
런 뒤에 천지와 산수, 남녀, 암수, 상하 등 거의 모든 사물도 그 성격을 음
양으로 나눌 수 있게 되었다.

이것은 초기 인류가 발전시킨 일종의 간단한 귀납적 사유인데, 심지
어 현대에 이르러서도 프랑스어나 러시아어처럼 몇몇 언어의 명사는 여전
히 음양으로 나뉘어 있다. 그리고 초보적인 점술 이론은 바로 풀줄기를 이
용해 계산한 숫자를 음이나 양으로 귀납하여 세상의 갖가지 사물 내지 운
명의 길흉을 대표하게 했다.

갑골을 이용해서 예측하는 것을 '복卜'이라 하고, 풀줄기를 이용해 예
측하는 것을 '서筮'라고 한다. '서筮'자의 위쪽에 있는 '죽竹'자는 점칠 때 쓰
는 풀줄기나 대막대기를 나타내고, 아래쪽의 '무巫'자는 귀신과 소통하는
무당만이 점을 치는 능력이 있다는 것을 나타낸다.[296]

전설에 따르면 반인반신半人半神의 복희伏羲가 맨 먼저 '8괘八卦'를 그렸
고, 그 뒤에 주창이 주왕에 의해 유리에 구금되어 있을 때 8괘를 추론하고
연역하여 64괘를 만들었다고 한다.

그가 유리에 구금되어 있을 때, 아마도 역易의 8괘를 더하여 64괘를 만
들었다.

其囚羑里, 蓋益易之八卦爲六十四卦.(『史記』「周本紀」)

다만 사마천은 '아마도蓋'라는 표현을 씀으로써 그다지 확신하지 못함을 나타냈다.

먼저 가장 오래된 복희의 8괘를 살펴보자. 건乾과 곤坤, 감坎과 이離, 진震과 간艮, 손巽과 태兌까지 4개의 짝이 있으며, 각기 '괘상卦象'이라고 불리는 그것을 대표하는 도안圖案이 있다. 이 도안은 음양을 나타내는 3개의 '효爻'로 구성되어 있는데, 통째로 직선인 것은 양효이고, 중간이 반으로 잘린 것은 음효다.

건乾 ☰	곤坤 ☷
감坎 ☵	이離 ☲
진震 ☳	간艮 ☶
손巽 ☴	태兌 ☱

동주東周 시기의 학자는 이것이 우주의 8대 원소로서 건은 하늘을, 곤은 땅을, 감은 물을, 이는 불을, 진은 우레雷를, 간은 산을, 손은 바람을, 태는 못澤을 대표한다고 했다.(『주역정의周易正義』「설괘說卦」권9) 복희 혹은 주창 시대의 사람이 어떻게 이해했는지는 말하기 곤란하다.

다시 64괘를 살펴보자. 괘상은 2개의 8괘를 위아래로 중첩하며 조직되는데, 총 64개이고 모두 6개의 효를 가지고 있다. 가령 8괘의 건괘가 중첩되면 여전히 건괘라고 부르는 방식으로 유추된다. 다만 서로 다른 8괘가 중첩되면 새로운 이름을 만들어야 하니, 예를 들어 아래쪽은 진괘이고 위쪽이 감괘라면 둔괘屯卦라고 부르며 괘상은 ䷂이고, 아래쪽이 감괘이고 위쪽이 간괘라면 몽괘蒙卦라고 부르며 괘상은 ䷃이다.

풀줄기를 이용하여 점치는 음양 8괘의 체계는 화베이 지역에서 룽산

시대 이래로 계승되어 온 갑골 점복 체계와 상호 대등한 관계로서, 어느 게 더 먼저 나타났는지 얘기하기 무척 어렵다. 갑골은 보존되기 쉬우나 풀줄기 점술은 유물을 남기기가 쉽지 않기 때문이다.

상 왕조의 은허 시기에 이르면 일부 점술사들이 이미 갑골에 글자를 새기는 데에 익숙해졌으므로, 풀줄기를 이용해 점친 결과로 나타난 숫자를 갑골에 새길 수도 있었다. 그리고 3개의 숫자로 이루어진 각사刻辭는 은허 전기의 무정 시대에도 있었으니, 주창의 시대보다 200년이나 앞선다. 그것은 '666'과 같이 3개의 숫자를 중첩한 것인데, 이 3개의 숫자는 3개의 음효를 나타내니, '666'은 8괘 가운데 곤괘다.

은상 중·후기에 이르러 6개 숫자로 된 갑골 각사가 나타났고, 시대도 주창의 시기에 비해 조금 빨랐다. 예를 들어 '678968'은 '음양음양음음'에 해당하니 『역경』의 「건괘乾卦, ䷀」다. 이렇게 보면 64괘의 기본 원리는 문왕이 발명한 게 결코 아니다.

64괘 점술에서 대막대기가 어떻게 쓰였는지에 관한 최초의 기록은 춘추·전국의 교체기에 나온 『역전易傳』「계사繫辭」다. 특정한 과정에 따라 50개의 대막대기를 두 손으로 몇 차례 나누고, 마지막에 손에 남은 것이 얻은 숫자이니, 그것이 홀수인지 짝수인지에 따라 음양이 정해지며, 이것이 점술의 첫 효다. 이렇게 6차례 반복해서 연산하게 되면 6개의 효를 얻으니, 하나의 완전한 괘가 이루어진다. 이렇게 음양의 효를 늘어놓는 순서는 반드시 아래에서 위로 향해야지 거꾸로 뒤집을 수는 없다.

물론 『역전』「계사」의 이 기록은 이미 주창의 시대보다 500여 년이나 뒤에 나온 것이므로, 주창이 어떻게 점을 쳤는지는 확정할 방법이 없다.

이제까지 살펴본 것이 바로 64괘 괘상의 내력인데, 그렇다면 건, 곤, 둔, 몽 등 64괘의 이름은 또 언제 만들어졌을까? 상나라 때의 갑골문에서는 괘의 이름이 발견되지 않았고, 그것들이 처음 나타난 것은 『역경』에서다. 그러므로 문왕이 그 이름을 지은 게 거의 확실하며, 적어도 지금까지는 그에 반하는 증거가 나타나지 않고 있다.

　유서 깊은 갑골 점복에 비해 풀줄기를 이용하기는 훨씬 쉬우므로, 문왕은 유리의 옥에 갇혀 있을 때 변변치 못한 조건을 이용하여 64괘 점을 칠 수 있었다. 이 점술 체계를 더 자기의 필요에 맞추기 위해 그는 또 괘사와 효사를 종합하여 편찬했고, 이를 통해 『역경』의 기본 내용이 이루어졌다.

　다만 이것이 문왕 주창이 64괘 체계를 선호한 근본 원인은 아니었다.

문왕의 괘사와 효사

　64괘에는 모든 괘에 각기 간단한 해설이 붙어 있는데 이를 일컬어 '괘사'라고 하며, 상대적으로 괘 안에 들어 있는 모든 효에도 하나씩 '효사'가 달려 있다. 개략적으로 말하자면 『역경』은 64괘의 이름과 괘상, 괘사와 효사로 구성되었다고 할 수 있다.

　당나라 때 『주역周易』에 주석을 단 공영달은 복희가 최초로 8괘를 그렸는데, 후세에 누군가 8괘를 중첩하여 64괘를 만듦으로써 갖가지 '천지의 변화와 인간사의 길흉'을 포괄할 수 있게 되었다고 했다. 그리고 그 뒤에 문왕이 괘사와 효사를 써서 모든 효와 괘에 담긴 길흉의 뜻을 해석했다고 했다.

　　대개 복희의 초년에는 그저 하늘을 우러르고 땅을 굽어살펴서 음양의 두 효로 팔괘를 그렸는데, 후세에 그것을 따르면서 중복해서 64괘를 만드니, 그런 뒤에 천지의 변화와 인간사의 길흉이 모두 갖춰져서 효와 괘에 담기게 되었다. 문왕은 또 효와 괘 아래에 글을 달아 그 효와 괘에 담긴 길흉의 뜻을 밝혔다.

蓋伏犧之初, 直仰觀俯察, 用陰陽兩爻而畵八卦, 後因而重之爲六十四卦,
然後天地變化, 人事吉凶, 莫不周備, 縕在爻卦之中矣. 文王又於爻卦之下,
繫之以辭, 明其爻卦之中吉凶之義.(『周易正義』「說卦」권9)

보아하니 공영달은 『사기』에서 문왕이 "유리에 구금되어 있을 때 아
마도 역易의 8괘를 더하여 64괘를 만들었다"라는 서술에 동의하지 않았던
듯하다. 그리고 현대의 고고학적 발굴도 그의 견해가 확실히 옳았음을 증
명한다.

공영달은 또 괘사와 효사는 문왕이 쓴 것이라고 했다. 고대에는 이 주
장도 직접적인 증거가 없어서 줄곧 학자들의 의심을 받아왔다. 그러나 갑
골문 등 상나라에 대한 고고학적 성과와 결합하면, 공영달이 이렇게 말한
증거는 상당히 충분하다는 사실을 발견하게 된다. 괘사와 효사는 오직 상
나라라는 환경에서만 나올 수 있고, 그보다 더 늦을 수는 없기 때문이다.

『역경』의 괘사와 효사에서 역사를 찾으려 했던 최초의 학자는 구제
강이었다. 1929년에 그는 몇 개의 효사에 담긴 상·주 시대의 역사적 사건
을 고증하고, 아울러 「『주역』 괘사와 효사 속의 이야기」라는 글을 발표했
다.[297] 그의 추측에 따르면 「귀매괘歸妹卦」와 「태괘泰卦」의 효사에 들어 있는
'제을귀매帝乙歸妹'라는 말에 담긴 역사는 제을이 자기의 딸을 문왕에게 시
집보냈는데, 이 공주가 후손을 낳지 못하고 결국에는 일찍 죽었거나, 이혼
하고 친정으로 돌아가서 문왕이 다시 태사와 결혼했다는 것이다.

이렇게 구제강은 『역경』애서 상나라 말엽의 역사를 찾는 선구자가 되
었다. 물론 '제을귀매'에 대한 그의 해석이 옳은 것은 아니다. 어쨌든 당시
에 상나라와 주나라는 현격하게 역량의 차이가 났으므로, 상나라 왕이 자
기 여동생을 주족에게 시집보낼 가능성은 크지 않았기 때문이다. 그러므
로 이것은 주족이 자기 역량을 과시하기 위해 허풍을 떤 것일 수 있다. 다
만 그 진실한 배경은 여전히 상나라 말엽 상나라와 주나라의 관계였다.

　　64괘의 괘사와 효사에는 포로를 사로잡아 제사에 바치는 것과 같은 상나라 특유의 많은 사건이 담겨 있다. 그런데 주 왕조가 건립되고부터 이런 방법은 바로 소멸했고, 후대의 옛사람들도 그런 일들을 더는 기억하지 못했다.

　　여기서 다시 예를 들어보자.「곤괘」의 괘사에서 '이빈마지정利牝馬之貞'이라고 한 것과 같이『역경』의 괘사와 효사에는 늘 '정貞'자가 나타난다. 공영달을 포함한 후세의 학자들은 모두 이 글자가 무슨 뜻인지 알지 못했고, 그저 그것이 '견정堅貞'과 관련이 있을 것으로 추측하여 '정貞은 바르다正'라는 뜻'이라고 해석했다. 사실 이 글자는 상나라의 갑골복사에 빈번하게 나타나며, 현대의 학자들도 진즉 그것이 바로 점복의 '점占'이라고 확정했다. 그래서 갑골 점복을 치는 점술사가 '정인貞人'이라고 불렸던 것이다. 이를 통해서『역경』속의 '정貞'자도 해석하기 편해졌다. 예를 들어「곤괘」의 '이빈마지정利牝馬之貞'은 점을 친 결과 어미 말에게 유리하다는 뜻이다. 반대로「비괘否卦, ䷋」의 '불리군자정不利君子貞'은 점을 친 결과 군자에게 이롭지 않다는 뜻이다. 그러니 갑골문이 발견되지 않았더라면『역경』속의 '정貞'자는 줄곧 잘못 이해되었을 가능성이 크다.

　　『역경』의 괘사와 효사에 기록된 사건 가운데 어떤 것들은 틀림없이 문왕만이 겪을 수 있는 내용이다. 그러므로 그것들의 가치는 대단히 독특하다.[298] 공자孔子 시대 이래『역경』을 해독한 저작은 아주 많으나, 갑골문 지식의 기초가 없었던 관계로 많은 기본 개념을 잘못 이해함으로써 이 '점 치는 기술'이 자연히 뿌리 없는 나무가 되어버렸다. 그리고 갑골문과 상나라에 대한 고고학적 지식을 이용해『역경』을 연구하는 일은 가오헝이 물꼬를 텄다고 할 수 있는데, 그의『주역고경금주周易古經今注』는 그저 문왕의『역경』에 대해서만 논했을 뿐 동주 시기에 나온『역전易傳』을 언급하지 않음으로써, 후대의 오해가 역행하는 방식으로 상나라 역사에 침범하는 일을 피했다. 이런 의미에서 나는 가오헝이 개창한 방법을 토대로 일종의 계속적인 탐색을 진행하는 셈이다.*

괘사와 효사에 담긴 것

『역경』의 괘사와 효사에는 상나라의 포로 사냥과 인신공양제사와 관련된 것 외에도 주족의 활동에 대한 많은 것을 포함되어 있다. 이것은 응당 문왕이 상당히 관심을 기울였던 내용일 텐데, 그게 아니라면 일일이 기록하지 않았을 것이기 때문이다.

먼저 13번째 괘인 「동인괘同人卦, ䷌」를 보자.

동맹군이 들에 모여 제사 지내니 큰 강을 건너는 데에 유리하고, 점을 치니 군자에게 유리했다.
同人於野. 亨. 利涉大川. 利君子貞.

초구: 동맹군이 대문에 모이니 재앙이 없다.
初九: 同人於門, 無咎.

육이: 동맹군이 종묘에 모였는데, 그다지 좋지 않다.
六二: 同人於宗, 吝.

---

* '주역周易'이라는 어휘의 의미는 확대되었다. 『좌전』과 같은 춘추 시기의 역사서에서 말하는 '주역周易'은 단지 문왕의 괘사와 효사만을 가리켰다. 공자의 제자가 『주역』을 편집할 때는 『계사繫辭』와 『문언文言』 등 괘사와 효사 체계에 대한 그들의 아주 많은 해석도 모아서 편집했다. 이 해석들은 『역전易傳』 혹은 『십익十翼』(괘사와 효사에 대한 10가지 해석)이라고 불리며 『주역』의 내용을 확대했다. 특별히 문왕의 괘사와 효사를 가리키기 위해 현대의 학자들은 『역경』이라는 호칭을 씀으로써 『역전』과 구별하고 있다. 나도 『역경』이라는 표현으로 문왕의 괘사와 효사를 대표하며, 후세의 『역전』은 끌어들이지 않겠다.—원주

구삼: 풀숲에 매복하고 높은 언덕에 올라가 살펴보았으나, 3년 안에 (적을 이기고) 흥성할 수 없다.[299]

九三: 伏戎於莽, 升其高陵, 三歲不興.

구사: 적의 성벽에 올랐으나 공략하지 못했다. 길하다.

九四: 乘其墉, 弗克攻. 吉.

구오: 동맹군이 통곡하다가 나중에 웃으니, (적의) 대군을 만나게 될 것이다.

九五: 同人先號咷而後笑, 大師克相遇.

상구: 교외에 동맹군이 모이니 후회할 일이 없다.

上九: 同人於郊, 無悔.

「동인괘」는 아래가 이괘☲이고 위가 건괘☰다. 8괘의 풀이에 따르면 이괘는 불, 건괘는 하늘을 가리키니, 하늘 아래에서 불이 타오르는 형상이다. 다만 「동인괘」가 하늘, 불과 무슨 필연적인 관계가 있는가? 괘사에서는 그것을 볼 수 없으니 함부로 추측할 수는 없다.

'동인同人'의 뜻은 대개 동맹군을 결집한다는 것이다. 그 괘사를 보면 문왕 만년에 상나라를 멸하려고 준비 작업을 하는 듯하다. 각 부족의 동맹군이 결집하자 제사를 지내서 신들의 지지를 받고 동맹군을 단결하고, 그 기세를 이용해 황허강을 건넌다. (이렇게 해서 상나라의 심장부를 타도한다.) 이 괘상은 '군자'에게 유리하니, 전망이 상당히 좋다.

효사를 살펴보면, 모든 효사의 앞쪽에 두 글자로 된 순번이 있는데, 여기서 '구九'는 홀수이자 양효, '육六'은 짝수이자 음효를 가리킨다. 아래

에서 위로 올라가는데 맨 아래의 첫 번째 효는 '초初'라고 부르는데, 음양
에 따라 '초육初六'이나 '초구初九'가 된다. 마지막 효는 가장 위쪽에 있으므
로 '상上'이라고 부르는데, '상륙上六' 또는 '상구上九'로 나뉜다. 중간의 2,
3, 4, 5효의 명칭은 음양을 대표하는 '육'이나 '구'를 앞에 두고 순번을 뒤
에 둔다.

효사들을 살펴보면 「동인괘」는 전쟁과 관련이 있으나, 각 효사의 결
과가 그다지 같지 않아서 아주 순조롭다는 것도 있고, 아주 고생스럽고 위
험하다는 것도 있다.

그러나 『역경』의 괘가 모두 나라와 군대에 관련된 중대한 일만 있는
것은 아니며, 그저 우연하거나 피차 상관이 없는 일상의 자잘한 일을 기록
한 것들도 있다. 각 효 사이에서도, 적어도 우리는 분명한 연관을 찾을 수
없는 경우도 있다. 이것은 또 무엇 때문인가? 그 배후의 원인을 찾으려면
문왕이 '역易'을 연구한 목적에서부터 시작해야 한다.

64괘는 왜 짝을 이루는가?

상나라 왕은 갑골복사를 진행할 때 예측해야 할 문제를 갑골에 새겨
야 한다. 여기서는 앞서 살펴본 무정이 부호의 출산에 관해 점친 예를 통
해 설명해보겠다. 첫째, 무정은 먼저 "부호가 이번에 순조롭게 출산할 수
있을까요?" 하고 새기는데, 이것이 '명사命辭'다. 둘째, 그런 뒤에 갑골의
갈라진 무늬를 통해 결과를 판단하니, 이것이 '점사占辭'다. 무정의 점사는
"정일丁日이나 경일庚日에 출산한다면 길하다"라는 것이다. 셋째, 마지막 결
과도 갑골에 새겨질 수 있으니, 이것이 '험사驗辭'다. 예를 들어 무정이 그
점을 치고 31일 뒤에 부호가 딸을 하나 출산하자, '험사'는 "갑인甲寅에 출
산했는데 아름답지 못하다. 그냥 딸이다甲寅娩, 不嘉. 惟女"라고 새겼다.

갑골문에서 이렇게 글자를 새기는 것은 그다지 복잡하지 않고, 그 이면의 원리도 아주 간단하여 기본적으로 사물의 인과관계를 언급하지 않는다. 먼저 신들에게 제사를 바치고 문제를 묻고, 그런 뒤에 신들의 대답이 갑골의 갈라진 무늬로 전해지며, 마지막으로 점을 친 이가 그것을 해독한다. 그러니까 이것은 단일한 원인과 결과에 대한 서사다. 신들의 결정이 원인이고 인간 세계에 나타난 것이 결과이니, 갑골 점복은 이런 인과관계를 읽어내는 수단이다. 인류가 때로 점을 잘못 치면 그 역시 신의 뜻을 잘못 읽은 것이므로, 잘못은 신이 아니라 인간에게 있다.

다만 64괘는 이와 달리 그 원리가 더욱 복잡하다. 여기서는 인간 세상의 모든 것을 신이 직접 결정하는 게 아니라, 각종 사물이 서로 영향을 주면서 아울러 인과 발전의 사슬을 형성하는데, 거기에 대응하는 게 바로 괘에 담긴 6효의 음양의 순서라고 여긴다. 바꿔 말하자면, 각 주제에 관해서 문왕은 그와 상관있는 6개의 사건 또는 현상을 찾아 6개의 효사를 지어서, 그에 따라 하나의 완전한 인과 발전의 사슬을 구성해야 했다. 게다가 사물의 인과관계는 하나의 모델만 있는 게 아닐 수도 있다. 어떤 상황에서는 갑이 을의 원인이 되지만, 다른 상황에서는 을이 갑의 원인으로 변할 수도 있다. 심지어 원래 인과관계가 없던 두 개의 고립된 사건이 다른 시공이나 환경에서는 연계가 생길 수도 있다.

그러므로 문왕은 『역경』에서 그가 직접 경험하고 인지한 각종 사건을 정리하고, 아울러 그것들을 서로 다른 인과 발전의 사슬로 꿰어 연결하면서 해석하려고 시도했다. 예를 들어 '제을귀매帝乙歸妹'의 경우처럼, 몇몇 같은 효사(사건)는 다른 괘의 다른 효의 자리에서 나타나기도 하는데, 이것은 사실 문왕이 점을 치는 상황을 달리 설정했기 때문이다. 이 때문에 동일한 사건이 다른 인과관계와 다른 의미, 지향성을 가지게 된다.

바꾸어 말하자면, 문왕의 효사는 모두 발생했었거나 발생하리라고 예측한 구체적인 사건이지만, 그가 보기에 이 사건들은 단선적單線的인 게 아니다. 그것들은 다른 시간의 순서로 다시 발생할 가능성이 크므로, 인과 관계가 뒤집힐 수도 있다.

일체의 사물은 무상無常하고 가변적이며, 6효의 서로 다른 조합은 서로 다른 괘상에 대응하니, 하나의 효만 바꾸더라도 다른 괘상으로 변한다. 이것이 바로 '바뀜易' 즉, 무상한 변화다.

이에 따라 64괘는 문왕이 가능성에 대해 행한 64종류의 탐색이자 64개의 모델이다. 어쩌면 문왕은 각종 무상한 가능성을 이용하여 세계를, 머릿속의 각종 인지를 새롭게 조직하고 있었는지도 모른다.

이런 사유는 64괘의 '그룹'을 정하는 규칙에서 약간의 흔적을 발견할 수 있다. 64괘는 모두 이름을 가지고 있으며 건괘와 곤괘, 진괘과 간괘, 동인괘同人卦와 대유괘大有卦, 서합괘噬嗑卦와 분괘賁卦 등등과 같이 짝으로 조합되어 있다. 이 괘들에 이름을 붙이고 짝을 맞추어 조직했는지 역사서에는 기록되어 있지 않으나, 문왕이 그랬을 가능성이 아주 크다. 고고학에서 발견한 더 이른 시기의 숫자 괘상에는 이름이 붙어 있지 않고, 더욱이 짝을 맞추어 나타났다는 기록도 없다.

그 가운데 몇몇 짝을 이룬 괘들의 이름은 상대적으로 이해하기 쉽다. 예를 들어 건괘와 곤괘, 비괘否卦와 태괘泰卦, 손괘損卦와 익괘益卦, 기제괘既濟卦와 미제괘未濟卦의 짝은 모두 반대되는 뜻을 지니고 있다. 그러나 정괘井卦와 곤괘困卦, 소축괘小畜卦와 이괘履卦처럼 반대되는 뜻이 아니어서 피차간에 어떤 대립 관계가 있는지 구별되지 않는 짝도 있다. 서합괘와 분괘賁卦처럼 그들 사이의 관계를 판단하기가 더 어려운 짝도 있다.

괘의 이름에 대한 해석은 잠시 보류하고 괘상을 보면서, 그것들을 조직하는 규칙이 무엇인지, 그리고 반드시 상반된 관계인지 살펴보기로 하자.

어떤 이는 「건괘☰」와 「곤괘☷」가 가장 간단하고 명백해서 건괘는 모두 양효이고 곤괘는 모두 음효이니, 괘상을 조직하는 규칙은 각 위치의 효가 모두 음양으로 상반된다고 했다. 건괘의 첫 번째 효가 양효이므로 곤괘의 첫 번째 효는 음효라는 식으로 유추할 수 있다는 것이다.

그런데 사실은 그렇지 않다. 건괘와 곤괘의 괘상은 상당히 특수하므로 보편적인 규칙을 대표하지 않는다. 64괘는 32개의 짝으로 나뉘는데, 그 가운데 오직 4개의 짝만이 이런 상황에 부합한다.

또 하나의 가능성은 64괘의 괘상은 2개의 8괘를 위아래로 중첩해서 만드는데, 그렇다면 이 두 8괘의 위치를 바꾸면 상반되는 괘가 만들어지느냐는 것이다.

이 역시 아니다. 예를 들어 「둔괘屯卦, ䷂」는 진䷲이 아래에 있고 감䷜이 위에 있는데, 그와 짝이 되는 「몽괘蒙卦, ䷃」의 괘상은 감䷜이 아래에 있고 진䷲이 위에 있는 게 아니라, 감䷜이 아래에 있고 간䷳이 위에 있다.

여기서도 알 수 있듯이, 64괘의 뜻은 그것을 조직하는 두 8괘와 관련이 있는 것 같지는 않다.

64괘의 짝을 맞추는 원리가 무엇인지 먼저 임의로 하나의 예를 살펴보자. 예를 들어 「무망괘無妄卦, ䷘」와 「대축괘大畜卦, ䷙」를 보면, 같은 위치의 효가 반드시 음양으로 반대되는 게 아니고, 위아래의 두 8괘의 위치를 바꾼 것도 아니며, 6개의 효의 순서가 '뒤집힌' 모습을 나타낸다. 「무망괘」의 첫째 효(맨 아래)와 「대축괘」의 마지막 효(맨 위)가 같고, 「무망괘」 둘째 효와 「대축괘」의 끝에서 두 번째 효가 같고…….

64괘에서 28개 짝은 모두 이렇게 '뒤집어서 짝을 맞추는' 원칙에 따른 것이다. 다만 극소수 예외도 있다. 앞서 살펴본 「건괘」의 6효는 위아래가 대칭되므로 뒤집더라도 괘상이 똑같다. 이렇게 되면 방법이 없으니 6개의 음효로 이루어진 「곤괘」와 짝을 맞출 수밖에 없다. 그러지 않으면 6개의 음효로 이루어진 「곤괘」도 뒤집었을 때 똑같은 모습이므로 이 둘을 짝 지우는 게 최선이다.

이렇게 뒤집었을 때 자체적으로 대칭을 이루어서 '반대로 짝을 맞출'

수밖에 없는 괘는 「건괘」와 「곤괘」 외에도 3쌍이 있다. 바로 「감괘坎卦, ䷜」
와 「이괘離卦, ䷝」, 「이괘頤卦, ䷚」와 「대과괘大過卦, ䷛」, 「중부괘中孚卦, ䷼」와
「소과괘小過卦, ䷽」다.

종합하자면, 『역경』에서 모든 괘의 6효는 아래에서 위의 순서로 되
어 있으며, 64괘가 짝을 이루는 원칙은 전체적으로 6효를 '뒤집어서 짝을
맞추지만', 위아래가 대칭인 8개는 뒤집을 수 없으므로 '반대로 짝을 맞추
는' 원칙에 따라 4개의 짝을 이루었다.

『역경』을 연구한 미국의 쇼너시Edward L. Shaughnessy는 '뒤집어서 짝을
맞추는' 원칙을 매우 중시했다. 그는 『역경』에서 짝을 이루는 한 쌍의 내용
은 모두 기본적으로 비슷하다고 추측했다. 예를 들어 「태괘泰卦」의 '제을귀
매帝乙歸妹'는 「태괘」와 그 짝이 되는 「비괘否卦」가 모두 이 혼인과 관련이 있
다고 생각했다. 다만 이런 추론은 증거가 없고, 모든 괘의 짝에 담긴 내용
을 연구해보면 아직도 해석하기 어려운 부분이 많이 있다.[300]

사실 모든 괘의 구체적인 의미를 찾는 데에 급급할 필요 없이, 먼저
괘상을 '뒤집어서 짝을 맞추는' 원칙의 본질이 무엇인지 이해해야 한다.
지금까지의 고찰을 종합하자면, 나는 그것이 문왕이 발견한 세계의 규칙
혹은 일종의 '바꾸기易'의 사유 방식이라고 생각한다. 세계의 모든 것은 영
원히 지속하여 불변하는 게 아니라, 모든 것에 상반되는 어떤 존재 형식이
있을 수 있으며, 모든 것은 또 뒤집혀서 다시 나타날 수 있다.

「비괘」가 뒤집혀서 다시 나타난 것이 「태괘」이고, 「손괘損卦」가 뒤집
혀서 다시 온 것이 「익괘益卦」이듯이, 모든 사건의 발생 과정은 '반대로 뒤
집혀서' 종점에서 시작점으로 돌아올 수 있다. 이것은 모든 것이 가능성을
지니고 있음을 의미한다.

상나라 정벌도 점칠 수 있다

『역경』의 '뒤집어서 짝을 맞추는' 원칙에 따르면, 세상에 이미 존재하는 모든 사실은 반대로 재현될 수 있다. 효사에서 '역 땅에서 소를 잃었다喪牛於易'라고 했듯이 한때 아주 약소했던 상족이지만, 나중에는 강대한 상 왕조를 건립했다. 그러나 이 과정을 똑같이 뒤집을 수 있으니, 지금은 강대한 상 왕조라도 결국에는 멸망할 것이다.

이런 사유 방식은 그야말로 천지가 뒤흔들리듯 놀라운 것이었다. 당시는 사람들이 아직 신권神權에서 벗어나지 못하던 시대로서, 인간 세상의 모든 것은 하늘의 귀신이 주재한다고 보편적으로 믿었다. 상나라 왕족은 대대로 상제와 신들에게 제사를 바쳤고, 그에 따라 하늘의 보우를 받았다. 이 때문에 상 왕조와 적대한다는 것은 귀신 세계의 의지를 위반한다는 뜻이니, 성공할 수 없었다.

그러나 유리의 감옥에서 주창은 몸은 도망칠 수 없었으나 64괘로 짝을 맞추는 원칙을 연역·추론하여 스스로 신세계로 통하는 문을 열었으니, 이것은 바로 '상나라 정벌'이 가능하다는 것이었다.

애초에 상제의 지시와 지지로 상족은 하나라를 멸하고 상 왕조를 건립했으나, 상제의 마음도 바뀔 수 있었다. 상제가 영원히 상족의 수호신일 수는 없고, 주족도 상제에게 애호를 받아 그의 보우 아래 상 왕조를 멸하고 그 자리를 대신할 수 있었다.

당시에 이런 생각은 실제로 대역무도한 것이었으니, 문왕은 감히 그것을 분명하게 쓰지 못했고, 심지어 석방되어 주나라로 돌아간 뒤에도 비밀이 누설되지 않게 해야 했다. 그러므로 『역경』의 많은 내용은 모호한 은어隱語로 표현될 수밖에 없었다.

「곤괘」 육삼효의 효사를 보자.

함장含章은 점칠 수 있다. 혹시 왕의 일을 따르면 이룬 게 없이, 끝나고
말 것이다.

含章可貞. 或從王事, 無成, 有終.

여기서 '함장含章'은 역대로 합리적인 해석이 없었다. 그런데 가오헝
은 '함含'은 '감戡', '장章'은 '상商'의 가차자假借字이니 '함장含章'은 '감상戡
商', 그러니까 '상나라 정벌戡商'을 의미한다고 했다.[301] 그러므로 이 효사는
상나라를 정벌하는 일은 점칠 수 있으니, 상나라 왕에게 계속 충성하면 성
과를 거두지 못하고 끝나버릴 것이라는 뜻이다.

이 추측은 상당히 합리적이다. 게다가 '함장'으로 '상나라 정벌'을 나
타낸 것은 전적으로 옛 글자의 가차假借만을 활용하려는 게 아니고, 비밀을
지키기 위해서였을 수도 있다.

이와 유사한 뜻이 「송괘訟卦」 육삼효에도 들어 있다.

옛날의 은덕을 저버리는 일은 점을 치니 사나웠으나, 결국에 길할 것이
다. 혹시 왕의 일을 따른다면 이룬 게 없을 것이다.

食舊德, 貞厲, 終吉. 或從王事, 無成.

가오헝은 '옛날의 은덕을 저버리는 일食舊德'은 바로 상나라 왕이 옛날
에 베푼 은덕을 배반한다[302]는 즉, 상나라 정벌을 위한 모의를 시작한다는
뜻이라고 했다. 점괘의 결과는 사나워서 재앙이 있을 것이라고 했지만 결
국에는 이로울 것이라고 했다. 반대로 계속 상나라 왕에게 충성한다면 성
과가 없을 것이라고 했으니, 이것은 「곤괘」 육삼효의 효사와 같다.

『역경』에는 '함장含章'이 한 번 더 나오니 「구괘姤卦, ☰」의 구오효다.

냇버들로 오이를 싸고, '함장'하면 하늘에서 떨어질 것이다.

以杞包瓜, 含章, 有隕自天.

'냇버들로 오이를 싼다以杞包瓜'는 것은 뜻이 난해한데, 중점은 '오이'
다. '함장'은 전통적으로 오이의 꽃무늬를 의미했으니, '하늘에서 떨어진
다有隕自天'라는 것은 오이가 하늘에서 떨어져서 깨진다는 뜻이라고 풀이했
다. 가오형의 해석에 따르면, 이 효사는 하나의 은유로 상 왕조는 꽃무늬
가 들어간 오이처럼 일격을 감당하지 못하고 땅에 떨어져서 바로 부서져
버릴 것이라는 뜻이다.[303]

　　64괘에는 틀림없이 상 왕조의 궐기를 나타내는 어떤 괘상이 있을 테
고, 또 그와 대립하는 괘 즉, 상 왕조의 멸망을 나타내는 괘가 있을 것이
다. 이 때문에 이런 괘들을 찾아내서 각 효의 원리를 연구하면 즉, 각 효가
어떤 구체적인 사건이나 조건을 나타내는지 연구—문왕은 이 때문에 다
른 사물을 대입하여 추론하고 연역했을 텐데—하면, 상 왕조를 멸하는 암
호를 찾을 수 있을 것이다.

　　이제 우리는 『역경』의 괘사와 효사에 왜 가지각색의 사건이, 심지어
난해하고 단편적인 언어들이 들어 있는지 초보적이지만 이해할 수 있다.
이것은 문왕이 자기가 인지한 각종 사건을 배열하고 다시 조합하면서 다
른 괘상(음효와 양효를 조합한)을 이용하여 길흉을 점검함으로써 이 세계의
더 심층적인 운행 법칙을 총괄하려 한 것이다. 그런데 당시 환경의 제약으
로 그는 상나라 정벌과 관련된 각종 정보를 매우 은밀하고 모호하게 바꾸
어서 다른 이들이 이해하기 어렵게 만들어야 했다. 그래서 우리도 모든 괘
사와 효사에 대한 해석을 억지로 추구할 수 없다.

　　『역경』은 문왕이 전문적으로 편찬한 점술 교재가 아니라 자신의 연습
장에 더 가까웠다. 그러므로 그 내용이 잡박雜駁하고 자잘한 개인사가 많
이 들어 있다. 상나라를 정벌하겠다는 마음이 싹트기 시작했을 때부터 문
왕은 반복적으로 그것을 대입하여 추산推算하고, 수시로 검증하여 수정하

거나 보완하면서 가장 정확한 점술 방법을 총괄하려 했다. 그리고 그 최종 목적은 당연히 상나라를 멸하는 전쟁에서 이 예측 기술을 운용하는 것이었다.

『역경』을 이렇게 이해하게 되었으니, 이제 이어서 맨 앞의 「건괘」와 「곤괘」를 살펴보기로 하자.

이 두 괘에 대해 옛사람들은 건은 하늘이자 양을 대표하고, 곤은 땅이자 음을 대표한다고 해석했다. 사실 이 괘의 쌍은 또 문왕이 가장 관심을 기울인 두 개의 사물 즉, 상나라와 주나라를 대표할 수도 있다. 상나라는 강대한 주재자이고 주나라는 약소한 속국이지만, 각자의 생명 여정에서 양자는 각기 자기의 반대편으로 향하고 있었을 수 있다.

성대하게 제사 지내고 점을 치니 이로웠다.
元亨, 利貞.

초구: 잠룡은 쓰지 말아야 한다.
初九: 潛龍, 勿用.

구이: 용이 밭에 있으니, 대인을 만나기에 유리하다.
九二: 見龍在田, 利見大人.

구삼: 군자가 종일 쉼 없이 힘쓰다가 저녁이 되면 운세가 사나워질까 염려하지만, 재앙이 없다.
九三: 君子終日乾乾, 夕惕若厲, 無咎.

구사: 연못에서 뛰기도 하는데, 재앙이 없다.
九四: 或躍在淵, 無咎.

구오: 용이 하늘에서 나니 대인을 만나기에 유리하다.

九五: 飛龍在天, 利見大人.

상구: 너무 높이 올라간 용은 후회한다.

上九: 亢龍有悔.

용구: 여러 용이 있는데 우두머리가 없었으니, 길하다.

用九: 見群龍無首, 吉.

「건괘」에서 집중적으로 나타나는 이미지는 용이다. 얼리터우-하 문화 이래 용은 항상 왕자王者의 상징이었다. 초구효는 용이 약소하여 물속에 숨어 있으니 하는 일이 없다는 뜻이다. 이것은 상족이 궐기하기 전의 상태이고, 뒤쪽의 용은 이미 '밭田'과 '하늘' 즉, 천지간에서 활약하고 있다. 구이효와 구오효에 모두 '대인을 만나기에 유리하다'라는 말이 있으니, 어쩌면 주창이나 주족이 상나라 왕을 두 번 알현하고 큰 상을 받았음을 은유한 것일 수 있다. 구삼효는 주족이 열심히 상 왕조를 모시는 모습을 묘사한 것일 수도 있고, 상 왕조의 선조가 분발하여 공적을 세웠을 때의 상태를 말한 것일 수도 있다. 상구효는 상 왕조가 이미 극도로 강대해졌으나 그 뿌리가 단단하지 않으니, 쇠망의 우환이 은밀하게 묻혀 있다는 뜻일 수 있다.

『역경』의 다른 괘들과는 달리 「건괘」와 「곤괘」에는 6개의 효사 뒤에 따로 '용구用九'와 '용륙用六'이 있는데, 이것은 문왕이 이 두 괘를 특별히 중시해서 한 구절로 총괄하는 말을 덧붙인 결과일 가능성이 있다. 「건괘」의 '용구'는 문왕이 은허에서 지내던 기간에 상 왕조의 각종 상류층과 교유하면서 그들 사이에 갈등이 심하다는 사실을 발견했으니, 안에서 호응해줄

이를 찾는다면 결국에 상 왕조를 무너뜨릴 수 있다는 것을 말하는 듯하다. 여기서 '길하다'라는 것은 당연히 상 왕조의 국운이 아니라, 문왕이 상나라를 정벌하는 일에 대한 판단이다.

다시 「곤괘」를 보자.

성대하게 제사 지냈다. 어미 말이 이롭다는 점괘가 나왔다. 군자가 느긋하게 (멀리) 가면 먼저 길을 잃었다가 나중에 주인을 얻으니, 이롭다. 서남쪽에서 벗을 얻고 동북쪽에서 벗을 잃는다. 안전하며, 점을 치니 길하다.

元亨. 利牝馬之貞. 君子有攸往, 先迷, 後得主, 利. 西南得朋, 東北喪朋. 安, 貞吉.

초륙: 서리를 밟으니, 단단한 얼음이 이른다.

初六: 履霜, 堅冰至.

육이: 곧고 모나고 크다. 익숙하지 않으나 모두 이롭다.

六二: 直, 方, 大. 不習, 無不利.

'함장'은 점을 칠 만하다. 혹시 왕의 일을 따르면, 이룬 게 없이 끝나고 말 것이다.

六三: 含章, 可貞. 或從王事, 無成有終.

육사: 자루에 담으니 재앙도 없고 칭송도 없다.

六四: 括囊, 無咎無譽.

육오: 노란 하의를 입으니, 대단히 길하다.

六五: 黃裳, 元吉.

상륙: 용이 들판에서 싸우니 그 피가 검노랗다.
上六: 龍戰於野, 其血玄黃.

용륙: 점을 치니 길이 이롭다.
用六: 利永貞.

「곤괘」에 나오는 '어미 말牝馬'이 구체적으로 무슨 일을 나타내는지는 알 수 없다. "군자가 느긋하게 (멀리) 가면 먼저 길을 잃었다가 나중에 주인을 얻으니, 이롭다"라고 한 것은 군자(주창)가 은허로 가서 처음에는 각종 불행을 당하지만, 이용할 수 있는 사람과 교유를 맺게 된다는 뜻일 터다. 그리고 "서남쪽에서 벗을 얻고 동북쪽에서 벗을 잃는다"라고 할 때의 '벗'은 맹우盟友를 가리킨다. 은허는 주원의 동북쪽에 있으니, 이 구절은 상나라와 주나라 사이에 결국에 반목이 생길 것임을 예시豫示한 것일 수 있다. 괘사의 최종적인 판단은 "안전하며, 점을 치니 길하다"라는 것이었다.

육삼효의 '함장'은 앞에서 이미 살펴보았고, 육사효는 글자의 뜻만 보면 자루에 담는다는 것인데, 상나라를 정벌하려는 모의는 엄격하게 비밀이 지켜져야 함을 비유한 듯하다. 상륙효는 주나라와 상나라의 최후 결전을 예언하면서, 상 왕조(용)가 들판에 피를 뿌릴 것임을 은유한 듯하다. 마지막의 '용륙'은 상나라를 정벌하는 사업에 크나큰 전망이 있을 것임을 말하고 있다.

물론 「건괘」와 「곤괘」의 효사에도 해석하기 어려운 부분이 아주 많다. 예를 들어 '혹약재연或躍在淵'과 '황상원길黃裳元吉'은 문왕이 일부러 사용한 은어일 가능성이 크다. 『역경』에는 이와 유사한 현상이 아주 많은데, 이미 해석할 길도 없고 억지로 해석을 찾을 필요도 없을 것이다.

그러나 문왕은 상나라가 멸망할 때까지 살지 못했으므로, 그의 추산推算과 검증은 임종 직전까지만 지속되었다. 문왕이 상나라를 정벌하겠다는 충동이 생기고 나서 다시 역괘 체계에서 지지를 찾았고, 다시 역괘의 짝을 맞추는 원칙을 연구하면서 상나라를 정벌하겠다는 염원을 계발하고 만들어낸 게 사실인지는 이미 판단하기가 무척 어렵다. 다만 적어도 한 가지는 긍정적이다. 유리의 감옥 생활을 통해 문왕은 이미 인간 희생(포로)이 된다는 게 어떤 것인지 절실하게 체험하고 깨달았다. 그러나 이전에 부족을 데리고 강족을 사냥해 숭후에게 바쳤을 때는 이처럼 심각하게 피부를 파고드는 아픔을 알았을 가능성이 그다지 크지 않다.

포로 사냥꾼에서 포로가 된 것 자체가 바로 '바뀜易'이니, 변역變易의 여정이 일단 시작되면 예측할 수 없는 결과를 낳게 된다. 반백의 나이를 넘어선 문왕은 세계의 불확정성을 깊이 깨닫고, 남은 인생을 모두 『역경』의 연구에 투입했다. 다만 그와 동시에 그는 상족의 가장 정통적인 갑골 점복 기술도 경시하지 않았다. 이 두 가지 체계와 세계관 가운데 문왕은 감히 어느 하나만 폐지하지 못했다.

제21장 은허 민간의 인신공양제사

주창과 그의 자식들이 들어갔던 은 땅의 도읍은 그들에게 비할 데 없는 충격을 주었다. 그러나 서주가 건립된 뒤에 주공 주단은 그곳을 철저히 무너뜨림과 동시에 부형父兄의 기억을 황토 속에 영원히 묻어버렸다.

이후 3000년 동안 은허에 대한 역사가의 기록은 대부분 부정확한 단편적인 말뿐이었다. 그리고 『봉신연의』와 같은 소설은 상나라 말엽의 그 위대한 성을 상상력으로 묘사하려 시도했고, 심지어 늘 은허와 조가朝歌를 하나로 뒤섞어 얘기했다.

20세기 초에 이르러 도굴꾼과 고고학자들은 비로소 은허에 다시 접촉할 기회가 생겼다. 오랫동안 묻혀 있던 고대 도시는 아주 작은 한 귀퉁이만 드러냈음에도 이미 3000년 이래 은허에 관한 서사를 철저히 뒤집어버렸다. 확실히 인류는 상상력만으로 은허의 찬란함과 잔인함을 재현할 수 없었다. 다만 그 모든 것을 주창 부자는 목격하고 직접 경험했다.

후세의 상상과는 달리 은허는 성벽으로 둘러쳐진 반듯한 성이 전혀 아니었다. 크지 않은 궁전 구역 밖에는 많은 상인의 족읍이 위성처럼 들쭉날쭉 분포되어 있었다. 이 족읍들은 자체의 산업과 묘지를 가지고 있었고,

또 자체의 제사 전통과 인신공양제사를 지내는 장소가 있었다.

은허에 도읍이 존재했던 200여 년 동안 상족의 족읍에서 벌어진 인신공양제사와 인간 희생을 바쳐 건물의 기초를 다지는 일, 순장 행위는 갈수록 늘어났다. 상족에게 모여서 의식을 치르면서 다른 부족을 죽이는 것은 신들에게 봉헌하는 제사 의식일 뿐만 아니라, 구경꾼들에게 정신적 자극과 만족을 주는 '성대한 잔치'였다. 예를 들어 인간 희생을 바친 여러 제사갱에는 고의로 학살한 흔적이 많이 남아 있으며, 더욱이 인간 희생의 수가 부족할 때 제사를 바치는 이는 희생자의 죽음을 최대한 늦추어서, 지체肢體가 잘린 인간 희생이 최대한 몸부림치고 절규하고 저주하도록 했다. 이런 심리 상태는 고대 로마에서 검투사들의 격투를 구경하는 것과 비슷한 면이 있다.

도읍 대로변의 인신공양제사장

주창 부자가 황허강을 건너 북쪽으로 올라가 은허의 범위 안에 들어갔을 때, 그들은 먼저 도기 제작소를 지나야 했다. 도기 가마에서 연신 뿜어 나오는 연기와 먼지 너머로 상나라 왕의 화려한 궁전 구역이 멀리 보이기 시작했다. 이 도기를 제작하는 취락은 류자좡劉家莊 북쪽, 은허 왕궁 구역에서 남쪽으로 1킬로미터 떨어진, 왕궁으로 통하는 대로변에 있었다.

류자좡 북쪽에서는 이미 1000개 이상의 은상 시대 무덤이 발굴되었는데, 절대다수가 청동기 부장품이 없는 작고 가난한 무덤이었다. 청동 예기와 인간 순장자가 들어 있는 것은 20여 개에 지나지 않았다.(도굴꾼들이 일부 무덤을 파괴하고 남은 숫자여서 완전하지 않다.) 그러니 이 족읍의 빈부격차가 컸으며, 가난한 이들이 거대한 피라미드의 하단을 구성하고 있었음을 알 수 있다.

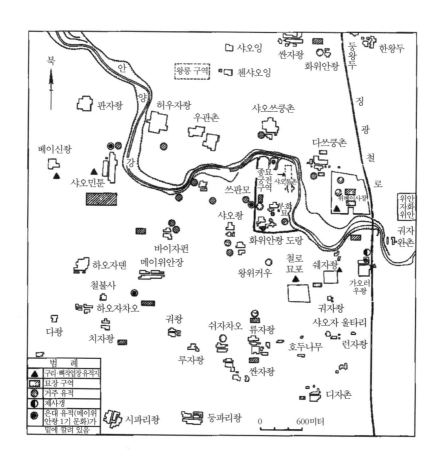

은허 유적군遺蹟群 분포도[304)

이 도기 제작 구역은 남북으로 300미터, 동서로 200미터이니 대략 6만 제곱미터로서 규모가 아주 크며, 평민과 귀족의 주택과 무덤이 주변에 흩어져 있었으며,[305] 그 외에도 대량의 도기 가마와 도기 불량품을 버리는 여러 개의 대형 구덩이가 있었다.

취락이라고는 해도 은허 제1기에는 류자좡 북쪽에 사는 주민이 아직 아주 적었다. 그러나 제2기에 이르면 많은 건물과 무덤이 나타났으니, 이 것은 응당 무정이 왕궁을 옮긴 영향일 것이다. 이후 제2기에서 제3기까지, 제3기에서 제4기까지 무덤의 수량은 똑같이 2배가량 늘어났으니, 은허가 지속적으로 번영하고 발전했음을 알 수 있다.

여기에서는 또 남북으로 난 2개의 큰길이 발견되었는데, 북쪽으로는 곧장 왕궁 구역으로 통했다. 서쪽의 큰길은 규모가 상대적으로 크고, 노면에 많은 바퀴 자국이 있었는데 대부분 바퀴의 폭이 1.4미터 전후의 화물용 수레였다. 아마도 소나 사람이 끄는 무거운 짐을 실은 수레였을 것으로 보이며, 폭이 더 넓은 마차의 바퀴 자국은 소수였다. 큰길은 도랑을 지날 때 사각형 나무로 가설된 다리를 지났으니, 틀림없이 이것은 왕궁에서 남쪽으로 통하는 간선 도로였을 것이다.

도기 제작 구역에는 상당히 큰 길쭉한 형태의 건물 기초가 상당히 많았는데, 발굴자의 추측에 따르면 그곳이 도기를 제작하던 공방이었을 수 있다고 했다.

이외에 또 면적이 상당히 크고 공들여 지은 주택인 F79가 있는데, 이 것은 은허 제4기에 지은 것으로서 신분이 상당히 높은 귀족 집으로 보였다.

첫째, 기둥 초석이 규칙적으로 배열되어 있어서 건물의 기본 구조를 보여주는데, 사방을 둘러싼 '회回'자 형태다.

둘째, 변의 길이는 20미터 남짓이고 총면적은 약 450제곱미터이며, 중앙의 정원天井은 약 10제곱미터의 정사각형이다.

셋째, 남북으로 난 회랑이 정원을 동서로 나누었는데, 서쪽 정원에 있

류자좡 북쪽의 서측 큰길에 난 바퀴 자국[306]

는 타원형의 큰 구덩이 H2479의 바닥에는 1구의 인골이 있었다. 건물을
완공한 뒤 인신공양제사를 지낼 때의 희생으로서 머리 부분에 붉게 옻칠
한 돌이, 발 부분에는 도기 항아리陶罐 하나가 놓여 있었다.

넷째, 정원 안에는 또 저수용 구덩이 2개와 도제 수관水管으로 만든
배수 시설이 하나 있었다.[307]

이 건물 위치는 도기 제작 구역의 동남쪽인데, 보아하니 주인이 관리
한 이 부족의 사무에는 도기 제작 공장도 포함되었던 듯하다. 평소에 그는
상나라 조정의 회의와 전례에 참여하고, 전시戰時에는 왕의 명령에 따라 자
신의 부족 무장 세력을 이끌고 출정했을 것이다.

류자창 북쪽에서는 제사 유적지가 여러 곳 발견되었는데, 대다수가
동기 작업장 안쪽에 분포되어 있으며, 그것을 통해 은허의 상나라 족읍에
서 일반적으로 행해진 종교 생활을 알 수 있다.

H77은 도기를 만들기 위해 흙을 채취하면서 얕게 형성된 대형 구덩
이인데, 중심은 이미 후기에 파괴되었다. 첫째, 6구의 인골이 남아 있는데
바닥층에 2명의 남성이, 중간층에 4명이 있었다. 이 4명은 대체로 반원형
으로 배치되어 있었고 그 가운데 식별할 수 있는 것은 각기 1명의 남녀였
고, 대다수 인체는 온전하지 않았다. 둘째, 상당히 많은 단단한 도기와 원
시적인 사기 조각이 출토되었는데, 비교적 고급 도기 산업에 따른 부산물
이었다. 셋째, 2개의 부서진 도기 조소품彫塑品이 발견되었는데 올빼미 몸
에 사람의 얼굴을 한 모습이었으며, 청동 인장이 하나 발견되었다. 인장의
도안은 ∩와 같은 형태의 족휘族徽와 똬리를 튼 용 1마리였다.

H77 외에 사람과 소를 섞어 제사에 바친 구덩이도 4개가 발견되었
다. 그 가운데 H1050이 비교적 완전하다. 타원형으로 생긴 공간 안에는 2
개의 인두人頭와 머리와 사지가 없는 인간의 몸뚱이 뼈, 완전한 형태의 소
뼈가 있었다. 다만 소머리는 꺾여서 굽어 있었으며 구덩이에 집어넣을 때
그렇게 된 것으로 보인다.[308]

제사갱 H77과 H1050은 은허 제2기에 속하는데, 이때는 도기 제작 구역이 건립되고 얼마 지나지 않았던 시기였다.

도기 제작 구역에서 서쪽으로 약 100미터 떨어진, 류자좡 북쪽에는 또 제사갱이 밀집된 구역이 있다. 동서로 난 도로(L10)가 왕궁으로 통하는 2개의 간선 도로와 이어져 있었으며, 제사 구역은 이 도로의 남북에 분포되어 있었다. 지금까지는 도로 북쪽의 아주 작은 일부만 발굴했음에도 18개의 제사갱이 발견되었다. 거기서 사지가 잘린 사람과 동물의 유골이 대량으로 나왔다. 그중 인간 희생은 대부분 청장년이었고 아동은 소수였다. 가축 희생으로 말이 가장 많았으며 돼지와 개, 소, 양 등도 있었다.

발굴 보고서에서는 그중 H524만 소개했으며 표면의 2개 층만 발굴한 결과였다. 첫째 층에는 3명의 여성과 2필의 수말 유골이, 둘째 층에서는 3구의 인골과 14구의 말뼈, 9구의 황소 뼈와 5구의 돼지 뼈가 발견되었다. 인골은 모두 불완전한 상태로서 넓적다리 반쪽이 없거나, 두개골만 남은 것도 있었으며, 나머지 가축의 골격도 불완전한 게 많았다. 발굴 보고서에서는 그들이 대부분 사지가 해체된 뒤에 매장되어서, 뼈에 쪼개고 자른 흔적이 무척 뚜렷하다고 했다.[309]

구덩이 안의 도기 파편을 근거로 판단하자면, L10 도로 북측의 이 제사 구역은 은허 제2기에서 제4기까지 거의 200년 동안 줄곧 사용되었다. 그러므로 지금 발굴되어 보고된 것은 아주 작은 일부분일 뿐이다.

류자좡 북쪽의 각 제사 구역에는 사람과 가축을 혼합하고 또 사지를 해체하여 제사에 바친 특징이 매우 분명하게 나타난다.

왕릉 제사 구역에서 인간 희생의 유골은 대부분 단독으로 매장되었고, 가축과 함께 묻힌 경우는 아주 드물었다. 게다가 사지를 해체한 것은 전체에서 비교적 작은 부분만 차지했다.

은상 이전의 초기와 중기 상나라 즉 정저우 상성과 옌스 상성, 샤오쌍차오 유적지에서는 말뼈와 말을 제사에 바친 예가 극소수였는데, 은상 시대에도 여전히 말은 상당히 진귀해서, 왕릉 구역 외에는 말을 제사에 바친 예가 상대적으로 적게 발견된다. 이것은 이런 의미일 것이다. 첫째, 류자 좡 북쪽의 취락은 상당히 부유했을 것인데, 그게 아니라면 제사에 바쳐진 말의 숫자를 감당하지 못했을 것이다. 둘째, 상족의 족읍마다 각기 다른 제사 풍속을 가지고 있었다.

이외에 L10 도로변의 이 제사장의 위치도 약간 기이하다. 그것은 L10 도로변에 있을뿐더러 또 왕궁 구역과 통하며 수레바퀴 자국이 가득한 서 쪽 큰길과 가까이 이웃해 있다. 류자좡 북쪽의 도기 공장은 여기에 있지 않은데, 사람들은 왜 주요 제사 구역을 이곳에 두었을까?

어떤 학자는 이것이 '노제路祭' 즉 도로의 신에게 바치는 제사였을 수 있다고 생각했는데, 나름대로 일리가 있다. 희생을 죽여 제사에 바치는 의 식은 공연성이 아주 강한데, 서쪽 큰길은 왕궁 구역을 오가는 수레와 사람 의 물결이 가득했다. 그러니 여기서 공공연히 인간 희생과 가축을 도륙하 여 제사를 지내면 행인들이 은상 왕조 도성의 분위기를 더 깊이 이해하는 데에 도움이 되었을 것이다. 처음으로 도읍에 들어가는 외부인에게 이곳 제사장에서 펼쳐진 장면은 상당히 잊기 어려운 기억이 되었을 것이다.

은허에 처음 들어가던 주창 부자도 류자좡 북쪽의 이런 제사를 목격 했을 것이다. 그 뒤 더 대규모의 왕실 제사 전례를 봤을 테지만, 그들에게 가장 깊은 인상을 남긴 것은 그래도 류자좡 북쪽의 장면이었을 것이다. 상 나라를 멸한 뒤에 이 족읍은 주족에 의해 폭력적으로 파괴되었는데, 이런 식의 징계를 상족의 다른 족읍에서는 무척 보기 드물다.

다쓰쿵大司空 취락의 잔인함

은허 왕궁 구역에서 동쪽으로 수백 미터 떨어진 안양강 건너편은 다

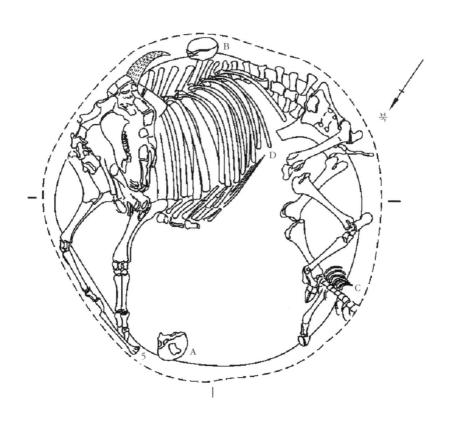

북

H1050 인간과 소를 섞어 바친 제사갱의 평면도
(A와 B는 인간 두개골, C는 인간의 몸뚱이, D는 소뼈)

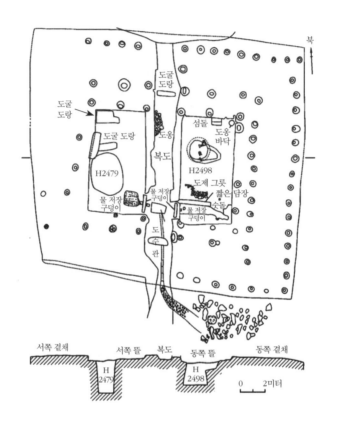

북

도굴
도랑

도굴
도랑

도굴 도랑

섬돌

도옹
바닥

도옹

복도

H2479

H2498

도제 그릇

짧은
담장

물 저장
구덩이

물 저장
구덩이

물 저장
구덩이

도
수
관

서쪽 곁채   서쪽 뜰   복도   동쪽 뜰   동쪽 곁채

H
2479

H
2498

0   2미터

F79 평면도 및 단면도

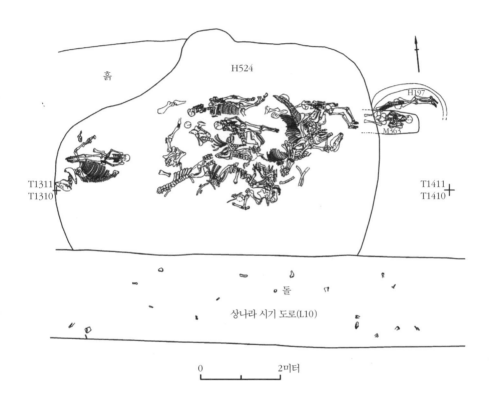

H524

흙

H524

H197

M363

T1311
T1310

T1411
T1410

돌

상나라 시기 도로(L10)

0   2미터

H524 평면도[310]

쓰쿵大司空촌이다. 1958년에 마을 남쪽에 대형 면방직 공장을 짓기 위해 미리 고고학적으로 검사하다가, 규모가 상당히 큰 은상 시대의 취락을 발견했다. 특히 무정 시대의 복사를 새긴 뼛조각이 하나 발견되었는데, 거기에는 '신정재의辛貞在衣'라고 새겨져 있었다. '의衣'는 바로 은殷이다. 갑골복사에서 은허의 지명이 발견된 예는 많지 않으니, 이 뼛조각은 매우 귀중한 것이다.[311]

이 짧은 네 글자는 소 견갑골의 꼭대기, 움푹 파인 부분에 새겨져 있었고, 이 뼈에 새겨진 복사에 대한 간략한 소개 혹은 총목總目으로서 그다지 많은 정보가 담겨 있지 않다. 견갑골의 부채 모양 중앙에는 점을 친 구체적인 사건이 기록되어 있었을 텐데, 지금은 부러져서 사라져버렸다.

은허 후기에 다쓰쿵촌은 이미 둘레의 길이가 약 1킬로미터로 확장되었고, 내부는 몇몇 족읍의 거주지로 구분되어 있었을 것이다. 2004년에 고고학자들은 354개의 중소형 무덤을 발굴했다.

첫째, 이 무덤들은 각 족읍의 부근에 고르게 분포했으며, 무덤 주인은 대부분 보통 상족이었고, 중소 귀족도 소수가 포함되었다. 덩치가 큰 무덤은 대부분 이미 도굴되어 비어 있었고, 사람을 순장한 무덤 네 곳만 남아 있었다.

둘째, 부장된 무기는 모두 93건이 발견되었는데 동과銅戈가 57개이고, 삼각형의 과戈인 동규銅戣가 하나, 동모銅矛 30개, 동월銅鉞 한 개, 청동 화살촉 87개, 연과鉛戈가 3개, 연모鉛矛가 하나였다. 아연으로 제작된 창들은 실전에 쓸 수 없으니, 전문적인 부장품으로 쓰인 명기明器였다. 어쩌면 무덤 주인의 가정 경제가 옹색해서 실용적인 무기를 부장하기 아까웠을 수도 있다. 각종 부장품 가운데 과戈의 지위가 가장 중요해서 일반적으로 관 안쪽, 주인의 오른손 옆에 둠으로써 수시로 전쟁에 대비하는 모습을 나타냈다.

셋째, 시대적 특징으로 보면, 은허 제1기의 다쓰쿵 취락에는 부장품

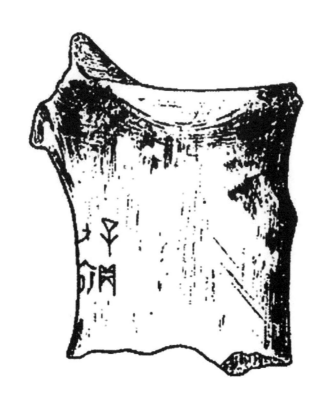

'신정재의辛貞在衣' 복사卜辭

이 들어 있는 무덤이 많지 않았고, 또 일반적으로 과戈 하나만 부장했다. 그런 뒤에 부장품이 점점 많아져서, 일부 무덤에는 두세 개의 과戈나 모矛가 부장되었고, 게다가 관 안의 주인 오른손 옆에는 항상 하나가 놓여 있었다. 비율로 보면 대략 7분 1의 무덤에 무기가 부장되었는데, 일부 무덤이 도굴되었음을 고려하면 그 비율은 당연히 좀 더 높아질 것이다.

넷째, 마차와 말을 매장한 구덩이가 4개 발견되었는데, 각기 2곳씩 가까운 거리에 마련되었으며, 모든 구덩이 안에는 마차 한 대와 말 2필, 마부 1명이 매장되어 있었으며, 말과 마차의 몸체에는 청동과 나전으로 만든 장식이 있었다.

다섯째, 중형의 무덤 M303이 도굴되지 않은 상태로 발견되었는데, 은허 후기, 대략 주왕의 부친 제을 시기에 매장된 것이었다. 무덤에서는 순장된 개 4마리와 사람 4명, 대량의 도기와 동기, 작은 옥기들이 발견되었다. 구리로 만든 예기에는 대부분 '마위馬危'라는 족휘의 명문이 주조되어 있었다. 또 동과 30개, 동모 38개, 청동 화살촉 97개가 출토되었으니, 무덤 주인은 적어도 70명의 무장 세력을 거느렸고, 게다가 스스로 무장을 갖춘 부족 성원이 대략 300명 정도의 규모였으니, 상당히 실력을 갖춘 군사 귀족이었다.[312]

다쓰쿵촌에 '마위'와 같은 규모의 족읍이 5개가 있었다고 한다면 1500명 전후의 군대를 조직할 수 있고, 전차도 10대에서 50대까지 갖출 수 있었을 것이다. 은허 유적지군의 범위 안에 다쓰쿵촌 규모의 취락이 10여 개가 있었다면, 10만 명이 넘는 인구에 2만 명 전후의 군대를 소집할 수 있었다. 왕릉 구역의 상나라 왕의 무덤에 부장된 무기의 규모는 일반적으로 수백 건으로서, 다쓰쿵촌의 M303과 같은 무덤의 10배에 해당한다. 이로 보건대 상나라 왕이 스스로 거느린 무장 세력의 규모는 1000여 명에 이르고, 전차의 비율도 상당히 높아서 은상 후기에는 100대 전후가 되었을 것이다.

다쓰쿵大司空 M231 차마갱車馬坑

　　상 왕조가 통제하는 구역 전체에서 은허는 가장 큰 취락군이고, 각 지역에 분산된 상족의 취락과 제후국의 총인구와 그들이 제공할 수 있는 병력은 은허의 10배에서 20배에 이를 수 있었다. 다만 많은 제후국이 다른 부족의 지역에 분포해 있어서 현지의 토착민을 통제해야 했으므로, '왕을 호위하기 위해' 모든 병력을 파견할 수는 없었을 것이다. 이런 식으로 계산하면, 은상 후기에 왕이 왕조 전체의 범위에서 소집할 수 있는 병력은 대략 10여만 명이었다.

　　고고학자들은 또 다쓰쿵촌 면방직 공장의 범위 안에서, 버려진 골제품 재료가 담긴 구덩이를 여러 개 발견했으니, 이곳에는 규모가 상당히 큰 골기 제작소가 있었던 것으로 추측된다. 여기에서는 뼈를 자르는 데에 쓰인 작은 청동 톱은 길이가 10센티미터 남짓이었고, 구멍을 뚫는 데 쓰인 청동 송곳과 석제 송곳, 연마용 숫돌 그리고 반지하식의 좁고 작은 작업용 천막 유적지도 하나 발견되었다.

　　골기의 원료는 소와 양, 돼지, 사슴 등 동물의 뼈와 뿔이었으며, 인골을 사용한 흔적은 발견되지 않았다. 미완성의 각종 골제품 재료로 보면, 이곳의 주요 생산품은 비녀^笄였다. 먼저 둥글고 반질반질하게 연마한 가늘고 긴 뼈대를 만들고, 다시 작은 뼈로 버섯 모양의 '모자^帽'를 만들었다. 모자 가운데는 각종 새와 같은 조형 예술을 가미한 것들도 있었는데, 그것들을 비녀의 뼈대 꼭대기에 고정했다.

　　다쓰쿵촌 골기 작업장은 대략 1300제곱미터 남짓으로, 표준적인 농장 3개를 합친 크기였다. 수만 제곱미터에 이르는 류자좡 북쪽의 도기 작업장과는 비교할 수 없으나, 어쨌든 살아가는 데에 골기의 수요는 도기에 훨씬 미치지 못하고, 게다가 은허 범위 안의 골기 작업장이 이곳 하나만 있는 게 아니었다.

　　1958년에 다쓰쿵촌의 고고학적 발굴에서는 범위가 매우 제한적이었고, 게다가 면방직 공장의 건설을 위해 서둘러 길을 양보해야 했다. 공장이 들어서는 바람에 이후의 발굴 작업은 매우 소소했다. 2004년에는 이곳의 C구역에서 은허 후기의 주택 유적지가 발굴되었는데, 면적은 2600제곱미터이며, 여러 개의 정원을 가진 쓰허위안 구조였다. 주변에는 줄을 이루고 있는 건물들이 밀집되어 분포했으며, F23과 같은 일부 배열된 건물은 길이가 40미터를 넘었다. 틀림없이 그것들은 고급 귀족의 주택과 사당이었을 것이다.

건물 기초를 보존하기 위해 고고학자들은 다진 흙을 전부 발굴하지 않고 몇 개의 도랑만 팠는데도, 여러 곳에서 아동의 골격을 발굴했다. 이것은 이 건물들이 보편적으로 유아를 희생으로 바쳐서 기초를 다졌음을 말해준다. 체형이 상대적으로 작은 아이는 도기 항아리에 담겼고, 비교적 큰 아이는 직접 구덩이 안에 넣고 몸에 도기 조각을 덮었다. 그런 뒤에 그 위에 흙을 다져서 건물 기초를 만들었다.

예를 들어 F34에 바쳐진 아동 희생은 8구, F24에는 3구, F23에는 10구, F21에는 3구, F35에는 2구, F36에는 1구가 있었다. 현재 고고학자들이 C구역에서 모두 14개의 건물과 86구의 아동 희생을 발굴했는데, 이것도 '해부용 도랑解剖沟'의 아주 작은 일부분에서 나온 것들이다.

고대에는 유아 사망률이 높아서 요절한 유아를 도기 항아리에 넣어 건물 주변에 매장하기도 했는데, 신석기시대에 이미 이런 유적이 아주 많이 발견되었으니 이상하게 여길 것도 아니다. 다만 다쓰쿵촌에서는 이와 달리 유아들이 대부분 흙을 다진 건물 기초의 아래나 중간에 매장되어 있었으니, 이것은 건물을 짓기 전과 건축 과정에서 매장했음을 의미한다. 분명히 이것은 인위적이고 종교적 의미를 지닌 행위였다.

이 영아들이 어디에서 왔는가에 대해, 어떤 학자는 건물 주인의 요절한 자녀일 가능성이 있다고 추측했으나, 여기에는 몇 가지 문제가 있다. 첫째, 새 건물에 거주하기 전에 이렇게 많은 아이가 병사했을 가능성은 없다. 둘째, 그전에 죽은 아이들의 시신을 모아 다시 이용하는 것도 불가능

아동 희생을 담은 도기 항아리 4개

하다. 몇몇 아이의 시신은 도기 항아리에 담긴 게 아니라 도기 파편에 덮여 있었으며, 뼈대가 완전한 것으로 보건대 유골을 추려서 이장한 흔적이 전혀 없기 때문이다.

그러므로 남은 가능성은 바로 이 건물들의 주인이 상당히 많은 노예를 소유하고 있어서, 건물을 지을 때 일부 노예의 유아를 희생으로 사용했다는 것이다. 다만 한 번에 10명의 영유아를 수집하려면 노예 인구의 기본 규모가 상당히 커야 하는데, C구역의 거의 모든 건물 아래에 여러 명의 아동 희생이 있음을 고려한다면, 다쓰쿵촌의 귀족들이 보유한 노예의 수가 상당히 많았음을 알 수 있다.

류자좡 북쪽의 취락과 유사하게 다쓰쿵촌에도 사람과 가축을 섞어 바친 제사갱과 말을 바친 제사갱이 있었으나, 그 수량은 훨씬 적었다. 다쓰쿵촌에는 단독으로 인간 희생만 바친 제사갱이 상대적으로 많았으며, 게다가 은상 각 시기의 것이 모두 있었다. 비교적 시기가 이른 제사갱으로 은허 제1기에 속하는 H407이 있는데, 이것은 시간상으로 반경이 안양강 북안에 도읍을 건설할 때가 상한선이며, 가장 늦은 것은 무정이 안양강 남안에 새 왕궁을 건설할 때까지다. 구덩이 안에는 4명의 성인과 1명의 아동 유골이 들어 있었는데, 감정할 수 있는 2명의 남성과 1명의 여성이었다. 그 가운데 남성 B의 머리와 오른팔, 아동 E의 오른쪽 넓적다리가 잘려 있었으며, 성별을 알 수 없는 성인 D의 골격에는 빠진 부분이 더 많았다. 발굴자의 추측에 따르면, 이 희생자들은 1~2개 정도의 가족인 듯하다.

똑같이 은허 제1기에 속하는 것으로 유골을 버린 회갱 H431이 있는데, 구덩이 바닥에 8살 전후의 아동 유골 1구가 두 다리가 잘린 상태로 들어 있었다. 이외에 구덩이 안에는 성인의 갈비뼈 부스러기와 각종 생활 쓰레기의 잔류물이 묻혀 있었다. 이런 흔적은 이 구덩이가 엄숙한 제사갱이 아니라 학살된 시신을 버리는 쓰레기장이었음을 말해준다. 갈비뼈 부스러기는 부근의 주민 가운데 식인의 습관을 지닌 이들이 있었을 가능성을 보여준다.

무슨 이유에서인지 다쓰쿵촌의 인간 희생과 학살당한 이들은 대부분 다리가 잘려 있고, 게다가 이런 행위가 200년 남짓 줄곧 이어졌다. 아마도 이것은 다쓰쿵촌 부족 인신공양제사의 특징 가운데 하나일 가능성이 크다.

은허 제3기에 속하는 제사갱 H310은 더욱 공포스러운 장면을 보존하고 있다. 이 구덩이의 벽은 가파르고 잘 정돈되어 있는데, 그 안에는 양쪽 정강이가 잘린 유골이 구덩이 벽을 기어오르는 모습으로 묻혀 있다. 그는 구덩이에 던져졌을 때 아직 죽지 않았고, 심지어 기어오르려고 시도하다가 결국에 이런 자세로 생매장되었을 가능성이 크다.

은허 제4기에 속하는 H278은 규범적인 제사갱으로서 학살 현장을 보존하고 있다. 구덩이 안에는 성년 남성의 유골 1구가 들어 있는데, 품에 유아 유골 1구를 단단히 안고 있다. 성년 남성은 허리 부분이 잘려서 하반신과 상반신이 나란히 놓여 있고, 넓적다리와 정강이는 긴밀하게 접혀 있어서 발꿈치가 골반에 붙어 있다. 상반신은 머리 부분과 온전하지 않은 두 팔만 남아 있는데, 목등뼈頸椎와 갈비뼈, 손 하나가 잘려 있었으나,[313] 남은 팔로 유아를 단단히 껴안고 있다. 유아의 정강이와 팔꿈치 아래도 모두 잘려 있다. 틀림없이 살해당할 때 이 남자는 아이를 내주지 않으려 했고, 제사를 진행하는 이도 그들을 당장 죽이려 하지 않고 그들의 다리를 차례로 잘랐으며, 더욱이 이 성인 남자는 가죽을 벗기고 사지를 해체했다.

은상 시대에 인간 희생이나 소, 양의 목을 쳐서 죽여 제사에 바치는 방식을 '묘卯'라고 했으며, 갑골문에 가장 먼저 나타난다. 어느 문자학자는 이것이 사람이나 가축을 절반으로 쪼개서 걸어놓은 것이라고 여겼다. 갑골복사에는 상나라 왕이 강족과 소, 양을 '묘卯'했다는 기록이 아주 많으나, 왕궁 구역과 왕릉 구역의 제사갱 유적에서는 이런 현상이 비교적 드물게 발견된다.

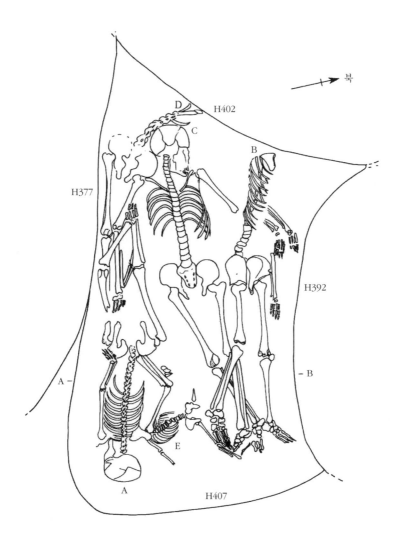

다쓰쿵촌 H407 제사갱

제사갱 H310

그러나 다쓰쿵촌에는 '묘^卯'의 유적이 남아 있을 가능성이 있다. 은허 제4기에 속하는 H250은 매우 규범적인, 반듯한 통 형태의 제사갱이다. 구덩이 바닥에 있는 1구의 인골은 팔꿈치 이하와 정강이가 잘려 나갔고, 등 부분이 쪼개져서 척추와 요추^{腰椎}가 잘린 채 나머지 몸뚱이와 머리 부분만 매장되어 있다. 척추로 이어지지 않았으므로 양쪽 갈비뼈는 멋대로 펼쳐진 모습이다. 남은 뼈는 아주 제한적인 정보만 보존하고 있으나, 합리적으로 추측하자면 이 사람의 뇌수와 복부의 내장도 전문적으로 제거하고 처리했을 것이다.

이외에 제사갱 H305에 들어 있는 2구의 인골도 갈비뼈가 척추에서 절개되어 있다. 1호는 머리뼈와 척추의 일부분, 팔의 윗부분만 남아 있고, 양쪽 갈비뼈는 잘려 나갔으며, 하반신도 보이지 않는다. 2호는 머리 부분과 상반신, 하반신이 3단으로 쪼개져 있고, 엉덩이뼈^{臗骨}와 척추뼈는 잘려 나갔다. 이것이 바로 '묘^卯' 제사 방식일 가능성이 있다.

갑골복사에서 '묘제^{卯祭}'는 아주 많이 등장하는데도 발굴된 흔적은 드물다. 여기에는 자체적인 원인이 있으니, 상나라 왕이 집행하는 '묘제^{卯祭}'는 대부분 은허 왕릉 구역에서 행해졌기 때문이다. 그곳에 있는 많은 제사갱 가운데 일부에는 사지가 해체된 인체의 부위가 들어 있는데, 유골이 지나치게 많고 게다가 어지럽게 뒤섞여 있어서, 발굴 보고서에서도 글로 상세하게 묘사하거나 그림으로 그릴 수 없었다. 그러므로 자연히 발굴 보고서에서는 '묘제^{卯祭}'의 흔적을 찾기 어려웠던 것이다. 상대적으로 다쓰쿵촌 제사갱은 유골이 적었으므로 베어 죽이는 과정을 비교적 쉽게 판별할 수 있다.

보아하니, 다쓰쿵촌의 인신공양제사 현상은 특별히 눈에 띄고 놀라운 듯하다. 사실 상족의 다른 취락에 비해 이곳의 인신공양과 살육 수량이 훨씬 많았다고 할 수 없다. 이것은 주로 발굴 보고서에서 제공하는 정보의 양이 달라서 생긴 차이일 뿐이다. 다쓰쿵촌의 발굴은 그 시기가 상대적으

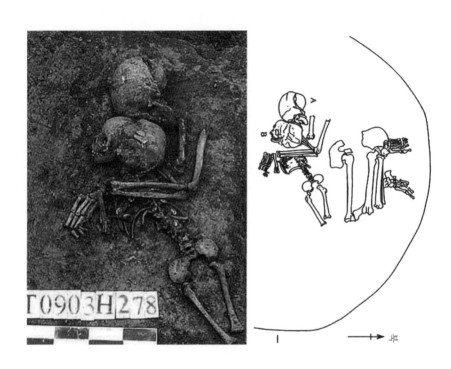

제사갱 H278의 평면도와 부분 사진

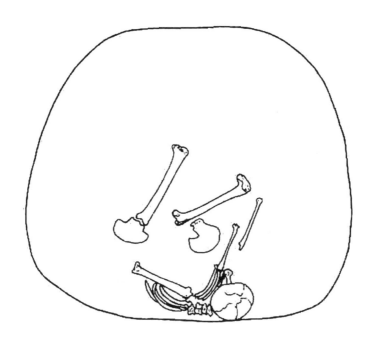

다쓰쿵촌 H250 1명 제사갱

로 늦었고(2004년에 발굴하여 2014년에 발굴 보고서가 출판됨), 이전의 각종 은
상 유적지는 비교적 이른 시기에 발굴되었으며, 보고서의 분량도 특히 인
간 희생을 바친 제사갱과 유골에 대한 묘사가 상대적으로 간략해서, 당연
히 독자는 제사 현장의 모습을 복원하기 어려웠다.

다쓰쿵촌의 발굴 보고서는 상나라 인신공양제사의 피비린내만 보여
주는 게 아니다. 인간 희생을 도륙하고 가죽을 벗기는 행위는 당연히 제사
하는 이가 신에게 바칠 음식물을 가공하는 과정이지만, 제사를 바치는 이
는 인간 희생이 사지가 잘려 나간 뒤에 몸부림치고 절망하며 항쟁하는 모
습을 감상하며 즐겼던 듯하다. 제사 지내는 것은 일종의 공공 의식이자 전
례였는데, 이런 피비린내 나는 모습을 보여주는 과정에서 만족감을 얻는
것은 칼과 도끼를 휘두른 사람뿐만 아니라 다쓰쿵촌의 귀족에서 평민에
이르는 많은 관객도 마찬가지였을 것이다.

사실 다쓰쿵촌에 대한 더 이른 시기의 발굴에서 고고학자들은 더욱
처참한 제사 현장을 발견했으나, 발굴 보고서가 제공하는 정보가 적어서
그것들에 대한 독자의 인상이 그다지 심각하지 않았다. 예를 들어 1971년
에 발굴된 어느 제사갱에는 머리와 몸이 분리되어 층층이 쌓인 유골이 매
장되어 있었다. 머리뼈가 31개이고 몸뚱이가 26구였으며, 개중에 일부는
불완전했다. 비교적 완전한 머리뼈 5개를 감정한 결과, 3개는 30세 전후
의 청장년 남성이었고, 나머지 2개는 각기 4~5세와 6~7세의 아동이었다.

이 제사갱은 원형에 가깝고 직경이 2.8~3.4미터 사이이고 깊이는 0.6
미터이니, 특별히 제사를 위해 판 것이다. 구덩이 안에는 부장품이 없었
다. 매장 형식으로 보면, 이 사람들은 네다섯 명이 한 조가 되어 구덩이 서
남쪽 가장자리로 끌려와 참수되었으며, 각 조의 머리뼈는 모두 상대적으
로 함께 모아져 있었다. 시체는 자르거나 가죽을 벗긴 뒤에 구덩이 안에
던져졌는데, 상대적으로 서남쪽에 집중되어 있다.

그 가운데 한 사람은 머리뼈와 몸뚱이가 이어져 있었는데, 참수할 때

완전히 잘리지 않은 결과일 것이라고 발굴자는 추측했다. 또 일부 아동의 사지 뼈가 한 군데에 쌓여 있었으니 틀림없이 사지가 해체되었을 것이나, 원래의 발굴 보고서가 지나치게 간략하여 자세한 상황을 알 수 없다.

채운 흙 속에 들어 있던 도기 파편으로 판단하자면, 이 제사는 은상 후기에 행해졌다. 그로부터 얼마 후에 상나라는 망했고, 이곳에 더는 거주하는 이가 없었다. 그러다가 전국시대에 이르러서야 새롭게 사람들이 와서 거주하기 시작했으므로, 구덩이 입구를 덮어 누르고 있는 것은 전국시대 문화층이었다.[314]

해자에 버려진 시신들

은허 궁전 구역 밖에서는 성벽을 발견하지 못했으나, 최초로 왕궁을 설계했을 때 무정은 그 서쪽과 남쪽에 L자 모양의 대형 해자를 파서 왕궁 북쪽과 동쪽을 지나는 안양강과 연결하여 방어용 해자를 구성하려고 계획했다. 은허의 궁전 종묘 구역과 샤오툰촌 점술사 거주지, 그리고 부호婦好 가족의 취락과 묘지를 포함한 왕궁 바깥을 둘러싼 부속 취락들이 모두 그 해자의 보호 범위 안에 있었다.

은허 궁전 종묘 구역의 남쪽 대문을 나서면 오른편이 유명한 은허 샤오툰촌인데, 마을 가장자리의 도로를 따라 서쪽으로 수백 미터를 가면 길 북쪽에 큰 정원이 하나 있다. 이곳이 바로 중국사회과학원 고고소考古所 안양安陽 작업장이다. 1958년에 작업장을 건설하기 전 고고학자들은 먼저 이 지역을 조사하고 발굴하면서 궁전 구역을 두른 이 거대한 도랑을 발견했다.

뒤에 이어진 시추 탐사 데이터로 보면, 이 해자의 서쪽 부분은 길이가 1000미터 남짓이고 남쪽은 약 600미터다. 다만 남쪽은 완전히 관통하지

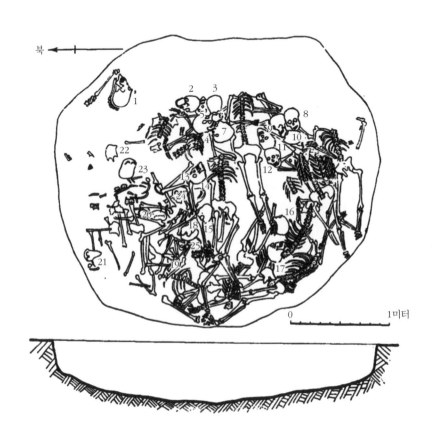

북

1미터

1971년에 발굴된 제사갱의 평면도 및 단면도[315]

않았는데, 어쩌면 외래의 위협이 없다고 판단한 무정이 해자를 절반 정도 파다가 포기해버렸는지 모른다. 은허 제3기인 무을 전후에 이르면 해자는 점점 모래와 진흙, 주민이 버린 쓰레기로 메워졌다. 그래서 처음에 그곳을 고고학자들은 '큰 쓰레기 도랑大灰溝'이라고 불렀고, 나중에 또 어떤 이는 '큰 둘레 도랑大圍溝'이라고 불렀다.

현재 이 도랑은 발굴된 부분이 아주 적고 주로 뤄양삽洛陽鏟으로 구멍을 뚫어 그 범위를 판단했다. 가장 중요한 발굴은 1958년에 진행되었으나, 작업장 부근의 길이 20미터, 폭 15미터의 작은 구역에 대한 시험적 탐색 정도의 발굴에 지나지 않았다. 이 300제곱미터의 범위 안에서 모두 24구의 유골이 발굴되었는데, 발굴 보고서에서 예로 든 바에 따르면, 머리가 없는 유골이 1구, 두 발이 없는 것이 2구, 왼쪽 다리가 없는 것이 1구, 두 다리가 모두 없는 것이 1구, 어지럽게 쌓인 골격이 한 곳(사지가 해체된 사람일 수 있음), 그리고 유아의 유골이 2구였다.

모든 유골에는 부장품과 관 등의 장례 도구가 없었고, 단지 1구의 유골에만 조잡한 방직물의 흔적이 붙어 있었다. 이것은 아마 마대麻袋에 담아 도랑에 던진 유골일 터다. 발굴 보고서에서는 "그들은 아마 노예주의 형벌과 살육으로 죽음에 이른 노예로서, 나중에 멋대로 도랑에 던져졌을 것"이라고 했다.[316] 다만 발굴 보고서에 이 유골의 분포도나 사진, 스케치가 없어서 그것들의 분포 범위와 구체적인 사망 원인을 판단하기 어렵다. 이 유골들은 지표면에서 1~4.5미터 사이에 매장되어 있었으며 분포 상태가 어지러웠으니, 여러 해에 걸쳐서 여러 차례 던져졌을 가능성이 있다.

이 발굴 구역은 이 거대한 해자의 총면적에서 100분의 1에도 미치지 못하니, 해자 전체에 도대체 얼마나 많은 사망자의 유골이 버려졌는지 상상하기 어렵다.

그렇다면, 이 해자에 시체를 버린 이들은 누구인가?

이 해자는 왕궁 구역에서 서남쪽으로 300~400미터 떨어진 곳에 있

으니, 왕궁 안에서 죽은 이를 이렇게 먼 곳에 버렸을 리는 없다. 발굴 구역
은 해자 바깥(서쪽)이었으니, 시신을 버린 이들도 틀림없이 해자 바깥, 대
략 지금의 고고 작업장 정원 일대에 살았을 것이다. 그리고 작업장의 도로
에 인접한 남쪽 담장이 바로 상나라 때의 건물 기초 위에 세워져 있는데,
거기에서 기둥의 기초로 썼던 돌을 발굴했다. 발굴 보고서에서는 이 상나
라 때의 건물이 동서로 길이가 거의 20미터이고, 남북으로 깊이進深가 약 6
미터이니, 규모로 보면 살림살이가 비교적 여유로운 귀족의 집이거나 사
당과 같은 어느 부족의 공공건물인 듯하다고 추측했다.

　　이 건물 기초에는 모두 8명을 희생으로 바쳤다. 남쪽 담장 아래에는
각기 하나씩 어린아이 유골을 담은 도기 항아리 4개(M1, M2, M3, M4)가 직
선으로 배열되어 있었는데, 항아리 사이의 거리는 약 2미터였다. 건물 기
초 안에는 4구의 성년 유골(M01, M02, M03, M04)을 다져 넣었는데, 건물의
남북 양쪽 끝에 흩어져 있었다. 머리 부분은 따로 동서남북 방향을 향했
고, 신체 연장선은 '정井'자 모양을 이루고 있었다. 실내에 있는 부뚜막 구
덩이(K1) 하나가 유골 가운데 3구와 함께 직사각형을 이루면서 4개의 모
서리에 나뉘어 있었다.

　　머리가 북쪽을 향한 M01의 머리뼈에는 갈라진 흔적이 있으니, 머리
를 격타당해 죽었을 수 있다. 머리가 남쪽을 향한 M03의 넓적다리 사이에
는 골제 화살촉이 하나 있었으니, 과녁으로 쓰였을 가능성이 있다. 이 유
골과 주춧돌은 같은 층에 있었으니, 응당 건물 기초를 다질 때 매장했을
것이다.

　　이 건물은 은허 제3기, 주왕의 증조부인 무을이 재위했을 무렵을 전
후로 지어졌는데, 이때 해자는 곧 메워지려 하고 있었고, 은허의 인구는
계속 증가하는 와중이었으므로, 한때 황무지였던 이 땅에도 취락이 생기
기 시작했다. 다만 건물 범위 안에서 출토된 물품과 건물의 규격은 그다지
짝이 맞지 않는다. 도제의 궤簋와 역鬲, 분盆, 관罐의 파편과 돌낫 3개, 조개

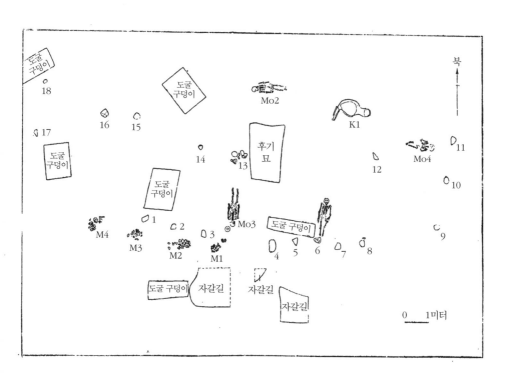

고고소 안양 작업장 남쪽 담장의 건물 기초 유적 평면도

껍데기로 만든 낫^{蚌鎌} 하나, 수확용 돌칼 하나, 골제 화살촉 2개다. 보아하
니 주인의 생활은 그래도 농업 위주였던 듯하다.[317] 또 이것은 무을 시기
의 상족이 아직 그리 '선진적이니 못한' 석기시대의 농업 생산 도구를 사
용하고 있었으나, 다른 한편으로 이미 인간 희생을 충족하고 있었고 그 비
용도 저렴했음을 말해준다. 그리고 이때가 바로 고공단보가 주족을 데리
고 주원으로 이주하기 전후였다.

이 지역의 모든 건물은 나중에 큰 화재로 소실되어 붉게 그을린 흙이
많이 쌓여 있었다. 다만 발굴 결과에 따르면, 이 건물들은 서로 연결되지
않았으니, 한 차례 화재로 전체가 소실되었을 가능성은 크지 않다. 그러므
로 인위적인 요소 즉, 상나라를 멸한 뒤에 주족이 은허에 대해 체계적으로
파괴를 진행했을 가능성이 크다.

은허의 각 족읍에서 벌어진 인신공양제사와 살육 현장에 대한 열거
를 따라가다보면 지나치게 억압을 느끼겠지만, 여기서는 한 가지만 강조
하고자 한다. 즉, 이상에서 살펴본 인간 순장과 인신공양제사, 인간 희생
을 바쳐서 건물 기초를 다진 현상은 상족의 각 족읍에서 모두 '크게 동일^大
^同'했으나, 다만 개별적인 산업이나 전통적인 습속에 따라 약간의 '작은 차
이^{小異}'가 있었다는 사실이다.

예를 들어 왕궁 남측의 묘포^{苗圃} 북쪽의 취락은 동기 주조업이 집중된
지역이므로 인간 희생은 대부분 동기를 주조하는 곳에서 제사에 바쳐졌
으며, 일부는 구리 용액이 뿌려져서 청록색의 녹이 묻어 있게 되었을 수도
있다. 이외에 구리를 주조하는 설비에 영아의 머리뼈를 바쳐서 제사한 예
도 있는데, 이것은 라오뉴포의 구리 주조 유적지에서 발견된 현상과도 비
슷하다.[318]

멀지 않은 신안좡^{新安莊} 서쪽 취락의 대형 취토갱^{取土坑} 2007AXAH221
에는 "아주 많은 인골과 소, 말, 개, 돼지 등의 뼈가 있었는데, 인골과 기타
동물의 뼈가 함께 어지러이 분포되어 있으며, 완전한 개체는 거의 없어서"

인간 희생의 수를 통계할 방법이 전혀 없었다. 이렇게 인간과 가축을 함께 죽여 제사에 바치는 방식은 류자좡 북쪽의 큰길가에 있는 제사장과 아주 유사하다.[319]

종합하자면, 이들 상족 취락의 총체적인 규칙은 취락 규모가 확대됨에 따라 인신공양제사와 멋대로 자행된 살육이 함께 증가했고, 아울러 은허 후기에는 정점에 이르렀다는 것이다.[320]

인신공양제사를 거부한 상족 취락

사람의 목숨이 초개와 같았던 은허에도 특별한 예외가 있었다.

도기 제작소가 있었던 류자좡 북쪽에서 서쪽에 있는 치자좡戚家莊 동쪽에는 또 다른 은상 시기의 묘지가 있다. 여기에서는 거의 200개의 상나라 무덤이 발굴되었으나 등급의 고하를 막론하고 모두 순장된 사람이 발견되지 않았다.

예를 들어 M269에는 부장된 청동기로 예기禮器 20건이 있었는데 정鼎 4개와 언甗과 뇌罍, 궤簋, 가斝가 각기 1개, 준尊 2개, 방이方彝 1개, 유卣 1개, 고觚 3개, 작爵 2개, 치觶 1개, 두豆 1개, 그릇 덮개 1개가 포함된다. 무기는 30건이었는데 여기에는 과戈 13개, 모矛 12개, 월鉞 2개, 도刀 2개, 궁형기弓形器 1개가 포함된다. 무덤 주인은 분명히 고급 귀족이며 대다수 청동기에는 '원𥝩'이라는 족휘가 새겨져 있었으나 순장된 사람은 없고, 2마리 개만 순장했다.

이 묘지는 은허 제2기에도 이미 존재했으나, 대다수는 은허 제4기의 제을과 제신 시대에 매장되었으며, 부장된 청동기에 표시된 족휘는 주로 '복箙'과 '원𥝩'이다. 현재 이 족읍의 생활 구역은 아주 일부만 발굴되었으나, 인간 희생을 바쳐서 건물 기초를 다지거나 인신공양제사를 지낸 흔적

은 발견되지 않았으니, 상 문화에서도 독특한 별종이라고 할 수 있다. 은
허 유적지에서 지금까지 이런 곳은 여기 한 군데만 발견되었다.[321]

이외에 정리하여 통계를 내보니, 치자창 동쪽 무덤에는 부장된 옥의
비율이 일반적인 경우보다 높았고, 또 옥으로 만든 무거운 기물은 없고 모
두 작은 기물뿐이었다. 기물의 형태는 작고 잡다하며, 쓰고 남은 재료로
제작한 것도 많았다. 반제품과 장식이 미완성된 것들도 있어서, 어떤 연구
자는 치자창 동쪽에 살았던 이들은 옥기 제작을 주업으로 하는 부족이었
으리라고 추측했다.[322] 그러니까 처음에 그들은 상족에 속하지 않고 그저
기술적인 장점 때문에 은허로 이주했으나, 시종일관 상족의 인신공양제사
와 인간 순장 문화를 받아들이지 않았던 듯하다.

그러므로 상 문화의 피비린내와 잔학한 폭력을 얘기할 때는 당시에
도 치자창 동쪽의 '복'씨와 '원'씨 같은 취락과 부족이 있었음을 알아야
한다.

제22장 주왕의 동남 전쟁

1999년에 은허에서 남쪽으로 통하는 큰길가의 류자좡 북쪽 취락에서 귀족의 무덤 하나가 발굴되었는데, 분류 번호는 류자좡 북 M1046이다.

무덤 주인은 상나라의 고급 무관으로서 𣪘라는 부족을 통치했는데, 부장품으로는 각종 구리 예기 33건과 동과銅戈와 동모銅矛 50여 건, 대량의 옥기와 도기가 있었다. 무척 다행스럽게도 도굴되지 않았으므로, 모든 물품과 순장된 사람이 매장되었을 때의 위치에 그대로 있었다.

이 무덤에는 6명을 순장했다. 관 오른쪽의 A는 소녀인데 머리가 잘렸고, 잘린 머리는 청동 시루甑에 담긴 채 원래 머리가 있어야 할 자리에 놓여 있었다. 부장품으로는 또 큼직하게 썬 돼지고기와 쇠고기, 양고기, 청동 솥鼎에 삶은 닭 1마리가 있었다.[323]

왜 사람의 머리를 시루에 넣었을까? 설마 쪄서 요리한 것일까? 일반적으로 은허에서 출토된 다른 인두人頭는 대부분 윤기 나는 황갈색이며 머리뼈의 끝부분이 톱날 형상인데, 류자좡 북 M1046의 청동 시루에 담긴 이 인두는 어두운 회색이고 끝부분이 가지런하니, 인두가 쪄졌음을 말해 준다.

이전에 고고학자들은 왕릉 구역 M259 귀족 무덤에서 부장된 청동 시루에 인두가 담겨 있는 것을 발견했으나, 당시에는 별로 주의하지 않고 우연히 그 안에 떨어졌을 수 있다고 여겼다. 그러나 류자좡 북 M1046에서 이런 현상이 다시 나타난 것은 은허에 사람의 머리를 쪄먹었던 방식이 확실히 존재했음을 말해준다.

왕릉 구역 M259는 은허 제2기이고, 류자좡 북 M1046은 제4기이니, 식인 방식이 상나라가 끝날 때까지 줄곧 존재했음을 알 수 있다.[324]

감정 결과 류자좡 북 M1046의 시루 안에 담긴 이 인두는 14~15세가량의 소녀였는데, 임시로 '시루 소녀 A'라고 부르기로 하자. '시루 소녀 A'의 치아에 대한 동위원소 감정 결과, 이 소녀가 태어나 자란 주요 지역은 안양 은허가 아니라 더 동북쪽, 어쩌면 화이허淮河강 유역일 수도 있었다. 치아에는 충치도 없었으니, 생전에 먹은 음식이 전분이 아니라 주로 단백질이었으며 지위도 상당히 높았으리라는 것을 알 수 있다.[325]

그렇다면 화이허강 유역의 상류층 여자가 왜 은허의 순장자가 되었으며, 게다가 식품이 되어 순장되었을까? 그 이유는 상 왕조가 동남 지역을 정벌한 데에서 찾을 수 있을 것이다.

문왕이 점친 남방 정벌

동방과 남방의 토착민들을 상족은 '이夷'라고 불렀다. 『좌전』 소공昭公 21년에는 이렇게 기록되어 있다.

주왕이 동이에게 승리해서 자기를 죽음으로 떨어뜨렸다.

紂克東夷而隕其身.

인두가 담긴 청동 시루

이것은 상 왕조가 끝나기 전의 웅대한 정복 전쟁으로서 많은 갑골복사와 청동기 명문銘文을 남겼다. 『역경』에도 주창이 주왕을 위해 전쟁의 길흉을 점친 내용이 여러 차례 등장하는데, 그 역시 주왕 시기에 동이를 정벌한 어떤 전쟁에 참가했을 가능성이 있다.

예를 들어 「이괘離卦, ䷝」 상구효의 효사는 다음과 같다.

왕이 이 점괘를 이용해 출정하여 경사스럽게 적의 우두머리를 꺾고, 뜻밖의 수확을 거두었으니, 재앙이 없다.
王用出征, 有嘉折首, 獲匪其丑. 無咎.

또 「명이괘明夷卦, ䷣」 구삼효의 효사는 다음과 같다.

남방에서 사냥하다가 오랑캐를 발견하여 중요 인물의 수급을 얻었는데, 점을 치니 빨리 처리할 수 없다고 했다.
明夷於南狩, 得其大首. 不可疾貞.

괘의 명칭인 '명이明夷'는 해석하기가 상당히 어려우나, 다음 부분의 뜻은 비교적 분명하다. 왕이 친히 남방을 정벌하여 중요 인물의 수급을 얻었다는 것이다. 상 왕조는 오랑캐 추장을 사로잡은 뒤에 일반적으로 머리뼈를 보존하고 거기에 공적을 새겼는데, '대수大首'는 이런 추장의 머리를 가리킬 가능성이 있다.

「사괘師卦, ䷆」는 상당히 특수해서, 그 효사가 모두 출정하여 전투를 벌인 것과 관련이 있다.

노인에 대해 점을 치니 길했으므로, 재앙이 없다.
貞丈人, 吉, 無咎.

초륙: 군대가 규율을 지켜 출정했는데 성패를 따져보니 불길하다.

初六: 師出以律, 否臧, 凶.

구이: 군대 안에 있으니 길하여 재앙이 없다. 왕이 여러 차례 상을 내리라고 명령했다.

九二: 在師中, 吉, 無咎. 王三錫命.

육삼: 군대가 수레에 시체를 실으니, 불길하다.

六三: 師或輿尸, 凶.

육사: 군대가 왼쪽으로 가니 재앙이 없다.

六四: 師左次, 無咎.

육오: 밭에 날짐승이 있는데 잡으니 이롭고, 재앙이 없다. 장자가 군대를 통솔하고 제자(조카)가 수레에 시체를 실었는데, 점을 치니 불길하다.

六五: 田有禽, 利執言, 無咎. 長子帥師, 弟子輿尸, 貞凶.

상륙: 위대한 군주가 명령을 내려서 나라를 열고 가문을 계승했으니, 소인을 쓰면 안 된다.

上六: 大君有命, 開國承家, 小人勿用.

구이효를 보면 주창은 여러 차례 점을 쳐서 주왕에게 상을 받은 듯하다. 다른 효들도 모두 전투의 결과를 점친 내용이다. 예를 들어 육삼효는 수레에 시체를 실은 것이 패배의 징조라고 했다. 육오효에서 말한 장자와 제자(조카)가 누구인지는 자세히 알 수 없으나, 주창의 자제일 가능성이 있다. 장자는 백읍고로서 당시 주왕의 마차를 몰았으니, 상족이 아닌 종복 부락의 무장 세력으로서 참전한 이들을 지휘할 기회가 있었을 수도 있다. 조카의 경우, 주창에게는 괵중과 괵숙이라는 두 아우가 있었으니, 그들의 아들들도 주창을 따라 은허에 갔다가 주왕의 남방 정벌에 참가했을 수 있다. 다만 '점을 치니 불길했다'라고 했으니, 그들이 전사했음을 말한 것일 수도 있다. 이 괘의 괘사에서는 노인─주창 본인일 수 있는데─의 운명을 점치니 결과가 길했다고 했다.

상족은 동남방의 오랑캐夷人에서 기원했으며, 갑골문에서 '이夷'자는 '인人'으로 쓴다. 이것은 상족이 아직 오랑캐와 섞인 채 분화되어 나오지 않은 시절의 산물이다. 다만 그들이 왕조를 건립한 뒤에 '이夷'자는 이미 하급 부족을 일컫는 칭호가 되었다.

발견된 갑골복사에서 주왕은 남방의 오랑캐를 여러 차례 정벌한 적이 있음을 알 수 있는데, 정보가 상대적으로 많은 정벌은 주왕이 즉위하고 10년이 되던 해에 있었다. 제을이 개혁한 '주기 제사周祭'의 연대 표기 방식에 따르면 '제신십사帝辛十祀'의 해에 해당한다. 화이허강 주변의 작은 제후국 '유攸'의 군주인 유후攸侯 '희喜'가 상나라 왕에게 이렇게 보고했다. 회하 남쪽 '이방夷方'(인방人方)의 어떤 수령人方伯이 이끄는 舀라는 부락이 최근에 상당히 공손하지 않고 여러 차례 '유국'을 침범했다는 것이다. 이에 주왕이 귀갑 점복을 행한 뒤에 이 '이방'에 대한 원정을 계획했다.[326]

1970년대에 상하이박물관은 민간에서 문물을 수집했는데, 그 가운데 아직 수록되지 않은 은상 말기의 소 견갑골 조각이 들어 있었다. 문물학자 선즈위沈之瑜는 이를 "인방백이 舀를 이끌고 (…) 여러 제후가 인방백을 정벌했는데人方伯 舀率 (…) 多侯圍伐人方伯"[327]라고 해석했는데, 이 갑골은 위아래 문장이 빠져 있으나 주왕이 舀를 정벌한 증거 가운데 하나로 삼을 수 있을 듯하다.

갑골문에 나오는 지명의 절대다수는 구체적인 장소를 확정하기 어렵지만, 제신 10년의 이 원정은 약간 예외로서 지명에 '회淮'자가 나타나며(『영장英藏』2563, 『합집』36968), 그것이 나타낼 수 있는 것은 화이허淮河 뿐이다. 이 기준점이 있으니 일부 복사에 들어 있는 연월年月이나 간지干支의 기록을 더하면, 당시 남방을 정벌한 일정과 행군 노선을 개략적으로 복원할 수 있다.

복사에 따르면, 그 정벌에서 주왕은 여러 제후국의 병력을 끌어모은 다음, 지금의 정저우 일대에서 황허강을 건넜다. 정저우는 상 왕조 전기의 도읍인데, 반경이 천도한 뒤로 황허강 이남에는 이미 주민이 희소해져서, 지난날의 상성도 이미 숲으로 변해 있었다. 어쩌면 경기가 그다지 좋지 않은 상족의 족읍이 몇 개쯤 있었을 수도 있으나, 들판의 농가에 거주하던 이들은 대부분 남방에서 이주해온 오랑캐夷人들이었다. 언어는 상족과 조금 달랐을지라도, 서부의 강족에 비하면 그들의 말은 그래도 더 알아듣기 쉬웠을 것이다.

원정군은 우선 상商과 박亳(지금의 허난성 상추商丘 일대)에 이르렀다가, 다시 화이허강 연안의 '유국'에 도착했다. 상 왕조가 개발한 문서 전달 체계를 빌려서 몇몇 동남쪽 제후국의 수장에게 사전에 이미 지령이 내려갔으므로 그들도 병력을 이끌고 이곳에 집결했고, 아울러 미리 오랑캐의 영지를 정찰했다. 상 왕조의 하급 신하 가운데 하나가 전공을 기념하는 청동 술통卣을 제작했는데, 그 명문에는 이렇게 기록되어 있다.

> 10월에 추자隹子가 인방人方의 曧을 정찰하라고 명령했다.
> 才(在)十月 隹子曰令望人方曧(『集成』5417)

구체적인 전투 상황과 관련된 갑골복사는 발견되지 않았으나, 경과는 틀림없이 대대적인 승리였을 것이다. 그렇지 않다면 사후에 공적을 기

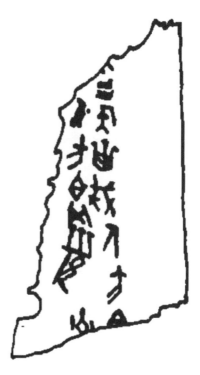

"… 人方伯疐率 … 多侯甾伐人方伯 …" 갑골의 탁본과 모사본

『집성』 5417 탁본³²⁸⁾

록한 청동기가 나오지 않았을 것이기 때문이다. 굴원의『초사楚辭』「천문天問」에는 이런 구절이 들어 있다.

> 매백梅伯이 해형醢刑을 당하자
> 기자는 미친 척했지.
> 梅伯受醢, 箕子詳狂.

이 '매백'이 비로 오랑캐 방백方伯 𢍻일 가능성이 큰데, '해형'을 당했다는 것은 주왕이 그의 시신을 잘라 육장醢을 담갔다는 뜻이다. 이 부족은 화이허강 남쪽에 살았는데, 동주 시기에 이곳은 초楚나라 강역이었으니, 현지인의 전설에 몇몇 역사의 기억이 보존되어 있다가 굴원에 의해 기록되었을 수 있다.

이외에 은허에서는 또 사람의 두개골 조각이 하나 발견되었다.(『合集』 38758), 거기에는 "인방백 (…) 조을이 정벌했다人方伯 (…) 祖乙伐"라고 새겨져 있다. 그러니까 이 오랑캐 방백의 두개골은 '조을'(무을을 가리킬 가능성이 있음)에게 제사 지낼 때 자른 것이다.[329] 다만 이 두개골이 부서져서 조각이 일부만 남아 있으므로, 그 주인이 𢍻인지 확정하기는 어렵다. 또 어떤 학자는 글자를 새긴 두개골을 때려 부순 것도 제사 의식의 일부분일 수 있다고 추측했다.

이 남방 정벌은 1000리도 넘는 곳까지, 거의 1년에 걸쳐서 이루어졌다. 도중에 야생 물소兕가 자주 보여서 주왕은 가는 내내 사냥했다. 복사의 기록에 따르면, 가장 많았을 때는 한 번의 사냥에 20여 마리를 잡았다고 했다.

> 을사일에 점을 치고 口에 도착하자, 점을 쳐서 왕이 口에서 사냥하면 재앙이 없는지 물었다. 물소 스물 몇 마리를 잡고, 인방人方을 정벌했다.

『합집』 38758 "人方伯 … 祖乙伐."

乙巳卜, 在口, 〔貞〕王田口, 亡災. 〔獲〕兕廿又口, 來征人方.(『合集』36501)

이 남방 원정에서 사로잡은 많은 토착민은 당연히 은허로 데려가서 인간 희생으로 삼았을 것이다. 당시 상족 내부의 각 족읍도 이미 대규모로 발전해서, 그들이 사로잡은 포로도 부락에서 스스로 지배할 수 있도록 나눠주었을 것이다. 류자좡 북 M1046의 '시루 소녀 A'는 틀림없이 무덤 주인이 종족을 이끌고 남방 원정에 참가하여 획득한 전과였다. 그녀는 은허로 끌려온 뒤에 먼저 주인의 노비가 되었다가, 주인이 곧 병들어 죽자 그녀의 목숨도 따라서 끝났고, 결국에 덧널 안의 희생물로 매장되었다.

지금의 산둥 반도에서 장쑤江蘇와 위난豫南, 완베이皖北에 이르는 광대한 지역에 많은 오랑캐夷人 부락이 분포해 있었으니, 일개 曷부족만 멸망시킨 것은 분명히 불충분해 보인다. 복사에 따르면, 주왕은 또 한 번의 남방 원정을 감행했으나, 그에 관한 정보를 담은 갑골은 아주 적어서 원정의 목적도 자세히 알 수 없다. 해외로 흘러 나간 상나라 말엽의 청동기에 새겨진 '소신여서존小臣艅犀尊'이라는 명문(『집성』5990)도 이 남방 원정을 기록했다.

왕께서 소신 여艅가 있는 기경夔京에 와서 조개껍데기를 하사하셨고, 왕이 오셔서 인방人方을 정벌하셨다. 왕 15년 융제肜祭를 지내는 날.
王賜小臣艅夔貝, 唯王來征人方, 唯王十祀又五, 肜日.

문왕이 수행한 남방 정벌은 이것이었을 가능성이 크다.

일부 귀족이 공적을 기록한 청동기는 더 많은 정보를 제공한다. '작책반언作冊般甗'의 명문에는 이런 내용이 들어 있다.

왕이 인방人方의 무무無斁를 '의宜'하고, '함咸'했다. 왕이 '작책作冊'의 관

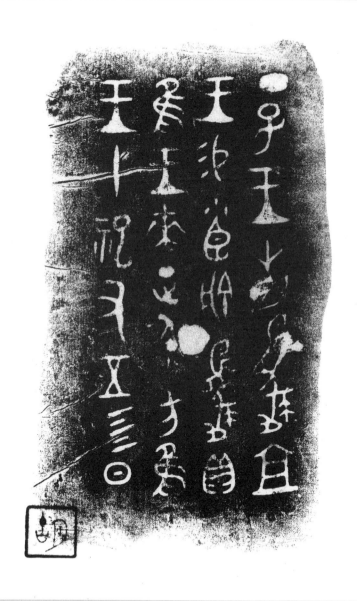

"小臣艅犀尊" 명문 탁본. 『집성』 5990

"作册般黿" 명문 탁본. 『집성』 944

직에 있는 반般에게 조개껍데기를 상으로 내리시니, 그것으로 부친 을
乙의 술통尊을 만들었다. 내책來册.*

王宜人方無孜,** 咸. 王賞作册般貝, 用作父乙尊. 來册.

갑골문에서 '의宜'자는 탁자 위에 쪼갠 고기를 놓은 모양 즉 자른 육장
肉醬을 가리키고,[330] '함咸'은 도끼鉞와 벌린 입의 모양이니, 고기를 잘라 먹
는 것을 나타낸다. 보아하니 이 '무무無孜'는 매백梅伯의 최후와 마찬가지로
육장이 되어 먹힌 듯하다.

동남 지역을 개척한 사족史族

주왕이 동남 지역에 대해 전쟁을 일으킨 것은 기후 변천의 영향 때문
일 수 있다.

반경이 천도한 이래 은허는 이미 아홉 명의 왕을 거치며 200년 남짓
유지되며 줄곧 번영하고 있었고, 면적도 쉼 없이 팽창하고 있었다. 고고학
자들은 은허를 4기로 구분하는데, 각각의 시기마다 상족의 무덤 수는 이
전 기간에 비해 2배 가까이 늘어났으니, 이것은 반경-무정 시대에 비해
주왕 시기의 은허 인구가 이미 8배 가까이 늘었음을 의미한다.

다만 이 200년 남짓한 기간에 기후가 한랭해지는 추세는 갈수록 뚜
렷해졌다. 상족의 전통적인 가축은 물소이고,[331] 기르기를 선호한 야생동
물은 코끼리였으며, 게다가 은허의 기후는 본래 이 두 동물에게 아주 적합
했다. 갑골복사에는 무정이 늘 은허 교외에서 야생 코끼리를 사냥했다고

---

* '내책來册'은 족휘族徽를 나타내는 낙관落款이다.

** '무무無孜'를 '무모無侮'로 해독하기도 한다.

기록되어 있다. 그러나 은허 후기의 복사에는 야생 물소兕와 코끼리에 관한 기록이 아주 적어졌으니, 아열대의 야생동물은 점차 황허강 이남으로 옮겨갔고, 집에서 기르던 물소도 갈수록 살아남기 어려워졌다. 그러므로 주왕이 동남 지역으로 영토를 확장한 것도 왕조의 통치 중심을 남쪽으로 옮기려고 고려한 데에서 비롯되었을 수 있다.

주왕 10년과 15년의 남방 원정은 비교적 성공적이었으나, 즉각 천도하지는 않았다. 어쩌면 황허강 이남의 개발 정도가 미흡한 점도 고려했을 것이다. 천도한다면 상족은 초야의 숲속에 새로운 전원을 개척해야 했으니, 작업 분량이 예전의 반경 시대보다 훨씬 많았다. 게다가 지금의 은허 주민은 반경 시대에 비해 몇 배나 많고 더 편안하게 살고 있었다.

가까운 시일 안에는 천도할 수 없으나 주왕은 오랑캐 지역에 대한 통제를 강화해야 할 필요가 있었으며, 그 방법은 여전히 상족을 파견하여 새로운 거점과 제후국을 건립하는 것이었다. 이 '동남 정복' 운동에서 은허 동남쪽으로 300킬로미터 남짓한 곳에 새로운 상족의 거점인 텅저우滕州 첸장다前掌大가 건립되었다.

첸장다 유적지에서 출토된 많은 청동 예기에는 '사史'라는 족휘가 새겨져 있었다. 갑골문에서 '사史'자는 대단히 존귀한 글자로서 𢀖라고 쓰는데, 손에 붓을 든 모습이고 위쪽에는 벌린 입이 있다. 이것은 입으로 지시한 내용을 붓으로 기록한다는 것을 상징한다. 처음에 '사史'는 상나라 왕의 최측근인 서기관書記官으로, 왕의 명령을 기록하고 하달하는 일을 담당했을 것이다. 나중에 변방에서 전쟁이 발발하자 상나라 왕은 또 자기가 직접 가서 지휘할 수 없을 때, 일반적으로 고관 귀족 1명을 전선에 파견하여 왕이 내린 권한으로 서면書面을 통해 각 부족의 무장 세력을 소집했으니, 이것을 '입사立史'라고 한다. 즉 긴급한 군무軍務 때문에 전선의 지휘부를 설립한다는 뜻이다. 갑골복사에는 "남쪽에 입사했다立史於南"라거나 "북쪽에 입사했다立史於北"라는 기록이 있다.(『合集』 5504와 5505)

이번에 주왕이 첸장다에 파견한 이는 실력 있고 전투력이 강한 부족이었으며, 그들의 족장은 '사史'라는 직위가 있어서 동남쪽 오랑캐 지역 즉, 루난魯南과 쑤베이蘇北, 완베이皖北 지역 전체의 상족 성읍을 통할할 수 있었다. 그들은 첸장다에 거처를 마련한 뒤에 '사史'를 자기의 족휘로 삼았다.

사씨의 첸장다 유적지는 화이허강 유역에 속하며, 지금의 산둥성 남부 텅저우滕州시에 있다. 이 유적지에서는 지금까지 발견된 건물 유적이 아주 적고, 주로 발굴된 것은 100여 곳의 무덤이다.

첫째, '중中'자 모양의 쌍묘도雙墓道를 갖춘 대묘 2개와 단묘도單墓道가 있는 '갑甲'자 모양의 무덤 하나가 있는데, 방국方國의 군주급 무덤으로서 심지어 관중 라오뉴포의 숭국에도 이런 규모가 없었다.

둘째, 순장자는 많다고 할 수 없으며, 이 3곳의 대묘에 각기 6명과 5명, 3명을 순장했다. 이외에 2명을 순장한 무덤이 2곳, 1명을 순장한 무덤이 4곳이었다. 숭국에 비해 이곳에서는 인간을 순장하는 일이 자제되었다고 할 수 있다.

셋째, 비교적 규모가 큰 무덤은 대부분 이미 도굴되어서 심각하게 파괴되어 있다. 일부 중소형 무덤은 상대적으로 잘 보존되어 관곽棺槨의 시설이 다 갖춰져 있을 뿐만 아니라, 족휘가 새겨진 많은 청동 예기가 들어 있었다. 이것은 그들이 자체적인 주조 공장을 가지고 있었고, 기술도 높았으며, 구리 원료도 풍부했음을 말해준다.

넷째, 5개의 차마갱車馬坑과 4곳의 단독 순마갱殉馬坑이 있다.

다섯째, 마갱 옆에는 10개의 작은 무덤이 있는데, 발굴 보고서에서는 이것들이 "인간 순장의 성격"을 가진다고 추측했으나, 자세히 설명하지는 않았다.[332] 그 가운데 4곳에는 45건의 청동 투구冑가 부장되었는데, 보존 상태가 아주 훌륭하고 제작 기술도 훌륭하다. 일반적으로 이마 부위에 소머리나 호랑이 머리 등 짐승 얼굴을 주조했으며, 어떤 것에는 가죽으로 된

첸장다 사정史鼎 명문의 탁본(『집성』1081)

얼굴 보호대護腮의 흔적이 남아 있었다. 부장된 무기 가운데 가장 중요한 것은 동과銅戈와 동모銅矛, 청동 화살촉이었고 그중 동과는 71개, 동모는 25개였다.

여섯째, 많은 상족의 무덤과 마찬가지로 첸장다의 무덤 주인 중에도 상당 비율의 여성이 있었으며, 게다가 무기와 주기酒器를 부장했으니, 그 여성들도 늘 술을 마시고 전투에 참여했음을 말해준다. M17의 주인은 30세 전후의 여성인데, 부장품 가운데는 동작銅爵과 동고銅觚가 있었고, 동과도 2개가 있었다. M49의 주인은 25세에서 30세 사이의 여성으로서 부장품 가운데는 동고와 동가銅斝, 동작, 그리고 동과 2개와 옥과玉戈 하나가 있었다. 그 가운데 동과 하나는 길이가 33센티미터 남짓으로, 이 묘지에서 발견된 동과 가운데 가장 컸다. M108의 주인은 30세에서 35세 사이의 여성으로서 동작과 동고 외에 동과 2개, 여러 개의 작은 장식용 옥병기玉兵器가 부장되어 있었다.

일곱째, M18은 상당히 특수한 예다. 규모도 크지 않고 순장된 사람도 없으나, 완전히 갖추어진 청동 예기 세트와 동과 6개를 포함한 무기 외에 완전한 마차 한 대가 부장되어 있었다.(말은 없다.) 이외에도 하나의 동화銅盉에는 이런 명문이 새겨져 있었다.

> 寀이 오랑캐 나라 설薛 부족의 두령 완頑의 목을 과戈로 쳐서, 이 일로 부친 을乙을 위해 준이尊彝를 만들었다.[333] 사史.
> 寀擒人方薛伯頑首戈, 用作父乙尊彝, 史.

M18은 사족의 첫 번째 묘지에 들어 있는데, 이 명문으로 보건대 그곳은 이전에 오랑캐 나라 설족薛族의 영지였던 듯하다. 오늘날 첸장다 유적지 옆을 흐르는 하천을 여전히 설하薛河라고 부르고 있으니, 사족이 이곳을 점령하고 거처를 정한 뒤에 세운 방국의 이름도 여전히 '설薛'이었으며, 족

탁본

0 3센티미터

동화銅盉의 명문³³⁴⁾

장은 '설후薛侯'라고 불렸다.

사족이 여기에 제후국을 세우고 얼마 후, 어쩌면 겨우 10년 남짓 후에 상 왕조는 주 왕조에 멸망했다. 다만 사족의 생활은 당시에 큰 변화 없이 2~3대를 지속한 뒤에 돌연 철저히 소멸해버렸고, 그것은 그들이 왔을 때처럼 갑작스러운 일이었다.

인간과 개를 혼합하여 바친 제사

상족에게 화이허강 유역은 전혀 낯설다고 할 수 없으니, 여기는 줄곧 상 문화의 작은 취락들이 존재해왔기 때문이다. 첸장다 유적지에서 남쪽으로 50킬로미터 떨어진 곳은 바로 장쑤성 퉁산銅山의 추완丘灣 유적지다.[335]

추완의 취락은 남쪽을 향한 완만한 구릉지대에 분포되어 있는데, 면적이 아주 작고 고급 무덤이 없이 그저 생활 쓰레기로 이루어진 지층의 퇴적물만 있을 뿐이다. 유적지의 지면에는 아주 많은 기둥을 박았던 구멍이 있는데, 직경은 겨우 10센티미터 전후이니, 당시 추완에서는 사람들이 작은 움집에 살았음을 말해준다. 현재는 작은 지면의 건물 유적지만 발견되었는데, 흙을 다져서 만든 기초는 두께가 1.2미터이고 면적은 겨우 15제곱미터밖에 되지 않지만, 어떤 공공건물이었던 듯하다. 추완의 사람들이 사용했던 주요 농기구는 모두 석제나 골제였고, 청동 예기와 구리를 주조한 흔적은 발견하지 못했다. 다만 작은 칼이나 송곳, 화살촉, 낚싯바늘 등 소소한 기물들만 있었다. 귀족이 분화했다거나 통치자가 있었다는 흔적은 보이지 않는다.

이것들만 보면 추완의 유적지는 특별한 인상을 남기기 어려우나, 촌락 중심에서 남쪽으로 치우친 곳에 있는 작은 광장에서는 잔인했던 제사 현장이 발굴되었다. 광장 중앙에는 4개의 좁고 긴 돌이 있었는데, 가장 중간의 돌은 길이가 약 1미터이고, 하부는 쐐기처럼 흙 속에 박혀 있었다. 돌은 제사를 받는 신령을 나타냈을 수 있으니, 그 주위 10여 미터 범위 안에 사람과 개의 유골이 밀집되어 분포해 있기 때문이다.

상나라 후기에 이곳에서는 두 차례 제사가 거행되었다. 1차엔 사람 3명과 개 10마리를 사용했는데, 시체는 1미터 두께의 흙에 매장되었다. 2차엔 17명의 사람과 2마리 개가 사용되었는데, 제사를 올린 이는 1차에서 인간과 개가 놓였던 위치를 기억하고 있었던 듯, 최대한 정확하게 그 위쪽에 쌓아놓았다.

모든 유골은 허리를 숙이고 무릎을 꿇은 자세이며, 두 손은 대부분 등 뒤로 묶여 있었다. 개별적으로 두 팔을 펴거나 늘어뜨린 예도 있는데, 살해된 뒤에 묶었던 새끼줄이 끊어져서 그렇게 된 것일 수 있다. 시체 옆에는 대부분 작은 돌이 하나 있었는데, 그들은 돌에 머리를 맞아 죽은 듯 아주 많은 두개골에 갈라진 흔적과 파손된 흔적이 있었다.

사망자 가운데는 청장년 남녀들이 포함되어 있었다. 유골은 대다수가 제사대로 쓰인 돌의 동북쪽에 분포되어 있었고, 그다음은 서남쪽이었다. 제사를 바친 이는 구덩이를 파지 않았으니, 희생자들을 죽인 후 직접 흙을 쌓아 묻었을 것이다. 돌과 조금 멀리 떨어진 곳에서는 또 소 1마리의 완전한 유골이 발견되었는데, 그 역시 제사에 바쳐진 것으로 보인다.

고고학자 위웨이차오象偉超는 추완의 사람들이 제사한 대상은 중앙의 돌, 그러니까 토지신으로 이른바 사직社稷의 '사社'라고 생각했다. 이 역시 상족의 전통이다. 갑골문의 '토土'자는 Ω라고 쓰는데, 흙에 서 있는 돌을 형상한 것으로서, 돌에 사는 토지신을 상징한다. 때로는 위쪽에 피를 나타내는 작은 점을 찍어서 Ω라고 쓰기도 하는데, 토지신에게 피로 제사 지낸다는 뜻이다.[336]

추완에 살았던 이들의 제사 방식에는 시기적으로 더 빠른 연원이 있다. 초기 상나라 시대의 정저우 상성에 많은 인간 희생과 개를 '신령한 돌

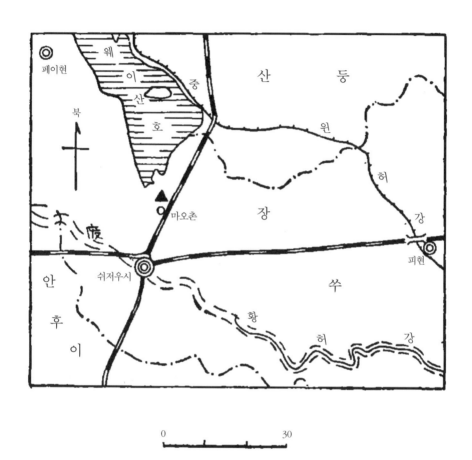

추완 유적지의 위치

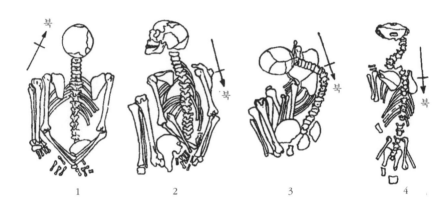

일부 순장자와 개의 모습 스케치

제사장 중간의 입석立石. 상대적으로 낮은 곳은 1차 제사, 높은 곳은 2차 제사를 지낸 곳임.

神石'에 바친 제사 현장이 있었기 때문이다. 다만 은허에서는 아직 이런 제사 방식이 발견되지 않았다. 보아하니, 추완에 살았던 이들은 초기 상나라 시대에 정저우 상성에서 분화해 나온 지파로서, '9세의 변란'이 일어났을 때 정저우에서 추완 지역으로 이주했을 가능성이 있다.

추완 유적지의 도기 형태는 안양 은허의 것과 무척 비슷하며, 기본적으로 은허 초기에서 후기까지 200여 년을 아우른다. 그러므로 추완에 살았던 이들이 부유하지는 않았으나 폐쇄적이었다고는 할 수 없으며, 반경이 황허강 북쪽으로 천도한 뒤에도 줄곧 은허와 연계를 유지했음을 알 수 있다.

상족은 서부의 강족 및 주족과 분명히 다르지만, 동이 부족들과의 관계나 동이 지역에 대한 은허의 통제 상황에 관해서는 여전히 미지의 영역이 많다. 갑골복사에서 보면 주왕은 동이 지역에 무척 관심이 많았고, 많은 자원을 투입했으며, 상족이 태어난 땅에서 왕조의 갱신을 실현하려고 시도한 것일 수 있다. 다만 이와 동시에 상 왕조를 뒤엎을 새로운 착상도 은상 내부에서 싹트고 있었다.

제23장 강태공과 주방백周方伯

유리에서 풀려난 뒤에 문왕 주창은 한때 역괘의 예측 기술을 통해 주왕에게 높은 평가를 받았고, 은허의 아들들도 상당히 혁혁한 일이라고 여겼을 것이다. 심지어 그는 이곳에서 사업 파트너인 여상呂尙과 알게 되었으니, 그가 바로 후세에 '강태공姜太公'이라고 불린 인물이었다.

다만 뒤이어 발생한 백읍고의 피살 사건은 상·주 관계의 주요한 전환점이 되었다. 이로부터 주족은 돌이킬 수 없이 상나라를 멸하는 길을 걷게 된다.

'강태공'의 다양한 명칭

'강태공'은 상·주 교체기의 역사적 인물로서, 문왕과 무왕을 보좌하여 상나라를 멸했고, 제齊나라를 창건하여 명성이 혁혁하다. 다만 역사서의 기록에서 그의 신분은 대단히 혼란스러우며, 여상과 태공망太公望 등등 호칭도 아주 많다. 이것은 어쩌면 당시의 칭호 습관, 그 자신의 지나치게 복잡한 경력과 모두 관련이 있을 것이다.

먼저 지명도가 가장 높은 '강태공', 그러니까 강상姜尙에 대해 살펴보자. 이것은 전국시대 이후에 부여된 호칭이다. 강姜은 족성族姓으로서 넓은 의미의 집단을 대표하니, 그가 강족羌族이라는 뜻이다. 그러나 당시 서부의 습관에 따르면, 족성은 단지 여자에게만 쓰일 뿐 남자에게는 쓸 수 없었으므로, '육경六經'에는 강상이나 주창, 주발, 주단 등의 호칭이 들어 있을 수 없었다. 다만 전국시대 이후로 이런 예의 풍속은 잊혀버렸다.

강상은 또 여상이라고도 불리니, 강족 가운데 여씨呂氏 부족에 속한다는 뜻이다. 같은 족성 안에도 많은 씨氏 즉, 씨족과 부족이 있을 수 있으니, 씨는 바로 남성에 대한 호칭으로 쓰인다. 예를 들어 주나라 문왕의 가족에게는 주가 바로 그들의 씨다.

『사기』「제태공세가齊太公世家」에서는 "태공망 여상은 동해東海 바닷가 사람"이라고 했다. '동해 바닷가 사람'과 서부는 방향이 정반대다. 이것은 서주가 건립된 뒤에 동부 지역을 다스리기 위해 여상이 산둥 지역의 제국齊國에 봉해졌으므로, 사마천이 여상의 고향이 동방이라고 오해했기 때문일 가능성이 있다.

다만 다른 한편에서 여상은 확실히 줄곧 서부에서 살지 않았다. 그의 인생은 방랑으로 가득 차 있었으니, 이 역시 사마천으로서는 진위를 변별하기 어려워서 여러 가지 견해를 기록하게 되었다.

일설에는 여상이 상나라 주왕의 신하였으나, 그의 갖가지 불량한 행실을 목격하고 실망해서 서부로 떠났다고 한다. 어느 날 그는 웨이수이강 물가에서 낚시를 드리우고 있다가 주나라 문왕을 만나 중용되었다. 문왕은 이렇게 말했다.

"우리 집안의 태공太公(문왕의 조부 고공단보)께서 살아 계실 때, 그대와 같은 사람이 주나라를 진흥해주기를 줄곧 바라셨소."

그래서 여상을 '태공망'이라고 불렀으니, "우리 태공께서 오래전부터 그대를 만나기를 바라셨다"라는 뜻이다. 여기서 '태공'은 여상이 아니라 문왕의 조부를 가리키는데, 후세에 잘못에 잘못이 거듭되면서 '강태공'과 지명도가 비교적 낮은 '여망呂望' 같은 호칭이 파생되었다. 또 문왕과 무왕이 모두 여상을 스승으로 존중했으므로, '사상보師尙父'라고 불리기도 했다고 한다. 호적 제도가 없던 시절에 경력도 복잡하고 신분도 자주 바뀐 사람은 일반적으로 이름도 많았으니, 여상도 마찬가지였다.

또 하나의 견해는 여상이 본래 동해 바닷가에 은거했는데, 문왕 주창이 유리에 구금된 뒤에 산의생과 굉요가 오래전부터 여상의 명성을 듣고 주나라에 가맹하도록 초빙해서 함께 주창을 구했다는 것이다. 당시 여상은 이렇게 말했다고 한다.

"서백西伯이 현량하고 노인을 잘 봉양한다고 들었으니, 당연히 가야지요!"

다만 이런 내용은 모두 전국시대 유세객들이 만들어낸 이야기의 복제품일 뿐, 상·주 교체기의 실제 역사와는 전혀 다르다. 신분이 세습되던 상·주 시대에는 민간의 은자가 일거에 제왕의 스승이 될 수 없었고, 적어도 소규모 부족의 추장쯤 되어야 외부로 나가 활동할 수 있는 자격을 갖추었다.

다만 서부의 강족 출신으로서 여상에게는 또 뚜렷한 상 왕조의 낙인이 찍혀 있었다. 그의 여러 대 자손들―제나라 군주들―이 채용한 것도 모두 상나라의 명명命名 방식인 '일명日名', 그러니까 생일의 천간으로 이름을 짓는 것이었다.

> 태공이 100년 남짓 살다가 죽으니 아들 정공丁公 여급呂伋이 즉위했고, 정공이 죽자 아들 을공乙公이 즉위했으며, 을공이 죽자 아들 계공癸公 자모慈母가 즉위했다.
>
> 蓋太公之卒百有餘年, 子丁公呂伋立. 丁公卒, 子乙公得立. 乙公卒, 子癸公

慈母立.(『사기』「제태공세가」)

근래에 출토된 춘추 시기의 '풍계작궐조갑제공존이豐啓作乎祖甲齊公尊彝'
는 바로 제나라의 제후 '풍豐'이 선조인 '조갑제공祖甲齊公'을 기념하기 위해
제작한 청동기다. '조갑제공'은 바로 여상인데, 보아하니 그 자신의 '일명'
은 갑甲이었던 듯하다. '조갑祖甲' 후손이 그를 존칭한 것이다.

주나라를 위해 힘쓰게 된 뒤에 여상은 많은 군사적 모략을 제공했으
니, 이른바 "태공이 주나라를 보좌하면서 실질적으로 은밀한 모략을 담당
했다"*라는 것이다. 그는 분명히 상나라를 잘 아는 '지상파知商派'로서, 서
부의 낙후된 환경에서 양성해낼 수 있는 인물이 아니었다.

전국시대에서 진·한 시대까지 여러 문헌에서 여상이 한때 은허의 백
정이었는데, 소를 잡았다는 설도 있고, 그냥 '도좌屠佐' 즉 백정의 조수로서
지위가 낮았다는 설도 있다.337) 그러나 진·한 시기에는 이미 은나라의 도
읍이 어디 있는지도 몰랐으므로 '조가朝歌'라고 쓰게 되었다.**

　태공망은 70세에 조가에서 소를 잡고, 맹진에서 음식을 팔았다.
　太公望年七十, 屠牛朝歌, 賣食盟津.

여상과 문왕 주창이 처음 만난 것은 은허의 도살장이었던 듯하다. 전
국시대의 굴원은 고대 역사의 각종 전설을 나열하여 장편시 「천문天問」을
지었는데, 그 가운데 한 부분에서 이렇게 물었다.

---

*　『史記』「齊太公世家」: "太公佐周, 實秉陰謀."
**　서주 초년에 은도殷都는 주공에 의해 강제로 폐기되었으며, 동시에 주공은 아우(강숙 주봉)를 분
봉하여 위국衛國을 건립해서 상나라의 옛 땅을 관리하게 했다. 위국의 도성이 조가朝歌에 있었으므로
후세 사람들이 조가가 바로 은나라의 도읍이라고 오해하게 되었다. ─원주

태공망이 도살장에 있는데 주창은 어떻게 알아보았을까? 칼을 휘두르며 크게 소리 질렀는데, 문왕은 왜 좋아했을까?[338]

師望在肆, 昌何識. 鼓刀揚聲, 后何喜.

인류의 초기 문명에서 백정이라는 직업은 종종 천민 신분과 관련이 있다. 여상이 강족 출신이라는 점을 고려하면, 그는 본래 강족 여씨 부락 수령의 아들로서, 젊은 시절에 포로로 사로잡혀 상 왕조에 인간 희생으로 바쳐졌을 수 있다.(어쩌면 이것도 젊은 시절의 주창이 거둔 전과戰果였을 수 있다.) 다만 은허에 압송된 뒤에 또 어떤 우연한 이유로 제사에 바쳐질 운명에서 요행히 빠져나와 도살업에 종사하는 어느 천민 부족에게 받아들여져서 결혼하고 자식을 낳았을 것이다. 이 경우 그의 후손들의 이름에 왜 상족의 특징이 뚜렷한지도 해명할 수 있을 것이다.

「천문」에서 여상은 어느 집안에서 경영하는 육포肆 공장에 있었으나, 이것은 굴원이 전국시대 사회 정황을 근거로 상상한 것이지, 상나라 때 은허의 도살장은 이렇지 않았다.

은허 도살장의 천민

1986년에 고고학자들은 은허 화위안좡花園莊 남쪽에서 거대한 규모의 골재 폐기용 구덩이 H27을 발굴했는데, 이를 통해서 은허 백정들의 생활을 엿볼 수 있다.[339] H27은 궁전 구역에서 서남쪽으로 500미터 떨어진 곳에 있는데, 타원형으로서 길이는 약 40미터이고 가장 깊은 곳은 4미터다. 일부는 현대 거주민의 가옥에 눌려 있어서 발굴할 수 없었으나, 전체 면적은 550제곱미터로 추정된다.

구덩이에 퇴적된 뼈들은 약 30만 개인데, 절대다수가 소뼈이고 나머지는 돼지와 개, 사슴, 인간의 뼈다. 뼈들은 모두 자잘한 부스러기여서 이용 가치가 없는 뼈이거나 척추뼈와 골반뼈가 상당히 많았고, 골제 기구를 만들기에 적합한 사지의 뼈나 갈비뼈는 매우 적었다.

이 구덩이는 아주 크고 표층에 10여 개의 수레바퀴 자국이 있는데, 그 폭이 10~15센티미터 사이였다. 한 쌍의 평행한 이륜차의 바퀴 자국이 있었는데, 바퀴 사이의 거리는 1.5미터로서, 2개의 끌채輈가 달린 소가 끄는 수레가 남긴 것인 듯하다. 그 외의 바퀴 자국은 모두 평행하지 않았으니, 외바퀴의 수레였다는 뜻이다. 보아하니 당시 사람들은 손으로 끄는 수레와 가축이 끄는 수레를 이용해서 폐기할 뼈들을 실어 날랐던 듯하다.

발굴자의 추측에 따르면, 이 구덩이 부근에는 응당 도살장이 있었을 것이다. 추출한 뼈는 분류되어 쓸 만한 것들은 골기 제작소로 보내지고, 쓸모없는 것들은 이 구덩이에 메워졌을 것이다.

구덩이 안의 도기 파편으로 추측건대, 뼈들을 쏟아 넣은 시기는 은허 제3기와 제4기에 걸쳐 있으니, 대략 무을에서 문정, 제을(주왕의 부친)까지 수십 년 동안이다. 물론 이것이 주왕 시기에 도살장이 작업을 멈추었다는 뜻은 아니며, 단지 이 뼈다귀 구덩이가 이미 가득 메워졌다는 것을 말해줄 뿐이다. 다만 이 구덩이가 지금의 화위안촹 마을에 바짝 붙어 있으므로, 현재로서는 도살장의 위치를 계속 탐색할 수 없다.

은허에서는 골기 제작소와 폐기된 뼈를 버린 구덩이가 여러 곳이 발굴되었으나, 화위안촹 남쪽의 H27은 규모가 가장 크다. 게다가 이곳은 궁정 구역에서 아주 가까우므로, 상나라 후기에 제사에 바칠 소를 도살한 곳일 가능성이 크다.

갑골복사의 기록에서 제사에 바쳐진 소와 인간 희생의 수량은 대체로 비슷하며, 이외에 돼지와 개, 양이 있다. 왕릉 구역 동측에서는 2000개가 넘는 밀집된 제사갱이 발굴되었는데, 매장된 인간 희생은 1만 명이 넘는다. 다만 가축의 수나 매장한 구덩이는 절대 이렇게 많지 않으니, 이는 갑골복사와 전혀 맞지 않는다.

　그렇다면 제사에 바쳐진 이 가축들은 모두 어디로 갔을까?

　한 가지 가능성은 제사 의식이 끝난 뒤에 제사에 바쳐진 소와 양, 돼지 등 가축은 참가자들이 먹어치웠으나, 인간 희생은 대다수가 먹히지 않았으므로 왕릉 구역의 그 많은 제사갱에 묻히게 되었다는 것이다.

　다른 한 가지 가능성은 인간 희생과 가축을 제사에 바치는 장소가 달랐다는 것이다. 인간 희생은 왕릉 구역 제사장에 끌려와 처형되어 매장되었으나, 소를 대표로 하는 대다수 가축은 왕릉 구역 부근에서 죽여 제사에 바치고 나서 성대한 잔치를 열었을 것이다.

　그렇다고 먹힌 인간 희생이 없었다는 뜻이 아니다. 예를 들어 왕릉 구역 제사갱에도 소수이기는 해도 사지가 해체된 인골이 있고, H27에도 자잘하게 부서진 인골이 들어 있었다. 다만 총체적으로 보면 그 수량은 소뼈 부스러기보다 훨씬 적었다.

　제수품은 귀신에게 바치는 식품이며, 살아 있는 사람도 나눠 먹을 수 있었다. 이것은 신석기시대 이래의 관습이며, 주나라에 이르러서도 여전히 통용되었다. 『의례儀禮』에는 주나라 때의 몇 가지 제례의 순서가 기록되어 있는데, 모두 먼저 음식물로 조상에게 제사 지내고(조상의 모습으로 분장한 이에게 바침), 그런 뒤에 의식에 참가한 이들이 나눠 먹었다. 그러니까 제사에 바친 고기를 나눠 먹는 것은 공인된 의례였다. 춘추 중·후기에 공자가 노魯나라의 대사구大司寇가 되었을 때, "계환자季桓子가 끝내 제齊나라의 여악女樂을 받아들이고 사흘 동안 정사를 돌보지 않고" 또 "교외의 제사를 지내고 대부大夫에게 번조膰俎 즉 제사에 바친 고기를 나눠주지 않자" 분개하여 사직해버렸다.[*]

　이러면 상나라 왕이 왜 그렇게 빈번하게 희생을 죽여 제사를 지냈는

---

[*] 『史記』「孔子世家」: "桓子卒受齊女樂, 三日不聽政, 郊, 又不致膰俎於大夫, 孔子遂行, 宿乎屯."

지 이해할 수 있다. 이것은 신들과 조상에게 음식을 바치는 행위일 뿐만 아니라, 술과 고기를 즐기고자 하는 왕족 성원들을 만족시키기 위한 성대한 잔치였다. 무정 시대의 갑골복사를 보면, 왕은 여차하면 수십 마리 혹은 100마리가 넘는 소를 바쳐 대대적으로 제사를 지냈다. 그리고 『사기』에는 주왕이 황음무도하고 주지육림을 만들었다고 했으나, 사실 그것은 전형적인 상나라 왕의 제사 장면이지 주왕에게만 해당하는 일이 전혀 아니었다.

화위안좡의 이 왕실 도살장 주변에는 천민 촌락이 있었을 것이고, 그 주민들은 대대로 도살장에서 노역을 제공했을 것이다. 한편으로 이 구덩이에는 돌도끼와 수확용 돌칼, 물고기를 잡는 그물추와 베를 짜기 위한 도제 방륜紡輪 등의 생활 쓰레기가 폐기되어 있었으니, 그들이 농업과 어업에도 종사했음을 말해준다. 다른 한편으로 이 구덩이에서 출토된 농기구의 수량이 많지 않으니, 주민의 식량 가운데 일부는 도살장의 자투리로 충당하거나 혹은 거칠게 가공한 뼈로 외부와 교환했을 것이다.

H27 주변에는 10여 개의 무덤이 있는데, 모두 소형 무덤으로서 부장품도 적고, 다섯 곳에서는 개를 요갱腰坑에 순장했다. 그 가운데 M5는 남자의 무덤인데, 동과銅戈 하나와 8개의 조개껍데기가 부장되어 있었다. 어쩌면 그는 이 천민 집단의 수령이었을 것이다.

M3는 제사갱으로서 M5의 머리 쪽에서 아주 가까운 곳에 있는데, 손발이 잘린 아동의 시신 2구가 매장되어 있다. 시신의 머리는 주인 쪽(서쪽)을 향하고 있으니, 이 천민 집단도 미약하나마 스스로 무장하고 있었으며, 자기들 수령에게 최대한 인간 희생을 바쳐 제사 지냈음을 알 수 있다. 이 외에도 조개껍데기를 부장한 무덤 2곳이 더 있었으니, 도성으로서 이곳의 '상품경제'는 다른 지역에 비해 조금 더 발달해 있었다.

문왕 부자가 은허에서 천민 백정인 여상을 만난 구체적인 정황은 지금으로서는 이미 고증할 길이 없다. 모두 서부 사람이긴 했지만, 그들에게 공통의 언어는 그다지 많지 않았을 것이다. 주족과 강족은 이미 3세대에 걸쳐서 적대 관계였고, 이제 주창 부자는 이미 상 왕조의 상류층에 속해 있었던 데에 비해, 여상은 은허의 하층 천민이었으며, 게다가 그들은 사적으로 원수 관계였을 수도 있었다.

다만 한 가지는 분명한데 바로 무왕 주발이 훗날 여상의 딸과 결혼했다는 것이다. 바로 이 여인이 주나라 개국 왕후로서 '읍강邑姜'이라고 불린다.

> 읍강은 무왕의 왕후로서 제나라 태공의 딸이다.
>
> 邑姜, 武王后, 齊太公女也.(『左傳』昭公 元年에 대한 服虔의 注)

이 '읍邑'이라는 글자는 상당히 특별하다. 그것은 여상 가족이 쓰던 천간에 따른 '일명日名'이 아니고 문왕의 장자 주읍周邑 즉 백읍고와 같은 이름이다.

이것은 당연히 우연이 아닐 것이다. 읍강의 이름은 주읍에게서 나왔을 가능성이 크기 때문이다. 주읍은 바로 읍강의 첫 번째 남편이다. 주읍이 불행히도 일찍 세상을 떠난 뒤에 읍강은 둘째인 무왕 주발에게 개가했으나, 첫째 남편의 이름을 기념으로 남겼다. 이것은 어쩌면 후세 주나라의 예법에 부합하지 않을 수도 있으나, 문왕과 무왕 세대에는 아직 후세와 같은 예법이 없었다. 주 왕조가 개국한 뒤에 주읍을 '고考' 즉, 아버지로 존칭하게 된 것도 이와 관련이 있을 것이다.

문왕과 여상의 관계는 백읍고와 읍강이 서로 알게 되었을 때부터 시작되었을 가능성이 크다. 백읍고는 주왕의 마차를 몰았으므로 평소 왕궁 안에 살았을 텐데, 거기서 서남쪽으로 산보하러 나가서 점술사들의 거주지(지금의 샤오툰촌)를 지나면 바로 도살장이다. 이때 웬 여자가 마침 거기서 뼈를 줍고 있다가 우연히 이 서부에서 온 듯한 젊은 귀족—자기 부친의 신세와 비슷한—을 보게 됨으로써 예사롭지 않은 이야기가 시작되었을 것이다.

처음에는 주읍과 읍강의 사랑에 대해 양쪽의 부친이 모두 찬성하지 않았을 것이다. 여상이 보기에 주족은 수치를 모르고 상 왕조의 흉악한 짓을 돕는 여씨 부족의 원수였고, 주창은 주읍이 적어도 소달기의 모국인 소국 정도의 명성 높은 방국과 혼인 관계를 맺기를 바랐을 것이다. 훗날 족장의 부인이 될 사람이 은허의 천민 출신이고, 게다가 그 부친이 늙은 강족이라면, 상 왕조에서 주족의 이미지가 크게 손상될 것이기 때문이다.

다만 보아하니 주창은 고집이 세지 않았고, 『역경』을 연구하면서 세계에 다양한 가능성이 있음을 깨달았으므로, 차라리 먼저 여자 가족의 상황을 살펴보면 예상치 못했던 전환의 계기가 생길지도 모른다고 생각했을 수 있다.

『역경』에서 「가인괘家人卦, ☲」는 주로 가정생활의 번잡함과 온정에 관한 것이고, 그와 짝을 이루는 「규괘睽卦, ☲」는 글자의 뜻으로 보면 괴리乖離를 나타낸다. 「규괘」의 내용은 대단히 괴이한데, 그 내용은 영문을 알 수 없는 주창의 여정에 관한 것이다. 그는 온갖 지저분한 것으로 가득 차고 혼잡한 도시의 빈민굴(도살장)에 간 듯하며, 게다가 무지한 천민들도 외부에서 온 그에게 적의에 찬 모습을 보여준다.

초구: 잃어버린 것을 후회한다. 말을 잃었으나 쫓지 말고 혼자 돌아온다. 악인을 만나지만 재앙은 없다.

初九: 悔亡, 喪馬, 勿逐, 自復. 見惡人, 無咎.

구이: (말이) 골목에서 주인을 만나니, 재앙이 없다.

九二: 遇主於巷, 無咎.

육삼: 수레를 끄는데 소가 끌어도 움직이지 않고, 수레를 모는 사람의 이마에 낙인이 찍혀 있으며 코가 베어졌다. 처음은 없으나 결과는 있다.

六三: 見輿曳, 其牛掣, 其人天且劓. 無初有終.

구사: 한 사람이 떠나서 몸집이 장대한 사람[340]을 만났는데, 포로를 묶고 있다. 사납기는 하나 재앙은 없다.

九四: 睽孤, 遇元夫, 交孚. 厲, 無咎.

육오: 잃어버린 것을 후회한다. 그 가족은 고기 가죽을 먹고 있다. 가더라도 무슨 재앙이 있겠는가?

六五: 悔亡. 厥宗噬膚. 往, 何咎.

상구: 혼자 떠났는데 진흙탕에 빠진 돼지가 보이고, 수레에 가득 귀신을 실었다. 먼저 활시위를 당겼다가 나중에 활을 내려놓는다. 공격하는 게 아니라 청혼하는 것이다. 가서 비를 만나면 길할 것이다.

上九: 睽孤, 見豕負塗, 載鬼一車. 先張之弧, 後說之弧. 匪寇, 婚媾. 往, 遇雨則吉.

「규괘」의 괘사와 효사에 따르면, 주창은 응당 수레를 몰고 도살장에 가서 마차를 골목 밖에 두었는데, 결과적으로 말을 잃었다가(어쩌면 도둑맞았을 수도 있음) 또 골목에서 찾았다. 그는 이마에 낙인이 찍히고 코가 베인 천민이 소가 끄는 수레에 뼈를 실어 나르는 것을 보았는데, 게다가 인골일 가능성이 컸다. 몸집이 장대한 사람이 포로를 묶고 있었기 때문이다. 점을 통해서 신과 소통하는 것을 독실하게 믿었던 주창이 보기에 이것은 차라리 귀신을 가득 실은 수레였다. 그는 또 그 가족이 체면을 차리지 않고 살

과 가죽—도살장에서 가져온 자투리로서, 유리에 갇혀 있을 때 주창도 늘
먹었던—을 먹고 있는 모습도 보았다. 다만 마지막 상구효에서는 뜻밖에
혼사로 마무리했다.

그러니까 이때 백정 마을을 방문함으로써 주창은 여상과 알게 되었
을 것이다. 당시 주창은 이미 '상나라 정벌'의 대업을 은밀히 모의하고 있
었는데, 여상은 그를 지지한다는 뜻을 보였을 것이다. 이것은 주족이 강족
의 벗으로 진영을 옮겨서 강대하나 잔인하고 폭력적인 상 왕조에 함께 대
항하기로 했음을 나타낸다.

주읍과 읍강은 은허에서 정식으로 결혼하지 않았을 것이다. 그랬더
라면 상 왕조에서 주족의 명성이 크게 손상되었을 것이기 때문이다. 모든
것은 이후로 미루어야 했다.

주왕, '주방백'을 책봉하다

『사기』의 기록에 따르면, 주창의 신료가 주왕에게 많은 예물을 바친
뒤에 주왕이 은혜를 베풀어 주창을 사면했고, 충심을 보이기 위해 주창
은 또 '낙서洛西의 땅'을 바쳤으며, 이에 주왕은 주창에게 활과 화살, 도끼斧
鉞를 하사하여 서부를 정벌할 권한을 수여하며 '서백西伯'이라고 불렀다고
했다.

> 주왕이 이에 서백을 사면했다. 서백은 옥에서 나오자 낙서의 땅을 바치
> 면서 포락형炮烙刑을 없애라고 청했다. 주왕이 그것을 허락하면서 활과
> 화살, 도끼를 하사하여 정벌할 수 있게 하면서 서백으로 삼았다.
> 紂乃赦西伯. 西伯出而獻洛西之地, 以請除炮烙之刑. 紂乃許之, 賜弓矢斧
> 鉞, 使得征伐. 爲西伯.(『史記』「殷本紀」)

(주왕이) 이에 서백을 사면하고 활과 화살, 도끼를 하사하여 서백이 정
벌할 수 있게 하면서 이렇게 말했다.
"서백을 참소한 자는 숭후호다."
서백이 낙서의 땅을 바치면서 포락형을 없애라고 청하자, 주왕이 허락
했다.
乃赦西伯, 賜之弓矢斧鉞, 使西伯得征伐. 曰, 譖西伯者, 崇侯虎也. 西伯乃
獻洛西之地, 以請紂去炮烙之刑. 紂許之.(『史記』 「周本紀」)

이렇게 활과 화살, 도끼를 하사하여 정벌의 권한을 준 일은 상나라 때
의 갑골문이나 금문에서 찾아볼 수 없으며, 더욱이 이것은 서주 이래의 분
봉分封 제도의 규칙, 심지어 춘추 시기의 주 왕실이 제齊나라 환공桓公과 진
晉나라 문공文公 등의 '패주霸主'에게 권한을 부여했던 것과 비슷하다. 제나
라의 관중管仲은 주나라 제후국 가운데 제나라의 지위―당초에 주나라 왕
은 태공 여상에게 정벌의 권한을 주었으니―를 거슬러 올라가서 이렇게
말했다.

옛날에 소강공이 우리 선군先君이신 태공께 이렇게 말씀하셨습니다.
"5후侯와 9백伯을 그대가 실제로 정벌하여 주 왕실을 보좌하라!"
그러면서 선군께 신(밟을 땅)을 하사하셨으니, 동쪽으로는 바다에, 서쪽
으로는 황허강에, 남쪽으로는 목릉穆陵에, 북쪽으로는 무체無棣에 이릅
니다.
昔召康公命我先君大公曰, 五侯九伯, 女實征之, 以夾輔周室. 賜我先君履,
東至於海, 西至於河, 南至於穆陵, 北至於無棣.(『左傳』 僖公 4年)

결과적으로 이런 춘추 시기 사람들의 관념이 전국시대와 진·한 이

후까지 전해져서, 문왕과 상나라 주왕의 이야기를 기록하는 모티브가 되었다.

『사기』에서 주창이 주왕에게 바쳤다고 한 '낙서의 땅'은 웨이수이강의 북쪽 지류인 '서낙수西洛水'의 서쪽, 주원과는 약간 멀어도 오히려 시안 라오뉴포의 숭국에는 상대적으로 가까운 지역이었을 가능성이 있다. 당시의 형세로 보면, 주족이 여기까지 확장했을 가능성은 그다지 크지 않은데, 아마 후세 사람들의 상상에 지나지 않은 듯하다.

전국시대 제자백가와 사마천의 서사에서는 늘 상 왕조의 멸망 원인을 주왕의 잔혹하고 폭력적인 행위와 도덕적 타락으로 돌리기 좋아한다. 『사기』「은본기」에서는 주왕은 '포락형'을 만들었다고 했다.

> 주왕은 형벌로 처형하는 것을 중시해서 포락법이 있었는데, 석탄을 태우고 죄인에게 그 위를 걷게 했다.
> 紂乃重刑辟, 有炮格之法, 炊炭其下, 使罪人步其上.

후세 학자는 이에 대해 불타는 석탄에 붉게 달구어진 구리 기둥 위를 걷게 하는 것이라고 설명했다.

> 구리 기둥에 기름을 바르고 아래에 석탄불을 넣은 후, 죄인을 거기서 걷게 하자 곧 석탄불 속에 떨어지니, 달기가 웃었다. 그것을 포락형이라고 한다.
> 膏銅柱, 下加之炭, 令有罪者行焉, 輒墮炭中, 妲己笑, 名曰炮烙之刑.(『列女傳』釋)

사실 이것은 상족이 관행으로 쓰던 '요제燎祭' 혹은 '번제燔祭'였다고 해야 한다. 제수품을 불태우는 일의 기원은 대단히 오래되어서, 신석기시대 유적지에서도 늘 제단과 재, 태운 뼈가 발견된다.『구약성서』에서처럼, 인류의 고대 문명도 대부분 불태워 제사에 바치는 일에 관한 기록이 있다. 그러므로 이런 것은 절대 주왕이 만든 게 아니다.

　『사기』「은본기」에서는 또 주창이 석방된 뒤에 '낙서의 땅'을 바치며 주왕에게 포락형을 폐지하라고 청하자, 주왕이 허락했다고 했다. 사실 이 것은 후세에 만든 도덕적 서사일 뿐 당시의 규칙에는 전혀 부합하지 않 는다.

　주왕 시기의 큰 특징은 다른 부족의 인간 희생뿐만 아니라, 상족의 귀 족도 죽여 제사에 바쳤다는 것이다. 앞서 살펴본 은허 뒤쪽 언덕의 H10 제사갱은 바로 수십 구의 귀족 시체를 매장한 것이며, 게다가 메운 흙 속 에도 많은 재와 불태운 뼈가 들어 있었다. 이외에도 역사서에는 주왕이 왕 조의 중신重臣을 죽여 사람들에게 먹인 행위를 기록했으니, 이른바 '구후九 侯를 죽여 육장을 담그고醢' '악후鄂侯의 살을 저며 육포를 만들었으며脯' '비 간比干의 배를 가른' 일이 그것이다.

　　구후에게 훌륭한 딸이 있어서 주왕의 후궁으로 들였는데, 그녀가 음란 한 것을 좋아하지 않아서 분노한 주왕이 죽여버리고 구후를 죽여 육장 을 담갔다. 악후가 강력하게 간쟁諫諍하며 격렬하게 변호하자, 그의 살 을 저며 육포를 만들었다.
　　九侯有好女, 入之紂, 九侯女不喜淫, 紂怒, 殺之, 而醢九侯. 鄂侯爭之彊, 辨 之疾, 幷脯鄂侯.

　　주왕이 더욱 음란한 짓을 멈추지 않자 (…) 비간이 말했다.
　　"신하로서 목숨을 걸고 간쟁하지 않을 수 없구나."
　　그리고 강력하게 간쟁하자 주왕이 노하여 말했다.
　　"듣자하니 성인의 심장에는 구멍이 7개라고 하더구나!"

비간의 배를 갈라 그 심장을 살펴보았다.

紂愈淫亂不止 (…) 比干曰, 爲人臣者, 不得不以死爭. 乃彊諫紂. 紂怒曰, 吾
聞聖人心有七竅. 剖比干, 觀其心.(이상, 『史記』「殷本紀」)

이것은 당연히 상나라 귀족들과 주족 등 속국의 상류층에 극도의 공
포를 유발해서, 주왕의 잔혹함과 포악함에 관한 갖가지 전설을 만들었다.
그러나 서주 이후로는 상나라가 귀신에게 피비린내 나는 제사를 올렸다는
사실이 이미 잊히고, 주왕 개인의 갖가지 음란 무도한 이야기만 남아 있게
되었다.

고고학적 발굴과 갑골복사가 제공하는 진실한 역사 배경에 따르면,
주창이 상 왕조에서 '백伯'으로 불렸을 수 있으나, 열국列國을 정벌할 수 있
는 '서백'에 봉해졌다는 말은 허구일 것이다. 어쨌든 라오뉴포에는 상족
숭후의 제후국이 있었으니, 주족이 마음대로 서부를 정벌할 차례는 돌아
오지 못했을 것이기 때문이다.

고공단보가 주원으로 이주한 때부터 주족은 상 왕조의 깃발을 가져
다가 자기의 전통을 끌어올렸다. 앞서 살펴본 대로 지국摯國의 태임太任과
신국莘國의 태사太姒가 모두 주족의 서사시에서 '하늘의 여동생天之妹'과 '저
은상에서 온自彼殷商' 사람이라고 묘사되었고, 심지어 『역경』에는 '제을이
여동생을 시집보냈다帝乙歸妹'라는 말까지 있었다. 이렇게 보면 주창이 서
부를 정벌할 권한을 가진 '서백'으로 칭송받은 것도 자연스러운 이치에 따
른 결과였다.

그러나 주왕이 작은 번국에 약간의 정식 명분을 주었던 것은 확실하
다. 주창이 주왕을 따라 남방을 원정한 일을 기록한 「사괘師卦, ䷆」의 상륙
효에 대한 효사는 다음과 같다.

위대한 군주가 명령을 내려서 나라를 열고 가문을 계승했으니, 소인을

쓰면 안 된다.

大君有命, 開國承家, 小人勿用.

은허의 고고학적 발굴에서는 주창을 책봉했다는 갑골 기록이 발견되지 않았으나, 주원의 '문왕 저택'에서는 여러 조각이 발견되었다.

먼저 일부만 남은 조각 하나를 보자.

(…) 才(在)文武 (…) 王其邵帝天口, 典冊周方伯. 口由正, 亡左 (…) 王受有祐. (周原甲骨 H11.82)[*]

대체적인 뜻은 주왕이 선왕에게 제사 지내면서 '주나라의 방백을 책봉해야典冊周方伯' 하는지 물었고, 그 결과는 순조롭고 이로워서 주왕이 선왕의 보우를 받았다는 것이다.

이 복사에서 주왕은 2명의 선왕에게 제사를 지냈는데, 첫 번째는 '문무口文武口'로서 그의 조부인 문정文丁 즉 문무정文武丁일 가능성이 있다. 두 번째는 '천口天口'로서 상나라의 제4대 왕인 태갑太甲일 가능성이 있다. 왜냐하면 두 번째 갑골의 복사에도 태갑이라는 이름이 나오기 때문이다. '소邵'는 제사 방식이며, '제帝'는 상제를 가리킬 수도 있고, 태갑에 대한 존칭일 수도 있다.

다시 완전한 두 번째 갑골복사를 보자.

점을 치고 왕이 태갑에게 제사를 지내고 주나라 방백을 책봉해야 하는지 묻고 제사를 지냈는데 점괘가 바르게 나왔다. 어긋나지 않아서 주왕受에게 보우가 있었다.

---

[*] 이 복사는 불완전한 문장이고 글자의 판독에도 이견이 있어서 정확히 해석할 수 없다.

貞, 王其幸侑大甲, 曶周方伯, 盡, 由正. 不左, 於受有佑.(周原甲骨 H11.84)

이 복사에서 盡자는 주원 고고대장을 역임한 천촨팡陳全方이 따라서 모사하고 해독한 것이다. 이 글자의 갑골문 글자 형태는 한 손으로 여자 1명을 잡고 있으며, 아래쪽에 피를 받는 대야盆가 있으니, 여자를 죽여 제사에 바치는 방식 가운데 하나다.[341]

『사기』에서는 고공단보와 계력에게 '백'이라는 직함을 붙이지 않고 오직 주창만 '서백'이라고 칭했다. 이른바 '서백'은 당연히 주족이 과장하여 부풀린 면이 있으나, 보아하니 주창에 이르러서는 확실히 '백'이라는 직함을 가졌던 듯하다. 앞서 살펴보았듯이, 앞선 2대에서 이미 이 칭호를 획득했더라면, 주족은 틀림없이 그 사실을 더 과장해서 역사에 기록했을 것이다. 물론 앞서 살펴본 주원의 갑골 두 조각에 기록된 것처럼, 주왕이 주창에게 수여한 정식 직함은 '주방백周方伯'이니, 그저 주나라를 서방의 작은 나라로 인가한 것일 뿐이다.

이치상 책봉 의식은 응당 은허에서 거행되었을 텐데, 왜 이런 갑골들이 주원의 '문왕 저택'에서 나오게 된 것일까? 리쉐친李學勤은 이렇게 생각했다.

이것들은 주나라 사람이 상나라 왕 대신 점친 귀갑으로서, 그 연대는 주나라 문왕 시기라고 정할 수 있으며 (…) 이 귀갑들은 상 왕조의 도읍에서 가지고 돌아온 것일 가능성이 있다.[342]

다만 문제가 있다. 첫째, 상나라 왕이 '주방백'을 책봉하기로 결정한 일에 대해 왜 주나라 사람이 점을 친 것인가? 현재까지는 상나라 왕이 점친 뒤의 갑골을 신하에게 주었다는 기록이 발견되지 않았다. 둘째, 이 2개의 갑골은 대단히 작고, 거기 새겨진 글자는 좁쌀 같아서 이런 의례에 사

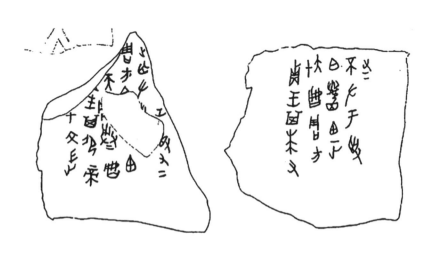

주원 갑골 H11.82　　　　　　　　　주원 갑골 H11.84

용하기에는 애초에 부적합했다. 셋째, 갑골에 기록된 내용은 은허의 조정에서 일어난 일이지만, 제작 스타일은 또 주원의 '문왕 저택'의 것이다. 그야말로 수수께끼투성이인 셈이다.

이에 대해 나는 이렇게 추측한다. 책봉 의식은 확실히 은허에서 거행되었고, 주창도 상나라 왕의 점복과 복사를 새기는 과정을 목격하고 분명하게 기억해두었다. 그리고 주원에 돌아온 뒤에 그 점복의 신통한 능력을 얻고, 자기의 '상나라 정벌' 사업을 추진하기 위해 복사를 새기는 일을 포함한 전체 과정을 남몰래 모방했다. 게다가 비밀을 지키기 위해 글자를 지극히 작게 새기는 방법을 택했다. 어쩌면 주창의 관점에서 제사와 점복의 과정을 완전하게 재현하기만 하더라도 상족이 선왕(신들)과 소통하는 방식을 장악한 것과 마찬가지였으며, 이에 따라 그는 신들 및 상 왕조의 선왕들과 단독으로 연락할 수 있었다.

이외에도 이 2개의 갑골에 새겨진 '주周'는 은허복사에 나오는 그것과 무척 달랐다. 그 상반부는 '용用'자와 더 닮아 있으며, 게다가 아래쪽에는 '구口'가 하나 더 들어가 있다. 허신의 『설문해자』에서는 '주周'에 대해 이렇게 해석했다.

'용用'을 따르고, '구口'를 따른다.
從用, 從口.

보아하니 그 연원은 바로 주원의 '문왕 저택'에서 나온 갑골에 새겨진 글과 같다.

갑골문에서 '용用'자에는 전문적인 뜻이 담겨 있으니, '용강用羌'이나 '용우用牛'의 예에서 알 수 있듯이, 제사에 바쳐질 인간이나 가축을 죽이는 것을 가리킨다. 이것은 상나라 왕의 갑골복사에서 이 글자가 갖는 거의 유일한 뜻이며, 게다가 사용된 횟수가 지극히 많다. 그러므로 "용用을 따르고, 구口를 따르는" 주周자도 상나라 왕실이 희씨 주족을 위해 특별히 만든 글자일 가능성이 있다. 즉 그들의 직능이 상 왕조를 위해 '사용用'할 인간 희생을 제공한다는 것을 상징한 것이다. 다만 현재까지의 자료로는 아직 이 부분에 제공할 수 있는 확실한 증거가 부족하다.

먹혀버린 장자

주원의 이 2개의 갑골에 들어 있는 '책册'자의 아래쪽에도 '구口'가 하나 들어 있다. 갑골복사에서 이 删자에 담긴 더 일반적인 뜻은 가축이나 인간 희생을 죽여서 제사에 바치는 방식을 가리킨다. 상나라 왕은 늘 양과 강인을 删하여 조상들에게 바쳤다.[343]

다만 删이라는 글자의 뜻에는 아직 논쟁의 여지가 있는데, 어떤 귀갑 복사에서 무정은 이렇게 물었기 때문이다.

점을 쳐서 물었다. 소 100마리를 删할까요? 강림하여 1000마리 소와 1000명의 사람을 더해서 删할까요?

占: 其删千牛, 其降删千牛千人.(『合集』1027 正)

1000이라는 숫자는 너무 크다. 무정 시기에는 정벌 전쟁이 빈번했으니 어쩌면 한 번에 1000명의 포로를 모아 제사에 바칠 수도 있었을 것이고, 게다가 왕릉 구역에서 이미 2000여 곳의 제사갱을 발견했다. 다만 소 1000마리를 죽인다는 것은 사실 지나친 과장이니, 당시 은허의 인구 전체가 동원되더라도 한 번에 그 많은 소를 다 먹을 수 없었다. 그러므로 어떤 학자는 删이 단지 준비한 제수품을 책册에 기록해서 이후에 천천히 사용하게 한다는 뜻이라고 주장했다. 다만 문제는 그저 책에 기록하기만 할 거라면 또 군이 장엄한 점복을 통해 결정할 필요가 있느냐는 것이다.

이것은 갑골문이 남긴 또 하나의 수수께끼다.

상족이 사용한 쁩의 의미는 두 가지다. 하나는 책봉^{冊封}한다는 뜻이고, 다른 하나는 제사에 바친다는 뜻이다. 그리고 주원의 '문왕 저택'에서 나온 두 개의 갑골에 새겨진 쁩은 두 가지 의미를 겸한 것일 수도 있다. 주창의 계승자인 백읍고 즉 주읍이 주왕의 제수품이 되었기 때문이다.

백읍고가 살해되어 제사에 바쳐진 일은 『사기』와 같은 비교적 정통적인 역사서에는 기록되어 있지 않고, 주로 서진^{西晉}의 황보밀^{皇甫謐}이 편찬한 『제왕세기^{帝王世紀}』에 나타나 있다.

> (주왕이) 문왕을 옥에 가두었다. 문왕의 장자는 백읍고인데, 은허에 인질로 있으면서 주왕의 수레를 몰았다. 주왕이 백읍고를 삶아 국을 끓여서 문왕에게 하사하며 생각했다.
> '(주창이) 성인이라면 응당 자기 자식으로 끓인 국을 먹지 않을 것이다.'
> 문왕이 그것을 먹자, 주왕이 말했다.
> "누가 서백을 성인이라고 했는가? 제 자식으로 끓인 국을 먹고도 알지 못하는 것을!"
> 囚文王, 文王之長子曰伯邑考, 質於殷, 爲紂御, 紂烹爲羹, 賜文王, 曰, 聖人當不食其子羹. 文王食之. 紂曰, 誰謂西伯聖者, 食其子羹尙不知也.

『제왕세기』는 서진 때의 문헌이지만, 이 일을 기록한 더 이른 시기의 문헌이 있으니, 예를 들어 정저우 전한 시기 무덤에서 출토된 죽간^{竹簡}『육도^{六韜}』가 그것이다. 『육도』의 죽간에는 약간 빠진 부분이 있으며, 그 내용도 『제왕세기』와는 약간 다르다.

> (주왕이 문왕의) (…) 아들을 은허에 인질로 두었는데, 주나라 문왕이 백

읍고에게 (…) (백읍고가) 죽으니, 주왕의 조서가 내려왔다.

"왕(문왕)은 반드시 그 살을 먹어라! 그리하여 그 피가 □하지 않도록 하라."

문왕이 그 살을 먹어 □하지 않……

(…) 質子於殷, 周文王使伯邑巧（考）(…) 死, 有詔, 王必食其肉. □免其血. 文王食其肉, □免其……[344]

그러니까 『육도』의 기록에서 주왕은 전혀 주창을 속이지 않았고, 주창은 상황은 알고 있으면서도 자기 아들의 살을 먹도록 강요당했다. '면기혈免其血'은 '피를 마셨다飮其血'를 잘못 쓴 것일 수도 있으니, 원시인처럼 털도 뽑지 않고 피도 씻지 않은 채 생고기를 먹게 한 듯하다. 당시에 이것은 전혀 드문 일이 아니었으니, 갑골문에는 피로 제사 지낸 것을 나타내는 글자가 많이 있으며, 게다가 후세의 주나라 사람들도 동맹을 맺을 때 '피를 마셔서歃血' 제사 지내는 의식을 거행했다.

그리고 굴원의 「천문」에서 주창이 먹은 것은 '육장醢'이었으니, 그 역시 날고기였을 가능성이 있다.

은수殷受(주왕)가 이 육장을 하사하자, 서백이 상제에게 고발했다.

"왜 어버이가 상제의 징벌을 받게 하십니까? 은殷의 운명은 이로써 구제하지 않는 것입니까?"

受賜玆醢, 西伯上告, 何親就上帝罰, 殷之命以不救.*

앞부분의 뜻은 비교적 분명한데, 마지막 부분은 그다지 분명하지 않

---

* 저자는 이 부분을 "何親就上帝, 罰殷之命以不救?"라고 끊어 읽었으나, 역자는 일반적인 방식에 따라 "何親就上帝罰, 殷之命以不救?"라고 끊어 읽고 '就'를 '受'의 뜻으로 해석했다.

다. 어쩌면 상제가 은상에 대한 지지를 철회하여, 주왕이 결국에 목숨을
잃고 나라가 멸망한다는 것을 얘기한 것일 가능성이 있다.

그러므로 전국시대의 「천문」에서 전한의 『육도』, 다시 서진의 『제왕
세기』에 이르기까지 백읍고의 불행한 처지는 줄곧 은밀하게 전해졌음을
알 수 있다.

다만 『제왕세기』의 서사에는 또 뚜렷하게 소설화된 특징이 있다. 예
를 들어 정리情理로 보자면, 주창이 구금되어 있던 시기에 주왕은 백읍고에
게 자기 마차를 몰게 하지 않았을 것이고, 그렇게 한 것은 응당 주창이 석
방된 뒤의 일일 터다. 또 주왕이 백읍고를 죽여서 삶아 주창에게 준 것이
그가 '성인'이 아님을 입증하기 위해서였다는 것도 드라마 같은 서사다.
그 전의 「천문」과 『육도』에는 모두 이런 이야기가 없다.

세상에 전해진 문헌의 문맥에서는 주왕이 백읍고를 죽여 제사에 바
친 이야기에는 야사野史의 색채가 지나치게 많아서 합리적으로 해석하기
가 무척 어렵다. 이 역시 『사기』에서 이 일화를 채용하지 않은 원인이었을
것이다. 다만 고고학 발굴과 갑골문에서 발견한 상족의 종교와 제사 행위
에 따르면, 백읍고가 팽살烹殺되어 먹힌 일은 완전히 정상적인 일이었다.
어떤 학자는 주왕이 사람의 살로 만든 육장을 신하에게 준 것은 상족이 전
통적인 동맹(겸 인신공양제사) 의식이었으니, 당시 백읍고의 육장을 주창에
게 준 것도 응당 주창을 '주방백'에 책봉하는 전례의 절차 가운데 하나였
으리라고 생각한다.[345] 나는 문왕이 조그맣게 새긴 기록을 살펴볼 때, 문
왕의 토굴에서 나온 2개의 갑골(H11.1과 H11.11)에 새겨진 복사의 내용이
모두 이전 세대 상나라 왕에게 바친 제사와 관련이 있었음을 소개했다. 그
것들도 역시 이 전례의 산물이었을 것이며, 게다가 주창이 주원으로 돌아
간 뒤에 똑같이 새긴 판본이었을 가능성이 있다. 이 때문에 주창은, 심지
어 그의 아들인 주발과 주단, 주선周鮮은 주왕의 이 결정에 대항할 힘이 전
혀 없었다. 주나라의 생존을 위해 그들은 그저 상족의 종교 의례를 받아들

일 수밖에 없었으며, 게다가 최대한 기꺼이 복종하면서 은덕에 감사한다
는 뜻을 나타내야 했을 것이다.

　　앞서 인용했던 것처럼, 『사기』「은본기」에는 또 이와 유사한 이야기
가 있으니 바로 주왕이 '구후九侯를 죽여 육장을 담그고' '악후鄂侯의 살을
저며 육포를 만들었으며' '비간比干의 배를 가른' 일이다. 이 이야기는 전혀
정확하지 않을 수도 있으나, 이 역시 주왕이 고급 귀족을 제사에 바친 일
이 후세에 전해지면서 굴절된 이야기일 가능성이 크다. 게다가 은허의 뒤
쪽 언덕에 있는 둥근 제사갱 H10에 들어 있는 온전하지 못한 유골이 귀족
일까라는 점도 이 기록에 호응한다.

　　역사서에는 주창 부자가 백읍고의 살을 나눠 먹을 때의 심정을 기록
한 게 보이지 않는다.(기록했을 리도 없다.) 그러나 후세의 유명한 전고典故로
'주공토포周公吐哺'가 천고의 역사에 전해진다. 이른바 '주공토포'란 주공 주
단이 늘 먹고 있던 밥을 뱉었다는 것을 가리킨다. 상 왕조의 실상을 이미
잊어버린 후세 사람들은 이것을 합리적으로 해석해서, 주공이 현량한 이
를 초빙해 맞아들이느라 벌어진 일이라고 설명한다.* 다만 사실은 형의 살
을 먹으라고 강요당함으로써 심각한 심리적 타격의 그늘이 남았기 때문일
가능성이 크다. 게다가 주공뿐만 아니라 무왕도 이후에 줄곧 악몽에 시달
려서 "밤에 잠을 이루지 못했다自夜不寐."[346] 문왕은 심사心史를 『역경』에 기
록했다. 『역경』「손괘損卦, ䷨」육삼효에 기록된 것이 바로 백읍고가 제사에
바쳐진 일인 듯하다.

────────

* 『史記』「魯周公世家」의 기록에 따르면 주공은 백금伯禽에게 주의를 주면서 이렇게 말했다. "나는 문
왕의 아들이자 무왕의 아우, 성왕의 숙부이니 하늘에서도 천한 신분이 아니오. 그러나 목욕 한 번 하
다가도 머리카락을 세 번 움켜쥐어 물을 짜고, 밥 한 끼를 먹다가도 세 번이나 뱉어내고 일어나 사인士
人을 접대하면서도 오히려 천하의 현량한 인재를 잃을까 염려했소. 그대는 노나라에 가거든 신중하게
행동하여 백성에게 교만하지 않도록 하시오我文王之子, 武王之弟, 成王之叔父, 我於天亦不賤矣. 然我一
沐三捉髮, 一飯三吐哺, 起以待士, 猶恐失天下之賢人. 子之魯, 愼無以國驕人." —원주

세 사람이 가면 1명을 잃고, 1명이 가면 벗을 얻는다.

三人行, 則損一人. 一人行, 則得其友.

이 효사에서 중점은 앞 구절로서, 문왕이 구금된 뒤에 백읍고를 포함한 세 아들이 은허로 달려가 구원하려 했으나, 결국에 1명을 잃었음을 말한 것일 수 있다. 앞서 살펴보았듯이, 「손괘」의 괘사는 다음과 같다.

느긋하게 (멀리) 가는 것은 유리하니, 찾아가려면 음식 두 그릇을 장만해서 먹게 할 수 있다.

利有攸往, 曷之, 用二簋, 可用享.

그러니까 아들이 술 한 통과 음식 두 그릇을 가지고 지하 뇌옥에 갇힌 주창을 살피러 왔음을 말한 것이다.

「손괘」와 짝을 이루는 것은 「익괘益卦, ䷩」로서 효사의 의미는 정확히 반대된다. 「익괘」는 주로 고공단보가 상 왕조의 초무招撫를 받아들여 주원으로 이주했고, 이때부터 주족이 흥성하는 역정이 시작되었음을 말했는데, 「손괘」는 주로 주창이 은허에서 겪은 처참한 경력을 서술했다. 이 둘은 상·주 관계가 주족의 3세대 사람들 사이에서 전환이 이루어졌음을 나타낸다. 이외에 『역경』에는 백읍고가 제사에 바쳐진 자세한 장면이 기록되어 있을 수 있다.

백읍고에 관한 회상

앞에서 살펴본 「박괘剝卦, ䷖」는 괘의 형상이 틀에 얹힌 도마와 같고, 내용은 인간 희생을 죽여 살가죽을 벗기는 것이었다. 이와 유사한 것으로

「간괘艮卦, ☶」가 있는데, 이 역시 희생을 죽여 살가죽을 벗기기 위해 설치한 도마의 형상이다.

> 그 등을 갈랐으나 몸뚱이를 얻지 못하고, 그 뜰에 갔으나 그 사람이 보이지 않는다. 재앙이 없다.
> 艮其背, 不獲其身, 行其庭, 不見其人. 無咎.

> 초륙: 그 발을 잘랐다. 재앙이 없고, 점을 치니 오래도록 이롭다.
> 初六: 艮其趾. 無咎, 利永貞.

> 육이: 그 창자를 베니 (발이) 따라 경련하는 것을 구하지 못하고, 그 심장이 잘 뛰지 못한다.
> 六二: 艮其腓, 不拯其隨, 其心不快.

> 구삼: 허리를 베고 등의 살을 늘어놓으니 사납고, 심장을 불에 구웠다.
> 九三: 艮其限, 列其夤, 厲, 薰心.

> 육사: 그 몸뚱이를 베니 재앙이 없다.
> 六四: 艮其身, 無咎.

> 육오: 그 뺨을 베니 말에 순서가 있으며, 잃은 것을 후회한다.
> 六五: 艮其輔, 言有序, 悔亡.

> 상구: 머리를 베니, 길하다.
> 上九: 敦艮, 吉.

간艮은 8괘에서 '산山'을 대표하며, 공영달의 주석에 따르면 정지停止를 의미한다.[347] 다만 「간괘」의 효사에서는 모두 '정지'라는 뜻과 무관하다. 갑골문과 금문에서 '간艮'의 글자 모양은 하나의 커다란 눈이 몸의 뒤쪽을 바라보는 모습인데, 『역경』에서도 응당 이 본래의 뜻으로 쓰였을 것이다. 즉 고통과 분노에 차서 노려보는 것이다.[348]

우선 괘사를 보자. 뜰에 갔는데 보이지 않는다고 한 이 '사람'은 응당 은허에서 목숨을 잃은 장자 백읍고를 가리킬 것이다. 백읍고는 등이 베여 갈라졌을 텐데, 당시에 '육장을 담그는菹醢' 방식은 먼저 사지를 해체하고 나서, 다시 육질이 상대적으로 좋은 부위를 잘라서 육장을 담갔다.

「간괘」의 효사는 앞서 살펴본 「박괘」와 비슷하게, 발에서 머리까지 6개 부위를 열거했다. 먼저 '지趾' 즉 발을 자르고, 이어서 육이효는 내장을 추출할 때 인간 희생의 발이 그에 따라 경련을 일으키다가, 마지막에 다리도 더는 움직이지 않고 심장도 정지하는 상황을 서술했다.[349] 이어지는 구삼효는 인간 희생의 등을 갈라 잘라낸 살 조직을 한쪽에 두고, 마지막으로 심장을 꺼내 불에 구워 제사에 바쳤다는 뜻이다.[350] 그런 뒤에는 육오효에서 말한 '보輔'는 뺨頰을 가리키니 말과 관련이 있다.[351] 백읍고의 뺨가죽을 벗길 때, 주창은 무언가 잘못했던 말을 연상하고 후회했다는 뜻이다. 마지막 상구효는 머리를 잘랐다는 뜻이다.

「간괘」와 비슷한 것으로 또 「함괘咸卦, ䷞」가 있으니, 그 효사에서도 신체의 각 부위를 열거했다.

제사를 지내고 점을 치니 이로웠다. 여자를 취하니 길하다.
亨, 利貞. 取女, 吉.

초륙: 도끼鉞로 엄지손가락을 잘랐다.
初六: 咸其拇.

육이: 도끼로 창자를 자르니 흉하다. 거주하면 길하다.

六二: 咸其腓. 凶. 居, 吉.

구삼: 도끼로 넓적다리를 자르고 따라서 (경련을 일으키는 발을) 잡았다. 가면 너무 애석해진다.

九三: 咸其股. 執其隨. 往, 吝.

구사: 점을 치니 길했으나, 잃은 것을 후회한다. 편안하게[352] 왔다가 가면 벗들이 따라서 너를 생각할 것이다.

九四: 貞吉. 悔亡. 憧憧往來, 朋從爾思.

구오: 도끼로 등의 살을 베니, 후회가 없다.

九五: 咸其脢, 無悔.

상륙: 도끼로 뺨과 볼, 혀를 벤다.

上六: 咸其輔頰舌.

가오형은 '함咸'자가 '월戉'과 통하니, 「함괘」는 청동 도끼로 인간 희생을 베고 갈라 제사에 바친 기록이라고 했다.[353] 효사를 보면, 「간괘」와 「박괘」처럼 「함괘」도 인간 희생을 다리부터 머리까지 해체하는 모습을 묘사했다. 상족의 제사에는 어쩌면 특정한 의궤儀軌가 있어서, 인간 희생을 죽이고 가죽을 벗길 때는 발에서 시작해서 차례로 위로 올라갔을 수 있다.[354] 그 가운데 「함괘」 구사효는 상당히 특수한데, 거기에는 죽이거나 가죽을 벗긴 내용이 없이, 마음 편하게 왔다가 가면 벗들이 모두 너를 생각할 것이라고 했다. 이것은 주창이 주원으로 돌아간 뒤에 백읍고를 떠올렸을 때의 슬픔을 묘사한 듯하다.

「간괘」와 짝을 이루는 것은 「진괘震卦, ䷲」인데, 그 내용은 언젠가 사납게 벼락이 치던 날씨에 관한 것이다.

제사를 지냈다. 벼락이 무섭게 치는데 껄껄 웃으며 얘기한다. 벼락이 100리를 놀라게 했으나 구기匕와 술을 잃지 않았다.
亨. 震來虩虩, 笑言啞啞. 震驚百里, 不喪匕鬯°

초구: 벼락이 무섭게 치는데 나중에 껄껄 웃으며 얘기한다. 길하다.
初九: 震來虩虩, 後笑言啞啞. 吉.

육이: 벼락이 사납게 치니 조개껍데기를 잃어버리지나 않을까 생각하고 구릉에 올라갔다. 뒤쫓지 않아도 7일 뒤에는 얻게 된다.
六二: 震來厲, 億喪貝, 躋於九陵. 勿逐, 七日得.

육삼: 벼락 소리에 정신을 차린다. 벼락이 지나갔으나 재앙이 없다.
六三: 震蘇蘇. 震行, 無眚.

구사: 벼락이 치자 진창이 따라 흔들린다.
九四: 震遂泥.

육오: 벼락이 지나갔다가 사납게 다시 오니 마음에 손실이 없고, 무슨 일이 있다.
六五: 震往來厲, 意無喪, 有事.

상륙: 벼락이 무섭게 쳐서 놀라서 쳐다보니, 불길하다. 벼락이 자기가

아니라 이웃에게 맞았다. 재앙이 없다. 혼사에 말이 있다.

上六: 震索索, 視矍矍, 凶. 震不於其躬, 於其隣. 無咎. 婚媾有言.

　　후세의 『역전易傳』에서는 「진괘」가 장자長子를 대표한다고 여겨졌다.[355] 괘사에서는 제사를 지내는 와중에 벼락이 100리를 진동하는데, 제사를 주재하는 사람(어쩌면 문왕 자신)은 놀라지 않고 신에게 바치는 술을 뜨는 구기를 손에 들고 있다. 삼국시대 유비가 벼락 치는 소리에 놀라 젓가락을 떨어뜨렸던 것과는 정반대라고 하겠다.

　　「진괘」의 괘사와 효사는 해석하기 어려운 게 많은데, 돈(조개껍데기)을 잃지 않을까 걱정하듯이, 놀라 당황하는 정서로 가득 차 있다. 벼락은 자기가 아니더라도 이웃을 칠 수도 있다. 특히 상륙효에서 '혼사에 말이 있다'라고 한 것은 통혼한 인척 집안에서 원망하는 말이 있었다는 뜻이다. 나는 이것도 백읍고가 제사에 바쳐진 일과 관련이 있는 게 아닌가 싶다. 백읍고가 죽었을 때, 여상과 주창 사이에 어떤 의견 충돌이 생겼을 수 있기 때문이다. 주읍과 읍강의 혼인에 따른 유대를 잃자 두 가족의 연계는 매우 미약해져서, 결국에 주창의 둘째 아들 주발 즉 무왕이 이 형수를 아내로 맞이하게 되었다.

　　이어지는 문제는 주창이 왜 『역경』에 아들이 제사에 바쳐진 이 상세한 장면을 기록했느냐는 것이다.

　　어쩌면 당시의 주창은 아직 상족의 종교 이론을 부정할 능력이 없어서 그저 자기 아들이 하늘의 신들에게 바쳐진 것을 받아들일 수밖에 없었고, 아울러 어쩌면 신들도 이 때문에 주족을 좋게 보고 생각을 바꾸어서 다시는 주왕을 보우하지 않으리라 생각했을 수도 있다. 적어도 그는 이런 가능성을 『역경』을 추단하여 연역하는 모델 안에 귀납해 넣었다.

　　어쨌든 백읍고가 제사에 바쳐진 일이 그의 부친이나 동생들에게는 지극히 놀랍고 두려운 경험이었으나, 주왕은 분명히 만족했을 것이다. 주방백의 가족이 상 왕조의 선조와 신들에게 제수품을 바치고, 또 제사에 바쳐진 이를 함께 먹었으니, 틀림없이 선왕과 신들의 축복과 보우를 받을 것이기 때문이다. 바꿔 말하자면, 주왕의 관점에서 주나라는 몽매한 상태에서 개화하고 있어서, 상 왕조의 천지 질서 안에서 자기들의 위치를 찾고 있었던 셈이다.

문왕, 은상을 저주하다

장자 백읍고가 은허에서 제사에 바쳐졌을 뿐만 아니라, 심지어 주창의 부친 계력도 당시에 이런 비극을 당했으나, 남겨진 정보가 너무 적을 뿐이다. 그런 까닭에 우리는 은허에 대한 주창의 감정에 관해 입장을 바꾸어 상상하기가 무척 어렵다.

『시경』「대아·탕蕩」은 문왕이 상 왕조를 고발한 장편의 시로서, 거기서 문왕은 상나라의 강대함과 발호跋扈, 폭주暴酒, 광폭함, 시끄러움을 서술했다. 시에는 주왕의 이미지가 아주 많이 들어 있으나, 주왕뿐만 아니라 귀족과 평민까지 모두 함부로 술을 마시고 폭력을 행사하며 남을 능욕하는 일에 의존하는 병증에 빠져 있었다. 이 시에 대한 후세의 경학자들의 해설이 대부분 공허하고 주제에 맞지 않는다는 점을 고려하여, 여기서는 다음과 같이 새롭게 번역하고자 한다.

> 공정하고 전능하신 상제
> 인간 세상의 만민이 의지하는 분.
> 예민하고 위엄 있는 상제
> 그 명령은 정말 정확하지.
> 하늘이 백성을 태어나게 하셨으니

그 명령은 참으로 진실하지.

모두가 처음이 있었으나

끝이 아름다운 경우는 드물었지.

蕩蕩上帝, 下民之辟. 疾威上帝, 其命多辟. 天生烝民, 其命匪諶. 靡不有初,

鮮克有終.

문왕이 말했지. "묻노라,

묻노라, 너희 은상이여!

일찍이 강대했고

교만하게 발호하여

통치자의 자리에서

천하를 굴복시켰지.

하늘이 넘치는 은덕을 내리시어

너희가 그에 힘입어 흥성했지."

文王曰咨, 咨汝殷商. 曾是強御, 曾是掊克. 曾是在位, 曾是在服. 天降滔德,

女興是力.

문왕이 말했지. "묻노라,

묻노라, 너희 은상이여!

너희는 본래 의로운 부류여야 했으나

강포하게 굴며 많은 원망을 야기했지.

헛소문을 옳다고 여기고

올바른 이들을 쳐서 내쫓았지.

쉼 없이 일을 일으켜 제사 지내며

계속 멈추지 않았지."

文王曰咨, 咨汝殷商, 而秉義類, 強御多懟. 流言以對, 寇攘式內. 侯作侯祝,

靡屆靡究.

문왕이 말했지. "묻노라,
묻노라, 너희 은상이여!
너희는 중앙의 나라에서 득의만만하게 굴어
원한을 쌓고도 덕을 베푼다고 여겼지.
너희의 덕을 알 수 없나니
언젠가는 등을 맡기고 옆을 내줄 이가 없어지리라.
너희의 덕이 드러나지 않으니
함께하며 도와줄 이가 없으리라."

文王曰咨, 咨汝殷商. 女炰烋於中國, 斂怨以爲德. 不明爾德, 時無背無側.
爾德不明, 以無陪無卿.

문왕이 말했지. "묻노라,
묻노라, 너희 은상이여!
하늘은 너희를 술에 빠뜨리지 않았는데
너희는 그것을 따르려 하지 않는구나.
너희의 행위가 이미 잘못되어
날이 흐리든 맑든 상관하지 않는구나.
소리치고 고함치며
대낮을 밤으로 만드는구나."

文王曰咨, 咨汝殷商. 天不湎爾以酒, 不義從式. 旣愆爾止, 靡明靡晦. 式號
式呼, 俾晝作夜

문왕이 말했지. "묻노라,
묻노라, 너희 은상이여!

매미처럼 씽씽매미처럼 떠들어대고
끓는 국처럼 들끓고 있구나.
평민이든 귀족이든 거의 정신을 잃고
잘못된 행위를 숭상하는구나.
중앙의 나라에서 성을 내고
심지어 귀신의 나라까지 여파가 미치는구나."

文王曰咨, 咨汝殷商. 如蜩如螗, 如沸如羹. 小大近喪, 人尙乎由行. 內奰於
中國, 覃及鬼方.

문왕이 말했지. "묻노라,
묻노라, 너희 은상이여!
상제가 옳지 않은 (마음을 바꾼) 게 아니라
너희 은나라가 예전처럼 행하지 않는 것이다.
덕망 높은 이가 없더라도
아직 전장典章이 남아 있지.
그런데 그것을 따르지 않으니
너희의 중대한 운명도 그래서 기울었지."

文王曰咨, 咨汝殷商. 匪上帝不時, 殷不用舊. 雖無老成人, 尙有典刑. 曾是
莫聽, 大命以傾.

문왕이 말했지. "묻노라,
묻노라, 너희 은상이여!
사람들도 얘기하듯이
나무가 쓰러질 때면
가지와 잎이 아직 손상되지 않더라도
뿌리가 먼저 뽑히게 되지.

너희 은상의 교훈은 멀리 있지 않으니
바로 너희가 멸한 하나라에 있도다!"
文王曰咨, 咨汝殷商. 人亦有言, 顚沛之揭, 枝葉未有害, 本實先撥. 殷鑒不
遠, 在夏后之世.

　　이런 문장뿐이라면 사실이라기보다 과도한 정치적 선언에 지나지 않
을 것이다. 다만 은허를 발굴함에 따라 제사갱에 쌓인 해골과 대전의 기초
아래 구부리고 묻힌 인간 희생자들, 회갱에 버려진 비천한 사망자 그리고
도살장의 뼈 구덩이에 뒤섞인 인골을 목격할 수 있었다. 이것이 바로 문왕
주창이 은허에서 직접 경험했던 상 문명의 일상생활이었다. 진흙탕에 담
긴 돼지와 줄줄이 꿰듯이 묶인 포로들, 삶겨서 먹힌 방백方伯 등…….
　　사실 은허에 가보지 않고도 주족은 가까운 시안 라오뉴포의 숭후의
나라를 통해서 상 왕조를 충분히 알 수 있었는데, 그들이 이 왕조의 발아
래 웅크리고 있었던 세월은 이미 충분히 길었다.

제24장 서부의 사람들

백읍고를 제사에 바친 뒤에 주왕은 은혜를 베풀어서, 주씨 부자가 주나라로 돌아가 서부에서 계속 상 왕조를 위해 힘쓰도록 허락해주었다. 그러나 주원으로 돌아간 뒤에 주창은 아주 신속하게 '천명을 받았음受命'을 선포했으니, 자기가 상제로부터 권한을 받아 인간 세상의 왕자가 되었다는 뜻이며, 그 사명은 바로 상 왕조를 멸망시키는 것이었다. 바로 이때부터 그는 익숙한 칭호인 '주나라 문왕'이 되었다.

주원 유적지의 문왕 저택과 은허 유적지의 궁전 구역은 각기 주족과 상족의 수령이 거주하던 주택이었는데, 양자의 규모는 차이가 엄청나게 커서 쌍방의 실력을 직접 대비해 보여준다. 당시의 형세로는 주족이 상나라를 멸한다는 계획은 거의 기상천외한 것에 가까웠다.

그렇다면 수백 년을 유지했던 방대한 상 왕조가 왜 주창이 천명을 받아 왕으로 자칭했던 10여 년 뒤에 연기처럼 소멸해버렸을까?

상나라를 정벌하려는 문왕과 무왕의 사업은 중국 고대사가 '믿을 만한 역사信史'의 시대로 진입하는 발단이며, 아주 많은 큰 사건이 이를 통해서 연도순으로 배열될 수 있게 되었다. 다만 상·주 교체의 구체적인 과정을 재현하려면, 역사서에 잃어버린 고리가 너무 많아 해석하기 어려운 부분이 있음을 발견하게 된다.

『사기』에 기록된 하나라와 상나라의 지난 일은 서사가 대부분 지나치게 도식화되어 있어서, 어쩌면 거기에 등장하는 고대 성왕들의 언행이 아이들을 계몽하려고 들려주는 이야기처럼 종종 유치해서 사실에 가깝지 않다고 할 수 있다. 전국시대의 시인 굴원도 고대사의 고전적 서사가 신뢰성을 확보하기 어렵다는 점을 절감하여 「천문」에서 일련의 질문을 던졌다.

강족 동맹군과 태공의 음모

백읍고가 죽은 후 문왕의 둘째 아들 주발이 족장의 계승자가 되었다. 그는 부친이 계획한 상나라 정벌 사업을 집행하려 했는데 여상의 역할은 대체가 불가했으니, 주족은 여상의 힘을 빌려 서부의 강족과 전통적인 맹우 관계를 다시 건립해야 했다.

다만 여상이 어떻게 은허를 떠나 서부로 돌아올 것인지는 어려운 문제였다. 전국시대부터 진·한까지의 문헌에서는 여상이 '조가에서 소 잡는 백정 노릇을 했다'라고 하고, 또 황허강 강변의 맹진孟津 혹은 극진棘津에서 밥을 팔면서 여관 종업원으로 일했다고 했다. 이것은 어쩌면 여상이 잠행하여 서부로 돌아간 여정을 반영한 것일 수도 있다. 이 여정에서 그가 아들을 데려갔는지는 모르지만, 틀림없이 딸 읍강은 데려갔을 것이다. 결국에 그는 위수에서 낚시하다가 문왕을 만나 여행을 마치게 된다. 주족은 여상이 은허에서 온 사실을 숨기고 더 안전한 내력을 만들어내야 했다. 아마 이것이 낚시질한 이야기의 유래일 것이다.

문왕의 상나라 정벌 사업에 여상은 가장 늦게 가맹했으나, 가장 중요한 지낭智囊이자 책사였다. 『사기』 「제태공세가」에 따르면, 여상이 문왕에게 제공한 것은 주로 병력을 운용하는 권모술수와 상 왕조를 내부에서 전복하는 분열과 와해의 책략이었다.

> 서백 주창은 유리에서 벗어나 돌아오자, 덕을 닦아 상나라 정권을 무너뜨리는 일을 여상과 은밀히 모의했는데, 그 일은 대부분 병권과 기발한 계책이었다. 그러므로 후세에 병법과 주나라의 은밀한 방법을 이야기할 때는 모두 태공이 모의의 바탕을 마련한 것으로 추정했다.
>
> 周西伯昌之脫羑里歸, 與呂尙陰謀修德以傾商政, 其事多兵權與奇計. 故後世之言兵及周之陰權, 皆宗太公爲本謀.

이 계략들은 지나치게 은밀해서 역사서에 기록될 수 없었으나, 음모가이자 전략가로서 여상의 인상은 이를 통해 정립되었다. 전국시대 및 진·한 사이에 나타난 『육도』『음부경陰符經』『태공병법太公兵法』 등의 병법서들은 모두 저자를 여상으로 내세웠다.

이것은 어쩌면 여상이 은허에서 천민으로 살았던 경력과 관련이 있을 것이다. 은허 화위안좡 남쪽의 뼈 구덩이 일대에 대한 발굴 결과는 도살장 마을의 천민 부락도 자체의 무장 세력이 있어서, 상나라 왕이 대외 정벌을 시행할 때 마을의 남자들도 참여했을 가능성을 보여준다. 그들은 약탈과 재물을 축적할 기회를 놓치지 않았고, 게다가 행군하고 전투하는 와중에서도 자기들의 본업인 도살을 계속할 수밖에 없었다. 그러므로 여상은 상 왕조가 군대를 징집하고, 부대를 편성하여 훈련하고, 실제 전투를 벌이는 모습을 볼 기회가 있었을 것이다. 주족은 그저 부락 단위의 집단과 포로 사냥을 위한 전쟁을 벌인 경험만 있을 뿐이어서, 가장 필요한 것은 바로 대규모 부대의 정규전에 대한 경험이었다.

은허 도살장의 천민으로서 여상은 상나라 궁정의 동향을 이해하는 자기만의 방식이 있었다. 궁정 점술사들이 사용하던 소 견갑골은 도살장

에서 온 것이니, 그들은 직접 도살장에 가서 가장 적합한 뼈를 고르거나
도살장 마을의 전문가를 통해 고른 것들을 배달받았을 것이다. 이것은 바
로 여상이 궁정 점술가 집단과 접촉할 수 있는 절호의 기회였으니, 점술사
의 학생이나 집안 하인도 대신할 수 없는 역할이었다. 게다가 상나라 왕의
모든 기밀 사무는 점술사가 참여하여 결정했으므로, 여상은 은허 궁정의
많은 비밀스러운 소문을 잘 알 수 있었다. 상대적으로 외지의 일반 제후들
도 이처럼 고급 정보의 원천을 확보하지 못했을 것이다.

　　문왕이 여상에게 부여한 관직은 '사師' 즉 가르쳐 인도하는 사람이었
는데, 이것은 상 왕조를 모방한 것일 수 있다. 『제왕세기』에는 기자箕子가
주왕의 궁정에서 부사父師가 되었다고 했는데, '부父'는 그가 주왕의 숙부
항렬이었음을 나타낸 것일 수도 있다.[356)]

　　더욱이 여상은 또 문왕과 인척이었으니, 딸 읍강이 이제 무왕 주발의
부인이었기 때문이다. 상·주 교체라는 사건과 관련하여 이 혼인은 중대한
의미를 지니는 것이었다. 바로 이 때문에 이 일에 대한 주족의 침묵은 더
욱 음미할 만하다.

　　주족의 서사시에서 고공단보와 계력, 문왕까지 3대의 부인 즉 태강太
姜과 태임太任, 태사太姒는 모두 칭송하는 노래가 있으나, 무왕의 부인인 읍
강에 대해서는 아무 노래도 없다. 『시경』뿐만 아니라 주족의 다른 문헌에
도 이 부인에 대한 어떤 기록도 거의 남아 있지 않다. 다만 일부 청동기 명
문에는 이 왕후가 서주가 처음 건립되었을 때 세운 공훈을 기록했다.[357)]

　　어쩌면 한마디로 다 설명할 수 없는 여상의 내력과 읍강이 남편을 바
꾼 일, 게다가 백읍고가 은허에서 죽게 된 원인이 줄곧 주창 가족의 은밀
한 아픔이었으므로, 문헌에서 읍강 왕후는 막후에 숨겨질 수밖에 없었을
것이다. 다만 당시에 주나라와 여상 가족의 혼인 연맹의 의의는 중대했다.
바로 그것을 빌려서 주족은 강족의 여러 부락과 관계를 다시 건립할 수 있
었기 때문이다. 고공단보가 주원으로 이주한 이래, 주족과 강족 즉 강성姜

^姓의 융인^{戎人}들은 이미 반세기가 넘도록 적대 관계였으며, 이 때문에 상 왕조를 공동의 적으로 삼아야만 비로소 서부 세력의 연합이 다시 실현될 수 있었다.

여상은 강족 가운데 여씨 부족(거주 지역은 자세히 알려지지 않았으나) 출신이고, 그가 주나라에 가맹한 뒤에 여씨 부족은 주족의 충실한 동맹군이 되었으며, 심지어 여씨 부족의 수령도 왕으로 자칭하기 시작했다. 서부의 사람들은 점점 상나라가 멸망한 뒤의 세계를 몽상하기 시작했던 것이다.[358]

강족은 주로 산간 지역에서 살면서 산악의 신을 숭배했는데, 일부 자료에 따르면 여씨 부락의 신산은 진난^{晉南}의 곽태산^{霍太山}(타이웨산^{太岳山})이었다고 한다.[359] 다만 상나라 말엽에 상족 제후국 하나(지금의 산시^{山西}성 링스^{靈石}현 징제^{旌介}촌 서쪽에 유적지가 있음)가 곽태산에서 남쪽으로 멀지 않은 곳에 나타났는데, 이 제후국이 주변의 여씨 부족을 내쫓아 산베이^{陝北}로 이주할 수밖에 없도록 했을 가능성이 크다. 강족의 언어에서는 신령이 사는 산이 '태산^{太山=泰山}'이다. 주나라가 상나라를 멸한 뒤에 여상이 산둥의 제나라에 분봉되었을 뿐만 아니라, 여씨 부족의 다른 수령들도 신국^{申國}이나 여국^{呂國}(보국^{甫國}이라고도 함)과 같이 허난 지역에 분봉되었다. 그리고 이 여씨 제후국은 또 산악 숭배를 새로 봉해진 지역에 가져왔으니, 예를 들어 산둥의 타이산^{泰山}산은 어쩌면 바로 이렇게 해서 그 이름을 얻게 되었을 수 있다.

상제 신앙에 투신하다

상나라 정벌 사업을 실현하기 위해서 세속적 의미의 '부국강병' 외에 주창은 또 종교 이론상의 난제를 해결해야 했다. 상 왕조는 줄곧 상제와 신들에게 제사를 바쳐왔고, 역대 상나라 왕들도 상제 옆에서 인간사를 주재해왔는데, 주족이 상나라를 정벌하는 사업이 신들의 지지를 얻을 수 있겠는가?

이런 미신 같은 의문이 후세 사람들을 곤혹스럽게 하지는 않겠지만, 상나라 때 사람들은 대부분 신들의 위력을 독실하게 믿었다. 하물며 신과 소통하고 예측하는 기술을 연구하는 데에 열중했던 주창으로서는 더욱 신계의 존재를 경시할 수 없었다. 그러므로 그는 이에 대해 합리적인 해석을 내놓아야 했다.

주원의 '문왕 저택' 토굴에서 나온 갑골에서 문왕은 상족이 선왕에게 인신공양해 제사를 올리는 의식을 기록한 바 있으나, 세상에 전해지는 주족의 서사시를 보면 그는 상나라의 역대 왕을 중요한 위치에 둔 적이 전혀 없었다.

문왕이 가장 추앙한 대상은 상족의 지고한 신 즉 상제였다. 그는 가장 먼저 상족의 상제 개념을 주족에게 끌어들여, 유일무이한 상제가 인간 세계를 주재한다고 여겼으며, 상족이 신봉하는 선왕과 용, 봉황, 비바람 등의 신들은 문왕의 숭배 체계에 들어가지 못했다.

제을과 제신(주왕)은 상족의 전통 종교를 혁신해 선왕과 심지어 자신까지 '제帝'의 지위로 끌어올렸다. 이에 대해 주창은 완전히 부정적인 태도를 견지했다. 그의 관념에서 상제는 높은 하늘에 거처하며, 속세의 인간은 상 왕조의 선왕이나 주족의 선조를 막론하고 절대 거기 섞일 수 없었다.*

이런 차원에서 주창은 상대적으로 더 철저한 '일신교一神教'로 개혁하

---

* 천명자陳夢家는 갑골복사 속의 상인商人의 상제上帝는 냉막冷漠하고 고고하게 천상에 있으면서 인간 세상과는 지극히 큰 거리를 견지하는, "자연의 주재자로서 아직 인격화의 속성이 부여되지 않은" 존재라는 것을 발견했다. 陳夢家, 『殷墟卜辭綜述』, 중화서국, 2004, 580쪽. 이것은 주로 제을帝乙이 개혁하기 전의 상황일 터인데, 제을이 개혁한 때부터 상왕도 '제帝'의 신분身份 요소를 갖게 되었으니, 이것은 제을과 그의 아들 제신帝辛(주왕紂王)의 명호名號를 통해서도 일면을 엿볼 수 있다. ─원주

려고 추진한 듯하다.*

그러나 녠쯔포 시대에 주족은 이미 소수의 상족 망명자를 받아들였으며, 동기만 매장하고 희생을 죽이지 않은 제사 현장도 있었다. 어쩌면 정저우 상성 말엽에 상족 가운데 일부 '살생하지 않는' 종교 개혁자들이 주족 사회에 들어오면서, 아울러 개량된 상제 개념을 함께 가져왔을 수도 있다. 다만 상고시대의 지난 일은 너무 막연하니, 세상에 전해지는 문헌으로 가장 결정적인 의의를 갖춘 이는 아무래도 문왕 주창일 것이다.

앞서 살펴본 서사시 「탕」은 첫머리에서 상제의 위엄과 숭고함을 칭송하면서, 그가 인간 세계를 주재한다고 했다. 그런 다음에 이미 상제의 보우를 받고 있는 문왕이 상 왕조를 고발하고 저주한다.

주족의 이런 서사시는 또 있다. 『시경』 「대아·황의皇矣」에도 주창이 개조한 상제를 기록했다.**

위대한 상제께서
인간 세계를 분명히 살피시네.
사방을 자세히 살피시어
백성의 고통을 구원하시네.
이 두 나라***는
정치가 민심을 얻지 못했지.

---

* 문왕의 아들 주공이 정치를 주관할 때에 이르러, 『시경』에 담긴 서사시는 형태가 정립된다. 이 '일신교一神教' 개혁에 문왕과 주공 가운데 누구의 창의성이 더 많이 담겨 있는가는 판별하기 어려우나, 신과 소통하는 데에 열중한 정도로 보면 많은 창의성은 문왕의 몫이라고 할 수 있다. ─원주

** 이하 「황의」의 해석은 저자의 설명을 토대로 한 것으로서, 기존의 일반적인 해석과는 다른 부분이 있을 수 있다.

*** 하나라와 은나라를 가리킨다.(일설에는 빈국豳國과 태국邰國을 가리킨다고도 함.) 한편, 마서진馬瑞辰의 『모시전전통석毛詩傳箋通釋』에서는 '이국二國'이 '상국上國'를 잘못 쓴 것이라고 했는데, 그렇게 되면 은나라만을 가리키게 된다.

저 천하 사방을

곧 연구하고 도모하셨지.

상제께서 살피시고

그 (은나라의) 규모를 미워하셨지.

이에 사랑하는 시선으로 서쪽을 돌아보시고

이곳 기주岐周에 편히 살게 하셨지.

皇矣上帝. 臨下有赫. 監觀四方. 求民之莫. 維此二國. 其政不獲. 維彼四國.

爰究爰度. 上帝耆之. 憎其式廓. 乃眷西顧. 此維與宅.

여기서 상제는 하늘나라에 살면서 인격의 특징이 풍부한 신령으로
서, 주족이 아직 빈-녠쯔포에 살고 있을 때 이미 하늘에서 대지를 두루 내
려다보고 각 나라 백성의 풍속과 정치 상황을 살폈다. 그런데 상나라를 포
함한 일부 국가의 질서가 어지러워서 혐오감이 생겼고, 그래서 서쪽으로
머리를 돌려 고공단보가 이끄는 공손하고 근면한 주족을 보고 그들을 보
우해주리라 결심하여, 주족이 복된 땅(주원)을 얻게 해주었다.

상제는 또 강원姜嫄과 후직, 고공단보, 계력을 전문적으로 보살펴주기
도 했으나,[360] 그와 가장 관계가 깊고 직접적으로 교유한 이는 오직 문왕
뿐이었다. 「황의」에서 상제는 여러 차례 주창을 만나 가르침을 내렸다.

상제께서 문왕에게 말씀하시길

내 도움을 저버리지 말고

내가 다른 이에게 베푼 것을 부러워 말고

(변함없이 경건하고 성실하다면) 먼저 뭍에 오르리라.

帝謂文王. 無然畔援. 無然歆羨. 誕先登於岸.

나아가 또 이렇게 가르쳤다.

상제께서 문왕에게 말씀하시길
나는 환한 덕*을 품고 있으나
큰소리로 생색 내지 않을 뿐이고
하나라의 혼란을 조장해 혁명이 일어나게 하지 않았다.**
(너는) 그것을 알지 못하니
상제의 법칙에 순응하라.
帝謂文王, 予懷明德, 不大聲以色, 不長夏以革. 不識不知, 順帝之則.

간단히 말해서 「황의」에 묘사된 상제는 숭고하고 고독한 존재로서,
오직 문왕만이 그와 소통하여 그의 지시를 받을 수 있다.

문왕의 이 '종교 혁신'을 통해 주족은 비로소 '상제'라는 외래의 새로
운 신을 이용, 강원의 임신으로부터 시작해 최근의 두 수령인 고공단보와
계력에 이르는 자신들의 역사를 개조했다. 그리고 이 전설들이 정식 문자
로 기록된 것은 응당 서주가 건립된 뒤다.

조악하고 누추했던 당시의 주족도 신령이 있어야 경외하고 복종하게
할 수 있었고, 나아가 상나라를 멸하는 이 극도로 위험하고 성공률도 낮은
사업에 투신하게 할 수 있었다. 강대한 상 왕조에서 온 새로운 신령은 분
명히 서부 사람들이 경외감을 느끼게 하기 더 쉬웠다. 중요한 것은 주창이
상제에 대한 해석 권리를 농단하여, 오직 자기만이 상제를 보고 그의 신령
한 지시를 받을 수 있다고 한 것이다. 상제를 대신해서 말하는 이 역할은
또 주창이 신성神性을 지니게 했고, 오직 이렇게 되어야만 상나라를 정벌하

---

* 저자의 설명에 따르면, 여기서 '환한 덕'은 삼라만상을 분명히 살피고 각기 상응하는 결과를 주는
것을 가리킨다.
** 이 두 구절은 일반적으로 "풍악과 여색(혹은 격한 말과 사나운 표정)을 중시하거나, 형구刑具와
무력에 의지하지 말라"라는 정도로 해석한다.

는 모험에서 주족이 충분한 믿음을 가지게 되는 것이었다.

주창이 상제를 새롭게 해석함으로써 또 한 가지 좋은 점이 있었다. 이것은 상족의 유서 깊은 신앙이었으므로, 상족 내부에서 호응하는 이들을 찾아 상족 귀족들의 호감을 얻기에도 유리했다는 점이다. 제을과 주왕은 '제帝'라고 자처하며 유아독존으로 상족 귀족들과 종실의 이익을 침해했고, 게다가 주왕은 늘 귀족을 죽여 제사에 바쳤으므로 상 왕조 고위층이 저마다 위기감을 품게 했다.

주창이 상제에 대해 많이 알게 된 것은 그가 은허에 있는 동안 상족 상류층, 특히 기자와 교유한 데에서 비롯되었을 가능성이 크다. 이들의 관념은 주왕과는 무척 달랐다. 『사기』에 따르면, 주나라가 상나라를 멸한 뒤에 기자는 무왕에게 상제의 세계 질서를 이야기한 적이 있는데, 무왕의 해석과 상당히 가까웠다.[361]

주창이 상족의 상제 개념을 주족에게 끌어들일 수 있었던 데에는 또 주족의 전통적인 어떤 신령 개념의 도움이 있었을 수 있다. 예를 들어 '하늘天'에 대한 숭배가 그것이다. 하늘은 대단히 직관적이니, 까마득히 높은 신령의 거처에 있어서, 아주 많은 초기 민족이 천신에 대해 숭배하고 제사를 지냈다. 이 때문에 주창이 상족의 상제 개념을 주족에게 끌어들인 뒤에, 그들의 서사시와 수령의 연설에서 상제는 '하늘天'과 상호 대체될 수 있는 개념이 되었다. 즉 상제가 바로 하늘이고 하늘도 상제인 것이다. 상제의 명령은 '천명天命'이고 상제의 관심이 바로 '천감天監'이었다.

은허에서 돌아오고 얼마 뒤에 주창은 처음으로 상제를 만나 그의 명령을 들었으니, 역사서에서는 그것을 '수명受命'이라고 부른다. 이것은 그가 왕으로 자처한 것과 같은 사건으로서, 주족이 정식으로 상 왕조와 동등한 지위에서 경쟁하기 시작했음을 나타낸다. 당연히 처음에는 극소수 내부자들의 범위에 한정될 수밖에 없었을 것이다. 어쨌든 주족은 아직 상 왕조와 공공연하게 결렬을 선언할 정도로 실력을 갖추지 못했으므로, 겉으로는 주창도 상 왕조 속국의 방백으로서 의무를 성실히 수행해야 했고, 자기에게 부과된 분량의 포로도 정기적으로 은허에 바쳐야 했다.

왕으로 자칭함과 동시에 주창은 자기에게 '문왕'이라는 존호尊號를 정해주었다. '문文'과 '무武'를 왕의 칭호에 쓰는 것도 상 왕조를 모방한 것이었다.[362] 『구약성서』에서 이스라엘의 장로 모세가 부족을 이끌고 애급埃及(이집트)에서 나온 뒤에 여러 차례 유대교 하느님을 직접 만나 지시를 받음으로써 이스라엘은 하느님이 약속한 백성이 되었고, 그 부족을 데리고 하느님이 허락한 땅으로 갔다. 문왕 주창도 은허에서 돌아온 뒤에 바로 상족의 상제를 보편적인 세상의 상제로 해석하고, 자기는 상제가 주족과 인간 세계에 대해 말한 바를 대신 전하는 대변인이 되었다.

신과 소통하는 이 두 사람은 모두 각자의 문명을 변화시켰다. 다만 모세는 하느님과 특정 부족에만 묶여 있었으나, 문왕은 상제와 특정 부족 사이의 연결을 풀어버렸다는 점에서 달랐다.

『역경』 속의 상나라 정벌 모략

상제의 허락이 있었더라도 문왕에게는 상나라 정벌 사업을 처리하기 위한 여러 가지 세부 사항이 필요했다. 『역경』에는 그가 심사숙고하고 계획한 몇 가지 내용이 들어 있다.

첫째, 주원에서 은허로 가려면 황허강을 건너야 하는데, 이것은 미래의 원정군에게 하나의 중대한 시험이었다.

주족이 활동하던 지역에서 가장 큰 강은 웨이수이강으로서, 그들은 거기에서 배를 이용하여 부교를 설치한造舟爲梁 적은 있으나, 황허강은 수량이 더 많고 폭도 넓어서 부교를 설치한다는 것은 실현 불가능한 일이었다. 『역경』 64괘에서 10개[363]의 괘사와 효사에 "큰 강을 건너는 데에 유리

하다利涉大川"라든가 "큰 강을 건너는 데에 불리하다不利涉大川"라는 말이 나
오니, 문왕이 황허강을 건너는 시기와 방법에 대해 줄곧 연구해왔음을 알
수 있다. 마지막 2괘 즉 「기제괘旣濟卦, ䷾」와 「미제괘未濟卦, ䷿」의 효사에는
또 "바퀴를 끈다曳其輪"라는 묘사가 들어 있으니, 바로 마차가 황허강을 건
너는 모습을 말한 것이다. 이것은 상족의 경험에서 유래한 것일 가능성이
크다.

    문왕은 주원과 은허를 왕래했고 또 주왕의 군대를 따라 남방을 원정
한 적이 있으니, 당연히 상나라 군대가 황허강을 건너는 모습을 본 적이
있을 것이다. 당시의 배는 아직 비교적 작았으므로 마차를 운송하기 어려
웠다. 그러므로 「기제괘」 초구효 효사에 들어 있는 '바퀴를 끈다'라는 말은
아마 이런 뜻일 것이다. 우선 마차 위에 목재를 묶고 나서 뒤쪽에 말을 매
어서, 마차가 뗏목처럼 떠서 황허강을 건너게 하는 것이다. 그리고 "그 꼬
리를 적신다濡其尾"라는 말은 마차가 황허강을 건널 때, 말의 꼬리가 물에
잠겨 젖는 모습을 말한 것이다. 「기제괘」의 상륙효와 「미제괘」의 상구효에
는 또 "그 머리를 적신다濡其首"라는 묘사가 있으니, 이 역시 말이 황허강을
건너는 일을 말한 것이다.

    뗏목을 이용하거나 그냥 건너는 것 외에 문왕은 또 다른 가능성을 고
려했다. 즉, 겨울에 황허강이 얼어붙었을 때 건너는 것이다. 「곤괘」 초륙효
에 대한 효사는 다음과 같다.

    서리를 밟으니, 단단한 얼음이 이른다.
    履霜, 堅冰至.

    다만 문왕의 시대에 기후는 아직 비교적 온난하고 습해서 황허강 하
류가 얼어붙을 가능성은 그다지 크지 않았고, 설령 얼더라도 사람과 말의
무게를 견디기는 어려웠을 것이다. 이 때문에 문왕은 산베이陝北로 길을 잡

아서 얼어붙은 화이허강을 건넌 뒤에, 산시山西로 넘어가 은허를 원정하는 방법도 고려했다.

둘째, 주족의 규모는 아주 작아서 자체의 역량만으로 방대한 상 왕조에 대항할 수는 없었으므로, 최대한 많은 동맹군을 쟁취해야 했다.

『역경』의 「건괘蹇卦, ䷦」는 「해괘解卦, ䷧」와 짝을 이루는데, 그 내용은 모두 사자를 파견하여 서남부의 맹우와 연락하는 일과 관련되어 있다. 「건괘」의 괘사에서는 "서남쪽은 유리하고 동북쪽은 불리하다利西南, 不利東北"라고 했고, 「해괘」의 괘사에서는 "서남쪽이 유리하다利西南"라고 했다.

주원에서 보면 은허는 동북쪽에 있었고 서남쪽 즉, 지금의 산시陝西성 한중漢中과 간쑤성 룽시隴西, 쓰촨성 지역은 많은 토착 부족이 있었으므로, 문왕의 중점적인 쟁취 목표였다. 그러므로 곤괘의 괘사에는 "서남쪽에서 벗을 얻고 동북쪽에서 벗을 잃는다西南得朋, 東北喪朋"라는 말이 들어 있다. 나중에 무왕이 상나라를 멸할 때, 동맹군 가운데는 확실히 촉蜀과 모髳, 미微, 노盧, 팽彭, 복濮 등의 서남부 부족이 들어 있었다.

이외에 동북 지역과 서남 지역의 전망을 비교한 내용도 모두 이들 3괘의 효사가 아니라 괘사에 나오는데, 이것은 이 문제가 문왕에게 특별히 중요했음을 말해준다.

셋째, 중요한 관건이 되는 군사적 책략 가운데 하나가 "정찰초소를 세우는 것이 유리하다利建侯"라는 것이었다.[364]

'후侯'의 갑골문 글자 형태는 망루의 초소 안에 들어 있는 화살 하나인데, 거기에는 두 가지 의미가 들어 있다. 하나는 군대가 파견한 정찰초소이고, 다른 하나는 왕조를 위해 변방을 지키는 임무를 가진 제후국이라는 뜻이다. 『역경』에서 '제후를 세운다'라는 말은 응당 첫 번째 의미일 것이다. 「예괘豫卦, ䷏」의 괘사에는 이런 내용이 들어 있다.

정찰초소를 세우고 군대를 행진하는 것이 유리하다.

利建侯行師.

'정찰초소를 세우고' '군대를 행진하는' 일이 연이어 언급되었으니, 분명히 행군할 때 척후를 파견하여 정찰한 것을 가리킨다.

문왕은 또 상족의 전쟁 기술을 관찰하고 배웠던 적이 있다. 예를 들어 「사괘師卦, ䷆」는 주로 문왕이 주왕을 따라 남방의 오랑캐를 원정한 일을 기록하고 있는데, 그 가운데 초륙효에는 "군대가 규율을 지켜 출정했다師出以律"라는 구절이 들어 있다. 이것은 상 왕조의 대규모 병력이 전투한 경험으로서, 이전에 주족은 단지 부락 규모의 전투만 경험했을 뿐이므로 세력을 키우는 과정에서 상 왕조의 군대 편제編制와 관리 방법을 배워야 했다.

넷째, 문왕은 상나라의 청동 주조 기술을 주원에 끌어들이려고 시도했다.

『역경』의 「몽괘蒙卦, ䷃」에는 문왕이 은허에서 상나라 상류층과 교류한 일을 기록했는데, 그 가운데 육삼효의 효사는 다음과 같다.

쇠를 다루는 사내를 만났는데, 겸손하지 않으면 이로움이 없다.
見金夫, 不有躬, 無攸利.

'쇠를 다루는 사내金夫'는 구리 주조 기술자를 가리킬 수 있으니, 이 효사는 문왕이 직접 이 기술자를 만나러 가는 데 겸손하지 않으면 이로움을 얻지 못하리라는 뜻이다. 그러므로 문왕이 은허에서 행했던 이와 유사한 활동들이 주족의 성장과 확대에 모두 중요한 작용을 했음을 알 수 있다.

'나는 새飛鳥'는 적을 가리킨다

『역경』에는 또 새에 관한 기록이 여러 차례 나타나는데, 내용이 모두 조금 괴이하다.

예를 들어 「소과괘小過卦, ䷽」는 다음과 같다.

제사를 지내고 점을 치니 이롭다. 작은 일은 할 수 있으나, 큰일은 할 수 없다. 나는 새가 소리를 남겨 전하는데, 위로 향하지 않고 아래로 향한다면 크게 길하다.

亨. 利貞. 可小事, 不可大事. 飛鳥遺之音, 不宜上, 宜下. 大吉.

초륙: 나는 새가 있으면 흉하다.

初六: 飛鳥以凶.

육이: 조상에게 잘못을 저지르고 죽은 어미妣를 만난다. 그 군주는 따라 잡지 못하고 그 신하를 만나니, 재앙이 없다.

六二: 過其祖, 遇其妣. 不及其君, 遇其臣. 無咎.

구삼: 잘못을 저지르지 말고 방비하다. 방종하게 두거나 죽여버리면 흉하다.

九三: 弗過, 防之. 從或戕之. 凶.

구사: 재앙이 없다. 잘못을 저지르지 않으면 그것을 만난다. 가게 되면 사나운 일이 있으니 반드시 경계해야 한다. 점을 치니 오래 사용하지 말라고 한다.

九四: 無咎, 弗過, 遇之. 往厲, 必戒. 勿用永貞.

육오: 구름이 빽빽한데 비가 내리지 않는 상태가 우리 서쪽 교외에서
시작된다. 어른☆(문왕)이 주살을 써서 구멍 안에 있는 그것(새)을 잡
는다.

六五: 密雲不雨, 自我西郊. 公弋, 取彼在穴.

상륙: 만나지 못하면 잘못을 저지르는 것이니 나는 새를 만나게[365] 되
어 흉하다. 이것을 일컬어 재앙의 징조라고 한다.

上六: 弗遇, 過之, 飛鳥離之, 凶, 是謂災眚.

'나는 새'에 대한 문왕의 기괴한 태도는 응당 상족의 새 숭배와 관련
이 있을 것이다.

> 하늘이 검은 새에게 명하여
> 내려가 상商 즉 설을 낳게 했지.
> 天命玄鳥, 降而生商.(『詩經』「商頌·玄鳥」)

상족은 새가 자기들을 보호하는 신이자 상제에게 정보를 전하는 사
자라고 여겼으므로, 갑골복사의 기록에서 상나라 왕은 늘 가축과 인간 희
생을 이용해 '새'에게 제사를 바쳤다. 이것은 상나라를 정벌하려는 생각
을 품은 문왕에게 의심과 두려움을 주어서, 나는 새를 흉험한 신호라고 여
겼을 것이다. 이른바 '나는 새가 남겨 전하는 소리飛鳥遺之音'는 바로, 새들이
자기의 역모 행위를 발견해서 어떤 방식으로 주왕에게 전하지 않을까 염
려하는 것이었다.

나는 새가 상나라 왕의 이목이자 한패라면, 주창은 나는 새를 쏘아 사
냥하는 것과 같은, 재앙을 제거하는 술법을 채용해야 했다. 이 괘에 들어

있는 "어른公(문왕)이 주살을 써서 구멍 안에 있는 그것(새)을 잡는다"라는 말 외에도 『역경』에는 활로 새를 쏘아 잡은 기록이 여러 군데에 있다. 「해괘」 상륙효의 효사는 다음과 같다.

> 어른(문왕)이 높은 담에 있는 새매를 활로 쏘아 잡으니, 모든 게 이롭다.
> 公用射隼於高墉之上, 獲之, 無不利.

'공公'은 주족의 말로서, 『역경』에서 '공'은 분명히 문왕 본인이나 주족의 선군先君이다. 그리고 '새매를 활로 쏜' 것은 상당히 무술巫術의 색채가 강하다. 새매는 작은 맹금류로서 식용의 가치가 없으므로, 일반적으로 사냥의 대상이 아니기 때문이다. 문왕은 자기의 용맹한 모습을 묘사하려고 시도한 적이 없이 줄곧 문덕文德을 강조했으니, 이것은 스스로 정한 존호가 '문왕'이라는 데에서도 그 일면을 엿볼 수 있다. 그러므로 높은 담 위의 새매를 쏘는 행위는 일종의 무술로 마법魔法에 대항하는 행위일 가능성이 있으며, 그 목적은 '나는 새가 있으면 흉한飛鳥以凶' 초자연적 힘을 제거하려는 데에 있다.

"어른(문왕)이 높은 담에 있는 새매를 활로 쏘았다公用射隼於高墉之上"라는 문장에서 '용用'자는 상당히 의미심장한데, 여기서는 '이런 술법을 이용했다'라고 풀이할 수 있을 듯하다. 이 '용用'자가 없다면 이 효사는 하나의 서사이자 진술일 뿐이지만, 이 글자가 있음으로써 그것은 간단한 사실의 기록만이 아니라, 무술의 실시 방법과 효능에 대한 기록으로서 의미를 함유하게 되기 때문이다.

새와 관련된 또 하나의 괘는 「여괘旅卦, ䷷」인데, 그 효사에 기록된 것은 주로 여행 도중에 일어난 갖가지 괴이한 사건으로서 예를 들면, 여관에 화재가 일어나거나 하인이 도망치고, 가져간 대물을 잃었다가 다시 찾는 것 등이다. 그 가운데 육오효의 효사는 다음과 같다.

꿩을 쏘아서 화살 하나를 잃었다. 결국에 그로 인해 명예를 얻게 된다.
射雉, 一矢亡. 終以譽命.

여기서 앞쪽 두 구절은 쉽게 이해할 수 있으나, '결국에 그로 인해 명
예를 얻게 된다'라는 구절은 대단히 난해하다. 꿩은 쉽게 만나는 사냥감이
고, 꿩을 쏘다가 화살 하나를 잃는 것도 흔한 일이다. 다만 그다음 상구上九
의 효사는 달라진다.

새가 그 둥지를 태우니 나그네가 먼저 웃었다가 나중에 통곡한다. 유역
씨에게 소를 잃는다. 불길하다.
鳥焚其巢, 旅人先笑後號咷. 喪牛於易. 凶.

앞서 살펴보았듯이 '유역씨에게 소를 잃은' 일은 상나라의 죽은 군주
인 왕해王亥에 관련된 유명한 이야기이고, 게다가 역대 상나라 왕들이 왕해
에게 제사를 지낸 일을 기록한 갑골복사에 들어 있는 '해亥'자의 형상에 모
두 새 1마리가 들어 있다. 이로 보건대 왕해에게는 어떤 조신鳥神의 요소가
있을 가능성이 크니, '새가 그 둥지를 태웠다'라는 구절은 바로 왕해의 비
극과 호응한다. 나그네가 먼저 웃었다가 나중에 통곡한 것은 왕해가 역 땅
에서 살해당한 비극의 한 토막인 듯하다.
　요컨대, 이런 괘사와 효사 이면에 숨겨진 것은 응당 문왕이 '나는 새
가 있으면 흉한' 일을 제거하려는 술법을 찾아 상 왕조에 치명적인 일격을
가하려고 시도했다는 사실일 것이다.

「명이괘」 속의 기자

『역경』에서 「명이괘明夷卦, ䷣」도 새와 관련이 있다. '명이'라는 괘의 이름은 난해하지만, 그 괘상은 아래에 이괘離卦, ☲가 있고 위에 곤괘坤卦, ☷가 있어서 땅 아래에 불이 있으니, '날이 밝아오기 전의 어둠'과 비슷하다. 괘사는 아주 간단하다.

명이괘는 간난艱難을 점치는 데에 유리하다.
明夷, 利艱貞.

예를 들어 명나라가 멸망한 뒤에 청나라의 신하가 되고 싶지 않았던 황종희黃宗羲는 『명이대방록明夷待訪錄』이라는 책을 썼는데, 글자에 담긴 뜻은 대체로 참다보면 전기轉機가 생길 것임을 나타낸다.

초구: 나는 새가 오랑캐를 발견하고 날개를 늘어뜨렸다. 길을 가는 군자는 사흘 동안 먹지 못한다. 느긋하게 (멀리) 가니 주인이 무슨 말을 한다.
初九: 明夷於飛, 垂其翼. 君子於行, 三日不食. 有攸往, 主人有言.

육이: 오랑캐를 발견했는데, 왼쪽 넓적다리에 상처가 있어서 건장한 말을 타고 구했다. 길하다.
六二: 明夷, 夷於左股, 用拯馬壯. 吉.

구삼: 남방에서 사냥하다가 오랑캐를 발견하여 중요 인물의 수급을 얻었는데, 점을 치니 빨리 처리할 수 없다고 했다.
九三: 明夷, 於南狩, 得其大首. 不可疾貞.

육사: 왼쪽 배로 들어가 오랑캐의 심장을 얻게 되고 마당을 나온다.

六四 : 入於左腹, 獲明夷之心, 於出門庭.

육오: 기자가 오랑캐를 발견했는데, 점을 치니 이롭다.

六五 : 箕子之明夷, 利貞.

상륙: 날이 밝지 않아 어둡다. 처음 하늘에 올랐다가 나중에 땅으로 들어간다.

上六: 不明, 晦. 初登於天, 後入於地.

이 괘의 내용은 대단히 은밀하고 난해한데, 그 가운데 가장 괴이한 내용은 효사에 들어 있다.

초구효는 분명히 어떤 새에 관한 것이다. '어비於飛'라는 말은 『시경』에서도 10여 차례 나타나는데, 모두 봉황이나 꾀꼬리黃鳥, 해오라기鷺, 기러기鴻鴈 등의 새와 관련이 있다.

육사효는 무언가 새의 왼쪽 배로 들어가 그 심장을 얻을 수 있었음을 말한 것일 수 있다. 이것은 문왕이 상 왕조 내부에 끈이 있어서 주왕의 동태를 파악할 수 있었음을 암시한 것인지도 모른다.

육오효를 보면, 문왕이 상 왕조 내부에 둔 끈이 바로 기자라고 말하는 듯하다. 처음에 주창이 주왕을 알현하고 은허로 들어갈 수 있도록 허락받은 것은 바로 기자 때문이었다. 역사서에 기록된 주왕에 대한 기자의 불만과 상나라를 정벌하려는 주창의 목표 사이에 일정하게 겹치는 부분이 있음을 고려한다면, 어쩌면 주창이 은허에 있는 동안에 두 사람이 이미 은밀하게 내통하고 있었을 수도 있다.

초구효의 앞쪽에서도 상 왕조를 은유하는 새를 이용했는데, 그것이

날고 있으나 이미 날갯짓할 힘이 없다고 했고, 뒤쪽에서는 군자(주창 또는 그의 친우)가 서둘러 길을 가느라 사흘 동안 밥도 먹지 못할 정도로 순조롭지 못해서 주인이 무척 원망했다고 했다. 이것은 기자가 은허에서 비밀 편지를 보낸 일을 얘기한 듯하니, '주인'은 상나라 주왕을, '사흘 동안 먹지 못한' 이는 편지를 진달하느라 고생한 사람을 가리키는 듯하다. 은허에서 주원까지의 여정이 사흘에 그치지 않는다는 점을 고려하면, 여기서는 그저 밥을 먹지 못한 날의 수만을 말한 것일 수도 있다.*

구삼효에서 말한 '남방의 사냥南狩'은 주창이 주왕을 따라나선 원정에 대한 기록이며, 당시에는 기자도 참가했을 가능성이 크다.

상륙효 역시 새에 관한 내용이다.

전체적으로 보면, 「명이괘」의 효사들은 무척 은밀하고 난해하며, 상나라 정벌 사업과 관련이 밀접할수록 그 어휘가 은밀하게 숨겨져 있다.

상 왕조 상류층에 있는 문왕의 끄나풀은 기자만이 아니었을 것이다. 앞서 살펴보았듯이 소달기蘇妲己와 왕자 무경武庚도 있었을 테지만, 『역경』에는 그들의 이름이 전혀 나타나지 않으며, 적어도 공공연히 나타나지는 않는다. 이 역시 문왕이 후세 사람들은 알아볼 수 없는 은어隱語로 그들을 대신 칭했기 때문일 가능성이 있다. 기자에 비해 소달기와 무경은 더욱 비밀을 지켜야 할 이들이었다.

현대인의 관점에서 보면, 문왕 주창이 상나라를 정벌하기 위해 추단하고 연역한 '이론'은 어쩌면 다음과 같은 세 측면으로 나눌 수 있을 듯하다.

첫째, 종교적 측면 즉, 상족의 '상제' 개념을 새롭게 해석하여 이용한 것이다. 문왕은 유대교의 모세나 이슬람교의 마호메트처럼, 부족의 정치적 수령이자 신의 뜻을 전달하는 사람이라는 이중의 직능을 겸했다.

---

* '三日不食'은 그저 '여러 날 동안 밥을 먹지 못했다'라고 일반적으로 이해해도 될 듯하다.

둘째, 무술적 측면 즉, 『역경』에서 상 왕조에 대해 시행한 갖가지 저주와 영사影射, 재앙을 제거하는禳解 술법들이다. 상고시대 초기에 이런 행위는 종종 종교와 혼합되어 있었으므로 구분하기가 쉽지 않다.

셋째, 이성적 측면 혹은 세속적 측면으로서, '부국강병'을 위한 갖가지 책략과 군대를 운용하는 전술이다.

다만 이것은 '현대'의 입장에서 분류한 것일 뿐, 상고시대에는 인간 세상에 신권神權이 충만하고, 무술巫術이 지식과 뒤섞여 있었으므로, 이들 셋 사이에는 분명한 경계선이 전혀 없었다. 자기와 상대방이 모두 신령한 무술이 현실을 바꿀 수 있다고 믿는다면 그것들은 정말 현실을 변화시킬 수 있을 것이며, 게다가 인식 수준에서도 주나라와 주왕의 상 왕조 사이에 본질적인 차이가 없었다. 심지어 상족이 귀신 세계에 빠져 있는 정도는 주족보다 더했다.

이와 마찬가지로, 은허의 것이든 주원의 것이든 간에, 갑골복사에서 많은 상용자常用字를 식별할 수 있으며, 심지어 각 구절의 뜻도 대체로 판단할 수 있다. 다만 그들이 왜 그래야 했는지, 왜 그렇게 생각해야 했는지를 확실히 알 수는 없다. 어쨌든 그들의 입장에서 느끼고 이해하기는 곤란하기 때문이다.

그 시대에 인간은 귀신을 만들어 귀신의 주재에 농락당했으나, 또 점차 달갑지 않다는 생각을 품게 되었다. 이것은 이미 완전한 신화시대가 아니라 '문명'의 모든 요소를 갖추고 있었다, 비록 이 '문명'은 여전히 피에 얼룩진 채 공포 속에서 몸부림치고 있었지만.

문왕의 확장 역정

『사기』「주본기」에는 이렇게 기록되어 있다.

서백이 남몰래 선행하자 제후가 모두 와서 공평하게 판결해달라고 했다. 이에 우虞나라와 예芮나라에서 해결하지 못한 옥사獄事가 있어서 주나라로 갔다. 그 경계에 들어서자 농사짓는 이들이 모두 논밭의 경계를 양보하고 민간 풍속이 모두 어른에게 양보했다. 두 나라 사람들은 서백을 만나기도 전에 모두 부끄러워서 서로 이렇게 말했다.

"우리가 다투는 바를 주나라 사람들은 부끄럽게 여기니, (서백에게) 가본들 무엇하겠는가? 그저 치욕만 얻을 뿐이지."

이에 돌아가서 모두 양보하고 떠났다. 제후가 그 소식을 듣고 이렇게 말했다.

"서백은 아마도 천명을 받은 군주로구나."

西伯陰行善, 諸侯皆來決平. 於是虞芮之人有獄不能決, 乃如周. 入界, 耕者皆讓畔, 民俗皆讓長. 虞芮之人未見西伯, 皆慙, 相謂曰, 吾所爭, 周人所恥, 何往爲, 祇取辱耳. 遂還, 俱讓而去. 諸侯聞之, 曰, 西伯蓋受命之君.

물론 앞서 살펴본 것처럼 이런 도덕적 색채가 지나친 이야기는 전혀 진실이 아니다. 이 일은 『시경』「대아·면綿」에는 단 1구절로만 나타나 있을 뿐이다.

우나라와 예나라가 인질을 보내니*
문왕이 그들의 성정性情을 감동시켰지.
虞芮質厥成, 文王蹶厥生.

이 작은 두 나라는 응당 주나라의 동맹이나 속국이 되고 싶어서 주나

---

* 원문의 '質厥成'은 보통 공평하게 판단을 내려달라고 했다는 뜻으로 풀이한다.

라에 인질을 파견했다. 후세의 주석가들은 이 두 나라가 황허강의 큰 굽이 大拐彎 안쪽, 지금의 산시山西성 남부에 있었다고 여겼다. 그러니까 그들은 서쪽으로 황허강을 건너야 관중 땅에 진입할 수 있었다. 그렇다면 상족 혈통이 아닌 토착의 작은 나라-부락이 왜 이처럼 주나라와 문왕을 중시했을까? 이와 관련해서는 당시의 주나라가 실력은 아직 강대하다고 할 수 없어서, 라오뉴포의 숭국이나 진난晉南 지역에 있는 상족의 제후국에 훨씬 미치지 못했다는 사실을 알아야 한다.

그러므로 공포로 가득 차고 친화력이 부족한 상 문화로 인해, 서부의 작은 나라들은 상 왕조의 제후국에 대해 경원시할 수 있을 뿐이므로, 영도자의 자격을 가진 서부 본토의 인물을 추대하려는 경향이 강했다. 게다가 문왕은 이미 토착 부락들이 보편적으로 신봉하는 천신天神과 같은 자연신과 상족의 상제를 결합하여 자기가 상제와 교류할 수 있다고 선전했고, 또 점복과 역점에 뛰어났으니, 야만스럽고 황량했던 상고시대 부락의 장로들에게 틀림없이 지극히 큰 영향력을 발휘했을 것이다.

이외에 우나라에 대해서 어떤 학자는 문왕의 백부 태백泰伯과 우중虞仲이 부족에서 나간 뒤에 건립한 것이라고 여기기도 한다.[366] 그게 사실이라면 이미 반세기 동안 분열되어 있던 주족이 다시 연합하기 시작했다는 뜻이다. 그뿐 아니라 실력을 확대하기 위해 주나라는 근처의 복종하지 않는 작은 나라들을 병탄하기 시작했다.

> 이듬해에 견융犬戎을 정벌하고, 그 이듬해에는 밀수密須를 정벌했으며, 또 이듬해에는 기국耆國을 격파했다. 은나라의 조이祖伊가 그 소식을 듣고 두려워서 주왕에게 고하자, 주왕이 말했다.
> "천명이 없었는데, 이게 어찌 가능한 일이겠는가!"
> 이듬해에 우邘를 정벌하고, 그 이듬해에 숭후호를 정벌했다. 그리고 풍읍豐邑을 지어 기산 아래에서 풍읍으로 도읍을 옮겼다. 이듬해에 서백

이 죽고 태자 주발이 즉위했으니, 이 사람이 바로 무왕이다.

明年, 伐犬戎. 明年, 伐密須. 明年, 敗耆國. 殷之祖伊聞之, 懼, 以告帝紂.
紂曰, 不有天命乎, 是何能爲. 明年, 伐邗. 明年, 伐崇侯虎. 而作豐邑, 自岐
下而徙都豐. 明年, 西伯崩, 太子發立, 是爲武王.(『史記』「周本紀」)

당시 문왕의 아들들은 다들 성인으로 성장해서 전방을 정벌하는 데
에 주요한 사령관이 되었고, 문왕은 신과 소통하고 점복을 치는 능력을 활
용하여 지도했다.

이제 문왕의 확장 역정을 간략히 살펴보자.

첫째, 천명을 받은 이듬해에 견융을 정벌했다.

융인戎人은 대부분 강성姜姓으로서 주족과는 먼 친연 관계가 있었으니,
이 견융 지파도 주원과 멀지 않은 곳에 있었을 것이다.

둘째, 천명을 받고 3년째 되던 해에 밀수국 또는 밀국密國을 정벌
했다.

밀密 땅은 지금의 산시陝西성 링타이靈臺현 즉, 주원에서 서북쪽의 산지
에 있었다. 주석가들의 설명에 따르면, 그것은 길성姞姓의 나라로서 역시
서부의 토착 부락이었으며, 애초에 주족의 시조 후직이 아내로 맞은 이도
바로 길성의 여자였다. 결국에 밀국은 문왕에게 정복당해 겸병되었다. '문
왕 저택'의 갑골복사에는 밀국이 여러 차례 등장하는데, 예를 들어 어느
가을에 문왕이 서쪽으로 밀 땅에 가서 그곳에 성을 쌓으려고 준비했다.

이번 가을에 왕이 서쪽을 정벌하여 밀 땅으로 갔다. 왕이 밀 땅의 산에
가자, 여기에 성을 쌓았다.

今秋, 王西克往密. 王其往密山. 密斯城.

『시경』「대아·황의皇矣」에는 이에 대한 묘사가 상당히 많은데, 대체적

인 뜻은 먼저 주나라와 밀국 사이에 어떤 분쟁이 일어나서 밀국이 먼저 공격해 주나라 영지를 침입하자, 진노한 문왕이 가지런히 정돈된 군대를 조직해爰整其旅 맞서 싸웠다는 것이다. 이것은 아마 은허에서 돌아온 뒤에 주창이 처음 상 왕조의 군대 편제를 모방해 전투를 벌인 것인 듯하다.

밀 지역을 점령하는 데에 성공하자 문왕의 믿음이 대대적으로 늘어났다. 보아하니 상제는 확실히 자기를 지지하니, 온 천하가 주나라 왕에게 신하로 복종할 듯했다. 「황의」에서 노래했듯이, '만방의 모범이자 백성의 왕萬邦之方, 下民之王'이 되는 것이었다.

셋째, 천명을 받고 4년째 되던 해에, 기국耆國 즉 여국黎國을 멸망시켰다.

후세 주석가의 설명에 따르면, 여국은 지금의 산시山西성 창즈長治 부근에 있었다. 근래에 이 지역에서 계속 출토되고 있는 상나라 때의 청동기를 보면, 문왕 시대에 이곳에 상 왕조의 제후국 가운데 하나가 있었을 가능성이 크다.

여국은 은허에서 그다지 멀다고는 할 수 없으나 중간에 타이항산이 있으므로, 당시 문왕이 정벌한 곳이 창즈 지역이라면 많은 난해한 점이 생겨난다.

우선 주원에서 거리가 너무 멀고, 중간에 거쳐야 할 상나라 제후국이 하나만이 아니라는 점이다. 우선 라오뉴포의 숭국이 있고, 동쪽으로 황허강을 건넌 뒤에도 남북으로 일직선을 이루고 있는 3개의 상나라 제후국—유적지는 각기 원시聞喜 주우터우酒務頭와 푸산浮山 차오베이橋北, 링스靈石 징제旌介에 있음—이 있었다. 이 때문에 문왕이 대담하게 그 가운데 어느 하나라도 정벌하려 하면, 나머지 제후국들이 좌시하지 않았을 게 분명하다.

또 설령 여국이 상 왕조의 체계에 속하지 않은 그저 하나의 토착 방국에 지나지 않아서, 그곳으로 가는 도중의 상나라 제후국들이 주나라 군대

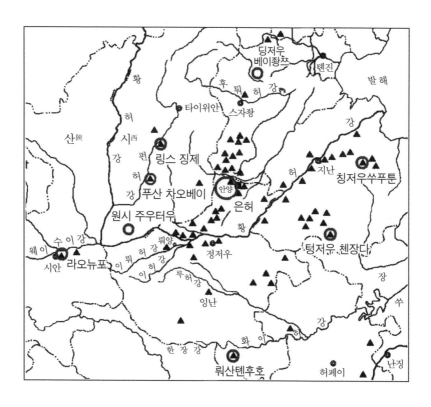

주왕 시대 상 왕조의 세력 범위(동그라미로 표시한 곳은 상나라 말엽의 상나라 제후국과 비교적 큰 식민지임)[367)]

에 간섭하지 않더라도, 정복하고 난 뒤에도 그 땅은 주족에게 아무 쓸모가 없었다. 어쨌든 이곳은 주나라와 연계하기에 거리가 너무 멀고, 연계하더라도 너무나 취약했기 때문이다.

또 『사기』 「주본기」에는 문왕이 기국―『사기』 「은본기」에서는 '기饑'라고 썼고, 『상서』 「서백감려西伯戡黎」에서는 '여黎'라고 썼음―을 멸함으로 인해 상나라 대신 조이祖伊의 두려움을 유발해서 주왕에게 경고하게 했다고 기록했다. 물론 『사기』에서 조이가 강조한 것은 주왕의 도덕적 타락이 갖가지 혼란을 유발했다는 점이었지, 주나라가 위협이 된다는 것은 전혀 아니었다. 주왕이 지금 지나치게 방종하고 잔혹하여 스스로 죽을 길을 찾고 있으니, 하늘의 신이 이미 상 왕조를 포기하여 보우하지 않고 있으며, 백성은 모두 이 시대가 왜 아직 끝나지 않는지 원망하고 있다는 것이다. 그러나 주왕의 대답은 후세의 명언이 되었다.

"내 생애에서, 운명은 하늘에 달린 게 아니던가!"

조이와 주왕의 문답에서는 모두 주나라가 여국을 멸한 위협을 언급하고 있지 않으니, 이것은 분명히 현실과 동떨어진 도덕적 서사의 일종이다. 다만 한 가지는 아주 명확하다. 그런 가정의 이면에는 주나라가 여국을 멸망시킨 것이 상 왕조에 대한 공공연한 배반이며, 지극히 큰 위협이라는 사실이다.

넷째, 천명을 받고 5년째 되던 해에 우국邗國을 멸망시켰다.

주석가들은 우국이 지금의 허난성 친양沁陽시, 그러니까 타이항산 남쪽 기슭, 황허강 북안에 있었다고 했다. 그곳은 이미 상 왕조의 한복판으로서 은허와 겨우 200킬로미터 남짓 떨어져 있을 뿐이며, 게다가 산이나 강의 험한 지형이 없어서 말이 마음껏 달릴 수 있는 평지다. 정상적인 논리에 따르면, 주나라가 이곳을 점령하든 아니면 이곳에 있던 상나라 제후국을 멸망시킨 후 온전히 물러가든 간에, 상 왕조로서는 어느 것도 용인할 수 없는 일이었다. 그런데 역사서에서는 주왕이 여전히 마음이 동요하지 않았다고 했다.

후세 사람으로서는 참으로 이해하기 어려운 게 상 왕조의 마지막 몇 년 동안 주왕이 대체 어떤 상태였느냐는 것이다. 그는 왜 주나라의 이처럼 기세등등한 확장 태세에 아무런 반응도 하지 않았던 것일까? 이것은 천고의 수수께끼인 듯한데, 더욱이 이 무렵의 역사를 복원하려 하면 더욱 터무니없고 인정과 도리에 어긋난다는 느낌이 들게 된다.

『제왕세기』에 기록된 야사에서는 주왕과 달기가 모두 음주를 즐겼는데, 한 번은 궁중에서 며칠 동안 계속 폭음하며 즐기고 나서 겨우 깨어난 주왕이 그날의 날짜조차 몰랐고, 이미 며칠이 지났는지 잊어버려서, 기자에게 사람을 보내 물어야 했다고 기록했다.

주왕 말기의 정치적 혼란은 그가 다른 부족과 오랑캐 출신을 중용했던 것과도 관련이 있을 수 있다. 『사기』「은본기」에 따르면, 주왕 말기에 가장 중용한 사람은 비중費中과 비렴蜚廉, 악래惡來 부자父子였다고 했다.

> 그리고 비중을 임용하여 정치를 맡겼는데, 비중은 아첨을 잘하고 이익을 좋아하여 은나라 사람들이 친하게 지내지 않았다. 주왕은 또 악래를 임용했는데, 악래는 비방과 참소를 좋아하고 제후들이 이 때문에 더욱 소원해졌다.
> 而用費中爲政, 費中善諛, 好利, 殷人弗親. 紂又用惡來, 惡來善毁讒, 諸侯以此益疏.

그들은 모두 비씨費氏 부족의 성원으로서, 그 부족은 지금의 산둥성 남부의 페이費현 일대에 있었을 것이다. 페이현 땅은 동남부 오랑캐 지역에 속하며, 주왕은 여러 차례 이곳에 병력을 파견했다. 상나라 말엽의 텅저우滕州 쳰장다前掌大 방국 즉, 사씨史氏의 설국薛國이 바로 페이현에서 서쪽으로 10킬로미터 떨어진 곳에 있었다.

전하는 바에 따르면, 비씨의 선조는 '조속씨鳥俗氏'로서 '새의 몸뚱이를 하고 사람의 말을 하는鳥身人言' 조상이 있었다고 하니, 이것은 새를 숭배했음을 나타내는 것으로서, 그들이 상족과 문화적으로 같은 원천을 가지고 있었음을 말해준다. 『사기』「진본기秦本紀」에 따르면, 서주 시기에 이르러 악래의 후예는 주나라에 의해 여러 차례 거주지를 옮겨서 결국에 룽시隴西 지역에 정착했고, 거기서 훗날의 진족秦族과 진秦나라가 파생되었다. 다만 상나라 말엽에 그들은 아직 이주를 경험하지 않은 동이東夷 지역의 토착민이었다.

보아하니 주왕이 동남쪽 오랑캐를 정복하는 기간에 일부 오랑캐 부락의 수령이 그에게 신뢰를 얻은 듯했다. 『사기』「은본기」에 따르면, 악래는 남을 비방하는 짓을 잘해서 제후들이 주왕과 더욱 소원해지게 했다고 한다. 어쩌면 이것도 주족이 거리낌 없이 상 왕조의 세력을 정벌할 수 있었던 원인 가운데 하나일 것이다.

결론적으로 주족의 세력이 팽창함에 따라, 갈수록 많은 상족과 조정의 귀족들이 주족에게 의탁하기를 바라게 되었을 것이다. 그들은 어쩌면 주족이 반란을 일으킨 틈에 주왕을 몰아내고 정상적인 새 왕을 옹립하면, 상 왕조가 지난날의 정상적인 궤도로 돌아갈 수 있으리라 생각했을 수도 있다.

라오뉴포-숭국의 멸망

문왕이 천명을 받고 6년째 되던 해에 숭후호의 숭국을 멸망시켰다.

서사시 「황의」에서 숭국은 상제의 저주를 받았고, 상제는 문왕에게 공격을 명령했다.

상제가 문왕에게 말했다.

"너희 동맹의 방국에 문의하고

너희 형제의 나라와 연합하라.

성에 오를 갈퀴鉤援와

망루 달린 수레 임臨과 성벽을 쳐서 무너뜨릴 수레 충衝을 가지고

숭국의 성벽을 공격하라!"

帝謂文王, 詢爾仇方, 同爾兄弟, 以爾鉤援, 與爾臨衝, 以伐崇墉.

문왕이 평생 세운 전공戰功 가운데 숭국을 멸망시킨 전투가 가장 상세하게 칭송되었다.

계속해서 포로를 잡고

느긋하게 적의 귀를 베지.

이에 출정하며 유제類祭와 마제禡祭 지내고

숭국의 백성 투항 받아 안무按撫하니

사방에서 우리를 모욕할 수 없지!

임차臨車와 충차衝車는 너무나 강성强盛하고

숭국의 성벽은 까마득히 높구나!

이제 정벌하여 습격해서

숭국을 멸절滅絕하니

사방에서 우리를 모욕할 수 없지!

執訊連連, 攸馘安安. 是類是禡, 是致是附, 四方以無侮. 臨衝茀茀, 崇墉仡仡. 是伐是肆, 是絕是忽, 四方以無拂.

숭국이 어디에 있었는지에 관해 황보밀의 『제왕세기』에서는 '풍豐과 호鎬 사이'라고 했다. 풍과 호는 지금의 시안시 서쪽 교외이니, 라오뉴포의

상나라 유적지가 이 서술에 무척 가깝다. 다만 라오뉴포는 주원과 상당히 가까우므로, 문왕이 숭국을 멸하기 전에 감히 산시山西성 창즈까지 원정하여 여국을 멸하고, 허난성 친양까지 원정하여 우국을 멸했다고는 상상하기 어렵다. 그러므로 어떤 역사학자는 숭崇과 숭嵩은 통가자通假字이므로, 숭국은 응당 허난의 숭산嵩山산 부근에 있었을 것이라고 주장했다.[368] 논리적으로 보면, 문왕은 먼저 진난晉南과 황허강 북부를 소탕하고 나서, 다시 황허강 남안의 상족 제후국을 점령했다고 보는 편이 더 설득력이 있다.

그러나 이렇게 말하면 고고학적 발굴로 발견된 진난의 상나라 말엽 유적지 세 곳과 라오뉴포 유적지를 역사서의 기록과 대응시킬 수 없다. 어쩌면 『사기』에 기록된 문왕의 정벌 순서가 정확하지 않고, 게다가 한나라와 당나라의 주석가들이 여국과 우국이 있었던 지역에 대해 지리적으로 해석한 것도 문왕 시대의 지리에 반드시 부합하는 게 아니었을 수도 있다. 개괄하자면, 문왕의 확장 역정은 이미 세월 속에 매몰되어서 영원히 사실을 밝힐 수 없게 되었다.

다만 상 왕조 제후국으로서 라오뉴포는 확실히 실제로 존재했다. 그것은 서부에 200년 동안 존속하면서 줄곧 상 왕조를 위해 강족을 감시하고 통제했다. 이 때문에 주족도 주원으로 이주한 후 수십 년 동안의 삶에서 라오뉴포-숭국의 통제를 벗어날 수 없었다. 어쩌면 이 기간의 기억이 너무나 심각해서 훗날의 주족이 아예 언급하지 않게 되었을 수 있으나, 서사시에서 상제의 분부가 있었다.

"숭국은 반드시 멸해야 한다!"

회갱에 던져진 유골 외에, 라오뉴포의 상나라 말엽 무덤에도 서부에 대한 상족의 통치 방식 및 주족의 마지막 반응이 기록되어 있다. 은허 후기에 해당하는 라오뉴포 제4기는 모두 37곳의 무덤이 발굴되었다.[369] 첫째, 동일한 부족 묘지 구역에서 무덤들은 순서에 맞추어 배열되었는데, 동북쪽의 6곳은 품격이 상당히 높았고, 등급이 낮은 무덤들은 서남쪽에 분포되어 있었다. 둘째, 절대다수의 고급 무덤과 모든 마갱^{馬坑}은 동북쪽 즉 은허 방향을 향하고 있었고, 사람을 순장하지 않은 저급 무덤은 서북쪽을 향하고 있었다. 셋째, 사람을 순장한 무덤이 19곳, 요갱^{腰坑}에 개를 순장한 무덤이 30곳이었으며, 게다가 일부 고급 무덤에는 요갱뿐만 아니라 무덤 바닥의 네 귀퉁이에 각기 구덩이를 파서 개를 1마리씩 순장했다.

우선 사람을 순장하지 않은 저급 무덤을 살펴보자. 이런 무덤들에는 부장품도 아주 적고 묘혈도 상대적으로 작았다. 예를 들어 M43과 M45는 모두 2층의 대^臺와 개를 순장한 요갱이 있고, 무덤 주인의 신체도 완전했으나 머리뼈가 없었다. 그 가운데 M43에는 또 어깨에 '아^亞'자를 새긴 도기 항아리^{陶罐} 하나가 부장되어 있었다. 상나라의 청동기 가운데 '아'자는 일반적으로 족휘^{族徽}를 나타내는 부호와 함께 보이며, 군사의 장관^{長官}이라는 뜻이다. 보아하니 이 무덤의 주인은 가난해서 부장할 청동기가 없었으나, 자기(혹은 조상)의 군사적 신분을 무척 중시했던 듯하다.

고품격 무덤의 상황은 아주 복잡하다. 라오뉴포 제4기의 많은 무덤(22곳)은 모두 인위적으로 심각하게 파괴당했으며, 고품격 무덤 가운데 그 재난을 피한 것은 하나도 없었다. 청동기 등 부장품은 모조리 도굴당했을 뿐더러 무덤 주인과 순장된 사람의 유골이 함께 뒤섞여 있고, 게다가 빠진 부분이 너무 많았다. 그러므로 발굴 보고서에서는 각 무덤 속의 최대 사망자 수—1명은 무덤 주인, 나머지는 순장된 사람으로 계산—만 추측할 수 있을 뿐이었다.

예를 들어 소형 무덤인 86XLIII1M6에는 구덩이 가득 백골이 쌓여서 거의 발 디딜 틈이 없었는데, 구덩이 안에는 머리뼈 7개, 넓적다리뼈 9개, 골반뼈 4개, 팔뚝뼈 7개, 그리고 부스러기 형태로 남은 전완골^{前腕骨}과 흉골^{胸骨}, 갈비뼈, 척추뼈, 정강이뼈, 종아리뼈, 손과 발의 뼈 등등이 무질서하게 흩어져 있어서, 비율도 맞지 않고 개체를 구분하기도 어려웠다.³⁷⁰⁾

품격이 조금 높은 무덤들은 모두 파괴되었으나, 파괴자의 주요 목표는 묘혈 중앙의 무덤 주인이었으므로, 묘혈 주변의 귀퉁이와 2층 대에 놓인 순장자와 요갱, 무덤 귀퉁이의 구덩이에 매장된 개와 순장자의 유골은 그래도 파괴되지 않았다. 남아 있는 유골들을 통해 보면, 먼저 사지가 잘린 순장자들도 있고, 시신이 온전한 이들도 있었으나 몸부림친 흔적은 없었다.

먼저 사람을 순장한 무덤으로서 파괴되지 않은 M44를 살펴보자.

첫째, 묘혈 안에는 개를 순장한 요갱이 있다.

둘째, 무덤 주인은 몸을 숙인 채 사지를 펴고 있는데, 좌측의 순장자는 얼굴이 주인을 향한 채 몸을 구부리고 옆으로 누워 있었으며, 우측의 순장자는 얼굴을 아래로 향한 상태로 몸을 웅크리고 엎드려 있었다. 3명의 유골은 보존 상태가 그다지 좋지 않았다.

셋째, 부장품으로는 동과銅戈 2개(그 가운데 하나는 손상됨), 옥과玉戈 1개, 석과石戈 1개, 그리고 청동으로 제작한 작爵과 가斝, 고觚가 각기 1개, 옥황玉璜이 1개 있었으며, 엎드린 순장자의 몸뚱이 아래에는 청동 화살촉 5개가 있었다.

다시 M11과 M25를 살펴보자.

M11에는 모두 10명이 매장되어 있었는데, 대다수 유골은 무덤을 훼손한 이에 의해 파괴되었다. 묘혈 우측 귀퉁이에는 비교적 보존 상태가 좋은 인간의 유골 2구가 위아래로 쌓여 있었는데, 아래쪽 사람은 옆으로 누운 채 입을 벌리고 몸부림친 모습을 나타냈고, 위쪽 사람은 두 다리가 무릎 아래로 잘려나간 상태였다. 부장품은 이미 도굴되었고 청동 화살촉 1개와 짐승 얼굴 모습의 소형 청동기─이것들은 의복에 달았던 단추였을 가능성이 있음─가 30개 있었다. 파괴되지 않은 순장자의 유골 1구가 있었는데, 이것은 후손이 제사로 바친 것일 가능성이 있다. 순장자의 유골이 어지러이 흩어져 있으니, 응당 사지를 해체한 뒤에 던져넣었을 것이며, 부

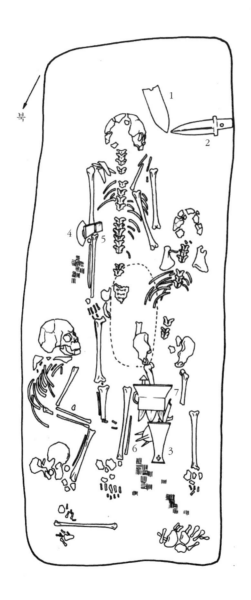

북

M44 평면도

장품으로는 도기 항아리陶罐 하나가 있었다.

M25에도 모두 10명이 매장되어 있었는데, 무덤 주인과 여러 명의 순장자 유골이 모두 나중에 파괴되어서 어지러이 흩어지고 빠진 부분이 있었다. 요갱에는 순장자의 유골 1구가 매장되어 있었는데, 양쪽 넓적다리가 잘려 있었다. 남은 부장품은 청동 화살촉 3개와 옥환玉環 1개뿐이었다. 이외에 지표면에서 1미터쯤 떨어진, 무덤 가장자리에서 가까운 곳에 분홍색으로 물든 인골 1구가 몸을 구부린 자세로 매장되어 있었는데, 왼팔에는 골절 상처가 있고, 오른쪽 다리는 전체가 없었으며, 머리뼈는 등 뒤에 떨어져 있었다. 발굴자의 추측에 따르면, 이 사람은 장례가 끝나갈 무렵, 흙을 거의 다 채웠을 때 살해되어 던져진 듯하며, 몸에 주사를 뿌려서 유골이 분홍색으로 물들었을 것이라고 했다. 이렇게 순장자 혹은 인간 희생에게 주사를 뿌리는 방법은 은허 말기의 뒤쪽 언덕 H10 제사갱에서도 발견되었다.

무덤 외에 묘지 구역에서는 또 3곳의 마갱馬坑이 있었는데, 말 2필을 묻은 M14와 2필의 말과 마차 한 대를 묻은 M27, 그리고 말 1필과 사람 1명, 개 1마리를 묻은 M30이 그것이다. 마차의 형태는 은허의 것과 완전히 똑같았다. 이 마갱들은 어느 고급 무덤에 부속된 제사 시설이었을 것이다.

발굴 보고서에 따르면, 라오뉴포의 인간을 순장한 무덤 19곳에서 모두 97명의 순장자가 발견되었으니, 각각의 무덤마다 평균 5명을 순장했고, 10명 이상을 순장한 무덤도 3곳이었다. 묘지 구역이 엄중하게 파괴되었으므로 이 숫자에는 분명 빠진 부분이 있을 것이다. 이외에 후세에 제사지낼 때 매장한 개별적인 유골들은 인간 희생이라고 부르는 게 더 적합할 것이다.

은허 왕릉 외부의 상나라 유적지 가운데 라오뉴포 제4기 무덤의 순장자 비율은 상당히 높았다고 할 수 있다. 은허에서 5명을 순장한 무덤은 이미 대단히 지위 높은 귀족의 것이었다. 예를 들어 사람의 머리가 담긴 청

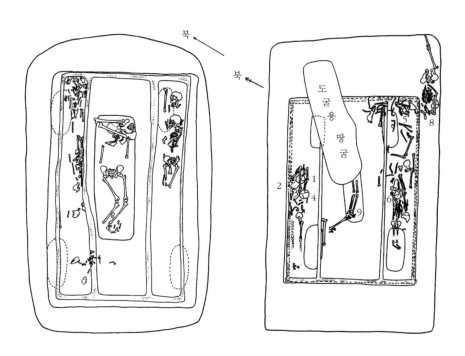

M11과 M25 평면도

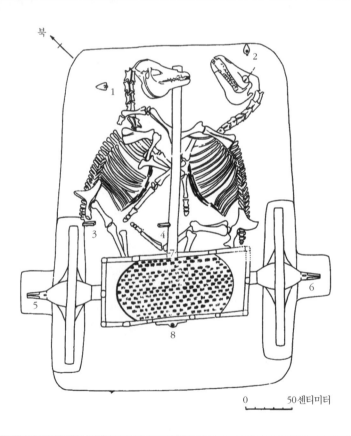

M27과 M30의 사진 및 M27 평면도[371]

동 시루가 발견된 류자창 북쪽의 M1046 '아𤉐𤉐' 무덤의 순장자는 6명이었고, 텅저우 첸장다 유적 사씨 부족의 설국 묘지에서 순장자가 가장 많은 무덤도 6명을 순장했다. 나는 관중 지역이 강족 인간 희생의 주요 공급처였으므로, 전쟁 포로와 노예의 가치가 이곳에서는 상대적으로 낮아 현지의 통치자들이 조금 더 많이 '소비'할 수 있었던 게 아닐까 추측한다.

그렇다면 라오뉴포의 상나라 무덤을 파괴한 이는 누구일까? 무덤을 훼손한 이들은 자기들의 정보를 남기지 않았으나, 발굴 흔적을 보면 무덤을 훼손한 행위는 일부 무덤을 완공하고 얼마 지나지 않았던 시점에서 일어났다. 예를 들어 M29는 규모가 크지 않아서 묘혈의 길이가 3미터이며, 안쪽에는 목판을 이용해서 상자 모양의 덧널槨을 만들었다. 덧널은 이미 철저하게 불타버렸으나, 탄화된 목재는 상대적으로 온전히 보존되어 있었다. 관곽에 불이 질러지고 불탈 수 있었다는 것은 당시 묘실이 아직 무너지지 않고 완전한 상태였음을 말해준다. 그렇지 않았다면 덧널의 목재는 공기와 충분히 접촉하지 못해서 불탈 수 없었을 것이다. 또 라오뉴포 묘지 구역에서 출토된 부장품 가운데 형태가 가장 늦은 것은 상나라 말기에 속하는데, 그 뒤에 묘지 구역은 폐기되어서 새로운 무덤이 없어졌다. 이것은 묘지 구역이 약탈되고 폐기된 일이 상·주 교체기에 일어났음을 말해준다.

『시경』「대아·황의」에 나타난 숭국에 대한 주족의 통한은 그야말로 이가 갈릴 정도여서, 상제의 입을 빌려 토벌했을 뿐만 아니라, 점령한 뒤에도 그곳을 철저히 훼멸해버렸다是絶是忽.[372] 이것은 수십 년 동안 숭국에 통치당하면서 쌓인 분노가 폭발한 결과인데, 그 전에 주족은 비록 상 왕조를 위해 강족을 사냥했으나 같은 종족의 맹우盟友에 대한 이런 배반 행위는 주족에게 심각한 죄책감을 안겨주었을 것이고, 상 왕조와 숭국에 대해서도 더욱 증오와 원한을 품게 되었을 터이니, 반드시 아무것도 남기지 않고 철저하게 훼멸해야 했다.

그러나 「황의」의 기록에서 숭국에는 높고 큰, 흙을 다져 쌓은 성벽이 있어서 주족은 성을 공략하는 수레를 동원해야 했다고 했으나, 라오뉴포에서는 지금까지도 성벽의 기초가 발견되지 않고 있다. 이것은 문헌과 고고학이 아직 대응하지 않는 부분이다. 물론 유적지 서북측에 아직 발굴되지 않은 구역이 상당히 많이 남아 있으니, 이후에 성벽의 기초가 발굴될 가능성을 배제할 수는 없다.

주나라의 대학

이상에서 살펴본 것들 외에 주원에서 발견된 갑골복사에는 '벌촉伐蜀'과 '극촉克蜀' '정소征巢' 등 문왕 시기의 확장 행동을 기록한 게 있으나, 이 방국의 위치는 확정할 방법이 없어서 연구자들마다 의견이 분분하다. 예를 들어 『상서尚書』「목서牧誓」에 따르면 훗날 무왕이 상나라를 정벌할 때 동맹군 가운데 '촉蜀'이 있었으니, 이것은 당시 촉이 이미 주족의 동맹으로 받아들여졌음을 의미한다. 다만 『일주서逸周書』「세부해世俘解」에 따르면, 무왕이 은허 주변을 평정할 때 정벌 대상 가운데 또 '촉'이 등장하니, 이것은 해석하기가 쉽지 않다. 어쩌면 당시에 같은 이름의 방국이 또 있었는지도 모를 일이다.

이외에 복사에는 또 '초자가 왔다楚子來'라는 구절이 있으니, 남방의 초족이 당시에 이미 주족과 연계를 맺었을 가능성이 있다. 또 '충백蟲伯'이라는 말도 있는데, 어떤 학자는 그것이 숭후호의 숭국이라고 여기지만,[373] 그것은 성립하기 어렵다. 상 왕조의 정치 서열에서 숭국은 상족 혈통의 제후국이므로, '백伯'이라고 부를 수 없기 때문이다. 이치로 보자면 문왕은 응당 이런 것을 분명하게 구별할 수 있었다.

숭국을 멸하던 해에 문왕은 숭국 경내의 풍 땅에 새로운 도성을 건립했는데, 그곳은 라오뉴포 유적지에서 서쪽으로 50킬로미터 떨어진 펑허豐河강의 서쪽이었다. 주원에 비해 풍경豐京은 관중 분지를 통제하기가 더 쉬웠고, 또 동쪽의 상 왕조를 공격하기에도 편했다.

여러 방국을 정복한 뒤에 주족도 통치 계급으로 변해서, 통치 받는 이들이 바치는 부세賦稅로 부족을 먹여 살리기에 충분했으므로, 농업과 목축업의 노동에서 해방되어 전쟁 기술을 훈련하는 데 전념할 수 있었다.

이 책의 「대학과 왕자」에서 살펴보았듯이, 상나라 왕은 은허의 안양강 근처에 귀족의 '대학'을 세웠다. 문왕도 이것을 모방해서 물가에 군사 훈련센터를 건설했다. 틀림없이 문왕 부자는 주족 청년 자제들에게 체계적인 군사 훈련을 시킬 필요가 있다고 여겼던 듯하다.

주족의 대학은 '벽옹辟雍' 또는 '영대靈臺'라고 불린다. 『시경』 「영대」에 따르면, 이 대학은 '영소靈沼' 근처에 지어져서 사슴과 백조뿐만 아니라 '뛰는 물고기'도 있었으니, 물가 습지라는 환경이 분명하다.

왕께서 영유에 계시니
암수 사슴이 엎드려 있지.
사슴들은 살쪄 건강하고
백조는 새하얗지.
왕께서 영소에 계시니
뛰는 물고기가 가득했지.
王在靈囿, 麀鹿攸伏. 麀鹿濯濯, 白鳥翯翯. 王在靈沼, 於牣魚躍.

주족이 이전에 거주하던 빈 땅과 주원은 모두 물이 많지 않은 지역이었으나, 상 왕조를 정복하기 위해서는 황허강 하류 습지의 지형에 적응해야 했다. 얼마 후 무왕은 또 펑허강 동측의 호鎬 땅으로 도성을 확장하여 건축했다. 풍과 호 사이의 거리가 아주 가까웠으므로, 호경鎬京은 그들 양

자를 아우르는 칭호가 되었다. 주족의 서사시에서 호경의 대학은 주족이
사방을 정복하는 기점이 되었다.

> 호경의 벽옹은
> 서에서 동에서
> 남에서 북에서
> 모두 복종시키니
> 무왕께서는 훌륭도 하시지!
> 鎬京辟雍, 自西自東, 自南自北. 無思不服, 皇王烝哉.(『詩經』「大雅·文王
> 有聲」)

서주가 건립되고 난 뒤의 청동기에 새겨진 명문에 따르면, 주나라 천
자는 늘 귀족 자제와 모였다. 예를 들어 '태지大池' 또는 '벽지辟池'에서 활
쏘기를 겨루고, 심지어 배를 타고 기러기를 쏘기도 했다.[374] 이것은 응당
대학인 '벽옹' 바깥의 수역水域일 것이다. 실외의 겨루기를 거친 뒤에 다시
'사궁射宮'에 들어가 결승전을 치르고, 마지막 승자는 천자가 거행하는 전
례에 참가할 자격을 가지게 되었다.[375]

> 천자가 제사를 지내려면 반드시 먼저 못澤에서 활쏘기를 연습하는데,
> 못에서 하는 것은 '무사를 선택擇士'하기 위해서다. 못에서 활을 쏜 후
> '사궁'에서 활을 쏘는데, 과녁을 맞힌 이는 제사에 참여하고 맞히지 못
> 한 이는 참여할 수 없다.
> 天子將祭, 必先習射於澤, 澤者, 所以擇士也. 已射於澤, 而後射於射宮. 射
> 中者得與於祭, 不中者不得與於祭.

이렇게 활쏘기 대회를 통해 제사에 참여할 사람을 고르는 방법은 서

백당보정伯唐父鼎 명문의 탁본*

* 명문의 대체적인 뜻은 다음과 같다. 을묘일乙卯日에 주왕周王이 방경 京에서 관제 祭를 거행했
다. 주왕은 벽지 池의 배에 불제 祭를 지내고 친히 왕림하여 주룡舟龍과 벽주 舟에 불제 祭를 지
냄으로써 주룡舟龍의 예의禮儀가 완전히 끝났다. 백당보伯唐父가 주왕에게 선체가 완전하니 배는 그
저 궤도에 오를 준비만 하면 된다고 보고했다. 주왕이 도착하여 벽지의 배에 올라 친히 백기白旗에 불
제를 지내고, 벽옹 雍의 큰 못에서 사생례 牲禮를 행하여, 희생을 쏘는 활로 소와 표범, 담비 貉, 백
록白鹿, 백랑白狼 등의 야생동물들을 쏨으로써 백기白旗에 대한 불제와 사생례가 완성되었다. 주왕이
백당부를 칭찬하고 장려하면서 거창주 鬯酒 1유 와 패貝 20붕을 하사했다. 백당부가 주왕의 훌륭함
을 칭송하여 보답하고, 그것으로 선배 아무개에게 제사할 때 쓸 보기寶器를 제작했다. —원주

주 시대에 그다지 통용되지는 않았던 듯하고, 춘추 시기에 이르면 사라져 버린다. 그것은 문왕 시기의 주족이 상 왕조에게서 배운 것일 수 있으나, 아주 짧은 기간만 지속되었을 뿐이다.

은허의 정조丁組 기초와 화위안좡 동쪽의 '자子'의 갑골복사에 따르면, 상나라의 대학은 인간 희생을 이용하여 활쏘기와 격투를 훈련해서 상당한 위험성이 있었으며, 일정한 도태율淘汰率도 있었을 것이다. 다만 주족에게 는 이런 기록이 없었던 듯하다.

숭국을 점령하고 이듬해에 문왕이 세상을 떠났다. 역사서에서는 그 가 '천명'을 받고 왕으로 자칭한 기간을 7년에서 10년까지 다르게 기록하 고 있다. 그런데 이전에 주족의 족장으로 있던 기간까지 더하면, 대략 50 년이 된다. 생전에 문왕은 이미 둘째 아들 주발을 계승자로 삼았고, 지위 를 계승한 뒤에 주발은 스스로 존호를 '무왕'이라고 정했다.

문왕이 아들에게 남긴 것은 10년 전과는 완전히 다른 주나라로서, 이 미 관중 땅 전체를 점령했고 또 진난晉南과 허난 지역의 일부를 차지했을 가능성이 있다. 이외에도 맹우 관계를 맺은 몇 개의 방국과 은허 궁정에 숨겨둔 주왕의 반대파도 있었다.

다만 이즈음에 이르러서도 주나라는 상 왕조에 공공연하게 결렬을 선언하지 않았고, 주왕도 아직 용인해주고 있었으며, 심지어 이 서부의 속 국에게 갖가지 위험한 길을 가도록 종용하기도 했다. 『논어』「태백泰伯」에 서 공자는 주나라가 이미 천하의 3분의 2를 차지하고도 은상에 신하로 복 종했으니, 이야말로 '지극한 덕至德'이라고 할 만하다고 했다. 『좌전』양공 襄公 31년의 기록에 따르면, 공자보다 두세 세대 앞선 진晉나라의 귀족 한궐 韓厥은 문왕이 상 왕조를 배반한 나라들을 소집해서 함께 주왕을 섬겼으니 이는 '변통權宜'을 잘 아는 처사라고 했다.

현대인은 이미 이런 괴이한 상-주 관계를 이해하기 어려우며, 역사 서와 문헌에도 더 많은 정보가 없다. 억지로 합리적인 모양새로 해석해야

정궤靜簋 명문의 탁본, 『집성』 4273*

---

* 명문의 대체적인 뜻은 다음과 같다. 6월 초길일初吉日에 왕이 방경旁京에 계셨다. 정묘일에 왕이 정
사靜司에게 학궁學宮에서 활쏘기를 하라고 지시하여 소자小子와 복服, 소신小臣, 이복夷僕이 활쏘기를
배웠다. 8월 초길일인 경인庚寅에 기우제雩를 지내니, 왕이 오래吳來, 여강呂剛, 그리고 빈사觀師 방군
邦君과 함께 큰 못大池에서 활을 쏘았다. 정靜이 두彀을 가르쳤다. 왕이 정靜에게 비탁鞞剢을 하사했
다. 정靜이 고개를 조아려 절하고 천자를 찬양했고, 이에 문모文母 외길外姞을 위한 전궤奠簋를 제작
하니, 자자손손 만년 동안 사용하라. ─원주

한다면 아마 이렇게 말할 수밖에 없을 것이다: 주왕의 조정은 이미 직능을
정상적으로 수행할 수 없었다.

제25장 목야에서 용맹을 떨치다

지위를 계승한 뒤 단지 몇 년 후에 무왕은 은상 왕조를 공격하여 멸망시켰다. 그리고 이 왕조 교체를 결정한 '목야牧野의 전투'는 천고 역사에 널리 전해졌다.

다만 무왕이 상나라를 정벌하는 사업에 대해 사실은 대단히 긴장하고 있었다는 사실을 아는 후세 사람은 극히 드물다. 그는 줄곧 심각한 초조와 정신적 장애를 앓고 있었으며, 어쩌면 청년 시절 은허에 다녀온 일과 형의 죽음이 과도하게 강렬한 자극을 주어 (이것은 역사서에 기재되지 않은 부분인데) 생애의 후반 동안 불면증과 악몽에서 벗어나지 못했다.

주공의 해몽

문왕이 세상을 떠났을 때 주발은 이미 10년 가까이 태자 신분이었으며, 게다가 문왕 말기의 중요한 정벌에서 거의 모두 실질적인 사령관을 맡았으므로, 그가 왕위를 계승하는 데에는 아무런 우여곡절이 없었다.

다만 무왕은 여전히 엄청난 압박을 받고 있었다. 그는 상 왕조의 강대함과 포악함을 잘 알고 있었다. 일단 상 왕조의 진노를 촉발하면 누구라도 그 결과를 예측할 수 없었다. 하지만 상나라 정벌을 포기하는 것도 불가능했다. 서부에서 은상의 궁정에 이르기까지 갖가지 세력이 모두 그 사업의 속도를 높이도록 재촉했다. 과연 주나라가 정말 상 왕조에 대항할 역량이 있는가?

문왕의 신념은 그가 '천명'을 받았고, 또 역괘를 통해 점치는 능력이 있었다는 데에서 비롯되었다. 생전에 그는 여러 차례 상제와 소통했으나, 주발도 이런 능력을 지니게 해주려고 고려하지는 않았던 듯하다. 나는 무왕이 부친과는 달리 상제에 대해 충분한 믿음을 가지지 않았으리라 추측한다. 그는 이렇게 생각할 수밖에 없었다. 정말 부친이 선전했던 게 맞다면, 형 백읍고는 왜 은허에서 처참하게 죽었을까? 설마 이것도 상제의 안배인가?

그래서 무왕은 자기로서는 부친이 열어놓은 이 정의롭지만 미친 사업을 계승할 역량이 없음을 절감했다. 그래서 주나라 왕의 지위를 계승하고도 감히 자기 연호를 쓰지 못하고, 여전히 문왕이 천명을 받은 이후의 연호를 이어서 썼다. 그는 신과 소통할 능력이 없으니, 그저 하늘에 있는 부친의 영령이 계속해서 주나라를 보우해주기만 기원할 뿐이었다.

무왕이 가장 신임했던 신하는 누구보다도 장인인 여상이었으니, 당연히 그를 계속해서 '스승師'으로 삼고 상 왕조와 관련된 모든 일을 담당하게 했다. 그다음은 아우인 주공 주단으로서, 무왕의 중요한 조수였다. 주공의 '주周'는 좁은 의미의 지명으로서, 주단이 분봉된 고을의 이름에서 나온 것이다. 그리고 그 지역은 주원의 서쪽, '문왕 저택'에서 서쪽으로 약 30킬로미터 떨어진, 지금의 치산岐山현 주공묘周公廟 일대다.

무왕이 왕위를 계승할 때부터 상나라를 멸할 때까지 걸린 시간은 전혀 길지 않아 겨우 4, 5년에 지나지 않았다. 이 기간에 무왕의 일과 생활에 관해서 서주 시대의 누군가 어지럽게 널린 약간의 역사를 기록했고, 공자가 '육경六經'을 편집할 때 그 가운데 유가의 이념에 부합하는 것을 골라 『상서』의 「주서周書」에 편입시켰다. 그리고 거기에 포함하지 않은 내용을 모아서 『일주서逸周書』를 만들었는데, 제목의 뜻을 헤아리자면 이 '흩어진 주나라 때의 문헌'들은 정식 『상서』에 들어갈 만한 의미가 없는 듯하다.

세상에 전해지는 유가 경전에서 주나라가 상나라를 멸한 일은 하늘의 뜻을 따르고 백성의 바람에 호응한 것이므로 전혀 마음에 걸릴 게 없다. 다만 『일주서』는 그와 다르다. 이 책의 서사에서 무왕은 상나라를 정벌하는 일에 대해 두려움이 가득해서, 늘 아우 주공에게 의견을 묻고 위안을 구했다. 무왕 2년 1월에 그는 주공에게 이렇게 말했다.

무왕 2년 1월 15일에 무왕이 주공을 불러놓고 말했다.
"아! 내가 밤낮으로 상나라를 미워하지만 어떻게 해야 할지 모르겠으니, 자네 말을 경청하여 성실하게 천명을 이행하고자 하네."
維王二祀一月, 既生魄, 王召周公旦曰, 嗚呼, 余夙夜忌商, 不知道極, 敬聽以勤天命.(『逸周書』「小開武解」)

무왕 3년에 그는 주왕이 이미 주나라를 토벌하기로 결심했다는 정보를 얻었는데, 그 정보의 출처가 믿을 만해서 또 먼저 주공을 불러 상의했다.

무왕이 주공을 불러놓고 말했다.
"아아! 상나라가 죄악을 저지르고 날마다 (우리 주나라를) 도모하여 공을 세우기를 바라고 있다고 하는데, 그 말이 상당히 믿을 만하네. 이제 어떻게 해야 할까?"
王召周公旦曰, 嗚呼, 商其咸辜, 維日望謀建功, 言多信, 今如其何.

또 한 번은 무왕이 상나라를 정벌하려는 계획이 누설되어 주왕이 격
노하는 꿈을 꾸고 놀라 깨어나자, 다시 사람을 보내서 주공을 불러놓고 심
중의 두려움을 얘기했다.

4월 초하루에 무왕이 마음이 불안하여 주공을 불러 말했다.
"아아! 음모가 누설되었네! 지금 잠에서 깨었는데, 상나라가 나를 놀
라게 했네. 그것을 변명할 수도 없고 공격할 수도 없으니, 왕으로 자처
하기도 부족하고, 방비하는 데에도 힘을 내지 못하니 너무나 걱정스
럽네!"
維四月朔, 王告儆, 召周公旦曰, 嗚呼, 謀泄哉. 今朕寤, 有商驚予. 欲與無
口, 則欲攻無庸, 以王不足, 戒乃不興, 憂其深矣.

당시 상 왕조의 상황—상 왕조는 이미 직능을 정상적으로 수행할 수
없었음—을 고려하면 무왕의 표현은 사실 지나치게 비정상적이다. 아마
도 공자가 이런 글들을 『상서』에 편입시키지 않은 것도 너무 엄숙하지 않
다고 여겼기 때문일 것이다. 그러나 주나라와 거리가 아주 가까웠던 라오
뉴포 숭국의 유적지를 포함해서 은허에 대한 발굴은 진정한 상 왕조의 면
모를 드러냈다. 그것은 문왕 부자가 왜 그렇게 심각한 심리적 상처를 입고
반평생 동안 벗어나지 못했는지 조금이나마 이해할 수 있게 해준다.

어쩌면 무왕의 두려움은 이런 사실을 반영한 것이었는지도 모른다.
즉 그는 부친이 상제와 소통하여 전한 말을 완전히 믿지는 않았던 것이다.
상나라 왕의 가족은 대대로 상제에게 제사를 지내면서 더할 나위 없이 많
은 제수품을 바쳤으니, 상제가 누구보다도 먼저 상나라를 보우하지 않겠
는가? 상나라를 정벌하는 게 혹시 하늘을 거스르는 패륜悖倫의 행위는 아
닌가?

형 주발이 종종 악몽에 시달렸으나, 주공은 사실 뾰족한 방법이 없어서 그저 해몽을 이용해서 그 두려움을 완화하려 하는 수밖에 없었다. 그는 주발을 달래며 이렇게 말했다. 모친이 태사가 예전에 꿈을 꾸었는데 은허에 가시나무가 잔뜩 자랐다고 하니, 이는 상나라가 망할 것이라는 상제께서 내리신 징조다. 그러니 상제가 역대 상나라 왕의 제사를 받았으나, 이런 자잘한 실속 때문에 상나라 왕을 편들지는 않을 것이라는 얘기였다.[376)]

자기의 해석을 원만하게 만들기 위해 주공은 또 '덕德' 개념을 새롭게 정의했다. 주공에게 '덕'은 더 이상 『상서』「반경盤庚」에 들어 있는 상족의 저 원칙도 없이 베푸는 은혜가 아니라, 윗사람에게 공손하고 효성을 다하며, 올바르게 중용中庸을 지키며 공손한 태도를 유지하고, 관대하면서 온화하되 정직함을 지키는 것과 같은, 사람들이 살고 있는 인간 세상의 객관적인 도덕률道德律이었다.[377)] 상제는 단지 '덕'이 있는 사람만 보우할 뿐이며, 또 '덕'이 없는 군왕이나 왕조를 덕이 있는 사람으로 교체할 수도 있었다. 그러므로 무왕이 '덕'을 닦는 데에 힘쓰기만 하면 상제의 보우 아래 상나라 왕과의 전쟁에서 승리할 수 있으리라는 것이었다.

상제가 정말 있는지, 그리고 주나라의 실력이 모자란 점에 대한 걱정 외에도, 무왕은 또 하나의 은밀한 걱정이 있었다. 당장 맹우가 너무 적어서 상 왕조와 공개적으로 적대하지 않으면 더 많은 동맹을 끌어들일 수 없다는 것이다. 그러나 또 너무 일찍 공개하면 멸망의 재앙을 초래할지도 모르는지라 그는 진퇴양난에 빠져서 밤잠을 이루지 못했다.

무왕 1년 2월에 왕이 풍경豐京에 있으면서 은밀히 명령을 내려 주공에게 약속했다.

"아아! 내가 밤낮으로 상나라를 도모하려고 계획하나 은밀히 드러내지 않으니, 누가 알겠는가? 올해 추수를 거두었음을 (상제께) 알렸네. 이제 그 결과를 얻지 못하면 어쩌지?"

주공이 말했다.

"이것은 덕에 달렸습니다. 공경하는 것은 주나라의 몫이니 천명이 있다
면 왕께서는 공경하며 따르십시오. 멀리 있는 친척은 많지 않으니 온화
하게 대하면 다시 잃지 않을 것이요, 오직 덕을 밝혀 잃지 않게 하십시
오. (덕을) 잃으면 돌이킬 수 없으니, 오직 문왕의 신중하고 근면한 태도
를 본받아 조심스럽게 경외하고 좋고 나쁨을 잘 판별하십시오. 잠시라
도 공경하지 않으면 위태로워질 것입니다!"

維王一祀二月, 王在酆, 密命. 訪於周公旦, 曰, 嗚呼, 余夙夜維商, 密不顯,
誰知. 告歲之有. 今余不獲其落, 若何. 周公曰. 玆在德, 敬在周, 其維天命,
王其敬命. 遠戚無十, 和無再失, 維明德無佚. 佚不可還, 維文考恪勤, 戰戰
何敬, 何好何惡, 時不敬, 殆哉.

주공이 해몽을 통해 일깨운 덕분에 무왕은 겨우 믿음을 유지하고, 안
전하고 타당한 노선을 취하려고 준비했다.

(무왕은) 밤낮으로 전전긍긍하며 도리에 맞지 않게 반란을 일으키는 것
을 두려워하고, 옳지 않은 일이 아닌지 걱정했다.

夙夜戰戰, 何畏非道, 何惡非是.(『逸周書』「大開武解」)

주나라의 문화는 상나라의 문화와 아주 달랐고, 부족 집단의 성격도
차이가 컸다. 상족은 솔직하고 충동적이면서 생각이 영민하고 활발하여
강자의 자신감과 무심함이 있었다. 이에 비해 주족은 은인자중 참으며 외
부 세계에 더욱 관심을 가지고 경각심을 품은 채, 늘 아직 나타나지 않은
위기와 우환을 염려했다. 이것은 그들이 서부 귀퉁이의 작은 나라로 살아
남는 길이었다. 그리고 상나라를 정벌하려고 음모를 꾸미는 10여 년 동안
이런 개성이 극명하게 드러났다.

주공이 은허의 악몽에서 벗어났는지 역사서에는 기록되어 있지 않으니, 그저 그가 형에게 불려가는 여명에 차분하고 맑은 정신을 유지하고 있었으며, 식사 도중에 어쩌다가 구토를 억누르지 못하는 습관 외에는 어떤 이상한 모습도 보이지 않았다는 것만 알 수 있을 뿐이다.

주공도 분명히 자기의 위상을 진지하게 고려했을 것이다. 그는 부친이 시작한 이 정의롭지만 미친 사업을 혼자 감당할 역량이 없음을 알았으나, 이 사명과 거기에 수반된 압력은 그들 형제가 함께 감내할 수밖에 없었다.

'덕'에 대한 그의 해석은 그저 보통 사람의 아름다운 바람일 뿐이었다. 즉, 살인하고 싶지도 않고, 까닭 없이 살해당하고 싶지도 않으며, 성스럽고 영명한 군주의 통치 아래 안정적으로 살 수 있기를 갈망했던 것이다. 그리고 그의 형 주발은 반드시 '덕'이 있는 군주가 되어야 했으니, 그렇지 않으면 주족 전체가 죽어도 묻힐 곳이 없어지는 지경에 이를 것이기 때문이다.

무왕의 사명이 제왕으로서 상나라를 정벌하여 인간 세계의 질서를 건립하는 것이라면, 주공의 사명은 바로 이 제왕의 심리를 보조하고 인도하는 스승으로서 신령한 무위를 지닌 무왕의 이미지를 만들어 유지하는 것이었으며, 이렇게만 된다면 만족할 수 있었다.

최초의 진격

왕위를 계승하고 2년 뒤에 무왕은 마침내 상 왕조와 공개적으로 결렬했다. 그는 우선 문왕의 무덤에 제사를 지내고 나서, 군대를 이끌고 동쪽으로 통관潼關을 나갔다. 마차 한 대에 문왕의 위패를 싣고 중군 사령관의 위치에서 끌고 가게 하여, 문왕의 영령이 여전히 주나라를 보우하고 있음을 상징했다. 문왕 생전의 예절에 따라 무왕은 줄곧 자신을 '소자^{小子} 발^發'이라고 칭했다.

군대는 위시^{豫西}의 옛길을 따라 내려와서 뤄양 북쪽 황허강 강변의 맹진^{盟津(孟津)}에 도착했다. 당시에는 아직 뤄양성이 없었는데, 맹진은 바로 여기서 '800명의 제후가 회맹^{會盟}'했다는 데에서 그런 이름이 붙여졌다.

서부는 진즉부터 상 왕조의 통치를 감내하지 못하고, 그저 누가 나서서 반기를 들어주기만을 기다리고 있었으므로, 따라나선 이들이 벌떼처럼 몰려나왔다. 『사기』에서는 "미리 약속하지 않았어도 맹진에 모인 제후가 800명이었다"라고 기록했다. 당시의 이른바 제후는 춘추 시기와 같은 규모를 갖춘 게 아니고, 그저 녠쯔포 유적지와 같은 신석기 수준의 농업 부락을 이끄는 수령이었다. 부락 인구는 일반적으로 1000명 정도로서, 제공할 수 있는 병력도 기껏 100명에 지나지 않았다.

무왕의 군대는 황허강 남안에서 일정 기간 머물면서 배를 건조함과 동시에 각지에서 달려오는 동맹군을 기다렸을 것이다. 이때는 겨울이었으나 황허강은 얼지 않았고, 1월 초가 되어서야 연합군은 무리를 나누어 황허강 북쪽으로 건너갔다.

무왕의 배가 황허강 중류에 이르렀을 때, 하얀 물고기 1마리가 튀어 선창 안으로 들어오자, 무왕이 친히 그놈을 잡아서 하늘에 제사를 지냈다. 미신의 시대에는 어떤 우발적인 사건에도 하늘에서 내려온 신의 뜻이 담겨 있을 수 있었다. 『사기』「주본기」에 따르면, 강을 건넌 뒤에는 불빛이 하늘에서 내려와 무왕의 장막 위에 머물며 붉은 새의 모양으로 변했다고 한다.

무왕이 황허강을 건너는데 중류에서 하얀 물고기가 왕의 배로 뛰어들자, 왕이 허리를 숙여 집어 들고 제사를 지냈다. 건너자 하늘에서 불빛이 아래로 내려오더니 왕의 거처에 이르러 까마귀로 변했는데, 색깔을

붉고 소리가 안정적으로 울렸다고 한다.

武王渡河, 中流, 白魚躍入王舟中, 武王俯取以祭. 旣渡, 有火自上復於下, 至於王屋, 流爲烏, 其色赤, 其聲魄云.

『상서』 「태서泰誓」는 무왕이 동맹군에게 행한 연설이다. '태泰'는 아주 웅대하다는 뜻이다. 황허강을 건너기 전후에 무왕은 각기 한 차례씩 연설했을 수 있다. 전투를 벌이기 전에 동원하면서 무왕은 연설에서 상나라 주왕의 용서할 수 없는 갖가지 악행을 강조했다.

(…) 하늘을 공경하지 않고 백성에게 재앙을 내렸다. 여색을 탐하고 포학한 짓을 감행하면서 죄인은 족멸하고, 관리는 세습하게 했다. 궁실과 대사臺樹, 언덕과 연못, 사치스러운 의복으로 너희 만백성에게 해를 끼치고, 충성스럽고 현량한 신하를 불태워 죽이고, 임신부의 배를 갈랐다. (…) 아침에 물을 건넌 이의 정강이를 자르고 현량한 이의 배를 갈라 심장을 꺼내며 위세를 부려 살육을 자행하여 천하에 해를 끼쳤다. 간사한 자를 믿고 사보師保를 내쫓았으며, 법에 따른 형벌을 없애고 올바른 이를 구금하여 노예로 부렸으며, 교묘와 사직의 제사를 지내지 않고 종묘에서도 제사 지내지 않으면서 기묘한 기술과 음란한 기교로 아낙을 즐겁게 했다.*

(…) 弗敬上天, 降災下民. 沈湎冒色, 敢行暴虐, 罪人以族, 官人以世, 惟宮室, 臺樹, 陂池, 侈服, 以殘害於爾萬姓. 焚炙忠良, 刳剔孕婦 (…) 斫朝涉之脛, 剖賢人之心, 作威殺戮, 毒痡四海. 崇信奸回, 放黜師保, 屏棄典刑, 囚奴正士, 郊社不修, 宗廟不享, 作奇技淫巧以悅婦人.

---

* 이 「태서泰誓」는 후세에 논쟁이 있었는데, 위魏·진晉 시대를 거치면서 개조改造되었을 가능성이 있으나 주왕紂王이 임신부의 배를 가르고, 아침에 개울을 건넌 이의 정강이를 잘랐다는 기록은 황보밀皇甫謐의 『제왕세기帝王世紀』에도 들어 있다. —원주

고고학 발굴을 통해 보면 '임신부의 배를 가르고' '아침에 물을 건넌 이의 정강이를 자른' 것과 같은 일은 초기 상나라의 정저우 상성과 옌스 상성에서부터 중기 상나라의 샤오솽차오 유적지까지, 다시 후기의 은허까지 줄곧 상족의 제사에서 일상적으로 나타난 현상으로, 서부의 각 부족도 진즉부터 보아왔던 일이었다. 다만 무왕은 왜 그것을 주왕 개인의 죄악이라고 얘기했을까?

한 가지 가능성은 무왕이 애초에 호소한 것은 상 왕조에 대한 공포를 자아내는 행위였으나, 주공이 정치를 담당하던 시기에 상 문화의 어두운 면을 말소하기 위해 무왕의 연설 기록을 수정했다는 것이다. 다른 하나의 가능성은 무왕이 상나라 내부의 지지자를 얻어내려고 주왕의 잔인무도함을 중점적으로 묘사하는, 이른바 극소수를 고립하고 다수를 끌어들이는 책략을 쓴 것이다.

이외에 무왕의 연설에서는 또 주왕의 한 가지 죄를 강조했으니, 그가 제사를 지내려 하지 않아서 상제와 상나라 역대 선왕들에게 죄를 지었다는 것이다.

> 결국에 오만불손하고 상제와 신들에게 제사를 지내지 않고, 그 선조의 종묘에도 제사 지내지 않았다. (…) 교묘와 사직의 제사를 지내지 않고 종묘에서도 제사 지내지 않으니 (…) 상제가 마음이 따르지 않아서 단연코 이 나라가 망하도록 저주를 내렸다.
> 乃夷居弗事上帝神祇, 遺厥先宗廟弗祀. (…) 郊社不修, 宗廟不享 (…) 上帝弗順, 祝降時喪.

이것은 그야말로 '있을지도 모르는莫須有'* 죄상을 열거하여 고발한 것이다. 주왕이 계승한 것은 바로 그의 부친 제을이 제정한 정례화된 '주기

제사' 제도였으니, 고정된 제사 일정에 따라 역대 선왕에게 제사를 지내는 것이었다. 설령 왕이 경사에 없더라도 사제^{司祭}가 대신 제수품을 봉헌할 수 있었다. 상제는 (원래) 상족만의 신이었으니, 설령 제을과 주왕의 '주기 제사'에 상제에 대한 안배가 없더라도, 상족의 종교 이념에 따르면 선조에게 바치는 제수품 가운데는 당연히 상제의 몫도 있었다.

다만 무왕은 주왕이 신을 경배하지 않는다는 사실을 지적해야 했다. 상고시대에 이것은 가장 큰 죄악이었기 때문이다. 주왕을 온갖 죄악을 저지른 폭군으로 규정했다면, 그에게는 반드시 이 죄목이 있어야 했다. 이로 말미암아 무왕의 '반란'은 종교적 합법성을 지니게 되었다. 그는 하늘의 상제와 신들(상나라의 역대 왕들)을 대표하여 주왕을 징계하는 것이니, 이른바 이런 것이었다.

> 너희는 노력하여 나 한 사람을 도와 공손하게 천벌을 시행하도록 하라!
> 爾其孜孜, 奉予一人, 恭行天罰.

신뢰감 있는 이 연설을 듣고 나자, 제후들은 모두 "주왕은 정벌할 만하다"라고 여겼다. 다만 『사기』 「주본기」에 따르면, 얼마 후에 무왕은 돌연 "너희는 아직 천명을 모른다. 아직 안 된다^{女未知天命, 未可也}!"라고 선언했고, 이에 동맹군은 각자 회군하여 귀가했다. 결과적으로 상나라와 주나라의 왕이 동서로 대치하는 국면이 또 2년 동안 이어졌다.

이런 전환은 인정과 사리에 너무 부합하지 않는다. 그러나 현대인의 이해에 따르면, 문왕이 상나라를 정벌하라는 '천명'을 받은 이래 인정과 사리에 부합하지 않는 일이 이미 너무 많았다. 다만 그것은 예측할 수 없는 무수한 귀신이 대지를 다스리던 시대였으므로, 무왕의 이 행위를 억지

---

* 이것은 남송南宋의 진회秦檜가 악비岳飛를 무고誣告하여 죽음에 이르게 한 죄명이기도 하다.

로 해석할 필요는 없음을 알아야 한다.

무왕의 '맹진 회맹'은 이미 상나라를 멸하려는 주족의 야심을 나타
냈으며, 많은 서부 부락의 가맹을 얻어냈다. 이즈음에 이르러 주왕은 응
당 서부의 위협을 직시해야 했겠으나, 그는 여전히 아무 행동도 취하지 않
았다. 이와 동시에 상나라 궁정의 내부 갈등도 갈수록 격화되었다.『사기』
「은본기」에 따르면 미자微子—주왕의 서출庶出 아우—는 여러 차례 간언했
으나 들어주지 않자, 도망쳐 숨어버렸다고 했다. 그 후 주왕은 "비간의 배
를 갈라 그 심장을 살펴보았고" "기자가 두려워서 미친 척하며 노예로 지
내니, 주왕이 또 그를 구금했다." 고대 역사에서 이런 이들은 모두 상 왕조
의 충성스럽고 현량한 신하들이었으나, 당시의 형세로 보면 이들 가운데
궁중에서 정변을 일으켜 주왕을 밀어내려고 시도한 이가 있었을 가능성이
크다. 은허가 동요하고 충돌하는 와중에 상족 고위층 가운데 일부는 도주
하기도 했다.『사기』「주본기」에 따르면, "태사太師 자疵와 소사少師 강強이
악기를 품에 안고 주나라로 도망쳤다"라고 했다.

비간의 죽음에 대한 각종 문헌의 기록에는 약간 차이가 있다.『사기』
「은본기」에서는 주왕이 "비간의 배를 갈라 그 심장을 살펴보았다"라고 했
고,『초사』「이소離騷」에서는 "비간을 죽여 육장을 담갔다比干菹醢"라고 했
다.『역경』「간괘艮卦」에 따르면 이 둘은 모두 모순이 아니니, 상나라 왕은
중요한 인물을 죽여 제사에 바칠 때 하나의 완전한 과정이 있었다. 가슴을
갈라 심장을 꺼내 불에 구워 바치는 제사는 중간에 행해지고, 마지막으로
인간 희생의 살을 잘라 육장을 담근다. 백읍고도 당년에 이런 완전한 과정
을 겪었다. 또 어떤 사료에는 임신한 비간의 아내도 죽음을 피하지 못했
고, 심지어 뱃속의 태아마저 꺼내 주왕이 검사했다고 했다.

주왕이 비간 아내의 배를 갈라 태아를 살펴보았다.

紂剖比干妻以視其胎.(『尚書』「泰誓」孔穎達 疏에 인용된 皇甫謐의『帝王世紀』)

보아하니 주왕이 귀족을 죽일 때는 종종 일가족 전체를 죽였던 듯하니, 앞서 인용했던 『상서』 「태서」에서 무왕은 그가 "포학한 짓을 감행하면서 죄인은 족멸했다"라고 비판했다.

현대인에게 배를 갈라 태아를 꺼내는 것은 지극히 잔인한 행위지만, 그것은 상족이 제사를 지낼 때의 일반적인 모습이었을 수 있다. 상나라 때의 유적지들에서 발견되는 많은 인간 희생의 유골 가운데는 청년과 여성이 일정한 비율을 차지하고 있으며, 개중에는 부분적으로 임신부가 있을 수 있다. 아직 태아의 유골을 발견하지 못한 까닭은 임신부가 살해될 때 배를 갈라 꺼냈기 때문일 가능성이 크다. 대비하자면, 정상적인 옛 무덤에서는 난산難産하거나 태 안에 태아가 들어 있는 여성의 유골을 종종 볼 수 있다.

종합하자면, 주왕 말년에 은허의 귀족들은 이미 믿기 어려울 정도로 공포에 빠져 있었는데, 귀신에 대한 피비린내 나는 제사가 일상화된 상 문화일지라도, 주왕처럼 귀족을 제사에 바치는 데에 열중했던 이는 드물었기 때문이다. 어쩌면 이것이 바로 상 왕조가 통제력을 잃고 멸망하게 된 직접적 원인이고, 주족의 위협은 애초에 언급할 가치도 없었을 수 있다.

목야의 갑자일

은허의 동요가 날로 심해지자, 문왕은 상나라를 정벌할 시기가 도래했음을 감지했다.

맹진에서 회맹하고 2년 뒤인 기원전 1046년, 그러니까 무왕이 왕위를 계승하고 4년째, 문왕이 천명을 받고 11년째 되던 해[378]에 그는 다시 거병하여 동방을 정벌했다. 무왕의 이번 행군 일정을 기록한 문헌은 여러 종류지만, 연도와 월에 약간 차이가 있다. 전체적으로 보면 무왕의 이번 정벌은 한겨울에 시작되었고, 결전은 겨울이 끝나고 봄이 올 무렵에 벌어졌다.

총공격을 위한 사전 공작은 이전 해의 연말에 시작되었다. 무왕 3년 11월에 주나라 군대의 주력이 먼저 출발했으나 무왕은 군중에 없었고, 병력을 이끌었던 이는 태사太師 여상이었을 가능성이 있다. 그들의 임무는 먼저 황허강 남안에 도착해서 영채를 세우고 각 방향에서 찾아오는 동맹군과 결집하면서, 아울러 남안에 나타날 수 있는 상나라 군대를 숙청하는 것이었다. 이와 동시에 사자를 보내 모든 동맹국에게 총공격의 정보를 통지했을 것이다.

무왕 4년 1월 20일 계사癸巳에 무왕은 소수의 신하와 함께 주원 즉 종주宗周를 출발했다. 그는 가벼운 행차를 꾸려서 단지 14일 만에 맹진 남안의 군영에 도착했다. 이때 동맹군은 이미 모두 집결한 상태였는데,『사기』「주본기」에 따르면, 주나라의 총병력은 4만5000명이고 전차는 300대, 전차와 협동하여 작전하는 '호분虎賁'이 3000명이었다.

이번에 주나라 군대가 침범한다는 소식은 마침내 주왕에게 심각하게 받아들여져서, 그는 은허와 주변 각 족읍의 무장 세력을 소집하여 서부의 적을 격파하고, 나아가 관중의 소굴에서 그들을 소탕하려 했다. 다만 당시에는 은허의 소요가 막 끝난 뒤여서 동원의 진도가 무척 느렸다.

그런데 서부 동맹군은 이미 황허강 남안에서 한 달 남짓 주둔하고 있다가, 2월 16일 무오戊午에 전 병력이 황허강을 건너 일거에 상 왕조의 핵심 구역으로 진입했다.

허베이 평원에는 아주 많은 상족의 족읍이 분포되어 있어서, 일반적인 이치로 보자면 동맹군은 응당 그것들을 차례로 하나씩 점령하면서 전선이 천천히 북진했어야 하지만, 무왕은 돌연 속도를 높였고, 아울러 가는 도중의 상족 거점들을 아랑곳하지 않은 채 곧장 은허를 향해 북진했다. 6

일 동안의 긴급 행군을 통해 2월 21일 계축^{癸丑}의 야간에 동맹군은 은허 남쪽 교외의 목야에 도착했다.³⁷⁹⁾ 이곳은 상나라 왕실이 소와 양을 방목하던 초원으로서 지형이 평탄해서, 집결한 상나라 군대의 진영에 밝혀진 불빛이 멀리 바라보이는 곳이었다. 이때 양측 군대는 이미 상대방 주력군의 위치를 정탐해서 알고 있었으므로, 밤중에도 쉬지 않고 대열을 정비하고 진용을 갖추어 날이 밝으면 일거에 적을 섬멸하려고 준비했다. 역사서의 기록에 따르면, 이때는 비가 많이 내리는 겨울 끝자락으로서, 동맹군이 황허강을 건너기 전후로 줄곧 장맛비가 내려 강이 일부 범람하기 시작하고 있었다. 그리고 양측 군대가 밤새 진영을 정렬하는 동안 또 비가 내리기 시작했다.

> 무왕이 2월 계사일 밤에 진영을 펼치는데, 일이 끝나기도 전에 비가 내렸고 (…) 목야에 군대를 포진했다.
> 王以二月癸亥夜陳, 未畢而雨 (…) 布戎於牧之野.

22일 갑자^{甲子} 새벽에 규모가 비교적 작은 주나라 군대가 먼저 포진을 마쳤다. 무왕은 온몸을 갑옷과 투구로 무장하고 진영 앞에서 선서했으니, 이것이 바로 유명한 『상서』「목서^{牧誓}」다. 이 연설은 300자도 되지 않는 간결한 것이지만, 현장감이 대단히 강하다.

> 때는 갑자일의 이른 새벽, 무왕은 상나라 도읍의 교외 목야에 이르러 맹세했다. 무왕은 왼쪽에 황월^{黃鉞}을 짚고 오른손에 흰소 꼬리털을 장식한 백모^{白旄}를 들고 흔들며 말했다.
> "먼 길에 고생했도다, 서부인들이여!"
> 時甲子昧爽, 王朝至於商郊牧野, 乃誓. 王左杖黃鉞, 右秉白旄以麾, 曰, 逖矣, 西土之人.

이어서 문왕은 휘하의 맹우와 장수, 군관들을 일일이 호명하여 '백부
장百夫長'까지 이른 뒤에 그들에게 말했다.

무왕이 말했다.
"아, 우리 우방의 군주들과 실무를 담당하는 사도와 사마, 사공, 아려,
사씨, 천부장, 백부장 그리고 용국과 촉국, 강국, 모국, 미국, 노국, 팽
국, 복국의 사람들이여, 너희의 창戈을 들고 방패를 나란히 세우고 창矛
을 세우라. 내가 맹세하노라!"
王曰, 嗟, 我友邦冢君, 御事司徒司馬司空亞旅師氏千夫長百夫長, 及庸蜀
羌髳微盧彭濮人, 稱爾戈, 比爾干, 立爾矛. 予其誓.

그런 뒤에 무왕은 주왕의 죄악을 간단히 열거했다.

무왕이 말했다.
"옛말에 '암탉은 새벽을 알리지 않나니, 암탉이 새벽을 알리면 집안이
망한다'라고 했다. 이제 상나라 왕 은수殷受(주왕)는 오로지 아낙의 말만
신용하여 어리석게도 조상에 대한 제사를 폐기하여 보답하지 않고, 선
왕이 남긴 같은 부모에게서 태어난 아우를 버리고 임용하지 않은 채,
오히려 사방의 죄 많은 도망자들을 숭상하고 어른으로 모시고, 그들을
신뢰하고 임용하여 대부大夫와 경사卿士로 삼아 백성에게 포학하게 굴
고 상나라의 고을에서 간악한 짓을 하게 했다!"
王曰, 古人有言曰, 牝鷄無晨, 牝鷄之晨, 惟家之索. 今商王受惟婦言是用,
昏棄厥肆祀弗答, 昏棄厥遺王父母弟不迪, 乃惟四方之多罪逋逃, 是崇是長,
是信是使, 是以爲大夫卿士, 俾暴虐於百姓, 以奸宄於商邑.

그리고 그는 스스로 이렇게 진술했다.

이제 나 주발은 오직 하늘의 벌을 삼가 집행할 것이다. 오늘의 일은 6 걸음이나 7걸음을 넘기지 않고 바로 멈추어 대오를 정비하라. 힘내라, 사나이들이여! 창戈을 내리치는 일은 4번, 5번, 6번, 7번을 넘기지 말고 바로 멈추어 정비하라. 힘내라, 사나이들이여!

바라건대 호랑이처럼, 비휴처럼, 곰熊처럼, 큰곰羆처럼 용맹하게 상나라 도읍의 교외에서 도주하는 자는 저지하지 말고 서부를 위해 봉사하게 하라. 힘내라, 사나이들이여! 너희가 힘쓰지 않는다면 너희는 죽게될 것이다!

今予發惟恭行天之罰. 今日之事, 不愆於六步七步, 乃止齊焉. 勖哉夫子, 不愆於四伐五伐六伐七伐, 乃止齊焉. 勖哉夫子. 尙桓桓如虎如貔如熊如羆, 於商郊弗迓克奔, 以役西土. 勖哉夫子. 爾所弗勖, 其於爾躬有戮.

무왕과 그의 동맹군은 모두 '서부인', 그러니까 대대손손 은상에 제사 희생을 제공한 강족이었으니, 대부분 그 가족이 은허에서 살해되어 가죽이 벗겨지고 살이 삶아진 일을 겪었다. 그러므로 그들은 이 전투에서 패배하면, 그 결과가 어떻게 될지 모두 알고 있었다.

문헌에는 또 무왕이 맹세를 마치고 곧 대열에 들어가려 할 때 양말을 묶은 끈이 풀어졌는데, 주위에서 시립하고 있던 이들 가운데 아무도 나아가지 않아서, 무왕이 도끼와 백모를 내려놓고 허리를 숙인 채 손수 묶었다고 했다. 당시 주위 사람들은 "우리가 남의 양말 끈이나 묶어주려고 온 게 아니다"라고 말했다고 한다. 보아하니 진영 앞의 무왕은 자기 휘하의 시위侍衛들이 아닌 동맹군 수령들과 함께 있었던 듯하다. 그들은 상나라를 멸하기 위해 온 것이지 무왕의 사적인 부하가 아니었으니, 이런 신분의 구별에 무척 신경을 썼다.[*]

날이 점차 밝아오자 빗줄기의 세력은 점차 줄어들었고, 마주한 상나
라 군대의 진열도 정비가 이루어지고 있었다. 주나라의 서사시에서는 적
군의 창戈矛들이 숲처럼 빽빽했다고 묘사했다.

은상의 군대는
숲처럼 모여 있었지.
殷商之旅, 其會如林.(『詩經』「大雅·大明」)

『사기』에서는 상나라 군대의 총수가 70만 명이라고 했다.

주왕은 무왕이 공격해온다는 소식을 듣고, 역시 70만 명을 선발해 무왕
을 막았다.
帝紂聞武王來, 亦發兵七十萬人距武王.(『史記』「周本紀」)[380]

이 숫자는 분명히 지나치게 크다. 그러나 상나라 군대의 수가 서부 연
합군보다 훨씬 많았다는 점에는 의심의 여지가 없다.

진영 앞에서 행한 무왕의 연설은 믿음이 충분했으나, 이때는 바로 진
퇴양난의 곤경에 직면해 있었다. 그가 이 원정을 발동한 전제는 은허 내부
의 끄나풀과 밀약한 게 있다는 것이었다. 일단 양측의 군대가 대치하게 되
면 끄나풀이 혼란을 틈타 주왕을 제거함으로써 전투의 국면을 전환하고,
그런 뒤에 각 지방에서 모두 받아들일 수 있는 새로운 상나라 왕을 추대하
는 것이었다.

---

* 『帝王世紀·山海經·逸周書』, 遼寧敎育出版社, 1997, 34쪽. 이보다 더 늦은 고대 로마 공화국 시기에
로마의 집정관執政官(사령관)이 군대를 이끌고 출정할 때, 집정관의 호위대는 로마의 병사가 아니라
각 동맹국의 젊은 귀족으로 조직되었으니, 이것은 분명 로마와 동맹국의 긴밀한 관계를 강조하기 위
한 것이었다. 주 무왕의 이런 행동은 로마인들과 같은 의미에서였는지도 모른다. ─원주

　　다만 은허의 정세가 하루에도 여러 차례 변해서, 주왕을 대신할 능력을 가장 잘 갖춘 인물은 죽거나 구금되거나 도주해버린 상태였다. 그리고 쌍방의 대군은 모두 긴박하게 목야로 달려와서 달빛도 별빛도 없는 밤에 전례 없이 방대한 진영을 구축하고 결집했다. 무왕과 은허 내부에서 호응할 이들의 연계가 끊어져서 전투를 도울 상나라 사람이 없어진 이상, 현재의 실력으로는 서부 연합군이 일방적으로 도륙될 게 너무나 분명했다.

　　서부인들뿐만 아니라 상나라 귀족들도 이런 규모의 병력이 집결하여 대규모 전투를 벌이는 모습을 본 적이 없었다. 수백 명 혹은 1000명 이상의 병사로 이루어진 종족일지라도 거대한 군진軍陣에 묻히는 순간, 마치 삼림 속의 관목 떨기처럼 형체를 찾기 어려웠다.

　　다만 무왕에게는 달리 선택할 여지가 없었다. 그는 그저 부친이 묘사했던 그 상제가 자기편에 있으니, 그를 온전히 믿으면 부친이 시작한 상나라 정벌 사업이 성공할 수 있으리라 믿을 수밖에 없었다.

> 목야에서 맹세하나니
> 오직 우리만이 비로소 흥성하리라!
> 상제께서 너희 곁에 계시니
> 딴생각을 품지 말라!
> 矢於牧野, 維予侯興. 上帝臨女, 無貳爾心.(『詩經』「大雅·大明」)

　　『사기』「주본기」에 따르면, 무왕의 첫 번째 행동은 자기의 장인 겸 스승, 전략가인 '사상보師尙父' 여상에게 백부장들과 함께 대규모 병력을 이끌고 주왕의 군대를 향해 돌진하게 하는 것이었다. 무왕의 개인적인 관계를 떠나서, 당시 여상의 나이는 이미 60세를 넘겨서 수염이 허연 상태였으니, 이치를 따지자면 무왕은 그에게 그런 임무를 맡겨서는 안 되었다. 게다가 여상이 왜 돌연 모든 음모와 속임수, 귀계鬼計를 망각하고 일개 무사처럼 분기탱천하여 적진을 향해 돌진했는지 아무도 그 이유를 모른다.

어쩌면 그는 그저 인간 희생으로 육포 신세가 되는 강족의 운명을 바꾸려는 생각만 했을 뿐인지도 모른다. 어쨌든 은허의 도살장에서 그는 이미 너무 많은 것을 목격했기 때문이다.

여상이 이끄는 보병이 적과 만나기 전에, 무왕은 300대의 전차를 이끌고 상나라 진영으로 돌진했다. 그는 장인을 이렇듯 무모하게 죽도록 내버려둘 수 없었으니, 자기가 보유한 얼마 안 되는 전차를 투입하여 적의 이목을 끌어야 했을 것이다.

정상적인 접전 과정에서는 우선 청동 촉이 달린 화살이 폭우처럼 그들에게 쏟아지고 나서, 다시 몇 배나 되는 상나라 전차가 대지를 휩쓸며 달려와서 적군을 깔아뭉개야 했다. 그러니까 이 전투는 시작부터 무왕 측에 어떤 절차나 전략이 없었다고 할 수 있다.

다만 상나라 진영이 돌연 저절로 해체되어 서로 공격하기 시작했다. 어쩌면 대의를 위해 목숨을 돌보지 않는 주나라 군대의 돌격을 목격한 상나라 군대 안의 밀모자가 결국에 용기를 내어, 주왕의 중군中軍을 향해 창칼을 거꾸로 돌렸을 수도 있다. 이어서 서부 연합군 전체가 혼전에 투입되었다.

후세의 주나라 서사시에서는 "상나라 무리가 녹는 듯했다商庶若化"라고 했으니, 상나라 군대의 대오가 물에 씻긴 기름처럼 순식간에 궤멸하여 녹아버렸다는 뜻이다.* 소란이 점차 가라앉고 비가 그치자 붉은 피에 물든 도랑의 물에는 시체와 창칼, 방패가 부침하고 있었다. 후세 사람들의 기억 속에서 그 새벽의 목야는 '흐르는 피에 무기가 떠다니는'** 것이었다.

---

* 『일주서逸周書』 「무오해武寤解」 참조. 이 편은 사언시四言詩로서, 내용은 모두 목야의 전투에서 상나라를 정복하는 과정을 묘사한 것인데, 다만 제목인 「무오해武寤解」는 내용과 무관하니 베껴 써서 전해지는 과정에서 생긴 혼란일 수 있겠다. '무오武寤'의 뜻은 무왕이 놀라 꿈에서 깨었다는 것으로서, 이런 내용은 『일주서』에 여러 차례 등장하기 때문에, 베껴 쓰는 이가 착각을 일으키기 쉽다.—원주

옅은 햇빛이 새벽안개를 투과하여 들판에 널린 시신을 비출 때, 600년 가까이 지속했던 상 왕조는 이미 종말을 고했다. 여상은 그 여명 속에서 한 마리 매로 변하여 목야의 상공을 맴돌았고, 쌓인 구름이 흩어진 뒤의 이 새벽을 주나라 사람들은 '청명淸明'이라고 부르기 시작했다.

> 오직 태사 여상만이
> 매처럼 용맹을 떨쳤지.
> 저 무왕을 보좌하여
> 대국 상나라를 질풍처럼 정벌했나니
> 그날 아침은 청명했다네!
> 維師尙父, 時維鷹揚. 涼彼武王, 肆伐大商, 會朝淸明.(『詩經』「大雅·大明」)

정복자를 맞이하는 은허

상나라 주력군은 목야에서 궤멸했으나 무왕의 서부 연합군의 손실은 경미했으며, 게다가 '모반'한 상나라 부족의 투항을 받아들였다. 역사서에서 이렇게 주족과 은밀히 내통한 상나라 씨족은 줄곧 안개 속에 숨겨져 있어서, 여태 그 성명이 거론되지 않았다.

그러나 어쨌든 주왕(제신帝辛)의 왕조는 이미 종말을 향해 치달리고 있었다. 이에 무왕은 '태백기太白旗' 하나를 들고 다시 대열을 정비하라고 지시했다. 오행을 나타내는 별 가운데 '태백'은 금성이고, 『사기』「천관서天官書」에서도 "태백은 중국을 주관한다太白主中國"라고 했으므로, 무왕이 사용했던 그 '태백기'는 바로 노획한 주왕의 사령기帥旗였을 가능성이 있다.

** 『商書』「武成」: "血流漂杵."

서부 각 부족의 수령들도 무왕이 이미 주왕의 지위를 대신하게 되어서 더는 자기들과 동등한 동맹자의 신분이 아님을 의식하기 시작해서 무릎을 꿇고 절을 올릴 수밖에 없었고,* 무왕은 두 손을 맞잡고 읍하여 답례했다.

> 제후들이 무왕에게 절을 마치자, 무왕은 제후에게 읍했고, 제후가 모두 따랐다.
> 諸侯畢拜武王, 武王乃揖諸侯, 諸侯畢從.(『史記』「周本紀」)

그런 뒤에 무왕은 대오를 이끌고 은허를 향해 진격했다.

이때 주왕은 이미 패전하여 은허로 도주해 있었으나 궁정의 질서는 이미 남아 있지 않았고, 그도 병력을 규합하여 다시 도전하려는 믿음을 가지지 않았다. 주왕이 택한 대항 방식은 다른 것이었다. 날이 저물 무렵, 그는 보물을 저장한 '녹대鹿臺'에 올라가 귀중한 옥기玉器를 자기 주위에 쌓고, 5개의 '천지옥天智玉'을 찬 채 스스로 불을 질러 죽었다.

> 주왕은 걸어 들어가 녹대에 올라가 보옥으로 장식한 옷을 입고 불속으로 들어가 죽었다.
> 紂走入, 登鹿臺, 衣其寶玉衣, 赴火而死.(『史記』「殷本紀」)

> 때는 갑자일 저녁, 주왕은 천지옥염天智玉琰 5개를 취해 (많은 옥을) 몸에 두르고 스스로 분신했다.
> 時甲子夕, 商王紂取天智玉琰五, 環身, 厚以自焚.(『逸周書』「世俘解」)

---

* 투구를 쓰고 갑옷을 입었을 때 무릎을 꿇는다면 한쪽 무릎만 꿇었을 수 있다. 그런 뒤에는 머리를 땅에 닿도록 조아리는 게 아니라, 머리에 쓰고 있던 투구를 벗어 공경을 나타냈을 것이다. ─원주

이렇게 갑자일 새벽에 상 왕조의 대군은 궤멸했고, 저녁이 되자 주왕이 운명했다. 하루 사이에 중국의 세계는 천지가 뒤집히는 변화가 일어났다.

주왕이 분신하여 죽은 것을 두고 후세 사람들은 대부분 그것이 궁지에 몰린 자살의 일종이라고 여긴다. 사실 상나라의 종교 관념에 따르면, 이것은 최고급의 제수품을 바치는 행위였다. 왕이 상제와 조상들에게 자기를 봉헌한 행위인 셈이다. 상 왕조를 개국한 성탕 즉 천을天乙도 이런 방식을 시도한 적은 있으나, 주왕은 처음으로 그것을 실천했다.

주왕은 신들에게 왕족과 방백을 바친 적이 있는데, 이제 자기를 봉헌하면서 인간 세계에서 가장 진귀한 보물을 가지고 하늘나라로 올라가 상제의 신성을 지닌 '제신帝辛'이 되었으니, 이후 그는 자연히 반역을 일으킨 주족에게 멸망의 재앙을 내리게 될 것이다.

이튿날 아침 주족 연합군은 은허에 도착하여 교외에 영채를 설치했다. 주왕이 죽었다는 소식은 이미 퍼져 있었으니, 무왕과 그의 신하들이 직면한 문제는 상 왕조의 방대한 유산을 어떻게 접수해야만 상족이 자기들의 나라가 망했다는 사실을 받아들이고, 궁지에 몰려 폭동을 일으키지 않도록 할 수 있을지 최대한의 방법을 모색하는 것이었다.

실패를 인정한 상나라 귀족은 이미 교외에 나와 대열을 지어 마중했다. 무왕의 신하들은 상족에게 선언했다.

"이것이 하늘이 내린 복이다!"

『사기』「은본기」에 따르면, 상족은 모두 무릎을 꿇고 "재배하며 머리를 조아렸고再拜稽首" 무왕도 전차에서 내려서 상족에게 머리를 조아려 답례했다.

후세의 어떤 주석가는 사마천의 이 기록이 정확하지 않고 여겼다. 무왕이 상나라를 정벌한 것은 정의로운 거사였는데, 어떻게 상족에게 답례할 수 있었겠느냐는 것이다.

무왕이 신하로서 군주를 정벌해서 덕에 부끄러움은 있으나 상족의 절
에 답례했을 리는 없으니, 이는 사마천이 잘못 쓴 것일 뿐이다. 앞의 문
장을 보면 (목야의 전장에서) 제후들이 절하고 축하했을 때도 그저 읍하
여 답례했을 뿐인데, 상족에게 (이처럼 지나치게 공손하게) 절하여 답례했
을 리 없다.
武王雖以臣伐君, 頗有慙德, 不應答商人之拜. 太史公失辭耳. 尋上文, 諸侯
畢拜賀武王, 武王尙且報揖, 無容遂下拜商人.(司馬貞,『史記索隱』)

이런 평론은 상족 내부에서 창칼을 거꾸로 돌린 일이 전투 국면에 마
친 중대한 영향을 간파하지 못했기 때문에 나온 것이다. 당시 상족의 규모
는 여전히 대단히 방대했으므로, 정복자인 무왕으로서도 감히 조금도 경
시하는 마음을 품을 수 없었다.

무왕에게 가장 시급한 일은 주왕이 분사焚死한 시신을 처리하는 것이
었다. 그는 상족의 종교적 사유를 잘 알고 있었으므로, 술법에는 술법으로
대항해야 한다는 것을 알았다. 주왕이 자기를 제물로 바친 결과 및 그로
인한 유언비어를 없애는 방법은 바로 한 차례 전투를 벌이고 참수 의식을
거행함으로써, 주왕이 사로잡혀 살해되는 전체 과정을 보여주는 것이었
다. 주나라 군대는 직접 녹대의 궁궐로 진입해서 무왕은 전차에 탄 채 주
왕의 시신을 향해 3발의 화살을 쏜 후, 마차에서 뛰어내려 단검 '경려輕呂'
로 시신을 찔렀고, 마지막으로 청동 도끼로 주왕의 머리를 베어 '태백기'
의 깃대에 걸었다.(『사기』「은본기」)

주왕이 총애하던 2명의 비빈은 이미 목을 매어 자살했는데, 그 가운
데 하나가 달기였다. 그들이 자원해서 그렇게 죽었는지는 아무도 모른다.
똑같은 순서에 따라 무왕은 "또 3발의 화살을 쏘고 칼로 치고, 현월玄鉞로
목을 베어 그 머리를 '소백기小白旗'의 깃대에 걸었다."

그런 뒤에 대오는 교외의 군영으로 돌아갔는데, 도중에 깃대에 걸린 머리를 전시하여 이것이 무왕의 전과임을 선전했다. 여론을 조성하고 유언비어를 가라앉히기 위해서는 이런 의식적인 공연이 지극히 중요했다.

주왕이 감금했던 상족 귀족은 모두 석방되었고, 그 가운데 가장 명성이 높은 이는 기자였다. 무왕은 소공 석奭을 감옥으로 보내 기자를 석방하여 편안하게 대접하도록 했다.

상 왕조 전체가 아직 평정되지 않은 상황에서, 무왕은 최대한 많은 상나라 귀족을 확보해야 했다. 애초에 이들 상족의 반대파는 그저 주족의 병력을 도와서 제멋대로 구는 제신을 몰아내고 새로운 왕으로 교체하려고만 생각했다.

다만 문왕과 무왕의 야심은 여기에 그치지 않았다. 그들이 바란 것은 상 왕조의 통치를 영원히 대신하는 것이었다. 이제 상나라 군대의 주력은 궤멸했으나 투항한 상족의 세력은 아직 아주 컸으니, 무왕은 또 그들의 힘을 빌려 상나라 강역 전체를 평정해야 했다. 그러므로 쌍방 간에는 도박 같은 한 차례 담판이 있었을 것이다.

이렇게 해서 무왕은 막 석방된 기자와 장시간 대화를 나누었고, 그 내용은 서주 때의 누군가에 의해 『기자箕子』라는 책으로 정리되었다. 다만 유감스럽게도 이 책의 문장은 훗날 유실되었고, 『일주서』에 그저 편명篇名만 남아 있다.[381] 어쩌면 『기자』에 수록된 쌍방의 담판 내용이 지나치게 노골적이고, 훗날 서주 왕조의 관방 서사의 조건과는 너무 달라서 폐기되어버렸을 수도 있다.

그러나 무왕과 기자의 이 장시간에 걸친 대화에서는 약간의 기본적인 공통 인식을 도출했을 것이다. 예를 들어 주왕의 죽음으로 전면적인 숙청이 필요했다면, 상 왕조를 잠시 보류한 채 주나라 군대가 은허 등지에 장기간 주둔했을 수 있다. 이런 안배에 따른다면 상나라와 주나라는 동서의 두 왕조로 병립하겠으나, 상나라는 주나라의 군사적 통제 아래 있을 수밖에 없었을 것이다.

이외에 무왕은 또 분명히 밝혀야 했다. 인간 세계에서 상제의 통치권은 이미 완전하게 주나라 즉, 무왕 주발의 손으로 이전되었으니, 이후로 상나라 왕은 다시는 상제와 어떤 연계도 맺어서는 안 되고, 다시는 '제'라는 존칭을 써서는 안 된다. 이를 위해 그는 상나라 왕이 제사 지내는 신들의 '사社(사당)'에서 왕조 교체를 상징하는 의식을 거행해야 했다.[382]

주족은 먼저 신사神社와 주왕의 궁전을 보수하고 도로를 정리했다. 전례를 시작하기 전에 100명의 무사가 깃발을 들고 길을 열었고, 무왕의 아우 주진탁周振鐸(훗날 조나라에 봉해져 조숙曹叔으로 불림)이 선도하는 마차에 탔다. 주공은 큰 도끼를 들었고, 필공畢公 주고周高(훗날 필나라에 봉해져 필공 고畢公高로 불림)는 작은 도끼를 든 채 무왕의 양쪽에 나뉘어 섰다. 산의생散宜生과 태전泰顚, 굉요閎夭는 각기 단검 '경려輕呂'를 들고 무왕을 옹위했으며, 호위대는 바로 뒤쪽에서 따라갔다.

신사에 들어간 뒤에는 무왕의 아우 주정周鄭(훗날 모나라에 봉해져 모숙毛叔으로 불림)과 주봉周封(훗날 위나라에 봉해져 위강숙衛康叔으로 불림), 그리고 소공 석이 각기 맑은 물을 손에 받쳐 든 채 풀로 엮은 명석을 깔고, 옥백玉帛을 들고 있었다. 여상은 제사에 바칠 소를 끌고 왔다. 상나라의 의례를 담당했던 관리였을 윤일尹佚이 상제에게 바치는 보고서를 맡아 낭독했다.

> 은나라의 마지막 자손 주왕이 선왕의 밝은 덕을 해쳐서 폐기하고 신들을 모멸하며 제사를 지내지 않은 채 상나라 도읍의 백성을 잔혹하게 다루었는지라, 그것들을 문서로 적어 '호천상제天皇上帝'께 보고하옵니다.
> 殷之末孫季紂, 殄廢先王明德, 侮蔑神祇不祀, 昏暴商邑百姓, 其章顯聞於天皇上帝.

이어서 무왕은 상제와 신들을 대표하는 신위를 향해 두 번 절을 올리고, 이렇게 선언했다.

"본인은 천제가 부여한 명령을 받아 은상의 통치를 변혁했으니, 이는 모두 하늘의 뜻이옵니다!"

마지막으로 신하들이 제수품을 봉헌했다. 『사기』에서는 전례가 여기에서 끝난다.[383]

사실 무왕은 상나라 귀족을 겨냥하여 또 한 번 연설한 바 있는데, 그것은 나중에 『일주서』「상서해商誓解」에 수록되었다. 목야의 전투가 벌어지기 전에 했던 연설과 마찬가지로, 무왕은 우선 은상 조정의 원로대신伊舊何父부터 태사太史 비比와 소사小史 석昔, 그리고 백관百官과 은허의 각 족읍에 사는 상족들里居獻民을 포함한 청중을 차례로 열거했다. 그리고 또 어기사 '아아噯'를 외친 뒤 본론을 말했다.

"너희가 모두 천명을 존중한다는 것을 나는 안다. 내가 여기 온 것은 바로 상제의 준엄한 명령과 징벌을 집행하기 위해서인데, 이제 너희에게 새로운 명령을 내릴 테니 공손히 들어라. 이제 하나부터 열까지 모두 예를 들어 도리를 분명히 밝히겠다!"

이런 어투는 『상서』「반경」에서 상나라 왕이 신하에게 호소하고 위협했던 것과 무척 유사하다. 상족은 귀신을 극도로 믿었으며, 게다가 사람과 귀신의 유일한 관계는 제사라고 알고 있었다. 그러므로 상 왕조가 이미 귀신에게 버려졌음을 상족이 받아들이도록 하기 위해 무왕은 그들에게 익숙한 논리를 사용했다.

옛날에 후직은 오로지 상제의 말씀에 따라 온갖 곡식을 파종함으로써 대우大禹의 공적을 따라잡을 수 있었다. 천하의 모든 백성은 후직의 훌륭한 곡식을 익혀 제사 지냈으니, 상나라의 훌륭한 선왕들은 상제에게 제사 지내고 □□□□ 또 후직의 훌륭한 곡식으로 평화를 알리고 모두가 먹고 마셨다. 상나라의 훌륭한 선왕들은 이런 이유로 우리 서부가 혁혁하게 발전할 수 있게 해주셨다!

在昔后稷, 惟上帝之言, 克播百穀, 登禹之績. 凡在天下之庶民, 罔不惟后稷
之元穀用蒸享, 在商先誓王, 明祀上帝, □□□□, 亦惟我后稷之元穀, 用告
和, 用胥飮食, 肆商先誓王維厥故, 斯用顯我西土.

이어서 그는 창날을 다시 주왕 한 사람에게 겨냥했다.

이제 주왕에 이르러 어리석게도 천하에 우환을 끼치고 상제를 빛내지
않고 백성을 학대하여 천명을 팽개치니, 상제께서 도움을 주지 않고 내
부친 문왕에게 상나라의 죄 많은 주왕을 처단하라고 하셨다. 나 '소자
주발'은 이 천명을 감히 잊지 못하는데, 내 부친은 후직의 정치에 모두
순응했으니, 이에 상제께서는 그(주왕)를 반드시 정벌하라고 하셨다. 나
는 갑자일에 하늘의 크나큰 벌을 집행하면서 상제의 은혜를 입어 주왕
의 죄악을 척결했으나, 나 역시 위대한 사명을 감히 어기지 못했노라.
공손히 따를지어다!
예전에 서부에 있을 때 내가 말했듯이, 상나라 백성은 죄가 없으나 오
직 한 사람만 죄인이다. 내가 이미 주왕을 처단하여 천명을 받들었으
니, 나도 너희 백성과 고을의 군자들에게 좋은 말로 지시하나니, 이제
부터는 주나라의 명령을 따르도록 하라! □□□□□□□□□□□□□
□□□□□□□□□□□□□□□, 너희 부족의 수령들은 유사시에 감
히 보고하지 않는 이가 없어야 할 것이니, 너희를 주나라 부족의 수령
들과 동등하게 대할 것이며……

今在商紂, 昏憂天下, 弗顯上帝, 昏虐百姓, 棄天之命, 上帝弗顯, 乃命朕文
考曰, 殪商之多罪紂. 肆予小子發弗敢忘天命, 朕考胥翕稷政, 肆上帝曰, 必
伐之. 予惟甲子, 克致天之大罰, □帝之來, 革紂之□, 予亦無敢違大命. 敬
諸. 昔在西土, 我其有言, 胥告商之百無罪, 其維一夫, 予旣殪紂, 承天命, 予

亦來休命爾百姓里居君子, 其周卽命, □□□□□□□□□□□□□□□

□□□□□□□□□□□□□, 爾冢邦君, 無敢其有不告見於我有周, 其比

冢邦君……

마지막으로 무왕은 전혀 거리낌 없이 주나라가 상나라에 비해 훨씬 작다고 인정하며 스스로 '이 작은 나라^{斯小國}'라고 칭했으니, 그의 자신감은 상제의 지지에서 비롯되었기 때문이다.

"이미 상제께서 주나라에 마음이 기울었으니, 이 작은 나라도 천명을 수행하는 데에 게으름을 피우지 않을 것이다. 이번에 내가 한 말을 너희가 명심하지 않는다면, 나는 다시 상제의 징벌을 집행할 것이다! 너희는 공경하며 내 말을 잘 들어라. 두 번 얘기하지 않겠다!"[384]

이 「상서해」의 문장은 『상서』와 『일주서』에 수록된 무왕의 다른 연설보다 난해하지만, 상나라 선왕의 유사한 연설과 매우 비슷하다. 이외에 무왕은 당시에 상나라 말로 연설했을 가능성이 있는데, 후세에 베껴 써서 전한 사람들이 완전히 이해하지 못해서 많은 착오와 탈락이 있었던 듯하다. 어쨌든 「상서해」를 통해 우리는 상나라를 멸망시키는 데에 성공한 뒤에 종교 이념이든 언어와 글쓰기든 간에, 주족 상류층은 여전히 상족을 이해하고 그들의 습관에 부합하는 방식으로 주나라가 상나라를 대신한 일의 합법성을 선전하고 설명해야 했음을 알 수 있다.

이전에 주족의 수령은 이미 어느 정도 '상화^{商化}'되어 있었다. 그들에게 언어 교류와 표현의 어려움은 그다지 크지 않았으나, 상 왕조의 종교 이념을 이용하여 주나라가 상나라를 멸망시킨 일을 해석하려면 상족의 종교 사유에 더 깊이 들어가야 했다. 바로 이 문제를 고심하던 과정에서 상족의 종교에 대한 문왕의 의존도 갈수록 강화되었으니, 상나라를 멸함으로써 무왕은 더욱 '상화'되었다고 할 수 있다.

무왕의 인신공양제사

은허를 진압하여 안정시킴과 동시에 무왕은 여러 부대를 파견하여 완강한 상족들을 숙청했다.

여상을 제외하고 출정한 장수들은 대부분 후래侯來와 진본陳本, 백위百韋처럼 그다지 유명하지 않은 이들이었으며, 여타呂他라고 하는 또 한 명의 장수는 여상의 아들 중 하나일 가능성이 있다. 정벌의 목표는 월희방越戱方과 마磨, 선방宣方, 촉蜀 등이었는데, 이것들이 어디에 있었는지는 확정할 수 없으나, 이들 부대가 모두 한 달 이내에 연달아 은허로 돌아왔으므로 여정이 그다지 멀지 않았던 듯하다. 주로 황허강 이북의 상족 족읍이 가장 집중된 지역이었을 것이다. 계속해서 참수되거나 사로잡힌 상족의 수령 가운데는 곽후霍侯와 애후艾侯, 일후佚侯 등이 포함되었고 노획한 전차도 거의 1000대나 되었다.

『일주서』「세부해」의 기록에 따르면, 소멸된 나라가 99개였고, 자발적으로 투항한 나라가 652개이며, 참수된 이들의 누계는 11여만 명이고, 포로는 30여만 명이라고 했다. 계산해보면 이 소멸된 족읍들은 평균 4000명 전후가 손실되었다. 이 숫자들은 틀림없이 전공을 자랑하기 위해 과장한 것이리라.

한 달 남짓한 정벌을 거쳐서 4월 초에 이르자, 주족은 이미 황허강 이북 지역을 기본적으로 통제했고, 게다가 이미 점령한 진난晉南과 위시豫西의 상나라 통치 구역도 대부분 이미 평정된 상태였다. 아직 정복하지 않은 동남부 오랑캐 부락의 영지에는 산둥과 위난豫南, 인근의 쑤완蘇皖 지역 즉 장쑤와 안후이가 포함되는데, 그곳에는 아직 드문드문 혹은 밀집된 상나라의 식민 성읍이 분포되어 있었다. 그 성읍들은 중원의 왕조 교체를 되돌릴 만한 실력이 없었고, 무왕도 분신술을 써서 그들을 일일이 정복할 수 없었다.

주 왕조의 무력을 보여주어 상족이 다시는 분수에 맞지 않는 생각을 하지 못하도록 하기 위해, 무왕은 또 상나라 왕의 사냥 구역에서 한 차례 대규모 사냥을 진행했다. 이것은 역대 상나라 왕들이 군대를 훈련하고 무력을 자랑하며 오랑캐들을 위협하기 위한 전통적인 의식으로서, 갑골복사에도 아주 많이 기록되어 있다.

상족은 무력을 숭배해서, 왕은 반드시 자기의 용맹과 무력을 보여주어야 신하들을 굴복시킬 수 있었다. 이 부분에서 무왕은 전혀 손색없는 모습을 보여주었으니, 사냥한 들짐승이 거의 작은 산을 쌓을 정도였다.

> 무왕이 사냥하여 호랑이 22마리, 표범 2마리, 고라니* 5235마리, 물소 12마리, 얼룩소 721마리, 곰 151마리, 큰곰 118마리, 돼지 352마리, 담비 18마리, 꼬리 긴 사슴 16마리, 사향노루 50마리, 큰사슴 30마리, 사슴 3508마리를 잡았다.[385]
>
> 武王狩, 禽虎二十有二, 豹二, 麋五千二百三十五, 犀十有二, 氂七百二十有一, 熊百五十有一, 羆百一十有八, 豕三百五十有二, 貉十有八, 麈十有六, 麝五十, 麇三十, 鹿三千五百有八.

10여 년 전에 주왕이 관중의 백㠇 땅에서 사냥한 적이 있어서, 비로소 주창이 그를 알현하고 은허에 들어갈 기회를 얻었으며, 아울러 이후로 천지가 무너지는 듯한 일련의 변혁이 이어졌다. 그런데 이제는 서부인이 상나라 왕의 사냥터를 치달리게 된 것이다.

---

* 원문에는 쌀죽을 의미하는 '미糜'로 되어 있으나 고라니를 의미하는 '미麋'의 오기로 보여 바로잡아 번역했다. 바로 앞의 동물도 원문에는 묘貓였으나 저자의 주에서 표豹의 오기로 보인다고 했으므로 고쳐서 반영했다. 미麋는 인용문의 뒤쪽에도 한 번 더 나오는데, 여기서는 용례에 따라 큰사슴으로 옮겼다. 주麈는 넓은 의미의 사슴 류를 부를 때 쓰거나 큰사슴으로 옮기는데 중복을 피하기 위해 꼬리 긴 사슴으로 옮겼다. 이 동물의 꼬리로 만든 먼지떨이를 주미麈尾로 부른 데 착안했다.

무왕은 또 은허에 주족의 사당을 건립하고, 상족의 전례를 이용해 상제와 주족의 조상들에게 제사를 지냈다. 당시에는 상 왕조의 궁정을 개조해서 사용했을 가능성이 크지만, 구체적인 위치는 이미 자세히 알 수 없게 되었다.

4월 22일 경술庚戌의 새벽에 무왕은 은허의 주족 사당에서 성대한 요제燎祭를 거행했다.* 수레를 타고 도착한 뒤에 그는 종묘의 남문 바깥에 섰고, 사신史臣이 상제에게 제사를 바칠 테니 왕림하여 흠향하시라고 통지하는 제문을 낭독했다.

우선 100명의 대아신大亞臣(주왕을 위해 목숨을 건 고급 무관)에게 전문적인 제례복佩衣으로 갈아입히고, 무왕이 직접 제사에 바쳤다. 집행 방식은 '폐麿'이니, 손발을 잘라서 핏물 속에서 뒹굴고 비명을 지르게 하는 것이었다. 그들의 비명이 하늘에 전달되면 상제가 만족스럽게 제수품을 흠향할 수 있었기 때문이다.

그런 다음에는 태사 여상이 다른 40명을 바쳤는데, 그들은 주왕에게 충성한 상족의 씨족 수령家君과 점술을 담당한 관리貞師, 사도司徒와 사마司馬 등의 하급 관리였다.

인간 희생들은 몸부림치다가 죽기 직전에야 머리가 잘렸을 것이며, 그런 뒤에 종묘 안으로 옮겨져서 제사에 바쳐졌을 것이다. 개중에 몇몇 시체는 또 큰 솥에 삶아졌을 것이다. 그다음에는 상나라 왕실 가족의 머리였다. 주왕의 머리는 '태백기' 아래에, 달기와 다른 비빈의 머리는 붉은 깃발

---

* 『일주서』「세부해世俘解」에 기록된 인신공양제사의 내용은 두 곳으로 나뉘어 있으며, 게다가 순서가 잘못되어 있을 가능성이 있다. 학자들은 이에 대해 여러 가지 해석을 내놓았으니, 예를 들어 상력商曆과 주력周曆이 달랐다거나 중간에 윤달閏月이 있었을 수 있다는 것 등이다. 이 제사들이 거행된 지점에 관해서도 논쟁이 있어서, 어떤 이는 관중의 주원이라고 주장하기도 하나, 당시에는 주원으로 돌아갈 시간이 부족했다고 여기는 이도 있다. 楊寬, 『西周史』, 106쪽: 黃懷信 等, 『逸周書彙校集注』(修訂本), 421~443쪽 참조. 나는 은허에서 제사를 지냈다는 관점을 채택했으며, 또 제사 날짜의 간지干支와 연결된 특징을 고려해서 제사 일정이 6일 동안 계속된 것으로 복원했다. —원주

아래에 걸려 있었는데, 태사 여상은 이 양쪽의 인두人頭를 건 깃발을 메고
종묘로 들어갔다.

이전에 있던 인두와 새로 들여온 인두는 모두 불구덩이에 던져져 태
워짐으로써, 타는 냄새를 품은 연기가 구름 속으로 올라갔다. 이것이 상제
가 하늘에서 제수품을 흠향하는 방식이었다.

이후 닷새 동안 제사는 계속 거행되었다.

23일 신해辛亥에는 주나라 선조에게 제사지냈다. 태왕太王 고공단보로
부터 시작해서 그의 장자인 태백泰伯(太伯)과 둘째 아들인 우공虞公 중옹仲雍,
셋째 아들인 왕계王季 계력季歷, 다시 문왕과 백읍고로 이어졌다. 악대의 반
주 속에서 그들의 신위가 차례로 제단 위로 운반되었고, 무왕은 청동 도끼
를 손에 들고 조상에게 은상의 죄악이 이미 대가를 치렀음을 보고維告殷罪했
다. 마지막으로 '천부은왕정荐俘殷王鼎', 그러니까 상나라 왕의 큰 솥에 삶은
포로를 바쳤으나, 자세한 수량은 알 수 없다.

24일 임자壬子에 무왕은 천자의 전용 복식인 '곤의袞衣'로 갈아입고 종
묘에 갔으니, 이것은 그가 이미 왕조의 정식 주인임을 상징하는 것이었다.
이날 거행한 제사의 내용은 자세히 알려지지 않았다.

25일 계축癸丑에는 주왕 휘하의 무사 100명을 제사에 바쳤다荐殷俘, 王
士百人. 무왕은 손수 청동 도끼와 창戈을 들었고, 의식이 진행되는 모든 과정
에서 악대가 악곡을 연주했다고 했으니, 무왕이 직접 제물을 바쳤을 수도
있다.

26일 갑인甲寅에 무왕은 붉은색과 흰색의 전포戰袍를 입고 목야의 전장
에서 전사한 동맹군들을 위해 제사를 올렸고, 악대는 「만무萬舞」라는 곡을
연주했다. 이것은 상나라 귀족이 도끼를 휘두르며 전투하는 것을 연습할
때 사용하던 악무樂舞였는데, 이미 주나라가 접수한 듯했다.

27일 을묘乙卯에 악대는 「숭우생계崇禹生開(啓)」(대우의 아들 계가 하나라를
개창한 것을 나타낸 음악일 수 있음)를 연주했고, 무왕은 이것을 빌려 자기가

태자 주송周頌을 책봉하기로 결정했다고 선언했다. 당시 주송은 겨우 두세 살이었을 터인데, 그에 앞서 읍강은 단지 딸만 낳았을 뿐이었다.

의식에서 먼저 봉헌한 것은 후래侯來와 진본陳本 등이 주변을 정벌하여 획득한 적의 수급이었으며, 아울러 현장에서 도살한 가축을 곁들였으니, 소 6마리와 양 2마리였다. 그런 뒤에 하늘(상제)과 후직에게 제사를 바쳤는데, 여기에는 소 504마리가 사용되었다. 다시 다른 모든 신과 물과 흙의 신에게 제사를 바치면서 돼지와 양 등 가축을 모두 3701마리나 사용했다. 이런 규모의 제사는 200년 전의 무정武丁 시기와 비견할 만했다.

세상에 전해지는 역사서에는 상고시대에 인신공양제사 행위가 있었음을 기록한 게 거의 없으므로, 『일주서』「세부해」에 기록된 무왕의 이 제사 기록은 상당히 놀랍고 두렵게 보일 것이다. 그러나 고고학적 발굴이 보여주는 상나라(와 더 이른 시기)의 각종 인신공양제사 유적과 갑골문의 기록은 『일주서』「세부편」의 내용과 대단히 잘 들어맞는다. 그러므로 무왕의 인신공양제사는 완전히 상나라의 전통을 계승한 것이라고 할 수 있다.

이외에 『일주서』「세부해」는 또 하나의 정보를 제공한다. 인신공양제사를 거행할 때 악곡도 연주되었다는 사실이다. 이것은 갑골복사에 기록되지 않은 내용이다.

그렇다면 무왕의 그 제사는 원한을 갚는 일종의 복수 행위인가, 아니면 상나라의 인신공양제사 종교를 일상적으로 받아들인 것인가? 『일주서』에 기록된 무왕의 행위를 놓고 보면, 후자일 가능성이 크다. 문왕은 상제와 관련된 종교 원리를 창제했고, 주공은 '덕'에 관한 참신한 이론을 탐색했으나, 무왕은 그들과는 달랐다. 그는 부친과 같이 새로운 것을 창조할 능력이 없었고, 아우의 이론을 진정으로 믿었던 적도 없었으므로, 그저 강대했던 상 왕조의 종교 전통을 답습할 수밖에 없었다.

바꿔 말하자면, 상나라를 정벌하는 과정에서 무왕 자신도 '상화'를 완성했다는 것이다.

주공, 자신을 제사에 바치다

주족과 투항한 상나라 귀족이 뒤처리를 위해 타협한 내용은 이러했다. 첫째, 주왕의 아들 무경武庚(자字가 녹보祿父)이 상나라 왕위를 계승하여 상 왕조의 옛 영토를 다스린다. 문왕이 『역경』「몽괘蒙卦」에서 기록했던 저 철모르는 소년童蒙이 이제는 대략 스무살 남짓하게 자라 있었다. 둘째, 주나라는 은허와 주변 지역에 군대를 주둔하게 하여, 무왕의 세 동생인 관숙管叔 주선周鮮과 채숙蔡叔 주도周度, 곽숙霍叔 주처周處가 지휘하면서 상나라 옛 영토의 동태에 대한 감독을 담당하여 다시 반란이 일어나는 것을 방지한다. 이들이 이른바 '삼감三監'이다.

비교적 일찌감치 문왕 가족과 인연을 맺은 기자는 새로운 은상 조정에서 직위를 얻지 못했다. 이것은 그가 노련하거나 야심이 커서 무왕이 그를 꺼렸기 때문일 수 있는데, 그를 은허에 두면 통제하기 곤란하리라 걱정했을 수 있다. 『사기』「송미자세가宋微子世家」에 따르면, 무왕은 기자를 조선에 분봉했다.

> 이제 무왕은 기자를 조선에 봉하고 신하로 삼지 않았다.
> 於是武王乃封箕子於朝鮮而不臣也.

다만 상나라 말엽과 주나라 초기에는 아직 조선이라는 지리 개념이 없었을 것이다. 그러므로 기자는 허베이 평원 동북부, 심지어 랴오허遼河강 유역에 안치되었을 가능성이 있으니, 어쨌든 그곳은 은허의 궁정과 멀리 떨어진 곳이었다.

그런 다음 무왕은 관중으로 회군했다. 이미 상나라를 정복하고 주 왕조를 건립했으나, 무왕은 아직 자신감을 가지지 못했다. 상족의 인구는 사실상 너무 많아서, 이미 투항한 이들이 실패를 감내하지 않을 수도 있었고, 또 아직 정복하지 않은 상족의 방국이 동남부 오랑캐 사이에 흩어져 있었다. 그러므로 일단 반란이 일어나면 들판의 불길처럼 금방 큰 세력으로 발전할 수 있었다.

무왕은 줄곧 부친 문왕이 상제의 천명을 받았다고 선전했고, 그 후에 상나라를 멸하는 장엄한 쾌거를 이루었으나, 사실 그는 이에 대해 줄곧 확신하기 어려웠다. 상제가 여태 그의 눈앞에 강림한 적이 없기 때문이다.

애초에 부친은 혼자 서쪽 곁채에 숨어서 누차 상제를 만나 가르침을 받았는데, 자기는 이미 천하를 가졌음에도 왜 상제가 나타나지 않는 것인가? 게다가 상나라 주왕은 자기 몸을 불살라 신들에게 바쳤는데, 자기는 어떻게 하면 신들에게 더 감동을 줄 만한 예물을 바칠 수 있을까?

『일주서』「도읍해度邑解」에는 이렇게 기록되어 있다.

> 생각해보니, 하늘이 은나라를 건립하면서 하늘의 백성 360명을 징집했는데, (지금 인간 세계에서 왕조가 바뀌기는 했으나) 그들은 여전히 은허의 상공을 배회하며 언제든지 주족에게 재앙을 내릴 수 있다.* 아, 걱정스럽구나!
>
> 維天建殷, 厥征天民, 名三百六十夫, 弗顧, 亦不賓滅, 用戾於今. 嗚呼於憂.

은허의 갑골복사와 대조하면, 무왕이 걱정했던 '상족이 보유한 360명의 하늘의 백성'에 상응하는 내용은 전혀 발견할 수 없다. 그러므로 이것은 제을과 제신의 '주기 제사' 제도에 대한 소문이 와전된 것일 가능성이 있다. 주기 제사는 1년 12개월, 360일을 단위로 하므로 매일 1명의 신에게 제사를 지내고, 각각의 신이 일 년 가운데 하루를 주관한다고 오해되

---

* 이 부분은 저자의 해설에 따라 번역한 것이다. 다른 관점에서는 이 부분을 "그들이 (상나라의 멸망을) 돌보지 않고 또 팽개쳐서 지금 시대에 죄를 짓게 했다"라고 번역하기도 한다.

기 쉽기 때문이다.

또 상 왕조는 무수한 고급 기술을 확보하고 있었으나 주족은 나중에 일어난 학생일 뿐이어서, 심지어 무왕이 사용했던 문자조차 상족이 창조한 것이었다. 상나라의 역량은 세상의 거의 모든 인조물에 충만해 있어서 피할 수 없을 듯했다. 그렇다면 상 왕조의 이런 희극적인 붕괴와 격변이 주 왕조와 자신에게도 수시로 일어날 수 있지 않겠는가? 무왕에게 인간을 조종하는 그 신의 뜻은 정말 짐작할 수 없는 것이었다.

상나라를 멸망시킨 후, 무왕은 늘 병을 앓아서 몸이 갈수록 나빠졌다. 그에게는 아들이 많지 않았고, 정실부인 읍강이 아들을 낳은 것은 더욱 늦어서, 태자 주송은 아직 어린데 상제가 복을 내리고 보우한 흔적은 찾아볼 수 없었다. 한번은 무왕이 병중에도 관중으로 떠나 정복한 영지를 순시하고 은허 교외에 배알하러 온 각 방국의 군주를 접대한 뒤에, 또 타이항산에 올라 이 거대하고 사악한 도읍을 바라보며 탄식했다.

"아! 하늘에 응대하는 데에 뛰어나지 못해서 하루 사이에 목숨을 잃고 나라를 망하게 했으니, 참으로 두렵고 잊을 수 없구나!"

이때는 주공이 수행하지 않았다. 호경鎬京으로 돌아가는 도중에 무왕은 이미 몸을 지탱하기 어려웠으나, 연일 잠을 이루지 못했다. 그는 남은 생이 많지 않음을 예감했다. 호경에 도착하자마자 그는 측근의 시위를 보내 주공에게 알리게 했다. 이에 주공이 황급히 달려와 물었다.

"폐하께서는 피로가 쌓여 병이 되었나 봅니다. 왜 아직 잠을 이루지 못하십니까?"

무왕은 아우를 똑바로 앉히고, 자기가 죽은 후의 일에 대한 근심을 토로하기 시작했다.

"상나라가 비록 괴이한 징조로 멸망하긴 했으나, 그들의 신이 아직 하늘에서 호시탐탐 노리고 있네. 주왕에게 복종했던 상족도 늘 복수를 꿈꾸며 우리를 서부에서 없애버리려 하고 있네. 나는 본래 하늘이 우리를 보우할 방법을 찾으려 했으나,* 목숨이 얼마 남지 않았으니 이 일은 자네에 게 맡겨둘 수밖에 없네."

무왕은 이런 말도 했다.

"나는 조상이 남긴 사업을 완성할 수 없네. 목마른 사람이 우물을 파 듯이, 지금 내 일은 잘 처리되지 않아서 조상까지 연루되었으니, 그분들이 상제가 계신 하늘나라에서 높고 빛나는 자리에 오르게 해드릴 수 없네. 내 가 죽으면 왕위를 자네가 계승하게. 이 일은 이미 달리 선택할 게 없으니, 점을 쳐도 소용없네. 자네가 주나라 왕으로서 제대로 일하지 못하면, 이후 에 나와 조상들을 뵐 면목이 없게 될 걸세. 물론 자네는 그러지 않으리라 믿네."

이 말을 들은 주공은 무척 놀라고 두려워 통곡하느라 말조차 꺼내지 못했다. 그러자 무왕이 이어서 말했다.

"아아, 아우여! 내가 보기에 은허를 평정하려면 하늘의 도움을 받을 수밖에 없네. 내가 살펴보니, 황허강의 여러 지류와 이허(伊河)강 사이에 남 쪽으로 향한 분지가 하나 있던데, 그곳은 당초 하나라의 도성이었네. 하늘 과 아주 가까워서 '도읍度邑'(하늘나라로 건너가는 도시)이라고 불렸다지."[386]

무왕의 이 말에는 빠진 고리가 아주 많고 비약이 심하니, 후세에 베껴 쓴 글에서 우연히 빠진 게 아니라, 대화 내용이 지나치게 노골적이라서 정 식 텍스트에 보존되지 못했을 수 있다.

형이 죽으면 아우가 왕위를 물려받는 것은 상 왕조에서 흔한 일이었 으니, 무왕의 이런 고려도 특별히 규범을 벗어난 것이라고 할 수 없다. 다 만 무왕의 형제는 많고 모두 상나라를 정복하는 전쟁을 통해 단련되어 있 었으며, 주공은 무공과 용맹으로 명성을 날린 게 전혀 아니었는데, 어떻게

---

* 즉 가능한 한 많은 상족을 없애려 했다는 뜻일 테지만, 텍스트에 이렇게 노골적인 내용을 기록할 수는 없었을 것이다. ―원주

무왕은 자신의 계승자로 그를 선택했을까?

주요 원인은 그의 자신감 때문이었을 수 있다. 주공은 상제와 귀신에 대해 자기 나름의 '덕'에 입각하여 이해했으며, 이 이론을 이용해서 악몽에 놀란 형을 위로한 적이 여러 번이었다. 사실상 무왕은 자기 삶의 경험을 토대로 했으므로 주공의 이념을 진정으로 받아들인 적은 없었으나, 그는 알았다. 주족 가운데 오직 주공만이 상족의 종교를 빼앗아, 다시는 상족의 귀신에게 전전긍긍하며 공손히 예배하지 않으려고 시도했다. 무왕 자신은 벗어나지 못했으나, 어쩌면 주공은 출로를 찾을 수 있으리라 여겼거나 혹은 바랐던 것이다.

새로 건립된 주 왕조에게 무왕의 병세가 위급한 것은 중대한 위기였다. 상나라 정벌 사업의 또 다른 기획자였던 여상도 이미 늙어 병이 많아서, 은허에서 돌아온 뒤로는 조정에 나타난 적이 무척 드물었다.

다만 주공이 정말 성숙한 종교적 해결책을 가지고 있었을까?

유가의 경전 『상서』 「금등金縢」에 따르면, 무왕의 병세가 위중할 때 소공 석과 필공 고는 응당 무왕을 위해 제사를 거행해서, 하늘의 선조에게 축복과 보우를 내려서 무왕의 목숨을 연장해달라고 청해야 한다고 주장했다. 다만 주공은 반대했다. 이 때문에 선왕들이 근심하게 해서는 안 된다는 이유였다. 그런 다음에 주공은 개인적으로 한 번의 제사를 지냈는데, 자기 자신이 바로 준비된 제수품이었다.

주공은 먼저 주나라 종실에 3개의 제단을 쌓았는데, 각기 소환할 3명의 선왕 즉 고공단보와 계력, 문왕이었다. 그런 다음 주공은 손수 옥벽玉璧과 옥규玉圭를 손에 들고 제단 아래 서서, 사관史官을 시켜서 3명의 선왕에게 바치는 축사를 낭독하게 했다.

"선왕들의 원손元孫387) 주발이 지금 병세가 위독한데, 하늘에 계신 선왕들께서는 자손을 보우할 책임이 있습니다. 이제 저 주단이 형 주발을 대신하여 하늘나라에 들어가고자 청하옵니다. 저는 부친이신 문왕처럼 어질고 자애로우며 다재다능하여, 하늘나라의 귀신들을 섬길 수 있사옵니다. 원손 주발은 저처럼 다재다능하지 못해 귀신을 섬길 수 없을 것이옵니다. 저 주단은 상제의 정원에 들어간 뒤에, 여러분이 사방을 보우하여 주나라 자손을 영원히 안정시키는 일을 도울 수 있을 것이니, 그렇게 되면 사방의 민중이 모두 저의 신위를 두려워할 것이옵니다. 아! 하늘이 주나라에 내리신 사명이 헛되지 않고, 선왕들께서도 영원히 안녕할 것이옵니다. 이제 제가 귀갑으로 점을 칠 것인데, 여러분이 제 요청을 들어주신다면, 여러분께 옥벽과 옥규를 바치고 여러분이 저를 받아가실 때까지 기다리겠사옵니다. 여러분이 응답하지 않으시면 저는 옥벽과 옥규를 회수하겠습니다!"

결과적으로 3개의 귀갑에 나타난 징조는 모두 길했으니, 선왕들이 모두 주공의 간청에 동의했던 셈이다.[388] 주공이 자기를 바친 이 제사는 보아하니, 신은 '덕'으로 인간 세상의 일을 헤아린다는 자기의 이념이 아니라 전형적인 상족의 종교 논리에 속한 듯하다. 즉, 사람(물품을 포함)을 제수품으로 봉헌해 신의 환심을 산다는 것이다. 말하자면 중대하고 지난한 문제를 선택하고 결단해야 할 때 주공은 보수적인 방법을 택했는데, 어쩌면 그는 더 오래된 종교 관념이 더 영험하고 또 실용적일 수 있다고 여겼는지도 모른다.

주공이 자기를 신에게 바친 제사는 궁지에 몰린 주왕이 분신한 것과 원리가 비슷하지만, 주공은 현장에서 자살하지 않고 "돌아가서 여러분의 명령을 기다리겠다歸俟爾命"라고 했다. 이것은 그야말로 신의 법력에 대한 일종의 시험이니, 그가 상족의 종교 이념을 정성껏 봉행했다고 말하기는 매우 어렵고, 오히려 약간의 요행과 '위선僞善'이 담긴 행위였다고 하겠다. 그러나 이것은 이제 막 종교에 대해 의심을 가진 주공이 내디딘 첫걸음이었으며, 이때의 그는 아직 새롭고 세속적인 도덕의 논리를 구축하지 못한 상태였다.

제사 의식이 끝난 뒤에 주공의 이 축사는 금니金泥에 밀봉되어 종묘의 상자 안에 담겼다. 그 후 그것은 더욱 실제적인 역할을 하니, 바로 조카인 성왕과의 관계를 유지해주는 것이었다.

다만 무왕은 금방 병이 악화하여 죽었으니, 향년 45세였다.[389] 이것은 상나라를 멸한 이듬해 12월, 무왕이 천하에 군림하고 겨우 22개월이 된 때였다. 이로부터 주 왕조는 주공이 섭정하여 왕을 대신하는 특수한 단계에 진입하게 되며, 이 신흥 왕조도 가장 엄중한 도전을 맞이하게 된다.

제26장 주공의 새 시대

무왕 주발이 세상을 떠난 뒤 주공은 곧 어린 조카 주송을 계승자(성왕)로 선포했으나, 진정으로 왕위에 오른 이는 주공이었다. 성왕이 친히 정치를 맡기 전 모든 정치적 업무는 주공이 담당했으니, 그는 왕의 모든 권력을 장악하고 왕에게 적용되는 모든 예법을 사용했으므로, 신료들도 그를 왕이라고 불렀다.

무왕이 붕어했는데 성왕은 어려서 주공이 성왕을 가리고 무왕의 사업을 이었으니, 천하가 주나라를 배반하는 것을 싫어했기 때문이다.

武王崩, 成王幼, 周公屛成王而及武王, 以屬天下, 惡天下之倍周也.(『荀子』「儒效」)

정치를 보좌하는 동안 주공은 반란을 평정하고, 또 상족의 사회를 해체하고, 주족 제후를 분봉하는 등 일련의 중요한 조치를 시행하여 신생 주 왕조를 튼튼하게 했다. 그 가운데 대단히 중요한데도 후세에는 이미 완전히 망각해버린 조치가 하나 있으니, 바로 상 왕조의 인신공양제사 문화를 폐지한 것이었다.

『상서』에는 주공이 정치를 주관하던 기간에 반포한 여덟 편의 연설이 수록되어 있으니, '주초 8고周初八誥'라고 불린다. 여기에는 주공이 왕조의 토대를 다지기 위해 실시한 여러 사업이 기록되어 있는데, 그 가운데 주나라 초기에 인신공양제사를 금지한 단서를 찾을 수 있다.[390] 그리고 고고학적으로 보더라도, 상 왕조에서 줄곧 번영했던 인신공양제사와 인간 희생을 바쳐 건물 기초를 다지는 일이 서주가 건립되자 뚝 그쳐버렸다. 문헌과 고고학적 성과를 대조한 결과, 나는 이 중대한 변혁이 바로 주공이 정치를 보좌하던 시기에 일어났다고 추측한다.

이 변혁은 역사서에서 거의 언급되지 않았고, 심지어 상 왕조에서 비할 데 없이 '번영'했던 인신공양제사 행위도 기록되지 않았다. 그렇다면 주족은 왜 상족의 피비린내 나는 종교를 숨기려 했으며, 이 종교는 어떻게 소멸했을까?

이런 것들은 모두 주공이 정치를 보좌하던 시기로부터 살펴보아야 한다.

동방의 반란

무왕이 죽은 후 주공은 왕으로 자처하며 무려 7년 동안 정치를 관장했다. 이것은 왕조의 초창기에 어쩔 수 없는 선택이었다. 상족의 세력은 여전히 방대했고, 그들의 전통은 이미 성년이 되어 능력을 지닌 왕에게만 복종하는 것이었으므로, 상나라 역사에서는 종종 형제간에 왕위를 계승했다. 그런데 지금 주나라의 왕위에 있는 이가 어린애라면 상족은 반란의 충동을 일으키기 쉬웠다. 태보 소공 석은 이 방안을 이해했으니, 그는 주공의 가장 중요한 지지자였다.

주공이 부딪힌 가장 격렬한 반대는 은 땅에 주둔해 있던 '삼감三監'
즉, 관숙管叔과 채숙蔡叔, 곽숙霍叔에게서 나온 것이었다. 그의 이 세 형제는
주공의 보좌가 그저 허위적인 작태일 뿐이고, 뒤쪽으로는 틀림없이 왕위
를 찬탈하려는 음모가 있다고 여겼다. 특히 『사기』「관채세가管蔡世家」에 따
르면, 관숙 주선周鮮은 항렬이 셋째이니, 무왕보다는 어리고 주공보다는 나
이가 많다. 왕위를 형제간에 계승하는 원칙을 따른다면, 관숙은 주공보다
더 왕위에 오를 자격이 있는 셈이다.

'삼감三監'은 관중 지역과 밀접한 연계가 있어서, 그들의 선전과 부추
김이 호경에까지 전해졌다. 『상서』「금등」에는 이렇게 기록되어 있다.

> 무왕이 죽고 나서 관숙과 그 아우들이 나라에 소문을 퍼뜨렸다.
> "그분은 어린아이에게 이롭지 않을 것이다."
> 武王既喪, 管叔及其群弟乃流言於國曰, 公將不利於孺子.

'그분公'은 바로 주공, '어린아이孺子'는 성왕을 가리킨다.

그런데 무왕이 임종 전에 한 말이 누설되었을 가능성이 있으니, 예를
들어 은허를 없애려고 준비하고 있다거나 상족을 도살할 계획 등이 그것
이다. 관숙 등은 은허를 없애는 방안을 받아들일 수 없었으니, 이곳은 번
화하고 부유하여 서부보다 훨씬 살기가 좋은데 어떻게 함부로 불태워 없
애버릴 수 있느냐는 것이었다.

상나라 왕 무경은 처음에 군대를 일으켜 반란할 용기가 없었을 테지
만, 관숙 등 '삼관'의 통제 아래 있는 바람에 휩쓸려 들어가고 말았다. 그
래서 『사기』「관채세가」에서도 "이에 무경을 내세워 반란을 일으켰다乃挾武
庚以作亂"라고 했다. 이외에 산둥과 쑤베이, 화이허강 유역의 오랑캐 부락과
영성嬴姓의 서徐, 엄奄 등의 부족도 주공에 반대하는 동맹에 가입했다.*

주왕 시기에 상 왕조는 동남부 오랑캐 지역을 중점적으로 경영했으

므로, 이곳의 아주 많은 부락이 상 왕조와 긴밀한 관계를 맺고 있었다. 예를 들어 주왕이 중용했던 비렴蜚廉과 악래惡來 부자가 바로 영성의 오랑캐 충신이었다. 악래는 목야의 전투에서 살해당했으나, 비렴은 고향으로 도망쳐서 부족을 이끌고 주나라에 대해 반란을 일으켰다. 주공이 정치를 보좌한 첫해에 동방 전체는 이미 호경의 통치에서 벗어나 있어서, 반란을 일으킨 이들의 위세가 날로 커지고 있었다.

관중의 주족 귀족들은 대부분 다시 전쟁을 벌이고 싶지 않아서, 반란을 일으킨 이들의 세력이 강대해지고 게다가 '삼감'이 그들의 수령인데, 전쟁이 벌어지면 주족의 상잔을 의미한다고 여겼다. 그래서 가장 온당한 방법은 타협해서 동서로 나누어 통치하고, 동방의 은상 옛 영토에 대한 전권을 '삼감'에게 줘버리는 것이었다. 다만 주공과 소공은 그에 반대하고 반란을 평정해야 한다는 주장을 굽히지 않았다.

주공이 정치를 보좌하고 이듬해 봄에, 그는 주족이 이 전쟁을 지지하게 하려고 전면적인 동원을 준비했다.

주공은 먼저 선왕의 영령에게 도움을 청하면서, 아울러 문왕이 남긴 귀갑 점복을 활용했다. 그런 뒤에 연설을 발표하여 주족의 내부 갈등이라는 의미를 일부러 옅게 희석하고, 이 전쟁이 주로 상 왕조의 잔여 세력과 주 왕조 사이의 싸움임을 강조했다.**

문왕께서 내게 남기신 훌륭한 보물인 귀갑이 있어 오늘 아침에 점쳐서 물으니, 바로 이렇게 분부하셨다.

---

* 예를 들어 『상서대전尙書大傳』에서 거명한 '엄군奄君'과 '포고蒲姑'는 산둥山東의 부족이다. 『일주서逸周書』 「작락해作雒解」에는 '은殷 동쪽의 서徐, 엄奄 및 웅영熊盈'이 기록되어 있고, 『상서』 「대고서大誥序」와 『사기』 「주본기」에는 '淮夷'가 언급되어 있다. —원주

** 이하 『상서』의 인용문에 대한 번역은 저자의 해설을 기반으로 한 것으로서, 기존의 일반적인 해석과는 다른 부분도 있다.

"서부에 큰 재난이 있을 것이니, 서부 사람들도 평안하지 못하리라."
지금 저 어리석은 은상이 약간의 힘을 비축하고 감히 그 명성을 회복하려 하고 있다. 하늘이 위엄을 내리심에 따라, 우리나라에 흠이 생겨 백성이 평안하지 못함을 알고, '내가 되찾겠노라!' 하면서 오히려 우리 주나라를 굴복시키려 하고 있다. 이번 봄, 익제일翌祭日(점복을 친 당일)에 백성이 내게 추대해 바친 10명의 도움을 받아 무왕께서 도모하시던 일을 완성하려고 준비했다. 이렇게 내게 큰일이 있는데, 길할 것인가? 내가 점을 쳐보니 모두 길했다!"[391]

寧王遺我大寶龜, 紹天明, 卽命曰, 有大艱於西土, 西土人亦不靜. 越玆蠢, 殷小腆, 誕敢紀其敍, 天降威, 知我國有疵, 民不康, 曰, 予復. 反鄙我周邦. 今蠢, 今翼日, 民獻有十夫予翼, 以於敉寧武圖功, 我有大事, 休, 朕卜, 幷吉.

『상서』「대고大誥」는 주공이 정치를 보좌하던 기간에 행한 연설문 가운데 현존하는 최초의 것으로서, 그 주지는 동방에서 반란을 일으킨 자들을 반드시 소멸해야 한다는 것이다. 다만 문왕과 달리 주공은 직접 상제를 만날 능력이 없었으므로, 귀갑에서 상제와 문왕의 뜻을 읽을 수밖에 없었다.

나는 문왕의 아들로서 감히 상제의 명령을 어기지 못한다. 상제께서 문왕을 보우하셔서 우리 작은 주나라를 일으키셨는데, 문왕께서는 오로지 점을 통해 이 명령을 편안히 받을 수 있었다. 이제 하늘이 우리 백성을 도우시니 역시 점을 통해서 나타내실 뿐이로다!

予惟小子, 不敢替上帝命. 天休於寧王, 興我小邦周, 寧王惟卜用, 克綏受玆命. 今天其相民, 矧亦惟卜用.

『상서』에 기록된 상·주 교체기 왕들의 연설은 종종 쉽게 알 수 있는 농업 생활을 예로 들어 비유하며 도리를 얘기했다. 주공의 이 글도 예외가 아니다. 그는 문왕이 상나라 정벌 사업을 시작해서 자기 세대의 힘을 빌려 완성한 일을 두고 이렇게 비유했다.

> 마치 부친이 집을 지으려 하여 이미 기초를 닦았는데, 그 아들은 집터로 닦지 않으려 하는데 하물며 집을 짓겠는가? 그 아버지가 황무지를 일구어놓았는데 그 아들은 씨를 뿌리려 하지 않거늘, 하물며 수확하려 하겠는가?
>
> 若考作室, 旣底法, 厥子乃弗肯堂, 矧肯構. 厥父菑, 厥子乃弗肯播, 矧肯獲.

주공은 병력을 이끌고 동방을 정벌할 때 우선 은허로 향했다. 역사서에는 전쟁의 과정이 기록되지 않고, 그저 은허에서 엄청난 혼란과 궤멸이 일어나서 '삼감'은 사로잡히고, 수령이었던 관숙 주선은 처형되고, 채숙과 곽숙은 작위가 박탈되어 종신토록 구금되었다고만 했다.[392] 상나라 왕 무경은 북방으로 도망쳤다가 추격한 병사들에게 살해당했다.

동남부 오랑캐와 벌인 전쟁은 시간이 더 오래 걸려서, 주공이 정치를 보좌하고 3년째 되는 해부터 이듬해까지 지속되었던 듯하다. 이곳은 지역이 넓고 토착 부락이 많았으며, 주족의 세력이 아직 미치지 못했으므로, 주공과 소공 석은 병력을 나누어 진격했다. 『여씨춘추』에 따르면, 일부 상족 제후국은 길들인 코끼리를 이용해 전투를 벌였으나, 주나라 군대에 패배하여 강남 지역으로 도주했다고 한다. 주공의 공덕을 찬미하기 위해 주나라 궁정에서는 「삼상三象」이라는 무악舞樂을 전문적으로 창작하고 덧붙였다.[393] 그리고 비렴은 패전 후에 바닷가로 도주했으나 추살追殺되었고, 마지막으로 그 부족은 강제로 서부로 옮겨졌다가 훗날 진족秦族과 진秦나라로 번성했다.*

무왕이 상나라를 멸한 일은 석 달 만에 성공했으나, 사실 그것은 시작에 지나지 않았다. 상 왕조가 해체된 뒤에도 많은 상족의 씨족이 아직 무장 세력을 갖추고 있었으며, 더욱이 동남부 오랑캐 지역의 상족은 세력이 전혀 손실되지 않은 상태였기 때문이다. 주공의 이 동방 정벌은 3년이 걸려서야 비로소 상족의 군사적 역량을 철저히 소멸했고, 주나라의 통치는 원래 상나라의 강역 전체로 확대되었다. 주족은 줄곧 전쟁으로 너무나 피곤했으니,『시경』「파부破斧」에서는 이렇게 노래했다.

> 내 도끼 부수고
> 또 내 도끼 이가 나가게 했지.
> 주공이 동방을 정벌하니
> 사방 나라의 군주들이 두려워했지.
> 旣破我斧, 又缺我斨. 周公東征, 四國是皇.

이것은 후방의 주족이 바쁜 노동에 시달리며 탄식한 내용일 것이다.

목야의 전투에서부터 계산하면, 주나라는 대략 5~6년이 지나서야 비로소 진정으로 안정적이고 전면적인 통치를 이룩하게 되었다고 할 수 있다. 그리고 이 시점에 이르러서야 주공도 주 왕조에 대한 전반적인 계획

---

* 『孟子』「滕文公下」: "주공이 무왕을 도와 주왕紂王을 처단하고 엄족奄族을 토벌하여 3년 만에 그 군주를 처단하고 비렴飛廉을 바닷가로 축출해 죽였다. 멸한 나라가 50개였으며 호랑이와 표범, 물소, 코끼리를 멀리 내쫓으니, 천하가 무척 기뻐했다周公相武王, 誅紂伐奄, 三年討其君, 驅飛廉於海隅而戮之, 滅國者五十, 驅虎豹犀象而遠之, 天下人悅." 여기서 '무왕을 도왔다'는 것은 잘못으로서, 당시에 이미 성왕이 왕위를 계승했고, 주공이 섭정하며 왕으로 자칭했다.『일주서』「작락해作雒解」: "정벌한 웅영족熊盈族이 17개 나라였고 9개 고을을 포로로 잡았다. 은나라가 바친 백성을 사로잡아 구필九畢로 이주시켰다凡所征熊盈族十有七國, 俘維九邑, 俘殷獻民, 遷於九畢." 구필의 방위는 자세히 알려지지 않았으나 응당 주족이 엄밀히 통제하고 있던 서부였을 것이다. 이것은 또 진인秦人의 선조 영성嬴姓이 동이東夷에서 서부로 이주한 유래이기도 한데, 다만 사마천이『사기』「진본기」를 쓸 때는 이미 이런 내력을 몰랐으므로 진족이 줄곧 서부에서 살았던 것으로 여겼다.―원주

을 세울 수 있었다. 그 가운데 가장 중요한 일은 상 왕조의 방대한 유물을 처리하는 것이었으며, 우선 상족이 군대를 일으켜 복벽復辟할 가능성을 철저히 없애고 나서 그들의 피비린내 나는 인신공양제사 종교를 폐지해야 했다.

이를 위해 주공은 두 분야로 작업했다. 첫째, 상족의 종족 집단을 쪼개 군사력과 인신공양제사 종교를 없앤다. 둘째, 각종 제후국을 분봉하여 새로 정복한 동방 지역을 통치하고 동화시킨다.

우선 첫 번째 작업을 살펴보자.

상족의 분해

상 왕조가 500년 남짓 유지하면서 상족은 이미 여러 지파가 번성하여 최대 규모의 종족 집단이 되었으나, 주나라는 당시에 그저 서부에서 새로 일어난 손바닥만 한 작은 나라에 지나지 않았다. 당시의 인구를 정확히 알 수는 없으나, 추산에 따르면 상족의 인구는 거의 100만에 이르렀을 수 있다. 상 왕조가 통제하던 지역 안의 상족이 아닌 부족, 예를 들어 여러 토착 부족과 주왕이 통치 체제로 들인 일부 동남부 오랑캐 등의 인구 총수는 상족의 두세 배쯤 되었을 것이다. 그리고 상 왕조의 통치 범위 바깥과 인지 범위 안에 있는 각종 야만의 토착민들도 총수가 거의 100만에 가까웠을 것이다.

문왕 시대의 급격한 확장을 거쳐서 무왕 시대에 이르면 주족은 10만 명 전후가 되었을 테니, 서부의 각 동맹 부족을 포함하더라도 50만 명을 넘기기 어려웠을 것이다. 게다가 당시에는 많은 맹방이 주나라와 안정적인 관계를 유지하지 못했으므로, 주나라 왕은 아직 그들에게 명령을 내리기가 어려웠다.

　　상족이 다시 반란을 일으킬 가능성을 없애기 위해서는 반드시 그들을 분해해서 각지로 흩어놓아 서로 연락하기 어렵게 만들어야 했다. 이를 위해서는 무엇보다도 가장 지위 높은 상족 귀족과 가장 중요한 가족의 족읍을 관중 지역으로 옮겨 주족의 전통적인 세력 범위 안에 흩어져 거주하게 함으로써 옛 지역과 연계를 끊어놓아야 했다.

　　무왕이 상나라를 멸한 뒤에 이 일은 이미 어느 정도 진행되었다. 주왕 시기에 세력을 얻지 못했던 일부 상나라 귀족들은 이미 자발적으로 주나라에 투항해서 가족과 관중 지역으로 이주했으니, 예를 들어 주원에서는 '미사微史'라는 상족 가족의 청동기가 들어 있는 토굴을 발굴한 적이 있다. 유명한 '사장반史牆盤'이 바로 여기서 출토되었는데, 그 명문에는 이런 내용이 들어 있다. 무왕이 상나라를 멸했을 때 미사씨微史氏의 조상들이 자발적으로 가족을 데리고 관중으로 이사하니, 무왕이 주공에게 그들에게 집을 마련해주고 주원에 정착시키라고 지시했다. 이렇게 자발적으로 투항함으로써 미사씨는 상당히 중용되어서, 대대로 주나라의 사관史官으로서 문서와 서류를 주관했다.

　　'삼감'의 반란을 평정한 뒤에 주공은 상족의 이주에 더욱 힘써서, 호경에서 주원까지, 다시 주변의 산간 지역과 골짝까지, 전체 관중 지역에 많은 상족 부락을 배치했다. 그들이 사용한 기물과 장례 풍속이 관중의 토착민과 매우 달랐으므로, 고고학 발굴에서는 이런 상족 이주민의 유적지가 아주 많이 발굴되었다.

　　관중으로 이주한 뒤에 이 상족의 족읍들은 토지를 얻어 개간했고, 족장은 주나라의 관직, 특히 문서 작성과 문화에 관련된 직책을 맡을 기회를 얻게 되었다. 상족에 비해 주족은 문화 수준이 상대적으로 낮았으므로, 상족의 서면書面 문화와 행정 관리 경험을 흡수해야 했기 때문이다.

　　물론 관중으로 이주하는 것만으로는 방대한 은허의 인구를 해소하기

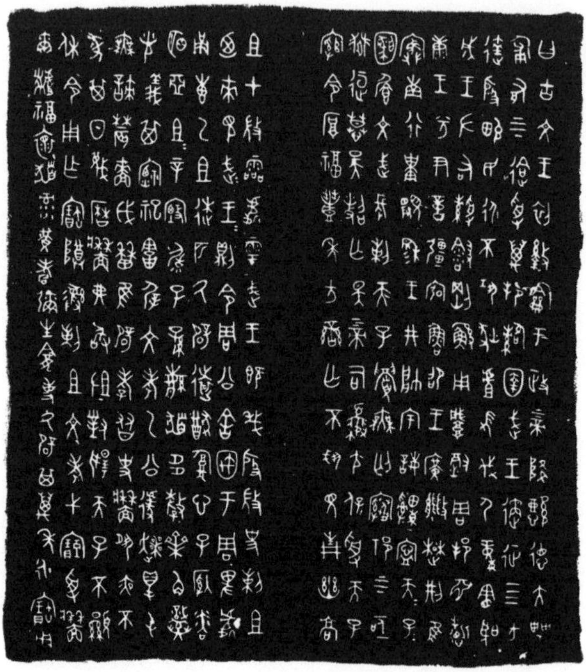

사장반史墻盤 명문 탁본, 『집성』 10175

에 부족했으니, 주공의 목표는 은허를 철저히 없애버리는 것이었다. 상족의 피비린내 나는 제사 문화는 은허와 너무 관계가 깊어서, 왕릉과 부족의 무덤에 무수한 순장자와 인간 희생이 묻혀 있을 뿐만 아니라, 무수한 갑골 복사에 상족의 피비린내 나는 문화와 문왕 가족의 가슴 아픈 비극이 기록되어 있었다. 그래서 은허를 철저히 파괴하여 상족의 인신공양제사 문화의 전승과 역사적 기억을 없애고 그것과 단절함으로써 그들이 새롭고 정상적이며 평화로운 생활을 시작할 수 있게 해야 했다.

사실 무왕은 이미 이런 계획을 세우고 있었다. 그가 병중에 주공과 대화하고 후사를 안배할 때 무척 중요한 한 가지는 바로 은허를 파괴夷玆殷함과 동시에 주나라의 도읍을 동쪽으로 옮겨서 중원의 뤄허洛河강 주변에 새로운 도시를 건설하는 것이었다.

무왕은 줄곧 상족에 대한 두려움과 원한 속에서 살았으나, 그와 동시에 상족의 종교 이념에 빠져 있기도 했다. 그의 계획에서는 새로운 도시를 건설하려고 계획한 곳으로 상족을 압송해 죽여서 하늘에 제사를 지냄으로써, 그들을 '도읍度邑'의 기초로 삼으려는 내용이 들어 있었을 수 있다. 그는 이렇게 전례 없이 풍부한 제물을 바쳐야만 상제가 특별히 주 왕실을 아껴서 평탄하게 하늘로 통하는 큰길을 내려주리라 믿었다. 무왕의 수명이 충분히 길었다면, 그는 은나라 고종 무정처럼 살육의 제사를 바친 '위대한' 군주로 명성을 날렸을 가능성이 크다.[394]

물론 주공은 무왕의 계획에 절대 찬성하지 않았으나, 상족이 다시 반란을 일으킬 가능성은 없애고, 동시에 상족의 종교 문화를 개조해야 했다.

주공의 또 다른 일면

정치를 보좌한 지 7년째 되던 해에, 주공은 무왕이 설계했던 새로운 도시를 건설하기 시작했으나, 이름은 평범하게 '낙읍洛邑'으로 바꾸었다. '도읍度邑'에는 종교적 의미가 너무 강하게 담겨 있었으므로 받아들이고 싶지 않았던 듯하다.

이것은 200년 남짓한 역사를 지닌 은허가 철저히 파괴되고, 신분의 높낮이와 상관없이 모든 주민이 낙읍으로 강제 이주해야 한다는 뜻이었다. 은상을 분해하려는 작업이 이미 3년 동안 시행되었으므로, 당시 은허의 주민은 이미 대대적으로 감소해 있었다. 예를 들어 이미 일부 은나라 백성은 미자계微子啓를 따라 남방의 상추商丘로 가서 송宋나라를 건립했다. 주공이 새로 분봉한 몇몇 제후국에도 일정 비율의 은나라 백성이 섞여 들어갔다. 마지막으로 이주한 이들은 주나라에 가장 저항이 심했고 고분고분하지 않았던 이들로서, '은나라의 완고한 백성殷頑民'이라고 불렸다.

이들 '은나라의 완고한 백성'이 현실을 받아들여 순순히 이주하게 하기 위해, 주공은 특별히 그곳에 와서 감독하고 독촉했고, 아울러 한 편의 연설을 발표했으니, 그것이 바로 『상서』「다사多士」다. 그리고 200년 전에 상족을 동원하여 은허로 이주했던 상나라 왕 반경도 한 편의 연설을 발표했으니, 이것이 유명한 『상서』「반경」이다. 은허의 탄생과 소멸에 관한 중요한 문헌인 이 두 편의 연설을 대조해보면, 주공과 반경의 어떤 유사점을 발견할 수 있다.

사람들의 인상 속에 있는 저 세련되게 예의를 지키고 보수적인 주공과는 달리, 「다사」에는 조삼모사의 속임수와 변덕스러운 수완을 부리며 협박과 회유를 겸한 그의 능력이 잘 나타나 있다. 주공은 상족을 아주 잘 이해하고 있었으므로 그들에게 대처하는 방식을 알았는데, 이것은 공교롭게도 후세 사람들은 이해하지 못하는 상족, 더욱이 이해하지 못하는 진정한 주공이었다.

주공은 또 주나라 왕의 신분으로 연설했다. 그는 우선 표준적인 관방의 역사 서사에 따라 주나라가 상나라를 멸망시킨 합법성을 회고했다.

왕(주공)께서 이렇게 말씀하셨다.

"너희 은나라의 남은 관리들이여, 불행하게도 하늘(상제)이 은나라에 멸망의 큰 재앙을 내리셨다. 우리 주나라는 천명의 도움을 받아 하늘의 위엄을 밝혀서 왕으로서 징벌하여 상제에게서 은나라의 운명을 끝내게 했노라. 그러니 너희 관리들은 알아야 한다. 우리의 작은 나라가 감히 은나라의 운명을 공격한 게 아니다. 오직 하늘이 아첨하고 속이고 숨기고 미혹하는 너희에게 도움을 주지 않고 우리를 도우신 것이다. 내가 어찌 감히 왕의 자리를 구했겠는가? 상제께서 주지 않으셨는데, 아래의 우리 백성이 그렇게 할 수 있겠는가? 오직 밝은 하늘의 도리를 경외할 뿐이로다!"

王若曰, 爾殷遺多士, 弗弔, 旻天大降喪於殷. 我有周佑命, 將天明威, 致王罰, 敕殷命終於帝. 肆爾多士, 非我小國敢弋殷命. 惟天不畀, 允罔固亂, 弼我. 我其敢求位. 惟帝不畀. 惟我下民秉爲, 惟天明畏.

이어서 주공은 상나라가 하나라를 대신하고, 주나라가 상나라를 대신한 순환의 논리를 설명하면서, 이것이 모두 마지막 왕이 덕행을 상실함으로써 상제의 반감을 사서 천명이 바뀌게 한 탓이라고 했다.

한바탕 틀에 박힌 인사말을 하고 나서 주공은 본론으로 들어가서, "은허를 없애라는 천명이 있었다^{有命曰割殷}"라고 선언했다.

주공은 또 은나라 백성들에게 애석함과 사정을 이해하지 못하는 데에 대한 안타까움을 나타낸 다음, 이렇게 말했다.

왕(주공)께서 말씀하셨다.

"아, 너희 관리들에게 알리노라. 나는 이에 너희를 서쪽으로 옮겨 살게 할 것이다. 나 한 사람이 평안하지 않은 덕을 받들어서가 아니라, 이는

오직 하늘의 명령이니 어겨서는 안 된다. 짐은 감히 뒤로 미루지 못하
겠으니, 나를 원망하지 말라. (…) 내가 감히 너희에게 '하늘의 고을^{天邑}
^商'을 요구하겠는가? 나는 오직 너희를 가엾게 여길 뿐이다. 이것은 내
죄가 아니라 오직 하늘의 명령일 뿐이다!

王曰, 猷, 告爾多士. 予惟時其遷居西爾. 非我一人奉德不康寧, 時惟天命,
無違. 朕不敢有後, 無我怨 (…) 肆予敢求爾於天邑商. 予惟率肆矜爾, 非予
罪, 時惟天命.

이어서 주공은 은근히 위협했다.

왕(주공)께서 말씀하셨다.

"관리들이여, 짐이 엄^奄 땅에서 돌아와서 너희 사방 나라의 백성에게 크
게 명령을 내리고, 이에 천벌을 분명히 시행했노라. 너희를 먼 곳으로
옮긴 것은 우리 종실^{宗室}을 섬기게 하려는 것이니, (죽임을 당하는 것보다)
훨씬 가벼운 조치인 셈이다."*

王曰, 多士, 昔朕來自奄, 予大降爾四國民命, 我乃明致天罰. 移爾遐逖, 比
事臣我宗, 多遜.

왕(주공)께서 말씀하셨다.

"너희 은나라 관리들에게 고하노라. 이제 나는 너희를 죽이지 않고 이
렇게 거듭 명령하는 바다. 이제 짐이 이 낙^洛 땅에 큰 고을을 만들었는
데, 사방이 아직 모두 복종하지 않고 있다. 또 너희 관리들은 이미 내게
복종하여 신하가 되었으니, (죽임을 당하는 것보다) 훨씬 가벼운 조치인
셈이다. 너희는 여전히 너희의 땅을 가질 수 있으며 편안하게 살 수 있

---

* 원문의 '多遜'은 일반적으로 '충분히 순종하라'라고 풀이한다.

노라.

너희가 공손하면 하늘이 너희를 긍휼히 여길 것이요, 너희가 공손하지 않으면 너희는 땅을 가지지도 못할뿐더러 너희에게 천벌이 내려질 것이다. 이제 너희는 그 고을에 집을 짓고 계속 살아가라. 너희는 이 낙읍에서 오래도록 몸을 보전하며 살게 될 것이다. 너희 자손도 너희를 따라 이주하도록 하라!"

王曰, 告爾殷多士, 今予惟不爾殺, 予惟時命有申. 今朕作大邑於茲洛, 予惟四方罔攸賓, 亦惟爾多士, 攸服奔走臣我, 多遜. 爾乃尙有爾土, 爾乃尙寧幹止.

爾克敬, 天惟畀矜爾. 爾不克敬, 爾不啻不有爾土, 予亦致天之罰於爾躬. 今爾惟時宅爾邑繼爾居. 爾厥有幹有年於茲洛. 爾小子乃興從爾遷.

주공이 이렇게 연설한 목적은 은나라 백성이 반드시 모두, 신속하게 이주해야지 요행을 바라고 미루지 말도록 정중하게 독촉하는 것이었다. 이와 동시에 그는 인심을 달래기 위해 그들을 이주시키는 계획이 집단으로 도살하려는 음모가 아님을 알렸다. 그래서 그는 아직 굴복하지 않은 사방의 나라들과 부족 세력이 아직 많으니, 지금 당장 은나라 백성을 죽일 필요가 없음을 강조했다.

상제에 대한 주공의 관념도 논의할 가치가 있다. 형 무왕과 대화할 때 주공은 자주 상제를 언급했는데, 무왕은 상제에 대한 신앙에서 벗어나지 못하면서도 상제가 자기를 보우해줄지에 대해서는 믿음이 모자랐기 때문이다. 다만 무왕이 죽은 후, 주공과 주족의 대화에서는 상대적으로 상제가 나타나는 일이 드물어졌으며, 필요한 경우에는 대부분 상제 대신에 뜻이 애매한 '하늘天'이라는 표현을 사용했다.

주공이 보기에 은상에서 비롯된 상제 개념은 상당히 위험한 것이었다. 상 문화 속의 상제는 잔혹하고 포학할 뿐만 아니라 짐작하기도 어려웠다. 문왕이 상제를 새롭게 정의하려고 시도한 적이 있었으나 그것을 계승한 이는 없었으니, 그 결과 무왕은 상제 개념 때문에 제정신을 잃어버렸다. 상제와 상족의 문화를 철저히 분리하기는 매우 곤란했으므로, 주공은 상제 개념을 약화하려면 최대한 출현을 줄여야 한다고 생각했다.

주족과 이야기할 때 주공이 가장 많이 언급한 것은 '덕'이었다. 도덕가이자 겸손한 군자, 심지어 세상 물정 모르는 우직한 사람이라는 후세의 주공 이미지는 주로 여기서 나온 것이라 하겠다.

다만 상인을 배치할 때는 주공은 또 상제를 자주 언급했으니, 상족이 상제를 돈독히 믿었으므로 상제를 활용하지 않으면 그들이 두려워하게 할 수 없기 때문이다. 때로 주공은 노골적으로 폭력을 사용한다고 위협하고 이익을 내세워 유혹하기도 했는데, 이 역시 상족이 이런 것들은 쉽게 이해하고 받아들이기 때문이었다. 반대로 그들에게 도덕을 이야기하면 지나치게 심오해서 쇠귀에 경을 읽는 것과 다를 바 없었다. 물론 이것은 긴급한 일이 있을 때였고, 평소라면 상족에게 도덕을 설교해도 괜찮았다.

그러므로 진실한 주공은 개성이 상당히 복잡했다. 첫째, 그는 상나라의 통치와 상·주 교체를 경험해서 상족의 문화와 개성을 잘 알았고, 은허에서 살아남을 수 있었으므로 당연히 세속적인 생존의 지혜를 지니고 있었다. 둘째, 지나치게 참담하고 아픈 경력 때문에 상제 등 종교 이념에 대단히 경각심을 가지고 경원시했으며, '덕'에 대해서는 거의 '병적으로' 추구했다.

'은나라의 완고한 백성'을 이주시킨 뒤에 주족은 체계적이고 전면적으로 은허를 파괴했다. 대규모 화재가 일어난 뒤에 화려하고 웅장했던 상나라 왕궁은 재와 무너진 잔재가 쌓였고, 사방 몇 킬로미터 이내에 있던 수십 개의 족읍 주거지 역시 하나도 남아나지 못했다. 이후 몇 백 년 사이에 이 지역은 황야가 되었고, 한때 거대했던 도시는 영원히 인간 세계에서 사라지고 지하에 깊이 매장된 무덤과 무수한 갑골복사, 그리고 제사에 바쳐지거나 순장된 사람, 건물 기초에 바쳐진 인간 희생만 남게 되었다.

　　그리고 은허의 파괴를 집행한 주족은 갈수록 광분했던 듯하다. 은상의 고급 무덤의 묘혈 위쪽에 상족은 일반적으로 자손이 제사 지낼 수 있는 향당享堂을 지었으므로, 주족은 그저 그림을 보고 준마를 찾듯이 어렵지 않게 찾아낼 수 있었다. 이에 그들은 상나라 왕릉 구역의 거의 모든 고급 무덤을 발굴하여 10여 대 상나라 왕과 그 부인의 무덤들까지 모두 궤멸에 가깝게 파괴했다. 솥 바닥 모양으로 파헤쳐진 흙구덩이는 직경과 깊이가 모두 10미터가 넘었으며, 곽실槨室 안의 시신과 부장품은 깡그리 털려버렸다. 이런 규모의 파괴 행위는 도굴꾼의 능력과 범죄 조건을 절대적으로 넘어서니, 오직 공개적이고 조직적인 집단 행위로만 가능했다.

　　무덤을 모두 약탈하고 파괴한 뒤에 주족은 이 거대한 도굴 구덩이들을 메워서 다시 평지로 만들었다. 철저하게 파괴한 뒤에 의식적으로 이곳을 철저하게 잊힌 땅으로 만들고자 했음을 알 수 있다.

　　3000여 년이 흐른 뒤에 1세대 고고학자들이 이 묘실들을 다시 발굴했을 때, 비로소 거대한 도굴갱盜掘坑 외에 남겨진 물품은 이미 극히 적다는 사실을 발견했다. 다만 그들이 어느 거대한 구덩이를 채운 흙 속에서 반쪽으로 부러진 석각石刻 인형을 발견하고, 나중에 또 다른 구덩이를 채운 흙에서 나머지 절반의 조각을 발견한 것은 행운이었다. 이것은 도굴 구덩이의 발굴과 매립이 동시에 진행되었음을 의미한다.

　　이로 보건대, 왕릉을 파괴하는 행동은 설령 주공이 안배한 게 아니더라도, 적어도 그에게 묵인 받은 일이었을 것이다. 상 왕조는 이미 역사가 되었으나, 상 왕조와 역대 왕들에 대해 주족은 여전히 원한을 품고 또 두려워했다. 그들이 정말 하늘에서 인간 세상에 재앙을 내릴 수 있는지 아는 누군가가 그 무덤을 파헤쳐 시신을 꺼내면 그들이 인간 세상에 관여할 길을 끊을 수 있으리라 생각했을 수도 있다. 게다가 상 왕조의 통치 아래에서 주족은 수십 년 동안 공포를 경험했고 또 거대한 양심의 가책을 느끼고

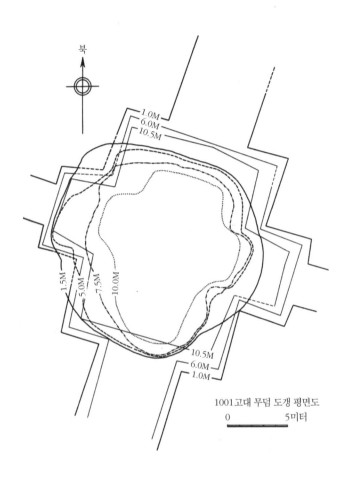

북

1.0M
6.0M
10.5M

1.5M
5.0M
7.5M
10.0M

10.5M
6.0M
1.0M

1001고대 무덤 도갱 평면도

0   5미터

M1001 묘혈 상부의 파괴 구덩이 평면도[395]: 은허 왕릉 구역의 모든 대형 무덤 즉, 상나라 왕과 왕후, 귀족의 무덤은 모두 이렇게 궤멸에 가깝게 파괴되었음.

있었으므로, 상나라 왕들의 무덤을 파괴한 행위는 어쩌면 그들에게 약간이나마 그 공포와 가책을 완화해주었을 수 있다. 주공 세대가 떠안았던 부담은 글로 표현할 수 없을 만큼 엄중했다.

파괴된 상나라 왕릉에 아직도 무슨 기이한 대형 청동기가 있을 가능성은 이미 상상하기 어려우나, 약탈당하고 남은 일부 잔재는 참조할 만한 정보를 제공한다. 예를 들어 몇몇 차등大等의 무덤에서는 드문드문 약탈당하고 남은 물품이 출토되곤 했는데, 그 가운데 거의 1톤에 가까운 '상후모무정商后母戊鼎'이 있었다. 이를 통해 추정컨대, 왕릉 가운데는 더 크고 정교한 청동기가 들어 있었을 것이다. 다만 나중에, 서주와 춘추 시기는 물론이고 더 늦은 시대의 유적에서도 '상후모무정' 정도의 상나라 대형 청동기가 발견되지도 않았고, 그런 것들에 관해 서술한 사람도 없다. 그것들이 어디로 갔는지는 이미 알 수 없는데, 어쩌면 언급을 꺼리고 혐오했던 주나라 사람들이 그 출토된 청동 부장품을 녹여서 구리 덩어리로 만들어버렸거나 다른 청동기를 주조했을 수도 있다.

잔인한 부족의 종말

은허 왕궁으로 통하는 큰길가에는 도기 제작에 뛰어났던 류자좡 북쪽의 상족 족읍이 있었다. 앞서 살펴본 대로, 이곳에서는 청동 시루에 찐 사람 머리가 담긴 M1046 무덤이 발굴되었고, 길가에는 사람과 가축의 뼈가 가득 쌓인 제사장이 있었다. 다만 은상이 해체된 뒤에 류자좡 북쪽의 취락은 쓸쓸한 풍경만 나타낼 뿐이었다.

그 가운데 F79은 귀족의 주택인데, 전체적으로 '회回'자 모양의 쓰허위안으로서 북쪽에 자리 잡고 남향으로 지어졌다. 주택 전체는 이미 불타 무너지고, 그슬린 흙더미만 흩어져 쌓여 있었다. 동쪽의 작은 마당 안

(마당 중앙에서 북쪽으로 치우친 지점에) 깊이 2미터의 포대 모양의 요갱窖穴 H2498이 있는데, 본래 곡식을 저장하던 토굴이었다. 다만 구덩이 바닥에 명문이 들어 있는 3개의 청동 예기가 어지럽게 흩어진 채 놓여 있었는데, 각기 2개의 술통尊과 1개의 가斝였다. 이외에 1개의 도제 술독罍이 있었다. 이 기물들의 표면에는 모두 흑회토黑灰土를 발랐는데, 붉게 그슬린 흙더미에 묻혀 있었다.

같은 시기에 서쪽 큰길 서편의 F22 옆에도 동기를 넣은 요갱 H326이 있었는데, 깊이는 30센티미터밖에 되지 않지만 그 안에 정鼎과 가斝, 유卣가 각기 하나씩 들어 있었다. 이들은 뒤집혀 놓이기도 하고, 똑바로 놓이기도 했다. 구덩이 안에는 또 약간의 공간이 있어서 다른 재물을 놓을 수 있었으나, 이미 부패하여 남아 있지 않다.[396]

이들 두 요갱은 기물을 다급하게 놓은 것으로 보아, 정규적인 제사를 지낸 것 같지는 않다. 발굴 보고서에서는 이들의 연대가 모두 은허 제4기의 말엽에 속한다는 점을 고려해서, "많은 대형 청동기가 상대적으로 집중된 시간 안에 부서지거나 버려지거나 매장되었으며, 더욱이 이때 대형 건물이 화재로 무너졌으니, 이런 사건들은 절대 고립적으로 발생한 게 아니라 주족이 은나라를 멸한 중대한 역사 사건과 관련이 있을 것"이라고 추측했다.[398]

이외에 2015년에는 부동산 개발업자가 보호구 범위에서 멋대로 공사하다가 뜻밖에 일부 금속 매장물을 발견했는데, 고고학자들이 응급 처치로 발굴한 결과 이것은 대량의 아연 덩어리를 매장한 요갱임을 발견하고, 분류 번호로 H25를 부여했다.[399]

이 구덩이는 직경이 약 1.7미터이고 깊이는 1미터이며, 아연 덩어리는 구덩이 바닥에 두께 0.5미터로 쌓여 있었다. 아연 덩어리는 모두 얇은 조각薄片 형태로서 '약간 거북이 등 모양'에 가까우며, 길이는 10~70센티미터이고, 한 조각의 무게는 5~40킬로그램이었다. 대다수 아연 덩어리에

F79 발굴 사진

북

0 _____ 50센티미터

H326 평면도 및 단면도 : 1. 청동 제량유提梁卣 2. 청동 정鼎 3. 청동 분당가分襠斝397)

H2498 요갱

는 둥근 구멍이 하나 있었으니, 줄에 꿰어 운반하기 편하게 한 듯했다. 구덩이 바닥에는 먼저 풀로 엮은 멍석을 하나 깔고 아연 덩어리를 층층이 쌓았는데, 모두 293개이고 총무게는 3404킬로그램에 이르렀다.

이 아연 구덩이 바로 옆에는 F1로 분류된 작은 건물이 있는데, 그 옆에는 또 다른 정원에 부속된 건물이 있었다. 아연 덩어리는 본래 F1에 저장되어 있었을 텐데, 마지막에 주인이 구덩이를 파서 그것들을 매장했다. 채운 흙 속에 들어 있는 도기 조각으로 판단컨대, 이 구덩이는 은허 말엽의 것이었다.[400] 아연이 청동기를 주조하는 데에 필수품이라는 점을 고려하면, 류자좡 북쪽의 취락이 구리를 주조하지는 않았으나, 그 동쪽으로 아주 가까운 곳에 은허 지역에서 규모가 가장 큰 구리 주조 구역(묘포苗圃 북쪽)이 있으므로, 류자좡 북쪽의 귀족은 아연 등의 광물로 무역업에 종사했던 듯하다. 내가 볼 때는 은허에서 주민을 이주시킬 것이라는 소식이 전해지자, 주인이 다급하게 이 아연 덩어리들을 매장한 듯하다.

물론 주공이 은허의 주민을 조직적으로 이주시키는 과정에서 류자좡 북쪽 취락처럼 폭력적으로 파괴된 곳은 많지 않았을 것이다. 다른 취락에서는 다급히 재물을 묻은 현상이 아주 드물게 발견되며, 거의 모든 귀족이 개인의 재물을 가지고 갔다. 새로 건설된 낙읍에 나타난 은나라 이민자들의 취락과 청동 주조 작업장 등도 대다수의 이주가 평화롭게 이루어졌음을 보여준다.

류자좡 북쪽이 이렇게 된 것은 어쩌면 이곳의 상족이 특별히 잔인하고 인신공양제사에 열중했으며, 이주 명령에 대해서도 가장 저항이 심해서 (심지어 주나라 군대와 소규모 충돌이 일어나기도 했을 테고) 미래에 그다지 좋은 대우를 받지 못하리라고 스스로 느끼고 자기 재물을 다급히 묻었기 때문일 수도 있다.

H25 안에 쌓인 아연 덩어리

신도시 낙읍의 도덕 연설

낙읍 건설은 소공 석이 책임졌는데, 그 전에 그는 관중에서 조정을 지
키는 일을 주관했다. 이때 성왕은 13~14세로서, 이미 직접 정치를 주관할
연령에 가까워져 있었다.

3월 초에 소공은 낙읍으로 가서 주공이 압송해온 은허의 이주민들과
회합했다. 이때의 낙읍은 황야가 아니었으니, '삼감의 반란'이 평정된 뒤
에 주공이 이곳에 동방을 감시하기 위해 병력을 주둔할 부서를 두었기 때
문이다. 그래서 『상서』「낙고洛誥」에서는 이곳을 '낙사洛師'라고 불렀다.

소공과 주공의 이 만남은 상당히 중요했다. 당시는 주공이 정치를 보
좌하면서 왕으로 자칭한 지 7년째 되던 해였고, '삼감의 반란'을 평정하고
도 벌써 3년이 지난 때였다. 이 기간에 주공은 주로 동방에 있었고, 성왕과
함께 있었던 적은 아주 드물었다. 주공이 정권을 돌려줄 마음이 있는지에
대해 외부에서는 상당히 의심하고 있었다. 다만 주공과 소공이 만난 뒤에,
주공은 그해에 왕위에서 물러나 권력을 성왕에게 주는 데에 동의했다. 약
정에 따르면, 낙읍의 공사가 완공되면 성왕이 이곳에서 즉위식을 거행하
여 정식으로 낙읍에 도읍을 건립하기로 했다.

사실 당시 주공이 진정으로 관심을 기울였던 문제는 상족의 인신공
양제사 문화였다. 상 왕조는 망했으나 인간 희생을 바쳐 제사 지내고, 건
물 기초를 다지고, 순장하는 전통은 전혀 종결되지 않았다. 게다가 무왕이
재위할 때 상나라 식의 제사를 거행했고, 심지어 상족보다 더 심한 형태로
거행하기도 했다. 인신공양제사는 유서 깊고 완고한 풍습으로서 신석기시
대 후기부터 계산하면 이미 2000~3000년 동안 지속되었고, 상 왕조는 더
욱이 그것을 왕조 제도 속에 흡수했다. 1000년이 넘게 누적된 악습을 뿌
리 뽑는 것은 말처럼 쉬운 게 아니다.

이번 주공과 소공의 대화 가운데 일부는 『상서』「군석君奭」에 수록되

었다. 거기서 주공이 가장 많이 언급한 것은 왕조의 흥망과 교체의 교훈이었다. 그는 이 일의 배후에 하늘-상제의 변화 의지가 있으나, 천명에 영향을 줄 수 있는 유일한 요소는 바로 사람의 '덕', 그러니까 현실 문제를 처리하는 인간의 준칙이라고 생각했다. 그래서 주공은 "하늘은 믿을 수 없다天不可信"401)라고 하면서, 사람이 상제의 뜻을 짐작하려는 것은 지나친 욕망이니, 그저 인간 세상에서 해야 할 의무를 잘 이행해야 할 뿐이라고 했다.

후세의 관점에서 보면 이것은 노인들의 흔한 이야기일 뿐인데, 주공은 그것을 얘기하지 않았거나 얘기하기는 했으되 기록되지 않았을 수도 있다. 당연히 제사를 통해 천제와 신들의 비위를 맞추는 것을 주족은 할 수도 없을뿐더러 상족의 인신공양제사 행위도 금지해야 했다.

당초에 무왕이 상나라를 멸하고 은허에 진입했을 때, 주왕의 시신에 화살을 쏘고 머리를 베는 의식을 거행했는데, 이것은 상나라 정벌이라는 대업의 고전적인 장면이자, 무왕이 상족의 무술巫術과 인신공양제사 의식을 채용한 발단이 되었다. 굴원의 「천문」에 따르면, 당시 무왕 곁에 있던 주공은 불만을 표시하면서, 무왕이 은상의 전철을 다시 밟으려 한다고 생각하여 무족의 미래 운명에 대해 탄식했다고 한다.

> (무왕이) 주왕의 몸뚱이를 치니
> 주공은 가상하게 여기지 않았지.
> 왜 직접 무왕을 위해 계획을 세우고
> 주나라의 운명을 탄식했을까?
> (하늘은) 은나라에게 천하를 주었는데
> 그(주왕)의 자리는 어디에 두었을까?
> 성공에 반하여 망하게 되었으니
> 그의 죄는 무엇일까?
>
> 到擊紂躬, 叔旦不嘉. 何親揆發, 周之命以咨嗟. 授殷天下, 其位安施. 反成

乃亡, 其罪伊何.

이제 무왕은 죽었고 주공과 소공은 새 왕조의 조타수가 되었으니, 그
들은 무왕이 정해놓은 항해의 방향을 돌려야 했다. 두 사람은 이번 밀담을
통해 공통의 인식에 도달했으니, 그것은 금방 뤄양의 건설을 선언하는 전
례에서 구현되었다. 첫째 날에는 교郊에서 천제에게 제사 지내면서 소 2마
리를 바쳤고, 다음날에는 사社에서 토지신에게 제사 지내면서 소와 양, 돼
지를 각기 1마리씩 바쳤다. 이것은 상족이나 무왕의 제사와는 전혀 기풍
이 다른 것이었다. 신도시 낙읍은 은상 이주민이 가장 집중된 지역인데,
여기서 거행된 전례는 주나라 상류층이 그들에게 피비린내 나는 인신공양
제사 종교는 종결되어야 한다고 몸소 훈계한 것이나 마찬가지였다.[402]

7일 동안의 제사가 끝난 뒤에 공사가 시작되었고, 은상 이주민들도
모두 노동에 투입되었다.

> 이미 은나라 백성에게 명령을 내리니, 많은 은나라 백성이 받들어 일
> 했다.
>
> 厥旣命殷庶, 庶殷丕作.(『尙書』「召誥」)

이 은나라 백성은 원래의 종교 조직을 아직 간직하고 있었는데, 소공
은 계획을 잘 세워서 은나라의 각 씨족의 수령尹에게 임무를 맡기기만 할
뿐이었고, 나머지 작업은 은나라 사람들이 스스로 조직을 운용하여 완성
했다.

주공이 묘사한 낙읍의 이름은 '새로운 큰 고을新大邑'이었다.

> 주공이 처음 기초를 다져서 동쪽 낙 땅에 새로운 큰 고을을 지었다.
>
> 周公初基, 作新大邑於東國洛.(『尙書』「康誥」)

이것은 상나라 사람들이 은허를 '대읍상^{大邑商}'이라고 부르던 것과 대응하며, 그곳이 은허에 거주하던 이들의 새로운 고향임을 상징하는 것이었다. '새로운 큰 고을'은 찬허^{瀍河}강의 동서 양쪽에 분포했으며, 양쪽은 몇 킬로미터 떨어져 있었다. 동쪽은 주로 은상 이주민의 거주 지역이었고, 서쪽은 주나라 왕의 행궁^{行宮}과 종묘, 주족의 거주 지역이었다. 찬허강 서안, 지금의 뤄양동역^{洛陽火車東站} 부근에는 주나라 귀족의 거주지가 있어서, 왕조의 높은 귀족이 대부분 이곳에 저택을 지었다. 묘지 구역에서 출토된 청동기에 '태보^{太保}'라는 명문이 들어 있는 게 있었으니, 소공 석의 가족 묘지도 일부가 이곳에 있었음을 말해준다. 다만 낙읍이 현대 뤄양시 아래에 깔려 있으므로 지금은 발굴 범위가 무척 제한적이어서, 아직 대규모 궁전 기초는 발견하지 못하고 있다. 어쩌면 낙읍의 계획이 실용성을 위주로 했으므로 너무 사치스러운 공사는 벌이지 않아서, 성벽이 없었을 수도 있다.

이듬해 중반에 새로운 낙읍이 기본적으로 완성되었으니, 관방의 명칭은 '성주^{成周}'였다. 어떤 이는 이 명칭이 주 왕조의 성취라는 뜻을 담았고, 또 성왕의 존호와도 관련이 있을 거라고 한다. 상대적으로 호경^{鎬京} 즉 풍호^{豐鎬}은 '종주^{宗周}'라고 불리니, 이력이 조금 더 오래되었기 때문이다. 치산산 아래의 주원은 간단하게 '주^周'라고 칭하니, 가장 오래되고 좁은 주족의 땅이다.

주공은 우선 호경으로 가서 성왕에게 보고하고, 성왕을 따라 '성주' 낙읍으로 왔다. 상제와 거리가 가장 가깝다고 하는 이곳에서 성왕은 '원복^{元服}'을 입고 성인식을 치렀으며, 이때부터 왕으로서 직무를 시작했다. 그는 낙읍의 상족 장로와 주나라 문무백관을 접견하고, 각종 전례에서 자주 얼굴을 내보였다. 주족은 은상 이주민이 새 왕의 진작된 정신과 일을 이룰 만한 기상을 목도하기를 바랐다. 이른바 "어린 왕이지만 무왕의 적자로다^{有王雖小, 元子哉}!"라는 것이었다.

이후로 주공과 소공은 어린 성왕에게 왕조의 흥망성쇠에 관해 몇 차례 설교했다. 이전과는 달리 두 사람의 논설에는 '소민小民'이라는 새로운 개념이 더해졌으니, 왕조의 주체를 구성하는 보통의 농부와 귀족의 봉읍封邑에 있는 농노農奴를 가리키는 말이었다. 주공과 소공이 새로 발전시킨 논리에 따르면, 왕은 응당 '소민'의 삶에 관심을 기울이고 그들의 의견에 귀를 기울여서 (귀족이) 그들을 학대하거나 지나치게 착취하지 못하게 해야 한다고 했다. 그렇게 해야만 비로소 왕이 영원히 천명의 보살핌을 얻을 토대가 마련되는 것이라고 했다.

> 왕께서는 소민이 지나치게 불법을 저질렀다고 해도 감히 죽이지 마십시오. 그러면 공이 있을 것입니다. 왕께서 덕의 으뜸에 계시면 소민이 본받을 것이고, 천하에 쓰시면 왕께서 더욱 빛나실 것입니다. 위아래가 부지런하고 걱정해주면 그들은 우리가 천명을 받았다고 할 것이니, 하나라의 달력이 있으니 은나라 달력으로 교체하지 마십시오. 왕께서 소민을 통해 하늘의 영원한 명령을 받으시길 바랍니다.
> 其惟王勿以小民淫用非彝, 亦敢殄戮用乂民. 若有功. 其惟王位在德元, 小民乃惟刑, 用于天下, 越王顯. 上下勤恤, 其曰, 我受天命, 丕若有夏曆年, 式勿替有殷曆年. 欲王以小民受天永命.(『尙書』「召誥」)

연말이 되자 성왕은 낙읍에서 신년을 맞이하는 제사를 거행하면서 문왕과 무왕에게 각기 붉은 소騂牛를 1마리씩 바쳤다.[403] 보아하니 주공의 새로운 제사 원칙이 이미 왕조의 정식 제도가 된 듯했다.

그런데 무슨 이유에서인지 성왕은 낙읍을 진정한 수도로 삼지 않고, 얼마 후에 또 호경으로 돌아갔다. 부친 연배와는 달리, 성왕은 상족과 함께 살아본 경험이 없는데, 낙읍의 주체가 되는 거주자들은 상족이어서 성왕이 적응하기 어려웠을 수 있다. 결과적으로 무왕과 주공이 계획했던 천도 사업은 실현되지 못했다. 이후 낙읍은 줄곧 서주 왕조가 동방을 관리하는 군정軍政의 중심이었고, 그 주체는 은상 이주민이었으므로, 그들은 대규모 군대를 조직할 수 있었다. 서주 왕조 전기에 뤄양에서 징발할 수 있는 병력은 '은팔사殷八師' 또는 '성주팔사成周八師'라고 불렸는데, 각 부대師의 병력은 수천 명이었다. 이와 대응되는 '종주' 호경의 주족 위주의 병력은 '서륙사西六師'라고 불렀다.

그리고 상족도 결국에 상 왕조의 종말을 받아들였고, 이후 수백 년 동안 다시는 복벽을 시도하지 않았다. 다만 인신공양제사의 적폐는 여전히 뿌리 뽑기가 어려워서, 주공과 성왕은 또 많은 작업을 해야 했다.

역사의 기억을 수정하다

주공이 정치를 보좌하던 시기에 남긴 연설 원고 「고명誥命」은 거의 모두 상·주 왕조 교체의 원인을 통치자 개인의 덕행 탓으로 돌리고, 상족의 인신공양제사와 무력을 숭상하는 흉포한 문화에 대해선 전혀 언급하지 않아서, 상족과 주족 사이에 아무 차이가 없다고 여기는 듯했다.

『상서』「무일無逸」에서 주공은 군왕의 재위 시기와 그들의 덕행을 연계하여, 덕이 있는 군주일수록 재위 기간이 오래 지속된다고 주장했다. 예를 들어 상 왕조의 고종 무정은 무려 59년이나 재위했고, 주나라 문왕의 재위 기간도 50년—천명을 받고 왕으로 자칭하기 전, 주족의 족장으로 있던 시기까지 포함해서—에 이르렀다. 상나라 말엽에 성장한 세대로서 주공이 상족의 피비린내 나는 제사 문화를 모를 수 없었으나 전혀 언급하지 않아서, 마치 그런 게 애초에 존재하지 않았던 것처럼 취급했다.

사실 그 이면에는 또 다른 문제가 숨겨져 있다. 즉, 상족의 피비린내 나는 제사 종교는 주공에 의해 종결되었으나, 주공은 거기에서 그치지 않

왔다. 그는 또 그 종교와 관련된 기억을 말살하여 불씨가 되살아나는 것을 방지하고자 했다.[*]

그리고 망각은 금지보다 더 근본적인 해결 방식이었다. 이를 위해서는 우선 은허를 없애고, 상족 집단을 해체하고, 상나라 왕의 갑골 기록을 없애야 했다. 다음으로 고공단보 이래 주족이 상 왕조를 위해 강족 포로를 사냥했던 음울한 역사도 영원히 매장되어야 했다. 또 큰형 백읍고가 은허에서 죽어 제사에 바쳐지고, 그의 부친과 형제들이 그의 고기를 나눠 먹은 참담한 경험도 반드시 잊혀야 했다.

현재 은허에서 발견된 갑골복사는 대부분 무정 시기의 것으로서, 말대의 제을과 주왕에게 속한 것은 수량이 극소수다. 게다가 '주周'에 관한 어떤 내용도 발견하지 못했다. 그러나 상식적으로 추측하자면, 고공단보 이래 주나라와 상 왕조는 아주 많은 교류를 했고, 특히 주나라가 상나라를 멸망시키기 몇 년 전에는 주왕이 당연히 주나라에 응대할 책략을 점쳐서 물었을 것이다.

그러므로 나는 주공이 사람을 시켜서 상 왕조의 갑골 문서를 조사하여 '주'와 관련된 모든 내용을 없애게 했으리라 추측한다. 여기에는 서류 창고가 있었던 궁전 구역을 불태우고 매몰하는 일도 포함되었다. 그러니 설령 3000년 뒤에 일부 갑골이 드문드문 발견되더라도 '주'를 언급한 어떤 내용도 절대 찾지 못하는 것이다.

그뿐 아니라, 주공을 우두머리로 한 주 왕조의 상류층은 새로운 판본의 역사를 다시 구축해야 했다. 하나라와 상나라, 주나라는 아무 차이가

---

[*] 이전에는 인제人祭의 기억이 인위적으로 말살된 문제에 주목한 학자가 많지 않았고, 다만 퉁언정童恩正은 이렇게 추측한 바 있다. "문헌에서 은대의 인제人祭에 관한 기록은 노예사회와 봉건사회 역사의 의도적인 은폐로 인해 우리가 본 것이 이미 많지 않으나, 고적古籍에는 우연히 약간의 흔적이 남아 있으니……" 童恩正, 「談甲骨文'羌'字幷略論殷代的人祭制度」, 『四川大學學報』(哲學社會科學版) 1980년 제3기 참조.─원주

없고, 인신공양제사는 애초에 존재하지 않았으며, 왕조 교체는 단지 마지막 군왕의 도덕적 결함 때문이었다는 것이다. 주공의 「고명誥命」에서 그는 이 새로운 판본의 역사를 여러 차례 중복해서 해석했고, 결국에 그것이 서주 관방의 정론定論이 되었다.

어쩌면 이렇게 말할 수도 있을 것이다. 주공이 정치를 보좌하던 시기에 주족 가운데는 이미 어떤 명확한 '정치적으로 올바른 태도'가 형성되어서, 상족의 종교 문화를 비평해서도 안 되고, 더욱이 상족이 예전에 행했던 피비린내 나는 제사 행위를 기록해서는 안 되었다. 문왕과 무왕 시기에 주족은 이런 금기가 없었을 것이니, 그렇지 않다면 문왕이 『시경』「탕蕩」에서 극도로 분노하여 상 왕조의 잔인한 포악함과 타락상을 고발하지 않았을 것이다. 다른 한편에서 이 시 역시 주공 세대의 개조를 거치면서 피비린내 나는 제사에 관한 가장 민감한 내용이 삭제되었을 것이다.

서주가 건립된 뒤에 각지로 강제 이주된 상족의 취락은 아주 많으나, 그곳들에서는 이미 인간을 희생으로 바쳐 제사 지내거나 건물 기초를 다지는 행위가 극히 드물게 일어났으며, 적어도 고고학적 발굴에서는 발견하기 어렵다. 비교적 특수한 곳은 뤄양인데, 이곳은 '은나라의 완고한 백성'이 가장 집중된 지역이었다.

1974년에 뤄양시 베이야오北窯촌에서 서주 전기의 청동기 제작 공장이 발굴되었는데, 규모가 대단히 커서 도제 거푸집 파편이 수만 개나 나왔다. 발굴 보고서에서는 "초기 거주 유적과 제1기 무덤에서 출토된 도기가 은허 샤오툰촌 남쪽의 후기 도기와 대단히 비슷하니, 시대는 응당 은나라 말엽 즉, 서주 초기에 해당할 것"이라고 했다. 게다가 거푸집도 청동기의 형태와 문양이 은허 말기의 양식을 계승했음을 보여주니, 이들은 분명히 은허에서 이주한 이들이었다. 심지어 그것은 바로 그 전에 은허 왕궁 구역 남쪽의 묘포 북쪽에 있던 대형 청동기 주조 작업장이 옮겨온 것일 가능성이 컸다.

이 작업장에는 은허에서 가져온 주조 기술뿐만 아니라, 상족 특유의 인신공양제사 행위도 있었다. 예를 들어 분류 번호 F2는 주조 공장으로 동서의 길이 11.2미터, 남북의 폭 7.2미터인데, 흙을 다져서 만든 기초 주변에 12개의 구덩이가 고리 모양으로 분포되어 있고, 그 구덩이 안에서 모두 인간의 유골 7구와 말의 유골 3구, 개의 유골 2구가 발견되었다. 동향과 남향의 두 대문 밖에서도 제사갱이 하나 발견되었는데, 그 안에는 사람 1명과 개 1마리가 매장되어 있었고, "기초에 매장된 사람과 짐승은 생매장당할 때 몸부림친 모습이 남아 있었다." 다만 발굴 보고서가 지나치게 간단해서, 제사갱에 관해 자세히 소개하지 않고 평면도도 없어서, 당시의 자세한 상황을 복원하기 어렵다.

청동 작업장 바로 근처에는 묘지가 있었는데, 그 가운데 규모가 가장 큰 것은 M14로서 길고 직각으로 굽은 묘도墓道가 있다. 다른 작은 무덤들은 그 주위에 분포되어 있었다. 발굴 보고서에서는 M14의 주인이 이 작업장의 소유자였으리라 추측했으나, 묘혈은 진즉 도굴되어 비어 있었고 심지어 시신조차 없어서 순장자의 정황을 판단할 수 없다. 묘도 양측에 제사갱이 있는데, 각기 2개의 마갱馬坑과 1개의 양갱羊坑 그리고 사람을 매장한 것이 1개였다. 마갱 안에는 각기 사지가 해체된 말 2필이, 양갱 안에는 양 4마리가, 그리고 인간 희생을 매장한 구덩이에는 사람 1명이 있었다. 은허에 비하면 제사에 사용된 인간의 수가 이미 훨씬 줄어 있었다.[404]

1975년부터 1979년까지 뤄양시 문물공작대文物工作隊는 청동 작업장 유적지의 발굴 범위를 확대하여, 인간 희생을 바친 더 많은 제사갱과 거의 30구에 이르는 비정상적으로 사망한 인간의 유골을 발견했다. 예를 들어 대형 회갱 H249에서는 인골 6구가 서로 1~2미터 떨어진 상태로 발견되었는데, 기본적으로 평행한 2줄로 배열되어 있었다. 머리가 없는 유골과 머리가 잘려 몸뚱이 옆에 놓인 유골, 두 팔이 가슴 앞에서 굽혀 있고 두 다리가 굽어서 '마치 묶인 듯한 모습'을 한 유골도 있었다. 절반가량의 인간 희생은 팔이나 넓적다리가 없었다.

이외에도 이 제사갱들과 함께 완전한 형태의 말과 양, 개의 유골, 접목에 사용된 갑골이 발견되었다. 발굴 보고서에서는 "용광로를 열어 주물을 붓기 전에 매번 점을 치고 인간과 가축을 바치는 종교 제사 활동이 있었을 가능성이 크다"라고 추측했다.[405] 이 작업장은 서주 초기에 생산하기 시작해서 반세기 남짓 지속되다가, 대략 주나라 목왕穆王 때에야 폐기되었다.

주조 작업장에서 북쪽으로 200미터 떨어진 곳은 주나라 고급 귀족의 공동묘지였다. 이 귀족 무덤은 품격이 높고 묘혈도 크고 부장품도 많았으나 모두 순장자가 없었고, 더욱이 인간 희생을 바쳐서 제사를 지내지도 않았다. 이외에 이들 주족의 무덤은 모두 북쪽을 향하고 있었고, 주조 작업장의 무덤은 모두 남쪽을 향하고 있었다. 보아하니 은나라 사람과 주나라 이민자들은 모두 각자 자기의 문화적 습속을 유지하고 있어서, 설령 가까이 이웃하고 있더라도 확연히 구분되었던 듯하다.[406]

또 다른 제사장은 지금의 허난과기대학河南科技大學 임업직업학교 안에 있는데, 재가 남아 있는 2개의 요제갱燎祭坑과 희생을 매장한 37개의 제사갱이 있다. 대대수 구덩이에는 완전한 형태의 말이나 소, 돼지의 유골이 들어 있었고 또 사람과 말, 돼지, 개가 함께 매장된 곳도 있었다. 보고서에는 인간 희생의 수를 제시하지 않았는데, 사진으로 보면 매 구덩이에 1명을 넘기지 않았던 듯하다.[407] 현재까지는 아직 더 자세한 발굴 보고서가 발표되지 않았는데, 인간과 가축을 혼합하여 제사하는 방식으로 보건대, 은허의 류자좡 북쪽 도기 제작 취락과 비슷하다. 다만 사지를 해체하고 시신을 쪼개는 현상은 이미 류자좡 쪽에 비해 적어졌다.

이들 '은나라의 완고한 백성'의 인신공양제사 행위는 성왕과 주공의 주목을 받을 수밖에 없었으나, 주공의 '정치적으로 올바른 태도'에 따라 이런 사정들이 문헌에 기록되기는 어려웠을 것이다. 이를 위해 주공과 성왕은 일련의 새로운 어휘를 발명해야 했다.

이것은 젊은 성왕이 처음으로 직면해야 했던 곤란이었다.

성왕의 분노

이제 막 친정親政하게 된 성왕은 숙부 주공의 영향에서 벗어나 자기의 공업功業을 세우는 데에 상당히 급급했다. 마침 산둥 지역의 동이 토착민이 또 반란을 일으켰는데, 핵심은 '삼감의 반란' 때 활약했던 엄국奄國이었다. 현지에는 주나라가 막 분봉한 2개의 제후국이 있었으니, 각기 주공의 장자가 다스린 노魯나라와 태공 여상의 장자가 다스린 제齊나라였다. 조정에서는 아직 안정되지 않은 이 두 제후를 보호해줄 필요가 있었다.

이에 젊은 성왕은 병력을 이끌고 직접 동이 지역을 정벌했는데, 그와 함께 간 사람은 모친 읍강이었다. 그리고 주공은 호경에 주둔하여 후방을 지켰을 것이다. 몇몇 주나라 신료가 제작한 청동기의 명문에는 태후가 동이의 전쟁에서 활약한 내용을 기록했다. 주공이 정치를 보좌하고 아들이 자라는 7년 동안 은거해 있던 읍강은 줄곧 소식도 없이 조용히 있었으나, 이제 아들의 안전을 염려할 뿐만 아니라 제나라를 건립한 형제—이때 여상은 이미 세상을 떠난 상태였을 것인데—를 걱정했다.

성왕이 친정하고 5년째 되던 해에 제2차 동이 전쟁이 끝나자, 성왕은 모친과 함께 돌아가다가 도중에 성주成周 뤄양에 들러 잠시 머물렀다. 그 기간에 어느 귀족이 성왕을 접견하고 나서 전문적으로 청동 술통尊을 제작했으니, 이것이 바로 '택자중국宅玆中國'이라는 명문으로 인해 후세에 '하준何尊'으로 불리며 유명해진 것이다. 이 역시 현재까지 발견된 유물 가운데 '중국'이라는 단어가 기록된 가장 이른 시기의 것인데, 당시에 이 말은 '중원의 땅'이라는 뜻이었다.*

　　종주^{宗周} 호경으로 돌아온 뒤에 성왕은 즉시 주공과 회의를 소집해서 은나라와 주나라 귀족들에게 연설을 발표했으니, 이것이 바로 『상서』 「다방^{多方}」이다. 주공과 성왕이 고심해서 정서를 통제했으나, 거기에는 은상 유민에 대한 깊은 반감과 혐오도 문장 사이에 가득 차 있었다. 틀림없이 성왕은 그 여행에서 자기와 주공이 무척 분노할 만한 현상을 목격했을 것이다.

　　연설의 서두에서 주공은 먼저 신하들에게 성왕의 말을 전달했다.

　　"너희 사방 열국에게 정식으로 알리나니, 특히 은나라의 군후^{君侯}와 장로, 민중에게 엄숙하게 왕의 명령을 하달한다. 너희는 왕조가 바뀐 위대한 천명을 모르고 제사를 공경하게 지내야 함을 잊어서……"

　　은나라 유민들의 어떤 행위가 성왕과 주공의 분노를 촉발했는지는 우물쭈물 얘기하지 않고, 그저 '주공 방식'의 역사 설교에만 호소했다. 즉, 하나라와 상나라가 멸망한 것은 모두 백성을 잔혹하게 학대하고 각종 형벌을 남용했기 때문이라는 것이다. 예를 들어 "백성을 불쌍히 여기지 않고 오히려 크게 음란하고 사리에 어두운 짓을 일삼아^{不肯戚言於民, 乃大淫昏}" "날마다 하나라 도읍을 해치며^{日欽削割夏邑}" "서로 백성에게 포학하게 굴고^{乃胥惟虐於民}" "살육으로 많은 죄를 지어^{參戮多罪}"** 결국에 천명을 잃고 말았다고 했다. 게다가 주공이 이번에 질책한 것은 하나라 걸왕과 상나라 주왕과 같은 말기의 어리석은 군주가 아니라, '다사^{多士}' 즉 귀족 계층 전체였다. 예를 들어 그는 하나라의 귀족들이 백성을 학대할 줄만 알고 온갖 비인도적인 행위를 저질렀다고 비판했다.

---

* 하존^{何尊} 명문의 제작 시기는 '오사^{五祀}'인데, 어떤 학자는 이것이 주공이 정권을 대리하고 5년째 되던, 뤄양이 막 건설된 시기라고 여긴다. 사실 주공이 낙읍^{洛邑}을 건설한 것은 그가 대리하고 7년째 되던 해이니, 이에 대해서는 『상서』에 명확하게 기록되어 있다. 성왕^{成王}이 친정하고 나서 비로소 새롭게 기년을 사용했으니, 하존과 『상서』 「다방」의 '오사'는 모두 성왕이 친정한 뒤의 연도다. ─ 원주

** 이 부분의 원문은 "要囚參戮多罪"로서 "죄 많은 자들을 감금하고 죽인다"라는 뜻인데, 여기서는 단장취의하여 문맥에 맞게 변용했다.

하준何尊과 그 명문의 탁본

하나라의 벼슬살이하는 귀족들은 크게 힘써 백성을 보호하지 못하고, 오히려 서로 백성에게 포학하게 굴어서 모든 행위에서 (백성을 구속하는 법망을) 크게 풀지 못했다.

惟夏之恭多士, 大不克明保享於民, 乃胥惟虐於民, 至於百爲, 大不克開.

뒤쪽에 나오는 성왕의 발언은 원망과 분노가 더 컸으나, 역시 무슨 말인지 알 수 없다. 그의 주장에 따르면, '은상의 귀족들殷多士'은 이미 주나라에 투항하여 5년 동안 봉사하고 있으나, 자기 가정과 족읍에서 여전히 '화목하지 않고不和不睦' '흉악한 덕凶德'으로 통치하여 "그 마음으로 사랑하지 않으면서爾心未愛" 천명을 공경하지 않으며, 함부로 잘못된 짓을 저지른다는 것이다.

그런 뒤에 성왕은 매섭게 그들을 위협했다.

이제 너희는 여전히 너희 집에 살고 너희 밭을 갈고 있는데, 어찌하여 왕에게 순종하여 천명을 빛내려 하지 않는가? 너희는 오히려 여러 차례 조용히 있지 않고, 너희 마음으로 사랑하지 않으면서, 천명을 크게 헤아리지 않고 오히려 천명을 버렸다. 너희 스스로 법도에 맞지 않는 일을 저질러 우두머리에게 신임을 얻으려 한다. 내가 이에 그것을 가르쳐 일러주나니, (다음에는) 무력을 동원하여 잡아들일 것이다. (한 번에 듣지 않으면) 두 번, 세 번 그렇게 할 것이다! 그래도 내가 너희에게 내린 명령을 듣지 않는다면, 나는 사형으로 크게 처벌할 것이다! 우리 주나라의 덕이 평안함을 좋아하지 않아서가 아니라, 너희 스스로 죄를 자초한 것이다!

今爾尙宅爾宅畋爾田, 爾曷不惠王熙天之命. 爾乃迪屢不靜, 爾心未愛. 爾乃不大宅天命, 爾乃屑播天命. 爾乃自作不典, 圖忱於正. 我惟時其敎告之,我惟時其戰要囚之, 至於再, 至於三. 乃有不用我降爾命, 我乃其大罰殛之.
非我有周秉德不康寧, 乃惟爾自速辜.

그렇다면 주공과 성왕은 무엇 때문에 이렇게 분노했을까? 나는 응당
상족 집단에 아직도 인신공양제사와 순장, 건물 기초에 인간 희생을 바치
는 풍속이 남아 있었기 때문이라고 생각한다. 성왕이 돌아오는 도중에 뤄
양에 머물렀던 적이 있음을 고려하면, 현지의 은상 이주민의 인신공양제
사 행위가 그에게 비할 데 없이 큰 충격을 주었으리라고 짐작할 수 있다.

진정한 현장 발언에서 주공과 성왕은 어쩌면 '은상의 귀족들'에게 인
신공양제사를 금지한다고 직접적으로 말했을 수 있으나, 문헌 기록을 정
리할 때 인신공양제사라는 말은 '학대'와 '살육' 등 상대적으로 모호한 단
어로 바꿔서, 은상의 귀족들이 그저 형벌을 남용하기 좋아했을 뿐이라
고 말하는 듯이 보인다. 현실적 의미에서 이런 교환의 차이는 그다지 크지
않으니, 인간 희생과 범죄, 포로, 노예 등에 대한 상족의 개념 자체가 무척
모호했기 때문이다. 관방의 텍스트에 기록된 바에 따르면, 주공과 성왕은
상족의 종교라는 화제를 에둘러서 말하고 있으나, 상족에게 종교를 포함
하여 어떤 명분으로든 함부로 살인하는 행위를 엄금한다는 입장은 대단히
분명하다.

주공이 확정한 '정치적으로 올바른 태도'에 따르면, 정식 문헌에서 그
들은 상 왕조의 멸망 원인을 주왕 한 사람에게만 귀속시킬 수밖에 없었다.
다만 이제 주공과 성왕은 은상 유민의 인신공양제사 행위가 이미 주왕에
게만 책임을 돌릴 상황이 아니라, 은상 귀족 전체를 질책해야 할 상황이라
고 인식했던 게 분명하다. 주나라 초기의 관방 문헌에서 이것은 대단히 예
외적인 현상인데, 『상서』「다방」이 어쨌든 서주의 관방 문헌이라는 점을
다시 고려하면, 다음과 같은 합리적인 추론이 가능하다. 즉, 당시 주공과
성왕이 은상 유민에게 행한 위협은 더욱 매서웠으리라고 짐작할 수 있다

는 것이다.

상 왕조에 비해 서주 초기에 은상 유민의 이런 행위는 이미 급격히 줄어들어서 심지어 거의 없어졌는데, 이것은 응당 주공과 성왕의 매서운 태도와 직접 관련이 있을 것이다.

은나라 유민을 겨냥한 분봉: 위衛나라와 송宋나라

주공이 정치를 보좌한 마지막 한 해는 새로운 낙읍의 건설이 시작될 무렵이었는데, 주공은 왕의 신분으로 아우 주봉周封을 위후衛侯에 책봉하기로 결정했다.

신생의 위나라는 옛 상나라의 핵심 지역을 통치할 예정이어서, 도성은 폐기된 은허에서 약 60킬로미터 떨어진 조가朝歌에 건설했다. 은허가 이미 폐허로 전락하고 주민도 관중과 낙읍, 송나라로 이주했으나, 도성 바깥의 상족 취락은 여전히 아주 많았다. 위후 주봉에게 이들 은상의 옛 백성을 통치하고 개조하는 일은 여전히 상당히 어려운 일이었다.

주공은 위나라의 창건을 특별히 중시하여, 책봉 의식에서 전후로 세 차례나 주봉에게 훈시했고, 그것은 나중에 모두 『상서』의 「강고康誥」「주고酒誥」「재재梓材」에 수록되었다.

이 3편의 고명誥命은 문장이 약간 난해하지만, 기본 정신은 비교적 명확하다. 즉, 주봉에게 은상의 옛 백성을 잘 관리하고 그들의 비루한 풍습을 바꾸어, 새로운 백성으로서 왕조를 위해 계속 천명을 얻게 하라는 것이었다.

왕을 도와 천명을 헤아려 새로운 백성이 되게 하라.
惟助王宅天命, 作新民.(『尙書』「康誥」)

통치 방식에서 주공은 주봉에게 이전 상나라 왕의 성공적인 경험을
흡수하여, 상족 장로들에게 자주 자문해 의견을 듣게 했으나, 형벌에서는
반드시 권력을 장악해 누구도 함부로 행하지 못하게 하라고 했다.

> 너 주봉이 형벌을 가하고 죽이는 경우가 아니면, 다른 누구도 그런 일
> 을 하지 못하게 하라. 네 주봉이 또 코를 베고 귀를 자르라고 한 경우가
> 아니라면, 다른 누구도 그런 일을 하지 못하게 하라.
> 非汝封刑人殺人, 無或刑人殺人. 非汝封又曰劓刵人, 無或劓刵人.(『尙書』
> 「康誥」)

앞서 이미 살펴보았듯이, 주공과 주족 상류층은 상족의 인신공양제
사와 건물 기초에 인간 희생을 바치는 등의 종교 행위를 언급하는 것을 상
당히 꺼려서, 그것들을 싸잡아서 불법적인 형벌에 포함했다. 주공이 주봉
에게 이렇게 요구한 것은 응당 위나라 경내에서 인신공양제사 행위를 금
지하는 내용을 포함하고 있다. 이것은 이미 군주의 독자적인 권력이 되었
으니, 다른 누구든 이런 행위를 하는 것은 모두 불법이라는 것이다.

위나라 경내에서는 인신공양제사라는 종교 행위를 근절하는 일의 업
무량도 많았을 뿐만 아니라, 은상 옛 백성의 역모를 진압하는 데에 들여야
할 힘도 매우 컸다. 그래서 주공의 훈시에서는 형벌과 관련된 내용이 매우
많았다. 즉 주봉에게 형벌의 기준을 정해서 관련된 관리를 통해 민중에게
선포하되, 은상의 형벌 가운데 합리적인 것은 보존하라고 했다.

> 너는 이 법률을 담당 관리를 통해 선포하고, 이 은나라의 형벌 가운데
> 이치에 맞는 것은 본받아라.
> 汝陳時臬司, 師玆殷罰有倫.(『尙書』「康誥」)

처형해야 할 범죄는 반포한 기준에 따라 집행하고, 마음대로 새로운 것을 다시 제시해서는 안 된다고 했다. 무력을 믿고 재물과 사람을 약탈하거나, 약탈하다가 살인하는 자들은 죽음을 두려워하지 않는다는 뜻이니, 모조리 처형해야 한다고 했다.

> 도적질하고 약탈하고 간사한 짓을 저지르고 재물 때문에 살인하는 등 횡포를 부리면서 죽음을 두려워하지 않는다면 모두 증오할 테니 (처형해라.)
>
> 寇攘姦宄, 殺越人於貨, 暋不畏死, 罔弗憝.(『尙書』「康誥」)

상족은 술을 폭음하는 기풍이 무척 강해 무덤에 주기 세트를 부장했을 뿐만 아니라, 문헌에도 이 문제가 심각하다는 점이 여러 곳에 기록되어 있다. 그러나 '정치적으로 올바른 태도'를 중시했던 주공의 발언에서 보자면 상족은 그저 주왕 시기에야 이런 악습에 물들었을 뿐, 그 이전에는 무척 절제된 삶을 살았다. 그는 주봉에게 이렇게 주의를 주었다.

"우리 서부에서는 문왕이 특별히 가르쳐 인도해서, 오직 제사 지낼 때만 술을 마실 수 있었고, 게다가 취하도록 마셔서는 안 되었다. 그래서 지금까지도 우리 서부인은 폭음하는 악습이 없다. 술에 취하면 일을 그르치고 예의를 잃게 할 뿐 아니라 또 흉험하고 난폭해져서 죽음을 두려워하지 않게 된다. 특히 많은 이가 함께 술을 마시면 그 냄새가 하늘에까지 이르러서 신들이 좋아하지 않으니, 이것이 상나라가 멸망한 가장 주요한 원인이었다."

이어서 그는 주봉에게 이렇게 명령했다.

"반드시 금주령을 엄격히 시행해라. 만약 너를 따라간 주족이 함께 모여 술을 마시다가 적발되면, 용서하지 말고 체포하여 조정으로 압송해

상나라 정벌

라. 내가 사형에 처하겠다. 저 은상의 귀족들이 이렇게 술을 마시면, 죽이지 말고 잘 타일러 가르쳐라. 내 가르침을 따르지 않고 위나라를 혼란에 빠뜨린다면, 너 역시 죽음을 면치 못하리라!"

책봉 의식에서는 왕조의 관리 2명이 차례로 주봉에게 토지와 민중을 수여하는 의식을 진행했다. 다만 위나라 경계를 수여할 때는 단지 남북의 두 지상 표지landmark만 나열했을 뿐인데, 북방 경계는 방위가 자세하지 않고, 남방은 황허강 남안의 싱양榮陽 일대까지였다. 이외에 2개의 작은 비지飛地*를 주었는데 하나는 '종주' 호경 부근에 있고, 다른 하나는 '성주' 뤄양 부근에 있었다. 이것은 주봉이나 그의 후계자가 왕을 참배하러 갈 때 경사 교외의 이 영지에 묵을 수 있게 하기 위해서였다.

주봉에게 수여된 민중은 '은나라 유민 7개 부족殷民七族'으로서, 『좌전』 정공定公 4년의 기록에 따르면 그것들은 각기 도씨陶氏(도기공)와 시씨施氏(깃발 제작자), 번씨繁氏(마영馬纓** 제작자), 기씨錡氏(줄칼銼刀 제작자 또는 솥釜 제작자), 번씨樊氏(울타리籬笆 제작자), 기씨饑氏, 종규씨終葵氏(몽치椎 제작자)였다. 부족의 명칭은 대부분 수공업과 관련이 있으니, 그것들은 위나라 군주의 개인 산업이었을 가능성이 있다. 다만 위나라 경내의 상족 총수는 이런 정도에 그치지 않았을 것이다.

이외에, 마지막 상나라 왕이었던 무경武庚이 천수를 누리지 못했고 형식적으로 상 왕조도 더는 존재하지 않게 되었다. 다만 주공은 상 왕실의 가계를 보존할 필요가 있다고 생각하고, 주왕의 서출 형인 미자계微子啓에게 왕조를 계승하게 하여 상추商丘에 도성을 정하게 했으니, 이것이 바로 송나라다. 이곳은 성탕이 하나라를 멸하기 전에 거주하던 곳으로서, 이제 상 왕조의 계승자가 나라를 세우기에 상당히 적합했다. 이 때문에 상나라

* '비지飛地'는 지리적으로 A지역에 있으나 행정적으로 B지역에 속한 토지를 가리킨다.
** 마영馬纓은 길들인 말의 목에 거는 띠 모양의 장식이다.

왕족의 후예는 주로 송나라에 모여 살았다.

　『사기』「송미자세가^{宋微子世家}」에 따르면, 목야의 전투가 끝난 뒤에 무왕의 연합군은 은허 교외에 주둔했는데, 미자계가 자발적으로 찾아가 투항하며 호의를 보였다.

> (미자계는) 제기를 지니고 군문으로 웃통을 벗고 손을 뒤로 묶은 채, 왼손으로 양을 끌고 오른손에 띠 풀을 쥔 채 무릎걸음으로 나아가 아뢰었다.
>
> 持其祭器造於軍門, 肉袒面縛, 左牽羊, 右把茅, 膝行而前以告.

　이것은 춘추 시기에 망한 나라의 군주가 용서를 비는 의식이었으니, 상나라 말엽에는 아직 이런 의례가 없었을 것인지라, 후세에 지어낸 허구일 가능성이 있다. 다만 미자계가 자발적으로 무왕에게 투항한 일은 실제로 있었을 것이니, 앞서 살펴본 대로, 조금 후에 자발적으로 관중으로 가서 투항하여 정착한 '미사씨^{微史氏}'도 미자계의 가족 성원으로 미자계의 지시에 따라 자발적으로 관중에 가 인질이 되었을 가능성이 있다.

　물론 송나라의 군주는 다시는 왕으로 칭할 수 없고 지위도 무경 시대보다 낮아졌으나, 여전히 약간 특수한 예우를 받았다. 예를 들어 서주 조정에서 각종 전례를 거행할 때 송나라 군주는 다른 제후국의 군주들처럼 주나라 왕에게 엎드려 절하지 않아도 되었으니, 당시 사람들은 그것을 "주나라의 손님이 되었다^{於周爲客}"라고 표현했다.[408] 이것은 상 왕실의 후예에 대한 주 왕실의 예우였다.

주공의 대분봉大分封과 새로운 화하

새로 정복한 동방 지역을 공고하게 다지기 위해 주공은 현실 정치에서 통제한 것은 물론, 문화적으로 개조하여 상족의 피비린내 나는 종교 유산을 제거해 철저하게 주족의 문명에 동화되게 해야 했다. 이를 위해서는 주족을 동방에 파견하여 일련의 제후국을 세울 필요가 있었다.

제후국을 분봉하는 방식으로 먼 지역을 통제하는 것은 주족이 발명한 게 아니라, 상나라 때부터 이미 이민족의 영토에 깊이 들어간 제후국들이 있었다. 주족이 잘 알고 있는 라오뉴포의 숭후의 나라가 바로 그런 예다. 이것은 황량한 상고시대의 기술적 조건에 따라 결정된 것이었다. 인구는 아주 작고 교통 통신은 발달하지 않아서 관료제도를 활용하여 지방 정부가 먼 지역을 관리하도록 하기 어려웠으므로, 무장 세력을 통한 식민지 개척과 세습 통치 방식, 그러니까 방국을 건립하도록 책봉하는 이른바 '봉건제封建制'를 채택할 수밖에 없었다.

상나라를 멸하고 얼마 후에 무왕은 이미 몇몇 형제를 동방에 분봉하여 나라를 세우게 했으니, 은허를 통제한 '삼감'이 그런 예다. 이 가운데 관숙의 봉국은 지금의 정저우시 관청管城구에 있었으나, 채숙과 곽숙의 봉국이 어디였는지는 자세히 알려지지 않았다. 다만 은상의 핵심 지역에서 그리 멀지 않았을 것이다.

『사기』에는 또 이렇게 기록되어 있다.

(무왕은) 상보尙父 여상을 영구營丘에 봉하여 제나라라고 했다. 아우 주공을 곡부曲阜에 봉하여 노나라라고 했다. 소공 석은 연燕나라에 봉했다.
封尙父於營丘, 曰齊. 封弟周公旦於曲阜, 曰魯. 封召公奭於燕.

다만 이것은 당시의 국면에 그다지 부합하지 않는다. 목야의 전투에서 은허를 멸한 뒤에 주족의 세력은 아직 산둥 등 동이 지역까지 미치지 못했기 때문이다. 그러나 다른 측면에서 무왕이 중요한 가족 성원을 분봉했을 가능성은 충분하니, 이것은 부족사회에서 '전리품을 분배'하는 풍습의 잔재로서 합리성이 있다. 어떤 학자는 노나라와 연나라의 최초 봉지封地가 모두 허난에 있어서 노나라는 루산魯山 지구에, 연나라는 옌청郾城 지역에 있었다는 점에 주목하기도 했다. 보아하니 이것은 무왕이 상나라를 멸한 초기에 통제할 수 있는 범위였던 듯하다.[409]

다만 무왕은 상나라를 멸하고 한 해 남짓 뒤에 세상을 떠나서, 그가 계획했던 많은 분봉 사업은 아직 실시되지 않았다. 그런 뒤에 '삼감의 반란'이 일어나서 주공이 다시 동방을 정벌하게 되었다. 이런 이유로 제후를 책봉하는 일은 주공이 정치를 주재하던 시기에야 비로소 진정 대규모로 전개되었다.

이것이 바로 서주 초기의 '대분봉大分封'으로서, 주나라에서는 '봉건封建'이라고 칭했다. '건建'이란 국가를 건립한다는 뜻이다. '봉封'의 내력에는 약간 우여곡절이 있으니, 그 본래 의미는 인공적으로 흙을 쌓는다는 것이다. 다만 당시는 아직 미개한 상태였으므로, 제후국 사이에 분명하고 완전한 강역의 경계가 없이 그저 교통 요충지에 큰 흙더미를 쌓아서 나라의 경계로 삼았다. 그러므로 '봉'은 바로 제후에게 통치할 강역을 구획하여 정하는 것을 가리켰다.

『좌전』 희공僖公 24년에 따르면, 춘추 시기에 왕실의 대신인 부진富辰이라는 이가 주나라 양왕襄王에게 이렇게 간언했다.

옛날에 주공이 관숙과 채숙의 현명하지 못함을 슬퍼하여, 친척을 제후국에 봉하여 주나라 왕실을 병풍처럼 호위하게 했습니다.

昔周公弔二叔之不咸, 故封建親戚, 以蕃屏周.

'봉건'이라는 말은 여기서 처음 나타나는데, 봉방건국封邦建國이라는
뜻이다. 무왕이 책봉한 관숙은 후사가 끊겼고, 주공은 채숙과 곽숙의 후예
를 다른 곳 즉, 채蔡나라는 위난豫南에, 곽霍나라는 진난晉南에 다시 봉해주
었다. 그리고 이전에 하남에 봉했던 노나라와 연나라의 위치도 다시 계획
해주었다.

주공이 친속을 분봉한 규모는 대단히 커서, 춘추 시기의 사람들은 문
왕의 아들 세대 즉, 주공의 형제들이 건립한 제후국이 16개나 된다고 귀납
했다.

> 관管나라와 채蔡나라, 성郕나라, 곽霍나라, 노魯나라, 위衛나라, 모毛나라,
> 담聃나라, 고郜나라, 옹雍나라, 조曹나라, 등滕나라, 필畢나라, 원原나라,
> 풍酆나라, 순郇나라는 문왕의 자식들이다.
>
> 管蔡郕霍魯衛毛聃郜雍曹滕畢原酆郇, 文之昭也.(『左傳』僖公 24年)

그 가운데는 당연히 주공 자신의 노나라도 포함된다. 다만 주의할 점
은 여기서 말하는 관管나라는 주공이 아니라 무왕이 분봉했으며, 게다가
존속 시기도 아주 짧았다. 역시 『좌전』 희공 24년에 따르면, 그 후에 무왕
의 아들이 봉해진 제후국은 한邘나라와 진晉나라, 응應나라, 한韓나라까지
4개이고, 주공의 아들이 봉해진 나라는 노나라 외에도 범凡나라와 장蔣나
라, 형邢나라, 모茅나라, 조胙나라, 제祭나라까지 6개였다.

다만 이것이 전부가 아니다. 소공 석의 연나라와 문왕의 백부 옹중仲
雍의 후예가 봉해진 우虞나라, 문왕의 아우 가족이 봉해진 괵虢나라 등과 같
이, 왕실과 종친이기는 하나 친연 관계가 약간 먼 일부 제후국은 여기에
포함되지 않았기 때문이다.

주족의 희성姬姓 제후국 외에도 주족과 전통적으로 동맹 관계에 있었
던 강족羌族도 동방에 분봉됐으니, 산둥의 제나라와 기杞나라, 허난의 여呂

나라와 허許나라 등이 그것이다. 또 주족과 혼인 관계였던 서부의 길성姞姓 융족戎族도 허난 지역에 분봉되어 길성의 남연南燕을 건립했으나, 후세의 역사서에서 그것은 때로 소공의 희성 연나라와 혼동되곤 했다.

동방에 원래 있었던, 주나라에 비교적 공손히 순종했던 토착 부족에 대해서는 주나라도 제후의 신분을 승인해주었다. 예를 들어 허난 지역에 있었던 사성姒姓의 진陳나라는 순임금의 후예라고 하는데, 무왕이 궐기할 때 주나라에 투항했다. 무왕이 상나라를 멸할 때 동원된 군대 가운데 있었던 장수 진본陳本은 바로 이 진족陳族 출신일 가능성이 있다. 이외에도 무왕은 자기 딸을 진족의 족장과 결혼시켰다.

주공이 분봉한 희성의 제후국 안에는 해체된 상족도 일부가 섞여 있었다. 앞서 살펴본 위나라 강숙康叔은 '은나라 유민 7개 부족殷民七族'을 얻었고, 주공 자신의 노나라에는 '은나라 유민 6개 부족'이 있었으며, 그 부족의 명칭도 수공업과 관련이 있다. 연나라 도성의 귀족 묘지는 주족 묘지와 상족 묘지로 나뉘어 있으니, 틀림없이 해체되어 이곳에 정착한 상족이 있었을 것이다.

분봉된 희성과 강성의 제후국들은 모두 새로 정복한 동방에 건립되었다. 이 제후국들은 원래의 토착 부락들을 통치해야 했으므로, 주공은 그들의 풍속과 관습법을 존중하라고 특별히 강조했다. 주봉을 위나라에 분봉하면서 주공은 "상나라의 풍속에 따라 정치를 시작하되 주나라의 법으로 통제하라啓以商政, 疆以周索"고 당부했다. 무왕의 어린 아들 주우周虞를 진晉나라(지금의 진난晉南 이청翼城현 일대)에 봉했는데, 주나라의 전설에서 이곳은 하 왕조의 강역으로서, 당시에 이곳의 주요 거주자들은 융인이었다. 이에 주공은 주우에게 "하나라의 풍속에 따라 정치를 시작하되 융족의 법으로 통제하라啓以夏政, 疆以戎索"라고 일러주었다.

주공이 정치를 보좌하던 시기에 가장 불안정했던 곳은 산둥 지역이었으므로, 주공 자신의 노나라와 태공 여상의 제나라가 모두 산둥에 있었

다. 이것은 그들이 왕조를 공고하게 다지기 위해 떠안아야 했던 책임이었
다. 주공은 주로 조정에서 일했고, 노나라를 창립하는 일은 그의 장자 백
금伯禽이 완성했다. 여상은 이미 나이가 많아 분봉되고 얼마 후에 세상을
떠났을 수 있으므로, 제나라를 창립하는 일도 주로 그의 아들을 통해서 완
성되었다.

　이외에 소공 석의 연나라도 멀리 떨어진, 지금의 베이징시 경내에 있
었다. 보아하니 왕조의 중신들이 봉해진 나라는 모두 가장 먼 변방에 있었
으니, 이것은 주공이 분봉할 때의 원칙 가운데 하나였던 듯하다.

　물론 주공 등 귀족의 아들이 1명뿐인 것은 아니나, 어린 아들은 일반
적으로 외지에 분봉되지 않고 경기京畿 지역에 봉읍을 얻어서 부친이 조정
에서 하던 직무를 계승했다. 서주부터 춘추 시기까지 주나라 조정에서는
줄곧 주공, 소공, 필공이 대신의 직위를 맡았는데, 그들은 대부분 시조의
막내아들 집안이었다.

　지리 방위로 보면, 주공이 정치를 보좌했던 시기에 분봉한 이들 희성
과 다른 성의 제후들은 동방으로 뻗은 탐색의 더듬이이자 통제의 네트워
크였다.

　첫째, 가장 가까운 것은 관중과 이웃한 진난晉南의 윈청運城 분지로서
진晉나라와 한韓나라, 경畊나라, 적霍나라가 있었다. 이 나라들은 산간 지역
에 기대어 평지를 바라보면서 산간 지역의 광물 자원과 교통로, 그리고 평
지의 농업 구역을 통제했다.

　둘째, 타이항산 남쪽 기슭에서 동쪽으로 가다가 꺾어서 북쪽으로 향
하면 원原나라와 우邘나라, 옹雍나라, 범凡나라, 공共나라, 위衛나라, 형邢나
라, 연燕나라가 나온다. 이들은 줄곧 옌산燕山 산맥까지 이어지면서 이전에
상 왕조의 핵심이었던 지대를 지키고 있다.

　셋째, 황허강 동남측과 뤄양 동쪽으로는 동괵東虢과 회鄶나라, 조胙나
라, 기杞나라, 송宋나라, 대戴나라, 조曹나라, 고郜나라, 모毛나라가 있고, 아

울러 곧장 산둥 지역의 제나라와 노나라, 등^滕나라, 성^郕나라, 기^紀나라로
이어진다. 이 방향에는 또 다른 성씨의 토착 방국이 있었는데 영성^{嬴姓}과
조성^{曹姓}, 임성^{任姓}, 풍성^{風姓}, 운성^{妘姓} 등에 속했다. 다만 서주 초기에 몇 차
례 반란을 평정하기 위한 전쟁을 겪고 나서 이들은 이미 주 왕조에 대항할
실력이 없어져서, 제나라와 노나라 등 제후국에 대해서도 비교적 공손해
졌다.

넷째, 허난 중심지 및 화이허강 북측의 지류 가에는 진^陳나라와 채^蔡
나라, 장^蔣나라가 있었다. 그들은 동남부 오랑캐 지역의 일부분을 통제하
면서, 주나라가 계속해서 동남쪽과 서남쪽으로 확장하기 위해 묻어둔 복
선^{伏線}이었다.

종족 간의 혼인과 민족 융합

주나라의 '대분봉'에 따라 광범하고 지속적인 민족 융합이 일어났다.
이로 말미암아 새로운 화하족^{華夏族}이 점차 형성되었다.

이것은 주나라의 전통적인 '동성불혼^{同姓不婚}' 즉, 족외혼^{族外婚} 관습과
직접적인 관계가 있다. 주족의 '성'은 종족의 혈연을 구별하는 개념으로
서, 부족 집단이 다르면 혈연에도 구별이 있음을 인정한다. 다만 이것은
또 각 부족 집단은 평등하고 서로 통혼할 수 있을 뿐 아니라, 반드시 그래
야 한다는 점을 인정한다.

먼 지역에 분봉된 주족 희성의 제후국 군주와 고급 귀족은 모두 외부
에서 이성^{異姓}의 배우자를 찾으려 했고, 더 낮은 귀족은 대부분 본국 안의
이성 귀족과 통혼했다. 각 부족 집단의 귀족은 이로 말미암아 거대한 혼인
네트워크에 진입했고, 이성 제후국의 상류층은 점차 주족과 동화되어 주
왕조의 정치 동맹과 문화 공동체로 녹아 들어갔다. 그들이 추구한 성공은

주나라 천자의 책봉을 받고 희성 제후와 통혼하는 것이었으며, 심지어 주 왕조에서 어떤 관직을 얻고 싶어했다. 이로 말미암아 지금의 허난성을 중심으로 해서 섬陝, 진晉, 기冀, 노魯의 일부 지역이 둘러싸면서 여러 지역에 걸친 귀족 계급-주 문화 공동체가 형성되었다.

상족에게는 본래 '성'이라는 개념이 없었고 족외혼도 유행하지 않았으나, 주족이 정복한 뒤로 상족의 오만한 자아의식이 철저히 타파되었으므로, 통치자인 주족과 통혼하는 것은 그들이 바라마지않는 우대였다. 주 왕실과 주공의 후예인 노나라는 모두 상나라 왕의 후예인 송나라와 항상 통혼했다.

주 왕실은 상족을 '자子'성으로 규정했는데, 이는 상족의 언어 습관을 따른 것이었다. 즉 상나라 왕의 갑골복사에서 '자子'는 본래 왕자王子라는 뜻이었기 때문이다. 주족의 관습에 따르면 상족의 족성은 '자'인데, 족성은 여자를 칭할 때만 사용했다. 그러므로 상족 여성의 칭호는 '아무개자某子'가 되는데, 예를 들어 춘추 시기 위 영공衛靈公의 부인으로 공자와 애매한 소문이 나돌았던 남자南子도 모두 송나라 출신이었다. 위나라는 주 왕실의 희성 제후국이었으니, 이것은 주족과 상족 사이의 통혼이었다.

기타 각종 동방 부족 집단의 '성'도 주족이 임의에 가까운 방식으로 붙여주었을 가능성이 있다. 서주의 통치 시기가 오래 지속되고 주족과 통혼하면서 이들 부족 집단의 상류층도 주족이 자기들에게 붙여준 성과 '동성불혼'의 관념을 받아들여서, 점차 주족의 문화권으로 진입했다.

신흥의 주 문화는 서부 주족의 전통문화와 상 문화가 융합된 것이었다. 첫째, 그것은 상족의 문자 체계를 계승했으나 일부 언어 습관은 주족에게서 비롯되었다. 둘째, 그것은 상족의 '상제' 관념을 계승했으나 또 점차적으로 약화시켜서 뜻이 애매모호한 '하늘天'로 바뀌었다. 셋째, 그것은 상족의 인신공양제사 종교를 엄격히 금지하고 인간과 신 사이의 거리를 멀리 벌려놓아서, 신들이 직접 인간 세상의 일에 관여하는 것을 거절했다.

넷째, 주족은 신중하고 겸손하며 집단을 중시하고 우환 의식이 풍부했는데, 이런 것들이 모두 새로운 화하족의 전형적인 품격이 되었다.

'정상 시대'로 진입한 서주

서주 왕조는 기원전 1046년부터 기원전 771년까지 270년 남짓 존속해서, 은허의 수명과 기본적으로 같았다.

주족이 상나라를 멸하고 서주가 개국한 것과 관련해서 또 약간의 문헌 자료가 있으니, 『시경』의 서사시와 『상서』의 고명誥命, 『일주서』의 기록 등이다. 다만 개국 후의 역사 기록은 대단히 희박해서, 무왕으로부터 마지막 왕인 유왕幽王까지 모두 12명의 왕이 있었다는 사실만 알 뿐, 그들의 재위 기간조차 대부분 확정할 수 없다.

문왕과 무왕, 주공 시기에 주족은 상나라 왕이 갑골에 복사를 새긴 것을 모방했으나, 나중에는 점차 복사를 새기지 않게 되었다. 물론 그들은 여전히 갑골을 이용해서 점을 쳤으나, 더 이상 복사를 기록하지 않았을 뿐이다. 어쨌든 그로 인해 우리는 매우 중요한 정보의 원천을 잃게 되었다.

주나라 귀족들은 대부분 청동 예기를 주조하는 데에 열중해서 일부 청동기에는 명문이 새겨지기도 했으니, 이것이 바로 금문金文이다. 여기에는 주인이 중요하다고 여기는 일이 기록되었는데, 가장 자주 보이는 내용은 주나라 왕을 접견했다거나, 왕에게서 조개껍데기와 수레를 탈 때 입는 예복 혹은 토지나 관직을 하사받았다는 것 등이다. 소수이기는 하나 주인의 어떤 전공戰功을 기록하거나, 다른 귀족과 소송을 벌였다거나 토지를 교환했다는 내용을 기록하기도 했다. 청동기의 크기가 제한되어 있어서 명문의 길이는 대부분 그다지 길지 않고 서사도 대단히 간략했으므로, 서주 귀족 사회에 대한 후세의 인식은 그저 수박 겉핥기에 그칠 수밖에 없다.

서주의 주요 성취는 제후국이 동방에서 싹을 틔워 성장해서 북쪽으로는 옌산燕山산, 남쪽으로는 화이허강, 동쪽으로는 산둥, 서쪽으로는 룽산隴山에 이르는, 중원을 중심으로 한 정치 문화권을 형성했다는 것이다.

주공의 시대에 먼 지역에 이렇게 많은 제후국을 분봉한 것은 일종의 모험이었는데, 이것은 마치 개간되지 않은 땅에 종자를 뿌리는 것과 마찬가지였다. 서주 왕조의 비호 아래 이 제후국들은 기본적으로 모두 살아남았으나, 그 가운데 어느 나라가 크게 발전할 수 있는지에 관해서는 알 수 없는 요소가 아주 많았다.

태공 여상이나 주공, 소공 석과 같은 왕조 중신의 적장자가 봉해진 제후국은 상대적으로 많은 신민臣民과 영토를 획득해서, 나라 전체에 중대한 영향을 미치는 대국大國이 되었다. 제나라와 노나라가 이 부분에서 보여준 것은 의외로 느껴지지 않지만, 소공의 연나라는 사실 너무 멀리 떨어져 있었다. 이 때문에 서주 왕조의 오랜 시간과 춘추 시대 전체에 이르기까지 연나라는 거의 이름조차 세상에 알려지지 않았고, 심지어 어떤 때는 적대적인 토착 부족이 길을 끊어버리는 바람에 100년 이상 중원과 소식이 통하지 않은 채 지내야 했다. 연나라가 나중에 전국시대에 다시 진흥하여 전국 7웅에 포함되리라는 것을 당시에는 예상하지 못했을 것이다.

춘추 시기에 이르러 많은 주나라 제후국이 사라졌는데, 대부분 주변이나 자기 형제국에 병탄되었다. 가장 먼저 겸병을 통해 팽창한 것은 진晉나라였다. 처음 분봉되었을 때 이 나라는 그저 원청 분지의 여러 희성 제후국 가운데 하나일 뿐 특별히 우대받지 않았으므로, 이 나라가 400년 뒤에 이렇듯 급격하게 확장하리라고는 아무도 예상하지 못했을 것이다.

주공 이후의 서주 왕조에서는 새로운 제후를 분봉하는 일을 계속 진행했으나, 그 규모는 이미 개국 초기처럼 크지 않았다. 이론적으로는 역대 왕들에게 모두 적어도 1명 이상의 왕자가 있었을 테니. 왕위를 계승할 적장자 외의 다른 왕자(들)도 제후에 분봉되었을 수 있다. 다만 평화로운 시대에 아득히 멀고 낯선 땅에 분봉되는 것은 전혀 좋은 직위가 아니었다. 관중 지역은 가장 부유하고 안전했으며, 이곳에는 거대한 자원을 장악한 조정과 귀족들이 모여드는 사교장이 있어서 변방 제후들의 삶보다 훨씬 나았다.

서주 왕조는 적어도 세 차례 남방으로 확장하여 화이허강 남쪽 및 한장漢江강 유역까지 세력을 밀고 나갔으므로, 또 화이허강 및 한장강 유역에 몇몇 희성 제후국을 분봉하거나 원래의 제후를 다른 지역에 안치하기도 했다. 예를 들어 강성姜姓의 신申나라는 원래 관중 지역에 있었는데, 서주 말엽 선왕宣王 시기에 난양南陽 지역으로 봉지가 바뀌었다. 『시경』「대아·숭고崧高」에는 당시 다른 지역에 책봉된 신나라의 성대한 모습이 기록되어 있다.

주나라가 동방을 점거한 시간이 오래 지속되면서 서부의 친연親緣 부족 즉, 강성과 희성의 융인戎人도 점차 동쪽으로 이주하여 동방의 제후국들 사이에 정착했다. 그들은 여전히 자기 부락의 조직을 유지하고 있어서, 비록 정착하여 농업에 종사했으나 목축업의 비율도 상당히 높았다. 그러나 나날이 '문명화'되고 부유해지고 있던 주족은 이제 소박한 융인들을 그다지 존중하지 않았다. 어쩌면 오랜 친연 관계 때문에 주나라의 동방 제후국들이 대부분 그들을 어느 정도 용인해주었으므로, 쌍방은 일반적으로 화목하게 지냈다.

이렇게 말할 수 있겠다. 서주-춘추 시기의 중원은 개발 정도는 아직 낮아서, 각 제후국의 도시는 황야에 드문드문 뿌려진 섬들 같았고, 각종 토착민 또는 동쪽으로 이주한 융인 부족이 그 사이에 끼어 연결하고 있었다.

창장강 이남에서 고고학자들은 주나라와 상나라 요소가 혼합된 서주 시기의 몇몇 취락을 발견했으니, 주족과 은상 유민이 소규모 원정 단체를 이루어 강남 깊숙한 곳에 들어가 거점을 건립했던 듯하다. 다만 지금까지 역사서와 금문에서 그에 관한 기록이 발견되지 않았으므로, 이들의 목적이 무엇이었는지 판단하기는 무척 어렵다. 게다가 그들은 남방에 그다지 큰 영향을 주지도 못한 채 아주 빨리 소멸해버렸거나 주변 토착민과 동화되었다.

서주 왕조에 대한 위협은 주로 산베이陝北와 진베이晉北에서 일어났는데, 청동기 명문의 기록에 따르면 '융인' 부락이 늘 관중의 핵심 지역을 습격했다고 한다. 전투에서 주나라 군대는 많은 말과 마차를 노획했으나, 이 마차들이 쌍륜의 쾌속 마차였는지는 알 수 없다. 만약 그렇다면 이것은 융인이 이미 발달된 수공업을 확보하고 복잡한 분업 체계를 갖춘 농업 문명이었다는 뜻이다. 그냥 낮은 속도의 화물 운송용 수레였다면 그들은 당시에 아직 싹트고 있는 유목 문명의 단계에 있었다는 뜻이다. 이외에 주나라의 문헌에는 이들 '융인'이 강성인지 희성인지 언급하지 않았으므로, 그들과 주나라 사이에 친연 관계가 있었는지도 판단하기 어렵다.

서주 사회는 전형적인 신분세습제 사회여서 왕이 조정의 고급 관리卿를 선택할 범위가 아주 좁았으니, 기본적으로 10여 개의 귀족 가문이 대대로 조정의 주요 관직을 차지했다. 게다가 관직 자체에는 봉급이 없어서 전적으로 자기 봉읍의 수입에 의존해야 했으므로, 벼슬살이하는 것은 그저 더 많은 봉읍을 획득할 기회를 제공할 수 있을 뿐이었다. 제후국 내부의 권력 구조도 이와 유사했으나, 규모는 호경의 조정에 비해 몇 배나 작았다.

이렇게 해서 통치계층이 번성함에 따라 주 왕조 특유의 귀족 제도가 점차 형성되었으며, 그중 가장 중요한 것은 '종법宗法'에 따른 가족제도로서, 그 핵심은 적장자 계파의 독존적인 지위를 보장하는 것이었다.

첫째, 왕실의 친속이 분봉된 주 왕조의 희성 제후국들이 왕에게 충성하며 복종하는 것은 바로 가족의 형제(및 그 후인)가 적장자(및 그 적계 후손)에게 복종하는 것이었다.

둘째, 각 제후국 내부에서 태자太子 외의 공자公子는 세습되는 대부大夫

에 분봉되었으며, 대부가 다시 번성하면 '사士'에 분봉되었다.

셋째, 주족이 아닌 이성의 제후와 귀족은 혼인 관계를 통해 가족 구조에 편입되었다. 주왕은 동성의 제후국 군주를 '백부伯父'로, 이성의 제후국 군주—당연히 주 왕실과 통혼 관계가 있는—를 '백구伯舅'로 존칭했는데 '백'은 항렬을 나타낸다.

혈연 종법제에 기반한 이 귀족 등급과 봉건 정치 질서를 주나라에서는 '예禮'라고 불렀다. 귀족들은 등급에 따라 거기에 맞는 마차와 주택, 의복, 악기, 옥기玉器, 주기酒器, 식기 세트를 사용했으며, 상례喪禮와 부장품도 이에 따라 유추되었다. 천자를 알현하거나 제사를 지내고, 연회를 여는 등의 각종 전례에서 입장 순서와 앉거나 서는 위치도 상응하는 등급과 신분에 따라 결정되었다.

전례는 제후국과 대부의 가문 등에서 다른 층위로 거행되었으나, 기본 원칙은 일치했다. 귀족의 관례冠禮와 혼례婚禮, 상례喪禮, 제례祭禮에도 모두 등급마다 표준적인 규범이 있었으며, 거의 모든 의례에는 악대의 반주가 곁들여졌고, 악대의 규모와 연주하는 악곡도 모두 상응하는 규범이 있었다. 그러므로 주나라 귀족 문화는 '예악 문명禮樂文明'이라고도 불린다.

후세의 주나라 사람들은 이런 예악 문명을 주공이 창립했다고 여겼으며, 공자의 유가 학파가 나타난 뒤에는 "주공이 예악을 제정했다"라는 관념이 더욱 유행했다. 사실 주공이 정치를 주관할 때 가장 관심사는 신흥주 왕조의 각종 중대한 군정軍政으로서, 피비린내 나는 제사를 폐지하고, 상족을 해체하고, 대규모 분봉을 시행하는 것 등이었다. 이에 따라 그는 지나치게 자잘한 부분까지 신경 쓸 겨를이 없었으므로, 예악 제도는 사실 서주 왕조에서 점차 누적되어 규범화되기 시작해서, 춘추 시기 및 공자 시대에 이르기까지도 계속 발전했다.

서주 후기의 여왕厲王과 선왕宣王, 유왕幽王 시기에 일부 고급 귀족 가문이 이미 조정에서 대단히 활약하고 있었다. 그들은 관중에 봉읍을 가지

고 있었고, 연속해서 몇 세대가 주나라의 고급 관직을 맡았으며, 외지의
제후들과 통혼하여 각종 족성을 포괄하고, 경사에서 제후국에 이르는 권
력 네트워크를 형성했다.

　유왕 시기에 이르면 귀족 제후 사이의 파벌 다툼이 더욱 격화되었다.
유왕은 오랜 기간 득세한 그들 희성과 강성의 제후들과 소원한 관계를 유
지하고, 다른 제후국들의 힘을 이용해서 신申나라 출신의 왕후와 거기서
태어난 태자 의구宜臼를 축출하려고 시도했다가, 왕조 내부의 격렬한 내전
을 유발했다. 그 뒤에 북방의 견융犬戎 부족이 요청을 받고 개입한 결과, 관
중과 호경은 혼전 속에서 폐허로 전락했고, 유왕은 피살되었다. 진晉나라
와 정鄭나라 등 제후국의 지지를 받아 평왕平王 의구宜臼는 뤄양으로 천도했
고, 유왕이 의지했던 제후들은 하나씩 소멸했다.

　이때부터 중국 역사는 동주-춘추 시기로 진입했고, 왕실의 권위는
쇠락하여 중원의 제후들은 새로운 게임 규칙을 모색하기 시작했다.

제27장 신들이 떠난 후

상나라에 비해 주나라에 대한 고고학적 발굴은 신기함이나 충격적인 면이 훨씬 적다. 거기에는 더 이상 아무 징조도 없이 갑자기 나타난 거대한 도시도, 방대하지만 용도를 알 수 없는 창고 시설도 없다. 물론 대량의 유골이 쌓인 제사장도 더는 없다.

한때 황허강 남북을 노닐었던 물소와 코뿔소, 코끼리도 신속하게 사라지고, 아열대의 풍경은 영원히 화베이 땅을 떠났다. '기후 최적기Megathermal'의 절정은 이미 지나고, 지구는 다음 빙하기를 향한 여정에 들어갔다.

주공의 '제도 개혁'은 인간 세상에 대한 상제와 신들의 통제를 공손하게 해체하여, 그들을 속세와는 지극히 멀리 떨어진 피안의 세계로 배웅했다. 먼 여행을 떠나면서 신들은 괴이하고 예측할 수 없는 모든 것을 가져간 듯, 인간 세계에는 오직 평범한 평화와 갖가지 전설의 거대한 폐허만 남겨놓았다. 그러나 신들과 그 신령한 흔적은 전혀 사라지지 않았다. 다만 그들은 다시는 동아시아로 돌아오지 않고, 이후의 아메리카 대륙의 마야와 아즈텍 등의 문명에서 계속 번영을 이어나갔다. 게다가 성대한 인신공양제사 의식과 정교하고 아름다운 그림 같은 문자를 수반했다.

서주 유적지에 관한 고고학 연구로 현재 이미 정치 문화의 중심이었
던 주원과 풍호豐鎬(종주), 뤄양(성주), 일부 제후국의 도성 유적이 발굴되었
다. 서주에 대한 고고학적 성과는 주로 무덤이며, 궁전과 생활 유적지는
상대적으로 적다. 이것은 후세에 풍호와 뤄양에도 여러 차례 도시가 건설
되었기 때문일 것이다. 예를 들어 한나라 무제武帝는 장안 서쪽 교외에 곤
명지昆明池를 파게 함으로써 서주 시대의 건물 기초를 일정 정도 파괴했다.

상대적으로 서주의 유적지 가운데 잘 보존된 곳은 주원인데, 이곳에
는 골기와 청동기를 제작했던 작업장 유적과 서주 초기에 흙을 다져 쌓은
성벽이 남아 있다. 그러니까 주원은 서주 왕조 전체를 아울러 대단히 번화
했으며, 주족과 은상 유민의 귀족들이 모여 살았던 곳이라고 할 수 있다.
그리고 서주가 갑작스럽게 붕괴하자, 피난하여 떠난 귀족은 집안에 전해
지던 귀중한 청동기를 지하의 토굴에 묻었다. 그 결과 그것들은 2700년이
넘도록 지하에 잠들어 있었다.

서주 유적지는 또 후세의 관념에서 '정상'적인 기준에 더 부합한다.
사람은 죽은 뒤에 크건 작건 간에 자기의 묘혈 안에, 많건 적건 간에 부장
품을 가지고 평안하게 누워 있었으며, 그(그녀)를 위한 제사에 바쳐진 많은
유골은 더 이상 없었다.

조금 더 엄격하게 말하자면, 후세의 이런 '정상'의 개념은 바로 주족
이 개창한 것이었다.

인간 순장의 자취

주공이 정치를 주관할 때 1000년 이상의 전통을 지닌 인신공양제사
와 건물 기초에 인간 희생을 바치는 관습이 신속하게 사라졌다. 단지 뤄양
으로 옮겨진 '은나라의 완고한 백성'만이 한두 세대 동안 고집스럽게 저항

했을 뿐이다.

주 왕조의 통제 범위 밖에서는 인신공양제사 행위가 아직 드물게 존재하고 있었으니, 예를 들어 동이 혈통의 악래惡來의 후인인 진족秦族은 주 왕조에 의해 몇 차례 거주지가 옮겨졌음에도 그 수령은 여전히 인신공양제사와 인간 순장, 건물 기초에 인간 희생을 바치는 풍습을 완고하게 유지하고 있었다.

좁은 의미의 인신공양제사와 건물 기초에 인간 희생을 바치는 행위에 비해, 인간 순장 풍습은 더욱 완고했다. 서주 초기에 은상 유민의 인간 순장 현상은 비록 급격히 감소하기는 했으나 여전히 끊어지지 않고 면면히 이어졌다. 여러 곳에서 발굴된 서주 초기의 일부 무덤에는 여전히 순장된 사람이 있었으며, 그 무덤들에는 대부분 개를 순장한 요갱이 있었고, 청동기의 명문에도 종종 상나라 방식으로 족휘族徽나 천간天干이 들어간 이름이 있어 전형적인 상족의 풍습이 확인되었다. 그러므로 어떤 학자는 이런 무덤이 '은나라 유민'의 것이라고 여기기도 한다. 같은 시기 주족 무덤에는 기본적으로 순장된 사람과 요갱에 묻힌 개가 없으며, 설령 2개의 묘지가 바짝 붙어 있더라도 장례 풍속은 확연히 달랐다.[410]

서주 왕조에서 은상 유민의 인간 순장 풍습은 점차 쇠미해지면서도 거의 100년 가까이 이어졌으나, 결국에는 사라졌다. 게다가 각지의 상족이 사용한 인간 순장자의 수도 차이가 있어서, 일반적으로 부족이 해체되어 주족과 이웃해서 살게 된 상족의 취락에서는 인간 순장의 규모가 비교적 작았다. 그러나 송나라처럼 상족이 많이 모여 살던 지역과 사씨史氏의 설국薛國처럼 주나라에 정복되지 않은 상족의 방국에서는 규모가 상대적으로 컸다.

예를 들어 진晉나라의 도성으로 여겨지는 진난의 톈마天馬-취촌曲村 유적지[411]에는 서주 초기의 중소형 은상 유민의 묘지가 있는데, 그 가운데 23곳에는 개를 순장했고, 2곳에서는 각기 사람 1명을 순장했다. 허난 신

촌新村에 있는 위衛나라의 중형 묘지인 M17에는 사지를 구부린 순장자 1명
과 개가 순장되어 있었으니, 이 역시 서주 초기 은상 유민의 무덤이다.

이에 비해 서주 제후국의 유적지에서 연나라의 도성 류리허琉璃河 유
적지(지금의 베이징 팡산房山에 해당)의 무덤에는 순장자의 비율이 아주 높다.
1970년대에 이 유적지에 대한 대규모 발굴에서 발견된 바에 따르면, 이곳
의 서주 초기 무덤은 주족과 상족의 것으로 양분된다. 주족의 묘지는 징광
철로京廣鐵路 동쪽의 II 무덤 구역으로서 모두 16개가 있으나, 순장된 사람
은 없다. 은상 유민의 묘지는 징광철로 서쪽의 I 무덤 구역으로서 모두 18
개가 있는데, 사람 12명이 순장되었다. 그 가운데 5곳에는 각기 1명, 3곳
에는 2명이 순장되었고, 마차와 말을 묻은 구덩이 한 곳에는 사람도 1명이
함께 매장되어 있었다. 감정 결과 이 순장자들은 모두 미성년자였다. 서주
중·후기에 이르러 이 무덤 구역에는 이미 인간을 순장하는 현상이 없어졌
다.[412]

류리허 묘지의 순장자 수가 은상 시대보다 이미 많이 줄어들었다고
는 하나, 이미 발견된 서주 제후국 가운데서는 그래도 상당히 높은 편인
데, 그 이유는 무엇일까? 이것은 해당 지역에 원래 있었던 풍속과 관련이
있다. 류리허 유적지에는 흙을 다져 쌓은 성벽의 잔해가 남아 있는데, 그
기초─이미 서주 초기의 무덤에 의해 파괴되었으나─는 폭이 약 10미터
이니, 소공 가족이 연나라에 분봉되기 전에 이 지역에 이미 상당히 큰 규
모의 성읍과 정권이 있었음을 말해준다. 현재의 발굴에서는 아직 옛 성이
있었을 때의 취락과 무덤이 발견되지 않았으나, 약간 이른 시기의 베이징
창핑昌平의 장잉張營 유적지를 놓고 볼 때, 하나라 후기와 상나라 전기에 장
잉에 살았던 이들 가운데는 식인의 풍속이 유행했던 듯하다. 이것은 베이
징─연나라 범위에 일찍이 상당히 잔인한 문화 형태가 있었으며, 게다가
은상 문화와 밀접한 관계가 있었을 가능성이 있음을 말해준다. 다만 이런
문화와 상나라 후기 및 주나라 초기의 역사가 어떻게 접합되는지는 아직

알 수 없으나, 그것이 신흥의 연나라까지 연속되었을 가능성은 크다.

　　주나라 초기의 제후국 가운데 연나라는 가장 먼 벽지에 있어서 주 왕조의 영향력이 상대적으로 약했으므로, 당시에 사람을 순장하는 행위가 상대적으로 두드러졌다. 다만 큰 추세는 여전히 주족의 문화가 은상 유민을 개조하는 것이었으므로, 은상 유민의 묘지에 모두 사람이 순장된 것은 아니었고, 류리허 묘지의 경계선도 철로와 완전히 겹치는 게 아니다. 예를 들어 1983년에 철로 동쪽에서 발굴된 묘지에서는 121곳의 서주 시기 무덤이 발견되었는데, 규모는 대·중·소가 섞여 있고 또 많은 마차를 순장한 구덩이가 있었다. 무덤들 가운데는 개를 순장한 게 아주 많았으나 사람을 순장한 곳은 없었다.[413] 이 묘지는 비교적 일찍 주족의 이념을 받아들인 어느 상족 부족의 것인 듯하지만, 출토된 청동기의 족휘가 그다지 통일적이지 않고 수량도 많지 않아서 이들의 내력을 판단하기는 어렵다.

　　다시 관중 지역을 살펴보자.

　　산시陝西성 바오지寶鷄시의 서주 초기 '궁어국弓魚國' 묘지에서는 규모가 상당히 큰 무덤 여러 곳이 발굴되었는데, 그 가운데 세 곳에는 사람이 순장되어 있었다. 세 곳 모두 남성의 무덤 주인을 따라 시첩侍妾 1명을 순장했는데, 시첩은 자기 소유의 작은 관곽棺槨과 약간의 부장품을 가지고 있었다. 주위안거우竹園溝의 M3과 M7은 모두 시첩 1명만 순장했고, 루자좡茹家莊의 M1에는 순장자가 상당히 많았다. 무덤 주인과 시첩이 모두 이층의 관곽을 가지고 있었을 뿐 아니라, 또 7구의 순장자 유골이 발견되었다. 그 가운데 4구는 나무상자(관) 속에 담겨 있고, 이외에 묘도 입구의 상층에서도 사지가 해체된 젊은 여성의 유골 1구가 있었다.

　　이 무덤에 부장된 일부 청동기는 한중漢中 지역의 특징이 뚜렷했으니, '궁어' 가족은 한중 출신임을 말해준다. 어쩌면 문왕 시기에 주족의 동맹 부족으로서 관중으로 이주해 들어온 것일 수도 있다. 상나라 때부터 서주 전기까지 한중은 줄곧 상당히 강한 독립성을 유지하고 있어서, 왕조가 통제하기 매우 어려웠다. 게다가 이런 맹우 신분으로 인해 주족도 처음부터 그들의 인간 순장 풍속을 용인할 수밖에 없었던 듯하다. 그러나 서주 중기에 들어선 뒤로는 이곳의 무덤에도 순장 풍습이 더는 나타나지 않았다.

관중 분지 서북쪽 변두리의 간쑤성 링타이靈臺현 바이차오포白草坡 유적지에는 서주 초기의 '흑백潶伯' 묘지가 있는데, 그 가운데 M2의 묘혈을 메운 흙 속에는 순장자 1명과 개 2마리가 매장되어 있었다. 부장된 청동기에 '아부亞夫'라는 명문이 들어 있으니. 분명히 상나라식 청동기다. M3에도 순장자 1명과 개 1마리가 매장되어 있었다.

이로 보건대 이 '흑백'은 주나라에서 책봉되어 관중으로 이주한 은상 부족일 가능성이 있다. 그리고 관중 분지 동북쪽 변두리의 산시陝西성 징양涇陽현 가오자푸高家堡에도 서주 초기의 '과戈'씨 귀족의 묘지가 있는데, 그 가운데 2개의 무덤 안에도 각기 순장자가 1명씩 있었다. 게다가 '과'씨 족휘는 은허에서도 출토된 적이 있으니, 그들도 주나라에 의해 관중 지역으로 강제로 이주된 은상의 유민이었음을 말해준다.

바이차오포 '흑백' 묘지와 가오자푸 '과'씨 묘지의 문화층은 모두 퇴적층이 두껍지 않고, 규모 있는 성읍과 거주지 유적도 발견되지 않았다. 보아하니 이곳은 원래 상당히 황량한 땅이었는데, 서주 초기에 이르러서야 일부 은상 귀족이 조상으로부터 전해진 청동기를 지니고 갑작스럽게 이주해왔던 듯하다. 심지어 일부 부족 성원과 노비도 있었으나, 가정 형편은 이미 상나라 시기에 훨씬 미치지 못했다. 특히 '과'씨 묘지의 부장품은 모두 가장 필수적으로 사용된 적이 있는 청동기이고, 옥기 등 사치품은 없었다. 세트로 된 기물도 다른 무덤에 나뉘어 부장되었으니, 틀림없이 이미 집안 형편이 도중에 쇠락하여 그저 체면을 유지하려 애썼을 뿐이었다. '흑백'과 '과'씨 묘지가 존재했던 시간은 길지 않으니, 어쩌면 나중에 그들은 또 다른 곳으로 이주했고, 원래 있었던 인간 순장 풍속도 쇠락하는 와중에 주족의 압력을 받아 점점 사라졌을 것이다.

제후국들 가운데 상 왕조의 적통을 이은 후계자인 송나라는 상당히 특수했다.

송나라의 도성 상추에서 남쪽으로 수 킬로미터 떨어진 루이鹿邑현 타이칭궁太淸宮진에는 2개의 묘도가 있는 '중中'자 모양의 대형 무덤이 하나 있는데, 부장된 청동기의 명문에 '장자구長子口'라는 글귀가 들어 있다. 무덤 주인은 60세 전후의 남자이고 목관 아래에는 개 1마리와 사람 1명을 순장한 요갱이 있었으며, 순장된 사람은 40세 남짓한 남성이었다. 이외에 남쪽 묘도에 1명을 죽여서 제사에 바쳤고, 묘실 안 남쪽에는 8명, 동서의 2층 대와 농서 관곽 사이에 각기 1명의 순장자가 있었는데, 성별을 확인할 수 있는 이들은 2남 4녀로서 모두 청장년이었다.[414] 은허 중기 화위안좡 동쪽의 M54 무덤의 주인이 '아장亞長'이었는데, 이 '장자구'는 그의 후예일 가능성이 있다.[415] 이 무덤의 인간 순장은 규모가 비교적 크지만, 송나라에서 인간을 순장한 무덤은 지금까지 이곳 하나만 발견되었다.

상족의 방국 유물로는 지금의 산둥성 텅저우滕州의 첸장다前掌大 유적지가 비교적 전형적이다. 그것은 은상 말기에야 나타난 상족 '사史'씨의 설국薛國에 속한 것으로서, 서주 전기까지 지속되었다. 이곳에서는 인간을 순장한 모두 9곳의 무덤이 발견되었으며, 인간과 마차를 순장한 5곳의 구덩이까지 포함해서 모두 28명이 순장되었다. 이 무덤과 차마갱車馬坑 가운데 상나라 말기의 것은 소수이고, 대부분 서주 전기의 것이다. 각종 흔적으로 보면 서주 왕조의 건립 초기에는 사씨의 설국까지 통치가 미치지 못했고, 이곳의 상족도 주 왕조에 능동적으로 도전하지 않았기에, 그들의 생활 방식이 또 수십 년 동안 지속될 수 있었다.

사씨와 새로 건립된 송나라는 혼인 관계를 맺고 있었다. M110의 어느 청동기(송부고宋婦觚, 첸장다 M110:2)에는 '송부이사宋婦彛史'라는 명문이 들어 있으니, 이것이 사씨가 송나라에서 맞아들인 부인이 제작한 기물임을 알 수 있다. 상부언商婦甗의 명문(『집성』 867)에서처럼 귀족 여성을 '부婦'라고 부르는 것은 은허 갑골복사의 습관과 같다. 주족의 습관에 따르면 응당 '송자宋子'라고 불렸을 것이다. 사씨 설국과 송나라는 모두 상나라 왕족 출신이니, 이것은 상족의 족내혼族內婚 전통을 보여준다.

서주 시대에 들어선 뒤에, 상족의 사씨 설국은 또 3대까지 대략 60~70년 동안 존재한 뒤에 철저히 소멸해버렸다. 문헌과 고고학적 발굴에서 사씨 설국이 철저히 소멸한 뒤에는 현지 토착민의 사성姒姓 설국薛國이 다시 나타나 춘추 후기까지 줄곧 존속했다. 아울러 그 나라는 줄곧 노나라의 속국으로서 주나라 문화권에 충심으로 귀화했다. 어쩌면 서주 전기의 소왕昭王이나 목왕穆王 때, 주 왕조가 사성의 토착민이 설국을 다시 세우는 것을 도우면서 사씨는 강제로 다른 곳으로 이주되었거나, 더 먼 동남쪽으로 도주해서 이후로 영원히 사라져버렸을 수도 있다.

지금까지 은상 유민이 서주 초기까지 인간 순장 풍속을 유지한 상황을 살펴보았는데, 총체적 특징은 여전히 그것이 감소하는 추세였고, 서주 중·후기에 이르면 거의 완전히 사라졌다는 것이다.

그러나 원시종교에서 신에게 인신공양제사를 지내거나 인간 희생을 바쳐 건물 기초를 다지던 것과는 달리, 인간을 순장하는 것은 더욱 개인화된 사유를 반영한다. 부귀한 자는 처첩과 노비를 저승으로 데려가서 계속 자기를 모시게 하고 싶었으므로, 고대 사회에서 인간 순장은 단절되지 않고 청나라 때까지 면면히 이어졌다.[416] 다만 조금이나마 다행스러운 점은 후세의 인간 순장 규모가 이미 상나라에는 훨씬 미치지 못했다는 사실이다.

인신공양제사 기억의 암류

주공이 정치를 주도하던 시기에는 인신공양제사와 건물 기초에 인간 희생을 마치는 행위 및 인간 순장을 금지했을 뿐 아니라, 동시에 문헌에서 상족의 이런 풍속을 언급하는 것도 금지했다. 그 결과 인신공양제사에 대한 기록도 그런 제사 행위와 함께 사라져버리고, 지층 속에 소멸할 수 없었던 흔적만 남겨놓았다.

다만 문자 기록 외에 또 구전되는 역사 기억이 있으니, 이것은 조정의 금령으로도 소멸하기 어려웠다. 합리적으로 추측하자면, 상나라의 인신공양제사와 관련된 기억은 여전히 주나라 민간과 귀족 사이에서 비공식적으로 전해져서, 관방의 이데올로기와는 아주 다른 암흑의 역사 기억이 되었다.

춘추 중기, 상나라가 멸망하고 400~500년이 흐른 뒤에 주나라 왕실의 권위는 이미 존재하지 않고, 각 제후국의 자주권이 전례 없이 증가했다. 이에 따라 인신공양제사에 관한 어두운 기억도 표면으로 떠오르기 시작했고, 심지어 개별 제후국의 관방 행위로 변하기도 했다.

기원전 641년에 뜻은 컸으나 재능은 모자랐던 송나라 군주 양공襄公이 자기의 영향력을 확장하려고 주邾나라에게 증鄫나라를 공격하게 했다. 이 2개의 작은 나라는 모두 동이 계열로서, 지금의 루난魯南 지역 짜오촹棗莊 부근에 있었다. 결과적으로 주나라는 증나라 군주를 포로로 잡아 '차휴次睢의 토지신社'에게 제사의 희생으로 바쳤다.

한 학자가 고증한 바에 따르면, 차휴는 지금의 쉬저우徐州 부근으로서, 상나라 후기의 추완서丘灣社 유적지에서 멀지 않은 곳에 있었다.[417] 송나라 양공이 이렇게 한 목적은 동이를 위협하여 송나라에 굴복하게 하려는 것이었다.

> 송나라 양공이 주나라 문공에게 증나라 제후를 차휴의 토지신에게 희생으로 바치게 하여 동이를 복속시키려 했다.
> 宋公使邾文公用鄫子於次睢之社, 欲以屬東夷.(『左傳』 僖公 19年)

이 인용문에서 '용用'은 죽여서 제사에 바쳤다는 뜻으로서, 은상의 갑골복사에 많이 나타나는 '용강用羌'이나 '용부用俘'와 완전히 같은 뜻이다. 이것은 춘추 열국 가운데 상족의 인신공양제사의 세부 절차에 관한 지식이 완전히 사라지지 않았음을 나타낸다.

다른 한편에서 송나라 양공의 행위는 당시에도 상궤常軌를 벗어나 도리를 어긴 행위로 간주되었으니, 그의 형 사마자어司馬子魚는 이렇게 말했다.

"옛날에는 가축을 희생으로 제사에 바치는 것도 도리에 맞지 않았는데, 하물며 사람이야 어떠했겠는가? 제사는 신의 보우를 바라는 행위인데, 사람을 죽여 신에게 바치면 신이 그것을 먹겠는가? 인신공양제사를 지낸 군주는 제명에 죽지 못할 것이다."

사마자어의 말로 보건대, 당시 송나라는 진즉부터 인신공양제사를 지내지 않고 있었으며, 게다가 이미 '옛날古代'의 어질고 의로운 제사 모델을 다시 구축하고 있었다. 그리고 이 판본의 서사에서 상족은 당연히 인신공양제사를 지낸 적이 없었다. 그러므로 송나라 양공 형제의 언행은 바로 관방과 암흑의 두 가지 역사가 공존했음을 나타낸 예라고 할 수 있다.

기원전 532년에 노나라에도 인간 희생을 사용한 현상이 나타났다. 당시 노나라의 실권을 장악하고 있던 귀족 계평자季平子가 병력을 이끌고 거莒나라를 정벌한 뒤에 사로잡은 포로를 '박사亳社'에서 제물로 바쳤다. 거나라는 동이 부족에 속하며, 지금의 산둥성 동남부의 쥐莒현에 있었다. 주족이 오기 전에 노나라의 도성 취푸曲阜는 상 왕조의 동이 지역 거점이었으므로 '박사'를 건설했던 것이다.

『좌전』소공昭公 10년에 이에 관한 기록이 있다.

가을 7월에 계평자가 거나라를 정벌하여 경郠 지역을 얻고, 포로를 바치면서 처음으로 박사에서 사람을 죽여 바쳤다.

秋七月, 平子伐莒, 取郠, 獻俘, 始用人於亳社.

인용문에 들어 있는 '처음始'이라는 말은 계평자 이전에 노나라에 분봉되었던 주족은 줄곧 주나라 방식으로 제사를 지냈으므로, 여태 인간 희생을 바친 일이 없었음을 말해준다. 다만 계평자 시대에 이르러 돌연 상족의 방식으로 제사를 지내기 시작한 것이다. 송나라 양공처럼 계평자도 당시 사람들의 저주를 받았다. 노나라의 어느 귀족은 이렇게 말했다.

"주공의 영령이 아마 다시는 노나라의 제물을 흠향하러 오지 않을 것이다. 주공은 도의에 맞는 후대의 제물만 받아들이시기 때문이다."

기원전 531년에 초楚나라 영왕靈王이 채蔡나라를 멸망시키고 채나라 태자를 강산岡山의 신에게 제물로 바쳤는데, 역사서에도 초나라 귀족 신무우申無宇가 영왕을 비판한 사실을 기록했다.

초나라 제후(영왕)가 채나라를 멸하고 태자 은隱을 강산에 제물로 바쳤다. 신무가 말했다.

"상서롭지 못하다. 오생五牲*은 서로 사용하지 않는데, 하물며 제후를 희생으로 바쳐서야 되겠는가? 왕은 반드시 그것을 후회하게 될 것이다."[418]

楚子滅蔡, 用隱太子於岡山. 申無宇曰, 不祥. 五牲不相爲用, 況用諸侯乎. 王必悔之.(『左傳』昭公 11年)

이 몇 차례의 인신공양제사 사건은 춘추 중·후기에 이런 활동이 관방

---

* 다섯 가지 희생에 대해서는 소와 양, 돼지, 개, 닭을 가리킨다는 설과 큰사슴麋과 사슴鹿, 순록, 이리狼, 토끼를 가리킨다는 설 등이 있다.

차원에서 부분적으로 부활했음을 보여준다. 그 가운데 송나라는 상족의 후예이고, 초나라는 남만南蠻이니 인신공양제사를 부흥한 게 그래도 이해할 만하지만, 계씨를 포함한 노나라의 군주는 주공의 후예인데 인신공양제사를 부활했다는 것은 너무나 예사롭지 않다. 연원을 살펴보면, 당초에 주족이 인신공양제사를 근절하면서 취한 '행동만 할 뿐 말하지 않는' 방식에도 어느 정도 책임이 있다. 그로 인해 확정적인 역사의 결론이 형성되지 않았기 때문이다. 그래서 세월이 흐름에 따라 후인들은 은밀히 전해지던 인신공양제사의 역사를 잘못 이해할 가능성이 생긴 것이다.*

물론 춘추 시기 인신공양제사의 회복 현상은 주류를 형성하지 못했는데, 이것은 다음과 같은 두 가지 원인 때문일 것이다.

첫째, 전국 시기의 사회 재조직과 정치적 변혁이다. 열국의 겸병전쟁으로 위협이 나날이 증가함에 따라, 각 나라에서 모두 변법變法을 진행하여 귀족 제도를 없애고, 군주 집권과 관료제를 실행했다. 국가의 최우선적인 목표는 부국강병으로 국제 경쟁에서 승리하는 것이었다. 그리고 이를 위해서는 관료 기구가 이성적이고 실리적인 방식으로 사회를 관리해야 했으니, 인신공양제사는 당연히 용인할 수 없고 반드시 금지해야 할 행위였다.

전국시대 초기 위魏나라의 서문표西門豹가 업鄴 땅을 다스린 일은 신흥 관료 정치와 민간의 전통문화가 충돌한 사례를 보여준다. 당시 업 땅에는

---

* 이외에 허난 덩펑登封 왕청강王城岡에도 춘추 시기의 인신공양제사 흔적으로 보이는 일련의 유적이 있다. 춘추 시기에 만든 호구壕溝 안에 직경이 약 1.5미터이고 원형에 가까운 구덩이 H68이 있는데, 그 바닥의 남북 양쪽에 각기 어린 돼지 유골이 1구씩 매장되어 있고, 북쪽의 돼지 유골 위쪽에는 몸부림친 모습을 보이는 아동의 유골이 있다. 발굴 보고서에서는 구덩이 안의 아동은 정상적으로 사망한 게 아닌 듯하니, "제사와 관련이 있는지는 논의의 여지가 있다"라고 했다. 北京大學考古文博學院·河南省考古硏究所, 『登封王城岡考古發現與硏究(2002~2005)』, 上册, 381쪽; 下册, 圖版 120 참조. 4000년 전 룽산龍山 시대의 왕청강에는 이미 흙을 다져 만든 작은 성과 궁전이 있었으며, 아울러 상당히 많은 인간 희생을 바쳐서 건물 기초를 만들었다. H68 회갱灰坑은 룽산 고성의 시대로부터 약 1500년 뒤에 만들어졌고, 규모도 아주 작다. 그러므로 민간의 무사巫師가 비밀리에 거행한 양제禳祭일 가능성이 크지만, 인산공양제사에 관한 지식이 민간에서는 여전히 은밀하게 전해지고 있었음을 어느 정도 설명해준다. ―원주

아직 '하백河伯에게 아내를 바치는' 풍속이 있었으니, 본질적으로 장하漳河의 수신水神에게 소녀를 바치는 인신공양제사 행위였다. 업 땅은 은허에서 북쪽으로 15킬로미터 떨어진 곳이므로, 이런 풍속은 은상 종교의 잔여물일 가능성이 크다. 서문표의 시대에 이르러서 보통의 업 지역 사람들은 이미 제사를 위해 이처럼 높은 대가를 부담하려 하지 않았으나, 지방의 엘리트인 '삼로三老'와 여자 무당이 연합하여 주도한 민간 권력 구조에 대항할 방법이 없어서 시달리고 있었다. 이를 위해 당시 업 지역의 현령으로 부임한 서문표는 겉으로는 현지의 종교 이념을 따르는 척하면서 실제로는 핑계를 찾아 여자 무당과 그 제자, '삼로'를 차례로 장하에 던져버렸다. 이후로 이곳에서 감히 인신공양제사 종교를 부흥하려고 나서는 이가 다시는 나타나지 않았다.

둘째, 공자로 대표되는 유가가 점차 흥성하면서 어진 정치와 백성을 사랑하라고 제창했다. 당시는 아직 도제 인형을 만들어 죽은 자와 함께 제사갱에 묻는 습속이 있었는데, 결과적으로 공자에게 저주받았다.

> 처음 인형을 만들기 시작한 사람은 후손이 없을 것이로다!
> 始作俑者, 其無後乎.(『孟子』「梁惠王上」)

이에 대해 맹자는 공자가 이렇게 사람을 순장하는 것을 흉내 낸 행위를 싫어했기 때문이라고 해석했다. 많은 이와 달리 공자의 직업은 상고시대 역사를 정리하는 학자였으며, 그는 만년에 상·주 교체기의 은밀한 사실들과 과거사를 간파했을 가능성이 크다. 그래서 도제 인형을 부장하는 행위가 인신공양제사를 지내던 시대의 기억을 환기할까 염려했던 것이다.

이렇게 해서 상 왕조의 멸망과 더불어 인신공양제사를 지내는 종교도 점차 소멸했다. 그러나 상 문명에는 인신공양제사만 있었던 게 아니라 한자를 창조하고, 한문과 숫자를 기반으로 운명을 계산하는 체계를 만들고, 하나라의 청동 기술을 완성하고, 서방에서 온 말을 사육하는 방법과 말이 끄는 마차를 활용한 것 등의 다른 특징이 있었다. 이것들은 모두 훗날의 중국에 중요한 토대를 마련해주었다. 이외에 상족은 고대 중국의 여러 지역을 탐색하고, 심지어 인골을 이용하는 각종 방식을 연구했으나, 상 왕조의 멸망에 따라 이런 탐구 정신과 기술의 열광도 사라지거나 상류사회가 경시하는 자잘한 기술로 전락한 후에 3000년 동안 부흥하지 못했다. 상나라 왕실의 후계자인 송나라도 이런 특징을 간직하지 못했다.

상 문명은 대단히 복잡해서 잔혹하고, 자유분방하고, 기묘하며, 과학 기술을 추구하는 이성 등 다양한 층위가 있었으며, 또 우리로서는 인지할 수 없는 부분도 있었다. 다만 일찍이 3000년 전에 그것들은 이미 철저히 망각되었다.

에필로그: 주공에서 공자까지

5000년 전의 양사오 문화 말엽부터 황허강 중·하류의 정적인 부족 생활은 점차 전란과 정복, 집단적인 살육으로 타파되어 옛(초기) 화하 문명과 국가가 이를 통해 나타났다.

잉태에서 성숙까지 옛 화하 문명은 2000년 기간에 걸쳐 있었다. 같은 시기의 기타 고대 문명과 마찬가지로, 그것들은 모두 신권과 왕권이 합일된, 종교가 주도하는 사회였다. 그것이 계속 이어졌다면 역사는 부족간 장벽과 살육, 인간 희생을 제사에 바치는 행위로 가득 찼을 것이다.

다만 주나라가 상나라를 멸한 뒤로 살육과 인신공양제사를 특징으로 하는 옛 화하 문명은 돌연 멈추었고, 그 대신 주공이 만든 새로운 화하 문명이 나타났다. 주공이 소멸한 옛 화하 문명과 그에 관련된 기억은 부족 집단의 혈연 사이를 막고 있던 보루를 타파하여 속세의 삶이 종교와 귀신 세계와 멀리 떨어지게 함으로써, 다시는 인류가 부족 집단의 차이를 신이 창조한 귀천의 차별로 간주하지 않게 되었다. 이것은 화하 문명의 가장 철저한 자기부정이자 거듭나기였다.

3000년 전의 고대 인류 문명에서 오직 화하만이 독자적으로 신권의 통제에서 벗어나 하나의 '이류異類'가 되었다. 이것은 지나치게 조숙한 세속 문명으로서 지금까지 줄곧 지속되고 있다.

유가의 기원과 인신공양제사 문명

화하 문명이 돌연 전향하게 된 근원은 무왕 주발의 악몽처럼, 말로 표현할 수 없는 주공 세대의 공포였다. 그들은 모두 은허에서 살면서 상족의 피비린내 나는 제사를 목격했고, 형인 백읍고가 처참한 죽음을 당하기도 했다. 공포에 잠긴 무왕은 더욱 인신공양제사를 지내는 종교에 의존했으나, 주공은 그런 종교를 극단적으로 증오했으니, 그것을 멸절한 것은 필연적인 추세였다. 이것은 두 형제가 전혀 다른 방법으로 해탈한 것이었다.

주공에 대한 후세의 인식은 공적과 제도문화라는 두 분야로 나뉜다. 공적은 주로 성왕을 보좌하고 '삼감의 반란'을 평정하여 서주 왕조의 기초를 다졌다는 것이고, 제도문화는 주로 '예악을 제정'하여 제후국을 분봉하고 귀족 등급 제도를 확립하는 등 서주의 정치 체제를 확립했다는 것이다. 고고학에서 상 왕조의 유적지와 인신공양제사 문화를 발견하기 전에 주공에 대한 이해는 이런 정도에 그칠 수밖에 없었다.

하지만 주공의 가장 중요한 작업은 상족의 인신공양제사 종교와 그와 짝을 이루는 약육강식의 종교적 가치 체계를 소멸한 것이었다. 그는 주족이 이런 종교 문화를 모방하고 계승하는 것을 저지했을 뿐 아니라, 은상 유민과 동이의 부족 집단에서도 그것을 근절했다. 더욱 중요한 것은 주공이 또 상 왕조의 인신공양제사와 관련된 기억을 지우고, 심지어 자기가 인신공양제사를 근절하기 위해 실행한 각종 조치조차 은폐했다는 사실이다. 이것은 그 잔인한 종교의 꺼진 불씨가 되살아나 권토중래하는 것을 방지하고, 또 주족이 한때 상 왕조를 위해 포로를 사냥하여 인간 희생을 제공했다는 명예롭지 못한 역사를 숨기기 위한 것이기도 했다.

인신공양제사를 지내는 종교의 퇴장으로 생긴 진공을 메우기 위해 주공은 새로운 역사 서사와 도덕 체계, 종교 이념을 발전시켰다. 이것은 주로 『상서』에 수록된 몇 편의 고명誥命에 구현되어 있다.

첫째, '제帝'에 대한 상족의 숭배를 희석해서 묽게 했다. 상나라 말기에 '제'는 이미 상나라 왕의 신분과 중첩되어서 왕이 '제'의 신성을 갖추고 있었다. 다만 주나라가 상나라를 멸한 뒤로 왕은 이미 '제'의 칭호를 겸할 수 없게 되었으니, 주족에게 '제'는 높은 하늘에 있을 뿐, 인간 세상의 범인凡人으로 변할 수 없었다.

이런 원칙이 주공에 의해 확립되었다고는 아직 확정할 수 없으나, 『상서』의 고명들을 통해 이런 사실들을 발견할 수 있다. 「다사多士」와 같이 은상 유민에게 행한 연설에서 주공은 종종 상제의 명령을 인용하여 상족을 위협하고 회유했으니, 이는 상족이 특별히 상제를 신봉했으므로 형세를 유리하게 이용할 수밖에 없었던 결과였다. 다만 아우 주봉을 위후에 책봉할 때 행한 3편의 고명과 같이, 자기의 주족에게 연설할 때는 상제를 언급한 일이 극히 드물었다. 더욱이 주족에게 현실과 미래에 대한 계획을 이야기할 때는 상제를 이용해 논증한 적이 없으며, 더욱이 다른 신령을 언급하지도 않았다. 이것은 분명히 의식적으로 '경원敬遠'한 것으로서, 현실과 신의 세계 사이에 거리를 유지하도록 한 것이었다. 이런 흔적으로 보면 주나라가 상제나 다른 신들을 '소원하게' 대하는 전통은 확실히 주공이 토대를 다졌다고 하겠다.

둘째, 현실에 대한 신계의 관여를 줄이기 위해 주공은 '하늘天'의 개념을 최대한 활용하여 '제帝'를 대체했다. 이 때문에 상제가 내린 명령帝命은 애매모호한 '천명天命'으로 변했다.

그 후 천명이라는 개념은 줄곧 존재했으나, 사람들은 이미 그 기원을 잊고 있었다. '천'은 형상도 언행도 없어서 인격화된 개성을 부여하기

가 쉽지 않다. 『시경』에서 상제는 문왕에게 숭후의 나라를 공격하라고 했
듯이, 문왕에게 자주 명령을 하달했고, 무왕이 상나라를 멸한 핑계도 상제
의 뜻이었다. 다만 후세의 주나라 왕은 이미 신계의 구체적인 지시를 받을
수 없었으므로, '천명'으로 바꾼 뒤에 그것은 더 추상적이고 은유에 가까
운 도덕적 훈계로 변했다.

물론 주공 시대에는 아직 과학주의적 무신론을 인지할 수 없었으므
로, 신계는 설령 비교적 멀리 방치되더라도 왕조의 정치와 완전히 인연을
끊을 수는 없었다. 예를 들어 서주의 왕은 '천자' 즉, 하늘의 아들이라고
불렸으니, 이것은 상나라 갑골문에도 없던 명사였다. 다만 어쨌든 '천'은
여전히 지나치게 애매모호해서, 주나라와 이후의 역대 왕조에서도 '천자'
에게 구체적인 신성을 덧붙여 정의하거나 그런 효능을 부여할 수 없었다.
진시황이 '황제'라는 존호를 사용했으나, 그 직관적인 의미는 역시 자기가
6국의 왕들과는 다르다는 점을 강조하는 것이었다. 왕위에 있는 자는 존
귀하다는 신성한 의미를 강조한 바는 있으나, 설령 '제'를 속세에 내려오
게 한들 '천자'의 개념보다 더 신비하지는 못할 것이다.

셋째, 주공은 왕은 응당 백성을 사랑하고 덕으로 다스리면서 근면해
야만 '천명'의 보살핌을 받아 장수하며 그 지위를 누릴 것이라고 강조했
다. 왕이 서민과 소인을 잔인하게 폭력적으로 대한다면, 천명은 덕이 있는
예비 군왕에게 옮겨 가서 왕조가 교체될 것이라고 했다.[419]

본질적으로 주공의 이런 정치-도덕 체계는 일종의 '성선설性善說'의
사회 모델로서, 통치자는 민중에게 부세賦稅를 징수하고 폭력적으로 통치
하는 것을 피해야 했고, 왕의 사명은 만민을 보우하고 교화하며 나아가 도
덕 이론은 모든 인간 집단 속에 퍼지게 하는 것이었다.* 상나라 사람들은

---

* 후세에 공자와 맹자의 유학은 이런 왕의 캐릭터를 완성할 수 있었으니, 그것이 바로 '성인聖人'이
다. 주공 시대의 문헌에서 '성聖'자는 아직 많이 나타나지 않으며, 『상서』「다방」에서 성왕成王은 "惟聖
罔念作狂, 惟狂克念作聖"이라고 했으나, 그 의미는 상당히 모호하다. ─원주

이에 대해 거리낌 없이 직설적으로 말하여 폭력의 필요성을 인정했다.

주공의 이론에 따르면, 하나라와 상나라, 주나라는 모두 '천명'에 의거해서 건립되고 교체되었는데, 하나라와 상나라의 많은 군왕 특히 개국 군주는 성실하게 정치하며 백성을 사랑하여 하늘의 보우를 받았다. 그러나 마지막 왕인 하나라 걸왕과 상나라 주왕이 도덕을 상실하는 바람에 천명이 바뀌어 왕조가 교체되었다. 주공의 개조를 통해 상나라의 잔혹한 인신공양제사 행위는 은폐되었고, 이로 말미암아 주나라 이전의 폭력적인 시대도 주나라와 동질의 덕치 왕조가 되었다.

주공의 이론과 짝을 맞추어서, 주나라에서는 또 상고시대 성왕의 역사를 새롭게 창조하여, 요임금과 순임금, 대우大禹의 온정과 선양禪讓이 이때부터 화하 세계의 표준적인 역사 서사가 되었다. 그보다 더 이른 판본인 상족의 '창세기'와 상고시대의 역사는 대체되거나 매몰되어 전해지지 못했다. 물론 주공의 원칙과 크게 충돌하지 않는 일부 내용은 주나라의 역사 서사에도 채용되었으나, 이런 것들은 이미 분별하기가 쉽지 않다.

공자와 유가는 주공을 무척 추앙했으며, 주공의 사상은 유가 문화의 원류였다. 주공의 사상이 나타나고 형성된 것은 주로 인신공양제사를 지내는 종교에 대한 두려움과 그런 종교를 소멸해야 할 필요성에서 비롯되었다. 이것은 후세 사람들이 여태 간파하지 못한 비밀이다.

주공이 건립한 세속의 도덕 체계

종교가 상나라와 주나라 왕조에 미친 작용과 사람들에 대한 영향에 대해 공자는 상당히 예사롭지 않게 종합하여 결론을 내린 바 있다.

은나라는 신을 존중하여 온 백성을 이끌고 신을 섬기면서 귀신을 우선

시하고 예의를 뒤로하며, 벌을 우선시하고 상을 뒤로함으로써 존중하
지만 친하지는 않았다. 그 백성의 폐해는 동요하여 안정되지 못했고, 호
승심이 많으나 염치가 없었다. 주나라는 예의를 존중하고 베푸는 것을
숭상하면서 귀신을 공경하며 섬기되 멀리하고 사람을 가까이하여 충
심을 다했다. 그들[은나라]의 상벌은 벼슬의 서열을 이용했으니, 친하게
대하되 존중하지 않았다. 그 백성의 폐해는 이익을 추구해 교묘한 꾀를
내고, 언행을 꾸미면서도 부끄러워하지 않고, 서로 해치며 기만했다.*

殷人尊神, 率民以事神, 先鬼而後禮, 先罰而後賞, 尊而不親. 其民之敝, 蕩
而不靜, 勝而無恥. 周人尊禮尙施, 事鬼敬神而遠之, 近人而忠焉, 其賞罰,
用爵列, 親而不尊. 其民之敝, 利而巧, 文而不慙, 賊而蔽.(『禮記』「表記」)

상나라는 신을 숭배하는 정도가 정상적인 예의를 지나치게 넘어서고
민중에게 상보다는 형벌을 많이 시행하여 엄격하기는 했으나 친화력이 부
족했다는 뜻이다. 이런 이유로 민중의 성정이 불안하고 호승심이 많고 염
치가 없게 되었다고 했다. 주나라는 귀신을 경배했으나 그들이 인간사에
관여하지 못하게 하고, 세속의 질서와 신용을 더 중시하면서 작위의 높낮
이로 신분의 등급을 구별했으니, 친화력은 있으나 위엄은 모자랐다고 했
다. 이런 이유로 백성이 교활하게 자기를 꾸미고 진정성이 모자라서 간사
하게 속이는 결함이 생겼다고 했다.

공자가 묘사한 은나라와 주나라의 차이는 고대의 문헌에서 가히 독
보적이라고 할 만하며, 그뿐 아니라 현대의 고고학이 보여주는 상나라 문
화와 공자의 결론이 대단히 일치한다.

주공이 인간 세계에 대한 신의 직접적인 관여를 단절함으로써 화하

---

* 여기서는 귀鬼와 신神을 구분했는데, 귀鬼는 사자死者(선조先祖)의 혼령魂靈을, 신神은 상제上帝 등
지고한 신이나 자연신을 가리킨다.

세계에 다시는 주도적인 종교가 신의 이름으로 도덕적 규율을 반포할 수 없게 되었으므로, 주나라는 세속의 삶에 적용할 도덕 원칙을 따로 구해야 했다. 이런 세속적 도덕 원리는 '추기급인推己及人' 즉, 자기와 타인의 입장을 바꾸어 고려해서 타인을 대하는 방식을 결정하라는 것이었다.

『시경』「소아·교언巧言」에는 이런 구절이 들어 있다.

> 조리에 맞는 많은 제도는
> 성인이 계획해 제정했지.
> 다른 이가 어떤 마음을 품으면
> 내가 그것을 헤아려주지.
> 秩秩大猷, 聖人莫之. 他人有心, 予忖度之.

춘추 말엽에 공자는 사람과 사람 사이의 도덕적 기준을 한 단어로 정의했으니, 바로 '인仁'이다. 『논어』「안연顏淵」에서 그의 학생 번지樊遲가 인仁의 뜻을 묻자, 공자는 '남을 사랑하는 것愛人'이라고 했다. 그리고 인仁의 사랑을 실현하는 방법은 '서恕'이니, 『논어』「위영공衛靈公」에서 공자는 "자기가 하고 싶지 않은 바를 남에게 베풀지 말라己所不欲, 勿施於人"고 했다. 인류의 모든 도덕 원칙과 행위 규범은 이 문장에서 이끌려 나온다. 그러므로 공자는 학생들에게 살인하지 말고, 도둑질하지 말라고 가르친 적이 없으니, 이것은 모두 "자기가 하고 싶지 않은 바를 남에게 베풀지 말라"는 원칙 안에 담겨 있기 때문이다.

타인을 자기와 동등하게 대하는 것은 사실 인류 고유의 (다만 유일한 것은 아니지만) 사유이자 기본적인 도덕률로서, 종교 문화에서는 교의教義에 가려질 수는 있었어도 줄곧 존재해왔다.

『역경』의 본래 뜻을 은폐한 방법

주공에서 공자까지, 서주와 춘추 시기를 포함해서 시간상 500년이 걸렸다. 이 500년이 화하가 은상 시대의 진상을 철저히 망각하는 데에 충분했는지 단언하기는 무척 어렵다.

지금부터 500년을 거슬러 올라가면 16세기 초엽, 명나라 가정嘉靖 (1522~1566) 연간이 된다. 1521년에 스페인 군대가 아스테카 왕국을 점령하자, 중앙아메리카에서 한때 성행했던 인신공양제사가 시들해지기 시작하면서, 아울러 신속하게 유럽의 가톨릭으로 대체되었다. 가톨릭 교회는 중앙아메리카의 인신공양제사를 지내는 종교의 필사본과 사당, 기억을 체계적으로 분쇄했으나, 당시에 식민지를 직접 경험한 사람은 아즈텍 인신공양제사의 자세한 상황을 기록해서 지금까지 전해지고 있다.

물론 주나라와 최근 500년의 세계는 비교할 수 없는 부분이 아주 많다. 경전 본문의 서사가 없다는 전제 아래에서 자잘한 부스러기로 구전된 민간의 기억은 원형을 잃고 변형되기 십상으로 소멸에 이르게 된다. 상고 시대에는 글로 기록하여 전승할 수 있는 사람이 아주 적었고, 기본적으로 '조정'이라는 생태 권역에 집중되어 있었다. 문왕 시대의 진실한 일부 조각이 전해질 수 있었던 것은 텍스트의 기록이 있었기 때문이다. 작은 범위의 사람들 속에 있었거나 심지어 오랜 기간 묻는 사람이 없었더라도 다시 발견될 기회가 있는 것이다.

앞서 살펴보았듯이, 주공은 상 왕조의 많은 갑골문 기록을 없애고, 주나라 귀족이 진실한 역사를 기록하는 것을 금지했다. 다만 주공이 유일하게 없애지 못한 것은 문왕이 남긴 『역경』이었다. 이것은 부친에 대한 존중 때문이기도 하고 또 『역경』이 주나라의 상나라 정벌 사업(의 시작)에 대한 텍스트 기록이기도 해서, 그 안에 부친이 얻은 천기天機가 포함되어 있을 가능성이 크니, 그것을 없애면 부친과 신들에 대해 불경을 저지르는 것이라고 여겼을 것이다.

주공의 방법은 『역경』을 재해석하는 것이었다. 구체적으로 문왕이 창작한 괘사와 효사 뒤에 「상전象傳」을 붙여서 설명하는 것이었다. 「상전」은 어떤 투기投機나 아랫사람이 윗사람을 범하는 분수에 어긋나는 생각을 고무하지 않고, 왜 군자가 아침부터 저녁까지 근면하고 신중하게 사회적 책임을 이행하려는 굳센 의지를 다져야 하는지 설교함으로써 문왕의 괘사와 효사에 담긴 뜻과는 완전히 다른 내용이었다.[420] 예를 들어 「건괘」의 「상전」은 "하늘의 운행은 강건하니, 군자는 그것으로 자신을 강화하면서 멈추지 않는다天行健, 君子以自强不息"라고 했고, 「곤괘」의 「상전」은 "땅의 형세가 곤이니, 군자는 그것으로 덕을 두텁게 하여 사물을 실어야 한다地勢坤, 君子以厚德載物"라고 하여, 문왕의 괘사와 효사에 비해 훨씬 분명하고 쉽게 이해할 수 있으며, 게다가 적극적이고 격려하는 색조가 풍부하다.

춘추 시기에 진晉나라의 귀족 한선자韓宣子가 노나라를 방문하여 태사太史가 소장하고 있는 전적典籍을 보고, 그 안에 『역상易象』(『역경』과 「상전」을 합쳐 부른 말)이 있음을 발견하고 감탄했다.

"주나라의 예법이 모두 노나라에 있구나! 나는 이제야 주공의 덕과 주나라가 천하의 왕자가 된 까닭을 알게 되었다!"

이것은 주공이 「상전」을 썼다는 간접적인 증거다.[421] 다만 다른 한편에서 이 기록은 『역상』이 노나라 조정에 보존되어 있으나 그다지 널리 보급되지는 않아서, 진나라의 정치를 담당했던 고급 귀족도 그것을 처음 보았다는 사실을 말해준다.

춘추 중·후기에 이르면 이미 『역경』을 이용해 점을 쳤다는 역사 기록이 나타나기 시작하고, 게다가 다른 괘사와 효사 판본도 있었다. 예를 들어 어떤 효사에는 1000대의 전차를 가리키는 '천승千乘'[422]이라는 어휘가 나오는데, 문왕의 시대에는 설령 상나라 왕이라도 1000대의 전차를 모으기 어려웠으니, 이것은 그저 춘추 시기에 창조한 말에 지나지 않는다.

문왕의 『역경』은 그 내용이 본래 대단히 난해했으므로, 춘추 시기의
귀족이 그것을 이용해 점을 칠 때는 대부분 그 본래의 의미를 몰랐거나 혹
은 더는 관심이 없었다. 그 가운데 비교적 뚜렷한 예는 바로 『역경』 속의
'정貞'자인데, 그 본래 의미는 갑골복사의 '점占'이다. 다만 『좌전』 양공襄公
9년에 따르면, 춘추 시기에 이미 그것을 '정정貞正' 또는 '정조貞操'라는 뜻
으로 오해했음을 알 수 있다.

> 수괘는 따름을 상징하니 크게 형통하고 이로우며 올바르다. (…) 자기
> 자리를 지키지 않고 음란하면 정조가 있다고 할 수 없다.
> 隨, 元亨, 利貞 (…) 棄位而姣, 不可謂貞.(『左傳』襄公 9年)

그렇다면 춘추 시기의 귀족은 『역경』에 담긴 문왕의 사적事跡을 잊었
을까? 이것은 의심스러운 문제이니, 어쨌든 이 귀족들은 대부분 문왕과
주공의 후예이기 때문이다. 후세에 비교할 만한 것으로는 명나라 초기에
홍퉁洪洞의 큰 홰나무槐*와 난징 주기항珠璣巷에 이주한 후예들이 이미 이전
에 선조들이 살았던 구체적인 역사를 기억하지 못해 지금 남아 있는 것은
대부분 족보 텍스트에 기록된 내용뿐이라는 사실을 들 수 있다.

앞서 살펴보았듯이, 춘추 시기에는 인신공양제사 행위를 회복한 몇
가지 사건이 있었으니, 이것은 500년 전의 풍속에 대한 기억이 여전히 암
류暗流로 전승되고 있었음을 의미한다. 『역경』도 어떤 어두운 기억이 보존
되도록 상황을 조성하지 않았을까? 이 이면에는 우리가 풀 수 없는 너무
나 많은 수수께끼가 숨겨져 있다.

---

* 산시山西성 훙퉁洪洞에서 서북쪽으로 2킬로미터 떨어진 자촌賈村의 서쪽에 있는 것으로서, 명나라
초기에 이민자들의 기지基地다. 도망치는 것을 방지하기 위해 줄줄이 묶여 가던 이들이 이 나무를 돌
아보며 아이들에게 "여기가 우리 고향이다"라고 얘기했다고 한다.

공자, 주공의 수수께끼를 풀다

노나라의 정권을 장악하고 있던 계평자가 거鄫나라의 포로를 제사에
바친 그해에 공자는 20세로서, 계평자의 채읍采邑에서 하급 관리로 일하고
있었다. 그러므로 이 인신공양제사는 취푸에 두려운 소문으로 나돌았고,
공자에게도 어느 정도 영향을 주었을 게 분명하다.

공자는 노나라 사람이었으나 그 선조는 송나라 군주의 가족에게서
나왔으므로, 그 역시 상족의 후예인 셈이다. 그리고 공자가 문헌을 정리하
고 학술에 종사한 뒤로는 그의 신분으로 인해 자연히 상·주 교체기의 역
사에 대해 큰 흥미를 가질 수밖에 없었다.

『논어』와 『예기』에서 공자는 늘 은나라와 주나라 혹은 하나라까지 삼
대의 문화 제도의 차이를 비교했다.

> 은나라의 태백은 주나라의 태적이다.
> 殷之大白, 周之大赤.(『禮記』 「明堂位」)

물론 이런 비교의 결론은 당연히 상나라와 주나라의 제도가 대동소
이하다는 것이었다.

> 선생님이 말씀하셨다.
> "은나라는 하나라 예법을 계승했으니 더하고 뺀 것을 알 수 있다. 주나
> 라는 은나라의 예법을 계승했으니 더하고 뺀 것을 알 수 있다. 개중에
> 혹시 주나라를 계승한 것은 100세대가 지나도 알 수 있다."
> 子曰, 殷因於夏禮, 所損益, 可知也. 周因於殷禮, 所損益, 可知也. 其或繼周
> 者, 雖百世可知也.(『論語』 「爲政」)

주나라는 하나라와 상나라 2대를 참고했으니, 문채가 풍성하구나! 나
는 주나라를 따르겠다.

周監於二代, 郁郁乎文哉. 吾從周.(『論語』「八佾」)

이 두 대목은 주공이 다져놓은 관방의 역사 논조와 완전히 같다. 반면
앞에서 공자가 "은나라는 귀신을 우선시하고 예의를 뒤로하며, 벌을 우선
시하고 상을 뒤로함으로써 존중하지만 친하지는 않았다. 그 백성의 폐해
는 동요하여 안정되지 못했고, 호승심이 많으나 염치가 없었다"라는 말은
주공이 강조한 '정치적 올바름'과는 거리가 있었다. 주공이 가려놓고 없애
려 했던 것을 결과적으로 다 드러냈기 때문이다. 또한 공자가 정보를 얻은
출처도 하나의 수수께끼다.

　우리는 적어도 공자가 살았던 춘추 시대에 이와 같은 '은나라 사람'
의 특징은 진즉 사라졌음을 알고 있다. 송나라는 상나라 왕족의 계승자이
지만, 송나라 상류층은 이미 주족과 완전히 동화되어 있어서, 이따금 호승
심을 드러내기는 했으나 귀족 정신을 위해서였고 주로 체면치레를 중시했
다. 결코 이익을 위해 염치도 모르는 게 아니었다.

　공자보다 100년 남짓 앞서 살았던 송나라 양공에게 가장 유명한 사
건은 초나라와 벌인 '홍泓의 전투'다. 양공은 품격이 무척 높아서, 강을 건
너고 있어서 아직 진용을 갖추지 못한 초나라 군대를 공격하려 하지 않았
고, 결과적으로 참패하여 상처를 입고 죽었다. 게다가 죽기 전에 당당하게
자기변호를 쏟아내면서, 도덕이야말로 전쟁에서 가장 중요한 원칙이라고
했다.

군자는 다친 사람을 다시 다치게 하지 않고, 머리가 희끗희끗한 사람을
사로잡지 않는다. 옛날에 용병할 때는 험하고 좁은 지형을 이용하지 않
았다. 나는 비록 망한 나라의 후예이지만 진용을 갖추지 않은 적을 공

격하지는 않는다.

君子不重傷, 不禽二毛. 古之爲軍也, 不以阻隘也. 寡人雖亡國之餘, 不鼓不
成列.(『左傳』僖公 22年)

이를 보면 양공은 절대 '염치가 없는' 게 아니고, 오히려 염치를 지나
치게 알았음을 알 수 있다. 귀신을 숭배한 정도에서도 송나라는 춘추 시대
다른 제후국들처럼 그렇게 심각하지 않았다.

다만 앞서 인용한 상나라와 주나라 문화의 차이에 대한 공자의 평가
는 설령 주공으로부터 500년 뒤일지라도, 상 왕조에 관한 진실한 역사 기
억의 파편들이 남아 있었음을 보여준다. 공자가 역사 문헌을 전문적으로
수집하던 학자였음을 고려하면, 그가 상 왕조와 관련된 파편화된 지식을
충분히 모은 뒤에 점차 몇몇 '관방의 것이 아닌' 판본에 담긴 진실한 역사
를 병합했을 가능성이 있다.

사실 이것은 『논어』에도 약간 흔적이 있다.

주공 판본의 역사에서 상족은 잔인한 인신공양제사를 지낸 적이 없
으며, 상나라가 멸망한 것은 단지 주왕(제신) 개인의 도덕적 타락 때문이라
고 했으나, 공자의 학생 자공子貢은 주왕을 위해 '판결을 뒤집으려고' 시도
했다.

주왕의 선하지 못함이 이처럼 심하지는 않았을 것이다. 그래서 군자는
하류에 머무는 것을 싫어하나니, 천하의 죄악이 모두 거기로 귀결되기
때문이다.

紂之不善, 不如是之甚也. 是以君子惡居下流, 天下之惡皆歸焉.(『論語』
「子張」)

그러니까 주왕은 일종의 쓰레기장이 되어서, 사람들이 다들 거기에

쓰레기를 던짐으로써 주왕의 이미지가 그렇게 추악하게 쌓였을 것이라는
뜻이다.

『논어』에서 이 말은 자공이 만년의 공자를 변호하는 몇 마디 말과 함
께 놓여 있다. 자공은 공자가 만년에 가장 신뢰했던 학생으로서 '공문십철
孔門十哲' 중 한 명이다. 그의 성씨는 단목端木이며, 은상의 옛 땅인 위衛나라
사람이므로, 상족의 후예일 가능성이 크다. 이렇게 보면 그와 공자는 아주
멀기는 해도 동족으로서 친연親緣이 있다. 이에 따르면, 두 사제는 관방 판
본이 아닌 상나라 비밀 역사를 교류했던 게 분명하다. 자공의 이 말이 『논
어』에 들어간 것은 이 책을 편집한 공자 문하의 제자들이 그 권위를 인정
했음을 말해준다.

그리고 공자는 바로 『역경』에서 진실한 상나라의 역사를 탐색했을 가
능성이 크다. 믿을 만한 문헌 자료를 통해 보면, 공자는 평생 '운명을 점치
는算命' 문제에 관심을 기울이지 않았고, 갑골을 이용하든 역괘를 이용하든
간에 자기나 다른 사람의 운명을 점쳐준 일도 없었다. 공자가 가장 일상적
으로 언급한 것은 『시경』『서경』『예기』『악기』였으며, 『역경』에 대해서 평
한 적은 거의 없었다.

그러나 만년에 이르러 공자는 돌연 『역경』에 흥미를 느꼈다.

> 내게 몇 년의 수명이 더 주어진다면 50세에 『역경』을 공부하더라도 큰
> 잘못이 없을 것이다.
> 加我數年, 五十以學易, 可以無大過矣.(『論語』「述而」)

이 기록은 매우 믿을 만하지만, 구체적인 의미에 관해서는 논쟁이 있
다. 어떤 사람은 이렇게 해석한다.

"내가 몇 년을 더 살 수 있다면, 5년이든 10년이든 간에 그것을 이용
해서 『역경』을 공부할 것이니 큰 잘못이 없을 것이다."

혹은 이렇게 해석하기도 한다.

"만약 요 몇 년을 다시 살 수 있다면 50세부터 『역경』을 공부하기 시작할 수 있을 것이고, 그래도 큰 잘못이 없을 것이다."

어떤 식으로 해석하든 모두 공자가 만년에야 개탄했다는 뜻이다. 『사기』에는 이와 관련된 기록이 있으니, 공자가 만년에 자주 『역경』을 읽어서 죽간을 엮은 가죽끈이 너무 심하게 닳아 자주 끊어졌으니, 이른바 '위편삼절韋編三絶'이 바로 그것을 가리킨다.

> 공자는 만년에 『역경』을 좋아해서 「단사」 「계사」 「상사象辭」 「설괘說卦」 「문언文言」을 정리했다. 『역경』을 읽느라 죽간의 가죽끈이 세 번이나 끊어졌는데, 이렇게 말했다.
>
> "내게 몇 년을 빌려준다면, 만약 그렇다면, 나는 『역경』에 대해서도 잘 알게 될 것이다."
>
> 孔子晚而喜易, 序彖繫象說卦文言. 讀易, 韋編三絶. 曰, 假我數年, 若是, 我於易則彬彬矣.(『史記』「孔子世家」)

『예기』「예운禮運」에는 또 공자가 제자 언언言偃 즉, 자유子游에게 이렇게 말한 적이 있다고 했다.

> 나는 은나라의 도리를 보고 싶어서 송나라에 갔으나 징험하기에 부족했다. 나는 거기에서 『곤건坤乾』을 얻었다.
>
> 我欲觀殷道, 是故之宋, 而不足徵也, 吾得『坤乾』焉.

당나라 때의 공영달은 『정의正義』에서 이 『곤건』은 은상(그리고 송나라) 사람이 만든 역괘 점술서 즉 '은가음양서殷家陰陽書'인데, 『역경』과는 반대로 거기에는 「곤괘」가 「건괘」 앞에 배치되어 있으므로 『곤건』이라고 불렀다고 했다.

　이런 설명은 이미 증명하기 어려우나, 다만 그 이전에 공자는 틀림없이 문왕의 『역경』을 읽을 기회가 있었을 것이다. 앞서 살펴보았듯이, 한선자가 노나라를 방문했을 때 태사씨大史氏에게서 『역상易象』과 『노춘추魯春秋』를 보았다고 했고, 공자가 노나라를 떠나 송나라에 간 것은 57세가 되던 해였다. 그러니까 50세부터 56세까지 그는 줄곧 노나라 고위층의 신분이었으니, 관방에서 소장하고 있는 주공 해설판 『역경』을 읽을 수 있는 완전한 조건을 갖추고 있었던 셈이다.

　주공의 후예로서 노나라 사람들은 『역경』을 대단히 밝고 아름답게 이해해, 주공의 「상사象辭」를 답습하여 그것을 완전히 곡해했을 터이므로, 공자는 사료로서 그 가치를 의식하지 못했을 것이다. 다만 송나라에서 『곤건』을 얻었을 때는 『역경』에 보존된 어떤 진실한 상·주 교체기의 역사를 알게 되었을 수 있다. 어쨌든 상족의 후예들이 대를 이어간 송나라에 이런 어두운 기억이 보존되었을 가능성이 가장 컸기 때문이다.

　사마천은 『역전易傳』의 「계사」를 공자가 쓴 것이라고 여겼다. 사실 이것은 공자 문하의 제자가 공자의 관점을 기록한 것일 테다. 「계사」에는 『역경』 즉 문왕의 괘사와 효사의 내력에 대한 한 가지 추측이 담겨 있다. 그것이 은상 말기 주족이 흥성할 때의 산물이며 그 내용은 주로 문왕과 주왕이 교류한 일이므로, 위기에 관한 말이 가득 들어 있다는 것이다.

　　『역경』이 생겨난 것은 은나라 말엽 주나라의 덕이 흥성할 무렵이 아니겠는가? 응당 문왕과 주왕의 일이 아니겠는가? 이런 까닭에 그 문장이 위태로운 것이다.
　　易之興也, 其當殷之末世周之盛德邪, 當文王與紂之事邪, 是故其辭危.

　이외에도 「계사」에서는 『역경』의 저자에게 환난을 염려하는 정서가 충만해 있었다고 여겼다.

> 『역경』을 지은 이에게 우환이 있었던가?
>
> 作易者, 其有憂患乎.

이런 이해는 이미 진실한 문왕 시대에 매우 근접해 있으며, 주공의 「상사」와는 더욱 일치하지 않으니, 57세 이후의 공자는 이미 왕년에 주공이 은폐했던 진상, 즉 상 왕조의 피비린내 나는 제사 문화를 갈수록 더 많이 발굴했음을 말해준다. 다만 공자는 계속해서 진상을 폭로하지 않고, 자주 『역경』을 읽으면서 '가죽끈이 세 번이나 끊어지는' 지경에 이르렀다. 어쩌면 공자는 은폐되어 난잡한 문왕의 괘사와 효사에서 가능한 한 많은 내용을 복원하려고 생각하고 있었는지도 모른다.

오늘날 상나라에 대한 유효한 지식은 주로 출토된 유적지와 갑골문에서 나온 것인데, 이것은 단지 대롱의 구멍을 통해 표범을 보듯이, 상나라의 극히 제한된 부분의 조각일 뿐이다. 그리고 공자는 당시에 구전되던 역사와 문헌—공자가 볼 수 있었던 문헌은 오늘날보다 훨씬 많았는데—을 수집함으로써 똑같이 일부 유효한 지식을 만들어낼 수 있었을 것이다. 이 때문에 상나라에 대한 공자의 인지는 현대인의 그것과 약간은 겹치는 부분이 있지만, 서로 맞지 않는 부분도 있을 수 있다.

합리적으로 추측하자면, 공자는 진정한 상나라 문화를 점차 인지하는 과정에서 주공이 당시에 왜 상나라의 진정한 역사를 매장하고 하나라와 상나라 역사를 다시 구축하려 했는지 더 잘 이해하게 되었을 것이다.

공자는 상나라 왕족의 후예이니, 주공이 상족에게 생존의 기회를 주고, 그들을 대신해서 피비린내 나는 인신공양제사의 기억을 없애서 후세의 자손들이 치욕 속에서 살아갈 필요가 없게 해준 데에 감사하는 마음이 있었을 것이다. 주공의 이런 관용과 위대한 사적은 그 자신에 의해 500년

동안 묻혀 있다가 또 결국에 공자에게 다시 암호가 해독되고 말았다. 이것
이 어쩌면 그가 주공을 충심으로 마음에 간직한 근본 원인일 수 있다.

공자는 심지어 늘 주공의 꿈을 꾸었는데, 주공도 본래 무왕의 꿈을 해
몽한 것으로 유명했다. 임종 전에 이르러서야 공자는 꿈에서 주공을 만나
기 어려운 것을 개탄했다.

> 내가 너무 쇠약해졌구나! 꿈에서 주공을 다시 뵙지 못한 지도 오래되
> 었다.
> 甚矣吾衰也. 久矣吾不復夢見周公.(『論語』「述而」)

전통적인 역사 서사의 틀에서 공자가 꿈에 주공을 만난 일은 쉽게 이
해할 수 있는 게 아니며, 심지어 어떤 이들은 이것이 약간 허구가 아닌지
의심하기도 한다. 다만 그것을 진정한 상·주 교체기라는 역사적 배경 안
에 놓고 보면 잘 이해할 수 있다. 상 문화의 잔혹한 진상에 근접할수록 공
자는 주공을 진정으로 이해하고 감격하게 되었을 것이다. 바꿔 말하자면,
민족 간의 정복과 살육에서 화해와 융합으로 나아갔고, 공자는 그 수혜자
이자 이 은밀한 비밀을 풀어낸 사람이었다. 그는 하고 싶은 말이 너무 많
았으나 분명히 말하지 못하고, 그저 꿈속에서만 하소연할 수 있을 뿐이
었다.

부록: 공자 만년의 '육경' 편집

공자 만년의 가장 중대한 작업은 유가 경전인 '육경'을 편집하는 것이었다.

이것은 주공의 정신에 따라 역사 문헌에 대해 전례 없이 체계적으로 정리하는 것이었다. '육경'이 완성된 뒤에는 상고시대부터 공자 시대까지 역사 서사의 권위 있는 판본이 탄생했으며, 주공이 새 화하를 개창하고 옛 화하를 매장하는 작업이 정식으로 완성되었다. 그리고 공자는 이것으로 주공에게 경의를 표하고, 아울러 주공의 사업에 참여하여 발전시켰다.

이 책의 목적 가운데 하나는 하·상·주 교체의 역사를 재현하는 것이므로, '육경' 속의 아주 많은 역사 자료를 소재로 사용했으나, 일부 사료에 대해서는 분석을 진행하여 믿을 수 없거나 혹은 일부러 위조한 부분을 지적했다.

'육경'은 구체적으로 『시경』『상서』『의례義禮』『악경樂經』『역경』『춘추春秋』를 가리킨다. 그 가운데 『시경』『상서』『역경』은 상·주 교체기의 많은 사료를 포함하고 있다. '육경'이 만들어지기 전에 사회에서 필사본으로 나돌던 것들은 주로 단편의 문장이었고, 진위와 옥석이 뒤섞여 있었다. 이를 위해 공자는 가장 믿을 만하고 주공의 정신에 부합하는 것을 골라 편집하여 책으로 만들었고, 이 두 가지 기준에 부합되지 않는 글들은 점차 실전되었다.

『시경』은 강원姜嫄과 후직 이래 주족의 서사시 여러 편을 수록했는데, 거기에는 주족 초기의 역사와 문왕이 확립한 상나라 정벌의 대계, 무왕이 상나라를 멸한 전쟁, 주공이 '삼감의 반란'을 평정하고 상 문화를 개조한 일 등이 포함되어 있으며, 주공의 수정을 거친 관방의 정식 판본이다.

공자가 주공의 사업에 담긴 저의底意를 계승한 것은 주로 『상서』를 편집하면서 내용을 선택하고 재단한 데에 나타난다.

서書는 문헌이라는 뜻이니, 『상서』는 바로 고대의 문서다. 시간 순서에 따라 『상서』는 요임금과 순임금, 대우의 시기를 기록한 「우서虞書」와 「하서夏書」 「상서商書」 「주서周書」로 나뉜다. '육경'에 포함되기 전에 『상서』의 각 편은 모두 단행본이었으며, 기본적인 규칙은 오래된 것일수록 믿을 수 없다는 것이었다. 내용은 대부분 서주 및 그 후의 사람들이 주공이 옛 역사를 다시 쓴 정신에 의거하여 요임금과 순임금, 대우, 그리고 하나라와 상나라 때의 아주 많은 제왕의 이야기와 연설 원고를 허구적으로 만든 것이다. 이것들은 기본적으로 주공 방식의 도덕적 설교로서, 사료로서 가치를 갖추지 못했다. 물론 반경이 천도할 때 행한 연설의 원고처럼, 개별적으로 진정한 상나라 때의 문헌도 있을 수 있으나, 내용상 주공의 정신에 크게 저촉되지 않거나 이미 주공의 의도적인 삭제를 거쳤으므로 보존될 수 있었다. 결국에 진짜와 가짜가 뒤섞인 이 글들을 공자가 『상서』의 「우서」와 「하서」 「상서」에 별도로 수록했다.

그리고 「주서」 부분은 대다수가 주나라의 관방 문서로서 위조가 상대적으로 적고, 게다가 주공의 정신에 부합할 것이므로 『상서』 전체에서 상나라 말엽과 주나라 초기 부분이 차지하는 비중이 가장 크다.

이상은 공자가 주공의 정신에 부합한다고 여기고 『상서』에 수록한 초고草稿다. 이외에 서주에서는 또 누군가 상·주 교체기의 역사를 기록하기도 했는데, 그들은 분명히 그 시기의 진실한 역사를 부분적으로 이해하고 있었으나, 주공의 정신을 완전히 준수하지 않았으므로 주공 판본의 문헌과 무척 달랐다. 예를 들어 어떤 초고에는 상나라를 멸하기 전에 무왕이 상나라에 대한 두려움 속에 살아서, 늘 밤에 잠을 이루지 못하고 주공에게 위로받아야 했다고 기록했다. 다만 그 안에 기록된 주공의 장황하고 거창한 논의는 분명히 허구적인 부분이다. 두 형제의 심야 대화가 사실 그대로 기록되기는 불가능하기 때문이다. 또 어떤 초고에는 무왕이 상나라를 멸한 뒤에 많은 상족 포로를 도살하여 제사에 바쳤다고 기록했으나, 인신공양제사의 과정에 대한 묘사는 은허의 갑골복사에 기록된 내용과 완전히 일치할 뿐 아니라 복사보다 더 자세하니, 이것도 분명히 주공의 정신에 부합하지 않는다.

　이렇게 주공의 정신을 약간 위배한 역사 문장들을 주공은 『상서』에 수록하지 않았으나, 공자 문하생들의 수집과 필사筆寫, 교감을 거쳐서 하나의 편집본이 만들어져서 『일주서』라는 이름이 붙여졌다. 그 제목은 '『상서』「주서」에 수록되지 못한 문헌'이라는 뜻이다. 처음에 『일주서』는 공자 문하생들 내부에서만 보존되었고, 경전과 도리에 어긋나는 이 책의 내력을 제대로 설명할 수 있는 제자는 소수에 지나지 않았을 것이다. 그런데 전국시대에 이르러서부터 상나라의 진정한 역사는 이미 철저히 잊혔고, '육경'으로 대표되는 주공 판본의 역사만 유일하게 존재하게 되었다. 그러므로 『일주서』가 실전되지는 않았으나 이후 2000년 남짓한 역사에서 줄곧 그 처지가 상당히 곤란해서, 학자들에게 그다지 중시되지 못했다. 다만 현대의 고고학이 탄생하고 상나라의 유적지가 발굴된 뒤에야, 그 책의 일부 내용이 뜻밖에 상 문화의 본래 면모와 무척 부합한다는 사실을 발견했다.

　『역경』의 경우, 공자는 춘추 시기에 유행하던 다른 판본이 아닌 문왕의 판본—이 책에서 서술했듯이, 문왕의 『역경』에는 아주 많은 상나라 말엽의 과거사가 은밀히 숨겨져 있으며, 주공의 「상사象辭」는 사실 문왕의 원래 의도를 숨기고 곡해한 것이다―을 정확히 선택했으나, 주공의 원칙을 계속 받들었다. 제자들에게 『역경』을 강의할 때, 공자는 상나라 말엽의 진실한 역사를 최대한 피하고, 『역경』 텍스트에서 우주 질서와 사회 윤리를 끌어내는 데에 중점을 두었다. 이런 강의는 그의 학생들이 「문언文言」과 「계사繫辭」 「설괘說卦」 「서괘序卦」 등의 글로 정리하고, 주공의 「상사」와 함께 편집하여 『역전易傳』 즉 『역경』에 대한 해설서로 불리게 되었다.* 문왕의 『역경』과 그 이후의 『역전』을 후세 사람들은 합쳐서 『주역周易』이라고 불렀다. 이 때문에 문왕 시대의 역사를 환원하려면, 『역전』이 아니라 문왕의 『역경』 자체를 연구해야만 주공과 공자의 의도적인 조작에 잘못 유도되는 일을 피할 수 있다.

공자가 살았던 춘추 시기에 주나라 왕실은 진즉 권위를 상실했고, 제후들의 열국은 이른바 문화 건설이나 왕조의 합법성 같은 문제에 진정으로 관심을 기울이지 않았다. '육경'을 편집한 것은 전적으로 공자 개인의 추구였으나, 이 일은 실은 주공의 사업을 계승하여 주공의 목적을 실현한 것이었다. 즉 진정한 상 문화를 묻어 숨기고 새로 구축한 도덕적 역사로 화하 문명의 기원을 구성하는 것이다.

주공은 사실상 역사의 진행을 비틀어서 사람들의 인지를 바꾸어버렸고, 공자는 이 모든 텍스트의 성과를 한데 모아, 주공이 죽은 뒤에야 그를 제대로 평가한 '육경'이라는 경전을 만들어 후세에 전했다. 화하 문명의 기원은 바로 이러했으니, 더는 달리 설명할 게 없다.

---

* 『사기』 「공자세가」에서는 공자가 만년에 아주 여러 종류의 『역경』 주해를 썼으니, 이른바 『십익十翼』 또는 『역전易傳』이라고 했다. 다만 사마천의 이 주장은 약간 문제가 있다. 『십익』은 공자가 전부 쓴 게 아니고 「상전象傳」과 「단전彖傳」은 주공의 작품일 가능성이 있기 때문이다. 다른 글에는 늘 '자왈子曰'이라는 말이 나오는데, 공자 본인이 이렇게 썼을 리는 없으니, 그런 글들은 응당 그의 제자들이 써서 편집한 것이라 하겠다. 『주역』 경전의 상세한 지식은 廖名春, 『周易經傳十五講』, 北京大學出版社, 2012를 참조할 만하다.―원주

물론 공자가 '육경'을 편집한 일은 여기에 그치지 않는다. 거기에는 또 서주의 창립에서 공자 시대까지의 문화적 성과가 보존되어 있으니, 이 것이 바로 주나라 귀족 사회의 시가詩歌인『시경』과 예속禮俗을 정리한『의 례』와 역사인『춘추』다.

이렇게 말할 수 있겠다. '육경'은 공자 시대까지 주공의 정신에 부합 하는 화하 세계의 사회와 역사 지식의 총집합으로서 유가 학파의 초석일 뿐더러, 전통 시대 사람들이 상나라와 주나라 및 더 이른 시대를 이해하는 거의 유일한 정보원이기도 했다. 바꾸어 말하자면, '육경'은 새로운 화하 문명만이 가지는 독자적인 내용과 특징을 결정한, 새로운 화하 문명의 소 스 코드source code였다. 공자 시대에는 진정한 상 문화에 관한 구전의 기억 이 아직 남아 있었으나, 전국 초년에 이르면 각 나라의 변법 운동에 따라 귀족 사회가 점차 와해하고 새로운 집권 군주제와 관료제 국가 기구가 건 립되기 시작했다. 그리고 거대한 사회적 동요와 재조직 과정에서, 조금이 나마 문화적 소양을 갖춘 사람이라도 모두 그 거대한 변혁에 적응하느라 바빠서, 아득한 상고시대의 역사와 전설에 신경 쓸 겨를이 있는 이는 아무 도 없었다. 이렇게 해서 상 문화와 관련되어 남아 있던 기억은 결국에 철 저히 실전되었다.

전국 시기의 제자백가가 논쟁하면서 도가와 묵가, 법가, 명가, 병가 등의 학파가 잇따라 나타났으나, 그들이 보유하고 있던 고전 지식은 근본 적으로 유가와 나란히 언급할 수 없었다. 하물며 상고시대의 역사에 대한 인식도 유가의 '육경'에 의존할 수밖에 없었으므로, 설령 유가의 이론에 불만이 있더라도 유가의 지식에서 너무 멀리 떨어질 수는 없었다.

개괄하자면, 주공 시대 변혁의 최대 결과는 신권의 퇴장이며, 이 때 문에 중국의 문화는 지나치게 '조숙'해졌다. 전국시대 변혁의 최대 결과는 귀족의 퇴장이며, 이 때문에 중국의 정치가 지나치게 '조숙'해졌다. 그러 나 다른 인류 문명들에서는 신권과 귀족 정치의 퇴장이 모두 서기 1500년 이후의 이른바 근현대 시기에 일어났다.

주공과 공자의 노력은 2000~3000년 동안 유지되어서, 고고학자들의 삽이 하나라와 상나라의 유적지를 발굴하게 되었을 때에야 비로소 '육경' 등 옛 문헌에 가려지고 오독誤讀된 역사의 진실이 다시 해석되고 복원될 수 있었다.

고고학으로 인해 우리의 인식이 바뀌게 된 것은 비단 하나라와 상나라뿐만이 아니다.

후기

이 책의 내용은 어쩌면 낯설고, 심지어 불편하게 느껴질 수도 있겠다. 그러나 '학술사'의 관점에서는 그 역시 다년간의 숙성 과정과 다행스러운 환경이 있었다.

조금이나마 역사를 이해하는 사람이라면 대부분 상 왕조에 인신공양 제사 행위가 있었음을 알지만, 그것이 소멸한 것과 관련해서 관심을 기울여 탐구한 사람은 많지 않다. 어쩌면 대부분 그것이 역사의 '진화' 과정에 따라 자연스럽게 희석되어 묽어졌음을 묵인하고 있었는지 모른다. 이런 점에서 나는 약간 운이 좋아서, 상대적으로 선진적인 전문 지식을 접할 수 있었다. 나는 대학 시절에 베이징대학 문과실험반^{文科實驗班}에서 공부했는데, 당시 역사학과의 두 학우와 상당히 많이 교류했다. 한 명은 나와 동급생인 한웨이^{韓巍}이고, 다른 한 명은 한 학년 위의 린구^{林鵠}였다. 그들은 모두 선진사^{先秦史}를 공부했고, 나중에 취득한 것도 고고학 학위였다. 한웨이의 석사논문은 서주 초기 은상 유민의 장례 습속에 관한 것으로서, 거기에서는 당시 은상 유민이 아직 '요갱^{腰坑}에 개를 순장'하고 사람을 순장하는 전통을 보존하고 있어서, 같은 시기 주족의 무덤과는 확연히 달랐다고 제시

했다. 당시 나는 항상 이런 것들에 관한 그의 한담을 들었으므로, 이런 생
각이 들었다. 상 문화와 주 문화는 매우 달랐구나. 이렇게 추론하면 상족
의 인신공양제사 관습도 응당 주 왕조라는 큰 환경 속에서 근절되었을 터
였다. 린구의 석사논문은 주족의 족성族姓 관념에 관한 것이었다. 그는 상
족 등 동방의 부족 집단은 본래 족성이 없었는데, 주족이 상나라를 멸한
뒤에야 그들에게 족성을 부여했다고 주장했는데, 나도 이 책에서 이 관점
을 활용했다.

훗날 칭화대학 역사학과 대학원을 다닐 때 원래는 상고사를 전공할
생각이었으나, 졸업논문의 제목으로 선택한 것은 중고사中古史로서 위진남
북조의 남북 전쟁에 관한 것이었다. 이 때문에 상고사와는 몇 년 동안 작
별을 고해야 했다. 2012년 여름에 졸업논문을 끝내고 또 지난날 관심을
기울였던 상고사의 많은 문제를 떠올렸다. 한번은 대학원 동창이자 영화
나 방송, 촬영에 상당히 조예가 깊은 취즈曲直와 한담을 나누다가 또 상나
라의 인신공양제사 얘기가 나오자, 그는 나에게 아즈텍 문명의 인신공양
제사를 소재로 한 멜 깁슨 감독의 「아포칼립토Apocalypto」(2006)를 보라고
추천해주었다. 그 영화를 보고 나니 왕 상조에 대한 고고학적 발굴과 호
응하는 부분이 많은 듯했고, 게다가 영화는 직관적인 시청 효과를 제공해
서 마치 상나라 주왕과 주나라 문왕 시대의 생생한 생활 장면을 보는 듯했
다. 직접 그 장소에 있는 듯한 이런 현장감은 아주 중요해서, 은허의 제사
갱 안에 쌓인 해골들이 부활하게 했다. 그래서 그때 글을 한 편 쓰려고 준
비했으니, 이것이 바로 「상을 멸한 주와 화하의 탄생周滅商與華夏新生」이다.

공교롭게도 당시 린구가 나와 아주 가까운 곳에 살고 있었는데, 당시
그는 이미 시카고대학의 인류학 박사 학위—서양에서 고고학은 인류학에
속함—를 취득하고 칭화대학 역사학과에서 박사후과정을 밟고 있었다.
그래서 그해 여름에 우리는 또 늘 함께 한담을 나눌 수 있었다. 한번은 둘
이 함께 자전거를 타고 베이징대학 웨이슈위안蔚秀園에 있는 한웨이의 집

에 갔다가 이허위안로頤和園路에서 또 상·주 변천에 관해 이야기를 나누었
는데, 놀랍게도 같은 생각이었다. 즉, 인신공양제사를 없애는 역사적 전환
기에서 주공이 결정적인 역할을 했다는 것이었다. 그날 린구는 이와 관련
된 회의 보고서를 내게 보내주었는데, 그 가운데 고고학 부분의 내용은 나
의 「상을 멸한 주와 화하의 탄생」에도 인용되었다. 이 글은 2012년의 『두
쿠讀庫』 제5기에 게재되었다.

돌이켜보면, 내가 이 영역에 들어설 수 있었던 것은 한웨이와 린구에
게 많은 혜택을 받은 덕분이었다.

박사과정을 졸업하고 신장대학新疆大學에서 근무하는 동안 「상을 멸한
주와 화하의 탄생」을 전문적인 책으로 써보려고 몇 차례 생각했다. 중국
고대사와 관련된 시리즈를 써서 중국 역사라는 이 거대한 강물이 어떻게
상고시대에 모여서 도도히 흘러내렸는지 보여주고 싶었는데, 신석기시대
에서 상·주의 변천까지가 첫머리로 삼기에 가장 적합했다. 처음부터 써내
려가면 매번 역사 배경을 제시하는 번거로움을 피할 수도 있기 때문이다.
나는 공자에 대해 쓴 적이 있고, 또 유기노劉寄奴 즉 유유劉裕(363~422)에 대
해 쓴 적도 있는데, 이것들도 모두 이 시리즈의 일부였던 셈이다.

최초의 계획은 상고시대를 쓰면 상·주 교체기에 국한되어서는 안 되
고, 신석기시대부터 시작해서 중국 초기 문명이 탄생하는 전체 과정과 인
신공양제사의 내력을 모두 써야 한다는 것이었다. 이것은 고고학적 내용
이 태반을 차지한다는 의미인데 난이도가 아주 높고, 어쨌든 새로운 영역
에 진입하려면 시간을 투자해야 했다. 왕궈웨이王國維나 궈모뤄郭沫若, 천명
자陳夢家 등의 선현들이 '하나에서 추리하여 다른 것까지 알았던' 학과 개척
의 시대는 진즉 지나갔고, 현대 학문의 누적이 이미 아주 방대하며, 학자
들의 연구 방향도 모두 깊이 천착하는 쪽으로 변화했다. 학술이란 것의 생
리는 대개 박사논문을 토대로 일어나서 확장하고, 나아가 특정 영역의 '전
문가'가 될 뿐이다. 바꿔 말해 중년이나 만년에 이르러 또 새로 시작해서

크게 도약할 가능성은 이미 무척 낮다는 것이다. 예전에 몇 차례 시도해보았으나, 신석기시대와 하나라, 상나라의 고고학 세계로 다시 진입할 겨를도 능력도 없음을 느꼈을 뿐이었다. 그러나 이 책에 수록된 가오청타이高城臺 서쪽의 상나라 유적지에 관한 내용처럼, 당시에도 소략하나마 써놓은 글이 있었다.

2019년 봄에 한웨이가 여러 해 동안 수집한 일련의 고고학 발굴 보고서와 상고시대 문헌을 기증했다. 그해에 나는 『주역』에 대해서도 새로운 것을 발견했는데, 알고 보니 그 속에는 문왕의 개인적인 경력에 관한 기록이 많이 들어 있었다. 이에 상고사를 써보겠다는 생각이 다시 싹텄다. 2020년에 코로나 상황이 처음 벌어졌을 때, 나는 교직을 사퇴하고 자유시간을 얻었다. 먼저 안양安陽과 뤄양에 잠시 머물며 은허와 얼리터우 유적지를 살펴보고, 청두成都 교외에 집을 얻어 이사한 후 다시 신석기와 상고세계로 진입했다.

나는 인적이 드문 넓은 지역을 혼자 여행하면서 이전에 본 적이 없는 풍경 속에 스스로 녹아드는 것을 좋아한다. 쌓여 있는 고고학 발굴 보고서로 진입하기 전에도 그것이 원시시대로 향한 신기한 여행이 되리라고 상상했으나, 인신공양제사의 기원을 탐구하는 게 이처럼 압박감을 줄지는 미처 예상하지 못했다.

전쟁의 역사를 살펴보니, 역사에는 과연 전쟁과 죽임이 가득 차 있었으나, 어휘들이 감성의 직관적 인지를 걸러버려서 '몰입감'을 느끼기 어려웠다. 그리고 처참하게 죽은 유골의 사진을 보면서 인신공양제사의 살육 현장을 환원하여 살인자와 피살자의 심리 세계에 들어가보려고 시도했으나, 항상 압력을 감당할 힘이 없음을 느꼈다.

이 벗어날 수 없는 공포의 여행은 마치 시체로 가득 덮인 황야를 홀로 걸어 지나는 것과 같았다.

그때도 늘 이 기나긴 인생을 이렇듯 음침하고 고민스러운 작업에 투자할 가치가 있는지 자문하곤 했다. 어쩔 수 없는 가운데 또 스스로 위안했다. 역사를 이런 상태로 쓰는 것도 일종의 진귀한 경험이라고……

천 년이나 지난 뒤에 유골들의 사진과 발굴 스케치, 짧은 글에 드러난 묘사만을 근거로 입장을 바꿔 상상하는 것만으로도 이처럼 무거운 부담을 감당하지 못하는데, 그 시대에 직접 경험한 이들은 또 어땠을까?

그러므로 마지막으로 원고를 검토할 때는 기본적으로 만들어놓은 신석기시대 부분을 많이 삭제하고 하나의 장절만으로 간단히 축약했다. 그렇지 않으면 책의 분량이 너무 많아지고 압력이 커져서 끝까지 버티지 못할 것 같았다.

상고시대 사람들은 그들의 의식주, 그러니까 거주했던 집과 사용한 기물, 가꾸었던 농작물 등에 국한하여 논의한다면, 우리 현대인과 그다지 큰 차이가 없음을 느끼게 된다. 다만 인신공양제사 문제를 탐구하면 늘 그들을 이해할 수 없었다. 더 많은 자료를 볼수록 더욱 낯설게 느껴졌다. 그래서 인신공양제사를 지내는 종교의 기원과 초기 상나라에서 그런 제사의 규모가 돌연 증가한 근본 원인에 관해서 내가 내린 해석과 결론은 소략하고 평범할 수밖에 없었다. 이런 종교의 신봉자가 발언할 기회가 있다면 응당 더 고명한 설명을 제공할 수 있을 것이다.

인신공양제사의 영역에 진입한 뒤에 내가 가장 관심을 기울인 것은 사실 그런 제사의 유적을 남기지 않은 고대인 집단이 어쩌면 상대적으로 적었을 수 있다는 점이었다. 차라리 타오쓰陶寺와 얼리터우 고대 국가에서는 인신공양제사가 그다지 많지 않았고, 상나라 중기에도 그런 제사에 반대하는 상층의 종교 개혁이 일어났다는 사실을 믿고 싶었다. 어쩌면 증거가 많지 않겠지만, 어쨌든 그런 게 조금이나마 있어야만 약간의 희망을 유지할 수 있을 것이기 때문이다.

한때 한 가지 곤혹스러운 의문을 오래 품은 적이 있는데, 바로 공자가 상·주 변천의 실제 정황을 알았는가 하는 것이었다. 그 이전 10여 년 동안 나는 두 가지 판본의 공자 전기를 쓴 적이 있는데, 둘 다 공자가 '육경'을 편집한 일과 거기에 반영된 상고 사회를 중점적으로 논의했다. 다만 당시에는 아직 인신공양제사에 관한 기억의 증거를 찾지 못했으므로, 항상 말할 수 없이 유감스러웠다. 그런데 이번에 『주역』을 해독하면서 점점 추측할 수 있었다. 공자가 만년에는 분명히 상·주 교체기의 부분적인 역사의 진상을 접했을 테고, 유가의 '육경'도 후세에 상투적으로 인지된 것과는 매우 달랐다는 것이다. 이것은 예전에는 상상하기 어려웠던 역사의 차원dimensionality이었다.

　　이 책에서는 비교적 많은 고고학 발굴 성과를 이용했으니, 응당 고고학자들의 작업에 감사해야 할 것이다. 본문에 인용한 보고서와 저작 외에도 고고학의 대가 옌원밍嚴文明 선생을 언급하지 않을 수 없다. 선생은 신석기시대 인신공양제사를 깊이 연구하여 독특하게 관찰했다. 예를 들어 한단邯鄲 젠거우澗溝 유적지의 두개골 가죽을 벗긴 현상이랄지, 신이新沂 화팅花廳 유적지의 부족 집단 정벌과 인간 순장 등이 그것이다. 또한 중국 문명의 기원에 대한 논술은 더욱 심각하다. '대량하大兩河' 즉 창장강과 황허강이라는 양대 강 유역에 있었던 문화들 사이의 상호 작용 과정으로부터 중국 초기 문명의 탄생을 관찰한 것이다. 이것은 문명 기원의 '중원 중심론' 혹은 '다원론'에 비해 더 심화된 관찰이다. 이 책에는 신석기시대 부분을 수록하지 못했으나, 얼리터우--하 왕조가 벼농사를 위주로 했다는 것과 관련된 논의에서도 옌 선생에게 계발 받은 부분이 있다. 화베이 지역 신석기 후기에 벼농사가 미친 영향과 그것과 중국 초기 문명 사이의 관계는 갈수록 두드러진 학술적 문제가 될 것이다.

　　이 책의 저술 과정에서는 압박을 면치 못했으나, 돌이켜 보면 많은 고고학 발굴 보고서를 통해 중국 초기 문명의 기원과 역정에 대해 조감하듯이 두루 살펴볼 수 있었으니, 그 역시 진귀한 경험이었다. 어떤 거시적 느낌을 받았는지 설명하자면 바로 이와 같다. 중국 문명의 중요한 특징은 규모가 너무 큰데, 이것은 황허강과 창장강 유역 및 주변의 농업에 적합한 지리적 환경에 의해 결정되었다고 생각한다. 다만 그런 지리는 고대 중국을 비교적 폐쇄적으로 만들어서 다른 문명과의 교류가 그다지 간편하지 않아, 참조할 게 없는 상태로 홀로 '어둠 속을 더듬어 길을 찾는' 과정이 약간 길어지게 했다. 바꾸어 말해 그 시대에서 벗어나려면 주로 문명 내부의 자기 조절에 의존해야 했으니, 치러야 할 대가가 특별히 커지리라는 것이다.

책 쓰는 과정에서 감사해야 할 스승과 벗이 아주 많다. 대학 시절에 교류했던 두보杜波는 내가 청두로 이사한 뒤에 아주 많이 도와주었다. 예전에 그는 촉 땅에 들어가 객지 생활을 했으나 이제는 청두의 주인이 되었으니, 모든 게 감탄스럽다. 대학원 시절의 동창이자 산시陝西사범대학의 뉴징페이牛敬飛는 내가 도서 자료를 찾아 열람하는 데에 많은 도움을 주었다. 2020년 초에 주원周原 유적지를 탐방할 때 붉은 벽돌담에 깊이 갇혀 있는 '문왕 저택' 기초를 함께 탐방했는데, 당시에 바로 그의 집에 묵었었다. 나를 데리고 주원 유적지를 참관해준 사람으로 또 산시사범대학의 왕샹후이王向輝가 있다. 눈 내리는 초봄의 추위 속에서 뉴징페이의 서재에서 상나라와 주나라의 옛일을 마음껏 토론하면서 상고시대에 관한 학문을 연마했던 것은 이 책을 저술하는 기간에 잠깐 누렸던 귀중한 즐거움이었으니, 나는 또 첸중수錢鍾書 선생의 이 말을 떠올렸다.

"무릇 학문이란 황량한 벌판에 사는 노인의 집에서 두세 명의 소박한 마음을 가진 사람들이 의논하며 배양하는 일이다."

그 외에 나를 도와준 아주 많은 스승과 벗을 여기서 일일이 거명할 수는 없으나, 그분들이 내게 보여준 최대의 지지는 사실 심리적인 것이었다. 덕분에 나는 제사갱의 유골들 외에 이 세상에는 다른 것도 있음을 의식할 수 있었다.

어쩌면 인간은 깊은 연못을 응시하지 말아야 할 듯하다. 설령 깊은 연못이 거기에 있더라도.

1) 黃展嶽, 『古代人牲人殉通論』, 文物出版社, 2004, 75쪽. 여러 명을 공양하여 제사한 이 세 구덩이는 각기 後岡 H10과 大司空村 祭祀坑, 小屯 남쪽의 H33인데, 개중에 後岡 H10과 大司空村 祭祀坑은 殷墟 末期에 속하고, 小屯 남쪽의 H33은 시기를 알 수 없다. 관련된 발굴 보고서는 中國社科院考古所, 『殷墟發掘報告(1958~1961)』, 文物出版社, 1987, 265쪽과 安陽市博物館, 「安陽大司空村殷代殺祭坑」, 『考古』 1978年 第1期, 中國社科院考古所 安陽工作隊, 「1973年小屯南地發掘報告」, 『考古學集刊』(第9集), 科學出版社, 1995를 참조할 것.

2) 郭沫若, 「安陽圓坑墓中鼎銘考釋」, 『考古學報』 1960年 第1期.

3) 中國社科院考古所 安陽發掘隊, 「1958~1959年殷墟發掘簡報」, 『考古』 1961年 第2期.

4) 中國社科院考古所, 『殷墟發掘報告(1958~1961)』, 279쪽. 이하 H10 제사용 구덩이에 관한 기본 내용은 주로 이 책에 들어 있는 것을 참조했으며, 다시 주석에서 밝히지는 않음.

5) 杜金鵬, 「安陽後岡殷代圓形葬坑及其相關問題」, 『考古』 2007年 第6期. 後岡 H10 평면도는 이 글에서 인용한 것이며, 이에 관해서는 다시 주석을 붙이지 않음.

6) 中國社科院考古所 安陽發掘隊, 「1958~1959年殷墟發掘簡報」 참조.

7) 殷墟 王陵區의 祭祀坑 가운데 1976년에 발굴된 M229처럼 사람과 청동기를 묻은 게 발견된 적은 있다. 여기에는 크고 작은 2개의 청동 솥鼎과 2개의 陶器, 그리고 밧줄에 묶인 채 생매장된 아동 하나가 있었다. 다만 이런 祭祀坑의 수량은 매우 적고, 대부분 사람을 殉葬했다. 安陽亦工亦農文物考古短訓班, 中國社科院考古所 安陽發掘隊, 「安陽殷墟奴隸祭祀坑的發掘」, 『考古』 1977年 第1期 참조.

8) https://thepaper.cn/newsDetail_forward_10696914.

9) 裘衛盉(西周中期), 『集成』 8456.

10) 陳志達, 『殷墟』, 文物出版社, 2007年, 119쪽. 1934~1935년 사이에 王陵區에서 발굴한 祭祀坑은 1221곳이었으니, 이것이 祭祀坑 발굴이 가장 집중되었던 시기였다. 다만 나중의 전쟁과 사회적 동요로 인해 이 발굴 성과는 출판되거나 보고되지 않아서 상세한 상황을 알 수 없다.

11) 唐際根·湯毓贊, 「再論殷墟人祭坑與甲骨文中羌祭卜辭的相關性」, 『中原文物』 2014年 第3期.

12) 李峰은 王陵區 祭祀坑의 인간 희생의 예측 수량이 3만 명이라고 하면서, "최소한 3만 명이 이런 방식으로 王陵區에서 진행된 종교 제사 활동에서 살해당했다"라고 했다. 李峰 著, 劉曉霞 譯, 『早期中國社會和文化史槪論』, 臺灣大學出版中心, 2020, 92쪽.

13) 고고학자들은 200여 년에 걸친 殷墟를 4시기로 나누는데, 宋鎭豪가 계산한 시기별 인구 규모는 이러하다. 제1기: 미상, 제2기: 7만 명, 제3기: 12만 명, 제4기: 14.6만 명. 本書는 이것을 토대로 추측해서 王陵區가 사용된 200년 동안 殷墟에 살았던 총인구는 대략 100만 명이라고 계산했다. 宋鎭豪, 『商代史論綱』, 中國社會科學出版社, 2011, 136쪽.

14) 2022년 1월 18일에 '文博中國'은 온라인에서 「殷墟商王陵區新發現2個圍溝400餘座祭祀坑」를 발표했다. 이번에 새로 발견된 祭祀坑은 460곳 이상인데, 대다수가 洛陽鏟으로 人骨을 탐지한 것이며, 또 길이 20m, 너비 6m의 직사각형 대형 구덩이가 있었다. 이 구덩이들은 아직 정식으로 발굴되지 않았다.

15) (英) 史蒂文·米森(Steven Mithen) 著, 王晨 譯, 『史前人類簡史』, 北京日報出版社, 2021.

16) (美) 戴爾·布朗(Dale Brown) 主編, 李旭影 譯, 『愛琴海沿岸的奇異王國』, 華夏出版社, 2002, 94쪽 및 98쪽.

17) (스페인) 貝爾納爾·迪亞斯·德爾·卡斯蒂略(Bernal Díaz del Castillo) 著, 江禾·林光 譯, 『征服新西班牙信史』, 商務印書館, 1991.

18) Gideon Shelach, "The Qiang and the Question of Human Sacrifice in the Late Shang Period." *Asian Perspectives*, Spring 1996, pp.1~26.

19) 鞏啓明, 「姜寨遺址發掘回顧」, 『中國文化遺産』 2010年 第1期.

20) 中國社科院考古所寶鷄工作隊, 「一九七七年寶鷄北首嶺遺址發掘簡報」, 『考古 』1979年 第2期; 中國社科院考古所, 『寶鷄北首嶺』, 文物出版社, 1983.

21) 甘肅省文物工作隊, 「甘肅秦安大地灣901號房址發掘簡報」, 『文物』1986年 第2期; 鍾曉靑, 「秦安大地灣建築遺址略析」, 『文物』2000年 第5期.

22) 石峁古城의 發掘은 아직 시작 단계라서 古城의 全貌가 아직 드러나지 않았으나, 이미 잔인하고 대규모의 인신공양제사 현상을 발견했다. 孫周勇·邵晶, 「瓮城溯源: 以石峁遺址外城東門址爲中心」, 『文物』2016年 第2期; 陝西省考古研究所, 『發現石峁古城』, 文物出版社, 2016 참조.

23) 浙江省文物考古研究所, 『良渚古城綜合研究報告』, 文物出版社, 2019, 354, 364, 440쪽 참조.

24) 中國社科院考古所, 『西安半坡: 原始氏族公社聚落遺址』, 文物出版社, 1963, 18쪽.

25) 河南省文物研究所·中國歷史博物館考古部, 『登封王城岡與陽城』, 文物出版社, 1992.

26) 中國社科院考古所安陽工作隊, 「1979年安陽後岡遺址發掘報告」, 『考古學報』1985年 第1期.

27) 殷商 후기에 이르면 여기에서 또 공포의 H10 원형 3층 祭祀坑이 발견되나, 龍山 時代와는 이미 천여 년의 시간적 거리가 있다.

28) 河南省文物研究所·中國歷史博物館考古部, 「登封王城岡遺址的發掘」, 『文物』1983年 第

3期.

29) 적어도 석기시대에는 불필요했고, 철기시대에 이르면 華北의 인구 밀도가 증가함에 따라 일부 밭농사 지역에도 관개시설을 통해 생산량을 늘릴 필요가 생겼다.

30) 石峁遺址의 중신인 궁전 건축 구역의 '皇城臺'는 바깥에 돌을 쌓아 만든 담이 둘러 있는데, 지금은 성벽 東門과 皇城臺에서 각기 밀집된 人頭祭祀坑 및 部分尸骨坑이 발견되었을 뿐, 아직 자세한 발굴 보고서가 발표되지 않았다. 다만 東城門의 祭祀坑만 보더라도 石峁 古國의 人祭行爲가 이미 대단히 큰 규모였음을 알 수 있다.

31) 『史記』「五帝本紀」. 大禹에 관한 현존하는 기록은 주로 『尙書』와 戰國 시기의 諸子, 그리고 司馬遷의 『史記』에서 나온 것이다.

32) 中國社科院考古所, 『二里頭: 1999~2006』 第一册, 文物出版社, 2014, 150쪽. 二里頭 考古와 관련된 기본 정보와 圖版 가운데 출처를 밝히지 않은 것은 모두 이 책에서 나온 것이며, 이에 관해서 이후로는 주석을 달아 밝히지 않는다.

33) 여기서 채택한 것은 상대적으로 낮은 쌀의 무게이니, 二里頭의 쌀과 좁쌀의 무게 비율은 실제로 8배를 훨씬 초과할 것이다. 二里頭의 '浮選' 결과는 곡식 낱알의 평균 體積과 重量을 소개하지 않았으나, 王城岡 遺址의 浮選에는 體積이 들어 있다. 좁쌀 낱알은 "모두 圓球에 가까운 형태이며 直徑은 대부분 1.2밀리미터 이상"이고, 쌀은 "평균 길이가 4.47밀리미터, 평균 너비가 2.41밀리미터"라고 했으니, 계산해 보면 좁쌀의 평균 체적은 0.9제곱밀리미터이고, 쌀의 평균 체적은 거의 20제곱밀리미터로서 좁쌀의 20배이므로, 8배라는 무게 추정은 상당히 보수적이다. 趙志軍, 「河南登封王城岡遺址浮選結果及分析」, 『植物考古學: 理論·方法與實踐』, 科學出版社, 2010, 148쪽 참조.

34) 中國社科院考古所, 『二里頭: 1999~2006』 第三册, 1301쪽. 이것은 等比例를 보여주는 사진이며, 일부 浮選 統計 논문에서는 각종 곡식 사진의 비례가 달라서, 보이는 낱알의 크기가 모두 비슷하므로 '千粒重' 문제를 경시하게 만들기 쉽다.

35) 趙志軍, 「偃師二里頭遺址浮選結果的分析和討論」, 『農業考古』 2019年 第6期.

36) 北京大學震旦古代文明研究中心等, 『新密新砦』, 文物出版社, 2008, 522~523쪽. 新砦 제1기의 수치 가운데 조와 기장을 합계했으나, 이 양자의 '천 알 무게'는 차이가 상당히 커서 한꺼번에 환산하기 어려우므로, 여기서는 제2기의 수치만 활용했다.

37) 趙志軍, 「偃師二里頭遺址浮選結果的分析和討論」

38) 中國社科院考古所, 『二里頭: 1999~2006』 第四册에 수록된 컬러 도판에 의거하여 다시 그림.

39) 北京大學考古文博學院, 『洛陽王灣: 考古發掘報告』, 北京大學出版社, 2002, 72쪽.

40) 袁飛勇, 『煤山文化研究』, 武漢大學, 2020年博士論文. 新砦 陶器가 속한 文化類型 및 分布 範圍에 관해서 學界에는 서로 다른 구분 방식이 있으나, 本書에서는 비교적 넓은 의미의 방식을 채용했다.

41) 杜金鵬·許宏 主編, 『二里頭遺址與二里頭文化研究』, 科學出版社, 2006. 112, 137쪽. 常淑敏, 『二里頭王都的龍文化研究』, 中國社科院研究生院 2014年碩士論文.

42) 2002는 發掘 연도, V는 發掘區의 분류 번호다.

43) 王青·趙江運·趙海濤, 「二里頭遺址新見神靈及動物形象的復原和初步認識」, 『考古』 2020年 第2期.

44) 朱乃誠, 「二里頭綠松石龍的源流: 兼論石峁遺址皇城臺大臺基石護墙的年代」, 『中原文物』 2021年 第2期.

45) 朱乃誠, 앞의 글.

46) 朱乃誠, 앞의 글.

47) 『史記』 「夏本紀」에 대한 裴駰의 『集解』에 인용된 『汲冢記年』에는 "有王與無王, 用歲四百七十一年矣"라고 기록되어 있다. 『汲冢記年』이 바로 『竹書紀年』이다.

48) 仇士華, 『14C測年與中國考古年代學研究』, 中國社會科學出版社, 2015.

49) 趙海濤·張飛, 「二里頭都邑的手工業考古」, 『南方文物』 2021年 第2期.

50) 中國社科院考古所二里頭工作隊, 「河南偃師市二里頭遺址宮殿區5號基址發掘簡報」, 『考古』 2020年 第1期.

51) 許宏, 「二里頭: 中國最早的'核心文化'」, 『世界遺産』 2015年 第8期.

52) 杜金鵬·許宏 主編, 『偃師二里頭遺址研究』, 科學出版社, 2005.

53) 中國社科院考古所, 『偃師二里頭: 1959年~1978年考古發掘報告』, 中國大百科全書出版社, 1999.

54) 이 '원형 구덩이'는 1972년과 2001년에 두 차례 발굴되었는데, 분류 번호는 1972VH80과 2001VH1이다.

55) 中國社科院考古所, 『二里頭 1999~2006』 第二册, 635쪽.

56) 中國社科院考古所二里頭工作隊, 「河南偃師市二里頭遺址宮殿區1號巨型坑的勘探與發掘」, 『考古』 2015年 第12期.

57) 中國社科院考古所二里頭工作隊, 같은 글.

58) 中國社科院考古所, 『偃師二里頭』, 241, 251쪽.

59) 鄭光, 「偃師二里頭遺址」, 『中國考古學年鑒·1996』, 文物出版社, 1998. 167쪽.

60) 杜金鵬, 「二里頭遺址第二期考古的主要成就」, 『中原文物』 2020年 第4期.

61) 杜金鵬, 앞의 글.

62) 岳洪彬, 「偃師二里頭遺址」, 『中國考古學年鑒·1995』, 文物出版社, 1996. 163쪽.

63) 『說文解字』에서는 卜은 거북 껍질을 태운 것이다. 거북 껍질을 태운 모습을 형상한다. 혹은 거북 껍질에 나타난 종횡의 징조를 형상한 것이라고 한다 卜, 灼剝龜也. 象灸龜之形. 一曰象龜兆之從橫也"라고 했다. '卜'이 최초에 甲骨文에 나타났을 때 본래 의미는 甲骨을 구워서 나타난 조짐을 통해 吉凶을 점치는 것이었다.

64) 許宏 等, 「二里頭遺址聚落形態的初步考察」, 『考古』 2004年 第11期; 朱筱宇, 『中原地區二里頭文化時期墓葬研究』, 河南大學 2020年 碩士論文, 16쪽.

65) 李志鵬, 「二里頭文化祭祀遺迹初探」, 『三代考古』 第二輯, 科學出版社, 2006.

66) 中國社科院考古所, 『新密新砦』, 文物出版社, 2008. 224쪽.

67) 中國社科院考古所, 『偃師二里頭』, 41쪽.

68) 杜金鵬, 「二里頭遺址第二期考古的主要成就」.

69) 中國社科院考古所, 『中國考古學·夏商卷』, 中國社會科學出版社, 2003. 112쪽.

70) 杜金鵬, 「二里頭遺址第二期考古的主要成就」.

71) 사진은 각기 許宏, 「二里頭: 中國最早的'核心文化'」와 『世界遺産』編輯部, 「二里頭新探」, 『世界遺産』 2015年 第8期에서 인용했음.

72) 中國 早期 文明을 인정하는 기준에 관한 논의로는 張光直, 「論'中國文明的起源'」(陳星燦 整理, 『文物』 2004年 第1期)을 참조할 것.

73) 許宏, 『東亞靑銅潮』, 生活·讀書·新知三聯書店, 2021. 60쪽.

74) 『左傳』 「襄公 4년」과 『史記索隱』의 인용에는 때로 增減이 있다. 그 외에 『史記正義』에 인용된 『帝王世紀』도 참조할 만하다.

75) 『史記』 「夏本紀」, 『史記』 「殷本紀」: "夏桀이 잔학하게 정치하고 황음무도하자 제후 昆吾氏가 반란을 일으켰다. 이에 湯이 군대를 일으켜 제후를 이끌고 (…) 桀을 정벌하자 (…) 걸이 有娀의 언덕에서 패배하여 鳴條로 도주했고, 하나라 군대는 궤멸했다. (…) 湯이 하나라에 승리하자 (…) 제후들이 모두 복종하여, 湯이 천자에 즉위하여 海內를 평정했다. 夏桀爲虐政淫荒, 而諸侯昆吾氏爲亂. 湯乃興師率諸侯 (…) 遂伐桀 (…) 桀敗於有娀之虛, 桀奔於鳴條, 夏師敗績 (…) 湯旣勝夏 (…) 於是諸侯畢服, 湯乃踐天子位, 平定海內."

76) 陳國梁, 「合與分: 聚落考古視角下二里頭都邑的興衰解析」, 『中原文物』 2019年 第4期.

77) (日) 西江淸高·久慈大介, 「從地域間關系看二里頭文化期中原王朝的空間結構」, 杜金鵬·許宏 主編, 『二里頭遺址與二里頭文化研究』, 科學出版社, 2006.

78) 다만 東下馮은 二里頭와는 독립된 문화라고 주장하는 이도 있다. 張立東, 「論輝衛文化」, 『考古學集刊』(10), 地質出版社, 1996; 常懷穎, 「從新峽遺址再論二里頭與東下馮之關系」, 『文物季刊』 2022年 第1期 참조.

79) 戴向明 等, 「山西絳縣西吳壁遺址2018~2019年發掘簡報」, 『考古』 2020年 第7期.

80) 侯衛東, 「論二里頭文化四期中原腹地的社會變遷」, 『中原文物』 2020年 第3期.

81) 일반적으로 夏·商의 교체는 기원전 1600년 전후에 일어났다고 여기나, 탄소14를 이용한 연대 측정의 정밀도로는 50년 범위의 차이를 구현하기가 무척 어려우므로, 지금은 이런 작은 차이를 지금은 무시할 수밖에 없다.

82) 趙海壽, 「二里頭遺址二里頭文化四期晚段遺存探析」, 『南方文物』 2016年 第4期.

83) 中國社科院考古所 二里頭工作隊, 「1984年秋河南偃師二里頭遺址發現的幾座墓葬」, 『考古』1986年 第4期.

84) 中國社科院考古所, 『二里頭: 1999~2006』第一冊, 257쪽.

85) 2004VH305 灰坑에 관한 제세한 내용은 中國社科院考古所, 『二里頭: 1999~2006』第一冊, 417쪽을 참조할 것.

86) 새 담장의 분류 번호는 Q3이며, 자세한 사항은 趙海濤, 「二里頭遺址二里頭文化四期晚段遺存探析」을 참조할 것.

87) 程露, 「也談肥西大墩孜出土的靑銅罍和鈴」, 『東方博物』第25輯, 浙江大學出版社, 2007.

88) 秦讓平, 「安徽肥西三官廟遺址發現二里頭時期遺存」, 『中國文物報』2019年 8月 23日; 方林, 「肥西三官廟遺址出土靑銅兵器的年代及相關問題」, 『文物鑒定與鑒賞』2020年 第10期下.

89) 이 '半月形銅鉞'는 5000여 년 전에 長江 하류에 있었던 多孔石刀와 더 유사한데, 南京北陰陽營과 安徽 薛家崗에서도 모두 발견된 바 있다.

90) 方林, 「肥西三官廟遺址出土靑銅兵器的年代及相關問題」.

91) 戴向明, 「夏文化夏王朝及相關問題」, 『江漢考古』2021年 第6期; 中國先秦史學會等, 『夏文化研究論集』, 中華書局, 1996.

92) 「毛詩序」: "有正考甫者, 得商頌十二篇於周之大師."

93) 傅斯年, 「夷夏東西說」, 『國立中央研究院歷史語言研究所集刊』外編, 第一種, 『蔡元培先生六十五歲慶祝論文集』下冊, 1934.

94) 王震中, 『商族起源與先商社會變遷』, 中國社會科學出版社, 2010; 北京大學震旦古代文明研究中心等, 『早期夏文化與先商文化研究論文集』, 科學出版社, 2012.

95) 다만 『史記』에서 司馬遷은 또 簡狄과 姜嫄에게 같은 남편을 안배했으니, 그가 바로 半神의 帝王인 帝嚳이다. 이것은 春秋 시대 이후에 改編된 내용이며, 『詩經』에 수록된 商族과 周族의 史詩에는 모두 이 두 여자에게 남편이 있었다는 내용이 기록되어 있지 않다.

96) 『國語』「魯語上」과 『禮記』「祭法」, 또 다른 기록에서는 夏나라의 왕 少康과 杼가 冥에게 黃河를 다스리게 했는데, 그 일을 하다가 익사했다는 것으로서 『今本竹書紀年』에 이런 기록이 들어 있다. "제왕 少康 11년에 商侯 冥에게 황허강을 다스리게 했고帝少康十一年使商侯冥治河." "제왕 杼 13년에 商侯 冥이 황허강에서 죽었다.帝杼十三年商侯冥死於河." 다만 『今本竹書紀年』은 신뢰할 만한 문헌이 아니다. 거기에는 上古時代의 사건에 대해 정확한 연도를 기록했으나, 신뢰성은 오히려 떨어진다. 어떤 연구자에 따르면 『今本竹書紀年』은 南宋 이후의 누군가가 僞造한 것이라고 한다.

97) 『史記』「殷本紀」에서는 冥의 아들이 '振'이고, 振의 아들은 '微'라고 했다. 王國維가 발견한 바에 따르면, '振'은 바로 『山海經』의 '王亥'이며, 甲骨卜辭에도 '王亥'에게 제사 지냈다는 기록이 여러 차례 등장한다. 그러므로 '振'은 '亥'를 잘못 쓴 것이다. '微'는 『竹書紀年』에서 '殷主甲微'이라고 했고, 甲骨卜辭에서는 '上甲'이라고 썼다.

98) 中國社科院考古所, 『小屯南地甲骨』, 1980. 1116조. 이하 『屯南』으로 약칭함.

99) 韓江蘇·江林昌, 『殷本紀訂補與商史人物徵』, 中國社會科學出版社, 2010. 63쪽.

100) 傅築夫, 「殷代的遊農與殷人的遷居」, 『中國經濟史論叢』 上冊, 生活·讀書·新知三聯書店, 1980. 46쪽.

101) 張光直, 「中國相互作用圈與文明的形成」, 『慶祝蘇秉琦考古五十五周年論文集』, 文物出版社, 1988.

102) 胡厚宣, 「甲骨文商族鳥圖騰的遺迹」, 『歷史論叢』 第1輯, 中華書局, 1964; 「甲骨文所見商族鳥圖騰的新證據」, 『文物』 1977年 第2期. 顧頡剛, 「鳥夷族的圖騰崇拜及其氏族集團的興亡」, 『古史考』 第六卷, 海南出版社, 2003.

103) 顧頡剛, 「周易卦爻辭中的故事」, 『燕京學報』 1929年 第6期.

104) 常玉芝, 『商代宗敎祭祀』, 中國社會科學出版社, 2010. 156쪽.

105) 常玉芝, 『商代宗敎祭祀』, 21쪽.

106) 中國社科院考古所, 『殷墟婦好墓』, 文物出版社, 1980. 159쪽.

107) 이 개념도는 中國歷史博物館考古部, 『垣曲商城(一): 1985~1986年度勘察報告』, 科學出版社, 1996. 5쪽의 것을 토대로 개편한 것임.

108) 李維明, 「鄭州二里岡早商骨刻字符與毛土祭祀」, 『中國文字博物館集刊』 2021年 9月.

109) 賈世傑 等, 「鄭州商城遺址炭化植物遺存浮選結果與分析」, 『漢江考古』 2018年 第2期.

110) 中國社科院考古所, 『夏縣東下馮』, 文物出版社, 1988.

111) 馬金磊, 「運城鹽池在史前考古學研究中的作用」, 『科敎導刊(電子版)』 2013年 第4期. 다만 이 논문은 표본을 측정한 구체적인 데이터를 제시하지 않았으므로, 지금은 인용하는 학자가 드물다.

112) 中國社科院考古所, 『偃師商城』 第一卷.

113) 洛陽博物館, 「洛陽戰國糧倉試掘記略」, 『洛陽考古集成·夏商周卷』, 北京圖書館出版社, 2005.

114) 河南省文物考古研究所, 『鄭州商城: 1953~1985年考古發掘報告』, 文物出版社, 2001. 477쪽.

115) 中國社科院考古所, 「河南偃師商城商代早期王室祭祀遺址」, 『考古』 2002年 第7期.

116) 中國社科院考古所河南第二工作隊, 「河南偃師市偃師商城宮城祭祀D區發掘簡報」, 『考古』 2019年 第11期.

117) 中國社科院考古所河南第二工作隊, 위의 글.

118) 中國社科院考古所, 「河南偃師商城商代早期王室祭祀遺址」.

119) 앞서 인용한 2편의 發掘簡報에 따르면, B구역과 C구역의 사용 기간은 偃師商城商文化의 제1기 第1段에서 제3기 第5段까지, D구역은 제1기 第2段부터 제3기 第5段까지, A구역은 제2기 第3段부터 제3기 第6段까지였다. 偃師商城은 모두 3期 7段으로 나뉜다.

120) 中國社科院考古所, 『偃師商城』 第一卷, 428쪽. 제사갱 K1의 평면도와 단면도도 이

글에서 인용한 것임.

121) 河南省文物考古研究所, 『鄭州商城: 1953~1985年考古發掘報告』. 이하 鄭州商城과 관련된 기본 정보와 圖片 가운데 따로 주석에서 밝히지 않은 것은 모두 이 보고서에서 나온 것임.

122) 鄭州商城은 四期(二里岡 下層의 1, 2기와 二里岡 上層의 1, 2기임. 편의상 本書에서는 4기의 순서를 사용함)로 나뉘는데, 앞쪽 3기는 기본적으로 偃師商城과 같이 초기 상나라의 200년에 속한다. 鄭州 제4기는 상나라 중엽에 속하는데, 도시의 주체와 궁전은 모두 이미 폐기되었으나 商城 안팎에는 아직 드문드문 聚落이 있었다. 제4기는 약 70~80년 동안 지속되었는데, 그것은 다시 전기와 후기로 나눌 수 있다. 탄소14의 연대 측정의 정밀도로서는 수십 년의 차이를 판별할 수 없으므로, 이상의 시간은 모두 개략적인 數値이다.

123) 郝本性, 「試論鄭州出土商代人頭骨飮器」, 『華夏考古』1992年 第2期.

124) 郝本性, 위의 글.

125) 인신공양제사를 가장 많이 받은 대상은 商王의 歷代 先祖일 가능성이 있으나, 초기 상나라 시기에는 극소수의 甲骨卜辭만 발견되었으므로 우리는 商王이 제사를 바치는 대상에 대해 명확하게 파악할 수 없다.

126) 中國社科院考古所 等, 『夏縣東下馮』, 文物出版社, 1988. 155쪽.

127) 中國歷史博物館考古部·山西省考古研究所, 「1988~1989年山西垣曲古城南關商代城址發掘簡報」, 『文物』1997年 第10期.

128) 劉士莪, 『老牛坡』, 陝西人民出版社, 2001. 67쪽.

129) 張國碩, 「鄭州商城銅器窯藏坑性質辨析」, 『中原文物』2018年 第1期.

130) 河南省文物考古研究所·鄭州市文物考古研究所, 「鄭州南順城街靑銅器窯藏坑發掘簡報」, 『華夏考古』1998年 第3期.

131) 安金槐, 「再論鄭州商代靑銅器窯藏坑的性質與年代」, 『華夏考古』, 1997年 第1期; 張國碩, 「鄭州商城銅器窯藏坑性質辨析」.

132) 河北省文物研究所, 『北福地: 易水流域史前遺址』, 文物出版社, 2007.

133) 孫新民·孫錦, 「河南地區出土原始瓷的初步研究」, 『東方博物』2008年 第4期.

134) 商代 中葉의 이 적막한 시기를 '中商'에 포함시키는 학자도 있으나, 中商의 구체적인 기간에 대해서도 異見이 있다. 殷墟의 최초 수십 년(洹北商城 단계)도 中商에 포함하는 학자도 있다. 필자는 殷墟 단계 전체를 晚商에 포함함으로 中商 시기는 조금 더 짧게 규정했다.

135) 河南省文物考古研究所, 『鄭州小雙橋: 1990~2000年考古發掘報告』, 科學出版社, 2012. 이하 小雙橋 유적지와 관련된 정보와 圖片 가운데 주석으로 밝히지 않은 것들은 모두 이 보고서에서 나온 것임.

136) 小雙橋 유적지의 有機物에 대한 탄소14 연대 측정에 따르면, 해당 유적지는 기원전 1435년 전부터 기원전 1412년 사이에 사용되었다. 이 기간은 조금 짧고 약간 앞쪽으로 치

우처 있는데. 종합적으로 고려하면 그것은 기본적으로 지금으로부터 3400년 전에서 3300년 전의 범위에 들어간다.

137) 季惠萍, 「被遺忘的隩都: 鄭州小雙橋遺址」, 『大衆考古』 2018年 第12期.

138) '我'와 '義'의 갑골문 형태는 이가 3개 달린 도끼 모양의 무기를 닮았다. 지금까지는 아직 2개 혹은 3개의 이가 달린 무기를 발견하지 못했으나. 상나라 때는 응당 그런 무기가 존재했을 것이다.

139) 陳旭, 「鄭州小雙橋商代遺址卽隩都說」, 『中原文物』 1997年 第2期.

140) 鍾華, 「河南省鄭州市小雙橋遺址浮選結果及分析」, 『南方文物』 2018年 第2期.

141) Gideon Shelach, "The Qiang and the Question of Human Sacrifice in the Late Shang Period."

142) 良渚文化의 時間과 空間은 비교적 규모가 크지만, '良渚 고대 국가'는 특별히 杭州市 餘杭區의 良渚古城共同体를 가리킨다. 거기에는 흙을 쌓아 지은 대형 성벽(흙 제방)과 궁전 구역, 둑水壩이 있는데, 측정 결과 이 시설은 지금으로부터 5000년 전에서 4900년 전의 사이에 지어졌다. 그리고 지금으로부터 4800년 전부터는 왕궁 건물이 폐기되고 王級의 무덤도 나오지 않아서 고대 국가의 왕권이 이미 해체되었음을 말해준다. 이후로 古城의 범위 안에는 줄곧 사람들이 상당히 많이 살았으나 그저 부락의 권력 구조를 유지하는 정도였다. 浙江省文物考古研究所, 『良渚古城綜合研究報告』, 文物出版社, 2019 참조.

143) 湖北省文物考古研究所, 『盤龍城』, 文物出版社, 2001. 盤龍城 유적지는 7期로 나뉘는데 제1기에서 제3기까지는 기본적으로 二里頭-夏 왕조 시기와 일치하고, 제4기 중간에 商나라 사람들이 나타나 식민지를 개척하기 시작했다. 제7기는 商나라 사람들의 식민 시대의 끝자락이다. 盤龍城의 고고학적 발굴과 관련된 기본 정보와 圖片 가운데 주석으로 따로 밝히지 않은 것은 모두 이 책에서 나왔다.

144) 오랜 기간 자연과 인공의 파괴로 인해 現存하는 盤龍城의 城墻은 2, 3미터밖에 되지 않는다. 이외에 발굴 보고서에 따르면, 일부 지역의 성벽 토대는 폭이 약 20미터라고 했는데, 이런 이유로 일부 논문에서는 성벽의 폭이 20미터라고 인용하기도 했다. 그러나 이것은 정확하지 않을 수 있으니, 성의 토대는 성벽이 폭보다 상당히 큰 차이가 있을 수 있기 때문이다.

145) F1의 북측에 F3로 命名된 또 하나의 건물 유적이 있으나, 建築史學者 楊鴻勛에 따르면 F3 유적은 가옥이 아니라 처마가 딸린 담장이며, 이로 보건대 F1과 F2는 모두 처마가 딸린 담장에 둘러싸여 있었던 듯하다고 했다. 復原圖는 처마가 딸린 담장에 둘러싸인 모습으로 그려졌으나, 주위에 처마 딸린 회랑의 흔적이 없으므로 좀 더 구체적인 증거가 필요하다. 楊鴻勛, 「盤龍城商方國宮殿建築復原研究」, 湖北省文物考古研究所, 『盤龍城』.

146) 胥衛華, 「湖南岳陽市銅鼓山遺址出土商代靑銅器」, 『考古』 2006年 第7期.

147) 江西省文物局, 「瑞昌銅嶺礦冶遺址發掘獲重大成果」, 『中國文物報』 1992年 1月 19日.

148) 張昌平,「關於盤龍城的性質」,『江漢考古』2020年 第6期.

149) 盤龍城에서 생산된 靑銅器에도 이렇게 좁고 긴 형태의 饕餮紋이 들어 있다.

150) 武漢市博物館,「1997~1998年盤龍城發掘簡報」,『漢江考古』1998年 第3期; 武漢市考古文物研究所,「商代盤龍遺址楊家灣十三號墓淸理簡報」,『漢江考古』2005年 第1期.

151) 張煜珧는 夏·商 시기의 山川祭祀에서 "南方은 器物을 사용하고 北方은 犧牲을 사용하는" 차이에 이미 주목했다. 張煜珧,『夏商周祭祀遺存硏究』, 西北大學 2019年博士論文. 그러나 이런 차이가 시작된 시기는 더욱 일렀으며, 산천에 대한 제사에만 국한된 게 아니었다.

152) 張煜珧,『夏商周祭祀遺存硏究』.

153) 河北省文物硏究所,『藁城臺西商代遺址』, 文物出版社, 1985. 이하 이 유적지에 관한 정보와 圖片 가운데 따로 주석으로 밝히지 않은 것들은 모두 이 책에서 나온 것임.

154) 함께 출토된 것으로 돼지의 아래턱뼈와 늙은 여성의 뼈 부스러기가 있는데, 사람의 머리와 한쪽 다리는 이미 신체에서 떨어져 나갔다. 이 여인은 아마 軍營에서 노역하던 土著農婦였을 텐데, 어떤 무사의 노여움을 사서 몇 조각으로 쪼개져 쓰레기 구덩이에 던져진 듯하다.

155) 北京市文物硏究所,『昌平張營』, 文物出版社, 2007. 이 유적지와 관련된 기본 정보와 圖片 가운데 따로 주석으로 밝히지 않은 것들은 모두 이 책에서 나온 것이다.

156) 人骨이 포함된 이 灰坑들의 분류 번호는 29와 33, 62, 70, 78, 83, 84, 99, 103, 105, 106, 107이다.

157) 顧頡剛,「尙書盤庚三篇校釋釋論」,『顧頡剛古史論文集』卷9, 中華書局, 2010 참조.

158) 朱彦民,『殷墟都城探論』, 南開大學出版社, 1999. 100쪽.

159) 中國社科院考古所安陽工作隊,「河南安陽市洹北商城宮殿區I號基址發掘簡報」,『考古』2013年 第5期.

160) 中國社科院考古所安陽工作隊,「河南安陽市洹北商城宮殿區二號基址發掘簡報」,『考古』2010年 第1期.

161) 張國碩,「盤庚遷都來龍去脈之推斷」,『鄭州大學學報』(哲學社會科學版) 2004年 第6期.

162) 中國社科院考古所安陽工作隊,「河南安陽市洹北商城宮殿區I號基址發掘簡報」.

163) 中國社科院考古所,『中國考古學·夏商卷』.

164) 中國社科院考古所安陽隊,「1987年安陽小屯村東北地的發掘」,『考古』1989年 第10期.

165) 中國社科院考古所,『殷墟的發現與硏究』, 科學出版社, 2007. 石璋如의『北組墓葬』(1970)과『中組墓葬』(1972),『南組墓葬附北組墓補遺』(1972),『乙區基址上下的墓葬』(1976) 등은 모두 臺北의 '中硏院'史語所에서 출판되었다.

166) 中國社科院考古所安陽工作隊,「1973年小屯南地發掘報告」,『考古學集刊』第9集, 科學出版社, 1995.

167) 石璋如,『殷墟建築遺存』, (臺台)'中硏院'史語所, 1959.; 陳志達,『殷墟』, 文物出版社,

2007.

168) 中國社科院考古所, 『殷墟的發現與硏究』.

169) 梁思永·高去尋, 『侯家莊·1550號大墓』, (臺北) '中硏院'史語所, 1976. 25쪽.

170) 이상 郭寶鈞, 「1950年春殷墟發掘報告」, 『中國考古學報』 第五冊, 1951.

171) 梁思永·高去尋, 『侯家莊·1550號大墓』.

172) 中國社科院考古硏究所, 『中國考古學·夏商卷』. 墓穴 중앙에 사각형의 墓室(槨室)이 있고, 2층 臺에 대량의 순장자 유골이 있는데, 이 유골들은 보기 편하도록 사진에 색을 입혔음.

173) 圖片은 '中硏院'史語所에서 가져왔음.

174) 安陽亦工亦農文物考古短訓班·中國社科院考古所安陽發掘隊, 「安陽殷墟奴隷祭祀坑的發掘」, 『考古』 1977年 第1期. 이하 인용하는 이 보고서의 문장과 圖片에는 따로 출처를 밝히는 주석을 붙이지 않음.

175) 郭寶鈞, 「1950年春殷墟發掘報告」, 45쪽.

176) 王平·顧彬, 『甲骨文與殷商人祭』, 大象出版社, 2007. 88쪽 및 97쪽.

177) 唐際根·湯毓贇, 「再論殷墟人祭坑與甲骨文中羌祭卜辭的相關性」, 『中原文物』 2014年 第3期.

178) 中國社科院考古所安陽工作隊, 「安陽武官村北地商代祭祀坑的發掘」, 『考古』 1987年 第12期.

179) 中國社科院考古所安陽工作隊, 「安陽武官村北地商代祭祀坑的發掘」.

180) 于省吾는 '奚'자는 "사람 정수리의 상투가 반듯이 서 있고 손으로 그것을 잡은 모양"이며, "從戌奚聲의 形聲字로서 도끼로 奚의 머리를 자르는 것이니 살육을 뜻한다"라고 했다. 于省吾, 「殷代的奚奴」, 『東北人民大學人文科學學報』 1956 年第 1 期 ; 胡留元·馮卓慧, 『夏商西周法制史』, 商務印書館, 2006. 88쪽.

181) 姚孝遂, 「商代的俘虜」, 『古文字硏究』 第一輯, 中華書局, 1979. 371쪽.

182) 中國社科院考古所安陽工作隊, 「1998年~1999年安陽洹北商城花園莊東地發掘報告」, 『考古學集刊』 第15集, 文物出版社, 2004.

183) 中國社科院考古所安陽工作隊, 「1982~1984年安陽苗圃北地殷代遺址的發掘」, 『考古學報』 1991年 第1期.

184) 中國社科院考古所安陽工作隊, 「1982~1984年安陽苗圃北地殷代遺址的發掘」.

185) 中國社科院考古所安陽工作隊, 「殷墟259, 260號墓發掘報告」, 『考古學報』 1987年 第1期.

186) 胡厚宣·胡振宇, 『殷商史』, 上海人民出版社, 2003. 165~166쪽. 胡厚宣는 또 武丁 이전의 3명의 왕인 盤庚과 小乙, 小辛의 卜辭를 나누었는데, 거기에도 소량의 인신공양제사 기록이 있어서 모두 100명이 희생되었다. 다만 殷墟 卜辭의 시대 구분은 아직 공인되지 않은 방식이 아니어서, 어떤 학자는 殷墟 甲骨에 武丁 시기보다 이전의 것은 없으니, 이 卜辭들도

武丁 시기와 그 이후의 것이 분명하다고 생각한다.

187) 董作賓의 『殷曆譜』에서 맨 먼저 祖甲과 帝乙, 帝辛 時期의 周祭 現象을 제시했는데, 그는 그것을 殷商의 '새로운 종교新派宗敎'라고 칭했다. 이외에 常玉芝, 『商代宗敎祭祀』, 中國社會科學出版社, 2010의 427~467쪽을 참조할 만하다.

188) 『尙書』「召誥」는 周나라 때의 문헌이나 體系는 상나라 사람들의 이념이 연속된 것이다.

189) 韓江蘇 · 江林昌, 『『殷本紀』訂補與商史人物徵』, 312쪽.

190) 字形의 摹寫와 隷定은 李宗焜, 『甲骨文字編』, 中華書局, 2012에서 인용했다.

191) 鄭若葵, 「殷墟大邑商族邑布局初探」, 『中原文物』 1995年 第3期.

192) 張光直, 『商文明』.

193) 『英藏』 150 正: "辛巳日에 점을 쳐서 婦好에게 3천 명을 파견하고 1만 명을 소집하여 羌族을 정벌하게 해도 되겠느냐고 물었다.辛巳卜, 貞: 登婦好三千, 登旅萬, 呼伐羌."

194) 『粹』 597: "王乍(作)三自(師), 右中左."

195) 石璋如, 「第七次殷墟發掘: E區工作報告」, 『安陽發掘報告』 第四期, 1933, 722쪽.

196) 何毓靈, 「論殷墟手工業布局及其源流」, 『考古』 2019年 第6期.

197) 石璋如, 「第七次殷墟發掘: E區工作報告」, 722쪽.

198) 中國社科院考古所, 『殷墟婦好墓』, 文物出版社, 1980.

199) 梁思永 · 高去尋, 『侯家莊 · 1001號大墓』, (臺北) '中研院 : 史語所, 1962; 『侯家莊 · 1004號大墓』, 1970, 33~35, 133~154쪽.

200) 中國社科院考古所安陽工作隊, 「殷墟259 · 260號墓發掘報告」, 『考古學報』 1987年 第1期.

201) 卜辭의 '二告'는 처음의 예측이 왜 실현되지 않았는지 풀이한 것일 가능성이 있는데, 이것은 징조로 나타난 무늬의 해석과 관련된 것이어서 지금으로서는 완전히 이해할 방법이 없다.

202) 『東京』 979: "貞, 妣己害婦好子."

203) 『合集』 2656 正: "婦好允見右老."

204) 『合集』 2641: "貞乎婦好見多婦於𥮊."

205) 『合集』 94 正과 『合集』 2607, 그리고 郭沫若 『卜辭通纂考釋』 別一, 科學出版社, 1983 참조. 그 외에 卜辭에는 또 婦好가 燎祭를 주재했다고 기록되어 있기도 하다. 『合集』 2641: "貞, 勿乎婦好往燎."

206) 『合集』 709 正. 역대 商王의 卜辭는 모두 '肩凡'의 문제를 자주 물었는데, 이것은 아마도 그들이 제사를 책임졌던 것과 관련이 있는 듯하다. 그 외에 어떤 학자는 '肩'을 '骨'로 해독하기도 한다.

207) 『合集』 6412: "乎婦好伐土方."

208)『合集』8035 : "貞, 翌辛亥乎婦娍宜於磐京." 이것은 婦娍에게 磐京에서 '宜祭'를 거행하게 해도 되겠느냐는 뜻이다.

209)『合集』6585 : "勿乎婦娍伐龍方."

210)『屯南』4023.

211)『尙書』「無逸」: "高宗 때는 오랫동안 밖에서 고생하여 이에 낮은 백성들과 함께했소. 즉위하자 참으로 침묵하였으니 3년 동안 말을 하지 않았소. 그저 말을 하지 않았을 뿐이나, 말을 하면 화목했소. 감히 지나치게 안락함에 빠지지 않고 은나라를 훌륭하고 안정적으로 만들었소. 지위가 낮은 사람이거나 높은 사람이거나 당시에 원망하는 사람이 없었소. 이에 고종은 59년 동안 왕위에 있었소其在高宗, 時舊勞於外, 爰曁小人, 作其卽位, 乃或亮陰, 三年弗言. 其惟弗言, 言乃雍. 不敢荒寧, 嘉靖殷邦. 至於小大, 無時或怨, 肆高宗之享國五十有九年."

212)『史記正義』에 인용된『竹書紀年』에서는 "盤庚이 殷으로 遷都한 때로부터 紂王에 이르기까지 773년이 걸렸는데 다시는 遷都하지 않았다自盤庚徙殷至紂之滅, 七百七十三年, 更不徙都"라고 했다. 그런데 이 기간은 의심할 바 없이 너무 기니, 어떤 학자는 '七百'이 응당 '二百'을 잘못 쓴 것이라고 주장했다.

213)『太平御覽』권83에 인용된『帝王世紀』의 내용임.

214)『合集』23477 : "癸亥卜, 貞, 兄庚歲 (…) 眔兄己叀(惠) (…)" "貞, 兄庚歲眔庚「兄」己其牛."

215)『合集』28278 : " (…) 小王父己."

216)『合集』35865 : "己卜, 貞, 王(賓)且(祖)己祭, 亡尤."

217) 陳絜,「小屯M18所出朱書玉戈與商人東進交通線」,『故宮博物院院刊』2019年 第3期. 釋義에 관한 학계의 주장은 여러 가지다. 中國社科院考古所安陽工作隊,「安陽小屯村北的兩座殷代墓」와 吳雪飛,「安陽小屯18號墓出土玉戈朱書考」,『殷都學刊』2016年 第2期를 참조할 만하다.

218) 中國社科院考古所安陽工作隊,『安陽小屯村北的兩座殷代墓』, 515쪽 참조.

219) 이상 M17과 M18에 관한 고고학적 정보와 데이터, 圖片 가운데 따로 주석으로 밝히지 않은 것들은 모두 中國社科院考古所安陽工作隊,『安陽小屯村北的兩座殷代墓』에서 나온 것이다.

220) 이상 건물과 祭祀坑의 발굴 보고 및 圖片은 中國社科院考古所,『安陽小屯』, 世界圖書出版公司, 2002에서 나온 것이다.

221) 中國社科院考古所,『殷墟花園莊東地甲骨』, 雲南人民出版社, 2003.(이하『花東』으로 약칭함.) 殷墟에는 2개의 花園莊이 있는데, 하나는 洹河 北岸의 洹北商城 안에 있고, 다른 하나는 洹河 南岸의 宮殿區 南側(이미 전체가 이주함)의 것인데, H3 甲骨坑은 洹河 남쪽에 있는 것이다.

222) 商代에 이미 大學이 있었으니, 예를 들어『合集』3510에 들어 있는 "右學"이라는 구

절과 『合集』 20101의 "丁巳卜, 右學"이라는 구절이 그 증거이다. 『禮記』 「王制」에는 "殷나라 사람들은 右學에서 노인을 봉양했다殷人養國老於右學"라고 했는데, 鄭玄은 "右學은 大學"이라고 해석했다. 『屯南』 60에는 "於大學尋"이라는 구절이 들어 있다.

223) 中國社科院考古所, 『殷墟小屯村中村南甲骨』, 雲南人民出版社, 2012, 489條.

224) 『屯南』 662. 그 외에 宋鎮豪, 「甲骨文中的樂舞補說」, 『海南大學學報』(人文社會科學版) 2020年 第4期를 참조할 만하다.

225) 中國社科院考古所, 『安陽殷墟小屯建築遺存』, 文物出版社, 2010. 이하 小屯建築 丁組 유적지에 관한 기본 정보와 데이터, 圖片 가운데 따로 주석에서 밝히지 않은 것은 모두 여기서 나온 것이다.

226) 發掘 報告의 묘사에 따르면 이런 器物坑은 對稱되게 2개를 파는데, 다른 하나는 이미 후세에 파괴되어 몇 개의 도기 파편만 남았다고 했다.

227) 王恩田, 「武父乙盉與殷墟大型宗廟基址F1復原」, 『中原文物』 2006年 第1期.

228) 李競恒, 『干戈之影: 商代的戰爭觀念·武裝者與武器裝備研究』, 四川師範大學電子出版社, 2011.

229) 中國社科院考古所, 『安陽殷墟花園莊東地商代墓葬』, 科學出版社, 2007. 이하 M54에 관련된 기본 정보 및 圖片 가운데 따로 주석에서 밝히지 않은 것은 모두 여기에서 나온 것이다.

230) 『安陽殷墟花園莊東地商代墓葬』의 發掘 報告에 따르면, 이 3개의 人頭는 "2층의 臺 위가 아니라 그 안에 놓여 있었다"라고 했다. 이런 설명은 약간 난해한데, '2층 대 안'이 가리키는 것은 두 가지 가능성이 있다. 하나는 2층 대의 다져진 흙 속에 들어 있었다는 것이고, 다른 하나는 2층 대 안쪽에 壁龕을 파서 거기에 人頭를 놓아두었다는 것이다.

231) 劉士莪, 『老牛坡』, 陝西人民出版社, 2001. 이하 老牛坡에 고고학적 발굴에 관한 기본 정보와 圖片 가운데 각주로 출처를 밝히지 않은 것은 모두 여기에서 나온 것이다.

232) 西安半坡博物館·藍田縣文化館, 「陝西藍田懷珍坊商代遺址試掘簡報」, 『考古與文物』 1981年 第3期.

233) 『合集』 6812 正 및 『合集』 6813, 6814, 6815, 6816, 6817, 6821, 6822.

234) 王光永, 「陝西省岐山縣發現商代銅器」, 『文物』 1977年 第12期; 羅西章, 「扶風美陽發現商周銅器」, 『文物』 1978年 第10期; 齊浩·張天宇, 「周原遺址新見京當型銅器墓淺識」, 『中國國家博物館館刊』 2015年 第11期.

235) 周原甲骨 H11: 84에 "册周方伯"라는 구절이 들어 있다.

236) 『合集』 2816. 『乙』 8894: "貞, 婦周."

237) 尹盛平, 『周文化考古研究論集』, 文物出版社, 2012. 11쪽.

238) 이 글자에 대한 古文字學者들의 해석에는 차이가 있으니, 어떤 이는 '蒙'으로 읽지만, 胡厚宣은 '崇侯虎'라고 여겼다. 胡厚宣, 「卜辭中所見之殷代農業」, 『甲骨學商史論叢二集』

(上), 臺北: 大通書局, 1972年 影印本 上册, 52쪽. 韓江蘇·江林昌, 『殷本紀』訂補與商史人物徵』, 478쪽.

239) 『史記』「周本紀」: "이듬해에 崇侯虎를 정벌하고 豐邑을 지은 후, 岐下에서 豐으로 遷都했다明年, 伐崇侯虎. 而作豐邑, 自岐下而徙都豐."

240) 『老牛坡』, 359쪽.

241) 『合集』 23560의 이 甲骨 圖片은 模糊해서 많은 글자를 알아보기 어려운데, 이 釋文은 胡厚宣의 『甲骨文合集釋文』에서 인용한 것이다.

242) 漢中 地區에서 발견된 이런 얼굴 장식은 더 많은데, 현지 토착민들이 발전시킨 청동 문화에 속한다.

243) 『詩經』「大雅」「皇矣」: "성에 오를 갈퀴鉤援와 망루 달린 臨車와 벽을 쳐서 무너뜨릴 衝車를 가지고 숭국의 성벽을 공격하라! 臨車와 衝車는 요동치는데, 숭국의 성벽은 높고 크구나. 계속해서 포로를 잡고, 느긋하게 적의 귀를 베지. 이에 출정하며 禷祭와 禡祭 지내고, 숭국의 백성 투항 받아 按撫하니, 사방에서 우리를 모욕할 수 없지. 臨車와 衝車는 너무나 強盛하고, 숭국의 성벽은 까마득히 높구나!以爾鉤援, 與爾臨衝, 以伐崇墉. 臨衝閑閑, 崇墉言言. 執訊連連, 攸馘安安. 是類是禡, 是致是附, 四方以無侮. 臨衝茀茀, 崇墉仡仡."

244) 『國語』「鄭語」에서 鄭 桓公과 史伯이 대화할 때 史伯은 "周棄는 百穀과 채소를 파종해 심을 줄 알았다周棄能播殖百穀蔬"라고 했다. 鄭國은 周 王室에서 나왔고 后稷—棄의 直系 後人이니, 周人은 모두 자기 始祖의 이름이 棄라는 것을 알았다고 하겠다.

245) 『左傳』「宣公三年」. 이것은 鄭國의 大臣 가운데 1명이 한 말인데, 鄭國은 周 王室에서 나왔으니 이 말은 응당 근거가 있을 것이다.

246) 中國社科院考古所, 『南邨州·碾子坡』, 世界圖書出版公司, 2007. 이하 이 유적지의 고고학적 발굴에 관한 기본 정보와 데이터 및 圖片 가운데 주석으로 밝히지 않은 것들은 모두 이 책에서 나온 것이다.

247) 唐代의 經學家 孔穎達이 『詩經』「大雅」「公劉」를 注解할 때 이미 이 문제를 제기한 바 있다.

248) 『國語』「晉語」. 晉國은 周 王室에서 나왔으니, 이 주장이 반드시 진실은 아닐지라도 周人이 자기들에게 더 찬란한 始祖를 창조한 예에 속한다.

249) 徐中舒, 「周原甲骨初論」, 『徐中舒歷史論文選輯』(下册), 中華書局, 1998, 1423쪽.

250) 훗날의 姬姓 周族에게도 비슷한 일이 일어났으니 古公亶父의 長子 泰伯과 次子 仲雍은 '야만의 남방으로 피신했고竄入荊蠻', 남겨진 어린 아들 季歷이 族長 지위를 계승했다.

251) 『山海經』「大荒西經」: "叔均乃爲田祖." 『詩經』「小雅」「甫田」: "琴瑟擊鼓, 以御田祖, 以祈甘雨." 『詩經』「小雅」「大田」: "去其螟螣, 及其蟊賊, 無害我田稚. 田祖有神, 秉畀炎火." 『周禮』「春官宗伯」: "온 나라가 田祖에게 풍년을 기원하며 『詩經』「豳風」「七月」을 연주하며 土鼓를 울렸다.凡國祈年於田祖, 龡豳雅, 擊土鼓."

252) 『山海經』 「海內經」: "稷之孫曰叔均, 是始作牛耕." 『周禮』 「春官宗伯」에 대한 鄭玄 注: "田祖, 始耕田者, 謂神農." 『詩經』 「小雅」 「甫田」에 대한 鄭玄 注: "田祖, 先嗇也." 『禮記』 「郊特牲」에 대한 鄭玄의 注: "先嗇, 若神農."

253) 『史記』 「殷本紀」: "帝武乙은 無道하여 인형을 만들어서 '天神'이라고 했다. 그 인형과 박투하여 사람에게 행동하게 했다. 천신이 이기지 못하자 그것을 욕보였다. 가죽 자루를 만들어 피를 채우고 올려다보며 화살을 쏘고, 그것을 '射天'이라고 불렀다. 帝武乙無道, 爲偶人, 謂之天神. 與之博, 令人爲行. 天神不勝, 乃僇辱之. 爲革囊, 盛血, 卬而射之, 命曰射天."

254) 『孔叢子』 「居衛第七」 참조. 이 책은 西漢 初年의 작품으로서 司馬遷이 『史記』를 쓸 때 여기서 일부 자료를 취했을 가능성이 있다.

255) 高亨은 '依'는 '殷'과 통하니, 이 爻의 내용은 殷商을 위하여 거처를 옮긴다는 뜻으로서, "武乙과 古公亶父는 年代도 서로 맞으니 『易經』에 기록된 것은 아마 武乙과 亶父의 故事일 것이다. 이른바 '公'은 바로 古公亶父가 아니겠는가武乙與古公亶父年代亦相値, 則易所記蓋武乙亶父故事, 所謂公卽古公亶父歟?"(高亨, 『周易古經今注』, 中華書局, 1984, 281쪽.)

256) 여기서 말하는 '古公亶父'는 예전에 亶父의 全稱이라고 여겨졌다. 또 어떤 학자는 '古'가 '當年'의 뜻이고 '公亶父'가 칭호라고 하면서, 거기서 '公'은 또 長者에 대한 尊稱이고 '亶父'는 일상적으로 쓰던 칭호라고 했다.

257) 「益卦」 '六三': "그것을 凶事에 쓰게 하니 재앙이 없다. 포로가 있다. 益之用凶事, 無咎. 有孚."

258) 어쩌면 이들은 본래 하나의 部族일 텐데, 나중에 古文字에서 두 가지 방식으로 썼을 뿐인지도 모른다.

259) 尹盛平, 『西周史徵』, 陝西師範大學出版社, 2004, 61쪽.

260) 西晉 시기에 누군가 戰國 시대 魏王의 무덤을 도굴하여 많은 竹簡을 파냈는데, 당시의 학자가 이 竹簡들을 해석하고 정리하여 『竹書紀年』이라는 제목을 붙였다. 그러나 印刷術이 보급되기 전에 이 책은 사라졌고, 唐·宋의 저작에 인용된 몇몇 구절만 남아 전해진다.

261) 『史記』 등의 歷史書에서는 '太丁'이라고 썼는데, '文丁'은 甲骨卜辭에서 쓴 것이다.

262) 다만 春秋時期에 黃帝의 전설이 만들어진 뒤에 任姓과 姬姓은 모두 黃帝의 자손이 되었다. 이것은 후세의 周人이 자기들의 母系 先祖의 지위를 끌어올리려는 의도였을 것이다. 『國語』 「晉語四」: "凡黃帝之子, 二十五宗, 其得姓者十四人, 爲十二姓. 姬酉祁己滕箴任荀僖姞儇依是也."

263) 劉向, 『列女傳』 卷一: "大任은 文王의 모친으로서 摯國 任氏의 둘째 딸이다. 王季가 妃로 삼았다. 大任은 성품이 단정하고 성실하며 장중했으며 오로지 덕을 베푸는 일만 했다. 임신했을 때는 추악한 색을 보지 않고 음란한 소리를 듣지 않으며 오만한 말을 하지 않아서 胎敎할 수 있었다. 돼지우리에서 소변을 보다가 文王을 낳았다. 文王은 태어날 때부터 총명하고 성스러웠는데 大任이 가르칠 때 하나를 가르치면 100개를 알아서 마침내 周나라의 宗

主가 되었다. 君子는 大任이 胎敎를 잘했다고 한다大任者, 文王之母, 摯任氏中女也. 王季娶爲妃. 大任之性, 端一誠莊, 惟德之行. 及其有娠, 目不視惡色, 耳不聽淫聲, 口不出敖言, 能以胎敎. 溲於豕牢, 而生文王. 文王生而明聖, 大任敎之, 以一而識百, 卒爲周宗. 君子謂大任爲能胎敎."

264) 夏商周斷代工程, 『夏商周年表』. 胡厚宣·胡振宇, 『殷商史』, 630쪽 참조.

265) 董作賓, 『殷曆譜』, (臺北)'中硏院'影印本, 1964.

266) 『史記』「殷本紀」참조. 또 『史記正義』에 인용된 『括地志』에서는 "古莘國은 汴州 陳留縣에서 동쪽으로 5里 떨어진 곳에 있었으니, 故莘城이 이곳이다"라고 했다. 그 지역은 지금의 河南省 中部에 있어서 商 文化의 核心區에 근접해 있으며, 夏나라의 도읍 二里頭와도 그다지 멀지 않으니, 이 견해가 陝西 合陽縣이라고 하는 것보다 더 취할 만하다.

267) 『史記』「燕召公世家」에는 召公 奭의 世系가 기록되어 있지 않고, 그저 그가 "周나라와 같이 姓이 희씨與周同姓, 姓姬氏"라고만 했다. 皇甫謐의 『帝王世紀』에서는 召公이 "文王의 庶子" 즉, 大姒 외의 妾에게서 낳은 아들이라고 했는데, 이 주장은 불확실하다. 召公 家族도 召伯이라고 불렸는데, 周人의 '伯'은 반드시 嫡長子여야 했기 때문이다.

268) 陳夢家, 『殷虛卜辭綜述』, 科學出版社, 1956, 287쪽.

269) 歷史書와 甲骨卜辭에는 모두 商王의 在位한 구체적인 年數가 기록되지 않았으며, 이 것은 '夏商周斷代工程'에서 구상한 기간이다. 胡厚宣·胡振宇, 『殷商史』, 630쪽 참조.

270) 陝西周原考古隊, 「陝西岐山鳳雛村西周建築基址發掘簡報」, 『文物』1979年 第10期. 이하 해당 유적지에 대한 정보와 데이터, 圖片 가운데 주석으로 밝히지 않은 것은 모두 여기서 나온 것이다.

271) 平面圖는 陳全方, 『周原與周文化』, 上海人民出版社, 1988의 것을 수정해서 그린 것이다. 원래 그림은 상당히 이른 시기에 그려졌는데, 당시에는 아직 서쪽 廂房 안의 H31 토굴이 발견되지 않았다. 復原圖는 楊鴻勳, 『宮殿考古通論』, 紫禁城出版社, 2009에서 인용했다.

272) 李學勤, 「西周甲骨的幾點硏究」, 『文物』1981年 第9期.

273) 陳全方, 『周原與周文化』, 110쪽, 圖版 64쪽; 徐錫台, 『周原甲骨文綜述』, 三秦出版社, 1987, 114쪽. 원문의 '西'字를 陳全方은 '玆'로, 徐錫台는 '是'로 읽었는데 모두 指示代詞이다. '獲'字를 徐錫台는 글자의 左邊을 '舟'라고 보고 '般'라고 풀이했으나, 摹寫本에는 새 모양의 '隹'이니 陳全方의 풀이한 대로 '獲'이라고 보아야 할 듯하다.

274) 『易傳』「雜卦」: "中孚, 信也." 『雜卦』는 孔子 門徒의 作品일 가능성이 있으며, 戰國 前期에 속한다.

275) 高亨, 『周易古經今注』, 256쪽.

276) 「小畜卦」六四爻의 爻辭에 대해 孔穎達의 『正義』에서는 "정말로 피를 없애 두려움을 제거한다면 재앙이 없게 할 수 있다信能血去懼除, 乃得無咎"라고 했다.

277) 高亨은 「隨卦」'上六'은 文王 姬昌이 석방되어 周原으로 돌아간 뒤 西山에 제사를 지냈다고 설명했다. 高亨, 『周易古經今注』, 176쪽 및 213쪽 참조. 이런 해석은 高亨이 「隨卦」가

전부 포로를 잡아 바치는 일과 관련된 내용임을 몰랐기 때문에 생겼을 것이다.

278) 陳全方, 『周原與周文化』, 137쪽.

279) 『史記』 「宋微子世家」: "紂王이 음란하고 방탕하여 箕子가 간언했으나 듣지 않았다. 누군가 '상나라에서 떠나도 될 듯합니다'라고 하자, 기자는 이렇게 말했다. '신하로서 간언 했는데 들어주지 않는다고 떠나면, 이는 군주의 죄악을 드러내어 스스로 백성에게 환심을 사는 행위이니, 나는 차마 그렇게 하지 못하겠소.' 그리고 머리카락을 풀어 헤치고 미친 척하며 노예가 되었다.紂爲淫泆, 箕子諫, 不聽. 人或曰, 可以去矣. 箕子曰: '爲人臣諫不聽而去, 是彰君之惡而自說於民, 吾不忍爲也. 乃被髮佯狂而爲奴.'"

280) 中國社科院考古所安陽工作隊, 「1980~1982年安陽苗圃北地遺址發掘簡報」, 『考古』 1986年 第2期. 이하 해당 유적지에 관한 고고학적 발굴의 기본 정보와 데이터, 圖片 가운데 따로 주석으로 밝히지 않은 것은 모두 여기에서 나온 것이다.

281) 張亞初, 「從商周八卦數字符號談筮法的幾個問題」, 『考古』 1981年 第2期.

282) 晁福林, 「商代易卦筮法初探」, 『考古與文物』 1997年 第5期에서는 「豐卦」로 해석했는데, 숫자를 잘못 기록한 게 아닌지 알 수 없다.

283) 肖楠, 「安陽殷墟發現'易卦'卜甲」, 『考古』 1989年 第1期.

284) 孔穎達은 "窒은 막힌다塞는 뜻이고, 惕은 두려워한다懼는 뜻"이라고 해석했다.

285) 『漢書』 「地理志」에서는 蕩陰縣에 "羑里城이 있으니, 西伯이 구금되었던 곳"이라고 했다. 漢代의 蕩陰은 바로 後世의 湯陰이다.

286) 王弼은 '枕'字에 대해 "四肢가 있으나 불안한 것을 가리킨다枝而不安之謂也"라고 설명했으니, 긴장해서 손발을 어디에 두어야 하는지 모르는 형상을 말한다.

287) 王弼의 주석에는 "坎不盈"가 "위험이 끝나지 않았다險不盡矣"는 뜻이라고 했고, '祇'는 '진술했다辭也'라는 뜻이라고 했다.

288) 孔穎達의 『正義』에서는 "行有尙"에 대해서 "이번 행사가 위험함으로 일하면서 존중해야 했으므로, '행실에 존중함이 있다'라고 한 것以此行險, 事可尊尙, 故云行有尙也"이라고 했다. 高亨은 '維心'을 '維之'로 써야 한다고 있으니, "적의 포로를 잡아 새끼줄로 묶고 죽여서 귀신에게 제사 지냈기 때문에 '有孚維之享'이라고 한 것"이라는 뜻이다. 다만 상나라 사람들이 포로의 심장을 제사에 바치는 것은 흔한 일이어서 「艮卦」 九三爻에 상세히 기록되어 있다. 高亨, 『周易古經今注』, 242쪽 참조.

289) 『左傳』 「襄公 31年」: "紂王이 文王을 7년 동안 구금하자 諸侯들이 모두 그를 따라 갇히니, 이에 紂王이 두려워서 돌려보냈다.紂囚文王七年, 諸侯皆從之囚, 紂於是乎懼而歸之."

290) '紱'에 대해 孔穎達은 '祭服' 즉 제사할 때 전문적으로 쓰이는 복장이라고 해석했다.

291) '乃徐有說'의 '說'을 孔穎達은 '喜說' 즉 '喜悅'로 해석했다.

292) 孔穎達은 '有言不信'에 대해 "교묘한 말로 능숙하게 말하면 다른 사람이 믿지 못할 바가 있다若巧言能辭, 人所不信"라고 해석하여 '言'을 교묘하게 꾸밈으로써 다른 이의 신뢰

를 얻기 어려운 말이라고 이해했는데, 참고할 만하다.

293) 王弼은 '碩果不食'에 대한 주석에서 "괘의 끝에 있으면서 홀로 온전하여 떨어지지 않았으므로 과일이 크게 자라도록 먹히지 않는다處卦之終, 獨全不落, 故果至於碩而不見食也"라고 했다.

294) 蘇國은 溫 땅에 있었으니, 지금의 河南 焦作 일대이다. 이곳은 殷商의 腹地에 가까웠으므로 紂王 시기에 상대적으로 중시되었을 것이다.

295) 孔穎達의 『正義』에서는 '介'가 '大'의 뜻이라고 했다.

296) 宋鎭豪, 『夏商社會生活史』, 中國社會科學出版社, 2005, 530쪽.

297) 顧頡剛, 「周易卦爻辭中的故事」, 『燕京學報』1929年 第6期. 이 글은 『顧頡剛古史論文集』卷11, 中華書局, 2010에 수록되었음.

298) 어떤 학자는 个別的인 卦辭가 더 늦게 나타나서 周公 시대의 것이라고 한다. 예를 들어 「晉卦」의 卦辭는 "康侯 즉 周公의 동생 衛康叔이 天子로부터 여러 匹의 말을 하사받았고, 하루에 3번이나 接見했다康侯用錫馬蕃庶, 晝日三接"이다. 다만 文王 시기에 '康侯'라고 불리는 殷商의 귀족이 있었을 가능성도 배제할 수 없다. 또 爻辭에 '箕子'가 나타난 것을 두고 어떤 학자는 周나라가 商나라를 멸한 뒤의 기록이라고 여기는데, 사실 文王이 이미 箕子와 교류하고 그것을 기록했을 수도 있다.

299) 孔穎達, 『正義』: "오직 높은 언덕에 올라 전방의 적을 바라보고 형세를 헤아린다. 설사 다시 3년이 지나더라도 興起할 수 없다.唯升高陵以望前敵, 量斯勢也, 縱令更經三歲, 亦不能興起也."

300) (美) 夏含夷(Edward L. Shaughnessy), 「結婚, 離婚與革命──「周易」的言外之意」, 李衡眉·郭明勤 譯, 『周易硏究』1994年 第2期.

301) 高亨은 "바로 武王이 나라를 이길 징조로서, 점치는 일은 당연히 시행할 수 있었으므로 '含章可貞'이라고 했다"라고 해석했다. 高亨, 『周易古經今注』, 167쪽 참조. 高亨은 이것이 周 武王이 商나라를 멸할 때의 占卜辭라고 여겼으나, 사실 그것은 文王 때 이미 있었던 것으로서 미래의 일을 점친 것이었다.

302) 高亨은 '食'은 '蝕의 假借字로서 지난날의 德行을 훼손한다는 뜻이라고 했다. 高亨, 『周易古經今注』, 178쪽 참조.

303) 高亨은 "상나라를 치면 하늘에서 떨어지는 게 있다라는 말은 무왕이 상나라를 이기는 게 바로 하늘이 상나라를 멸하는 징조를 내리기 때문이라戕商有隕自天, 言武王之克商, 乃是天隕滅商祚也"라고 해석했다. 高亨, 『周易古經今注』, 287쪽 참조.

304) 中國社科院考古所, 『安陽殷墟小屯建築遺存』, 文物出版社, 2010.

305) 中國社科院考古所安陽工作隊, 「河南安陽市殷墟劉家莊北地制陶作坊遺址的發掘」, 『考古』2012年 第12期.

306) 中國社科院考古所安陽工作隊, 「河南安陽市殷墟劉家莊北地2008年發掘簡報」, 『考古』

2009年 第7期. 사진 속의 사각형 기둥은 발굴할 때 세운 세로보(隔梁, stringer)의 잔류물이며, 고대에는 없었던 것이다.

307) 中國社科院考古所安陽工作隊,「河南安陽市殷墟劉家莊北地2010~2011年發掘簡報」.

308) 위와 같음.

309) 中國社科院考古所安陽工作隊,「河南安陽市殷墟劉家莊北地2008年發掘簡報」.

310) 위와 같음.

311) 中國社科院考古所,『殷墟發掘報告(1958~1961)』, 200쪽.

312) 中國社科院考古所,『安陽大司空: 2004年發掘報告』, 文物出版社, 2014. 이하 해당 유적지에 대한 기본 정보와 데이터, 圖片 가운데 주석으로 밝히지 않은 것들은 모두 여기서 나왔다.

313) 발굴 보고서에는 두 손이 모두 잘렸다고 기록되어 있으나, 사진을 보면 손이 하나만 잘렸다고 해야 한다.

314) 安陽市博物館,「安陽大司空村殷代殺祭坑」,『考古』1978年 第1期.

315) 위와 같음.

316) 中國社科院考古所,『殷墟發掘報告(1958~1961)』, 94쪽.

317) 위와 같음. 98~99쪽.

318) 위와 같음. 55쪽.

319) 中國社科院考古所安陽工作隊,「河南安陽市殷墟新安莊西地2007年商代遺存發掘簡報」,『考古』2016年 第2期.

320) 殷都의 각 族邑에서 이루어진 人祭의 기본적인 상황을 이해하려면 陳志達,『殷墟』, 文物出版社, 2007과 楊謙,『儀式與晩商社會』, 山東大學博士論文, 2016을 참조하기 바란다.

321) 安陽市文物工作隊,「殷墟戚家莊東269號墓」,『考古學報』1991年 第3期; 中國社科院考古所,『殷墟的發現與研究』, 科學出版社, 1994, 138쪽.

322) 曹芳芳,「殷墟戚家莊東墓地墓主身份辨識」,『考古』2014年 第4期.

323) 中國社科院考古所安陽工作隊,「安陽殷墟劉家莊北1046號墓」,『考古學集刊』第15輯.

324) 殷墟에서 청동 시루에 사람 머리를 찐 현상이 발견된 것은 이 2곳뿐만이 아니나, 일부는 보고서를 발표하지 않아서 외부에 알려지지 않았다. "청동 시루에서 人頭骨을 발견하는 현상은 지금까지 서너 개의 사례가 발견되었다." 何毓靈,「殷墟: 揭開商代貴族墓的秘密」,『新京報·書評周刊』2021年 12月 31日 참조.

325) 考古學者 唐際根 '一席' 전문 강연,「洛陽鏟下的商王朝」참조.

326)『合集』36482; 羅琨,『商代戰爭與軍制』, 中國社會科學出版社, 2010, 310~327쪽.

327) 沈之瑜,「介紹一片伐人方的卜辭」,『考古』1974年 第4期.

328) 위와 같음.

329) 胡厚宣,『中國奴隷社會的人殉和人祭』(下篇),『文物』1974年 第8期.

330) 劉桓,「無叀鼎·般甗與晚殷征人方之役」,『甲骨集史』, 中華書局, 2008, 95쪽.

331) 1948년에 어느 학자가 당시 安陽 殷墟에서 출토된 동물 뼈를 감정한 결과 물소 뼈의 수량이 매우 많아서 1000頭 이상이었다. 楊鍾健·劉東生,「安陽殷墟之哺乳動物群補遺」,『中國考古學報』第4冊, 1949.

332) 中國社科院考古所,『滕州前掌大墓地』, 文物出版社, 2005. 이 유적지에 관련된 기본 정보와 圖片 가운데 주석으로 밝히지 않은 것은 모두 여기에서 나왔다.

333) 여기에 등장하는 '薛伯'을 學界에서는 일반적으로 '灘伯'이라고 解讀한다. 다만 필자는 拓本의 글자 형태를 보건대 응당 물 水 변에 '薛'를 더한 글자로 보아야 한다고 여긴다. 이 銘文에 관한 기존의 解讀 성과에 관해서는 『滕州前掌大墓地』(上冊)에 수록된 馮時의「前掌大墓地出土銅器銘文彙釋」을 참조할 것.

334) 中國社科院考古所,『滕州前掌大墓地』, 圖 218.

335) 南京博物院,「江蘇銅山丘灣古遺址的發掘」,『考古』1973年 第2期. 이 유적지에 관한 기본 정보와 圖片 가운데 주석으로 밝히지 않은 것은 모두 이 글에서 나온 것이다.

336) 俞偉超,「銅山丘灣商代社祀遺迹的推定」,『考古』1973年 第5期.

337)『尉繚子武議』. 그 외에『說苑』권8에서는 "太公望은 늙은 아내에게 쫓겨나 朝歌에서 屠佐로 있었고, 棘津에서 손님을 맞이하는 舍人이었다太公望, 故老婦之出夫也, 朝歌之屠佐也, 棘津迎客之舍人也"라고 했다.

338)『詩經』「大雅」「文王」에 대한 孔穎達의『正義』에 인용된 皇甫謐의『帝王世紀』에는 "(文王이) 아직 天命을 받기 전에 이미 姜太公을 얻었다未受命時已得太公"라고 했다. '天命을 받았다受命'라는 것은 文王이 殷都에서 周原으로 돌아간 뒤에 王으로 칭한 것을 가리킨다.

339) 中國社科院考古所安陽工作隊,「1986~1987年安陽花園莊南地發掘報告」,『考古學報』1992年 第1期. 殷墟 花園莊 南地의 발굴에 관한 기본 정보와 데이터, 圖片 가운데 주석으로 밝히지 않은 것은 모두 이 보고서에서 나온 것이다.

340) '元夫'에 대해 高亨은 '元'이 '大'의 뜻이라고 했다. 高亨,『周易古經今注』, 271쪽.

341) 陳全方,『周原與周文化』, 111쪽.

342) 李學勤,『西周甲骨的幾點研究』.

343) 王宇信,「周原廟祭甲骨" 周方伯"辨析」,『文物』1988年 第6期.

344) 河北省文物研究所 定州漢墓竹簡整理小組,「定州西漢中山懷王墓竹簡『六韜』釋文及校注」,『文物』2001年 第5期.

345) 代生·江林昌,「出土文獻與「天問」所見商末周初史事」,『四川師範大學學報(社會科學版)』, 2022年 第1期.

346)『史記』「周本紀」: "무왕은 九牧의 군주를 정벌하고 豳의 언덕에 올라 商邑을 바라보았다. 무왕은 주나라에 이르러서 밤에 잠을 이루지 못했다武王征九牧之君, 登豳之阜, 以望商邑. 武王至於周, 自夜不寐."

347) 孔穎達, 『正義』: "艮, 止也, 靜止之義." 『易傳』「說卦」: "艮爲山."

348) 段玉裁의 『說文解字注』에서는 '艮'이 "화난 눈으로 쳐다보는 것 같다若怒目相視也" 라고 했고, 高亨은 "艮은 돌아보는 것이다······ 顧는 돌아본다는 뜻인데, 注視한다는 뜻으 로 파생된다"라고 했다. 高亨, 『周易古經今注』, 11쪽 참조.

349) 孔穎達, 『正義』: "腓, 腸也 (···) 腓動, 則足隨之, 故謂足爲隨."

350) 孔穎達은 '限'이 "몸의 중심, 허리띠를 매는 곳身之中, 人帶之處"이라고 했고, '夤'은 "등 중앙의 살當中脊之肉也"이며, '薰'은 부에 굽는 것燒灼이라고 했다.

351) 王弼의 주석에서는 "옛날에 말을 가리지 않았으니, 후회가 없을 수 있겠는가?故口 無擇言, 能亡其悔也"라고 했다.

352) '憧'에 대해 『說文解字』에서는 "마음이 안정되지 않았다意不定也"라고 해석했다.

353) 高亨, 『周易古經今注』, 250쪽.

354) 李鏡池는 『易經』의 各 卦에서 이렇게 발부터 머리까지 진행되는 敍事順序를 비교적 일찍이 주목했다. 李鏡池, 『周原探源』, 中華書局, 1978, 54쪽.

355) 『易傳』「序卦」: "主器者莫若長子, 故受之以震." 『易傳』「說卦」: "震爲雷, 爲龍······爲 長子."

356) 『漢書』「五行志上」: "降及於殷, 箕子在父師位而典之." 이에 대한 顏師古의 주석에서 는 父師는 바로 太師로서, 殷나라의 三公 가운데 하나인데, 箕子는 紂王의 부친 항렬로서 太 師가 되었으므로 父師라고 부른 것이라고 했다.

357) '令簋'의 銘文에는 周 成王(武王과 邑姜의 아들)이 山東 지역을 정벌할 때 邑姜이 齊 國에 주둔하여 그곳을 지킨 臣僚들에게 상을 내렸을 수 있다고 기록되어 있다. 許倬雲, 『西周 史』, 生活·讀書·新知三聯書店, 1995, 122쪽.

358) 李學勤, 「試說靑銅器銘文的呂王」, 『文博』 2010年 第2期.

359) 陳槃, 『春秋大事表列國爵姓及存滅表撰異』, 上海古籍出版社, 1966, 822쪽.

360) 「皇矣」: "帝遷明德, 串夷載路, 天立厥配, 受命旣固." "帝作邦作對, 自大伯王季."

361) 『史記』「周本紀」: "무왕이 은나라를 이기고 2년 뒤에 기자에게 은나라가 망한 까닭 에 관해 물으니, 기자는 차마 악행에 대해서는 말하지 못하고 나라의 존망을 들어 얘기했다. 무왕도 추악하게 여겼으므로 天道에 대해 물었다武王已克殷, 後二年, 問箕子殷所以亡. 箕子不 忍言殷惡, 以存亡國宜告. 武王亦醜, 故問以天道." 『尙書』「洪範」: "13년에 왕이 기자를 찾아가 서 말했다. '아! 기자여, 하늘이 아래의 백성을 보호하시고 그들의 삶을 도우시고 하 하게 하셨으나, 나는 그 큰 도리가 정해진 바를 모르겠소.' 이에 기자가 말했다. '제가 듣기로 옛 날에 鯀이 홍수를 막아 五行을 어지럽혔습니다. 상제께서 이에 진노하시어 洪範 9疇를 주시 지 않아 큰 도리가 깨져 버렸습니다. 鯀은 처형되었고 禹가 계승하여 일어나니, 하늘이 禹에 게 洪範 9疇를 하사하심으로써 큰 도리가 정해졌습니다. 첫째는 五行이고, 둘째는 五事를 공 경하게 행하는 것이요, 셋째는 八政을 힘써 행하는 것이요, 넷째는 五紀를 조화롭게 활용하

는 것이고, 다섯째는 君王의 법도를 세우는 것이고, 여섯째는 정치에서 마땅히 三德을 쓰는 것이며, 일곱째는 길흉을 알기 위해 점을 치는 것이고, 여덟째는 여러 徵驗을 늘 생각하는 것이오. 아홉째는 六極을 써서 위엄을 보이는 것이옵니다. '惟十有三祀. 王訪於箕子. 王乃言曰, 嗚呼, 箕子. 惟天陰騭下民, 相協厥居, 我不知其彝倫攸敘. 箕子乃言曰, 我聞在昔, 鯀陻洪水, 汩陳 其五行. 帝乃震怒, 不畀洪範九疇, 彝倫攸斁. 鯀則殛死, 禹乃嗣興. 天乃錫禹洪範九疇, 彝倫攸敘. 初一曰五行, 次二曰敬用五事, 次三曰農用八政, 次四曰協用五紀, 次五曰建用皇極, 次六曰乂用三 德, 次七曰明用稽疑, 次八曰念用庶徵, 次九曰向用五福, 威用六極.'

362) 文王과 武王, 成王까지 3代의 尊號는 모두 그들이 살아 있을 때부터 있었던 것으로 서, 學界에서는 그것을 '生稱諡'라고 부른다. 왕이 죽은 뒤에 계승자가 諡號를 전해 주는 방 식은 周公 晚年에 정해졌을 것이다. 『逸周書』 「諡法」 참조. 한편, 文王이 稱王한 뒤에 또 祖父 인 亶父를 '太王'으로, 부친인 季歷을 '王季'로 추존했다.

363) 이 10개의 괘는 바로 需卦와 訟卦, 同人卦, 蠱卦, 大畜卦, 頤卦, 益卦, 渙卦, 中孚卦, 未 濟卦이다.

364) 이 구절은 「豫卦」의 卦辭와 「屯卦」의 卦辭 및 九五爻辭에 들어 있다.

365) '離'는 '罹'와 같이 만난다遭遇라는 뜻으로서, 「離騷」와 같은 뜻이다.

366) 尹盛平, 『西周史徵』, 陝西師範大學出版社, 2004, 61쪽.

367) 中國社科院考古所, 『中國考古學·夏商卷』의 「晚商文化分布示意圖」를 바탕으로 다시 그린 것이다.

368) 楊寬, 『西周史』, 76쪽.

369) 老牛坡의 발굴 보고서에서는 무덤 38곳, 馬坑 2곳이라고 통계했는데, 이것은 응당 사람 1명과 말 1마리를 매장한 구덩이 하나를 무덤으로 계산한 것일 터이다. 다만 여기서 말 과 함께 매장된 사람에게는 아무런 부장품이 없었으니 분명히 진정한 무덤 주인이 아니고 말과 함께 순장된 馬僮이다. 그러므로 필자는 그곳을 무덤이 아니라 馬坑에 포함하여 계산 했다.

370) 劉士莪, 『老牛坡』 참조.

371) 劉士莪·宋新潮, 「西安老牛坡商代墓地的發掘」, 『文物』 1988年 第6期.

372) 鄭玄의 注에서 이 구절의 '忽'은 '滅'의 뜻이라고 했다.

373) 陳全方, 『周原與周文化』, 128~132쪽.

374) 伯唐父鼎銘, 中國社科院考古所沣西發掘隊, 「長安張家坡M183西周洞室墓發掘簡報」, 『考古』 1989年 第6期; 張政烺, 「伯唐父鼎, 孟員鼎, 甗銘文釋文」, 『考古』 1989年 第6期; 袁俊傑, 「伯唐父鼎銘通釋補證」, 『文物』 2011年 第6期; 袁俊傑, 「論伯唐父鼎與辟池射牲禮」, 『華夏考古』 2012年 第4期 참조. 靜簋銘, 『集成』 4273.

375) 宋鎭豪, 『商代社會生活與禮俗』, 中國社會科學出版社, 2010.

376) 『逸周書』 「大開武」에 기록된 꿈에는 商나라에 칡덩굴이 자랐다고 했으나, 『太平御

覽』 권397에 인용된 『周書』에서는 "太姒가 꿈에 상나라 정원에 가시나무가 자라는 것을 보았다太姒夢見商之庭産棘"라고 했다. 이 일은 『逸周書』 「程寤」에 수록되었을 텐데, 지금 전해지는 판본에는 篇名만 남아 있고 본문은 빠져 있다. 黃懷信 等, 『逸周書彙校集注』(修訂本), 上海古籍出版社, 2007, 262쪽 및 1141쪽; 李學勤 主編, 『淸華大學藏戰國竹簡(壹)』, 中西書局, 2010, 135쪽 참조.

377) 『逸周書』 「寶典解」: "九德: 一孝子畏哉, 乃不亂謀. 二悌, 悌乃知序, 序乃倫, 倫不騰上, 上乃不崩. 三慈惠知長幼, 知長幼, 樂養老. 四忠恕, 是謂四儀, 風言大極, 意定不移. 五中正, 是謂權斷, 補損知選. 六恭遜, 是謂容德, 以法從權, 安上無慝. 七寬弘, 是謂寬宇准德以義, 樂獲順嘏. 八溫直, 是謂明德, 喜怒不隙, 主人乃服. 九兼符, 是謂明刑, 惠而能忍, 尊天大經. 九德廣備, 次世有聲."

378) 本書에 사용하는 武王의 伐紂 時間表는 주로 羅琨, 『商代戰爭與軍制』, 334~358쪽을 참조했다.

379) 『史記正義』에 인용된 『括地志』에서는 牧野가 朝歌(지금의 河南 淇縣) 남쪽 교외에 있다고 했다. 다만 『括地志』의 이 설명의 前提는 殷商의 都城이 朝歌에 있었다는 것이므로, 牧野에 관한 설명도 당연히 믿을 수 없다.

380) 다만 殷墟甲骨文에 기록된 商代의 用兵은 많아 봐야 1만 명이었으므로, 70만 명은 분명히 실제와 부합하지 않는다.

381) 세상에 전해지는 『尙書』의 저 유명한 「洪範」도 武王과 箕子의 대화인데, 내용에 학술 이론과 논리의 성분이 풍부해서 당시의 긴장된 軍政 局面과는 전혀 무관하다.

382) 『逸周書』 「克殷解」와 『史記』 「周本紀」에 모두 武王이 신들에게 보고한 이 의식이 기록되어 있는데, 『史記』의 기록은 『逸周書』에서 자료를 취했을 가능성이 있다.

383) 이상의 내용은 『史記』 「周本紀」를 참조할 것.

384) 이상의 내용은 『逸周書』 「商誓解」를 참조할 것.

385) 『逸周書』 「世俘解」, 이 부분에는 몇 가지 잘못된 글자들이 있는데, 예를 들어 '猫'는 '豹'를 잘못 쓴 것일 수 있다.

386) 이곳은 역대 상나라 왕들에게 압제당하고 능욕당했을 것이다.

387) '元'은 嫡傳의 繼承者라는 뜻을 나타낸다.

388) 이상과 관련해서 자세한 내용은 『尙書』 「金縢」을 참조할 것. 또 「周武王有疾周公所自以代王之志」를 참조할 만한데, 가장 이른 시기의 텍스는 『淸華大學藏戰國竹簡(壹)』에 들어 있는데, 세상에 전하는 『尙書』 목록에서는 본문의 '金縢之匱'라는 구절 때문에 金縢이라고 略稱하고 있다.

389) 『眞誥』 권15의 주석에 인용된 『竹書紀年』에는 "(무왕은) 나이 45살에 (죽었다)"라고 했다.

390) 『尙書』의 '周初八誥'는 「大誥」와 「康誥」 「酒誥」 「梓材」 「召誥」 「洛誥」 「多士」 「多方」이

다. 그 가운데 「多方」은 조금 늦게 나온 것으로서 周公이 成王에게 정권을 돌려주고 5년이 되던 해의 것이다.

391) 인용문의 해석은 楊寬, 『西周史』, 149쪽을 참조했음.

392) 蔡叔과 霍叔의 계승자는 나중에 모두 封國을 얻었으나, 管叔은 계승할 후예가 없었다.

393) 『呂氏春秋』 「古樂」: "成王이 즉위하자 은나라 백성이 반란을 일으키니, 성왕이 주공에게 정벌하게 했다. 상족은 코끼리를 길들여 東夷 지역에서 포학하게 굴었다. 주공이 군대를 동원해 축출하자 강남 지역에 이르렀다. 이에 「三象」을 지어 그 덕을 칭송했다.成王立, 殷民反, 王命周公踐伐之, 商人服象, 爲虐於東夷. 周公遂以師逐之, 至於江南. 乃爲三象, 以嘉其德."

394) 앞서 살펴보았듯이, 武丁의 진실한 형상이 주나라 이후에는 전해지지 못한 채 甲骨文 안에만 보존되었다.

395) 梁思永·高去尋, 『侯家莊·1001號大墓』, (臺北) '中硏院' 歷史語言硏究所, 1962.

396) 中國社科院考古所安陽工作隊, 「河南安陽市殷墟劉家莊北地2008年發掘簡報」, 『考古』 2009年 第7期.

397) 위와 같음.

398) 中國社科院考古所安陽工作隊, 「河南安陽市殷墟劉家莊北地2010~2011年發掘簡報」.

399) 中國社科院考古所安陽工作隊, 「河南安陽市殷墟劉家莊北地鉛錠貯藏坑发掘簡報」, 『考古』 2018年 第10期. H25 窖藏坑에 관한 기본 정보 및 사진은 모두 여기서 나온 것이다.

400) 何毓靈, 「論殷墟劉家莊北地鉛錠貯藏坑性質」, 中國社科院考古所夏商周考古硏究室 主編, 『三代考古』(第八輯), 科學出版社, 2019에 수록됨.

401) 『尙書』 「君奭」: "주공은 (…) 또 이렇게 말했다. '하늘은 믿을 수 없으니, 우리가 오직 문왕의 덕을 이어 나가면 하늘은 문왕께서 받으신 명을 버리지 않을 것이오.'周公 (…) 又曰, 天不可信, 我道惟寧王德延, 天不庸釋於文王受命."

402) 王暉, 「周初改制考」, 『中國史硏究』 2000年 第2期.

403) 『尙書』 「洛誥」: "戊辰에 왕이 새 고을에서 겨울 제사烝를 지내고 새해의 풍년을 기원하시면서 문왕과 무왕에게 각기 붉은 소騂牛를 1마리씩 바쳤다.戊辰, 王在新邑烝, 祭歲, 文王騂牛一, 武王騂牛一."

404) 洛陽博物館, 「洛陽北窯村西周遺址1974年度發掘簡報」, 『文物』 1981年 第7期.

405) 洛陽市文物工作隊, 「1975~1979年洛陽北窯西周鑄銅遺址的發掘」, 『考古』 1983年 第5期.

406) 洛陽市文物工作隊, 『洛陽北窯西周墓』, 文物出版社, 200. 殷墟 時期의 商人 무덤에는 사실 고정된 방향이 없어서 유적지마다 각기 규칙이 있었다. 그런데 北窯의 商·周 두 부족의 무덤은 방향이 달랐으니, 양자가 일부러 서로 다르게 방향을 정한 듯하다.

407) 周立·石艷艷, 「洛陽西周早期大規模祭祀遺存的發掘」, 『中國文物報』 2016年 6月 17日.

408) 『詩經』「周頌」「有客I: "손님이 왔구나, 손님이. 역시 그 말도 하얗구나有客有客, 亦白其馬." 『左傳』「僖公 24年」: "皇武子는 '송나라 先代의 후예이니 주나라에게는 손님이 된다'라고 말했다皇武子曰, 宋先代之後也, 於周爲客."

409) 許倬雲, 『西周史』, 150쪽.

410) 韓巍, 『西周墓葬的殉人與殉牲』, 北京大學 2003年 碩士論文. 이후 西周 초기 무덤에 관한 기본 정보 가운데 출처를 밝히지 않은 것은 모두 이 글에서 나왔다.

411) 天馬-曲村 遺址가 晉國의 초기 都邑이라는 주장은 1982년에 鄒衡이 처음 제기했다.

412) 北京市文物研究所, 『琉璃河西周燕國墓地』, 文物出版社, 1995.

413) 北京市文物工作隊, 「1981~1983年琉璃河西周燕國墓地發掘簡報」, 『考古』1984年 第5期.

414) 河南省文物考古研究所·周口地區文化局, 「河南鹿邑縣太淸宮西周墓的發掘」, 『考古』2000年 第9期.

415) 楊升南, 「商代的長族: 兼說鹿邑'長子口'大墓的墓主」, 『中原文物』2006年 第5期 참조.

416) 黃展岳, 『古代人牲人殉通論』.

417) 兪偉超, 「銅山丘灣商代社祀遺迹的推定」

418) 이에 대한 杜預의 주석에서는 "태자를 썼다는 것은 초나라 제후가 그를 죽여서 희생으로 삼아 岡山의 신에게 제사 지냈다는 뜻用太子者, 楚殺之爲牲, 以祭岡山之神"이라고 했다.

419) 이 부분에 관한 周公의 理論은 『尙書』「無逸」에 상당히 많이 나타난다.

420) 「象傳」은 大小로 兩分되는데 卦辭를 해석한 것이 「大象傳」, 爻辭를 해석한 것이 「小象傳」이다. 이외에 괘사를 해석한 「彖傳」도 주공이 지은 것일 가능성이 크다.

421) 『左傳』「昭公 2年」에는 韓宣子가 노나라를 방문하여 大史氏에게서 책을 살펴보다가 『易象』과 『魯春秋』를 발견하고 이렇게 말했다고 기록되어 있다. 『易傳象傳』의 作者에 관해서 역사서에는 다른 견해가 들어 있는데, 『史記』에서는 공자가 지은 것이라고 했다. 李學勤, 『周易經傳溯源』, 長春出版社, 1992. 46쪽 참조.

422) 秦나라의 점술사 卜徒父는 "「蠱卦」가 나오자 '1000대의 전차가 3번 가고 나면 수컷 여우를 얻으리라千乘三去, 三去之餘, 獲其雄狐'라고 했으니 매우 길하다!"라고 했다. 여기에 인용한 卦爻辭는 문왕의 『易經』에 들어 있지 않다. 『左傳』僖公 15年 참조.

옮긴이의 말

그동안 알고 있던 문왕과 강태공, 주공, 공자는 조작된 허상에 지나지 않았다!

고공단보古公亶父부터 계력季歷, 문왕에 이르기까지 주족周族은 상나라에 예속된 상태로 동족인 강족羌族을 사냥하여 상나라의 제사에 쓰일 인간 희생으로 바치면서 굴욕적인 삶을 살았다. 그 와중에 계력과 문왕의 장자 백읍고伯邑考가 인간 희생으로 바쳐졌고, 심지어 문왕과 다른 자식들은 백읍고의 살로 만든 육장肉醬을 먹어야 했다. 도덕적이고 인자한 성왕으로 알려진 문왕은 알고 보면 비정한 인간 사냥꾼이었고, 그 자신이 유리羑里의 토굴에 갇혀 인간 희생의 후보자가 되었을 때는 인육을 먹고 와신상담하며 반역을 준비했던 효웅梟雄이었다. 죽음의 위기를 넘기고 돌아와 자기 저택의 비밀 토굴 속에 숨어 몰래 편찬한 『역경』은 단순한 점술서가 아니라 그의 개인적 경험에 대한 기록이자, 상나라를 정벌하기 위한 은밀한 계획이 담긴 책이었다. 그리고 서부의 작은 강족 부락의 수령이었던 강태공은 은허의 백정으로 비천하게 살다가, 상나라를 무너뜨리기 위해 자기의 원수였을 수도 있는 문왕과 공모했다.

현량하고 점잖았다고 평가받는 주공도 한때 인간 사냥꾼의 일원이었고, 형의 살로 담근 육장을 먹음으로써 생긴 심리적 충격으로 남은 생애 동안 밥 먹을 때 종종 구역질에 시달렸다. 그리고 상나라를 멸한 뒤에는 피비린내 나는 인신공양제사를 근절하고, 상나라에 복역했던 자신들의 어두운 역사를 숨기기 위해 역사 왜곡을 통한 기억의 조작을 단행했다. 이에 따라 일족 전체가 술에 취한 채 전율할 만한 살육과 식인으로 피에 굶주린 광기에 몰두했던 상족의 잔인한 풍속은 면죄부를 받고, 일체의 죄악은 '부덕한' 주왕紂王 개인에게 돌려졌다. 주지육림酒池肉林과 포락형炮烙刑 등으로 대표되는 주왕의 죄악이 실은 상족 전체의 종교적 풍속이었던 것인데, 주공의 기억 조작으로 인해 주왕 개인의 죄가 된 것이다. 그로 인해 스스로 신격화한 존재로서 왕실의 귀족까지 제사의 희생으로 바치며 상족 특유의 종교에 몰두했던 제신帝辛은 '의롭고 선한 것을 해치는殘義損善' '독부獨夫'인 '주紂'라는 죄명을 짊어지게 되었다.

저자가 '옛 화하 문명'이라고 규정한, 야만의 상태로 흩어진 부족을 정벌하여 잔혹하게 다스린 상 왕조까지 중국은 사실상 딱히 무언가로 아우를 수 있는 집합이 아니었다. 주족처럼 족외혼의 풍습을 가진 몇몇 부족 사이에 약간의 연맹 관계는 있었을 테지만, 족내혼의 관습을 가진 부족도 적지 않았으므로, 대륙의 부족들은 그야말로 밤하늘에 흩뿌려진 별들의 무리 같았다. 그들이 화학적으로 결합하여 하나의 거대한 집단—저자가 '새로운 화하 문명'이라고 부르는—을 이룬 것은 주 왕조가 이룩해낸 획기적인 성과였다. 그리고 그 과정에서 핵심적인 역할을 했던 주공은 거기서 야만적인 피비린내를 즐기던 '신권'의 그림자를 없애고, 그 빈자리에 인간의 '덕'을 채워 넣었다. 그러므로 그의 역사 왜곡은 그야말로 '선의'의 그리고 당시로서는 거의 '최선'의 결단이었던 셈이다.

문헌에 기록된 내용을 토대로 실증적인 학문을 연구하고 가르쳤던 유가의 '성인' 공자가 『역경』 속의 비밀을 간파한 뒤에도 오히려 주공의 역사 왜곡에 동의하고, 심지어 '육경六經'의 편찬을 통해 주공의 정신을 더 정교하게 반영한 것은 그러므로 상족의 후예로서 자기 조상의 치부를 가려준 데에 대한 단순한 감사의 표현이 아니었다. 그것은 피에 전 '야만의 문명'을 배척하고 '인문'의 따스함을 간직한 새로운 문화를 창조해야 할 당위성에 공감한 결과였던 셈이다. 제자를 가르칠 때 괴력난신怪力亂神을 얘기하지 않고, 무덤에 인형을 부장하는 행위마저 저주했던 그의 소신과 언행이 지향한 궁극적인 목표인 '어짊仁'은 바로 '사람人'으로서 마땅히 갖춰야 하는 가장 중요한 덕목이었다.

전상翦商 즉, 상나라를 정벌하여 멸한 주나라의 역사 이면에 숨겨진 경악스럽고 전율할 만한 이 비사秘史들은 최근까지 이루어진 고고학적 발굴과 갑골문에 관한 연구 성과를 반영한 옛 문헌의 다시 읽기를 통해 밝혀진 것들이다. 물론 이 비사들을 역사의 적절한 자리에 다시 배치하여 설명한 데에는 저자 리숴의 예리하고 정교한 연구와 합리적인 추론을 바탕으로 한 참신한 글쓰기가 결정적인 역할을 했다. 파격적이면서도 무겁고 획기적인 이런 주제를 리숴는 학술적 고증을 제시하면서 동시에 능숙한 이야기꾼으로서 추리소설처럼 실마리를 풀어나가며 설명한다. 그래서 쉬훙의 서문에서도 언급했듯이, 일단 이 책을 펼치면 손에서 쉽게 놓지 못하게 된다. 잔인한 피비린내에 전 인신공양제사의 세부 의식에 대해 냉정한 시선으로 재현한 서술은 숨 막힐 듯한 긴장감과 더불어 일정한 거리감을 동시에 유발함으로써 묘한 감정에 휩싸이게 한다. 그로 인해 『역경』과 『상서』『시경』에 대한 새로운 해석과 『일주서』의 새로운 가치를 발굴함으로써 하나하나 나타나는 저 은폐된 역사의 비밀들이 충격보다는 '재미'로 독자를 매료시킨다.

노승현 선생의 추천으로 이 책을 읽고 번역을 결심하면서부터 예상했던 몇 가지 난관이 있었다. 그 가운데 가장 부담스러웠던 것은 이 책에 적지 않게 인용된 갑골복사와 금문, 난해하기로 유명한 『주역』과 『상서』

『일주서』 그리고 『시경』의 서사시 등을 제대로 번역할 수 있는가, 게다가 저자의 새로운 해석으로 기존의 일반적인 해석과는 상당히 달라진 부분이 많은 점은 어떻게 반영해야 하느냐는 것이었다. 사실 이 두 부분을 주석으로 밝히는 일은 역자의 역량으로는 어림도 없는 일이거니와, 설령 비슷하게만 하더라도 역주의 분량이 원서의 분량을 넘어서는 사태를 초래할 수밖에 없었다. 결국에는 저자의 새로운 해석을 최우선으로 반영하면서, 기존의 일반적인 해석과 확연히 다른 부분에 관해서만 역주에서 간략히 언급하는 선에서 혼자 '대타협'을 이루어냈다. 그리고 그것이 오히려 쉽게 풀어 쓴 역사서라는 이 책의 특징을 올바로 반영하여 일반 독자도 쉽게 접근할 수 있게 해주는 번역 방식이라고 스스로 위안했다. 다만 그렇다고 해서 역자의 무지로 인해 저질러진 오역이 없을 수는 없으니, 이런 부분에 대해서는 강호 제현의 가르침을 앙망하는 바다.

어쨌든 『상나라 정벌: 은주殷周 혁명과 역경易經의 비밀』은 몰입감이 대단한 저작이다. 올해 9월 초에 이 책의 PDF 파일을 받고 도판을 포함해서 579쪽이나 되는 분량에 슬쩍 놀라면서, 번역하는 데에 적어도 1년은 걸리리라고 예상했다. 그러나 역자마저 눈을 떼기 어려울 정도로 흥미진진한 서술이 이어졌고, 그 바람에 생각보다 훨씬 일찍 번역을 마치게 되었다. 학기 중이라 빠듯한 여가를 모조리 이 번역에 쏟아부은 결과였다. 역자의 번역이 이런 몰입감을 얼마나 살렸을지는 자신할 수 없으나, 워낙에 원작이 훌륭하니 크게 깎아먹지는 않았기를 바랄 뿐이다.

2023년 12월
백운재에서

상나라 정벌

1판 1쇄	2024년 2월 12일
1판 2쇄	2024년 4월 12일

지은이	리쉬
옮긴이	홍상훈
펴낸이	강성민
편집장	이은혜
기획	노승현
편집	강성민 홍진표
마케팅	정민호 박치우 한민아 이민경 박진희 정경주 정유선 김수인
브랜딩	함유지 함근아 박민재 김희숙 고보미 정승민 배진성
제작	강신은 김동욱 이순호

펴낸곳	(주)글항아리
출판등록	2009년 1월 19일 제406-2009-000002호

주소	10881 경기도 파주시 심학산로10 3층
전자우편	bookpot@hanmail.net
전화번호	031-955-8869(마케팅) 031-941-5161(편집부)

ISBN 979-11-6909-206-7 03910